本书受下列课题资助：
1. 教育部哲学社会科学重大攻关项目：中国国家安全法治建设研究（16JZA012）
2. 教育部哲学社会科学重大攻关项目：采取反分裂国家必要措施的相关法律问题研究（17JZD030）
3. 国家社科基金青年项目：遏制外部势力干涉台湾问题的法理依据研究（18CGJ009）

两岸关系的法学思考

（第二辑）

周叶中 / 祝 捷 / 段 磊 ◎ 著

九 州 出 版 社
JIUZHOUPRESS ｜ 全国百佳图书出版单位

图书在版编目（CIP）数据

两岸关系的法学思考. 第二辑／周叶中，祝捷，段

磊著. --北京：九州出版社，2019.12

ISBN 978－7－5108－8904－2

Ⅰ.①两… Ⅱ.①周… ②祝… ③段… Ⅲ.①海峡两

岸－关系－文集 Ⅳ.①D618－53

中国版本图书馆 CIP 数据核字（2020）第 000241 号

两岸关系的法学思考（第二辑）

作 者	周叶中 祝 捷 段 磊 著	
出版发行	九州出版社	
地 址	北京市西城区阜外大街甲 35 号（100037）	
发行电话	（010）68992190/3/5/6	
网 址	www.jiuzhoupress.com	
电子信箱	jiuzhou@jiuzhoupress.com	
印 刷	北京捷迅佳彩印刷有限公司	
开 本	720 毫米×1020 毫米 16 开	
印 张	39	
字 数	579 千字	
版 次	2020 年 5 月第 1 版	
印 次	2020 年 5 月第 1 次印刷	
书 号	ISBN 978－7－5108－8904－2	
定 价	138.00 元	

编写说明

从法学角度思考和研究两岸关系，对于"遏制'台湾法理独立'"和"构建两岸关系和平发展框架"的理论与实践有着重大意义。本书在 2014 年 8 月出版的《两岸关系的法学思考》（增订版）的基础上，增订了我们近四年以来合作撰写或各自撰写的 35 篇学术论文和报告、近 20 篇涉台时评和采访。本次增补内容共计约 48 万字，分为四个专题，即构建反分裂国家法律机制研究、构建两岸交往的法律机制研究、两岸关系政治基础研究和涉台时评采访。

专题一：构建反分裂国家法律机制研究。反分裂国家斗争需要综合运用政治、经济、军事、外交等多种手段，法律机制在其中起到重要的枢纽性作用。但在当前两岸关系形势和台湾地区政治格局发生新变化的情况下，仍有一系列与反分裂国家斗争法律机制相关的理论和实践性问题未能妥善解决。为尝试解决这些问题，形成完备的反分裂国家法律机制，本专题尝试在凝练反分裂国家法律机制问题意识的基础上，形成对反对和遏制任何形式的"台独"分裂活动，坚持一个中国原则，推进国家实现和平统一等重大现实问题的系统性研究。本专题的研究成果既涉及对反分裂国家法律机制问题意识与完善方向的总括性论述，也涉及对反分裂国家斗争对象的"法理台独"概念体系、发展历史、实践样态、表现形式等问题的具象性论述，还涉及对《反分裂国家法》所规定的展开反分裂国家斗争的具体方式的微观分析，力求在学理层面为国家展开反分裂国家法律斗争提供充分的理论支撑。

专题二：构建两岸交往的法律机制研究。两岸之间的交往，既是为满足两岸民众日常生活所需，又构成两岸关系和平发展的重要组成部分，当前日益多元、复杂、双向的两岸交往为两岸关系不断发展提供了内在动力。法律机制为两岸交往走向秩序化、规范化提供了重要的制度保障。基于这一实践现状，本专题主要收录我们围绕"两岸交往"这一两岸关系和平发展基本范畴形成的理论成果。这些研究成果或从宏观层面出发，归纳总结两岸关系和平发展和两岸交往的法治经验，探讨"法治型"两岸关系和平发展新模式和维护两岸关系和平发展制度框架的构建方法，或从中观出发，分析两岸交往态势下的共同决策模式，剖析两岸公权力机关的交往模式，或从微观入手，探析作为两岸交往法治化具体体现形式的两岸协议的法理定位与实施机制，分析参与两岸交往的大陆居民权利保障问题等，形成了对两岸交往法律机制的全方位系统性研究，为构建两岸交往的法律机制提供了重要的智力支持。

专题三：两岸关系政治基础研究。一个中国原则是我们长期坚持的处理两岸关系的基本原则和政策底线，构成两岸关系发展的政治基础。然而，在"台独"分裂分子的不断鼓噪下，岛内民众的政治认同发生一定程度异化，岛内民意结构呈现出一定的"偏独化"倾向，以往以政治、历史、文化等为联结的一个中国原则面临极大挑战。因此，我们应探寻以具有独特价值属性的法治思维和法治方式，形成补强一个中国原则正当性的理论与实践路径。基于这一理念，本专题主要收录我们围绕一个中国原则和体现一个中国原则的"九二共识"的法理型构这一主题形成的研究成果。本专题因循"从两岸各自规定出发，为一个中国原则提供来自规范层面合法性支撑"的基本思路，坚持运用法治思维、法治方式、法律规范、法学理论阐释、贯彻、支撑和论证一个中国原则。其中，既包含从方法论层面探讨运用法治思维巩固一个中国原则的方式方法，也包含形成以法治思维为基础探索构建新型"一个中国"话语体系的理论路径，更尝试以探讨台湾地区宪制性规定的"一中性"要素，并以之作为当下维护一个中国原则法理正当性的重要方式。

专题四：涉台时评采访。两岸关系研究因其特有的研究对象，而体现出政治性与学术性相交融、理论性与通俗性相结合的基本特征。因此，两岸关系研究不仅需要通过构建完整严密的理论体系，形成具有统摄性、指导性的抽象里理论，通过理论的归纳与预测作用，面向实践，解决问题，亦需要广大理论研究工作者通过通俗的理论宣传，将高深的理论框架以简单、直白的语言表达出来，做好对台理论宣导工作。基于这一理念，本专题主要收录我们围绕 2014—2018 年间两岸关系中发生的重大事件（如台湾地区重大选举活动、台湾地区领导人两岸政策论述、南海争端与两岸关系等），在海内外部分媒体接受访谈或发表的时评文章。这些文章不仅有助于更多受众了解党和国家处理两岸关系的大政方针，更是对我们因循法治思维和法治方式展开两岸关系研究的一种通俗化的体现。

目　录

专题三　两岸关系政治基础研究

专题四 涉台时评、采访

专题一

构建反分裂国家法律机制研究

论反分裂国家法律机制的问题意识与完善方向 *

习近平总书记在党的十九大报告中指出："我们坚决维护国家主权和领土完整，绝不容忍国家分裂的历史悲剧重演"，"我们有坚定的意志、充分的信心、足够的能力挫败任何形式的'台独'分裂图谋"。由于反分裂国家斗争涉及政治、经济、军事、外交等多种手段的综合运用，也关系到两岸间复杂的政治关系与社会联结，因此反分裂国家斗争的法律属性常常被忽视。尽管《反分裂国家法》已实施十多年，并且为反分裂国家斗争起到了重要的保障作用，但在当前两岸关系形势和台湾地区政治格局发生新变化的情况下，仍有一系列与反分裂国家斗争法律机制相关的问题未能妥善解决。在这种情况下，我们必须对当前反分裂国家斗争的基本形势保持清醒认识，切实明确法律机制在反分裂国家斗争中的重大意义，并从各个层面、通过各种途径完善反分裂国家法律机制。

一、树立反分裂国家法律机制的问题意识

随着大陆综合实力的不断提升，国家开展反分裂斗争的能力越来越强、手段越来越多样。然而，在反分裂国家斗争总体形势向好的前提下，自2014年以来，台湾地区政治局势发生重大变化，民进党先后多次在岛内各层次选举中获胜，并重新掌握执政权，给两岸关系和平发展和祖国完全统一造成诸多牵制与破坏，反分裂国家斗争随之面临重大挑战。因此，在反分裂国家斗争过程中，我们应首先树立正确的问题意识，准确认

---

* 本文由周叶中撰写，原载《法学评论》2018年第1期。

识和判断当前反分裂国家斗争中面临的理论与实践难题，为完善反分裂国家法律机制奠定基础。

（一）反分裂国家斗争法律机制的问题界分有待明确

尽管《反分裂国家法》的制定和两岸关系和平发展框架法律机制的构建，使台湾问题的法律属性日渐深入人心，但法治思维和法律规范在反分裂国家斗争中的地位与作用仍不明确，不少有关理论问题仍待解决。

第一，就反分裂国家斗争的基本理念而言，不少观念有待进一步更新，一些概念有待进一步发展。近年来，理论界与实务界对于"台湾问题既是政治问题，也是法律问题"[①] 这一观点的认同日益增强，但由于反分裂国家斗争与政治、经济、军事、外交等问题密切相关，因而反分裂国家斗争是否也能够从法学角度予以认知和定性，学界尚无明确共识。由此，在当前的反分裂国家斗争中，仍有不少基本理念和观点不够明晰。详言之：1）对反分裂国家的法律属性认知不足。理论界和实务界对在反分裂国家斗争中，法律应发挥何种作用；反分裂国家斗争到底是不是法律问题；法律仅能为已有反分裂国家的政治立场提供合法性证成或立场性复现，还是能够立足于其规范功能，为反分裂国家斗争提供更为广泛的策略支持等问题的认识，仍有待统一。2）反分裂国家领域的有关概念有待进一步明确与发展。理论界和实务界对反分裂国家斗争中的一些基本概念（如"一个中国""一国两制""法理台独"等）的规范性认知不足，对能否运用法学理论构建可用于指导具体反分裂国家措施，如何将常见的法学概念、法学命题、法律方法运用于反分裂国家斗争等问题的认知尚不完善。

第二，就反分裂国家斗争的问题域而言，不少相关问题仍未被纳入反分裂国家斗争的范围之内。从有关反分裂国家斗争的理论论述现状来看，仍存在问题域范畴狭窄，相关研究未能与近年来反分裂国家斗争中的新情况、新问题相结合的情况。详言之：1）对"台独"分裂势力与国内其他

[①] 周叶中：《台湾问题的宪法学思考》，《法学》2006 年第 7 期。

分裂势力的合流趋势及其危害认知不足，在反分裂国家斗争中仅单向地关注"台独"活动，而忽视其与诸如"港独""藏独""疆独"等分裂势力之间的联系，难于形成对不同分裂势力的联动防范机制。2）对台湾地区内部政治、法律资源可用于反分裂国家斗争的必要性认知不足，诸如对台湾地区现行"宪法""两岸人民关系条例"等重要法律规范中"一中"条款的法理内涵、政治功能等问题的认知不到位，在实践中导致不少可用于维护一个中国框架的宝贵资源未能得到充分利用。3）从国际法层面对反分裂国家斗争的认知不足，一些基础性的国际性问题，诸如如何在国际法层次解释和确认"两岸同属一中"的政治事实和法理事实、如何应对台湾地区积极谋求国际存在的法律举动等，并未引起足够的重视，相关论证有待加强。

第三，就反分裂国家斗争的关照时序而言，对未来相当长一段时期内可能出现的反分裂势头和风险尚缺乏足够的预估和前瞻。从当前有关反分裂国家斗争的论述来看，现有论述多关注已出台的反分裂立法、已发生的反分裂重大事件、已呈现的反分离势头，而缺乏对未来相当长一段时间内可能出现的反分裂势头和风险的中长期评估。详言之：1）对反分裂国家斗争形势的判断，往往仅立足于当前两岸关系，而未充分考虑到"后2016时期"可能出现的新情况、新变化，尤其是对民进党或其他主张"台独"的政党长期在台执政可能性的预估不足。2）对反分裂国家斗争发展方向的评估，往往只考虑到两岸透过协商谈判方式解决统"独"争议的可能性，而未虑及以非和平方式及其他必要措施解决台湾问题的可能性，对相关措施所需的法律准备认知不到位。3）对反分裂国家斗争发展阶段的判断，往往更多地关注两岸尚未统一状态下的反分裂措施，而对未来统一台湾后的岛内治理和两岸关系治理问题的谋划则显不足。

（二）反分裂国家斗争的法律机制有待完善

尽管《反分裂国家法》实施以来，"台独"分裂活动得到有效遏制，两岸关系在总体上呈现出和平发展的新气象，但近年来台湾地区政治环境发生重大变化，岛内政党轮替常态化、民意结构"偏独化"和政党发展

"本土化"，这些变化都势必对反分裂国家斗争的基本形势产生影响。在这种背景下，国家在法律层面的应对机制尚未完全跟进，相关制度规范仍待完善。总体而言，当前国家反分裂斗争法律机制呈现出政治宣示效果强、法律实施效果弱，立法体系严重滞后于两岸关系发展实际，对台反分裂司法实践匮乏等不足之处。详言之：

第一，尚未形成配套的法律实施机制，反分裂国家法律机制的法实践效果有待加强。由于《反分裂国家法》的制定背景、调整对象均与一般的部门法不同，在实践中其政策宣示效果强于其法律制裁效果，因此这部立法长期以来面临是否具有适用性的争论。① 从法理上看，作为一部宪法性法律，《反分裂国家法》的适用，既可以是由有关国家机关依照该法规定直接采取反分裂国家的相关行动，也可以是由立法机关以这部法律为依据，形成若干配套性立法，进一步明确这部法律的实施方式、程序等细节性问题。然而遗憾的是，面对"台独"分裂势力不断更新和调整"法理台独"布局的境况，国家尚未形成法制化的《反分裂国家法》实施体系，《反分裂国家法》部分条款的具体适用仍有待进一步厘清。

第二，对台工作立法体系的时效性滞后，两岸关系和平发展框架的法律机制与反分裂国家斗争的关联性有待加强。《反分裂国家法》制定后，国家陆续制定和修改一批涉台立法，对台工作立法体系虽已初步形成，但从两岸关系发展的实际情况看，其中部分法律规定的时效性仍显滞后。诸如两岸协议在我国社会主义法律体系中的定位及其实施机制、台湾同胞的法律地位等在两岸关系和平发展过程中出现的新问题、新情况，都缺乏相关立法的规制。② 可以说，在我国现有法律体系中，缺乏一部介于《反分裂国家法》和具体涉台部门立法之间的中观层次的综合性涉台立法，反分裂国家法律体系存在"中梗阻"。这种"中梗阻"的存在，在一定程度上削弱了两岸关系和平发展框架的法律机制与反分裂国家斗争的联系，使二

---

① 参见周叶中、祝捷主编：《构建两岸关系和平发展框架的法律机制研究》，九州出版社 2013 年版，第 25 页。

② 参见段磊：《海峡两岸涉对方事务立法体系的构成、比较与启示》，《西安电子科技大学学报（社会科学版）》2015 年第 3 期。

者在一定程度上产生割裂。

第三，国家对台工作法律体系在司法审判领域的应用性不足。在法治发达国家，司法判决及其执行，是构成法律自身发展的重要方式，司法话语也构成政治立场的重要表达方式。如 1998 年加拿大联邦最高法院针对魁北克省单方面启动"脱离"公投形成一份长达七十页的《参考意见》，①在这份意见中全面运用司法逻辑论证了魁北克独立公投合法性问题中的三个核心法律问题，对维护加拿大国家统一作出重大贡献。② 然而，在当前我国各级人民法院作出的司法裁判中，尚未出现以《反分裂国家法》为依据的涉台个案。③ 由于反分裂国家司法个案的缺失，致使在台湾地区内部和国际舞台上颇具说服力的司法机关，未能在维护国家统一方面做出应有贡献，司法话语这种为当今世界所认同的一种体现客观性、中立性、法理性的特殊表达方式，亦在反分裂国家斗争中处于缺位状态。

二、反分裂国家法律机制的系统性建构

立基于对当前反分裂国家斗争形势的判断和对反分裂国家法律机制建设现状的认知，我们认为，应从理念、制度、话语三个层面出发，推动反分裂国家法律机制的系统性建构。

（一）对反分裂国家斗争法律属性的再认知

要完成反分裂国家法律机制的系统性建构，首先要求我们在理念层面明确反分裂国家问题的法律属性，实现对法律规范、法治理论、法学研究在反分裂国家斗争中地位与作用的再认知。在台湾问题的法律属性已获广泛认同的背景下，如何界定反分裂国家斗争的法律属性，如何认识法治思

---

① *Reference re Secession of Quebec.*

② 参见朱毓朝：《魁北克分离主义的挑战与近年来加拿大联邦政府在法律和政策上的应对》，《世界民族》2007 年第 4 期。

③ 基于中国裁判文书网和北大法宝等数据库的检索，目前我国各级法院审判实践中，尚未出现援引《反分裂国家法》的涉台司法个案，亦少有在涉台判决中诠释和强调一个中国原则等反分裂立场的表述。目前仅有的在判决书中引用《反分裂国家法》的系上海市徐汇区人民法院于 2013 年做成的一则行政诉讼判决书，但该案并非涉台案件，北大法宝引证码：CLI. C. 17307121。最后检索日期：2017 年 8 月 22 日。

维和法治方式在反分裂国家斗争中的地位与作用，是构建反分裂国家法律机制的前提与基础。

一方面，要明确反分裂国家斗争的法律属性，正确认识法治思维、法治方式的重要作用，尽量消除"法律工具主义"的影响。在台湾问题论域内，不少人认为，法律虽能够对反分裂国家斗争产生积极作用，但法律在其中承担的主要任务乃是对政治立场的确认与复现，所谓反分裂国家的法律机制只是实现反分裂国家政治目标的一种工具或手段而已。显然，这种观点是法律工具主义在反分裂国家领域的一种映现。这种观点的扩散无疑将对法治思维和法治方式在反分裂国家斗争中发挥积极作用产生不利影响。法律工具主义是一种关于法律本质和法律功能的法学世界观和认识论，它强调在社会系统中，法律只是实现一定社会目标的工具和手段。[①]法律工具主义思潮在中国具有极为悠久的历史，也曾在理念和制度层面对中国国家法治建设进程产生极大危害。法律是目的性价值与工具性价值的集合。在社会系统中，它不仅可以有效确认、证成和表达特定政治立场，也可以立基于法治的自身价值，有效规范和约束政治立场。就反分裂国家斗争而言，对这一观点的理解，主要体现在三个方面：1）法的生成蕴含着人民主权与公共利益的基本精神，法律规范能够有效凝结和反映民众对国家统一与反分裂斗争的理性共识，能够有效约束和规制政治人物及其政治立场，保障促进国家统一与反分裂斗争的正确方向。2）立法为政治决断的表达提供权威方式，法律规范能够以最明确而权威的方式彰显反分裂国家斗争的政治决断，以法律方法规范反分裂国家措施的具体模式，从而有效震慑分裂活动。3）法的实施为政治决断的实现提供有效制度路径，法律规范能够将原本作为政治过程的反分裂斗争和国家统一过程转化为法律实施过程，从而降低政治议题带来的敏感度。

另一方面，在认识反分裂国家斗争法律属性的同时，要重视法治方式与其他反分裂方式的有效衔接，避免落入"法律万能论"的陷阱。在台湾问题的法律属性日渐明晰之后，部分学者在对台研究中，开始出现"法律

---

① 谢晖：《法律工具主义评析》，《中国法学》1994 年第 1 期。

万能论"的倾向。在"法律万能论"的论述下，反分裂斗争中的任何问题都可以纳入法学范畴。论者将解决问题的一切方法都寄望于法律制度，忽视甚至漠视政治方法、政策手段等的重要作用。显然，这种观点是对法律工具主义思潮的矫枉过正，也是对法律在反分裂国家斗争中地位与作用的误解。众所周知，台湾问题是中国革命的历史遗留问题，是国共两党政治斗争的结果，从台湾问题形成的原因、过程、特点等方面来看，它天然的具有政治属性。[①] 从这个意义上讲，我们肯定和强调反分裂国家斗争的法律属性，并不意味着否定其政治属性，更不意味着忽视政治方法、政策手段的重要价值。为避免反分裂国家斗争落入"法律万能论"的陷阱，我们应充分重视法治方式与其他反分裂方式的有机结合与有效衔接。这就要求我们：一方面，明确通过政策落实法律规定的程序与策略，将《反分裂国家法》等涉台基本法律中的原则性规定，通过政策措施的方式予以贯彻落实。如《反分裂国家法》第六条明确了国家可采取的五种维护台海地区和平稳定、发展两岸关系的原则性规定，这些原则性规定的落实，即需要有关部门通过制定具体政策加以落实。另一方面，明确反分裂国家政策向法律转化的程序与策略，及时通过立法程序，将已有的经过实践检验可反复适用的相关政策措施上升为法律规定。如近年来，本着"两岸一家亲"的基本理念，大陆方面推出一批有助于保护台湾同胞个人权益、便利台湾同胞参与两岸交往的政策措施，这些措施对争取广大台湾同胞认同和支持两岸关系和平发展有着重要作用。这些措施在经过一定范围内的"先行先试"后，便可通过相关立法程序上升为法律规定，从而确保有关措施的持续性和稳定性。

(二)《宪法》《反分裂国家法》等法律规范的配套建设

正确的理念生成有效的制度。法律规范是构成反分裂国家法律机制的制度表现。完成反分裂国家法律机制的系统性建构，要求我们在规范层面，做好《宪法》的反分裂条款、《反分裂国家法》和其他反分裂法律规

---

① 周叶中：《加强对台特别立法势在必行》，收录于周叶中、祝捷著：《两岸关系的法学思考》，九州出版社 2013 年版，第 77 页。

范的配套法律机制建构工作，为反分裂国家斗争提供充分、明确的法规范依据。

第一，应及时根据台海形势，通过修改宪法、解释宪法等方式，调整对台政策话语。我国现行宪法是我们从各个层面展开反分裂国家斗争的根本法律依据。考虑到中央对台政策和《反分裂国家法》对一个中国原则的具体表述与宪法序言第九自然段的表述存在一定差别，特别是宪法序言第九自然段仍采取"台湾是中华人民共和国的神圣领土的一部分"这一表述，宜根据中央对台方针的最新表述和《反分裂国家法》的相关规定，适时启动修宪程序，将其修改为"台湾是中国的神圣领土的一部分"。① 同时，在必要时，亦可由全国人大常委会根据《宪法》第六十七条之规定，以宪法解释的办法，对宪法序言第九自然段和第三十一条进行解释，再次重申一个中国原则的底线以及"绝不承诺放弃使用武力"的政策，向台湾方面传递大陆的底线和决心，防止台湾方面对形势发生错误判断，以有效遏制"台独"分裂活动不断发酵的趋势。

第二，应通过立法方式将和平发展阶段取得的政策成果和共识固定下来，充分发挥两岸关系和平发展框架法律机制的反"独"作用。两岸关系和平发展框架的法律机制通过推动两岸关系和平发展，构建两岸治理结构，能够有效避免"两岸分裂分治永久化"，对反分裂国家斗争具有重要作用。因此，应当充分重视两岸关系和平发展成果对遏制"台独"分裂活动的重大意义，将这些成果以法律形式固定下来。为此，应通过制定专门立法，对事关两岸关系和平发展的重大问题做出规制，维护好两岸关系和平发展阶段已经取得的成果。从立法目的角度来看，这部立法可命名为《两岸关系和平发展促进法》，② 其立法重点可包括：1）贯彻习近平总书记关于两岸关系和平发展的重要论述，明确两岸关系和平发展与祖国完全统一之间的关系，将国家在两岸关系和平发展阶段的基本政策主张转化为法

---

① 参见周叶中：《关于适时修改我国现行宪法的七点建议》，《法学》2014 年第 6 期。

② 笔者主持的中国法学会 2014 年度部级涉台专项课题"关于制定两岸关系综合性法律的研究"曾对此问题做过系统性研究，并形成立法建议稿。

律规范。2）对现有二十余项两岸协议的实施问题，尤其是两岸协议在大陆的法律地位、两岸协议与中国特色社会主义法律体系的关系问题作出规定，以合乎法律规定的方式，促进既有两岸协议的贯彻落实，维护好两岸关系和平发展的既有成果，充分发挥两岸协议的反"独"促统功能。3）积极贯彻"寄希望于台湾人民"的方针，对台湾同胞在大陆地区基本权利的保障问题，尤其是台湾同胞作为中国公民应在大陆享有的政治权利（如选举权与被选举权）和经济权利（投资、贸易的国民待遇）等作出规定，以充分发挥法治所具有的独特而强大的认同聚合功能，强化在陆台湾同胞对中国的国家认同感。

第三，通过制定下位法或出台法律解释的方式，以《反分裂国家法》相关条文为依据，结合台海形势，形成重点打击和遏制"台独"分裂活动的中观层次规范体系。针对宪法和《反分裂国家法》的内容相对抽象、操作性不强，而一些部门法规定反分裂国家措施又相对琐碎、体系性不足等问题，应以《反分裂国家法》相关条文为依据，以立法或出台法律解释的方式，进一步完善反分裂国家法律体系。完善这一体系需重点解决的问题包括：1）贯彻习近平总书记关于反分裂国家"六个任何"的重要表述，进一步明确"台独"分裂活动的表现形式与判定标准，厘清《反分裂国家法》第二条关于"绝不允许'台独'分裂势力以任何名义、任何方式把台湾分裂出去"的内涵。2）贯彻《反分裂国家法》第六、七条的相关规定，形成体系化的两岸协商谈判制度安排，明确两岸公权力机关直接或间接协商的体制机制，确定协议的法律效力和相关程序，稳步推进两岸以制度化方式"聚同化异"。3）对国内其他分裂势力（如"藏独""疆独""港独"等）与"台独"合流的问题予以规制，明确国家对打击上述各类分裂活动的坚定立场，完善遏制各种分裂势力合流倾向的体制机制。

（三）创新以法治为主要表现形式的反分裂国家话语体系

现代政治生活中，话语是展示政治秩序的重要符号系统。[①] 在反分裂

---

① 吴猛著：《福柯话语理论探要》，九州出版社 2010 年版，第 26 页。

国家斗争中，能否提出一套具有充分说服力的话语体系，直接关系到反"独"促统工作在台湾民众中的接受程度，也关系到我反分裂国家工作在国际舆论中的认受程度。然而，对于反分裂国家斗争而言，一个必须直面的事实是，当前系统化的"台独"理论谱系已经形成，在"台独"政客与学者的鼓噪下，"一中"经典论述正在岛内逐渐失去"听众"。[①] 在这种背景下，必须改变传统的以历史、民族、文化等论述为核心的国家统一话语模式，引入新的更具影响力的话语元素，构建新型反分裂国家话语体系。从话语体系的权威性、认受性、可接受性等层面综合考量，法治是两岸社会共同接受的治国理政的主要方式。将法治资源引入反分裂国家话语体系模式建构，有助于形塑一套"说得通""站得住""传的开""有人信"的反分裂国家话语体系。

第一，应从法治层面重新确立反分裂国家话语体系的表达主题，解决反分裂话语体系"说什么"的问题。反分裂国家话语体系的表述主题无疑应是"两岸同属一个中国"的政治事实和国家实现完全统一的终极目标。但这一话语主题的外在形式却可能因其内在支撑资源的变化而变化。由此，将法治资源引入反分裂国家话语体系之后，这一话语主题的外在形态将发生系统性转变。在法治与反分裂国家话语体系相结合之后，应以两岸各自（法律）规定为基础，以国内法和国际法法理为支撑，塑造一套在法律规范层面有依据、在法学理论层面有论述的反分裂国家法治话语主题。需要指出的是，在重塑这一表达主题的过程中，应充分重视台湾地区内部法律资源对反分裂国家斗争的重大价值，借助法治话语，引导和整合台湾地区反"独"力量，探索台湾地区内部反"独"话语的整合方式。由此，在这一话语体系中，"反分裂国家"不再是一套单纯的政治说辞，而进化为一套具有充分法理支持的法律表述体系。

第二，应从法治层面重新界定反分裂国家话语体系的表达主体，解决反分裂国家话语体系"谁来说"的问题。长期以来，作为一个政治议题，

---

① 段磊：《"一个中国"话语体系的逻辑构成与理论挑战》，《中国评论》（香港）2016 年 11 月号。

反分裂国家斗争的话语表达主体往往局限于政治主体，如党和国家领导人、国家涉台主管部门等。因此，反分裂国家话语天然地被赋予浓厚的政治色彩。毋庸置疑的是，政治主体的话语表达有助于充分强化话语的权威性，但由于两岸长期处于政治对立状态，大陆方面政治主体提出的反分裂国家话语往往被"台独"分裂分子所扭曲。在这种境况下，不少台湾民众亦对大陆方面的反分裂国家话语产生误解和曲解，无法完全认同反分裂国家话语的正当性。与政治话语相比，法治话语更为注重通过法律规范、法学理论、法理逻辑，形成对特定问题和立场的理性表达。因此，在创新以法治为主要表现形式的反分裂国家话语体系模式中，应充分重视法治主体的话语功能，使反分裂国家话语的表达过程中，既有政治主体的声音，也有法治主体（如立法机关、审判机关等）的声音，通过更具法理性的法律解释、司法案例、事例，提升台湾民众对反分裂国家话语的认受性。

第三，应从法治层面重新构建反分裂国家话语体系的表达方式，解决反分裂国家话语体系"怎么说"的问题。政治话语的表达重点在于突出政治立场，因而在其表达方式中，更为突出论点的核心地位，而相对忽视论证过程。与政治话语不同的是，法律话语的表达重点在于通过对特定立场的论证与推理，证成观点的合理性。法律话语的制作过程既是一种确立、维持和改变权力关系的政治实践，也是从权力关系的各种立场来构成、归化、维持和改变世界价值观的一种意识形态实践，其重点在于通过规则意识发挥作用。① 长期以来，在反分裂国家话语体系中，政治话语一直占据主导地位，无论是政界还是学界，都惯于使用政治话语强化特定政治立场或驳斥特定分裂观点。然而，这种重立场、轻论证的表达方式，在一定程度上会使原本具有充分论理依据的反分裂国家话语沦为一种单向的政治说辞。因此，在创新反分裂国家话语体系的过程中，我们应当针对政治话语与法治话语的各自特点，将两种表达方式有机结合起来，既注重强化国家统一问题的政治立场，又注重对相关立场的证明与说理，通过严密的法律

---

① 潘丽萍：《法律话语策略与民族身份——〈反分裂国家法〉的中国话语建构》，《外语学刊》2011 年第 1 期。

逻辑推理，夯实反分裂国家斗争的论理基础。

三、以非和平方式解决台湾问题的法律准备

用和平方式解决一国内部的争端，是人们的良好愿望，也是当今世界的进步潮流，然而把武力和战争作为政治最高、最后的保留手段也是世界各国的通行做法。①

就台湾问题而言，实现祖国和平统一无疑是确保中华民族根本利益、实现中华民族伟大复兴的最佳选择，但在"台独"分裂势力采取分裂国家的行动时，国家无疑有权以非和平方式及其他必要措施解决台湾问题。从《反分裂国家法》的制度设计来看，和平统一是我们解决台湾问题的最佳方式，非和平方式则是我们捍卫国家主权和领土完整的最后方式。因此，我们既要坚定和平统一的信心，坚持"寄希望于台湾人民"的基本方针，也要做好防患于未然的战略准备，为反分裂国家斗争划定政策底线，谋划最终措施。以非和平方式解决台湾问题的准备工作，是一项宏大的系统性工程，包括政治准备、经济准备、军事准备、外交准备、法律准备等多个层面。做好法律准备，既是启动以非和平方式解决台湾问题的基本前提，也是解决台湾问题后治理好台湾地区的重要保障。因此，做好以非和平方式解决台湾问题的法律准备极具必要性。而探讨以非和平方式解决台湾问题的法律准备问题，应以时间为序，形成解决前的法律准备和解决后的法律治理两套策略体系。

（一）做好以非和平方式解决台湾问题前的法律准备

台湾问题属于中国内战的延续，是中国的内政，但在历史上却不乏外国势力干预或意欲干预两岸关系发展，甚至阻挠中国实现完全统一的情况。因此，以非和平方式解决台湾问题的法律准备，既涉及相关的国内法准备，也涉及一定的国际法准备。

就国内法准备而言，应着重于完善和明确国家采取相关措施的法律依

---

① 王英津著：《国家统一模式研究》，九州出版社 2008 年版，第 298 页。

据、法律程序问题。详言之：1）廓清《反分裂国家法》第八条第一款规定的三种条件的内涵与外延，做好对以非和平方式解决台湾问题实体性法律依据的论证。《反分裂国家法》第八条规定了启动以非和平方式或其他必要措施解决台湾问题的法律条件，但这些规定的内涵和外延仍显模糊，因此应在启动以非和平方式解决台湾问题的实施程序前加以明确。在操作方式上，既可由全国人大常委会依照法律解释程序，结合台海局势，对相关条件的内涵予以廓清，也可由司法机关依照司法裁判程序，对可能触发相关程序的法律事实予以界定，使之纳入上述范围，为启动以非和平方式或其他必要措施解决台湾问题提供充分的法理依据。2）明确《反分裂国家法》第八条第二款规定的使用非和平方式和其他必要措施解决台湾问题的法律程序，明确各国家机关在以非和平方式解决台湾问题过程中的权能分工。《反分裂国家法》虽规定了采取非和平方式解决台湾问题时，"由国务院、中央军事委员会决定和组织实施，并及时向全国人大常委会报告"，但这一规定仍显模糊，操作性不足。因此，应在启动相关程序前，围绕以非和平方式解决台湾问题实施主体的权能分工、启动和实施程序等，制定相关立法或出台法律解释，做到重大活动于法有据。3）落实《反分裂国家法》第九条规定的以非和平方式解决台湾问题时国家对台湾平民和在台外国人基本权利保障的相关体制机制，尽可能减少非战争人员权益的损失。近年来，随着非国际性武装冲突（内战）成为常态，国际人道法的适用范围也随之从国际性武装冲突扩展到非国际性武装冲突，这就要求世界各国在包括内战在内的各类武装冲突中，均遵循国际人道法的要求，充分保障冲突中平民的基本人权。[①] 因此，在采取非和平方式解决台湾问题的过程中，应当注意区分少数"台独"分裂分子和普通台湾民众以及在台外国人，在坚决打击前者的前提下，尽可能保障后者的合法权益，争取广大台湾民众和国际社会的支持。因此，应根据《宪法》关于紧急状态的相关规定和《反分裂国家法》第九条之规定，形成若干配套性立法（或战时政

---

① 参见马新民：《变革中的国际人道法：发展与新议程——纪念〈日内瓦公约〉1977 年〈附加议定书〉通过四十周年》，《国际法研究》2017 年第 4 期。

策），以保障相关群体的合法权益。

就国际法准备而言，应着重于国家反对外国势力干预的应对措施和应对话语问题，为我方有效威慑外国势力非法干预提供法律支持。由于两岸在硬实力上存在巨大差距，国家在采取非和平方式及其他必要措施解决台湾问题时，遏制外国势力以武力或非武力方式进行干预，在一定意义上成为问题的关键。然而，如何遏制外国势力干预，在本质上属政治、军事和外交问题，并非单纯的法律问题。因此就国际法层面的准备而言，相关策略的重点在于如何依照国际法和相关国家的国内法，形成对外国势力干预的可能法律借口的应对策略，进而形成回应外国势力、争取国际支持和道义制高点的对策安排。详言之：1）应在以非和平方式解决台湾问题前，处理好国际舆论问题，慑止外国势力的非法干预。不干涉内政原则是国际法的重要基本原则之一。《反分裂国家法》第三条对于台湾问题"是中国内部事务"的界定，恰恰构成我国法律对外国势力干涉中国内政的回应。①因此，应当立足于《反分裂国家法》的规定，结合国际法的一般原则，充分、明确、清晰地说明我方采取措施的法律依据，强调台湾问题的内战和内政属性，坚决反对一切外国势力的干预。2）充分挖掘可能干预我解决台湾问题相关国家的国内法原则、规则、判例等，形成对外国势力干预的法律依据的预判，进而展开相关法律论战。从地缘政治和台湾问题的历史发展来看，美、日等国是干预我解决台湾问题的主要对象，然而这些国家在对外干预问题上，仍需遵循本国国内法。因此，应组织力量充分研究相关国家可能用于干预台湾问题的国内法依据，进而以其国内法中的有利因素为武器，对其展开法律层面的反击。

（二）做好以非和平方式解决台湾问题后的法律治理准备

历史上各国在解决国家统一问题之后，都会遇到诸如统一区域的治理结构问题、各区域的融合问题、部分区域的国家认同问题、统一区域的再分离思潮问题等。如两德统一后，原东德地区即面临"转轨"过程，原有

---

① 参见尹生：《分裂·干涉·主权——〈反分裂国家法〉的国际法分析》，《当代法学》2006 年第 1 期。

民主德国的国家机器被打碎，西德的政治制度被引入，所有制结构等发生重大变化，两德在很长一段时间内面临融合困境。① 因此，在做好以非和平方式解决台湾问题相关准备工作的同时，也应将反分裂国家斗争的时间线延伸至非和平方式解决台湾问题之后，充分考虑到从法律制度设计层面出发，对统一后台湾地区的治理问题提供保障。详言之，相关法律制度设计应着力于以下两个方向：

一方面，应通过制定一部基本法律，从根本上解决国家统一后台湾地区的治理方式问题，明确台湾地区与中央的法律关系、台湾地区的治理架构、台湾居民的政治、人身、财产权利保障等问题。尽管两岸民众同属中华民族，二者存在极高的文化同构性，但基于两岸在历史上较长时间的分离状况，两岸人民在社会制度、政治机制、生活习惯上都存在一定差异，需要一定的过渡期才能消除这种差异。因此，在以非和平方式解决台湾问题后，应考虑在"一国两制"基本精神的指引下，仍在台湾地区暂时施行与大陆地区不同的治理方式。需要说明的是，尽管通过"一国两制"解决香港问题和澳门问题的具体途径是设立特别行政区，但这并不意味着"一国两制"的实现方式仅限于特别行政区制度。② 因此，针对台湾问题的特殊属性，国家可对台湾地区是否同样适用特别行政区制度做出评估，并做出相应的政治决断。但是，无论是否适用特别行政区制度，在国家统一后台湾地区的治理问题上，都应坚持运用法治思维和法治方式解决这一问题。我们认为，制定一部适用于统一后台湾地区治理的基本法律，明确台湾地区与中央的法律关系，确定台湾地区的治理方式、治理架构，保障台湾居民的宪法权利等极为必要。这部法律应包含以下内容：1）明确统一后台湾地区的治理方式，详细规定台湾地区采取区别于大陆地区治理方式的具体程序、过渡时期的具体安排等；2）明确统一后中央与台湾地区的法律关系，实现台湾地区法律与国家宪法法律体系在一个中国原则上的统一与结合；3）明确台湾地区在特定时期的治理架构，尤其是处理好台湾

---

① 参见梅兆荣：《德国统一后东部地区的转轨情况》，《德国研究》2003 年第 3 期。

② 参见周叶中：《"一国两制"法理内涵新释》，《中国评论》（香港）2014 年 12 月号。

地区既有政权组织形式与新型治理架构之间的关系；4）明确台湾居民在我国宪法上的法律地位，在立法中明确台湾居民行使中国公民政治、人身、财产权利的具体方式。等等。

另一方面，应通过立法、司法等多种方式，着力构建统一后台湾地区的去"独"化法律机制，全面消除"台独"思潮遗毒，消除两岸民众因长期存在的统"独"争议而产生的对立与隔阂。能否在国家统一后，尽快消除"台独"分裂思想对台湾民众的错误导向，对推进两岸在经济社会等各层面的全面融合，消解两岸民众因"台独"分裂思想带来的隔阂具有重要意义。在历史上，联邦德国在二战后即面临消除纳粹思想影响的问题，通过一系列法律措施消除纳粹分子生存的政治环境，惩治纳粹罪犯，在短期内取得了良好的"去纳粹化"效果。如联邦德国在《基本法》中创设"政党取缔条款"，确认纳粹思想与组织的违宪性，并于1952年以其纲领、活动和形象与纳粹有密切继承关系为由，作出取缔社会主义帝国党（SRP）的判决。① 又如联邦德国司法机关在战后开始系统追诉纳粹嫌犯，而德国议会更是延长了对纳粹罪犯的追诉时效。② 就国家统一后消除"台独"遗毒问题，我们亦应做好法律层面的准备，详言之：1）贯彻《反分裂国家法》相关精神，对统一前实质性参与"台独"分裂活动的人员，依照法律程序和法律规定予以处理，涉嫌触犯《刑法》中分裂国家罪等相关罪名的，应依法予以追诉。2）依据《反分裂国家法》，制定适用于台湾地区政党、政治团体的相关法律，明确将分裂国家的活动列为禁止性行为，依法取缔追求"台独"目标的政治组织。3）通过制定适用于台湾地区公务人员的相关法律，将参与"台独"分裂活动列为台湾地区公职人员任职的禁止性条件，杜绝"台独"分裂分子进入台湾地区公权力系统的可能性。4）对国家统一前虽参与"台独"分裂活动，但国家统一后积极反省并参与消除"台独"影响的人员，必要时，可借助宪法和法律中的特赦制度，对其

---

① 参见程迈：《民主的边界——德国〈基本法〉政党取缔条款研究》，《德国研究》2013 年第 4 期。

② 参见李乐曾：《战后对纳粹罪行的审判与德国反省历史的自觉意识》，《德国研究》2005 年第 2 期。

予以赦免，避免去"独"化活动产生过大负面影响，以争取广大台湾民众的支持。

四、结语

习近平总书记在党的十九大报告中指出，"我们绝不允许任何人、任何组织、任何政党、在任何时候、以任何形式、把任何一块中国领土从中国分裂出去"。习近平总书记的这一重要论述，为我们在当前形势下开展反分裂国家斗争，建设反分裂国家法律机制提供了重要指引。在两岸关系遭遇政治僵局的今天，我们应重新思考和认识法律在反分裂国家斗争中的重要地位，将做好反分裂国家的法律机制纳入反分裂国家斗争的整体规划，积极做好多层次的准备工作，以实现有效遏制"台独"分裂活动、推动国家实现最终统一的伟大目标。

"一国两制"法理内涵新释[*]

    2014 年 9 月 26 日，习近平总书记在会见台湾和平统一团体联合参访团时指出，"'和平统一、一国两制'是我们解决台湾问题的基本方针，我们认为，这也是实现国家统一的最佳方式。"今年三月以来，台湾地区发生了一些不利于两岸关系和平发展的事件，香港也发生了"占中"事件，"一国两制"受到了巨大的考验与压力。在这个特殊时期，习近平总书记重新强调"一国两制"有着重要意义。众所周知，"一国两制"是邓小平等中国老一辈领导人为解决台湾问题而提出的战略构想。由于历史的机缘，"一国两制"理论被首先用于解决香港问题和澳门问题。1997 年后，在十几年的实践和发展过程中，"一国两制"已从实践中的战略构想成长为丰富的理论实践，成为中国特色社会主义理论体系的重要构成部分。要运用"一国两制"解决台湾问题，就必须在实践中探索出一条符合两岸关系和平发展的新道路，以"一国两制"理论所蕴含的基本精神来设计未来用于解决台湾问题的具体方案。需要特别提出的是，大陆方面提出用"一国两制"解决台湾问题，实现祖国最终统一，是指用"一国两制"的基本精神来解决台湾问题，而非拘泥于"一国两制"在香港和澳门的实践中所运用的具体制度设计。因此，我们在探讨"一国两制"在台湾的实现方式时，首先需要厘清"一国两制"的法理内涵，为运用"一国两制"解决台湾问题提供理论支持。

---

[*]   本文由周叶中撰写，原文发表于《中国评论月刊》2014 年第 12 期。

一、澄清"误读"：作为国家治理理论的"一国两制"

"一国两制"理论是 1982 年宪法所确认的国家统一原则和制度，这一事实已经为世所公认。"一国两制"在解决香港问题和澳门问题上已经展现出了巨大的理论优势，而且取得了举世瞩目的成就。然而，在"一国两制"已经成功解决港澳问题近二十年后，"一国两制"却遭遇到了种种考验与压力。在台湾地区发生的"反服贸"运动，在香港发生的"占中"事件等，都引发部分人对于"一国两制"的质疑，而这种"质疑"也在相当程度上与港澳台部分人士长久以来对于"一国两制"的误读合流，产生了一股反思、误读乃至于否定"一国两制"的思潮。对于"一国两制"的误读，不仅影响着人们对于"一国两制"的正确认知，而且已经对"一国两制"在港澳台地区的实践产生了负面影响。归纳起来，对于"一国两制"的误读主要有以下几种：

（1）有人认为"一国两制"在台湾的实践已经随着台湾方面的拒绝而失败了，因此，解决台湾问题需要另一种新的理论和思想，"一国两制"不适用于台湾问题。20 世纪 80 年代初，两岸在意识形态、政治立场和军事上处于全面对峙状态，在这种历史背景下，时任台湾地区领导人蒋经国在"一国两制"构想刚刚提出之时，即表示台湾不会接受这一政策。此后，历任台湾地区领导人出于各种各样的原因均拒绝接受大陆方面提出的以"一国两制"为核心的国家统一方案。基于此，很多人认为"一国两制"已经无法用于解决台湾问题，因而应当设计出一种新的理论模式解决国家统一问题。

（2）有人认为"一国两制"是区别内地和港澳、大陆和台湾的理论，而非促进两岸及港澳融合的理论，因此在推动共同发展、协调一致方面没有实践价值。很多人认为，"一国两制"就是用于区别两岸及港澳的理论，其主要价值在于实现祖国统一，而在推动四地共同发展的问题上没有什么价值。

（3）有人认为"一国两制"主要是解决"姓资姓社"等意识形态问题，在当前意识形态色彩已日趋淡漠的时代，"姓资姓社"的问题已经不存在，因此"一国两制"已经不再符合时代潮流。"一国两制"理论提出的时代背景是 20 世纪 80 年代初，其时"文革"虽已结束，但大陆的意识形态色彩依然较为浓重。按照"一国两制"理论的经典解释，"一国两制"中的"两制"指的是香港、澳门和台湾回归祖国后，它们原本实行的资本主义制度保持不变，可以与大陆实行的社会主义制度共存。因此，许多人认为，"一国两制"理论的提出主要是为了解决香港、澳门和台湾回归祖国之后"姓资姓社"的问题，当这一问题的影响力逐渐淡漠之后，"一国两制"理论已经完成其历史使命，应当退出历史舞台。

上述种种对"一国两制"的误读，一方面是由于我们对"一国两制"理论内涵的解读、研究和宣传得不到位，另一方面则是缘于部分人士有意识地通过对"一国两制"理论的曲解，达到特定的政治目的。目前，这些对于"一国两制"的种种误读已经开始妨碍到"一国两制"构想的实现。近日发生的香港"占领中环"危机、台湾"反服贸"运动以及台湾方面对"一国两制"的明确排斥等，事实上都是因为人们不了解、误解乃至曲解"一国两制"的理论内涵造成的。在这种时代背景之下，厘清"一国两制"的法理内涵，阐明"一国两制"的基本精神，对于更好地解决"一国两制"实践中出现的种种问题有着重要的理论和实践意义。

从理论上归结，上述有关"一国两制"的误读，根本在于仍将"一国两制"简单地解读为国家统一理论，而没有注意到"一国两制"自身的发展性，未能从国家治理的高度理解"一国两制"。众所周知，从发生学意义上，邓小平最早提出"一个国家，两种制度"的构想是为了解决台湾问题、香港问题和澳门问题，即为了解决国家统一问题而提出的理论设想。从表面上看，提出"一国两制"的初衷，的确是为了解决国家统一问题。正如邓小平所言，"实现国家统一是民族的愿望，一百年不统一，一千年也要统一的。怎么解决这个问题，我看只有实行'一个国家，两种制度'"。① 由此，"一国两制"理论给人们的最初印象即是一种关于国家统一的理论，当香港、澳门相继回归祖国并开始实行"一国两制"理论设计

---

① 《邓小平文选》第三卷，人民出版社 1993 年版，第 59 页。

的特别行政区制度之后，很多人即认为"一国两制"理论已经解决了其预设的问题，因而这一理论已经过时。

然而，"一国两制"是具有持久生命力的思想体系。港澳地区的实践表明，"一国两制"在香港和澳门回归后，仍然是港澳两个特别行政区的奠基石，是维护两个特别行政区长治久安和长期繁荣稳定的制度前提和思想保障。"一国两制"的港澳经验表明，"一国两制"不仅是国家统一理论，在完成特定地区的国家统一目标后，"一国两制"还构成该地区治理的重要基础。从此意义而言，"一国两制"也是国家治理理论。港澳经验对于台湾有着重要的启示作用：1）在国家尚未统一前，两岸关系和平发展推动大陆和台湾形成了两岸治理的新结构，而这种新结构的制度基础和前提就是"一国两制"，没有对于一个中国框架的认同，没有对于"两制"的包容与承认，两岸治理的新结构便不复存在；2）两岸统一的过程，需要借助治理的思维，治理所包含的彼此尊重、平等协商、制度建设、程序正义、法治思维和公民参与等，都是两岸统一所必须考量的前提性因素；3）即便两岸统一后，"一国两制"仍然是必须坚持的一项原则，两岸治理仍然是两岸关系的常态，这就需要两岸积极地运用治理思维，共创台海永久和平与繁荣。探索"一国两制"在台湾的具体实现形式，实际上是国家统一的治理现代化过程，"一国两制"在台湾的实现过程，也是国家治理现代化的必要环节与题中应有之义。因此，"一国两制"的理论内涵已经超越单一的国家统一理论，而是已经成为事关整个中国国家治理体系和治理能力现代化的治理理论，是形塑中国特色大国治理结构的根本。

二、如何理解"一国两制"的基本精神

"一国两制"的基本精神首先体现为以宽容的态度处理国家统一问题。宽容意味着尊重每一个人在思想与行为上的自由，并且在耐心和公正两重张力的平衡下，容忍这种自由所导致或可能导致的不同于己或不利于己的结果。[1] 长期以来，人们习惯于以斗争性思维来思考资本主义与社会主义

---

① 江国华：《宪法哲学导论》，商务印书馆 2007 年版，第 454 页。

是否能够共存于同一个国家之内的问题，这种思维得出的结论只能是"非此即彼""你死我活"。然而，在解决涉及中国国家统一问题时，若仍坚持这种斗争性思维将会为中国的完全统一和中华民族的伟大复兴制造很多不必要的障碍。邓小平同志高瞻远瞩，以宽容的思维方式取代了斗争性思维方式，提出"一国两制"的伟大构想，使两种在斗争性思维之下无法共存的社会制度统一于一个国家之内，既坚持了一个中国的基本原则，又尊重台、港、澳地区的政治现实，为中华民族的伟大复兴扫清了障碍。因此，"一国两制"的基本精神并不在于设计出一种能够容纳不同社会形态的制度安排，而在于能够宽容处理国家统一问题的基本态度。

"一国两制"的基本精神还体现为以和平方式解决国家统一问题。战争与和平是解决国家统一问题的两种基本方式。在中国历史上，战争是国家走向统一的主要方式。然而，以战争方式解决国家统一问题不仅会造成国家发展的停滞，还容易伤害国家内部各区域人民之间的情感。因此，尽管我们有能力以武力方式解决香港、澳门和台湾问题，但武力方式终究不是最好的解决办法。邓小平指出，"和平共处的原则用之于解决一个国家内部的某些问题，恐怕也是一个好办法。根据中国自己的实践，我们提出'一个国家，两种制度'的办法来决绝中国的统一问题，这也是一种和平共处"①。邓小平同志站在国家民族利益的高度，以和平思维代替战争思维，提出"一国两制"的伟大构想，使国家利益和民族利益在尽可能不受战争伤害的同时，解决了国家统一的重大命题，使两种不同的社会制度能够在一个国家之内和平相处，为国家发展和民族复兴提供了有利条件。因此，以和平方式解决国家统一问题成为"一国两制"基本精神的又一重要体现。

"一国两制"的基本精神最终落脚在将坚持"一国原则"和尊重"两制差异"有机地结合在一起，探索适当的途径解决国家统一问题。"一国两制"是一个由"一国"和"两制"结合而成的概念，二者相辅相成，不可偏废。所谓"一国"即坚持一个中国原则，就是要通过各种方式强化

---

① 《邓小平文选》第三卷，人民出版社1993年版，第96页。

"一个中国"观念，增进台港澳地区对中国的国家认同，防止出现将台湾、香港和澳门从祖国分离出去的情况，维护国家在领土主权层面的统一。这一点不仅是两岸及港澳有识之士的共识，更为两岸及港澳各自宪制性规定所确认，因而体现为"法理一国"。所谓"两制"即尊重两制差异，就是要实事求是地正视和尊重内地和港澳地区、大陆和台湾地区的社会经济制度差异，在法律设定的框架内协调中央与特别行政区关系，推进特别行政区的繁荣发展，在两岸共识的架构下维护海峡两岸关系和平发展的大好局面，推进祖国和平统一。同时，在诠释"一国两制"概念时，不能将"一国"和"两制"割裂开来，单方面地强调"一国"或"两制"，而应强调二者之间的不可分割的互动关系，在这种互动关系中探寻特别行政区繁荣发展的最优途径和两岸政治关系定位的合情合理合法安排。因此，将"一国"与"两制"有机结合起来，辩证地看待二者的关系乃是"一国两制"基本精神的落脚之处。

"一国两制"在解决香港问题和澳门问题的具体途径是设立特别行政区，由中央政府赋予特别行政区政府以高度自治权，实现当地人治理下的高度自治。从香港和澳门十余年来的实践来看，"一国两制"基本精神指导下的特别行政区制度在港澳地区取得了良好的实践效果，其制度生命力十分旺盛。然而，台湾问题的复杂性远远超过港澳问题，因此港澳的成功经验并不意味着在解决台湾问题时就一定要照搬港澳所采取的特别行政区模式。大陆方面提出用"一国两制"解决台湾问题，实现祖国最终统一，是指用"一国两制"的基本精神来解决台湾问题，而非拘泥于"一国两制"在香港和澳门的实践中所运用的具体制度设计。因此，两岸需要在充分考虑台湾同胞的利益诉求，考虑台湾地区的特殊情况的同时，携手努力，共同探索"一国两制"在台湾实现的具体形式。

三、如何理解"一国"：建基于"法理一中"的国家认同

毫无疑问，"一国两制"概念中的"一国"即"一个中国"。一个中国原则是"一国两制"理论的政治前提和政治基础，抛开"一国"谈"两制"是没有任何意义的。那么，我们应当如何理解"一国"的法理内

涵呢？从两岸围绕一个中国问题的争议来看，一个中国概念之中至少蕴含着以下两个层次的争议：一是针对谁是"中国"的争议，即对"中国"的代表权的争议或者说是对中华人民共和国或"中华民国"政权符号的争议，具体来说就是大陆和台湾对"一个中国"究竟是中华人民共和国还是"中华民国"问题的争议；二是是否存在"两个中国"或"一中一台"的争议，或者说是对"中国"这一国家符号的争议，即台湾是否属于中国的一部分或世界上究竟有几个中国的问题。

在政治上，"一国"的内涵存在着上述多种争议，乃至于"一国"本身是否存在或被承认都存在着认知差异。然而，对于"一国"的理解，除了需考虑政治因素外，基于大陆（内地）和港澳台都已经获得认可和尊崇的法治原则，更应考虑法律规范层面的因素。

对于"一国"的理解，港澳问题的法律渊源可以追溯至中英和中葡两个联合声明。在《中英联合声明》中，英国政府明确表示"联合王国政府于一九九七年七月一日将香港交还给中华人民共和国"①，这一表述明确肯定了香港属于中华人民共和国；在《中葡联合声明》中，葡萄牙政府亦明确表示"澳门地区（包括澳门半岛、氹仔岛和路环岛，以下称澳门）是中国领土，中华人民共和国政府将于一九九九年十二月二十日对澳门恢复行使主权"②。因此，香港和澳门都是中国领土，其行使主权归属于中华人民共和国政府，这一问题无论是在国内还是国际上都没有任何异议。从这个意义上讲，在解决港澳问题时，"一国两制"中的"一国"当然应当解释为"中华人民共和国"。这是由构成香港和澳门回归最为重要的两份国际法律文件所明确规定的。后两者的规定也在随后被载入基本法，成为港澳两个特别行政区最为重要的宪制性原则。

与港澳问题不同，回顾两岸关系的发展历程可知，两岸对上述两个问题上均存在着不同程度的争议。这些争议正是两岸政治对立的具体表现形式，也是两岸复归统一的主要障碍。1949 年 10 月之后，中国共产党领导

---

① 《中华人民共和国政府和大不列颠及北爱尔兰联合王国政府关于香港问题的联合声明》。

② 《中华人民共和国政府和葡萄牙共和国政府关于澳门问题的联合声明》。

中国人民取得了解放战争的胜利,建立了国号为中华人民共和国的政权,并制定了《中华人民共和国宪法》,而国民党政权则退据台湾,维持着"中华民国"的"国号",并继续实施 1946 年制定的"中华民国宪法"。此时两岸之间的政治对立在国内体现为共产党和国民党的两党对立和共产主义与三民主义的意识形态对立,在国际上则体现为对"中国"代表权的争议,即双方均自称为"中国的唯一合法政府"。在这种对立的过程中,两岸对"一个中国"的争议主要集中在对"中国"政权符号的争议上,两岸在认同上的差异亦体现在对政权符号的差异上。1992 年,两岸为解决两会事务性谈判的政治基础达成了"九二共识",两岸对这一共识有着两种不同的表述方式,大陆方面表述为"海峡两岸都坚持一个中国的原则,努力谋求国家的统一,但在海峡两岸事务性商谈中,不涉及'一个中国'的政治涵义",台湾方面则表述为"海峡两岸共同努力谋求国家统一的过程中,虽均坚持一个中国的原则,但对于'一个中国'的涵义,认知各有不同"。从两岸对"九二共识"的表述来看,尽管双方对这一共识的文字表述存在一定的差异,但双方均能坚持世界上只有一个中国,两岸均以追求国家统一为目标。此时,两岸仍然对一个中国的政治涵义存在分歧,即在政权认同层面存在分歧,却均对"中国"这一国家符号存在共识。亦即是说,"九二共识"意味着两岸对"中国"的国家认同存在着共识。

随着"九二共识"的达成,大陆和台湾在两岸政策上均有较大幅度的调整。大陆方面两岸政策的重点逐渐从对"中华人民共和国"这一政权符号的强调转变为对"中国"这一国家符号的强调。2006 年中共十六大报告以"世界上只有一个中国,大陆和台湾同属一个中国,中国的主权和领土完整不容分割"的表述方式确立了大陆以"国家认同"为基础的两岸政策。2005 年,大陆通过了无"中华人民共和国"这一政权符号前缀的《反分裂国家法》,并将"大陆和台湾同属一个中国"的事实以法律形式确定下来,标志着这种以"国家认同"为基础的两岸政策的法律化。这意味着大陆方面在解决台湾问题时已经不再使用"中华人民共和国"这一政权符号来诠释"一国",而是代之以包容性更强的"中国"这一国家符号。由此可见,为取得两岸范围内的更大共识,大陆在解决台湾问题时对"一国"的解释较解决港澳问题时更具包容性，二者不可同日而语。台湾方面两岸政策的重点亦因其内部政治生态的变化而产生了变化，彼时作为台湾方面提出的解决统一问题基础的"三民主义"已经被自由、民主等价值所取代，而曾与中华人民共和国在国际上争夺中国代表权的"中华民国"亦沦为一种台湾当局的生存策略。然而，无论台湾地区的部分人士如何理解"中华民国"，又或者如何否定"一个中国"，台湾地区现行"宪法"及其增修条文，仍然坚持"一个中国"框架，是台湾地区正式认可并可作为法理依据的"国家认同"。因此，法律层面，台湾对"中国"国家符号的认同基础依然存在。台湾地区领导人马英九亦表示，"在'中华民国宪法'架构下……（台湾）与中国大陆的关系就是一种'特殊关系'，不可能是国际关系"。亦即是说，从国家符号层面解读"一国"时，两岸依然能够形成一定程度的共识，即"大陆和台湾同属一个国家"。

观察大陆和台湾两岸政策认同基础的变化可以看出，两岸在法律层面对"一个中国"的仍存在着一定的相似之处，即两岸同属一个中国，两岸均认可作为"国家符号"的"中国"。"法理一中"（或更为宽泛的"法理一国"）是当前两岸在国家认同层面能够获得的最大法理公因数，也是两岸建立合理的政治关系定位最需借助的法律资源。因此，在探索符合两岸关系与台湾地区特色的"一国两制"具体实现形式时，"法理一中"能够为支撑"一国"提供最为可靠的资源。

四、如何理解"两制"：法律制度是社会制度的具体体现

在"一国两制"的经典叙述中，"两制"的含义是指"资本主义"和"社会主义"两种社会制度。更进一步而言，"一国两制"强调两制的意义在于坚持两制并存，即：作为国家主体的大陆坚持实行社会主义制度，同时允许台湾、香港和澳门继续保持原有的资本主义制度，两种制度长期并存，共同发展。这种以"姓资姓社"区分"两制"的两分法诞生于意识形态色彩仍旧浓重的 20 世纪 80 年代，尽管这种划分方法从本质上揭示了大陆和台湾之间、内地和香港、澳门之间的差异，却体现出高度的抽象性，时至今日依然坚持以意识形态作为区分两制的唯一标准不但不利于我们继

续运用"一国两制"理论解决现实问题，而且会使我们对"一国两制"的理解陷入教条化的困境之中。

因此，只有进一步解放思想，才有可能冲破传统教条的束缚，在"一国两制"基本精神的指引下，提出新的观点和见解。法律是政治、经济及社会制度的载体和保障，"一国两制"中的"两制"虽意在"两种社会经济制度"，却主要体现在不同的法律制度中。① 因此，从法理内涵的角度解读"两制"，就应当从较之于社会经济制度更为具体的法律制度的角度探究"两制"的不同轨迹，从而达到通过法律技术方式实现两制协调的目的。从这个意义上讲，"两制"既是两种不同的社会经济制度，也是两种不同的法律制度，"一国两制"中的"两制并存"，实际上就意味着两种以法律制度为基础的治理体系的并存。

在理解法律意义上的"两制"时，我们通常使用"法域"这一学理概念来描述"一国两制"之下的大陆与台、港、澳地区施行法律的差异。所谓"法域"，是指具有或适用独特法律制度的区域，乃是一个纯粹的法学概念，与"国家""主权"等概念无关，一个主权国家之内也可以有多个法域。② 在《中华人民共和国宪法》和《香港特别行政区基本法》《澳门特别行政区基本法》的框架下，大陆与香港和澳门两个特别行政区施行不同的法律，因此三者实际上分别属于一个中国之中的三个不同的法域。在不考虑法律体系正当性的前提下，大陆和台湾在事实上存在着两套互相平行的法律体系，大陆人民和台湾人民在各自公权力机关的实际控制范围内，仅遵守、执行和适用本区域内的法律。对大陆和台湾分属两个不同法域的认识，并不影响大陆和台湾同属一个中国的事实，这一点已为两岸学界和实务界所公认。③ 因此，在"法域"这一概念之下，一个中国之内实际上存在着大陆、台湾、香港和澳门四个法域。在"一国两制"的理论构想之中，国家的统一并不影响这四个平行法域的持续存在。

---

① 参见杨允中等：《"一国两制"理论探析》，澳门理工学院一国两制研究中心 2012 年版，第 40 页。
② 韩德培主编：《国际私法问题专论》，武汉大学出版社 2004 年版，第 117 页至第 118 页。
③ 参见韩德培主编：《国际私法新论》，武汉大学出版社 1997 年版，第 447 页。

当然，承认和尊重中国之内存在四个平行法域的现状并不意味着放任四个法域永远隔绝、互不接触，而是尝试以法律概念取代政治概念，运用法治思维和法治方式，解决各个法域交往过程中可能出现的各类冲突问题，并通过各种途径推进四个法域之间的社会制度的衔接与协调，以法制之合带动国家之合。这就要求我们从两个方面入手，推动"一国内四法域"之间的协调发展：一方面，要通过法律解释等方式，强化我国现行《宪法》与《香港特别行政区基本法》《澳门特别行政区基本法》之间的衔接与协调，不断推动"一国两制"之下特别行政区治理体系的现代化，实现对中央与特别行政区关系的合基本法控制；另一方面，要通过构建由两岸各自规定和两岸协议共同构成的两岸关系和平发展框架的法律机制，强化两岸对一个中国的共同认同，维护一个中国法理框架的稳定，实现以法律手段维护两岸关系和平发展成果，推进祖国和平统一的目的。当然，强调"两制"的法律属性并不意味着忽视甚至抛弃"两制"的政治属性。以"社会主义""资本主义"等政治话语区分"两制"来源于"一国两制"的经典叙述，因而构成了"两制"的原初含义，而以"法域""法律制度"等法律话语区分"两制"则是在这种原初含义的基础上发展而来，是对"两制"原初含义的一种解读。后者是对前者的诠释和具体化，前者通过后者变得让人们更容易理解，也更容易在实践中运用具体策略解决现实问题。

总之，在新时期以更具有可操作性的法律制度来解读"两制"，能够更为便利地反映出两岸及港澳之间的制度差别，也能够为两岸及港澳最终实现融合提供更多的策略支持。

五、结语

"一国两制"理论具有深厚的法理内涵，这一理论既是国家统一理论，也是国家治理理论，既是区别两岸及港澳的理论，也是促进两岸及港澳融合的理论。因此，依法保障和维护"一国两制"在台、港、澳地区的实践是实现国家统一治理体系和治理能力现代化的法理基石，同时也构成了形塑中国特色大国治理结构的关键环节。当前，"一国两制"在香港经历着重大考验，如何坚持和发展"一国两制"，如何在"一国两制"条件下处理特殊地区的内部事务，如何根据"一国两制"保障特殊地区的长期繁荣稳定，都需要我们去继续探索"一国两制"的理论新内涵。习近平总书记在这一背景下提出"一国两制"在台湾实现的具体形式，其意义堪比当年邓小平首提用"一国两制"解决台湾问题，其意义都始于台湾而不限于台湾。我们坚信，通过对"一国两制"法理内涵及其在台湾实现方式的探索，"一国两制"这一思想宝库将变得更加充实。当"一国两制"在香港、澳门实践中遭遇的考验时，我们依然可以从这一宝库中寻找到更多具有可复制性、可推广性的制度经验。我们相信，"一国两制"的伟大思想过去始于台湾，今日也能从台湾重新起航！

"民主独立"的台湾故事与香港前路[*]

由"行政长官普选方案"引发的香港"政争"最终演变成一场街头运动，这场街头运动背后涌动着的，却不限于"普选"方案的话题。"香港本土意识""香港民主化""香港民族"乃至于"香港独立"等意识形态色彩浓厚的话语逐次浮现，而这些以"香港"为前缀的词组，在一个中国的论述框架内，一度是专属于"台湾"的表述。现在，海峡对岸的戏码还未演罢，而香江对岸的闹剧已然开演，"民主独立"的喧嚣演变成了台北和香港的"双城记"。相比较台湾的"民主独立"运动，香港的"民主独立"只能算作后来者，然而，"民主独立"在香港，却表现出与台湾的"民主独立"令人心悸的一致！民主作为一种可理解的正当诉求，^①何以成为"独立"的招牌？"独立"这一具有民族主义色彩的话语，何以能够在民主框架内进行论述？"民主独立"究竟是争"民主"还是争"独立"？本文拟从台湾的"民主独立"故事，剖析香港前路，从而揭示"民主独立"的虚像与现实。

一、解构"中国法统"：台湾"民主独立"的故事

受意识形态的影响，"台独"的定义一直被禁锢在政治话语的空间内，缺乏一个明确的定义。台湾学者陈佳宏从"学术上"给"台独"下了一个

---

* 本文由祝捷撰写，原文发表于《港澳研究》2015 年第 2 期。

① 当然，这里并不是要美化"民主"，或者将"民主"作为一个褒义词来使用，而是指描述一种诉求和观点。

具有代表性的定义："一个追求民主化、本土化、真实化、名正言顺、名实相符的台湾，这就是台独。"① 这个定义实难称得上是一个严谨的学术定义。因为在这个定义中，用以评价"台独"的"真实化""名正言顺"和"名实相符"事实上都是对"本土化"的同义反复。陈佳宏对"台独"的定义实际上可以简化为"民主化"和"本土化"两项标准。事实上，就是这已经被简化的两项标准，也未尝没有合并的可能，亦即民主化是本土的民主化，而本土化则是民主的本土化。这种看似混乱的界定方法以及颇显缠绕的逻辑表达，背后所隐现的，就是"民主独立"的台湾故事。

（一）"非民主"的"中国法统"

1949 年随着国民党来到台湾的，不仅是数以百万计的军队、公职人员、技术人员及其家属，而且带来了一个新的社会阶层。这个阶层在族群意义上被命名为"外省人"。由于能够随国民党去台的，大部分是军政界和技术界的"高阶人士"，所以"外省人"也成为台湾的"高阶人群"。在台湾长达数十年的岁月中，"外省人"占据着台湾的高阶职位，而 1945 年前即生活在台湾的闽南、客家以及少数民族等族群，则长期处于被压制的状态。这些本土族群不仅社会地位低下、上升渠道窄小，而且就连族群标志（主要是语言）也备受打压。② "外省人"的高阶地位，并不仅仅是台湾社会的一种实状，而且有着建制上保障。这种建制保障，就是国民党从中国大陆带来的另一项东西："中国法统"。

"中国法统"的法制基础是国民党于退台前在中国大陆制定的"中华民国宪法"，即 1946 年"宪法"。制定这部"宪法"的时间要素是国民党"退台前"，而地点要素是"中国大陆"，亦即该部"宪法"并不是为台湾量身定制的"宪法"，而是原拟适用于全中国的"宪法"。在国民党退台后，这部"宪法"原本适用于全中国的若干规定，已经事实上无法适用。"全中国"与"小台湾"在"宪法"上的落差，于 1954 年产生了一场

① 陈佳宏：《台湾独立运动史》，玉山社 2006 年版，第 35 页至第 36 页。
② 祝捷：《台湾地区族群语言法制的法制叙述》，《福建师范大学学报》2014 年第 3 期，第 7 页。

"宪法危机"。1954 年，被作为"中国法统"象征的第一届"国民大会""立法院"和"监察院"等民意机构任期届满，根据 1946 年"宪法"之规定，新一届民意机构应由全中国普选产生。此时的国民党已经失去中国大陆之实际控制权，因而举行全国性选举已无可能。而当时的国民党当局并不愿放弃其所代表的"中国法统"，因此，亦不愿在实际控制的台湾地区范围内举行民意机构选举。解决这一"宪法危机"的是台湾地区"司法院"。台湾地区"司法院"作成"释字第 31 号解释"，确认在"国家发生重大变故，事实上不能依法次届选举时，……，自应由第一届立法委员、监察委员继续行使其职权。"① "释字第 31 号解释"也成为台湾地区"万年国大"的"宪法基础"，由此形成的"中国法统"也被称为"释字第 31 号法统"。② 自此，"国民大会""立法院"和"监察院"三个岛内主要民意机构竟 40 年未改选。民意机构的长期不改选，禁锢了台湾的民主，也为台湾地区的民主运动树立了靶标。在此后近 40 年的"台独"史上，争取民意机构改选，成为"台独"的一张"神主牌"。

不仅是民意机构无法改选的问题，国民党当局对于"中国法统"的维护，还导致了岛内严重的权利危机、族群危机和地方自治危机。在"中国法统"的名义下，国民党当局建构了一个非民主的建制，其恶果之一，就是在客观上为"中国法统"贴上了非民主的标签。由此形成的一个逻辑链是：1）台湾之所以无法实现民主，进行民意机构选举，原因就是国民党当局坚持"中国法统"；2）因此，只有祛除"中国法统"，才能实现台湾的民主；3）实现"台独"是祛除"中国法统"所需，"台独"因而就是台湾争取民主的重要环节，即"台湾民主独立"。在这个逻辑链中，"民主"是目的，而"台独"则是实现"民主"目的的手段。

（二）"台湾独立"的民主建构

1990 年开始的"宪政改革"开启了祛除"中国法统"的大幕。台湾

---

① 台湾地区"司法院""释字第 31 号解释"解释文。
② 张嘉尹：《司法院大法官释宪制度的历史发展与宪法基础》，廖福特主编：《宪法解释之理论与实务》（第八辑），"中央研究院"法律学研究所 2014 年版，第 118 页。

地区"司法院"作成的"释字第261号解释",宣布废止"释字第31号解释",宣告"国民大会""立法院"和"监察院"等民意机构可以在台湾地区选举产生。至2005年,历经七次"宪政改革",由1946年"宪法"所确立的"国民大会"已经被公民投票制度取代,领导人由台湾地区直接选举产生,"原住民"等具有鲜明台湾特色的概念进入"宪法",大陆和台湾的区隔关系被明确的载入"宪法增修条文",台湾的"民主化"和"本土化"在"宪政改革"中获致了高度的融合。从本土化的角度而言,台湾地区的民主运动与"台独"运动有着高度的联结性,某种意义上是一场运动的两个侧面。

台湾学者施正锋曾经这样评价民主化在台湾本土化过程中的作用:"民主化恰好可以扮演辐辏聚合的关键角色,同步进行'国家肇建'、'民族塑造'、以及'国家打造'的三合一工程"。[①] 台湾的"民主独立"并不是一个呼喊口号的过程,无数台湾学者的投入,使之成为一项"民主建构"的工程,甚至是一项相当之复杂的工程。

台湾"民主独立"的第一步,是提出"台湾人"的概念,塑造"台湾民族",为"民主独立"提供主体话语。"台湾人"本是日本殖民统治时区分台湾当地人和日本殖民者(被称为"内地人")的术语,后被用于概括在台湾生活的闽南、客家、少数民族等族群。"台湾人"并不是一个类似于"北京人""广东人"的地域符号,而是一个具有深刻政治社会内涵的族群符号。理解"台湾人"有着两个关键的术语:"垦殖社会"和"自愿"。"垦殖社会"意在表明台湾并非是一个单纯的移民社会,台湾原本有着"原住民",即台湾地区的少数民族。"自愿"则是用于描述闽南和客家两大族群在数百年的历史中,渐次来台的情境。这两个术语的使用表明,台湾这块土地上原本是有住民的,"台湾人"就是这块土地的住民,也是这块土地本来的主人。这一思想被载入了一些"台独"群体所草拟的

---

① 施正锋:《由社会运动到台独运动——台湾独立建国联盟迁台二十年回顾》,台湾教授协会主编:"回顾台湾社运二十年研讨会论文集",2010年12月,第2页。

"台湾宪法"中。①

台湾"民主独立"的第二步，是要树立一个"不民主"的"外来政权"，以之作为民主化的目标指向。台湾"民主独立"的建构者们发现，曾经统治过台湾的政权，如荷兰西班牙殖民者、郑成功家族、清朝政府、日本殖民者和国民党当局，都是外国殖民者或来自大陆的政权，而非台湾住民的政权，因而将之统称为"外来政权"。于是，以"外来政权"的更替为索引，台湾的历史脉络被重整为"荷西时期""郑治时期""清治时期""日治时期"和"国治时期"。在这种被重新整理的历史脉络中，反抗国民党当局的民主运动，被贴上了反抗"外来政权"的标签，既然是反抗"外来政权"，必然要求提出"台湾主体性"乃至于"独立"的诉求，台湾的民主运动因而被认为是"台湾民族运动"不可或缺的一环。② 由此，"民主化"和"本土化"在反抗非民主的"外来政权"的过程中，被紧紧地绑在了一起。

台湾"民主独立"的第三步，是用权利话语包装"民主化"和"本土化"的诉求，进而以"民主"为名颠覆"宪制"。争取诸如选举权利、公民投票权利、地方自治权利、民生福利等权利，是台湾民主化运动的具体诉求。而台湾民主化运动在实现这些权利时，并不是在1946年"宪法"的"宪制"框架内，而是试图颠覆这一"宪制"框架。每一次权利的增长和重大民主诉求的实现，如选举民意代表、直选领导人、少数民族权利、公民投票、参与国际组织等，实际上都伴随着对1946年"宪法"的破弃。通过颠覆"宪制"来实现民主，成为台湾"民主化"的一大特色。

客观而言，"台独"的"民主建构"在台湾地区是取得了一定效果的。"台独"从民主化上汲取了至少是话语上的优势，"民主独立"成为"台

---

① 1988年，许世楷草拟的"台湾共和国宪法草案"的前言中有如下一段话："我们的马来波里尼西亚语系祖先，过去在台湾的原野自由、和平地生活着。我们的汉语系祖先，为了逃避中国的恶政、战乱与饥饿；追求自由、和平与较好的生活，移住来台湾。"引自陈仪深：《"台独"主张的起源与流变》，《台湾史研究》2010年第2期，第132页。"台独""港独"等特定词汇的引号为本文作者所加，原文无引号，下同，特此说明。

② 施正锋：《由社会运动到"台独"运动——台湾"独立建国"联盟迁台二十年回顾》，台湾教授协会："回顾台湾社运二十年研讨会论文集"，2010年12月，第2页。

独"的主要方式，民主化的成果也"台独"所经常借助的话语资源和外在成果。

二、台湾故事的"香港镜像"：香港的"民主独立"诉求与策略

在时序上，"民主独立"的香港版本发生于台湾故事大幕已落之时。"民主独立"的各种戏码已经在台湾故事中展现得淋漓尽致。当前"港独"相对于"台独"尚只能称为一种社会思潮，而远未及社会运动或社会革命的程度，但这种思潮随着"占中"等街头运动的推展，已经开始从"精英思潮"向着"大众思潮"转变。"民主独立"这种有着明确指向性和目的性的"港独"方式，亦能够通过民主话语和权利话语的嫁接，汲取普罗大众的关注与认知。本文将从香港"民主独立"所使用的话语中，探寻其与台湾故事的暗合之处。

（一）"民主化"："港独"思潮之滥觞

台湾学者陈佳宏曾经创造性地对"台独"运动进行了精细的阶段划分。这种划分的逻辑起点是陈佳宏将"台独"运动定义为"台湾主体性确立的一种历史过程"。[①] 按此逻辑，"台独"运动包括五个阶段，即：客观的"台独"、实质的"台独"、主观的"台独"、建制的"台独"以及法理的"台独"。最具创造性和颠覆性的观点，是陈佳宏将两蒋时代国民党当局推行"反攻大陆"和"动员戡乱"的活动，也视为客观的"台独"，因为国民党当局在彼时虽坚持"一中"，但采取了区隔台湾与大陆的做法，客观上推动了台湾与大陆的异质化。这种观点当然引发学界的批评。[②] 但是，这种分类方法实际上也暗示了"台独"的一个重要特征，即突出强调台湾与大陆的异质性与区隔性，而这种异质性和区隔性并不以台湾的"民主化"为前提。按此，"台独"运动甚至可以上追至郑成功收复台湾到底是"开台圣王"还是"复台圣王"的争论中。[③]

---

① 陈佳宏：《台湾独立运动史》，玉山社 2006 年版，第 520 页。
② 许维德：《评陈佳宏著〈台湾独立运动史〉》，《台湾国际研究季刊》2007 年第 2 期，第 249 页。
③ 陈仪深：《"台独"主张的起源与流变》，《台湾史研究》2010 年第 2 期，第 137 页。

如果以香港与内地的异质性与区隔性作为"港独"的一个思考起点，则"港独"运动可以追溯至 1842 年《南京条约》割让香港岛起，至少也可回溯至 1949 年开始的"疆界管制"。① 这种追溯在历史考究上或许有些意义，但对于思考现时香港问题似乎没有必要。如果按照陈佳宏的"客观台独"论，台湾在没有"民主化"的情境下，就能产生可归类于"台独"的特征，那么，"港独"之滥觞则完全是香港非理性"民主化"诉求的副产品。

由于"港独"在香港都属于比较新鲜的概念，所以对于"港独运动史"的整理远不如"台独"研究那样系统。因此，从现有文献中很难考证"港独"到底起源于何时。抛开关于"港独"的片言只语，陈云的"香港城邦论"可能算是"港独"较早的萌芽。"城邦论"明确表示，"对于香港，民主中国更危险"。② 这一观点的释出，表明"城邦论"已经完全脱离了将香港置于整个中国的思考框架，开始在中国之外思考香港前路。于是"城邦论"反对内地与香港日益紧密的经贸关系，也批判香港特区政府移民政策，而是主张香港如同古时欧洲大陆的城邦那样，在内政上实行完全自治、在文化上庄敬自强，与内地保持区隔与距离。③ 为此，"城邦论"甚至不惜美化英国对香港的殖民统治，认为香港应当回到英国人所传递和输入的普世价值观中。④ 以"城邦论"为代表的、过激的"香港自治"距离"港独"只有一步之遥，因为除了没有明确提出"独立"的字眼，其已经包含了"港独"的大部分要素。而一些小众社会团体所发布的"港独宣言"中，香港之"独立建国"，是"方可令吾等香港国民得享有民主确保

---

① 郑宏泰、尹宝珊：《香港本土意识初探：身份认同的社经与政治视角》，《港澳研究》2014 年第 3 期，第 67 页。

② 陈云：《香港城邦论》，天窗出版社有限公司（香港）2012 年版，第 54 页。

③ 陈云：《香港城邦论》，天窗出版社有限公司（香港）2012 年版，第 218 页。

④ 当然，如果仿照陈佳宏的"台独"阶段划分，"城邦论"应当归入到"实质的港独"，该论最后提出"做好香港自治，垂范中国，树立中华政治的标准，才是真正的救中国之法"，且认为香港可以作为一分子参与到其所构想的"中华邦联"。当然，作者所设想的"中国"概念，并不是国家意义上的，而是类似于"德意志"的文化社群概念。陈云：《香港城邦论》，天窗出版社有限公司（香港）2012 年版，第 223 页至第 224 页。

不任人践踏之永远自由"的唯一一途。① 其中,"民主独立"的意图已经是非常明显了。

成系统的"港独"思潮当出现在围绕"双普选"的香港政争中。自号"民主"的香港反对派人士在通过各种建制内手段争取其所谓贴合"国际标准"的"真普选"无望后,即开始采取建制外的过激行为向中央及港人表达心迹。同时,一部分支持反对派意见的学者,也开始对能否通过合乎基本法的途径实现反对派所希望的普选,丧失信心,因而开始提出香港新的"民主实现路径"。不过,这种新的"民主实现路径"并不都是以直接以"港独"的名义出现的。即便是香港反对派中的主流,在台面上亦没有提出明确的"民主独立"主张,而至多是对于"本土化"的诉求。香港的"本土化"能否等同于"港独",这是另一个宏大的命题,本文暂无力解决。但有至少一点是清晰的:反对派口中笔下的"本土化",实际上就是不设提名程序的所谓"真普选"预案。所以,在反对派的逻辑中,香港的"本土化"实际上也是香港"民主化"的过程与结果,以"完全自治""本土化"为名的各种"港独"思潮也成泥沙俱下之势。"自治"也好,"本土化"也罢,甚或是直接表明"独立"的观点,都是立基于"民主化"这样一种出发点的。以抗拒内地价值,守护香港本土价值和生活方式为旗号,②"民主化"成为维护香港本土特色的一种手段,而香港的"本土化"论证又被牵引向"港独"的方向。当不符合基本法的所谓"真普选"无法实现的情况下,寻求建制外的"命运自决",建立并非属于中国的、新的"国家认同",成为实现所谓"民主"的路径。③ 于是,"民主化"与"港独"两大原本风马牛不相及的思潮,在"政改"这个敏感而微妙的时间点产生了联结。借助政改引发的社会舆情,以"民主"为招牌的"港独"开始成为一种成系统、有影响的社会思潮。

---

① 李子峰提供:"香港独立宣言稿",载《民主通讯·新闻与评论》(网络版),2004 年 11 月 25 日。资料来源:http://www.duping.net/XHC/show.php? bbs = 11&post = 479434#art08,最后访问日期:2014 年 11 月 15 日
② 方志恒:《北京愈维稳 香港愈不稳》,《明报》2014 年 3 月 14 日。
③ 《周永康举"自决"旗 行"港独"事》,《文汇报》(香港)2015 年 1 月 15 日。

无论这些思潮的最终走向如何，至少在学理逻辑上，"民主化"构成了"港独"的诱因，"港独"自成为一种大众周知的社会思潮起，就与"民主化"有着密不可分的关联。

（二）"民主港独"：一个高度类似的建构

需要界定的是，前文所论及的"民主化"是不是"真正的民主"。正如笔者在一篇社评中已经说明的那样，现代民主与法治须臾不可分离，没有法治的民主是一种极端民主主义的非理性思潮，而不是真正的民主。①当然，这种思辨性较强的概念爬梳，在建构香港的"民主独立"理论体系时，没有获得充分的探讨空间。因为香港的"民主独立"已经有了一个台湾故事作为参照。

香港学者王家英曾经提出："香港与台湾的历史发展确实有很不相同的地方，但自从1980年代末期以来，两地民主化的过程中，却不约而同地面对一个因素的困扰：中国大陆因素。"②共同的困扰以及"台湾民主"的成功虚像，让"民主独立"的台湾故事有了一份"香港镜像"。香港大学学生会主办的《学苑》杂志，于2014年2月号和9月号分别以"香港民族命运自决"和"香港民主独立"为封面标题，专题讨论香港"民主独立"的若干问题。香港特别行政区行政长官梁振英在2015年1月14日的施政报告中，对《学苑》的"港独"言论进行点名批评。可以说，《学苑》两期"港独"的论述，已经成为"港独"理论的一个符号。本文也将以此两期上的相关论述为据，揭示"民主独立"之"香港镜像"的建构策略。

香港"民主独立"的第一步，也是塑造出民主的主体，即"香港人"。与"台湾人"自创生之日起就具有复杂的族群意涵不同，早期的"香港人"只是地域概念，并没有复杂的族群意涵。所以，香港"民主独立"的一个重要步骤，就是赋予"香港人"族群上的意涵，"香港民族"的概念

---

① 祝捷：《极端民主主义贻害无穷》，《文汇报》（香港）2014年9月4日，第A20版。

② 王家英：《抗衡多于顺从——选举政治下香港与台湾对中国大陆因素的回应》，《二十一世纪评论》2004年2月号，第20页。

由此呼之欲出！"香港人"能否成为一个"民族"，这个在民族学意义上可以被轻易否定的问题，只能透过文化的话语进行论证。以下三个命题对于"香港人"和"香港民族"的论证至关重要：1）"英军登陆时，香港已有数千居民，人口虽不算稠密，但亦非殖民历史观所说之荒岛"；① 2）"非英非中也非谁"；② 3）"纵观香港本土文化的历史，就不难发现原来香港人这个文化身份不是纯粹基于香港与中国大陆的分离，也不是依赖殖民政府的恩泽存在，而是由 70 年代起一整套本土文化体系去支撑"。③ 第一个命题看似是对公认史实的描述，但深意却是解构了香港的移民史观，将早期生活在香港的人群，视为香港的原住民，以暗示香港并非是单纯的移民社会，而是本来就有原住民生活的垦殖社会。第二个命题立意于区隔"香港人"与中国人、英国人，从造成认同迷失入手，理出"香港人"的"自主性"逻辑。第三个命题则直接抛出了"文化立族"的"香港民族"论证理路，呼应"香港人""非中非英也非谁"的命题，提出"香港人"之所以为一"独立民族"，并非是依附于某个强大的"外来文化"，而是立基于香港在 20 世纪 70 年代以降的本土文化。这三个命题虽然分散于不同的文章或文章的不同部分，但浑然一体，释出了"香港人"的"主体性"，为"民主独立"准备了主体要素。

香港"民主独立"的第二步，同样是塑造一个"非民主"的"外来政权"。对于香港而言，反对派多年来与中央政府和特区政府的周旋，已经将前两者贴上了"非民主"的标签。问题是：如何论证中央政府和特区政府是"外来政权"。在此问题上，台湾"民主独立"过程中对于"外来政权"的言说，在香港能够找到与它高度类似的版本。首先，香港被认为在 1842 年《南京条约》后，就走过了历史的分水岭，命运早已与中国分道扬镳。④ 这一说辞像极了台湾与《马关条约》的关系，即借助一个特定的历史时刻，将香港与中国的关系做了切割，试图重新为香港塑造另一种

---

① 王俊杰：《本土意识是港人抗争的唯一出路》，《学苑》2014 年第 2 期，第 27 页。
② 曹晓诺：《"香港人"的背后是整个文化体系》，《学苑》2014 年第 2 期，第 32 页。
③ 曹晓诺：《"香港人"的背后是整个文化体系》，《学苑》2014 年第 2 期，第 33 页。
④ 张士奇：《香港应否有"民族自决"的权利?》，《学苑》2014 年第 2 期，第 34 页。

有别于中国的史观。其次，把香港的历史，视为"资本主义与社会主义的冷战对决、中国及英国两大帝国的殖民之争，以及国民党及共产党的左右拉扯"，从而将香港视为别于中国和英国的"第三者"，以香港为主体，用"解殖"来重新解读香港历史。① 最后，强调香港人在中英谈判中的缺席，认定香港命运如同"肉在砧板"，② 营造出了香港的"悲情色彩"。这一策略，又与台湾"民主独立"建构中，视"中国法统"之于台湾民众为外在强加之物的观点如出一辙。中央政府和特区政府在"以香港为中心"的"解殖史观"中，被贴上了"非民主"的"外来政权"标签，香港的"民主独立"因而有了明确的对象。

香港"民主独立"的第三步，是将"独立"附着在权利话语的框架内，用"权利"完成"民主独立"的论证。在"香港人"和"非民主"的"外来政权"这两个"民主独立"的主体要素和对象要素齐备后，衔接两者关系的，就是权利话语的运用。首先，港人权益之实现、香港之"民主化"与"港独"三个重要概念被捏合在了一起。《学苑》9月号"香港民主独立"的引言即表示："香港人的权益在香港优先，理所当然，获得真正的民主，公民的权益才会有所保障，这是常识，可是，从中共来看，他们给多少权力，香港就有多少权力，没有所谓'剩余权力'，所以本土化或争取真正民主普选都是港独。"③ 显而易见，概念的捏合，创造了"权利＝民主""民主＝'独立'"的概念体系，从而使得香港"民主独立"的建构，能够自然地使用权利话语。继而，"独立"不仅被认为是实现香港"民主"和"权利"的路径，而且被抬升为"唯一路径"。《这时代的呐喊》一文对此讲得十分透彻且直接："按现时的香港民主化的轨道行走，不论花多少时间，终点也不会看见民主，接着，若香港不是一个独立国家，香港就不会有民主……没有独立，就没有民主。"④ 在这里，"独立"和"民主"合流了，"独立"成为"民主"的手段，成为摆脱香港"悲

① 陈璟茵：《香港往何处去？解殖与本土意识》，《学苑》2014年第2期，第38页。
② 张士奇：《香港应否有"民族自决"的权利？》，《学苑》2014年第2期，第34页。
③ 袁源隆：《香港"民主独立"——引言》，《学苑》2014年第2期，第28页。
④ 陈雅明：《这时代的呐喊——"香港民主独立"》，《学苑》2014年第4期，第31页。

情"的"一条血路"。① 与台湾"民主独立"所经常使用的权利话语一样，公民福利、选举权利、民族自决等权利种类纷纷现于纸面，成为支撑"民主独立"说词的材料。

无论是否有意，"民主港独"的理论构建，对于"民主独立"的台湾故事有着较多的模仿之处。由"民主"诉求牵引出的"独立"诉求，不仅将"民主"作为了起点与归宿，而且试图从"民主"中汲取道义上的"正当性"。至少，"民主独立"在香港的释出，让"港独"从零星的口号，变成了一种在理论上已经成体系的思潮。当前，这种思潮还没有从它的"本土意识"母体上脱离出来，但与"民族"完全异质的"民主"话语，显然为"港独"从范围涵盖较宽且解释弹性更大的"本土意识"中独立出来，提供了理论上的便利。

三、香港"民主独立"的末路及其因应

"民主独立"的台湾故事及其"香港镜像"在 2014 年这个特殊的历史时空，产生了交集。台湾的"反服贸学运"与香港的"占中"都体现出了"民主独立"的诉求。然而，这又产生了另一种隐喻：香港的"民主独立"是否会遭遇与它的台湾故事相同的命运？这一隐喻背后至少暗含着两个需要去思考的问题：1）"民主独立"给台湾带来了什么？2）香港的"民主独立"是香港的坦途，还是香港的末路？本文最后将从这两个问题的分析中，对香港"民主独立"的前路及因应对策作一讨论。

（一）台湾"民主独立"的后续故事与香港"民主独立"的可能后果

本文并无意评价台湾民主，只是准备后知后觉地检讨"台独"之"民主建构"所产生的后果。后果之一，是台湾"族群"从社会概念变成政治概念，最终被撕裂。"台湾民主"的成果，并未让族群的建构变为过去式，主张"台独"的人群基于政治原因，也不愿放弃"族群"这个政党斗争的

---

① 语出陈雅明的《这时代的呐喊——"香港民主独立"》一文，原文是："这港独立场已无关民族自决，而是香港民主唯一能杀出的血路"。陈雅明：《这时代的呐喊——"香港民主独立"》，《学苑》2014 年第 4 期，第 31 页。

工具。由此，台湾的所谓"族群认同"以及由族群背后所依据的"以台湾为中心"史观，在政治力的宣传下，居然不仅在台湾社会被真实地建构起来，而且被台湾当局建制化了。而在理论建构过程中被夸大和加深的族群差异，也获得了建制上的肯定与维护。族群的界限在民主化的过程中，不是被弥合了，而是加深了。每个人都被先天地贴上了族群的标记，其行为、言论都被放置于族群的背景下去解读与诠释，族群政治因而也成为台湾政治恶质化的典型表征。① 后果之二，是"台湾人"的进一步迷失与台湾社会普遍的"认同错位"。从发生意义上而言，"台湾人"本是日本人的对称，但因着"民主独立"主体建构的需要，被作为了"外省人"的对称，而在"外来政权"符号的形成过程中，又被进一步地变异为"中国人"的对称。"台湾人"的内涵为因应政治需要而多次发生变异，其本来意义在变异过程中被模糊、扭曲乃至于完全地篡改，这种被臆造的模糊、扭曲和篡改，造成了台湾民众对"国家"和"民族"的认同迷失。"我们是谁？""台湾是什么？"成为 20 世纪 90 年代至今台湾社会的自我诘问。② "台独"的"民主建构"希望用"台湾人"来形塑"台湾的主体性"，但造成的后果却是"台湾人"对于主体身份的迷失与错位。后果之三，是主张"台独"的政党在台湾地区逐渐形成气候，并开始在岛内推行"去中国化"运动。台湾"民主独立"不仅在思想场域发生，而且真实地反馈在了岛内的政治生活中。至今没有放弃"台独"党纲的政党以"民主化"为诱饵、以"独立"为本，不断攫取选票资源，也牵引着"台独"从一种学理思潮成为一场社会运动。主张"台独"的政党一度在台湾地区执政，而这种执政的后果，就是大规模的"去中国化"运动在台湾社会渐次展开，对"中国"符号的生疏、对中国大陆情感的冷漠，都在台湾地区被人为地建构起来了。

无疑，香港当前的"民主独立"无论在理论上还是实践上还没有台湾

---

① 李鹏：《台湾地区恶质选举文化对民众投票行为之影响分析》，《台湾研究》2006 年第 2 期，第 2 页。

② 陈毓钧：《我们是谁？台湾是什么？台湾的过去、现在和将来》，上海译文出版社 2006 年版，第 1 页。

走得那么远。但是，如果香港在"民主独立"的道路上继续紧跟着台湾故事，那么，台湾发生的一切或许亦会在香港发生。首先，是"香港人"与"中国人"的鸿沟会进一步加深。这种加深相当程度上建基于对于内地人在港行为的不良印象，其后果更甚于台湾因与大陆长年隔绝而产生的鸿沟。香港社会的认同问题，本来已经十分复杂：基于"一国两制"的中国认同、后殖民时代的认同、内地移民的认同、本土的认同，如果再加上被臆造的"香港民族"认同，香港社会的认同关系会进一步的迷失。由于"香港民族"绝无建制化的可能，因此，"香港民族"会成为香港社会一项长期的政治议题存在。这个议题的焦点并不在于能否解决，而在于它会成为裂解香港的红线，会成为被随意张贴的政治标签，也会成为对香港"爱恨情仇"的政治标准。随之而来的，就可能是香港社会的裂解。如果说当前香港社会的分歧，仅仅是政治主张的分歧，尚可透过基本法予以协调，那么，一旦基于认同的裂解形成，则政治主张上的分歧就有可能上升为族群的矛盾，一个被撕裂的香港社会也绝非危言耸听了。

其次，基本法宪制被逐渐"外来政权"化，从而在根本上动摇香港社会的法治根基。当前，香港"民主独立"的建构者已经有意识地将中央政府称为"中国政府"，将透过基本法产生的特区政府称为"傀儡政权"或"港共政权"。这一名称上的变化，体现了将基本法宪制"外来政权化"的建构手法。按照这个逻辑，基本法是中央政府强加给香港的宪制，而不是香港人自我选择的宪制，被当作"外来政权"的特区政府当然不足以代表港人、而作为外来政权基础的基本法也就不足以作为香港的法治根基。因此，在台湾发生的"宪制"颠覆，极有可能成为香港"民主独立"的主要策略。基本法如果不被信任或者被当作颠覆的对象，香港据以立城的法治根基将会沦丧，香港的繁荣稳定也将岌岌可危。

由此可见，台湾"民主独立"的故事，不仅为香港"民主独立"提供了所谓的"经验"，也明白地提示可能的风险。香港"民主独立"的建构者所使用的建构方法和话语体系，类似于台湾"民主独立"的建构方法和话语体系，那么，是否会造成与之相同的恶果呢？对于香港"民主独立"，固然可以立基于"一国两制"的原则加以驳斥，也固然能够通过中央推动香港政制改革的实践及诚意进行批判，但问题绝不限于如何批判之，而在于如果采取合适的理论话语与实践策略，让香港能够越过"民主独立"的泥潭，从而让香港问题不再重蹈台湾问题的覆辙。

（二）香港如何越过"民主独立"的泥潭

事实上，香港"民主独立"在建构过程中对于台湾故事的亦步亦趋，在事理和逻辑上是无法自洽的。台湾的"民主独立"缘起于台湾社会对于民主的诉求，在透过建制的民主诉求无法实现时，"独立"作为一种打破建制的方法被提出了出来。

台湾社会产生"民主独立"思潮的时空条件，是香港社会所不具备的，原因是香港并不存在阻碍民主的建制因素，相反，香港不仅在制度规范上是趋向民主的，而且无论是中央还是特区政府的制度实践，也是着力于推动香港民主的。因此，香港"民主独立"的所谓"民主"只是自我想象的非理性民主，其错误根源，并不在于"民主化"与"独立"的结合，而在于香港"民主独立"理论建构的出发点——"民主"本身——就存在着偏差。一种建基于非理性、有偏差的民主诉求之上的"独立"理论，当然只能是错上加错。

香港越过"民主独立"的泥潭，在根本上是根据基本法和全国人大常委会的决定，逐步落实与推进香港政制民主化进程。遏制"港独"，要紧紧地依据基本法，在基本法的框架内稳步推进香港政制改革。这里除了制度的执行力问题，更为重要的是需要更加深刻地认识香港民主。民主虽然是人类共同的价值追求，但民主却没有统一的形态，更无统一的"国际标准"。民主在不同的国家和地区，可以呈现出不同的制度形态、实现形式和实现步骤。没有所谓"好的民主"，只有适合于本地实际情况的民主。香港的民主也并不必然要类同于某种民主形式，而是需要找到符合香港社会特点、反映港人民主需求的合适模式。而这种合适模式的探索，也绝不是一蹴而就的，而是一个长期的过程。这些认识不是理论的推演，而是已经为基本法明确规定，因而有着宪制上的规范效力。基本法第 45 条第 2 款，对于行政长官选举办法有着明确的要求，即"根据香港特别行政区的实际情况"和"循序渐进"两个原则，这两个原则恰好对应着香港民主模式的选择及其实现两项重要内容。

从此意义而言，香港"民主独立"在民主模式和实现上的目标设定，并不符合基本法。其一，"一国两制"是香港基本法的政治基础，也是为基本法所确认的宪制性原则。"一国两制"的核心在"一国"，"香港民主独立"的主张显然是违逆"一国"的，因而相对于基本法宪制而言，显然是一种具有颠覆性主张。然而，前文已述，基本法的宪制框架内，并不存在阻碍香港民主发展的因素，因而也就不需要类似于"独立"的颠覆性"民主"方案。其二，"民主独立"对于民主的理解是相当单一和机械的，西式选举民主被当作唯一的民主形式，而没有考虑到香港的实际情况，也没有考虑到香港民主在实现上的长期性，因而归根到底是一种"急进的民主观"。

香港越过"民主独立"的泥潭，还需要重新、谨慎地思考"本土意识"。每个地方都会有自己的本土意识，香港存在着本土意识，这也毫不奇怪。问题是，本土意识是一个庞杂的体系，其中既有体现香港精神、能够凝聚香港社会"爱国爱港""爱乡爱土"情怀的本土意识，也有刻意突出所谓"主体性"的本土意识。由于香港"民主独立"在相当程度上，借助了香港的本土意识，因而需要对"本土意识"予以谨慎思考：其一，区分"本土意识"与"港独"，在中华文化和中国意识的框架内，用"地方意识"来重新定位与解释香港的"本土意识"，勿使"本土意识"与"港独"画上等号；其二，对于被香港"民主独立"利用的"本土意识"，对之进行还原性重构，挖掘其中的中国文化意蕴和符合"一国两制"精神的内容，削弱其对"民主独立"的支撑作用；其三，对于在"民主独立"建构过程中被刻意制造的所谓"本土意识"和殖民时代遗留的、具有明显殖民地特征的"本土意识"，则根据"一国两制"精神，或抛弃，或矫正，或重构，以正本清源。在此方面，应当注意到，香港民众对于基本法和"一国两制"的看法在主流上仍是正面的，对于香港民众符合基本法的民主诉求，也应当与"港独"做严格区分，把握和加强重新梳理"本土意识"和反对"民主独立"最可依靠的民意资源。

四、结语

从历史视角来看，所谓"民主独立"的台湾故事，毋宁是"台湾教训"。在香港，"民主独立"虽然尚未成为香港的主流思潮，但也不容小觑：这种寄生于"本土意识"、附着与"民主诉求"的思潮，已经从隐秘的片言只语，堂而皇之地形成了理论体系。从台湾"民主独立"的教训，看香港"民主独立"的前路，"民主独立"给香港带来的绝不是"民主福音"，而是将香港引向了毁弃基本法和破坏繁荣稳定的末路。在"民主独立"的虚像与现实之间，应当认真对待与警惕这种思潮，防患于未然，避免"民主独立"的乱象在香港重演。

"台独"的推进策略和七种形式[*]

必须认识到"台独"是一场政治运动，一种政治形态，也是一个政治过程。分裂势力在谋求"台独"的过程中，有着不同的推进策略和推进形式，"台独"呈现出不同的面庞。

"政治台独"是"台独"的本来属性，也是"台独"的原初形态。

"文化台独"造成了"台独"意识形态在台湾社会的流行，对于台湾社会对于中国的心理认同、情感联结都造成巨大损害。

"历史台独"对于台湾历史进行重新编排，特别是歪曲甚至臆造了台湾反抗外来殖民统治的历史，将台湾民众的抗争史重构了反抗"外来政权"的历史，试图改变"台湾自古以来是中国一部分"的历史事实。

台湾地区一部分群体以"族群"为名，提出"台湾国族认同"的理论，并以之推进台湾地区在族群、语言等领域的政策制定和制度建构活动，试图臆造"台独"的族群基础。

一旦民粹化的"台独民意"在政治操弄之下被煽动起来，"台独"则很有可能从文化的、历史的、民族的、经济的这些"隐形台独"形式，借助"公民投票"等制度化路径和"社会运动"等非制度化路径，走入具有实质性意义的步骤。

"政治台独"确定"法理台独"的基本形态和终极目标，"文化台独""历史台独""民族台独""经济台独""法理台独"营造氛围、提供说词以及积淀"民意"，"民意台独"则是实现"法理台独"的程序性步骤。

---

[*]　本文由祝捷撰写，原载《中国评论》2016 年第 12 期。

"台独"分裂势力所构想的"台独"，是由"法理台独"来完成最后一击。

习近平总书记在纪念孙中山诞辰 150 周年纪念大会上，提出：我们绝不允许任何人、任何组织、任何政党、在任何时候、以任何形式、把任何一块中国领土从中国分裂出去。"六个任何"再次奏响了遏制"台独"分裂势力的政治强音。在"六个任何"中，政学各界对于"任何形式"的理解仍然缺乏共识，舆论场对于"任何形式"究竟包括哪些形式，也缺乏足够的关注与讨论。一种对于"台独"的浅层次理解，是"台独"形式的结果导向，即仅仅将"台独"理解为一种政治结果。然而，必须认识到"台独"是一场政治运动，一种政治形态，也是一个政治过程。分裂势力在谋求"台独"的过程中，有着不同的推进策略和推进形式，"台独"呈现出不同的面庞。尽管"台独"的面庞狰狞可恶，但从维护国家统一的角度，廓清形形色色的"台独"形式，在当前两岸渐趋复杂多变的政治情势下，有着极端重要性和必要性。

一、"政治台独"："台独"的原初形态和终极目标

"政治台独"是"台独"的本来属性，也是"台独"的原初形态。20 世纪 40 年代之后，对于今天的两岸关系有着现实考察意义的"台独"活动，无不以"台独"为终极政治诉求。事实上，学理上很难对"政治台独"做一个精确的定义，因为"政治台独"包罗了"台独"的万象，涉及以实现政治上"独立"所需要具备的各类内外要素和实践方式。这些内外要素和实践方式如果进行细分，可以归类进其他的"台独"形式。但是，在"台独"的理论与实践并未如今日一般系统化、精细化的早期，"政治台独"包含了种种涉及"台独"的要素和主张，是"台独"原始、粗糙的综合体。

早期的"台独"运动参与者，对"台独"的诉求比较简单和直接，大多提出"台湾独立建国"的主张，用"台独"作为政治运动的符号与标签。早期的"台独"分裂势力，在台湾没有生存空间。他们的"台独"活动大多在海外开展，以小众的民间团体为主要形态。比如廖文毅、吴振南的"台湾民主独立党"，黄昭堂、许世楷、黄文雄的"台湾青年社"，郭雨

新的"台湾人多数政治促进会"等。他们的"台独"主张虽然明确提出台湾"独立建国"的政治目标，否定台湾是中国的一部分，但大多缺乏系统的理论论证，在造势方法、形成策略以及实现路径上，也没有形成系统的论述。这些言论关于"台独"更多是一种片言只语式的，政论宣示意义强于实际操作意义。然而，不能由此认为早期"台独"组织的主张没有现实意义，这些"台独"主张在政治层面宣示了"台独"的命题，为"台独"分裂势力储备了人员队伍和理论基础，其负面影响一直延宕至今。

随着"台独"活动的深入，"台独"主张与操作手法日趋精细化，"政治台独"这个"台独"主张大杂烩也被拆解。然而，"政治台独"的危害性仍存：其一，它是所有"台独"形式的源头，其他"台独"形式都最终要归结到"政治台独"这个总根源上来；其二，它是其他"台独"形式的终极目标，其他"台独"形式与"政治台独"构成方法与目标、手段与目的的关系。防止"政治台独"，依然是遏制"台独"分裂势力的总阀门。

二、"文化台独"："去中国化"与"台湾符号"的建构

台湾地区"解严"后，台湾的"主体性意识"从阴暗角落走出，成为台湾居于主导地位的意识形态之一。"以台湾为主"的"主体性意识"，逐渐从"台湾优先""台湾第一"，发展为"台湾唯一"。李登辉、陈水扁在担任台湾地区领导人期间，推行"去中国化"的政策，台湾与中国大陆的文化联结被刻意模糊、弱化甚至切断，"文化台独"成为型构具有"独立"意涵的"台湾符号"的重要形式，台湾社会对中国的国家认同在"文化台独"中趋于淡化。

从李登辉起，由陈水扁力推，台湾当局在社会各领域推行"去中国化"政策，试图抹去台湾民众心中的"中国符号"，构成"文化台独"的主要推进方式。受"去中国化"影响最大的是在教育领域。一系列与中国、中华有关的课程、教材、专业纷纷改名。中国文学、中国历史被归类为"外国文学""外国历史"，中国知名历史人物都被归类为"外国名人"，甚至一度传出被尊奉为"国父"的孙中山也系"外国人"的笑话。

与此相应的，是以台湾为研究对象的一些专业被冠以"台湾"的符号登堂入室，而且与相应的"中国"专业并列。除教育领域外，一些被冠以"中国"或"中华"符号的知名社会机构和企业，在"去中国化"浪潮中被纷纷改冠以"台湾"符号。

"文化台独"造成"中国"符号在台湾地区的式微，而"台湾"符号兴起。中国文化、中国历史、中华意识在"去中国化"中被解构。借助"台湾主体性"的建构与传播，原来属于台湾本乡本土的地方意识和地方文化，被强硬地添附上"国家"的意涵。"文化台独"造成了"台独"意识形态在台湾社会的流行，对于台湾社会对于中国的心理认同、情感联结都造成巨大损害。特别是涉世未深的台湾青年群体，在"文化台独"的浸染下，扭曲了对于中国和中华民族的认同，成为"台独"的急先锋和主力军。2014年以大学生为主体的"太阳花学运"和2015年以高中生为主体的"反课纲运动"，都是"文化台独"所造成的恶果。如果说陈水扁执政八年，造就了今天"太阳花"和"反课纲"的一代台湾青年，那么民进党重新执政的四年甚至更长时间，"文化台独"对台湾青年群体的负面影响可能会更加恶劣，直接危害到两岸关系和平发展的长远未来。

三、"历史台独"：撼动两岸历史联结的底基

如果说"文化台独"是为了消解"中国"符号，那么"历史台独"就是为了彻底的祛除两岸历史联结的底基。"历史台独"对于台湾历史进行重新编排，特别是歪曲甚至臆造了台湾反抗外来殖民统治的历史，将台湾民众的抗争史重构了反抗"外来政权"的历史，试图改变"台湾自古以来是中国一部分"的历史事实。

"历史台独"的主张者们，将台湾的历史进行了重新的编排。台湾历史上发生的若干历史事件，也被重新阐释为"台湾主体性"的体现与产物。众所周知，台湾在历史上曾经为西班牙荷兰殖民者、日本殖民者先后占领。这本是外国殖民者对中国进行殖民和侵略历史一部分，台湾人民对于这些外国殖民者的反抗，也构成中华民族争取民族独立历史的一部分。但是，在"历史台独"的编排下，这些本应是中华民族抗争史的部分，成

为反抗"外来政权"的历史。不仅如此，曾经统治过台湾的郑氏家族、清王朝和国民党当局，因来自祖国大陆，被描述为与外国殖民者相同的"外来政权"，反抗这些政权的"林爽文事件""二·二八事件"等民众抗争运动，也被描述为反抗"外来政权"的运动。台湾民众反抗外国殖民者的民族反抗文化和反抗国民党威权统治的民主反抗文化，也被解释为针对"外来政权"的"政治反抗文化"。

在"中国意识"被贬抑的同时，外来殖民者、侵略者反而以"台湾多元文化"为名被抬升和提高。李登辉公然宣称"没有台湾抗日的事实""台湾人其实是为日本'祖国'而战""二战时期台湾和日本是'同一个国家'"，蔡英文向台湾籍日本士兵致敬，这些都一再击穿历史良知的底线，也进一步虚化了台湾与中国大陆的历史联结。台湾的"中国意识"植根于两岸自古以来的历史联结中，台湾与中国大陆的历史亲缘是维护国家统一的历史底基所在。"历史台独"已经触及这一底基，让两岸复归统一的历史正当性不断流失。

四、"民族台独"：臆造"台独"的族群基础

两岸人民同属一个中华民族，是两岸关系和平发展和祖国复归统一的民族基础，对于中华民族的认同，是两岸同胞心灵契合的认同基础之一。中国历史和现实中有关中华民族"多元一体"的学说，也构成大陆与台湾同属一个国家的民族学解释。然而，台湾地区一部分群体以"族群"为名，提出"台湾国族认同"的理论，并以之推进台湾地区在族群、语言等领域的政策制定和制度建构活动，试图臆造"台独"的族群基础。

台湾地区有所谓"四大族群"之说，即闽南（或称"福佬"）、客家、"原住民"（即台湾地区少数民族）和外省人。"四大族群"中的闽南、客家和台湾少数民族被称为"本省人"，以与"外省人"相对。由于1949年后，国民党当局退台时带入的外省族群，占据着台湾地区的高阶职位，而闽南、客家和台湾少数民族等族群则长期受困于低阶职位，有些族群如客家和台湾少数民族的身份、语言、习惯等亦被压制，因而在台湾地区长期郁积的社会矛盾以族群矛盾的形式体现出来，积累成"民族台独"在台湾

地区得以产生、演化和发展的社会根源。在闽南、客家和台湾少数民族相应的族群运动的推动下，台湾当局已经围绕各族群地位、语言等开展了立法工作。"原住民族基本法""客家基本法"以及拟议中的"语言平等法制"等，事实上已经确认了"四大族群"的分类。

在民族学意义上，"四大族群"的划分并不科学，至多是根据各自所使用的方言所做的划分。"四大族群"实际上已经是成为在台湾地区解构"中华民族"、论证"台湾国族认同"的概念。"民族独立"放大了"四大族群"的差异，为外省族群贴上"外来政权"的标签，刻意区分"台湾人"和"中国人"，将台湾少数民族塑造成台湾原初的主人，意图切断台湾与祖国大陆的民族联结。这一切都是为臆造一个"台湾国族"，套用产生于欧洲特定历史条件下的"民族国家"理论，用"台湾国族建立台湾国"的逻辑为"台独"张本。

五、"经济台独"：意图走向"自立"的"台独"形式

"经济台独"是两岸经贸交往发展到一定程度的产物。在两岸隔绝时期，经贸交往停滞，两岸在各自的体系内发展经济，因而不可能产生"经济台独"这一"台独"形式。1987 年两岸恢复接触后，台湾地区对大陆投资日益增多，大陆在人力成本、市场前景、政策优惠和发展空间上的优势，引发了台湾的产业转移。特别是进入 21 世纪以来，中国大陆和台湾的经济实力对比出现"反转"，中国大陆在经济规模、消费能力和发展速度上，已经对台湾形成绝对优势，台湾对中国大陆的经济依赖日渐加深。在这一情势下，"台独"的经济基础逐渐丧失，一些主张"台独"的势力和人物开始提出"经济台独"的思想，意图摆脱台湾经济对于中国大陆的依赖，重塑"台独"的经济基础。

无论是李登辉执政时期提出的"戒急用忍"政策，还是陈水扁念兹在兹的"南向政策"，以及蔡英文提出的"新南向政策"，都是希望将台湾经济从对于大陆的依赖中解脱出来，为台湾经济寻找新的出路和着力点。正是因为对台湾经济"大陆依赖症"的恐惧，台湾地区部分群体对于两岸所签署一系列事务性协议和经济合作也怀有深深的偏见。两岸在商签 ECFA、

投保协议以及服务贸易协议，以及商谈"陆资入岛"时，都遭遇各种非经济因素的影响。一些大陆释放的惠台政策，也被贴上"邀买人心""统战"的标签。以反对服贸协议为主要目的的"太阳花运动"，在某种意义上也是"台独"分裂势力推行"经济台独"的产物。

两岸经济互补性强，在经济上本来可以形成更加紧密的合作关系。"经济台独"意在阻遏这种合作关系，避免台湾对于大陆的过度依赖，让台湾经济能够"自立"。然而，各项"经济台独"的政策都未获得如"台独"分裂势力所预想的效果，"戒急用忍""南向政策"都遭遇失败，而蔡英文的"新南向政策"也是困难重重、濒临失败。随着中国大陆经济地位的进一步提升，台湾之于中国大陆的经济意义愈发下降，台湾所获得的可能不是"自立"，而是未来经济发展的机会！从两岸经贸交往的热度来看，"经济台独"可能只是"台独"分裂势力的呓语，但对于台湾自身经济的戕害无疑是严重的。更为严重的是，"经济台独"同样臆造了本不存在的两岸经济对立，削弱了两岸互信，为两岸经济涂抹上一层本不该有的政治暗色。

六、"民意台独"："挟民粹以台独"的政治操弄

台湾地区采取西方式的政治制度，配置有选举、公民投票等西方政治制度的民意形成机制。民意对于台湾地区政治人物的政治取向、台湾当局和各政党的政策制定都有着重要意义。由于"文化台独""历史台独""民族台独"以及"经济台独"等一系列"台独"形式的影响，台湾社会的确出现一股民粹化的"台独民意"。对于这股"台独民意"，"台独"分裂势力进行了夸大、渲染和误导，使之在台湾地区舆论场中被放大为台湾的"主流民意"，从而成为鼓吹"台独"主张时所依凭的所谓"民意基础"。

裹挟民意、自恃民意、利用民意，是蔡英文当选为台湾地区领导人后的常用策略。在蔡英文的两岸论述中，"民意"占据着突出的位置。无论是对于发展两岸关系，还是台湾地区现行规定中的两岸定位，还是两岸协议的监督与审议，蔡英文都使用了"普遍民意"的表述，也都表明自己将

按照台湾"普遍民意"进行政策决断。蔡英文已经将民意作为不承认九二共识、消极应对两岸关系和平发展的借口。然而，有一点必须厘清：蔡英文和民进党所谓的"民意"，未见得是台湾的"真民意"。

蔡英文的"民意"是经过选择的"台独民意"。"台独""反中"在台湾民粹化的舆论氛围下，越来越演变为岛内的一种"政治正确"，能发声的大多是在"台独"民粹化操作下的声音，台湾民众求稳定、思安定的心理，对于两岸关系和平发展的期盼，以及对于岛内政治经济乱象的担忧，被民粹化的"政治正确"淹没，成为了"沉默的多数"，或者被扣上"不爱台湾""亲中卖台"的帽子，被"过滤"出"民意"行列。控制了立法机构的民进党，已经开始策动对"公民投票法"进行修改，将作为"台独"防水闸的"双过半"门槛改为"简单多数"。如果这一修法活动成功，就意味少部分"台独"群体的意志就可以在法理上代表台湾的整体意志，从而为完成"民意台独"提供制度化路径。

"民意台独"用表面上看起来"政治最正确"的民意对抗"九二共识"，为"台独"提供所谓的"民意正当性"。一旦民粹化的"台独民意"在政治操弄之下被煽动起来，"台独"则很有可能从文化的、历史的、民族的、经济的这些"隐形台独"形式，借助"公民投票"等制度化路径和"社会运动"等非制度化路径，走入具有实质性意义的步骤，对于两岸关系的影响无疑是灾难性的！

七、"法理台独"："台独"的实现路径和宣示方法

"台独"的标志是什么？文化的、历史的、民族的、经济的以及民意的"台独"，都只是"台独"在变化过程中的"阶段性状态"，"台独"在具体实现形式上。是制定所谓"台湾国宪法"或"中华民国第二共和宪法"，按"两国论"修改台湾地区现行"宪法"或废止当前台湾地区现行"宪法"对两岸关系的定位，通过含有"台独"内容的"公民投票"提案，参加只能有主权国家参加的国际组织，直接以"台湾"名义与主权国家特别是有影响力的大国签署"条约"或重要协定，等等。而这些都是具有法律意义的程序和过程，都是在法理上实现"台独"的路径。可以说，

"法理台独"为"台独"提供了实现路径，是"台独"的宣示方法，也是"台独"的标志。

上述各"台独"形式，都是为支撑和实现"法理台独"所为的铺垫。"政治台独"确定"法理台独"的基本形态和终极目标，"文化台独""历史台独""民族台独""经济台独"为"法理台独"营造氛围、提供说词以及积淀"民意"，"民意台独"则是实现"法理台独"的程序性步骤。"台独"分裂势力所构想的"台独"，是由"法理台独"来完成最后一击。"法理台独"是最为危险的"台独"形式，也是具有结果意义的"台独"形式。

八、结语

面对形形色色的"台独"形式，无论"台独"的面庞如何变化，从维护国家统一出发，坚持"九二共识"的政治底线，保持继续推进两岸关系和平发展不动摇的战略定力，保持两岸文化融合和经济交往的热度，强化两岸共同记忆，增强中华民族意识在两岸的认同度。

同时将寄希望于台湾人民的方针落到实处，推进两岸民众特别是青年群体的心灵契合，"台独"的阴影或许会飘荡在台湾海峡的上空，但永远不会真正成为两岸民众的主流，"台独"也绝无可能实现。

"法理台独"概念体系论[*]

习近平总书记指出,"台独"分裂势力仍然是两岸关系和平发展的最大现实威胁,遏制"台独"分裂活动是确保两岸关系和平发展的必然要求。①囿于学科背景的分野和对台湾问题实践论述的不同看法,学界长期以来都未能形成一套统一的"台独"概念体系,不同学科的学者对"台独"这一社会现象存在不同的界定与认知。基于此,本文拟在充分分析学界对传统"台独"概念标定误区的基础上,从本质规定性和形式规定性两个层次形成对"法理台独"综合性概念的论证,明确"法理台独"与"台独","法理台独"与包括"政治台独""历史台独""文化台独""经济台独"等在内的其他各种形式的"事实台独"活动之间的关系,完成对"法理台独"理论内涵与概念外延的论证。

一、"法理台独"的概念凝练

在既有"台独"研究成果中,不少学者对"台独"进行了类型化区分,基于各自的学科背景和观察视角,提出了包括"政治台独""文化台独""历史台独""经济台独""法理台独"等在内的多种"台独"概念。因此,要形成对"法理台独"概念的界定,应从对"台独"概念的认知出发,自上而下,形成一套综合性概念体系,实现对"法理台独"本质规定

---

* 本文由段磊撰写。
① 《习近平:两岸关系和平发展是和平统一的正确道路》,资料来源:http://tw.people.com.cn/n/2014/1001/c14657-25770641.html,最后浏览日期:2018年9月1日,如无特别说明,本文所有网页资料最后浏览日期均为2018年9月1日。

性和形式规定性的集合性叙述。

（一）传统"法理台独"概念标定的理论误区

长期以来，学界对"法理台独"概念的界定存在不同的认知，甚至一度存在"法理台独"提法是否妥当的争论。[①] 当前学界对"法理台独"的研究，多选择以列举"法理台独"表现形式的方式，强调在"台独"实现过程中法律的功能与作用，从而形成对这一概念的描述性定义。这些定义的核心皆在于，强调"法理台独"之于"台独"这一上位概念的特殊性，即强调以法律方式或法律手段实现或宣告"台独"。然而，由此便会产生一系列在上述定义体系中极为纠葛的理论命题——"法理台独"与"台独"之间究竟是一种怎样的关系，"法理台独"与其他形式的"台独"之间究竟是一种怎样的关系，"法理台独"所能够涵盖的"台独"分裂分子的行为范围究竟有多大，何种"台独"行为才能被精确地纳入"法理台独"的研究范畴？以上诸种问题归纳起来，其实集中反映为理论界和实务界对包括"法理台独"在内的"台独"概念体系存在范畴层面的标定混乱。这种概念范畴的标定混乱，直接带来一系列理论和实践难题，对"台独"问题研究和国家反分裂活动形成一定理念障碍。

从理论层面看，对包括"法理台独"在内的"台独"概念界定多采取描述性方法，对其概念本质界定不清，内涵与外延较为模糊。长期以来学界致力于展开对"台独"具体表现形式的研究，着力于对遏制和应对"台独"分裂活动的具体策略的研究，但对作为这一议题基础命题的若干概念的界定却存在模糊不清的问题。一方面，有学者曾质疑"法理台独"这一概念提出的必要性问题，提出凡是能够正式提出台湾"脱离"中国的意思表示的行为，都必须是经过立法所确认或是依法做出的分裂决定，即必须是在法律上具备实质性意义的"独立"行为，因而增加"法理"或"法

---

① 参见王建民：《"法理台独"：两岸关系的严重威胁》，《人民日报（海外版）》2006年5月17日第3版；朱松岭：《国家统一宪法学问题研究》，香港社会科学出版有限公司2011年版，第53页；朱显龙：《东亚分离主义（下篇）——台湾分离主义运动》，《北京联合大学学报（人文社会科学版）》，2005年第3期，第77页；陈佳宏：《台湾独立运动史》，玉山社2006年版，第35—36页。

律意义上的"这几个字，并未增加实质含义。① 另一方面，针对"法理台独"概念的内涵问题，有学者曾提出"法理台独在执法层面表现形态"的论断，此种论断的本质即将"法理台独"理解为，既与法的产生相关，也与法的运行相关的一种"台独"分裂活动，亦即是将"法理台独"过于宽泛地理解为一切与"法"相关的"台独"分裂活动。显然，从建构反分裂国家理论体系的角度看，学界对"法理台独"概念的认知仍存较大分歧。

另一方面，在实践中，由于对包括"法理台独"在内的"台独"概念标定混乱，导致在反分裂国家斗争中出现了对斗争对象的偏颇认知。反对任何形式的"台独"活动是我对台政策的核心组成部分之一，《反分裂国家法》是国家反对"台独"分裂活动的基本法律依据。② 但是，在实践中，如何界定《反分裂国家法》第八条划定的反分裂国家斗争的政策"红线"，即何为"'台独'分裂势力以任何名义、任何方式造成台湾从中国分裂出去的事实"或"将会导致台湾从中国分裂出去的重大事变"，与"台独"的概念标定存在直接关系。在实践中，存在两种对"台独"概念的错误认知：一是对"台独"概念做过于狭义的理解，即将"台独"粗浅地认定为一种作为政治结果的"台湾独立"宣示行为，认为若台湾当局并非以政治话语或法律话语明确宣布"台湾独立"，则其他行为皆不属于"台独"活动。显然，这种观点早已无法适应"台独"分裂势力通过多种路径形成系统化的"台独"分裂策略体系带来的分裂挑战，因循此种观念，必将导致对"台独"分裂活动的姑息，乃至放任。二是对"台独"概念做过于宽泛的理解，将台湾人民因其生活的特殊政治环境下形成的特殊政治话语、政治情感、政治思维，甚至是台湾同胞爱乡爱土的台湾意识，一概视为"台

---

① 陈动：《陈水扁当局推动"台湾法理独立"的具体形式、内容和标志——兼评有关国家非常时期制宪、修宪实践》，转引自朱松岭：《国家统一宪法学问题研究》，香港社会科学出版股份有限公司 2011 年版，第 50 页。

② 参见周叶中、祝捷主编：《构建两岸关系和平发展框架的法律机制研究》，九州出版社 2013 年版，第 26 页。

独"思想和行为，视为反分裂国家斗争的对象。① 显然，这种对"台独"概念过于宽泛的理解，同样不利于两岸关系和平发展，不利于两岸民众实现心灵契合，不利于团结广大台湾民众。

因此，从消解"台独"研究的理论困境和反分裂国家斗争的实践困境两个层面来看，都必须在展开"法理台独"研究的过程中，标定包括"法理台独"在内的"台独"概念，形成对其理论内涵与概念外延的界定，从而为进一步展开相关研究奠定基础。

(二)"法理台独"本质规定性之界定："台独"实质之明确

从本质规定性层面看，作为"台独"分裂活动的一种表现形式，"法理台独"的核心目标与其上位概念"台独"相一致，即解构一个中国原则、完成台湾的"国家化建构"。详言之：

一方面，"台独"的核心理念在于解构一个中国原则，破坏大陆和台湾在主权层面同属一个中国的事实状态。习近平总书记指出，两岸复归统一，是结束政治对立，不是领土和主权再造。② 因此，两岸当前所处的因政治对立而尚未统一的境况，并不意味着中国领土和主权的分裂。两岸关系作为国共内战的遗留问题，本质上是国家内部一个政权对另一个政权的权力架构及其合法性褫夺尚未结束。③ 两岸在主权层面同属一个中国的事实在很长一段时间内，既为两岸各自领导人的政策主张所肯定，也为两岸各自根本法的相关规定所肯定。然而，自20世纪90年代以来，台湾方面一些政党和政治人物改弦更张，通过一系列论述提出两岸已在主权层面分裂的政治主张，妄图将两岸在政治事实层面的"尚未统一"等同于法理事实层面的"主权分裂"，继而在台湾地区法理体系中融入"台独"理念，

---

① 如2013年发生的"张悬事件"、2016年发生的"周子瑜事件"和2018年发生的"宋芸桦事件"，均被不少大陆民众视为"台独"事件，但这种界定却在很大程度上伤害了台湾同胞的政治情感，而"台独"分裂分子更是利用这些个案煽动两岸民众对立情绪，甚至在一定程度上对台湾地区选举产生影响。
② 《习近平总书记会见台湾和平统一团体联合参访团》，资料来源：http://www.xinhuanet.com/politics/2014-09/26/c_1112641354.htm。
③ 毛启蒙：《授权体制与分权形态："一国两制"台湾模式的基本矛盾与若干问题再探讨》，《台湾研究》2015年第4期，第56页。

以形成对所谓"台独事实"的法理确认。从"台独"分子的分裂实践来看，解构一个中国原则对两岸关系性质的规定性，构成对"台独"本质规定性第一个层面的界定。

另一方面，"台独"的关键目标是完成台湾的"国家化建构"，使"台湾"能够真正成为一个"主权独立国家"。"台湾是（或应当成为）一个主权独立的国家"是"台独"分裂论述的核心观点，而实现台湾的"国家化建构"则构成实现这一目标具体过程的本质性描述。所谓台湾的"国家化建构"，其核心在于通过一系列政治行为和法律规范，将原本只是一个国家组成部分的台湾，从内、外两个层面对其进行"主权独立国家"的外形包装。这种包装体现在内、外两个方面：一方面，在推动"宪政改革"的过程中，"台独"势力不断强调台湾人民"直选"领导人和立法机构代表的"主权"建构意义，完成台湾"国家化"的内生性建构；另一方面，在外事活动中，"台独"势力不断强调"台湾"与"中国"的区隔性，以及"台湾"与"中华民国"的等同性，完成台湾"国家化"的外生性建构。由此，完成台湾的"国家化建构"[①] 构成对"台独"本质规定性第二个层面的界定。

（三）"法理台独"形式规定性之认知："法理"形式之厘清

理论界和实务界在使用"台独"概念时，尽管其表述重点均聚焦于"将台湾从中国分裂出去"，但在这一概念的具体适用方式上，仍存在较大差异。从"台独"的发展历程和大众对这一概念的使用习惯来看，"台独"这一概念所指涉的应包含将台湾从大陆分离出去并使之成为一个主权独立国家的思想体系、政治主张、制度安排和实践状态的集合。详言之：

---

① 本文所称的台湾"国家化建构"与一般意义上的"本土化"存在一定差别，前者的关键在于强调独立于"中国"的"台湾"所具有的"国家属性"，而后者的意涵则更为广泛。有学者认为，"本土化"是台湾政治转型的主要动力，为"台独"分裂活动提供了政治温床。笔者认为，台湾地区政治结构的"本土化"是两岸政治对立背景下台湾地区实现政治转型的一种必然逻辑，但"本土化"并不意味着台湾一定要推进"国家化建构"，因此，在对"台独"本质规定性的界定中，本文选择使用"国家化建构"的概念。关于台湾地区"本土化"的论述，参见郑振清：《"本土化"与当代台湾地区政治转型的动力与进程》，《政治学研究》2010年第6期，第126页。

一是指涉"思想体系"的"台独"概念。从"台独"思潮的萌发历史来看，"台独"首先体现为一种思想体系，从早期的"台湾地位未定论""台湾民族论""台湾托管独立论"，到晚近出现的"新主权观""宪法台独论"理论等，概莫能外。这些思想体系尽管论证路径各有不同，论证依据也各存差异，但其核心论点均体现为"台湾已经或应当是一个主权独立的国家，且与中国大陆互不隶属"。这种思想体系为"台独"分裂活动的展开提供了理论支持，但这种思想体系本身却并不直接产生政治或法律层面的效力。二是指涉"政治主张"的"台独"概念。自 20 世纪 90 年代开始，在有一定政治动机的政治人物和政治力量的介入下，"台独"逐渐从一种思想体系，转变为一种政治主张。随着李登辉"台独"立场的日渐明确化和陈水扁当局的执政，"台独"开始在一定时期转换为台湾当局的政治主张和政策表述。此时，作为一种一度代表台湾当局正式立场的"台独"主张，"台独"开始对台湾地区政治格局和两岸关系产生实际影响。三是指涉"制度安排"的"台独"概念。台湾地区是法治社会，任何"台独"思潮或政治主张，只有通过法定程序转换为体系化的法律制度之后，方能得到来自法治的正当性支持。因此，在政治力量的作用下，"台独"通过一定的立法程序（如"制宪""修宪""立法"等），从一种政治主张或政治宣示，转换为能够影响台湾民众权利义务关系的法律规范体系，并由此上升为台湾当局具有持续性、稳定性的正式主张。当然，在实践中"台独"完成从政治主张转换为完整意义上的"制度安排"需要经历一个漫长的过程，因而所谓"制度安排"的"台独"在一定阶段内表现出较强的"过程性"特点。四是指涉"实践状态"的"台独"概念。"台独"分子的最终目标，是将"台湾是一个主权独立的国家"从一种思想体系、政治主张和过程性的制度安排，转化为一种为内部和外部共同认可的实践状态，即台湾真正成为"一个主权独立国家"的政治和法律状态。依照不少"台独"论者的论述，这种状态的实现，一方面需要台湾地区内部的"宪法"和"法律体系"完成对这一状态的内在确认，即通过一系列法律制度变迁，完成对台湾地区公权力机关和普通民众内在认同身份的确认；另一方面需要国际社会和国际法对之进行外部确认，按照台湾学者陈佳宏的论述，即台湾在"国际上得到大部分（主要）国家的承认，并加入联合国，成为正常的主权国家，如此则为百分之百的'台独'"①。因此，"台独"概念的终极表现形态是一种经政治行为和法律规范确认的实践状态。

在上述四层次"台独"概念体系中，"法理台独"的概念即产生于作为"制度安排"和"实践状态"的"台独"之中。一方面，"法理台独"的概念当然包含通过宪法法律（包括国际法）对"台独"的状态加以最后的确认，从而达致"台独"的最终状态。因此，不少学者将"法理台独"理解为一种"激进台独"的表现形式即是从此意义上加以理解。另一方面，"法理台独"的概念还应包括"台独"势力将"台独"从一种"政治主张"转换为"（法律）制度安排"的过程，如台湾地区展开涉及"国家建构"的"宪改"和"法律制度"调整的过程。从此意义上讲，"法理台独"亦应表现为台湾当局通过"宪改""立法""公投""修法""废法"等方式强化台湾"独立国家"地位，弱化一个中国原则的一切法律活动。

综上，从实质规定性与形式规定性两个层面出发，一种"法理台独"的综合性概念得以形成，这一概念能够充分彰显出"法理台独"的内在意涵，避免出现标定过于宽泛抑或过于狭隘的定义。基于上述论证，"法理台独"应被定义为：体现解构一个中国原则、完成台湾的"国家化建构"目标的法制度安排和法实践状态。

二、"法理台独"的理论内涵

在完成对"法理台独"概念的凝练后，应从概念特征和表现形态两个层次，进一步展开对"法理台独"理论内涵的叙述。"法理台独"的基本特征体现在本质、价值与形式三个方面，而其表现形式则体现为台湾地区宪制性规定、法律体系和相关国际法规范的变迁过程。

（一）"法理台独"的基本特征：本质、价值与形式

特征即一个事物区别于其他事物特别显著的征象和标志。根据上述对

---

① 陈佳宏：《台湾独立运动史》，玉山社2006年版，第5页。

"法理台独"概念的凝练，可从本质、价值、形式三个方面阐释"法理台独"概念的基本特征：

第一，从其本质特征上看，"法理台独"是"台独"分裂活动的一种表现形式，以破坏两岸同属一个中国的事实为行动目标。如上文所述，"法理台独"本质上是一种将台湾从中国分裂出去的行为，其核心目的在于证成和完成对中国主权的分割。《反分裂国家法》第三条明确规定，台湾问题是中国内战的遗留问题。这一规定充分肯定了"内战法理"在两岸关系政治定位中的重要意义。从国内法上看，由于中国内战尚未结束，两岸双方虽未处于军事意义的交战状态，但这种状态在法理上只能被解释为"内战中止"而非"结束"，更不能被解释为"两国关系"。从国际法上看，由于内战处于中止状态，两岸关系只能被解释为中国的政府继承尚未完全完成且有待继续完成，处于一种进行时中的暂停状态，两岸双方"各自由一定的内部主体支撑，同时也在国内外分别行使既相互区隔又相互依存的对内对外功能"①。因此，两岸在主权层面同属一个中国的历史事实、法理事实与政治事实是界定两岸关系性质的根本界限。包括"法理台独"在内的一切形式的"台独"分裂活动，都以破坏这一事实为行动目标，这一点构成"法理台独"的本质特征。

第二，从其价值特征上看，"法理台独"强调从"合法性"角度完成对"台独"分裂活动的体系化论证。与其他形式的"台独"强调从历史、文化、民族等层面证成"台独"的理论叙述不同，"法理台独"之中的"法理"概念，本身就表征着对"台独"分裂活动"合法性"的论证。作为世界各国公认的最优的治国理政方式，法治国家原则已为世界上绝大多数政治共同体所接纳，并因此成为一种评价政权价值基础的标准。所谓法治国家原则，即为了保障人性尊严、基本权利、法秩序的安定及正义之目的，要求所有国家权力必须依据宪法及合宪之实体及形式法律。② 立基于这一原则，"台独"分裂分子着力于打造一套体现"台湾国家化"建构精

---

① 刘国深：《两岸政治僵局的概念性解析》，《台湾研究集刊》1999 年第 1 期，第 3 页。
② 陈慈阳：《宪法学》，元照出版公司 2005 年版，第 227 页。

神的"宪法"和"法律体系"，以最大限度证成"台独"的"合法性"与"正当性"。从此意义上讲，"法理台独"作为一种以完成对各种其他形式"台独"分裂活动分裂事实的确认行为，其当然构成"台独"的终极表现形态，因而也是反分裂国家斗争的政策红线之所在。因此，完成对"台独"分裂活动的"合法性"论证，体现出"法理台独"与其他形式"台独"分裂活动的差异，构成其价值特征。

第三，从其形式特征上讲，"法理台独"集中表现为一种以"立法"活动展开的"台独"分裂活动，既体现为一种法规范，也体现为一种法实践状态。尽管"法理台独"的核心是围绕法治原则展开，但这并不意味着"法理台独"是一个指涉一切与"法"相关的"台独"分裂活动的概念集合。从法治国家的基本原理来看，只有通过立法活动（包含立宪、修宪、释宪、立法、释法等活动），才能将政治集团提出的政治主张转换为法制度安排，从而在法治社会进一步影响社会成员和公权力机关的行为模式。因此，就"台独"分裂势力而言，只有通过一系列"立法"活动，改变台湾地区宪制性规定对两岸关系性质的界定，完成台湾地区法律体系的"台湾国家化"建构，通过推动"公投"等方式彰显台湾在国际社会的"国家"形象，才能实现其赋予"台独"以"合法性"的目的。从"立法"的运行过程和发展结果来看，"法理台独"既表现为一种具体的法规范或法制度安排，也表现为一种法实践状态。就前者而言，作为一种动态性描述，"法理台独"的实施必然具象为某些特定法律规范的制定、修改或废止，部分学者将"法理台独"视为一种"渐进式台独"过程①，即是从此意义上加以理解的。就后者而言，作为一种结果性描述，"法理台独"活动的最终表现为一种法运行过程中的实践状态，即完成"台湾国家化"建构的内部法建构和外部法确证的结果，部分学者将"法理台独"视为一种"激进台独"的终极形态，即是从此意义上加以理解的。因此，以"立法"为外在形态展开"台独"分裂活动，构成"法理台独"的形式特征。

_____

① 参见《警惕"渐进式台独"》，《人民日报》2016年1月25日第3版。

（二）"法理台独"的表现形态：以法规范变迁为核心

从形式特征上看，"法理台独"集中体现为一种"立法"活动，"台独"分裂分子通过一系列"立法"活动，将体现"台独"理念的思想体系、政治主张逐渐转化为法制度安排和法实践状态。因此，法规范的变迁构成"法理台独"的主要表现形态。依不同的法律渊源区分之，"法理台独"的表现形态应包含"宪制形态""法律形态"和"国际法形态"，依其各自在"台独"分裂活动实践谱系中发挥的具体作用，三种具体形态分别构成"法理台独"的核心样态、主体样态和外沿样态。

第一，宪制形态构成"法理台独"的核心表现样态。作为规范国家权力与公民权利关系的根本法，宪法在很多情况下被视为民族国家实现独立的一种法理标志，表征着国家主权，具有赋予国家权力合法性的重要功能。1949 年国民党当局将制定于大陆的"中华民国宪法"带至台湾，在政治实践中扮演台湾地区"政治根本法"的角色。在台湾地区政治转型过程中，这部"宪法"与国民党威权统治相捆绑，成为岛内民主运动的标靶。① 不少"台独"分裂分子对此种政治现象加以利用，鼓吹通过"制宪""修宪""释宪"等方式推动在宪制层面解构一个中国原则，完成"台湾国家化"建构的根本法确认。然而，在包括台湾同胞在内的全中国人民的坚决反对下，"台独"分裂分子意图以"台湾"为名，制定一部所谓"台湾宪法"的迷梦最终未能实现。② 在台湾地区"宪政改革"的过程中，尽管不少"台湾性"因素以"宪法增修条文"形式融入台湾地区宪制性规定，但其中的"一个中国"元素仍在很大程度上被保留下来。与此同时，基于台湾地区"司法院大法官"在岛内政治生态中的特殊地位，"台独"分裂分子又开始着手以"宪法解释"方式，企图在不变更台湾地区宪制性规定文本的情况下，将"台独"属性融入其中，实现其"台独"分裂目的，展开

---

① 参见祝捷：《"民主独立"的台湾故事与香港前路》，《港澳研究》2015 年第 2 期，第 30 页。
② 参见张文生：《"台独"势力的"制宪"活动与主张分析》，《台湾研究集刊》2004 年第 3 期，第 15 页。

所谓"释宪台独"活动。① 基于上述理论与实践之分析，宪制形态在"法理台独"实践谱系中无疑占据着核心地位，因而通过各种宪法变迁方式展开的"法理台独"分裂活动也构成反分裂国家斗争的重点对象。

第二，法律形态构成"法理台独"的主体表现样态。法律是社会关系的调整器，法律机制能够将纷繁复杂的社会问题转变为法律机制内的权利义务问题，进而通过调整权利义务来实现对社会的控制。② 在法治社会，由于法律对各类社会关系能够形成极为致密的调整作用，因而法律对每个普通公民的政治认同、政治倾向和日常生活都会产生极大影响。作为一个法治建设较为完善的社会，台湾地区法律体系在统"独"问题和国家认同问题上，同样对岛内普通民众产生着极为重要的影响。尽管台湾地区现行"宪法"被普遍认为是一部"一中宪法"，但在岛内政治生活中，这部"一中宪法"的"一中"属性，却逐渐为作为其下位法的各类普通法律规范所"虚置"。在国家认同层面，这种"虚置"直接体现为台湾地区民众所具有的"中华民国国民"的"宪法身份"为其"台湾公民"的"法律身份"所架空。基于法律对统"独"问题的功能与作用，有学者提出了"法律中心主义的'台独'"概念，将以制定、修改和废除法律为主要手段的"台独"道路称为"涉法台独"。③ 以涉及两岸民众身份问题的法律规定为例，岛内不少规定都将"大陆人民""大陆地区"与"台湾人民""台湾地区"区隔管理，将前者类比"外国人"加以管理，而在后者的身份界定上往往完全等同于"中华民国国民"和"中华民国"。由此，台湾地区普通民众在适用法律过程中，自然会不自觉的产生一种将"中华民国"等同于"台湾"的认识。由于普通法律在两岸关系中的敏感性较低，隐蔽性较强，且各类普通法律以极为细致的方式对台湾民众的国家认同观产生极为强大的现实影响，因而法律形态在"法理台独"实践谱系中占据着主体地位。

---

① 参见段磊：《"释宪台独"的政治意涵、表现形式与应对策略》，《台海研究》2017 年第 1 期，第 42 页。
② 周叶中：《论构建两岸关系和平发展框架的法律机制》，《法学评论》2008 年第 3 期，第 3 页。
③ 参见庄吟茜：《"法理台独" 2.0 升级版》，《祖国文摘》（台湾）2018 年第 45 期，第 2—4 页。

第三，国际法形态构成"法理台独"的外沿表现样态。从国际法上有关国家标准的相关理论来看，尽管存在"构成说"与"宣告说"之争，但其他主权者的承认，无疑构成是一国是否拥有主权国家地位重要外在表征。因此，"台独"分裂分子在不断谋求实现其"台独"分裂目标的过程中，高度重视国际法的重要意义，在国际场合展开一系列分裂活动。一方面，"台独"分子借国际法中的某些具有特定意涵的分离主义理论，如"民族自决论""托管独立论"等，混入台湾地区政治发展中的某些元素，形成一套实践"台独"理念的分裂说辞和分裂举动。另一方面，"台独"分子通过不断虚构台湾的"主权国家"要件，或以"中华民国"为名，或以"台湾"为名，不断在其参与国际活动的过程中，彰显台湾的"独立"地位。由于外部确认构成实现"法理台独"最后步骤，这一过程一旦完成，则"台独"将正式从"进行时"转换为"完成时"，因而国际法形态在"法理台独"实践谱系中同样具有重要地位。但是，外部力量对"台独"分裂活动的肯定，并不直接对两岸关系性质、岛内政治生态以及台湾民众的国家认同产生直接影响，因而国际法形态应被界定为"法理台独"的外沿表现样态。

三、"法理台独"的概念外延

在完成对"法理台独"理论内涵的界定后，亦应论证其在整个"台独"体系中的理论定位。基于这一目的，应借鉴法律行为与事实行为的二分法，对"台独"的诸种表现形式形成逻辑周延的类型划分，继而在此基础上，界定"法理台独"与其他"台独"形式的关系，明确"法理台独"在"台独"实践谱系中发挥的双重作用。

(一)"法理台独"与"事实台独"二元体系的理论复述

在"台独"的理论谱系中，学界已经围绕多种分类标准形成一些内在的体系划分，其中"法理台独"与"事实台独"的二元体系即是其中一种重要的分类方式。然而，在学者高频次使用"法理台独"与"事实台独"二元体系的过程中，却有意无意地忽视了这两个与"台独"分类相关概念的内涵界定。因此，在明确"法理台独"在"台独"体系中地位与功能的过程中，应当对"法理台独"与"事实台独"构成的二元概念体系形成合乎逻辑的理论复述。

从既有文献来看，学界对"事实台独"这一概念主要因循"状态"和"行为"两种用法展开：一是将"事实台独"视为对两岸关系状态的一种描述，即将两岸政治对立状态的持续视为"事实台独"。如有学者认为马英九当局提出的"不统、不独、不武"的两岸关系主张，及其提出的"台湾前途应该由全台湾2300万人，依据'中华民国宪法'来决定"① 的论述，在本质上即是在维持台湾相对于大陆的"事实独立"状态，属于"事实台独"②。此种认知，即是将"事实台独"视为一种"状态性"描述而使用的。二是将"事实台独"视为对一种特定"台独"行为的描述，即将"台独"分子在不改变"中华民国""国号""国旗"的前提下不断推进历史文化层面的"去中国化"和政治层面的"台湾本土化"的行为界定为"事实台独"。此种对"事实台独"的界定基本等同于所谓"B型台独""隐性台独"或"实质台独"③ 的概念，即将"事实台独"视为一种"行为性"描述而使用的。

与学界对"事实台独"的适用方法相类似，"法理台独"亦体现为对一种呈现为法规范变迁的"台独"行为（体现"台独"内涵的法规范或法制度安排）和一种法规范实施之下的"台独"状态（体现"台独"目标的法实践状态）的集合性叙述。本文认为，以概念所描述的"台独"分裂行为是否会引起导致台湾从中国分裂出去的法律效果为标准，可形成"法理台独"与"事实台独"之间精确的界分点。易言之，无论是上述之"政治台独""历史台独""文化台独"或是"经济台独"，都是不产生直

① 《马英九回应国台办：台湾前途由2300万台湾人决定》，资料来源：http://news.ifeng.com/a/20140612/40708277_0.shtml.
② 参见庄吟茜：《从"中间路线"看台湾青年的国家认同》，《中国青年研究》2016年第3期，第37页。
③ 参见王建民：《"新台独"的兴起与"台独"面面观》，资料来源：http://tw.people.com.cn/n/2015/0409/c104510-26819321.html.

接法律效果的"台独"分裂活动，因而均属于"事实台独"之范畴，而"法理台独"则是一种赋予各类"台独"分裂活动形成的结果以法律效果的分裂活动。

（二）构成与确认："法理台独"在"台独"实践体系中的双重功能

在明确"法理台独"与"事实台独"二元划分的基础上，必须进一步明确"法理台独"概念在整个"台独"实践谱系中的地位与作用，阐释其与"台独""事实台独"之间的关系。在"台独"实践谱系中，"法理台独"发挥着"构成"与"确认"的双重作用，就前者而言，"法理台独"体现出一种与各类"事实台独"共生且共同发挥推动实现"台独"分裂目标的"构成性功能"，即"法理台独"本身是整个"台独"实践谱系中的重要组成部分；就后者而言，"法理台独"体现出一种与"事实台独"相区隔的"确认性功能"，即"法理台独"构成各类"台独"分裂活动的最终确认环节，任何形式的"事实台独"均需通过"法理台独"完成"合法性"证成与"有效性"确认。

一方面，从行为性描述的角度看，作为一种具体的"台独"分裂行为，"法理台独"是"台独"实践谱系中的重要构成部分，与"事实台独"表现形式一同发挥系统性作用。作为一项旨在将台湾从中国主权范围内分裂出去的分离主义运动，"台独"是一项极为复杂的系统性工程。在台湾地区所处的特殊政治、历史、文化、经济、法律境遇之下，"台独"分裂分子在特定条件下，从多个层面展开其"台独"分裂行动，从而形成了"台独"实践谱系中并行存在的实践形态。详言之，在这一体系中，诸种"事实台独"活动分别对"台独"分裂活动的促进起到重要作用：1）"政治台独"是诸种"台独"政治主张的集合性描述，以政治人物的政治言说为载体，以各种形式鼓噪"台独"分裂口号，构成"台独"分裂活动的出发点和落脚点。2）"历史台独"侧重于通过虚构"以台湾为中心的史观"，强调"台湾四百年"的共同历史境遇①，消除"台湾"与"中国"的历史联结。3）"文化台独"着力于通过一系列"去中国化"运动，消除

---

① 参见张萌、刘相平：《台湾"台湾史"研究谱系及其史观嬗变述论》，《太平洋学报》2016年第5期，第74页。

台湾的中华文化印记，打造所谓"台湾主体性"文化基础，为"台独"提供软支撑。4）"民族台独"以"民族国家"理论为基础，不惜违背民族划分的基本原理，打造台湾所谓四大"族群"，臆造"台独"分裂活动的族群基础。与上述"事实台独"活动相同，在"台独"实践谱系中，"法理台独"主要以各类法律规范为载体，强化"台湾国家化"建构，赋予台湾民众以"台湾人"的法律身份，从国际法层面彰显"台湾"的"主权国家"地位，以此为"台独"分裂活动提供法理支撑。由此可见，将"法理台独"视为一种"台独行为"时，其在"台独"实践谱系中起到的作用与诸种"事实台独"表现形式相一致，共同发挥系统性推动作用。

　　另一方面，从状态性描述的角度看，作为一种完成性的"台独"状态，各种类型的"事实台独"形式都构成"法理台独"的实践渊源，而"法理台独"又构成实现"事实台独"目标的最终确认。早有学者提出"台湾问题既是政治问题，也是法律问题"① 的论断。将台湾问题视为法律问题，并不仅仅在于法律在"台独"分裂活动中起到一定推动作用，法律在反分裂国家斗争和推进国家实现完全统一过程中将产生重大作用，更在于国家的统一与分裂最终必须通过一定的法律程序方可宣告完成。因此，就"台独"分裂活动而言，尽管各类"事实台独"活动都为"台独"分裂目标的完成提供不同层次的支撑，但"台独"如何从"进行时"转化为"完成时"，关键在于是否能够将"台独"理念融入法律规范之中，通过各类型的法律规范完成对"台独"事实的确认。从此角度来说，诸种"事实台独"的思想体系、政治主张都为"法理台独"的最终实现提供了铺垫，而"法理台独"为"台独"提供了最终的实现路径，构成"台独"的最终宣示程序。从此意义上讲，"法理台独"无疑构成最为危险的一种"台独"形式，也是最具结果意义的"台独"形式。②

---

① 周叶中：《台湾问题的宪法学思考》，《法学》2007年第6期，第70页。
② 祝捷：《"台独"的推进策略和七种形式》，《中国评论》（香港）2016年12月号，第30页。

四、结语

"法理台独"是反分裂国家斗争的重要对象，能否从学理上完成对这一概念的界定，兼具理论与实践双重意义。本文因循"形成定义—界定内涵—明确外延"的逻辑顺序，意图从理论层面形成对"法理台独"概念的精细化阐释，以期助力于构建反分裂国家法律机制，进一步完善国家统一理论的法治面向。当然，"法理台独"本就是一个在国家尚未统一特殊历史背景下，在台湾地区产生的一种极具特殊性的，极为复杂的政治与法律现象，本文的理论叙述显然无法完成对这一现象的全面阐释。基于这一认识，作者将围绕"法理台独"的基本问题、基本范畴、基本理论等展开进一步研究，并对这些问题另文详述。

"法理台独"实践样态论*

  维护国家主权和领土完整，实现祖国完全统一，是全体中华儿女共同愿望，是中华民族根本利益所在。自 20 世纪 40 年代末以来，在台湾岛内部分"台独"分裂分子的鼓噪下，在外部势力的干涉与影响下，"台独"已逐渐从一种政治思潮演变为政治行为和制度安排，并成为两岸关系和平发展和两岸实现和平统一的最大威胁。作为完成"台独"分裂活动的必经阶段和最终确认方式，"法理台独"成为我对台政策的最后红线之所在。"法理台独"在实践中表现为规范层面的制度安排和实践状态，其表现形态存在于台湾地区的宪制性规定、法律规定和一些特定的国际法规范之中。自 20 世纪 90 年代以来，"台独"分裂势力不断在法规范层面推进"台湾国家化"建构，使"台独"的思想体系和政治主张转换为制度安排，完成对"台独"分裂活动的渐进式的法确认。然而，相关研究尚未从规范层面完成对"法理台独"规范表现形态的系统化研究，这不得不说是一种遗憾。基于此，本文拟以"法理台独"的法实践为研究物件，分别从宪制、法律和国际法三个层面出发，阐明"法理台独"在规范上的表现方式，为更进一步地就这一问题形成精细化的规范叙述提供理论支援。

  一、宪制形态："法理台独"的核心表现形式

  宪法在一定程度上表征着国家主权，是任何国家或社会公权力合法性的最高来源。正是基于这一原理，"台独"分裂分子长期致力于在宪制层

面，以诸如"制宪""修宪""释宪"等方式，推动对一个中国原则的解构，完成所谓"台湾国家化"建构的根本法确认。这种确认主要体现为三个层面：一是借助"宪法"的根本法地位，通过将"台独"分裂理念融入宪制性规定，形成对其他一切形式"台独"分裂活动的"规范"确认。二是借助"宪法"蕴含的民主价值，强调"台湾国家主权"归属于"台湾人民"，形成对"台独"的"民主"确认。三是借助"宪法"的认同整合功能，使"台独"理念灌注于遵守法治原则的台湾民众心中，形成对"台独"的"认同"确认。因此，宪制形态无疑构成"法理台独"的核心表现形态。

在台湾地区施行的 1946 年"宪法"本身制定于大陆，其时两岸尚处于同一当局的实际控制之下，并不存在"两岸关系"问题，因而"一中性"是其天然构成部分。在这部"宪法"中，至少有以下两个方面体现出其"中国性"：一是其"固有疆域"条款。按照 1946 年"宪法""制宪"时"中华民国"的实际领土，其"固有疆域"当然应当是包括大陆和台湾在内的全中国。[1] 因此，这一条款构成台湾地区宪制性规定中直接确认"两岸同属一个中国"法律事实的关键性条款，也是"台独"分子长期攻讦的核心条款。二是其"五权宪法"机制。孙中山先生提出的"五权宪法"思想是 1946 年"宪法"的指导思想，依照这一思想台湾当局形成了由"国民大会"与"五院"分别行使"政权"和"治权"的治理体系，但这一体系被"台独"论者认为是"中华民国宪法"的病症之一，他们明确提出应当废除作为"外来政治制度"的"五权宪法"[2]。

为在宪制层面推动"法理台独"目标的实现，"台独"势力在实践中，尝试通过"制宪""修宪""释宪"宪法变迁方式，推动对在台湾具有最高法律效力的 1946 年"宪法"进行全面变迁。具体说来：

第一，基于制宪权理论，不断鼓吹抛弃 1946 年"宪法"，通过制定一

---

[1] 参见陈新民：《中华民国宪法释论》，作者自刊 1999 年第三版，第 99 页。
[2] 参见李鸿禧：《中华民国宪法病理病症》，李鸿禧等：《台湾宪法之纵剖横切》，元照出版公司 2002 年版。

部"台湾新宪法"实现"台湾法理独立"的目的，展开所谓"制宪台独"活动。制宪权，即制定宪法之力，是创造法秩序的权力，它是确定法秩序的各个原则、确立各种制度的权力——从而也立于政治与法的交汇之处。①作为一种基础性权力，制宪权具有始源性特点，由人民享有，且具有赋予新宪法正当性的功能。正是认识到制宪权的功能和特点，"台独"分裂分子才选择以"制宪"作为其蛊惑台湾地区民意，实现其"法理台独"分裂目标的重要手段。早在 20 世纪 60、70 年代，彭明敏、许士楷、陈隆志等人就致力于提出所谓"重新制定宪法""建立台湾宪政体制"等口号。②民进党成立后，不断推动"制宪台独"活动，相继制定了"台湾宪法草案""台湾共和国宪法草案""宪政政策白皮书"等一系列"台独宪法草案"，不断彰显其"台独"决心。尽管这些"制宪台独"活动在两岸同胞的坚决反对之下，已逐渐从一种颇具号召力的政治行动沦为毫无意义的"台独"政治动员口号，但我们仍应对之高度警惕，对"台独"分裂分子借"制宪"方式使其政治目标"合法化"的行为予以坚决打击。

第二，基于修宪权理论，在台湾地区"宪政改革"中，通过消除 1946年"宪法"的"一中性"内涵，实现"台独"的借壳上市，展开所谓"修宪台独"活动。宪法修改是宪法变迁的重要形式，是缓和成文宪法文本和社会实践张力的有效途径。"修宪"是台湾地区"宪政改革"的主要形式，但是，在两岸关系的特殊政治背景下，台湾地区的所谓"修宪"绝非简单地对条文进行修正、补充，其目的，也并非简单的弥合"宪法"文本与社会实践之间的裂隙，而是以"修宪"之名，完成宪制层面台湾的"国家化建构"。尽管"宪改"并未完成对 1946 年"宪法"中"一中性"内容的全面清除，但考察这七次"宪政改革"的历程可知，从政治事实的角度看，随着台湾地区领导人、民意代表选举方式的变化、政权组织形式的调整和省级建制的精简，台湾当局对内、对外"代表性"得到全面强化，由此助长了"台湾主体性"意识的增长，使两岸关系的主要矛盾发生

---

① ［日］芦部信喜：《制宪权》，王贵松译，中国政法大学出版社 2012 年版，第 3 页。
② 参见张文生：《"台独"势力的"制宪"活动与主张分析》，《台湾研究集刊》2004 年第 3 期。

重大变化，由国共两党争夺全中国唯一合法代表的"正统"之争，转变为两岸之间存在的统"独"之争。

第三，立基于宪法解释理论，利用"释宪"机制，形成对1946年"宪法"内涵的重新解释，破坏一个中国原则，展开所谓"释宪台独"活动。从宪法学的一般理论而言，宪法解释是宪法变迁的重要手段，亦是宪法因应社会环境变化的重要方式。台湾地区"司法院"已经有大量的"释宪"活动，积累了相当深厚的"释宪"实践经验，通过学者的演绎，已经形成较为完备的"宪法"解释理论体系。截至2018年5月，台湾地区"司法院"做成的"大法官解释"共763件，其中与两岸关系直接相关的有20件①，这些"大法官解释"中，有些直接或间接肯定"两岸同属一个中国"事实，有些对两岸关系性质问题持回避立场，意图模糊两岸关系性质，有些则试图以重构"中国"与"台湾"关系的方式，解构"两岸同属一个中国"事实。通过"制宪""修宪"改变台湾地区宪制性规定对两岸关系性质界定存在较大困难的情况下，"台独"分裂势力极有可能通过更具隐蔽性的"释宪"方式完成这一过程，形成对一个中国原则的法理解构。

二、法律形态："法理台独"的主体表现形式

法律是社会关系的调整器，法律机制能够将纷繁复杂的社会问题转变为法律机制内的权利义务问题，进而通过调整权利义务来实现对社会的控制。② 正是基于这一原理，"台独"分裂分子除在宪制性规定层面推动"法理台独"活动外，还积极致力于从台湾地区法律体系切入，推动完成所谓"台湾国家化"建构的法规范确认。较之于宪制形态，法律形态构成"法理台独"的主体表现形式，形成这一判断的理由有三：一是岛内一般法律在两岸关系中的政治敏感性较低，在这些法律的立、改、废、释活动中融

---

① 参见台湾法源法律网，资料来源：http://db.lawbank.com.tw，最后访问日期：2018年5月10日。

② 周叶中：《论构建两岸关系和平发展框架的法律机制》，《法学评论》2008年第3期。

入"台独"内涵，具有高度隐蔽性，不易为大陆方面和其他反"独"力量察觉；二是岛内一般法律的立、改、废活动的操作难度较小，较之于极为复杂的"修宪"程序而言，"立法""修法""废法"仅需"立法委员"半数以上支持即可完成；三是岛内一般法律对台湾民众日常生活的影响面更广，通过将"台独"理念灌注于与普通民众日常生活息息相关的法律规范之中，能够在更广泛的范围内使"台独"理念深入人心。

第一，通过"立法""修法"活动，以"法律"虚置"宪法"，逐步弱化台湾地区法律体系中的一个中国规范约束力的目的。从宪法学基础理论而言，尽管宪法是一个政治共同体的根本法，但作为根本法，其规定的内容仍有待立法者通过制定一般法律的方式践行其价值，此即所谓宪法委托理论。所谓宪法委托是"宪法赋予立法者一个有拘束性的命令，来颁布法律，以贯彻宪法之理想"①。从台湾地区的法治实践来看，尽管台湾地区宪制性规定明确将两岸政治关系定位为"一国两区"，但从台湾地区政治实践来看，这种定位本身（尤其是其中的"一国"部分）却因立法机关的"不作为"或单向度"作为"，而在岛内政治生活中被"虚置"了。在岛内的立法活动中，台湾地区立法机构在大量"立法""修法"活动中，以"一国两区"为依据，形成了一套严格区别对待两岸民众，甚至是将大陆人民等同外国人对待的规范，从而在两岸民众身份认同中产生了极大的负面影响。以台湾地区"护照条例"为例，该"条例"制定于 1967 年，主要规定"中华民国护照"的颁发与使用，是一部直接涉及民众对外身份的规范。根据该"条例"之规定，"中华民国普通护照"适用范围包含"外交护照、公务护照持有者以外之'中华民国国民'"②，但在 2000 年的修改过程中，台湾当局将之修改为"具有中华民国国籍者……但具有大陆地区人民、香港居民、澳门居民身分或持有大陆地区所发护照者，非经主管机

---

① ［德］康拉德·黑塞：《联邦德国宪法纲要》，李辉译，商务印书馆 2007 年，第 157 页。
② 台湾地区"护照条例"（1967 年），资料来源：http://db.lawbank.com.tw/FLAW/FLAWDAT08.aspx? lsid = FL005229&ldate =19670710，最后访问日期：2018 年 5 月 1 日。

关许可，不适用之"①。同时，在原"条例"中，明确出现的"中国籍"的表述被弃之不用。这些修改虽在名义上依然遵循"一国两区"的基本思路，但在实践中却造成了只强调台湾与大陆，甚至是与"中国"区别的法律实施效果。通过诸如此类的立法实践，台湾地区宪制性规定所明确肯认的一个中国原则，被普通法律规范所"虚置"，其规范约束力也日渐下降。

第二，通过"立法""修法"活动，逐步强化台湾地区法律体系中的"本土化"因素，推动台湾民众国家认同观念转变。在弱化法律体系中一个中国规范约束力的同时，岛内立法机构还通过各种形式的立法活动，将台湾地区政治转型过程中呈现出的"本土化"因素融入法律体系当中。就强化"本土性"因素而言，台湾地区近年来展开的所谓"原住民立法"活动即是其中典型一例。所谓"原住民"，通常是指历史上在大陆或海岛隔绝状态下的那些无文字的社会共同体，其社会发展阶段基本都处于无阶级或阶级分化不明显的氏族部落阶段。②在台湾地区政治转型的过程中，原本被蒋介石当局界定为"高山族"或"山胞"的群体，被"正名"为"原住民"。在1990年代展开的"宪改"中，在"增修条文"第四条和第十条分别予以专门规定，此后历届台湾当局又陆续制定"原住民身份法""原住民族基本法""原住民族工作权保障法""原住民族语言发展法"等一大批"原住民立法"。这些立法在一方面切实保障了台湾少数民族的合法权利，但更大程度上，"原住民族"被"台独"分裂势力所利用，不少"台独"分子倡导所谓"原住民对台湾的自然主权"，强调台湾以"住民自决"方式实现"独立"的"合法性"。③

第三，通过"废法"活动，逐步消除台湾地区法律体系中推动"国家统一"的规范根基，实现对两岸所谓"分裂分治事实"的反向确认。在近年来的立法实践中，台湾当局刻意废止了部分体现"国家统一"的法律规

---

① 台湾地区"护照条例"（2000 年），资料来源：http：//db. lawbank. com. tw/FLAW/FLAWDAT08. aspx？lsid = FL005229&ldate = 20000517，最后访问日期：2018 年 5 月 1 日。
② 郝时远：《当代台湾的"原住民"与民族问题》，《民族研究》2003 年第 3 期。
③ 参见徐晓萍：《台湾族群问题与"台独"势力的政治利用》，《中央民族大学学报（哲学社会科学版）》2006 年第 6 期。

范，从而在法律规范层面，正式放弃了对国家统一的追求。就此方面而言，最为典型的事例即是台湾当局公然停止适用"国家统一纲领"。"国统纲领"制定于1991年，其内容主要涉及对两岸同属一个中国、台湾当局追求国家统一的步骤方式等问题，尽管这部法律规范在内容上存在一定缺陷，但其以明示方式彰显出当时的台湾当局对国家统一的支持立场。然而，2006年陈水扁当局公然宣布停止适用这部明确规定"大陆与台湾均是中国的领土，促成国家的统一，应是中国人共同的责任"①的规范性文件，直接表征出台湾当局彻底放弃国家统一的政治目标，从"暗独"转向"明独"的政治策略。值得注意的是，尽管2008年认同"九二共识"的国民党重新执政，但马英九当局却并未宣布恢复适用"国统纲领"，而是代之以所谓"不统、不独、不武"的新"三不"政策处理两岸关系，在一定程度上以默许方式确认了台湾当局对国家统一目标的摈弃态度。

需要强调的是，在台湾地区以"立法院"为核心的立法体制之中，不少持"台独"立场的党派和政治人物，往往会以提出"法律草案"的方式，推动岛内就某些特定政治问题的政治动员，在岛存储器在巨大争议的统"独"议题往往成为热点主题。以"立法草案"为例，2014年"太阳花运动"发生后，台湾当局宣布启动对"两岸协议监督条例"的立法活动，在"立法院"讨论过程中，包括国民党、民进党在内的多方力量提出了多个版本的"两岸协议监督条例草案"。诸种不同"草案"争议焦点除对两岸协定审议程序的严格程度有所差异外，着重聚焦于对两岸关系性质的界定。② 根据台湾地区现行"宪法"对两岸关系性质"一国两区"的界定，在"两岸协议监督条例草案"中，对两岸协议性质以"国与国关系""特殊的国与国关系"为基础加以界定者，显然无法获得通过，但客观而言，这种"草案"的出现本身，即是岛内"台独"力量借热点事件进行的政治动员表现，也是"台独"分裂势力对统"独"议题政治立场的一种

① "国家统一纲领"（1991年）。
② 参见周叶中、段磊：《论台湾立法机构审议监督两岸协议机制的发展及其影响——以"两岸协议监督条例草案"为对象》，《台湾研究集刊》2015年第1期。

"再确认"。因此，从此意义上讲，此种包含"台独"分裂立场的"法律草案"对"法理台独"分裂活动的推动作用不容小觑，这种借提出"法律草案"方式展开的"台独"政治动员，同样构成"法理台独"的法律表现形态。

三、国际法形态："法理台独"的外沿表现形式

尽管国际法学界对国家资格问题存在"构成说"与"宣告说"之争，但从国际法的发展和国际社会的实践来看，国际社会承认的证据作用是不可否认的，尤其是在通过分离方式产生新国家的案例中，承认无疑具有构成意义。① 从这个意义上讲，"台独"能否真正成为一种"法实践状态"，有赖于国际社会对"台湾主权独立性"的承认。因此，从"法理台独"理论体系的建构角度来看，"法理台独"的国际法形态是不断实现台湾"主权独立性"外部承认的过程，是完成台湾"国家化建构"的关键步骤，甚至是"最后步骤"，构成"法理台独"的外沿表现形式。台湾当局在国际法层面采取的有关"法理台独"的所作所为，均是为了从外部完成对一个中国原则的彻底解构，为"台独"的推行扫除理论和实践中的障碍。从台湾当局不同历史时期实行的外事工作策略来看，在国际法层面追求"法理台独"活动构成其政策轴心：1）李登辉时期提出的所谓"务实外交"策略，以所谓"阶段性的两个中国"为指引，追求国际社会对两岸的"双重承认"，开始以各种名义各种方式追求与其他国家发展关系，企图在国际社会造成台湾与大陆已成为"对等政治实体"的印象；2）陈水扁时期提出的所谓"烽火外交"策略，撕破李登辉时期"务实外交"中"追求中国统一"的最后一层面纱，开始在国际社会不断宣称"台湾是一个主权独立国家"，争取"独立国际地位"；3）马英九时期提出的所谓"活路外交"，以"九二共识"为基础和前提，在两岸关系和平发展的背景下实现两岸在国际社会的"外交休兵"；4）蔡英文执政后提出所谓"踏实外交"，将整体对外政策从"外交休兵"转向"柔性台独"，着力提升台湾与美、

---

① 参见范宏云：《论国际法上的国家标准》，《法学评论》2008 年第 3 期。

日等大国之间的"实质关系"，凸显台湾作为一个"独立实体"的形象与地位。从学理上分析，"法理台独"活动在国际法层面的着力，主要体现在三个方面：

第一，通过虚构台湾满足国家的主要构成要件，是"法理台独"在国际法上筑造台湾是"主权国家"主要路径。尽管当前国际法理论对于国家的构成要件并不存在统一的概念认知，但据"已经获得国际社会广泛认可，成为判断一个实体是否为国家习惯国际法"①的《蒙得维的国家权利义务公约》之规定，常住的人口、明确的领土、有效的政府以及与他国建立关系的能力，被视为国家的四项构成要件。在这四项要件中，前三项属于国内法层面的构成要素，是否能够实现主要取决于政治实体自身的有效统治情况，而"与他国交往能力"则属于国际法层面的因素，有赖于政治实体与他国的互动能力。就台湾而言，台湾当局一直以来都力图营造依据"中华民国宪政体制"对台湾进行"有效统治"的外在形象，同时，通过加强与所谓"邦交国"的"双边关系"，提升与"非邦交国"的"实质关系"，加强参与国际社会活动等方式，提升"与他国建立关系"的能力。因此，"法理台独"的国际法形态构成"台独"分裂势力将台湾塑造为一个"主权独立国家"的必然需要。

第二，强化台湾的国际空间活动能力和影响，是"法理台独"在国际法上推动台湾"国家化"的重要方向。尽管不少"台独"分裂分子以国际法上的"宣告说"为依据，认为"台湾是一个主权独立国家"这一命题无须外部承认的支撑，但对这个"主权独立国家"能否"正常化"的评价，却极端有赖于其参与国际空间的有效性。即使是根据人民、领土、政府和主权四要件法强行认同台湾"已进化为一个国家"的"台独"学者陈隆志也承认，除了制定所谓的"台湾宪法"推行"国家正名宪法化"之外，还要以台湾之名加入联合国及其他国际组织作为"会员国"，这样台湾才能

---

① Malcolm D. Evans, supra note, at 221.

成从"国家化"转变为"正常化"。① 因此,"台独"分裂势力长期以来着力于推动台湾以各种方式加入各类国际组织,尤其是谋求台湾"加入联合国"及各类主权国家参与的国际组织,形成台湾参与国际社会活动的"国家化"形象,其目的就在于在"法理台独"的理论序列中,完成最为关键的外在确认步骤。

第三,臆造台湾人民"自决权",践行分离主义,是"法理台独"在国际法上策划台湾"独立建国"的重要手段。民族自决权是指殖民地和被压迫民族或人民的独立权,具有道德正义和法律正义,但根据相关国际法律档以及自决实践表明,自决只适用于托管领土、非自治领土、殖民主义统治、外国占领和强加的政治统治以及种族主义政权。② 作为国际秩序正常运行的基石,任何主权国家都不可能容许不属于上述范围的,本国的一个特定区域以任何方式从本国分离出去。然而,曾有相当一部分"台独"学者将国际法上的民族自决和分离主义理论偷梁换柱,以所谓"台湾民族论""住民自决论"等为理论基础,形成了一套"台湾民族"以合乎"宪法"的方式完成"国家"的内部构建,继而因循"自决权理论",实现将台湾从中国分离出去的目的,由此推动完成"台湾国家化"建构。从此意义上讲,国际法上的"自决"理论,为"台独"分裂分子提供了一种将"台独"政治主张,以"合法"方式转化为实践状态的重要手段。

四、结语

"法理台独"是"台独"分裂活动的一种重要表现形式。一方面,"法理台独"以法律形式表征"台独"的核心要素,构成"台独"分裂活动的重要组成部分,与其他诸种"事实台独"行为一道为"台独"分裂活动提供实践动力;另一方面,"法理台独"以法律形式确认"台独"的法理状态,构成"台独"分裂活动的最终确认环节,为"台独"的最终完成

---

① 陈隆志:《旧金山对日和约、联大第 2758 号决议与台湾国际法律地位》,《台湾国际法季刊》第十二卷第一期。
② 参见范宏云:《国际法视野下的国家统一研究》,广东人民出版社 2008 年版,第 12—13 页。

提供"合法性"与"正当性"宣示。从此意义上而言，对"法理台独"活动的系统性研究极具必要性。由于篇幅，本文仅能对"法理台独"的三种实践样态展开阐释，有关"法理台独"的理论意涵、概念体系、基本范畴及应对诸种"法理台独"活动的理论与实践路径，作者将另文详述。

论"释宪台独"的政治意涵、表现形式与应对策略*

2016 年 10 月,台湾地区新任"司法院院长"许宗力在回应民意代表提问时表示,其主张是"两岸为'特殊国与国'关系,类似过去西德与东德的关系"①。许宗力的这一言论引起两岸舆论高度关注,各方普遍表现出对台湾当局将借"释宪"之名行"修宪"之实的忧虑。早有学者指出,"释宪台独"具有高度的隐蔽性、危险性和可能性,是一种需要特别警惕的"台独"活动。②从台湾地区新任司法机构负责人的统"独"立场和当前两岸关系的基本形式来看,在民进党执政时期,"台独"分子借"释宪"方式,实现"法理台独"目标的可能性较大。基于此,本文拟对未来台湾方面推行"释宪台独"的可能性、表现形态做出剖析,继而提出若干大陆方面可资运用的应对"释宪台独"活动的对策,以期助益于反对和遏制"法理台独"活动。

一、"释宪台独":概念界定与理论特征

长期以来,由于缺乏对台湾问题法律属性的认知,大陆学界对"释宪台独"这种特殊的"法理台独"形式的理论探讨仍显不足。因此,若需对当前形势下台湾方面推行"释宪台独"的可能性、表现形态做出剖析,就

* 本文由段磊撰写,原文发表于《台海研究》2017 年第 1 期,发表时内容略有调整。
① 中评网:《准"司法院长"许宗力:我主张特殊国与国》,资料来源:http://www.crntt.com/doc/1044/2/4/6/104424626.html?coluid=0&kindid=0&docid=104424626,最后访问日期:2016 年 11 月 30 日。
② 周叶中:《台湾问题的宪法学思考》,《法学》2007 年第 6 期。

必须立足于对"释宪台独"的概念、理论内涵、形式特点进行深入分析，形成对"释宪台独"理论与实践、历史与现实的双重诠释。

众所周知，宪法解释构成宪法变迁的一种重要途径，它在政治实践中发挥着解释宪法意义、补充宪法缺漏、保障宪法权威、防止机关违宪、适应情况变化和促进解释法令等作用。① 台湾地区在长期的政治实践中，已有大量"宪法解释"活动，岛内学界亦围绕"宪法解释"的相关实践形成较为完备的"宪法解释"理论体系。然而，与"宪法解释"理论与实践发展相伴随的是，有大量涉及两岸关系的个案，不可避免地进入台湾地区司法审判领域，进而进入"宪法解释"领域，成为台湾地区司法机关"宪法审查"的对象。由于台湾地区现行"宪法"中存在诸多与两岸关系性质密切相关的条款，亦有不少虽未与两岸关系性质直接挂钩，但却可以通过解释手段与两岸民间交往产生关联的条款，一旦有个案触及这些条款，就可能引起"司法院大法官""释宪"。从岛内"释宪"的实践来看，不少"台独"分子在推动"制宪台独""修宪台独"遭遇重大挫折的情况下，便会谋求以"释宪"方式推动"法理台独"活动②，实现其改变台湾地区现行"宪法"对两岸关系性质界定、否认"两岸同属一个中国"法理事实的目的。因此，从学理上讲，"释宪台独"是指台湾地区具有"释宪权"的司法机关通过极其隐晦的方式，借助司法个案对台湾地区现行"宪法"进行违背"两岸同属一个中国"事实的解释，通过大量法律辞藻的包装最终宣告"台湾独立"的活动。详言之，"释宪台独"的理论与实践特征主要有三：

第一，"释宪台独"与"司法院大法官"在台湾地区政治生态中的特殊地位密切相关。"宪法解释"机关在台湾地区政治体制中的卓越地位，是"台独"分裂分子希冀借助"释宪"方式推动"法理台独"活动的重要原因。从规范层面看，根据台湾地区现行"宪法"之规定，"司法院"为"国家最高司法机关"，负有"解释宪法和统一解释之权"。此即所谓"宪法审查权"，它意味着"司法院大法官"具有在"法规具体化上的终

---

① 参见秦前红：《宪法变迁论》，武汉大学出版社 2002 年版，第 151 页。
② 参见周叶中：《台湾问题的宪法学思考》，《法学》2007 年第 6 期。

审权"①，亦即"大法官"对台湾地区现行"宪法"之"解释"具有终局性，任何公权力机关都无法改变"大法官解释"的结果。从实践层面看，在台湾地区政治发展过程中，尤其是台湾地区"宪政改革"过程中，"司法院大法官"一直扮演着极为重要的角色，如以终结"万年国大"为主要内容的"释字第261号解释"即是开启"宪政改革"大门的标志，而"释字第499号解释"更是径直宣布第五个"宪法增修条文"归于无效②，首开以"释宪"废止"修宪案"的先河。在这个过程中，台湾地区"司法院大法官"已在岛内政治环境中形成高度权威，岛内主要政治势力均能尊重和认可"大法官解释"，并惯于通过"释宪"方式解决政治争议。正是基于理论与实践两个层面的原因，台湾地区"司法院大法官"在岛内政治格局中占据极为特殊的重要地位，其所作出的"大法官解释"对岛内政治生态的影响也极为明显。因此，一旦"台独"分裂分子通过"大法官解释"的方式，对台湾地区现行"宪法"中有关两岸关系性质的条款作出实质性变迁，便会对两岸关系的发展方向造成重大影响，甚至直接导致"法理台独"最终得以实现。

第二，"释宪台独"集中表现在"大法官"做成的与两岸关系相关的"大法官解释"之"解释文""理由书"和"少数意见"中。根据台湾地区"司法院大法官案件审理法"之规定，"大法官解释"应由"解释文""理由书"两部分组成，同时各"大法官"可对该"解释"出具"协同意见书"或"不同意见书"（即"少数意见"），以表达其个人对多数意见的不同观点。一方面，"大法官解释"中的"解释文"和"理由书"部分，在岛内具有实际法律效力，因而涉及两岸关系的"大法官解释"对于"释宪台独"意志的贯彻亦直接体现在此二部分之中。如在涉及两岸协议是否属"国际条约"的"释字第329号解释"中，"大法官"即在"理由书"中明确提出两岸协议"非本解释所称之国际书面协定"。另一方面，尽管

① 黄茂荣：《法学方法与现代民法》，台湾大学法学丛书编辑委员会2006年版，第473页。
② 参见叶俊荣：《从"转型法院"到"常态法院"：论"大法官释字第261号"与"第499号解释"的解释风格与转型脉络》，《台大法学论丛》2002年第2期。

"大法官"做成的"少数意见"并不具有法律效力，但这些"少数意见"在岛内却仍具有一定的影响力。一者，这些"少数意见"在一定程度上能够进一步阐明"大法官解释"的意旨，形成对"解释文"和"理由书"的补充；二者，"少数意见"也能够促进"宪法"的成长与续造，展现民主之多元化倾向，发挥法律效力之外的学理影响。[1] 对于涉及两岸关系的"大法官解释"而言，不少"少数意见"更是超越于"多数意见"之外，直面一些关键性问题。如在涉及台湾人民收养大陆籍子女问题的"释字第712号解释"中，"大法官"苏永钦做成的"协同意见书"中，即提出"两岸人民间的关系，并不因为双方统治权不及于对方而成为赤裸裸的权力关系，中华民国政府在台湾地区实施的法律制度在其统治权所及范围完全可以适用于两岸人民关系"[2] 的观点，进一步强化了该号"解释"的"两岸性"。因此，我们在应对"释宪台独"活动的过程中，既应当高度重视"解释文"和"理由书"，分析其中有关两岸关系的内容，探寻其"解释"方法和"解释"规律，为"刺穿法律面纱"伪装之政治意图提供基础，也应意识到"少数意见"的重要意义，探寻其中可能隐含的部分"大法官"对于统"独"议题的基本立场，

第三，"释宪台独"具有高度隐蔽性和现实危害性，应当引起大陆方面充分重视。"释宪台独"活动本身具有的隐蔽性与危害性特征，是这种新型"法理台独"活动在当前形势下应尤其引起我们注意的重要原因。一方面，相对于具有明显文本标志的"制宪台独"和"修宪台独"活动而言，"释宪台独"具有高度的隐蔽性。众所周知，无论是"制宪"还是"修宪"，都是对现有"宪法"文本的直接变迁，而"释宪"则是一种不对现有"宪法"文本做任何变动，只是通过一定的解释方法与解释技巧，赋予原有"宪法"条文以新含义的宪法变迁手段。同时，从台湾地区"释宪"的实践来看，"大法官"围绕具体个案形成的"宪法解释"一般多以极具学理性的话语加以论证，因而对于宪法素养不足的读者来说，极难觉

---

① 参见法治斌、董保城：《宪法新论》，元照出版有限公司2014年版，第417—420页。
② "释字第712号解释"苏永钦之"协同意见书"。

察其中涉及两岸关系部分所欲表达的核心立场。就大陆方面的宪法实践而言，由于种种原因，官方对宪法解释的重视程度不足，宪法变迁多采用制宪或修宪方式进行，政界、学界和广大民众对宪法解释的敏感度也相对较低。① 如此种种，都会使"释宪台独"相对于"制宪台独""修宪台独"等对大陆方面具有相对较高的隐蔽性。另一方面，基于"大法官解释"在岛内的权威地位，"释宪台独"活动具有高度的现实危害性。如上所述，"司法院大法官"在岛内具有极为特殊的政治地位，其所做成的"大法官解释"不仅为岛内各方政治力量所尊重，更为广大台湾民众所接受和遵守。同时，由于"司法独立"和"司法非政治化"理念在岛内深入人心，相对于政治色彩极为浓厚的"制宪""修宪"等活动而言，台湾民众更乐于倾听和接受以"司法"（"释宪"）方式讲述的"台独故事"。因此，"释宪台独"活动一旦付诸实践，将对我贯彻"寄希望于台湾人民"的基本方针造成极大障碍，其现实危害性极大。

二、台湾地区"司法院大法官"涉两岸关系"释宪"的历史回顾

截至 2016 年 11 月，台湾地区"司法院"做成的"大法官解释"共740 件，其中与两岸关系直接相关的有 20 件。② 有学者将这些"解释"划分为围绕台湾当局在台统治合法性问题的"法统型"、围绕台湾地区人民权利与大陆人民在台权利的"权利型"和围绕台湾地区政治制度运行过程中疑难问题的"制度型"三种。③ 这种分类对于我们从解释对象角度认识

① 参见周叶中、祝捷：《台湾地区"宪政改革"研究》，香港社会科学出版社有限公司 2007 年版，第 380 页。
② 即"释字第 31 号解释""释字第 85 号解释""释字第 117 号解释""释字第 150 号解释""释字第 242 号解释""释字第 261 号解释""释字第 265 号解释""释字第 328 号解释""释字第 329 号解释""释字第 467 号解释""释字第 475 号解释""释字第 479 号解释""释字第 481 号解释""释字第 497 号解释""释字第 558 号解释""释字第 618 号解释""释字第 644 号解释""释字第 692 号解释""释字第 710 号解释"和"释字第 712 号解释"。相关之"解释文""理由书"等文本参见台湾法源法律网 http://db. lawbank. com. tw，最后访问日期：2016 年 11 月 9 日。
③ 参见周叶中、祝捷：《我国台湾地区"司法院大法官"解释两岸关系的方法》，《现代法学》2008 年第 1 期。

这些"大法官解释"，进而分析其内在规律，探究其发展方向具有重要意义。但基于分析和预测"释宪台独"表现形态的研究目的，本文更倾向于从"大法官"在"解释"中对待两岸关系性质的层面对其加以分类分析。从这个角度看，现有的二十件"大法官解释"大致可分为三类：

第一，在"解释"中直接或间接肯定"两岸同属一个中国"事实的。根据法律解释学一般原理，文字是法律意旨附丽的所在，也是法律解释活动的最大范围，任何对法律的解释都不得超越文本而存在。[①] 正是基于这一原理，在涉及两岸关系的"大法官解释"中，大部分"解释"都以台湾地区现行"宪法"及其"增修条文"对两岸关系性质的界定为依据，对"两岸同属一个中国"的事实持直接或间接的肯定立场。详言之，此类解释的论述模式主要分为正反两个类型：1）部分"解释"援用"国家发生重大变故"等理由解释因两岸关系的特殊性所产生的种种法律现象，以正面话语直接肯定"两岸同属一个中国"的事实。如塑造"万年国大"的"释字第31号解释"即以"国家发生重大变故"为由，提出"事实上不能依法办理次届选举时……自应仍由第一届立法委员，监察委员继续行使其职权"[②]，维持了国民党当局所谓"全中国政府"的形象，更肯定了两岸关系的基本性质。2）部分"解释"以否定方式排除了部分"台独"分裂分子的分裂企图，以负面话语间接肯定"两岸同属一个中国"的事实。如涉及"汪辜会谈四项协议"法律性质的"释字第329号解释"即以"台湾地区与大陆地区间订定之协议……非本解释所称之国际书面协定"[③]，否定了两岸协议"国际条约"属性，继而间接地否定了两岸属"国与国关系"。

第二，在"解释"中对两岸关系性质问题持回避立场，意图模糊两岸关系性质的。20世纪80年代末台湾地区启动政治转型之后，岛内各方政治力量对统"独"议题的关注度和敏感度持续提升，"大法官"对与之相关案件的处理随之变得较为谨慎。基于对"解释"后果的考量，"大法官"

---

① 参见黄茂荣：《法学方法与现代民法》，法律出版社2007年版，第335页。
② "释字第31号解释"之"解释文"。
③ "释字第329号解释"之"解释理由书"。

在面对直接涉及两岸关系性质的案件时，开始采取回避立场，如在涉及"中华民国""固有疆域"问题的"释字第 328 号解释"中，"大法官"即以"政治问题不审查"为由，提出"国家""固有疆域"范围之界定，"为重大之政治问题，不应由行使司法权之释宪机关予以解释"①，从而回避了"声请书"中敏感的"中国大陆是否属于中华民国领土"②的问题。此号"解释"的做成表现出"大法官"对统"独"议题的回避立场，尽管并未造成否定"两岸同属一个中国"事实的结果，但却在客观上造成了模糊两岸关系性质的效果。

第三，在"解释"中尝试以重构"中国"与"台湾"关系的方式，解构"两岸同属一个中国"事实。自 20 世纪 90 年代末至 21 世纪初，由于时任台湾地区领导人李登辉、陈水扁等人鼓吹"台独"分裂主张，岛内统"独"矛盾进一步激化，在这一时期获任的不少"大法官"在相关议题上的立场也发生一定动摇，因此，在这一时期，岛内出现部分意图解构"两岸同属一个中国"事实的"大法官解释"。如在涉及解决"中国比较法学会"更名为"台湾比较法学会"是否违法问题的"释字第 479 号解释"中，"大法官"以"结社自由保障"为由，认为台当局"内政部"制定的"社会团体许可立案作业规定"第四点关于人民团体应冠以所述行政区域名称之规定，因违反母法规定而失效。③然而，在"大法官"董翔飞、刘铁铮、黄越钦做出的"不同意见书"中，则提出了本号"解释"所涉及的两岸关系问题提出，"台湾法学会是否仍为全国性人民团体……若为，则台湾是否意含国家名号?"④的问题，并以此为由提出了反对意见。这一"解释"即充分体现出将"台湾"等同于"中华民国"，进而为"台独"分裂活动提供"法理"依据的倾向。

三、新形势下台湾方面推动"释宪台独"活动的可能性分析

如上所述，在李登辉、陈水扁执政时期，"司法院大法官"已作成多

① "释字第 328 号解释""解释文"。
② "释字第 328 号解释"陈婉真等"声请书"。
③ 参见"释字第 479 号解释""解释理由书"。
④ "释字第 479 号解释"董翔飞、刘铁铮、黄越钦三位"大法官"之"不同意见书"。

件涉及两岸关系的"解释"，其中不乏涉及"固有疆域""两岸协议性质""台湾省地位""福建省地位"、大陆人民出入境限制等敏感内容的案件。尽管绝大部分"大法官解释"都能够站在尊重台湾地区现行"宪法"文本和一个中国事实的立场上处理相关案件，但是这些案件的产生和发酵从另一个侧面表明，"台独"分子借"释宪"方式推动"法理台独"活动的实践路径已然形成。无论是从当前两岸关系的基本格局，还是从台湾岛内的政治环境来看，"释宪台独"活动再度兴起的条件较之于李扁时期更为充分，而民进党当局通过"释宪"方式推动"法理台独"的可能性较大。形成这一判断的理由主要有三：

第一，相对于"制宪""修宪"等方式而言，民进党当局选择通过"释宪"方式改变台湾地区现行"宪法"对两岸关系性质的界定的综合可行性最高。1）通过"释宪"方式推进"法理台独"活动，实现对台湾地区现行"宪法"涉及两岸关系性质条款的"无形修改"，可以在很大程度上配合蔡英文两岸政策体系的进一步完善，使蔡当局"依照'中华民国宪法'处理两岸关系"政策表述的进退空间更大。蔡英文上台执政以来，其一直拒绝承认"九二共识"政治基础，意欲以所谓"依照'中华民国宪法'……处理两岸事务"的策略表述对抗大陆方面的两岸政策。然而，由于"中华民国宪法"本身在统"独"立场上存在较大争议空间，各方都可围绕这部"宪法"阐释其两岸政策，① 因而蔡英文当局这种围绕"中华民国宪法"展开的两岸政策存在高度模糊性。一旦握有"释宪权"的"大法官"与蔡英文当局相配合，对语义存在模糊的"中华民国宪法"做出否定"两岸同属一个中国事实"的"解释"，将极大强化蔡英文当局政策的完整性，使其两岸政策具有更大调整空间。2）基于"宪法解释"的高度法律技术性特征，通过"释宪"方式推进"法理台独"活动，具有极高的隐蔽性，而通过法律语言包装政治目的的方式，更能最大程度地提升"台独"政策的"权威性"，降低大陆方面察觉其"台独"立场的可能性。3）基于

---

① 参见周叶中、祝捷：《"一中宪法"与"宪法一中"——两岸根本法之"一中性"的比较研究》，黄卫平等主编：《当代中国政治研究报告》（第十辑），社会科学文献出版社 2013 年版。

岛内公权力机关的分权体制，通过"释宪"方式推进"法理台独"活动，能够最大程度地降低民进党当局自身所面临的政治风险，一旦"大法官"做成对两岸关系不利的"大法官解释"，民进党当局亦可以"维护司法独立""尊重司法权威"等话语，将"释宪"的责任推向"独立于党派之外"的"大法官"。由此可见，对于民进党当局而言，"释宪台独"实属一种"低风险高收益"的促进"法理台独"活动的最优选择。

第二，较之于陈水扁时期，当前民进党首次实现在岛内的"全面执政"，岛内其他公权力机构，尤其是法机构对"大法官"的外在制约已不复存在。依照台湾地区现行"宪法"第八十条之规定，"法官须超出党派以外，依据法律独立审判，不受任何干涉"。因此，台湾地区"司法院"长期被视为一个价值中立的独立机构①，但考察台湾地区"大法官"的"释宪"实践可知，在岛内的政治格局下，"大法官"实际上存在较为明显的政治立场，这种政治立场在统"独"议题上显得尤为突出。从上文对"大法官"涉两岸关系的"释宪"情况可知，既有"解释"中意欲肢解和重构"台湾"与"中华民国"关系的，多出自李登辉、陈水扁等提名的"大法官"之手。众所周知，尽管民进党在岛内已是二度执政，但这却是其首次在台立法机构占据多数席位，亦即获得所谓"全面执政"地位。根据岛内有关规定，"大法官"由台湾地区领导人提名，并需由立法机构半数通过后方可获任，因此，在李扁时期，"台独"分子虽力图推动"释宪台独"，但却受到当时泛蓝阵营控制的立法机构的制约而无法放手实施。时至今日，民进党首次在岛内实现"全面执政"，泛蓝阵营在制度上对"大法官"的制约已不复存在，因而"台独"分子推动"释宪台独"活动的制度障碍也随之消除。

第三，较之于2008年之前，台湾岛内民意结构已发生不利于两岸关系发展和两岸和平统一的重大变化，这可能为部分"台独"分子推动"释宪台独"活动提供"民意基础"。近年来，两岸关系和台湾内部政治局势呈现出复杂多变的形势，其中既有有利于两岸关系发展的部分，也有极易对

① 参见陈慈阳：《宪法学》，元照出版公司2005年版，第790页。

两岸关系长远发展产生负面影响的部分。一方面，自 2008 年以来，在两岸的共同努力下，双方在巩固"九二共识"政治基础，反对和遏制"台独"分裂活动上取得共识，从而开创了六十余年来两岸关系历史上的最好时期，"台独"分裂势力受到较大挫折，两岸政治互信有所提升。另一方面，两岸政治对立仍未在根本上得到解决，两岸关系体现出"政治对立与经济文化社会密切交往并存"①的基本特点，台湾岛内政党轮替已成常态，岛内执政者的两岸政策可能发生周期性变化，同时，"去中国化"运动的长远影响日益凸显，岛内总体政治格局的"本土化"倾向明显②，"台湾主体性"意识逐渐成为岛内各方政治力量都必须尊重和认可的"政治正确"，岛内青年世代的"国家认同"观念已发生不利于两岸实现和平统一的重大变化。在岛内的政治格局下，"司法院大法官"自恃为"公共利益代言人"和"宪法守护者"，其做成的"大法官解释"往往被视为能够起到"凝聚和反映社会最大共识"③ 之作用。因此，在岛内整体政治格局发生变化的背景下，"大法官"极有可能以凝聚"民意"、遵循"民意"、反映"民意"为名，在"释宪"中体现"台独"意旨，重新界定两岸关系性质。

四、新形势下"释宪台独"活动的表现形式之预判

基于对台湾地区司法制度和既有涉两岸关系"大法官解释"的认知，我们对民进党当局推行"释宪台独"的可能时间与可能方式做出如下判断：

第一，"释宪台独"活动随时可能因涉两岸关系的个案而发酵，但相对而言，民进党当局在 2019 年 9 月 30 日第二轮"大法官"人选变动后推动相关议题的可能性较大。由于司法权具有个案性、被动性的特点，故"司法院大法官"只能根据"声请人"提出"释宪声请"方可以审查个案

---

① 参见段磊：《两岸间：一种特殊交往状态下的两岸共同决策模式》，《台湾研究》2016 年第 3 期。
② 参见郑振清：《"本土化"与当代台湾地区政治转型的动力与进程》，《政治学研究》2010 年第 6 期。
③ 参见吴庚：《宪法的解释与适用》，三民书局 2003 年版，第 352 页。

方式形成"大法官解释"。因此，涉及两岸关系性质的司法个案的出现，是"台独"分裂分子促进"释宪台独"的基本前提，具体个案也扮演着"释宪台独"导火索的角色。从历史经验来看，在台湾地区，相关案件是非常容易出现的，而除部分自然发生的案件外，"台独"分子也可能人为制造一些案件，为"释宪台独"提供素材。① 因此，"释宪台独"活动的具体发生时间存在一定的不确定性，相关事件极有可能因出现涉及两岸关系的个案而发酵，也可能因为"台独"分子主动制造事端而产生。众所周知，台湾地区"大法官"虽在名义上号称"中立"，实际上却深陷岛内政治泥潭之中，"大法官解释"的政治立场与各位"大法官"本人及其提名者的政治立场密切相关。从台湾地区现有"释宪"体制来看，任何"大法官解释"均需现任十五位"大法官"中的八位通过方可做成具有法律效力的"多数意见"，而当前十五位现任"大法官"中，仍有八位系由马英九提名获任，② 因而民进党透过"释宪"方式推动"法理台独"时机尚不成熟。因此，相对来说，在 2019 年 9 月 30 日第二轮四位"大法官"人选变动后，蔡英文提名的"大法官"占多数，且民进党当局的执政地位可能更加稳固，故这一时间节点可能成为民进党当局推动"释宪台独"的启动阶段。

第二，民进党当局推动"释宪台独"可能因两岸关系总体形势的变化和具体个案的发生而表现出不同的形态。基于对"大法官""释宪"对象的不同，"释宪台独"在个案上可能表现为直接与间接两种方式：1）直接方式，即在民进党或其他持"台独"立场的政党或社会团体直接提出与"中华民国固有疆域范围""两岸关系性质"相关的"释宪声请"时，"大法官"在"释宪"中明确提出有悖于一个中国事实的"解释"，直接挑战一个中国框架的底线。"台独"分子以直接方式推动"释宪台独"的切入点可能为两类案件：一是直接提出包含"国土变更"内容的"释宪声请"，

① 参见周叶中、祝捷：《台湾地区"宪政改革"研究》，香港社会科学出版社有限公司 2007 年版，第 397 页。
② 罗昌发、汤德宗、黄玺君、陈碧玉等四位的任期届至 2019 年 9 月 30 日，吴陈镮、林俊益、蔡明诚、黄虹霞等四位的任期届至 2023 年 9 月 30 日。

如直接要求"大法官"解释台湾地区现行"宪法"第四条中"固有疆域"的范围、要求"大法官"对"增修条文"中的"国家统一前""大陆地区""自由地区"等法律概念的内涵作出解释等。二是利用与大陆相关的行政组织（如大陆委员会、"蒙藏委员会"等）之性质、存废等个案，推动形成有关"大法官解释"，以此为掩护，形成改变两岸关系性质的解释。2）间接方式，即在台湾地区出现看似并不涉及两岸关系性质的司法个案时，"大法官"在"释宪"中作出有违一个中国事实的"解释"，以"打擦边球"的方式，挑战一个中国框架。"台独"分子以间接方式推动"释宪台独"的切入点极有可能是某些涉及大陆居民在台湾地区法律地位的个案，若"大法官"在相关"解释"中，直接或间接将大陆居民界定为"外国人"或将大陆居民"比照外国人处理"，在适用大陆地区法律时以"外国法"对待等，在本质上皆属此类。

第三，民进党当局以间接方式推行"释宪台独"活动的可能性较大。从上述两种"释宪台独"具体方式的特点来看，民进党当局以直接方式推动"释宪台独"的可能性较小，其原因有二：1）基于两岸关系的基本格局而言，尽管上述直接方式对于实现"法理台独"目标的实际作用最大，但其政治成本和政治风险也较高，最易引起大陆方面的强烈反弹，因此，对于作为台湾岛内权力属性较弱的"大法官"而言，其乐于以此种方式促进"法理台独"的可能性极小。2）基于宪法学基本原理，类似于"国土变更"的重大问题，一般属"宪法保留"之内容，而非属司法机关审查范围，而"释字第328号解释"更是明确将"中华民国固有疆域范围"界定为"政治问题"，排除在"大法官"审查范围之外，因此，若无充分理由，"大法官"推翻前述"解释"的可能性极低。相较而言，民进党当局选择以前述之间接方式推动"释宪台独"活动的可能性更大，其原因亦有二：1）由于基本权利保障类司法案件具有法律技术性较强的特点，"大法官"完全可以借助一系列看似合乎基本权利保障原则和台湾地区"宪法"相关规定的话语，通过一系列的辞藻包装，以暧昧的态度实现对大陆居民、大陆法律等性质认定的调整。2）随着两岸交往的日益密切，双方人员、经贸往来规模今非昔比，岛内涉及大陆居民基本权利的案件层出不穷，① 这为"台独"分子利用此类案件推动"释宪台独"活动提供了重要的实践条件。同时，大量涉两岸关系基本权利案件的发生，也为"台独"分子以"小步快跑"方式，形成一系列与大陆居民、大陆法律之地位相关的"解释群"提供了重要条件。因此，大陆方面在应对"释宪台独"的过程中，绝不应片面地以"解释"文本是否直接改变两岸关系性质为判断标准，而应进一步提高警惕，强化对涉及大陆居民权利等问题相关之"大法官解释"的关注，识别和打击以间接方式推行的"释宪台独"活动。

五、应对"释宪台独"活动的法治策略体系之构建

基于对民进党当局在未来推行"释宪台独"活动可能性的研判，在当前两岸关系格局日益复杂，"台独"分裂活动沉渣泛起的背景下，大陆方面应充分认识到"台独"分子通过"释宪"方式推动"法理台独"活动对两岸关系发展的危害性，形成一套立基于政治思维与法治思维相结合的应对"释宪台独"活动的法治策略体系。详言之：

第一，建立精细化的台湾地区民情民意工作机制，通过各种途径强化广大台湾民众对一个中国框架的认同感，形成"以民意制约司法"的应对"释宪台独"的基本思路。"反多数民主"是司法审查制度诞生以来即受到的质疑，司法审查总会引起所谓非民选的法官凌驾于立法权之上的争议。② 然而，这种认知在本质上乃是建立在多数原则的基础之上的，所谓"多数人的利益"并不必然等于"公共理性"。正如罗尔斯所言，宪法法院起到"公共理性范例"③ 的作用，此种"范例"，在本质上即意味着以"反多数民主"之外衣，表达"实质公共理性"之内涵。因此，任何承担司法审查职能的公权力机关，即使可以不顾由多数民众选举出的立法与行政机构的

---

① 参见祝捷：《平等原则检视下的大陆居民在台湾地区权利保障问题——以台湾地区"司法院""大法官解释"为对象》，《法学评论》2015 年第 3 期。

② 庞凌：《实质民主——司法审查的理论根基》，《苏州大学学报（哲学社会科学版）》2015 年第 2 期。

③ ［美］约翰·罗尔斯：《政治自由主义》，万俊人译，译林出版社 2011 年版，213 页。

意志，也不得不在审查中以实质上的多数民意为依归。在"台独"分裂分子的长期鼓噪下，岛内民意结构呈现出"偏独化"倾向，正是在这种背景下，以民进党为代表的"台独"分裂势力才得以重新高举"台独"大旗。因此，应对"释宪台独"活动的根本路径在于，通过建立有针对性的台湾地区民情民意工作机制，强化一个中国话语在岛内的政治影响力，使广大台湾民众接受、尊重和认可"两岸同属一个中国"的政治事实，进而借由岛内民意的压力，制约可能通过司法途径表达"台独"立场的"大法官"。

第二，建立针对"释宪台独"的中长期评估预测机制，结合对台湾地区既有涉两岸关系"宪法解释"和"大法官"个人特点的认知，构建"释宪台独"活动的数据分析体系，并借助这套体系形成对台湾当局在未来推动"释宪台独"活动可能性的中长期预判。司法审查具有一定的贵族特性，"大法官"个人的政治立场和对统"独"议题的态度可能直接影响相关"解释"作成时的表决结果。[①] 因此，在应对和评估"释宪台独"活动的过程中，应当将对"大法官"个人情况的认知纳入其中，型构一套"释宪台独"活动的评估体系。详言之，可从以下三个方面入手：1）对台湾地区"司法院大法官"在历史上形成的二十件涉及两岸关系的"大法官解释"进行详细分析，尤其应注意20世纪90年代末至21世纪初形成的相关"解释"，形成对台"大法官解释"语言风格、政治立场、法律技术、理论依据方便的综合研究。2）对在任的十五位"大法官"和未来可能被提名为"大法官"的相关人员的个人政治履历、司法背景、学术履历、统"独"立场等方面进行综合分析，形成基于数据的"大法官"及其候选人行为模式研究。3）基于对既有"大法官解释"和现任"大法官"及其候选人的基本情况与行为模式的分析，形成一套事先预判"法理台独"的数据评估体系，继而以这一体系为基础，形成对"释宪台独"风险性、紧迫性的中长期预测。

---

① 参见周叶中、祝捷：《台湾地区"宪政改革"研究》，香港社会科学出版社有限公司2007年版，第399页。

第三，建立针对"释宪台独"的法治威慑机制，一旦有可能导致"释宪台独"活动的司法个案进入"释宪程序"，即应以宪法解释、法律解释、发布政策白皮书等方式积极应对。在涉及两岸关系的司法个案进入或可能进入"释宪"程序时，及时、准确地向台湾方面释放明确信号，强调"释宪台独"是"法理台独"的表现形式，任何可能改变两岸关系性质的所谓"释宪"活动都将触及我《反分裂国家法》设置的"红线"。具体说来，释放此种信号的途径包括：1）适时发布涉及反对"法理台独"，尤其是"释宪台独"的《一个中国框架白皮书》，其中应考虑使用台湾司法界能够接受的法律概念与法律术语，强调体现一个中国原则的"九二共识"不仅是两岸应恪守的政治共识，更是为两岸各自规定确认的法理共识。2）由全国人大常委会依照法律解释程序，对《反分裂国家法》第八条作出解释，明确将"释宪台独"列为"将会导致台湾从中国分裂出去的重大事变"，以法律形式向台湾方面，尤其是可能推动"释宪台独"的"大法官"传达明确信号。3）必要时，由全国人大常委会启动宪法解释程序，对我国现行宪法序言第九自然段中，有关一个中国原则的表述做出解释，明确一个中国原则在宪法上的意涵，强调一个中国原则不仅是一种政治原则，更是具有宪法依据的法律原则。

第四，建立针对"释宪台独"的司法应对机制，高度重视人民法院涉台审判活动对反对"法理台独"的重要地位，形成以司法维护一个中国框架、以司法反对和遏制"台独"活动的体制机制。法律是一个逐渐衰老的过程，唯有不断的适用，方能使之永葆青春。司法判决及其执行，使得法律本身不断获取新的意义和价值。正是基于这一论断，无论是大陆法系还是普通法系国家，均十分重视司法对法律的塑造功能。在台湾地区，尽管"司法院大法官"之外的普通法院法官并不具有"解释宪法"之权力，但其在审理涉及两岸关系的具体案件中却可以通过适用台湾地区现行"宪法"，彰显其对两岸关系性质的立场，继而通过这种基于司法判决的立场对广大台湾民众的政治倾向产生一定影响。① 与台湾地区各级法院已经形成一批与两岸关系性质有关的司法判决不同，大陆方面各级人民法院却极少在涉台裁判文书中体现出其对一个中国事实的基本立场。基于司法裁判对于法律本身的塑造作用及其可能产生的现实影响，在面对台湾方面不断致力于以司法方式，尤其是"释宪"方式推动"法理台独"的过程中，大陆方面亦应从司法领域入手，尝试以两岸具有较大影响力的涉台民商事案件的审判活动为切入，在人民法院裁判文书中体现出有关一个中国内涵的话语，形成"司法反制司法"的反"释宪台独"格局，从而为形塑"司法一中"体系奠定基础。

六、结语

众所周知，所有的"台独"主张，不论它的"包装"及路线如何，其最终目的必然都是"法理台独"——使"台湾独立"在国际社会及岛内社会中取得高度的正当性。② 因此，能否通过构筑一系列完整的体制机制最终遏制"法理台独"对两岸关系发展的负面影响，直接关系我们能否守住反对"台独"分裂活动的底线，关系到两岸关系能否在和平发展的轨道上继续前行。作为"法理台独"活动的重要表现形式之一，"释宪台独"因其技术性、隐蔽性等特点而未受到大陆方面政界、学界的过多关注，因而其在未来对两岸关系产生的危害性可能更大。本文仅就"释宪台独"的一般理论、历史溯源与表现形态等作出简要论述，并提出若干粗浅的应对对策。关于"释宪台独"的理论基础、发展动向，尤其是其与台湾新当局两岸政策的融合趋向等问题，囿于篇幅，本文不做展开，作者将另文详述。

---

① 如台湾地区"最高法院"于 1982 年做成的"71 年台上字第 8219 号判决"即明确提出"而国家之统治权系以独立性与排他性行使于其领土之内，此不因领土之一部分由于某种事实上之原因暂时未能发挥作用而有异。兹我国大陆领土……仍属固有之疆域，其上之人民仍属国家之构成员"。此后该号判决为岛内各级法院多次引用，从而形成一系列有助于维护"一个中国"事实的司法判决。然而，2013 年台湾地区"最高法院 2013 年度第 1 次刑事庭会议"决议"71 年台上字第 8219 号"不再援用，这充分表现出岛内司法界对两岸关系性质认知的转变。参见彭莉、马密：《台湾地区司法判决中的两岸政治定位》，《台湾研究集刊》2016 年第 6 期。
② 参见石佳音：《论蔡英文的"法理台独 3.0"》，《远望》2016 年 9 月号。

台湾地区发动新一轮"宪政改革"的理论预判[*]

2018 年,在党的十九大中,习近平总书记针对两岸关系现状重申了一个中国原则是两岸关系的政治基础,"九二共识"是确保两岸关系和平发展的关键。总书记在十三届人大一次会议上也表示,维护国家主权和领土完整,实现祖国完全统一,是全体中华儿女共同愿望,是中华民族根本利益所在。在这个民族大义和历史潮流面前,一切分裂祖国的行径和伎俩都注定要失败,都会受到人民的谴责和历史的惩罚。[①]众所周知,促进两岸关系和平发展是海峡两岸同胞的共同心愿,但一直以来,台湾地区政党斗争始终将统"独"作为政治动员的重要手段。近年,"台独"分子实施"台独"的方式呈现出多样化、隐蔽化的特点,从早期的政治、文化等活动范围逐渐过渡到法理层面,以满足台湾人民正常法治诉求为目标的"修宪"成为"台独"分子实现"法理台独"重要的途径。目前,台湾地区处于具有"台独"属性的民进党执政之下,两岸关系出现了许多不稳定的因素。本文旨在通过对"立法院"中关于"修宪"提案的分析,对其背后的动因以及如何应对进行梳理。

一、"宪改"为"法理台独"重要实现形式

"宪法"变迁是"台独"分子谋求"法理台独"的重要途径。"宪法"

---

* 本文由祝捷、苏怡共同撰写,原载《中国评论》2018 年第 7 期。
① 人民网:《习近平:我们伟大祖国的每一寸领土都绝对不能也绝对不可能从中国分割出去》,http://tw.people.com.cn/n1/2018/0320/c14657 - 29878383.html,最后访问日期:2018 年 4 月 12 日。

变迁一般表现为"制宪""修宪""释宪"三种形式，这三种方式已先后获得某种程度的实践。[①] 其中，"制宪台独"最为激进，其主要体现为"台湾宪法草案""台湾共和国宪法草案"和"宪政改革白皮书"的拟订，而"修宪"和"释宪"则呈现出隐蔽和缓的特点，不易直接引发大陆的反制措施，故近年已取代"制宪"成为"法理台独"的主要方式。迄今为止，"修宪"在台湾地区已进行了七次并取得了十足的进展。

（一）前七次"宪改"强化了台当局的本土化

自 1991 年至今台当局已进行了七次"修宪"活动，这七次"宪改"在本质上是不断加强"本土化"的过程。其主要表现为：第一，"国家机构"的产生及权力分配发生变化。首先，"总统"职权的不断扩张和"总统"直选制度的建立使"总统"的国家象征属性得到极大的强化，"台独"分子得以通过强化"总统"的民意基础来增强"台独"所谓的"合法性"。[②] 其次，"国民大会代表"由"中华民国自由地区"选举产生赋予了"国大""台湾本土性"的特点。最后，"国民大会"这一与中华"法统"联系密切的机构在几经周折后，最终被削弱、废止，其权力也逐步转移至"立法院"，"国民大会"地位的衰亡与"立法院"权力的强化显示了台湾地区疏离大陆、保障"国家权力"仅在本地运行的态势。第二，"原住民"这一概念列入"宪法"，"原住民"是台湾少数民族，现在却成为与外省人相区别的称谓。民进党自成立以来就一直利用台湾少数民族强化"本土化"趋势。从蔡英文当选为"总统"后推出的"原民正义"政策也可以看出民进党对这一诉求的延续。第三，台湾省的地位被逐渐虚化。省级地方政府被不断精简，台湾省政府被重新定位，台湾省长和省议员的选举遭到冻结。[③] 第四，通过"全民公决"赋予政策合法性，陈水扁主导的第七次"宪改"便是以"修宪"之名行"制宪"之实的方式，寻

---

① 参见周叶中：《台湾问题的宪法学思考》，《法学》2007 年第 6 期。
② 参见周叶中、祝捷：《台湾地区"宪政改革"研究》，香港社会科学出版社有限公司 2007 年版，第 32 页。
③ 参见周叶中、祝捷：《台湾地区"宪政改革"研究》，香港社会科学出版社有限公司 2007 年版，第 78 页。

求"台湾定位",实现"法理台独"。① "修宪案"的复决权交由"全民公决"使"公投制宪"制度正式建立起来。此外,陈水扁通过规定由台湾地区公民投票复决"宪法修正案"及"领土变更案",增强了台湾地区公民的本土意识。在数次暗含"去中国化"的"宪改"过后,台湾地区逐步实现了以台湾人民为主权基础的格局,蜕变为"中华民国在台湾"。但第七次"修宪"也提高了今后"修宪"的门槛,使得台湾地区"宪政改革"在七度"修宪"后。暂时陷入沉寂。

(二) 前七次"宪改"未完全祛除一个中国元素

虽然"修宪"被用作"法理台独"的重要手段,强化了台湾主体意识、推进了台湾本土化进程,但历次"修宪"依然贯彻了宋楚瑜提出的在"修宪"上的五项坚持:第一,必须坚持"中华民国法统"而不是变成台湾地区;第二,"修宪"应着眼于中国统一;第三,坚持五权宪法体制不变;第四,"修宪"而不"制宪";第五,"宪法"本文不动。② 因此,前七次"宪改"并未完全祛除一个中国的要素,主要体现在如下几个方面:第一,台湾地区现行"宪法"仍然保持了"一国两区"的定位,保留了台湾地区为"中华民国自由地区"的说法;第二,"宪法增修条文"中明确提出"宪法"增修之目的是"为应国家统前一之需要";第三,"两岸关系条例"是"中华民国在国家统一前为规范自由地区与大陆地区居民订立的律例",如今依旧处于生效状态,表明了台湾地区对"两岸同属一国"的认可。由此可以看出,虽然前七次"修宪"已经大幅改变了原"宪法"的政府体制,但台湾地区依旧保持了"国家统一"的目标在"宪法"中的确立。

近年来,以民进党为代表的"台独"势力一直试图推动新一轮"宪改",进一步清除"宪法"中一个中国的内容以实现"法理台独"。之前,部分民进党籍人士试图通过对"宪法领土"和"政府有效管辖领土"进行

① 参见李立:《台湾政党政治发展史》,九州出版社 2014 年版,第 191 页。
② 参见聂鑫:《"中华民国宪法"在我国台湾地区的变迁——"修宪"与"释宪"的二重变奏》,《中国社会科学(内刊)》,2007 年第 2 期。

区分，在保留模糊的"一中"空间的同时，凸显"中华民国"的主权地位，① 现在则越来越致力于将"宪法"中规定的"固有领土"明确限定为台澎金马。② 民进党除了对"固有疆域"具有更改需求外，还试图废除"一国两区"定位、变更1946"宪法"确立的政治体制、将追求"国家统一"的目标过渡到台湾本土"宪政"的实现。

（三）政党轮替后进行新一轮"宪政改革"的契机

民进党的活动向来带有"去中国化"的色彩，在文化、政治、法理多方面都谋求"一中性"的祛除，在以往多次"大选"中，民进党注重省籍、族群、统"独"话题的宣传以进行切割式的社会动员，并在台湾地区的政党斗争中以此作为选战议题，凝聚台湾省籍群众的本土政治认同。③ 除此之外，民进党在其执政之时，通过多年的"文化台独"，在教育上"去中国化"，修改"课纲"以中断中国历史文化教育，割裂与中华文化的联系，使年轻的一代对中华文化的认同感越来越弱。④ 民进党在以本土意识、身份认同宣传作为"文化台独"手段的同时，也着手在"宪法"上"去中国化"。2016年民进党党籍的蔡英文正式当选为台湾地区的"总统"，并于2017年9月在民进党全代会上正式提出"宪政改革"，声称将通过"宪改"处理政府权责划分、公民行使选举权年龄下调等问题。"1946年宪法"已经多年未修改，如今民进党再度执政，若以对基本权利进行增补为切入点获得台湾住民好感与信任，减少"修宪"阻力，进而加强"修宪"强度，对"公权力结构"、涉及两岸关系的条款进行修改，可能会导致台湾地区"宪法""一中性"再次缩减。

近年来台湾"立法院"中关于"修宪"的提案主体主要为民进党，颇

---

① 参见林冈：《台湾地区政党政治研究——以社会分歧与选举制度为分析视角》，中国社会科学出版社2014年版。第268页。
② 参见钟翰、白纯：《台湾当局"宪政改造"的可能形式及其严重危害》，《世界经济与政治论坛》2007年第3期。
③ 参见郑振清：《台湾新世代社会运动中的"认同政治"与"阶级政治"》，《台湾研究》2015年第3期。
④ 参见陈德民：《"文化台独"析论》，《思想理论教育导刊》2004年第10期。

为吊诡的，民进党在上台执政之前屡屡发表对两岸关系影响较大的激进言论，并多次提出"台独"性质明显的"修宪"提案。在执政后，民进党反而保守了许多，开始回避"领土变更"等带有激进"台独"性质的敏感议题，对"台独"党纲采取回避态度，[①] 仅仅在一些程序性问题，或者大家存在共识的问题上提出议案。在岛内其他几个政党中，国民党表明支持"宪政改革"，但明确表示反对"两国论"；"时代力量"表示支持全面推动"宪政改革"；亲民党则认为由于"修宪"工程大、门槛高，民进党提出的"宪政改革"难以实现。

二、近几年"立法院"主要"修宪"议题内容

近年来台湾地区"立法院"关于"修宪"的提案逐渐增多，从公布的各类"修宪"提案来看，"宪改"主要集中在三个方向：（1）对两岸关系产生较大的威胁的提案，例如修改"领土"条款、删除"宪法"增修条文中关于两岸关系定性的语句、删除有关省的规定等；（2）对台湾地区政权组织形式进行变更的提案，其中包括废除"监察院""考试院"，政权组织形式由"双首长制"向"总统制"倾斜；（3）对公民基本权利加以增补。

下表是对近几年来主要"修宪"提案及其争议情况的整理：

提案内容	各党派意见	结果	提出时间
"领土"条款	民进党："中华民国领土"为"宪法"有效统治的领域 国民党：反对"台独"	民进党提案被退回	民进党于 2014 年 12 月提出
"考试院""监察院"的调整	民进党：撤销"考试院"，其职权由"行政院"下设独立机关行使，"监察院"弹劾，纠举，纠正职权移至"立法院" 国民党：未表态	民进党的该项提案被退回	民进党于 2016 年 11、12 月、2017 年 2 月都曾提出过这一议题
政权组织形式	民进党：采取"总统制" 国民党：向"内阁制"调整	国民党的提案审查完毕 民进党的提案排入院会	民进党于 2017 年 10 月提出； 国民党于 2015 年 5 月提出

---

① 参见周志怀：《台湾 2014》，九州出版社 2015 年版，第 12 页。

提案内容	各党派意见	结果	提出时间
公民选举权条件	各党派均同意将选举权年龄下调为十八岁	交付审查	民进党于 2016 年 3 月、12 月，2017 年 2 月、10 月多次提出；国民党于 2015 年 6 月、2016 年 3 月提出；"时代力量"于 2016 年提出
公民基本权利的规定	民进党：1. 提议将环境权、健康权，迁徙自由纳入"宪法"2. 特别增订了对财产权的保护，限制公权力对财产权的侵犯 3. 不再区分山地和平地的"原住民"	交付审查	民进党于 2015 年 5 月、6 月，2016 年 4 月
议事透明度	民进党、国民党：放宽旁听的限制	交付查照	民进党、国民党于 2016 年 9 月提出
公民参与"修宪"程序	民进党：提出了"修宪"的具体程序	交付审查	民进党、"时代力量"于 2016 年 6 月提出

本文接下来将对这些"修宪"提案所涉及的争议进行具体的分析：

（一）直接影响两岸关系的提案

在台湾地区"立法院"中对"宪法"修改的提案中，不乏较为敏感的改变台湾地区定位的提案。主要包括：

第一，提出删除"宪法增修条文"前言中"国家统一前"等文字，代之以"施行宪政之前"，这一变动预示对"国家统一"这一目标的动摇，足以产生颠覆"宪法增修条文"对"国家"的定义的效果，为"一中一台""一边一国"提供"宪法"支撑，以遂行其"修宪台独"的目的。同时，民进党提议删除"宪法增修条文"第一条中"中华民国自由地区"的表述，寓意"中华民国"不再包括"大陆沦陷地区"，从而暗示台湾与中国大陆不再属于一个国家，其目的是推动台湾地区向所谓"正常国家"转变，以落实其"中华民国是台湾"的主张。

第二，民进党提出撤销省咨议会，删除有关省的规定，"时代力量"持同样观点，认为省政府、省咨议会已经丧失实际功能，其表示省的存在占用了社会资源，应予废除。在第四次"宪政改革"时就有台湾学者和

"台独"分子认为，台湾省和"中华民国"高度重合，会造成台湾在国际上形象模糊，因此要采取措施打破台湾地区一省两市的格局，将"台湾省"由地方自治团体精简为"行政院"的派出机关。① 如今民进党在台湾省作为一级地方行政建制早已名存实亡的情况下寻求在法理层面消除台湾省的正当性。

第三，民进党表示"宪法"增修条文有关"领土"条款中"一国两区"的表述将台湾地区矮化为"地区"，故而提出要将"中华民国领土"限制在所谓"宪法有效统治的地区"，亦即台澎金马。这一提案带有明显的"台独"意图，以实质"统治"区域来定义台湾地区，意在通过"修宪"舍弃大陆、确认台湾为"正常国家"。与此同时，民进党以"还权于民"作为掩饰，频频抛出修改"公投法"的议题，提议将"领土变更"与"修宪"纳入"公投法"，这正是民进党为实现"本土化"的又一举措，从外在形式上看，是让台湾人民自主决定台湾地区事务，实质上忽视祖国大陆人民的意愿，其目的是"去中国化"。针对这一提案，"时代力量"也表示了对"一国两区"定位的否认，其提出台湾地区与大陆是国与国的关系，因此"一国两区"违反了主权在民的原则，阻碍了台湾的"国家化"，同时也表达了对"两国论"的支持，针对这一问题，一些国民党籍"立委"明确表示反对"台独"。

（二）涉及公权力组织调整的提案

除了直接触动两岸关系的提案，台湾地区政权组织形式也是备受关注的热点议题，"五院体制"的变更和"双首长制"的存废是其中的重要问题。

民进党和"时代力量"均提出要再次变更政权组织形式，结束第四次"宪改"以后实行至今的"双首长制"，改采"总统制"。1946 年"宪法"规定的政权组织形式实质上为"内阁制"，但虚位元首的设置意味着赋予了"总统"类似于总统制国家中"总统"的职权，形成所谓"修正的内

---

① 参见叶俊荣：《宪法上的升与沉沦：六度修宪后的定位与走向》，《政大法学评论》第 69 期，2002 年。

阁制"。李登辉上台后，急欲通过在"宪法"中正式确认"总统制"以巩固自己的权力，并推动"总统全面直选"来加强"中华民国总统"的"台湾属性"。① 1992 年"修宪"后，第二个"宪法增修条文"规定了台湾地区最高领导人由"自由地区"全体人民选举，一方面摒弃了大陆地区居民，另一方面，台湾地区最高领导人取得了直接的民意基础，为其扩权和集权提供了直接正当性支持。② 在此前的数次"修宪"中，"总统"的权力已经得到了很大程度强化。现在已经获得执政地位的民进党想通过"总统制"的改革使权力进一步集中到自己手中。国民党则主张政权组织形式向"内阁制"方向发展，一方面是因为孙中山先生最初提出的"五权宪法"构想更接近"内阁制"，维护"内阁制"有利于维护"中华民国法统"；另一方面是因为在"内阁制"下，"行政院"对"总统"有着相对的独立性，能对执政党构成一些制约，以避免蔡英文的权力无限扩张，保持"立法院"的监督机制。

此外，"五权"与"三权"之争在"修宪"提案中再次出现，废除"考试院""监察院"的议题同样需要引起重视，民进党近两年数次提出撤销"考试院"，拆分"监察院"职权的提案，这将越来越背离孙中山先生对五权宪法的设计，1946 年"宪法"赋予了"监察院"和"考试院"非常广泛的权力，"释字第 76 号解释"在此基础上，宣称"立法院""监察院""国民大会""共同相当于民主国家之国会"，奠定了台湾地区"三国会"的政治体制。但在台湾地区的七次"宪政改革"过程中，呈现出权力不断向"总统"集中的趋势。第三次"修宪"时，"行政院人事行政局"成立，架空了"考试院铨叙部"，原属于"考试院"的人事权转到了"行政院"，"立法院"也逐渐取代"国大""监察院"，成为唯一的"国会"。③ 目前"监察院"已不再具有"国会"性质，并且失去了全部的人

① 参见周叶中、祝捷：《台湾地区"宪政改革"研究》，香港社会科学出版社 2007 年版，第 57 页。
② 参见陈星：《台湾民主化与政治变迁——政治衰退理论的视角》，九州出版社 2013 年版，第 69 页。
③ 参见聂鑫：《"中华民国宪法"在我国台湾地区的变迁——"修宪"与"释宪"的二重变奏》，《中国社会科学（内刊）》，2007 年第 2 期。

事同意权,原属"考试院"的任免、考绩、级俸、升迁和褒奖等事项的执行权限也被划归"行政院","考试院"和"监察院"的职权被早已被极大弱化。① 现在,民进党再次提出废除"监察院"和"考试院",名为为人民谋福祉,实则是要彻底废弃 1946 年"宪法"所确立的"五权架构",实现"去中国化"的目的。"时代力量"也倾向于实行"三权分立"制度,多次提出削减"考试院"员额的提案。部分国民党籍人士仍有保留"监察院""考试院"以维护"中华民国法统"、阻碍"去中国化"的动机,但也有部分国民党籍人士认为五权体制并不适用于目前的台湾,故而在这一问题上并无明确的态度。

(三)关于公民基本权利完善的提案

台湾地区以往的"修宪"主要集中在政府体制方面,关于基本权利的规定主要通过"司法院大法官"通过司法解释进行阐释。② 近年来,从民进党关于"修宪"的提案看,民进党试图推动公民基本权利方面的"修宪"。为迎合选民的需求,民进党提议将环境权、健康权、迁徙自由纳入"宪法",并特别将财产权单独列出来,强调了"国家"对财产权的保障。另一方面,民进党还提议不再使用"山地原住民"和"平原原住民"这一"带有殖民统治色彩"的区分,"台独"分子将少数民族称为台湾"自然主权"的拥有者,将"原住民自治"视为台湾历史的起点,将"原住民入宪"作为对"台湾本土意识"的肯定,以图割裂祖国大陆与台湾之间的历史联系,从源头上否认一个中国原则。③ 民进党成立之时,价值取向就集中在"清廉""民主""本土"三个方面,在 2000 年政党轮替后,"民主""清廉"难以再作为政治动员的筹码,民进党的主流价值论述核心开始转变为"本土"诉求。并在其频繁的政治活动中将"本土"逐渐演变为

---

① 参见周叶中、祝捷:《台湾地区"宪政改革"研究》,香港社会科学出版社有限公司 2007 年版,第 30 页。

② 参见聂鑫:《"中华民国宪法"在我国台湾地区的变迁——"修宪"与"释宪"的二重变奏》,《中国社会科学(内刊)》,2007 年第 2 期。

③ 参见周叶中、祝捷:《台湾地区"宪政改革"研究》,香港社会科学出版社有限公司 2007 年版,第 171—179 页。

"台独"的外在形式。"本土化"目标以排除大陆 12 亿人民对台湾的主权为基本前提，并以"公投"的形式实现"台湾独立"。① 因此，民进党提起这一议案的目的既在于拉拢台湾少数民族为自己提供政治支持，也在于为虚构所谓"台湾国族"打造基础。台湾少数民族是最早在台湾居住的族群，本土意识更强，执政后的民进党意图通过采取"原民正义"这一政策改造台湾少数民族的"国族认同"。此外，民进党预见自己一味进行改变两岸定位和政治架构的"修宪"会遇到较大的阻力，于是同时着力推动一些细微的修改，例如，提出将动物保护的"概念"纳入宪法之中，意图通过循序渐进的方式实现"宪法"修改的目的。

"降低公民行使选举权年龄的下限"是获得较大支持率的提案，各党派都表态支持将公民行使选举权的年龄起点从二十周岁下调至十八周岁，表面上，这看起来是一个低强度的改变，不会对两岸关系产生实质性的影响，但其蕴含的意义仍然不容小觑。一方面，因为第七次"修宪"已将"宪法"修正案的复决权交给"全民公投"，所以一旦台湾地区再次对"宪法"的修改，就意味着台湾人民通过"公投"实现了"修宪"。另一方面，当代台湾地区青年群体自幼即受到祖国割裂开来的文化教育，成为所谓"天然支持台独"的一代，其中有相当一部分是激进"台独"的主张者。降低选举年龄门槛，可能导致更多没有独立判断能力，未经世事的较为激进的青年在岛内政治生活中发挥更大的作用，甚至引发一些不理智、不成熟的伤害两岸人民情感的事件，这也是我们需要应对的一个重要的问题。

除上述议题外，岛内各党派还提出了一些限于文字修正层面的议案，与两岸关系和台湾人民利益基本上没有实质关联，故本文不再赘述。

三、"宪改"议题通过的可能性及其对两岸关系的影响

修改"宪法"应当是在"宪法"原来的基础上改变不适应社会发展的条文，如果触及了"宪法"的根本精神和原则，就是对"宪法"的破

---

① 参见陈星：《民进党权力结构与变迁研究》，九州出版社 2012 年版，第 149 页。

坏。① 如今民进党再度执政，很有可能利用台湾人民合理的"宪政改革"诉求，将自身的"台独"思想掺杂其中，将"宪政改革"纳入"修宪台独"的轨道。② 动机并不纯正的"修宪"提案一旦通过，不仅是对1946年"宪法"的再度破弃，也是对两岸关系、两岸人民利益的伤害。基于对两岸关系现状与台湾地区政治动向的认知，我们对台湾地区"修宪"提案通过可能性做出如下判断：

台湾地区"立法院"中对两岸关系产生较大影响的提案没有通过的可能性，其理由是：第一，修改"领土"范围条款无异于公开宣告"台独"，使得蔡当局"向对岸释放善意""两岸关系维持现状"的承诺被打破。提出带有"台独"性质的提案也是民进党选举策略中的重要组成部分，在选举获胜之后，民进党对于"台湾主体地位"的改变更倾向于较为缓和的态度，若执政当局利用其政治权力推行"两国论"，可能会引起岛内群众的不满、造成台湾社会认同转变。③ 第二，民进党在执政前，以强硬的态度推进"台独"，在执政后，其更愿意采取迂回的方式进行"台独"，例如误导民众对"台独"的认知以培养"台独意识"，运用"文化台独""政治台独"等多种手段。④ 第三，这一提案的通过有带来战争风险的可能，《反分裂国家法》中对采取非和平方式统一台湾做出了概括性的规定，修改"领土"范围相当于把台湾从中国分裂出去，与《反分裂国家法》第八条所说明的情况有一定程度的契合，可能会引起我们对台政策的改变。现状的打破会带来一系列连锁反应，将严重影响国际秩序和台湾人民的福祉。执政后尚能保持一定程度的理性的民进党不会贸然进行这样的激进行动，国民党也不可能在这一问题上放弃其立场。涉及"统独"和"认同"的议题在台湾地区经久不衰，究其原因，不难发现一些政治人物以此作为政治参与的主要话题，不仅在台湾岛外产生了诸多效应，也加剧了岛内的"族

---

① 参见朱松岭：《台湾"宪改"对两岸关系的影响》，《两岸关系》2006年第4期。
② 参见杜力夫：《台湾"宪政改革"的政治功能和对两岸关系的影响》，《太平洋学报》2007年第11期。
③ 参见陈孔立：《台湾民意与群体认同》，九州出版社2013年版，第158页。
④ 参见陈星：《民进党权力结构与变迁研究》，九州出版社2012年版，第135页。

群对立"。①

台湾地区关于政权组织形式的提案通过可能性也微乎其微。理由是：关于废除"考试院""监察院"的提案，可以看作是民进党的又一种"去中国化"措施，"中华民国宪法"的前言说明"宪法"是依据"国父遗教"所制定，因此"宪法"在修改时不能对孙中山先生所主张的"五权体制""权能区分"以及"中央与地方均权"的立宪精神进行毁弃。② 因此，此举是对"中华法统"的破坏，将进一步割裂与祖国大陆的联系。除此之外，各党派之间对此也存在一些分歧，虽然存在部分国民党出于目前台湾地区政府结构冗杂的考虑而有废除两院之意，但有部分国民党籍人士为"五权架构"的坚定拥护者，与民进党在这一事项上存在较大分歧。目前，台湾地区的政权组织形式实质上为披着"双首长制"外衣下的"总统制"，台湾地区已经实现了"总统直选"，若进一步实行"总统制"，为"总统"扩权提供支撑，使得"台独"意识强烈的"总统"的权力不断增强，不仅不利于台湾地区的发展，台湾地区政治制度中所包含的来源于祖国大陆的历史血脉、文化传统也都将受到重大打击，台湾地区将向"独立国家"进一步迈进，两岸关系将面临更大的挑战。

下调公民行使选举权年龄门槛和增修公民基本权利两项提案存在通过的可能性，政治权力产生后合法性的维持在于其是否能有效保障人权、维护人民根本利益，因此对于公民基本权利的提案也是出于保障人权、提高人民生活品质、维护政权运行的考虑。③ 由于这两项议题关乎台湾人民的政治权利与经济文化权利，一直以来认可度较高，一度成为岛内的"政治正确"，各党派之间也基本就此达成了共识，因此其较有可能通过。但要注意到的是，下调选举年龄可能会导致选举权的广泛派发，从而导致所谓民主化进程的加快。香港回归之前，彭定康的"议会选举方案"中提出将

---

① 参见郭忠军：《台湾地区民主转型中的民粹主义》，学林出版社2014年版，第2页。

② 参见邵宗海：《台湾"宪改"与追求台湾"法理独立"的互动》，《台湾研究集刊》2006年第4期。

③ 参见杜力夫：《台湾"宪政改革"的政治功能和对两岸关系的影响》，《太平洋学报》2007年第11期。

选民年龄由 21 岁降为 18 岁，从而使香港成为一个更加难以控制的政治实体。① 根据 2018 年 2 月民调结果来看，岛内六成居民对蔡英文的施政表现不满，青少年对民进党的满意度也逐渐流失，这也说明青年的选票容易发生改变。青年支持度将是未来选举的主要参考指标，如果将选举门槛降至 18 岁，较为激进的民进党可能做出对青少年诱导、煽动的举动，从而对一系列选举产生影响。

四、结语

"宪政改革"是"台独"分子以循序渐进的方式谋求"法理台独"的重要手段，台湾地区的前七次"宪政改革"已然以"修宪"之名在一定程度上达到了"制宪"的效果。因此，我们对可能发生的第八次"宪改"要表示足够的警惕，并做好相应的预防措施。在此前相当长的一段时间，我们习惯用政治话语和政治手段来解释和应对两岸关系的变化，而相对忽视了法律手段的运用。《反分裂国家法》的制定对维护国家统一、震慑分裂势力起到了很大的作用，其中第八条对"和平统一可能性完全丧失"留下了足够的解释空间，但该法制定至今已有十年，面对岛内政治格局和两岸关系形势的根本性变化，有必要再度对其进行解释。② 除此之外，我们还应当充分利用两岸的反"独"力量，遏制台湾地区"宪法"可能出现的任何变动。

---

① 参见曹旭东：《香港政党的制度空间》，《法学》2013 年第 2 期。
② 参见周叶中：《论反分裂国家法律机制的问题意识与完善方向》，《法学评论》2018 年第 1 期。

论《反分裂国家法》第九条的规范构造*

　　《反分裂国家法》制定十余年来，在反对和遏制"台独"分裂活动，应对外部势力对台湾问题的干涉等问题上，发挥了重要作用。《反分裂国家法》长期被视为一部"政策宣示法"，甚至是"武统授权法"，因而其政治属性被一再强调。然而，作为我国现行法律体系的重要组成部分，《反分裂国家法》首先是一部以"反对和遏制'台独'分裂势力分裂国家活动、促进国家和平统一"为立法目的①的宪法性法律，其规范性亦应受到足够的重视。在法治成为文明世界的主流价值追求的当下，发掘和阐释该法的规范效力，相对于片面强调其政治宣示作用而言，更具有说服力，也更易于使该法被台湾同胞和国际社会所认可。在《反分裂国家法》中，与采取非和平方式及其他必要措施展开反分裂国家斗争直接相关的条文共有两个，即第八条和第九条。其中，第八条作为授权国家采取非和平方式及其他必要措施的直接法律依据，一直是政界和学界关注的焦点，而被视为前者的补充规定的第九条则较少引起注意。然而，作为国家采取非和平方式及其他必要措施展开反分裂斗争的重要规范依据之一，《反分裂国家法》第九条在这一规范体系中扮演着不可或缺的重要地位，它既构成对国家有关反分裂行为的特定限制，又为特定条件下的人权保障提供了规范依据，同时其规范效力亦可能在以非和平方式解决台湾问题后产生特有的外

＊　本文由段磊、路忠彦共同撰写。

①　王兆国：《关于〈反分裂国家法（草案）〉的说明》，资料来源：http：//politics. people. com. cn/GB/1026/3226900. html，最后访问日期：2018 年 9 月 15 日。

溢效应，从而对国家统一后台湾地区的治理模式产生影响。基于这一认识，本文拟从剖析其规范体系和规范构造的角度出发，形成对该条规范意涵及其与其他法律规范逻辑关系的体系化论证，为《反分裂国家法》预设的采取非和平方式展开反分裂国家斗争的政治决断可能性提供充分的行为规范依据。

一、《反分裂国家法》第九条的规范定位

对一项法律条文进行规范构造的分析，首先应明确这一条文在其所在法律规范中的定位。就《反分裂国家法》第九条而言，明确该条款的规范定位，应首先尝试建构由不同规范域组成的《反分裂国家法》的规范体系，继而探明该条款在这一规范体系中的定位，明确这一条款与其他条文之间的逻辑关联。

（一）《反分裂国家法》规范体系的构建

作为一种可供适用的法律规范，《反分裂国家法》应形成"法律原则＋法律规则"的规范体系。《反分裂国家法》共 10 个条文，除作为技术性规定的第 10 条之外，根据各条文所体现的主要内容和法律原则与规则的划分模式，该法的规范体系可分为体现一个中国原则法理意涵的原则性条款和分别规定该法在和平与非和平条件下适用方式的规则性条款在内的三个规范域。详言之：

第一，规范域（Ⅰ）包含《反分裂国家法》第 1－4 条，主要规定该法的立法宗旨、适用范围和台湾问题的性质，体现反分裂国家斗争所需遵循的法律原则。"原则－规则"的法律体系划分模式为准确分析不同法律元素的制度功能提供了可能，前者构成目标或任务规范，后者构成行为规范。① 结合法律原则的一般理论与《反分裂国家法》的具体条文，该法第 1－4 条的相关规定，共同构成一个相对独立的规范域，为反分裂国家斗争法律原则的形成提供了可能。明确台湾问题性质，是解决台湾问题的基

---

① 参见雷磊：《法律体系、法律方法与法治》，中国政法大学出版社 2016 年版，第 49 页。

点，对一个中国原则规范内涵的诠释直接为《反分裂国家法》的适用奠定了基础。这四个条文在法规范层面，明确了一个中国原则的法理意涵，建构了包含一个中国原则、反对分裂原则、内战与内政原则与反对外部势力干涉原则等在内的反分裂国家法律原则体系。这些基本原则能够有效指导该法其他条款的解释和推理过程，使这部具有较强政治属性的法律规范能够长期适应两岸关系发展实际，同时帮助填补可能产生的法律漏洞，保证其稳定性和权威性。需要说明的是，尽管按照全国人大常委会公布的《立法说明》，《反分裂国家法》第 1 条构成一个独立的部分，主要规定"本法的立法宗旨和适用范围"，但我们认为，从规范意群的角度看，《反分裂国家法》第 1 条所规定的立法目的本身亦规定国家展开反分裂斗争的主要目标，对其他具体条款具有重要的指导意义。

第二，规范域（Ⅱ）包含《反分裂国家法》第 5－7 条，主要规定国家维护台海和平稳定，发展两岸关系，推进祖国实现和平统一的基本原则和具体安排的法律规则。法律规范在两岸关系中的作用不应局限于单向度地映射政治场域已经形成的立场，而应基于其形成独特的价值属性，为解决两岸间的棘手问题提供可资适用的法治策略。[①] 从此意义上讲，《反分裂国家法》的适用并不仅限于对一个中国原则合法性的证成与复述，或单向的"反分裂"行为基础，更在于通过采取有关措施维护两岸关系和平发展，促进祖国实现和平统一。《反分裂国家法》第 5、6、7 条共同构成一个相对独立的规范域，为国家维护台海和平稳定、发展两岸关系、推进祖国实现和平统一提供了直接的法律规则依据。详言之，规范域（Ⅱ）之中，第 5 条完成了对"和平统一、一国两制"基本方针的法确认，使这一方针从一种单纯的政策表述上升为一种法律规范；第 6、7 条分别以列举方式提出了国家为实现和平统一所施行的有关政策和国家为推进两岸关系发展而展开的两岸协商谈判等措施，为这部法律在两岸关系发展中的具体适用提供了规范基础。可从此意义上讲，国家推进两岸在各层次展开协商谈

[①] 参见祝捷：《"一个中国"原则的法治思维析论》，《武汉大学学报（哲学社会科学版）》2016年第 2 期。

判，提出单方面惠台政策等具体措施，都是对《反分裂国家法》之规范域（Ⅱ）的具体适用。

第三，规范域（Ⅲ）包含《反分裂国家法》第 8、9 条，构成国家在特定条件下采取非和平方式及其他必要措施展开反分裂国家斗争的法律规则。《反分裂国家法》第 8、9 条共同构成一个相对独立的规范域，为国家在特定条件下采取非和平方式及其他必要措施展开反分裂国家斗争的法律依据。从制度功能上看，《反分裂国家法》第 8、9 条的规范意义并不局限于传统意义上理解的单纯的"授权条款"，更应被视为国家在采取非和平方式展开反分裂国家斗争时的行为规范，它既为国家采取相关行动提供了法理依据，也为国家机关在实施相关措施时划定了行为边界。详言之：1）《反分裂国家法》第八条以设定三种特定情形的方式，既为国家在特定条件下采取非和平方式及其他必要措施提供了有效授权，也以列举方式，为国家采取非和平方式及其他必要措施划定了行为边界。2）《反分裂国家法》第八条以"国务院、中央军事委员会决定和组织实施，并及时向全国人民代表大会常务委员会报告"的表述，从法律程序层面确定了采取非和平方式及其他必要措施时各国家机关的权力范围与关系。3）《反分裂国家法》第 9 条则对国家采取相关措施时应采取的保障台湾平民和在台外国人合法权益的具体方式与限度做出规定，从人权保障角度对国家采取相关措施的行为模式作出规制。

（二）第九条与《反分裂国家法》各规范域之关系

"事理上的一致性"[①] 构成法律解释和适用的重要标准，而此种一致性的来源则在于针对同一问题的不同法律条款之间的系统性关联。从规范关系上看，《反分裂国家法》各规范域间存在密切联系，在适用其中某一条文时，我们亦应按照体系解释的一般要求，关注该条与这部法律其他条文之间的规范关系。因此，对《反分裂国家法》第九条规范体系的理解，亦应建立在对这一条文与该法其他条文规范关系的理解上。我们认为，第九

① ［德］卡尔·拉伦茨：《法学方法论》，陈爱娥译，商务印书馆 2013 年版，第 205 页。

条与上述三个规范域之间的关系分别体现为法律规则与原则的归属关系、价值取向的一致性关系和规范层面的互补关系。详言之：

第一，《反分裂国家法》第九条与规范域（Ⅰ）之间体现为法律规则与法律原则的归属关系。依照上文构建的《反分裂国家法》的规范体系，规范域（Ⅰ）明确了台湾问题的性质，形成了反分裂国家斗争所需遵循的法律原则，这些原则对包括第九条在内的《反分裂国家法》各项条文均具有辐射式的约束力。《反分裂国家法》第九条正是对维护台湾海峡地区和平稳定、维护中华民族的根本利益的立法宗旨和将台湾问题作为中国的内部事务的立法原则的细化，是上述原则在非和平条件下的具体体现。一方面，第九条关于国家保护台湾平民和在台外国人生命财产安全的规定，直接体现了国家在非和平条件下仍然坚持将"台独"分裂势力和广大台湾同胞相区分的立法理念，与规范域（Ⅰ）中包含的一个中国原则、反对分裂原则等相契合；另一方面，第九条规定国家依法保护台湾同胞在中国其他地区的权利和利益，则更为直接地体现出国家对待广大台湾同胞的积极立场，与规范域（Ⅰ）中两次使用的"包括台湾同胞在内的全中国人民"的界定不谋而合。从此意义上讲，第九条与《反分裂国家法》规范域（Ⅰ）之间体现为法律规则与原则的归属关系，前者在立法表述和适用中，与后者所体现的立法理念相一致，受后者的宏观指导。

第二，《反分裂国家法》第九条与规范域（Ⅱ）之间体现为价值取向的一致性关系。规范域（Ⅱ）与规范域（Ⅲ）分别规定在和平条件下和非和平条件下展开反分裂国家斗争、促进国家实现统一的方式、程序等内容。因此，两个规范域之间呈现出一种选择适用关系，且此种选择适用关系包含了特定次序。"和平统一、一国两制"是国家解决台湾问题的基本方针，而采取非和平方式展开反分裂国家斗争则是国家在特定条件下制止"台独"分裂活动"不得已作出的最后选择"①。从此意义上讲，规范域（Ⅱ）与包含第九条在内的规范域（Ⅲ）之间，在逻辑上无法同时适用。

---

① 王兆国：《关于〈反分裂国家法（草案）〉的说明》，资料来源：http：//politics. people. com. cn/GB/1026/3226900. html，最后访问日期：2018 年 9 月 15 日。

然而，作为同一部法律中的法律规范，各规范域之间不应被切割开来理解，而应被视为彼此之间相互作用的一个系统。因此，尽管二者无法同时适用，但《反分裂国家法》第九条与规范域（Ⅱ）之间，在价值取向上仍呈现出一致性的基本特点，即各条款均以坚持一个中国原则，坚持维护中华民族的根本利益为最终目的。从此意义上讲，无论是在争取实现和平统一过程中，还是在采取非和平方式及其他必要措施解决台湾问题时，国家均会以一个中国原则和维护中华民族根本利益为依归，积极谋求保护包括台湾同胞在内的全体中国人民的福祉。

第三，《反分裂国家法》第九条与同属规范域（Ⅲ）的第八条之间体现为功能一致性基础上的规范互补关系。传统观点多将《反分裂国家法》第九条视作对第八条的补充性规定，亦即以第八条为规范域（Ⅲ）的主干，而将第九条视为辅助性规范。受这种观点的影响，关于《反分裂国家法》的既往研究多偏重于对第八条的阐释，而忽视了第九条的地位和作用，这难免失之偏颇。我们认为，在规范域（Ⅲ）中，第八条与第九条之间所体现出的是一种功能一致性基础上的规范互补关系。详言之，一方面，第八条与第九条均系在非和平条件下采取反分裂国家措施的相关规定，因而二者之间的规范功能体现出高度的一致性，表现出对国家采取反分裂国家措施的"授权"与"限制"的双重规范属性。另一方面，第八条与第九条又因其规制的侧重不同，而体现出一种规范互补关系。这种互补关系体现为，以规定采取非和平方式及其必要措施实施前提、实施程序为主的第八条为第九条的适用提供了前提条件，为第九条的适用提供了重要的规范基础；以规定采取非和平方式及其他必要措施过程中保障基本权利为主的第九条为第八条的顺利实施提供了重要的正当性基础和价值性支持。在这种功能一致性基础上的规范互补关系之下，《反分裂国家法》第八、九条为采取非和平方式制止"台独"分裂活动、维护国家统一提供了完整的法规范支撑。

二、《反分裂国家法》第九条的内部构造

《反分裂国家法》第九条包含了一个完整的法律规则，以条文中的分号为界，该规则又可以拆分为针对不同对象的两个子规则：子规则（Ⅰ）规定的是国家对"台湾平民和在台湾的外国人"生命财产安全和其他正当权益的保障，子规则（Ⅱ）规定的是国家对"台湾同胞在中国其他地区"权利和利益的保障。因循"新二要素说"之论述，法律规则的逻辑结构可划分为"构成要件"和"法律后果"两个部分。① 下文即以此种学说为基础，从法律规则逻辑结构的角度，分别对两个子规则的构成要件和法后果加以分析，从而展开对《反分裂国家法》第九条内部构造的诠释。

（一）子规则（Ⅰ）的规范意涵

子规则（Ⅰ）的事实构成要件主要包括：1）该规则的前提条件是国家采取了非和平方式及其他必要措施；2）该规则的适用期间为前述措施正在组织实施时；C. 该规则的适用对象为台湾平民和在台湾的外国人；3）该规则所保护的内容是生命财产安全和其他正当权益。其事法律后果则为：1）国家应对前项正当权益予保护；2）国家保护前项正当权益的限度为"尽最大可能""减少损失"。详言之，该规则的规范意涵可从其适用期间、适用对象、保护范围、保护强度四个层次展开：

第一，该规则的适用期间。子规则（Ⅰ）的适用期间体现为"依照本法规定采取非和平方式及其他必要措施并组织实施时"。由此，该规则的适用期间问题可进一步转换为"采取……措施并组织实施时"的具体时间范围问题。根据《反分裂国家法》第八条之规定，"采取非和平方式及其他必要措施并组织实施时"的时间起始节点，应当视为国务院、中央军事委员会"决定""并组织实施"时。需要说明的是，第八条规定，国务院、中央军事委员会组织实施有关行动时，"应及时向全国人大常委会报告"，但从本条所表达的文义来看，这一报告程序应属"决定""并组织实施"的事后程序，因而此处的报告程序并不影响第九条适用期间的起始节点之计算。相应地，非和平方式及其他必要措施的终止亦应由国务院、中央军事委员会综合考虑制止分裂国家任务的完成状况以及国际国内的形势变化

---

① 参见雷磊：《法律规则的逻辑结构》，《法学研究》2013 年第 1 期。

而审慎决定。故该规则的适用期间起于国务院、中央军委决定采取非和平方式及其他必要措施并着手组织实施之时，而终于国务院、中央军委决定终止上述措施并发布相关命令之时。

第二，该规则的适用对象。子规则（Ⅰ）的适用对象体现为"台湾平民和在台湾地区的外国人"。从该规则所使用的表述名词来看，这一规则实际上引入了国际武装冲突法中的保护平民原则。保护平民原则的实现以区分原则为基石，"作为武装冲突法的一项核心原则，区分原则（principle of distinction）要求冲突各方必须区分战斗员与平民、民用物体与军事目标。"① 因此，该规则中的"台湾平民"，即应被视为与台湾地区"武装人员"相区分的概念，其识别难度不大。在此种划分理念之下，对该规则中的"在台湾的外国人"的理解，应作适度限定，即此处的"外国人"同样应被限定在"平民"范围之内，而不应包含可能在台湾地区出现的外国"武装人员"。故此，本规则的适用对象应为所有与两岸间武装冲突不存在直接联系的台湾人和在台湾的外国人。

第三，该规则的保护范围。子规则（Ⅰ）的保护范围体现为"生命财产安全和其他正当权益"。对这一保护范围的理解可从两个层面加以理解：一是对"生命和财产安全"的理解。生命和财产安全，无疑是非和平条件下普通民众最为重要的利益关切。子规则（Ⅰ）明确将"生命和财产安全"作为以列举方式明示的保护范围，反映出《反分裂国家法》高度关注普通民众的利益诉求，为国家在采取非和平方式及其他必要措施时的举措，划定了基本保护范围。二是对"其他正当权益"的理解。根据法律语言的一般规律，此处的"其他正当权益"应视为一种列举外的兜底条款，是对其他未列举保护范围的概括性描述。因循《反分裂国家法》内在蕴含的人权保障精神，国家理应在非和平条件下尽可能更为广泛的保护普通民众的正当权益，但是，从实践来看，在台海地区发生武装冲突或其他严峻形势的条件下，要求国家全面维护台湾平民和在台外国人的一切权益显然是不现实的。因此，从基本权利保护密度的层面看，我们认为，子规则

---

① 周江：《论武装冲突法中的区分原则》，《现代法学》2012 年第 3 期。

（Ⅰ）中的"其他正当权益"应包括人格尊严、人身自由等一切关涉平民正常生活且与"生命财产安全"价值位阶相等同的"正当权益"。

第四，该规则的保护强度。子规则（Ⅰ）的保护强度体现在该规则中的"尽最大可能""减少损失"的表述之中。如前所述，在两岸间发生武装冲突或其他严峻形势的条件下，要求国家全面维护台湾平民和在台外国人的一切正当权益是不现实的，同样地，要求国家完全地、毫无减损地保护前项所称之权益也是难以实现的。因此，本条前段使用了"尽最大可能"和"减少损失"这样的表述。一方面，这是出于民族感情而对国家所采取非和平方式及其他必要措施所作的限制，要求国家必须在一切有可能的条件下最大程度地保障台湾平民的权益；另一方面，这样的表述也点明了在当前的军事科技和军事技战术条件下无法完全避免非战斗人员伤亡和非军用财产损失的客观现实。我们不得不承认，在以非和平方式及其他必要措施制止分裂国家的过程中，台湾平民和在台外国人的某些正当权利难免会受到一定程度上的减损，这也是国家始终以最大的诚意、尽最大的努力争取和平统一的最大动因。

（二）子规则（Ⅱ）的规范意涵

子规则（Ⅱ）的事实构成要件包括：1）适用本条规定的前提条件是国家采取了非和平方式及其他必要措施；2）适用本条规定的时间为前述措施正在组织实施时；3）本条规定适用的人群对象是全体台湾同胞；4）本条规定所保护的内容包括在中国其他地区的权利和利益。其法律后果则是：1）国家对前项权利和利益应予保护；2）国家保护前项权利和利益的限度为"依法保护"。该规则中的1）和2）两项事实构成要件与子规则（Ⅰ）重合，不再赘述，因而对该规则的理解侧重于以下几点：

第一，该规则的制度功能。子规则（Ⅱ）的制度功能体为，以积极保障台湾同胞基本权利的方式，再度宣示台湾同胞是中国公民的一部分，表明国家坚持将"台独"分裂分子与广大台湾同胞相区分的基本立场。该规则从法律层面确认国家在非和平条件下对待台湾同胞在中国其他地区的权益的基本态度，明确不会因"台独"分裂分子及其分裂行径对广大台湾同胞在中国其他地区的权益的合法权利施以不必要的限制。由于两岸长期处于政治对立状态，两岸同胞之间也存在一定程度的隔阂，因而一旦国家采取非和平方式及其他必要措施展开反分裂国家活动，我们可以预期的是，台湾同胞可能对其在中国其他地区的人身及财产安全有所担忧，而本规则所设定的立场，充分体现出《反分裂国家法》蕴含的人道主义精神，能够在相当程度上化解这一部分台湾同胞的忧虑，为团结广大台湾同胞展开反分裂国家斗争提供了规范基础。

第二，该规则所适用的地域范围。根据第九条之规定，该规则的适用地域范围表述为"中国其他地区"，此处所谓的"中国其他地区"，显然应当被理解为除台湾地区以外的其他中国领土范围，亦即在可能的"非战区"范围之内，这一地域范围的规定是明确和清晰的。然而，在我国特有的"一国两制四法域"① 的法律体系现状之下，对于本规则适用范围的理解，必须考虑到作为地理区域上"中国其他地区"的香港和澳门两个特别行政区的特殊情况。根据《香港特别行政区基本法》和《澳门特别行政区基本法》之规定，未列入两部基本法附件三的全国性法律不在特别行政区实施，而《反分裂国家法》并未被列入其中。由此，从两部法律的文义对照来看，似乎可以做出《反分裂国家法》第九条所指的"中国其他地区"，并不包含香港和澳门两个特别行政区的解释。但是，这种理解显然是因为过于机械的采取文义解释的方法而产生对立法原意的错误理解。我们认为，第九条所规定的"中国其他地区"显然应当包含香港和澳门两个特别行政区，其原因主要有二：1）从《反分裂国家法》的立法原意来看，此处规定"中国其他地区"的目的，在于表明国家在特定条件下对待广大台湾同胞的保护立场，立法者显然不会因香港澳门两个特别行政区实施的特殊政治法律制度而改变这种立场；2）人权保障原则系为我国现行《宪法》《香港特别行政区基本法》《澳门特别行政区基本法》所共同确认的基本原则，第九条所形成的法律规则与这项基本原则相契合，因而在两个特别行政区实施这一规定，并不会造成"一国两制"之下特别行政区政治与法律

① 参见韩德培、黄进：《中国区际法律冲突问题研究》，《中国社会科学》1989 年第 1 期。

体制的功能性紊乱。因此，本规则的适用范围，显然应指除台湾地区外的中国领土主权范围，亦当包含香港和澳门两个特别行政区。

第三，"依法保护"的意义。"国家依法保护台湾同胞在中国其他地区的权利和利益"，这意味着台湾同胞在中国其他地区的一切合法的权利和利益都将得到保护。对本规则中"依法保护"的意义，应从以下两个方面加以理解：一方面，这一表述与我国现行宪法第五条体现的"依法治国"原则以及第三十三条第三款形成的"国家尊重和保障人权"原则相契合，应被视为这两项宪法基本原则在反分裂国家领域的具体体现。另一方面，对"依法"应作广义理解，即此处的"法"应被理解为各项有利于保护台湾同胞权利和利益的法律规范，不仅包含我国现行法律规定，还应包括上述之香港和澳门两个特别行政区的法律规定，同时，亦应包含国家在特定条件下为保障台湾同胞合法权利和利益新制定的专门性法律。

三、《反分裂国家法》第九条的外部构造

欲使一个单独的法律条文发挥其应有的规范效力，即应将其与本国法律体系以及国际法体系内的相关法律规范相结合，以体系化的方法，完成其外部构造的建构。就《反分裂国家法》第九条而言，要完成其外部构造，需着重分析该条与我国现行宪法有关条款、我国其他法律有关条款和与之相关的国际法规范之间的逻辑关联。

（一）第九条与我国现行宪法的规范关联

宪法是国家的根本法，在国家法律体系中具有最高地位和最高法律效力，也是《反分裂国家法》的立法依据，对《反分裂国家法》所有条文的理解与使用，都应当遵循宪法所确立的原则。对《反分裂国家法》第九条规范构造的理解，离不开对我国现行宪法相关条文（如宪法序言第九自然段、宪法第三十三条、宪法十三条等）与其规范关联的分析。详言之：

第一，我国《宪法》序言第九自然段为《反分裂国家法》提供了根本法层面的立法依据，第九条亦是对这一规定的具体化。宪法序言不仅具有

规范性质和法律效力，甚至还具有比宪法正文条款更高的形式效力。[①] 我国现行《宪法》序言第九自然段规定："台湾是中华人民共和国的神圣领土的一部分。完成统一祖国的大业是包括台湾同胞在内的全中国人民的神圣职责。"这是《反分裂国家法》的直接立法依据。本段庄严宣示了台湾同胞是中国人民一部分，同样承担着完成统一祖国的大业的神圣责任。在实施《反分裂国家法》第九条的过程中，必须贯彻宪法序言第九段的精神，不仅要充分保障台湾平民的生命财产安全等正当权益，还应当为台湾同胞主动促进国家统一创造条件，使其得以与大陆人民一同履行完成祖国统一大业的历史使命。

第二，我国《宪法》第三十三条第三款的人权保障条款为《反分裂国家法》第九条提供了价值指引。宪法第三十三条第三款明确规定，国家尊重和保障人权。这一规定明确了国家对待人权的基本立场和态度，为我国人权保障法律体系的构建提供了原则性指引。台湾同胞是中国人民的一部分，尽管受到两岸政治对立的影响，大陆和台湾的法律制度无法在对方领域内获得有效实施，但这并不影响我国《宪法》对台湾地区的主权效力，亦不影响我国《宪法》对台湾同胞基本人权的保障立场。从此意义上讲，《反分裂国家法》第九条，应当被视为《宪法》第三十三条第三款在反分裂国家领域特定时期的具体化。因此，《反分裂国家法》第九条的实施，应当遵循"国家尊重和保障人权"的基本精神，以此作为解释和适用这一条款的重要宪法依据。

第三，我国《宪法》第十三条的公民私有财产权保护条款为《反分裂国家法》第九条提供重要规范支持。我国现行宪法第十三条规定"公民的合法私有财产不受侵犯"，该条与《反分裂国家法》第九条在保障台湾同胞财产权益的问题上具有内在的一致性，应视为《反分裂国家法》第九条的上位规范之一。尽管海峡两岸长期处于政治对立状态，但这种对立并不影响大陆和台湾的主权统一性，我国现行宪法当然对包括台湾同胞在内的全体中国人民具有法律效力，也当然应保障台湾同胞的合法私有财产权

---

① 参见黄惟勤：《论我国宪法序言的法律效力》，《法学杂志》，2010 年第 2 期。

利。因此，从规范关联上看，《反分裂国家法》第九条中对台湾同胞"生命财产安全和其他正当利益"的保护，应视为对宪法第十三条的具体化。

（二）第九条与我国其他法律的规范关联

《反分裂国家法》第九条对台湾平民和在台外国人的保护是普遍而全面的，相应地，其必然与我国各个法律部门中的众多法律发生广泛的联系。囿于论文篇幅，本文仅就与该条规范关联最为紧密的《戒严法》《台湾同胞投资保护法》等法律规定的规范关联展开示例性分析。

《戒严法》是紧急状态下，公民较之于平常时期履行更多法律义务的法律依据，同时也是国家机关行为的主要法律依据，在紧急状态下法治体系正常运转所不可或缺的一部重要的宪法性法律。① 《反分裂国家法》第九条为《戒严法》的实施划定了一定程度的限制条件，而后者亦为前者的实施提供了相应的制度框架。一方面，在国家采取非和平方式及其他必要措施的过程中，国家可以依法宣布在台湾地区或国内其他地区实施戒严，从而在一定期间内限制台湾同胞的部分基本权利。但这种限制应遵循《反分裂国家法》第九条之规定，尽最大可能保护台湾平民和在台外国人的正当权益，以及台湾同胞在中国其他地区的合法权益。因此，戒严实施机关应当综合考量各种因素，合理确定戒严措施的范围和程度，以避免不必要的损失。另一方面，在国家采取非和平方式及其他必要措施的过程中，国家为落实《反分裂国家法》第九条对台湾同胞合法权益的保障需要，亦应按照《戒严法》规定的相关戒严措施、管制措施、财产性权利补偿措施等，构建特殊时期台湾同胞权利的制度性保障机制。

《台湾同胞投资保护法》是我国最早制定的专门固定台湾同胞投资保护问题的法律规范，是大陆涉台经济立法的重要里程碑。② 这部法律规定了多种对台湾同胞投资的保护和优惠措施，然而，在非和平条件下，尤其是在可能出现的戒严时期，这些措施是否应当继续实施，成为其与《反分

---

① 参见莫纪宏：《中国紧急状态法的立法状况及特征》，《法学论坛》2003 年第 4 期。
② 参见彭莉：《两岸互涉性经济立法：演进路径、框架构成及待遇问题》，《当代亚太》2008 年第 4 期。

裂国家法》第九条相关联的重要连接点。我们认为,《反分裂国家法》第
九条后段所规定的"台湾同胞在中国其他地区的权利和利益",自然包括
台湾同胞在中国其他地区的投资利益及其所享受的优惠措施,国家对此应
当依法保护。另一方面,《戒严法》第三章所规定的戒严措施并不包括限
制投资和转移财产,故在戒严期间,国家亦不应当阻碍台湾同胞将其投资
收益和其他合法收入汇回台湾或者汇往境外。当然,对于确有证据证明的
企图通过清算和转移财产以破坏市场秩序、扰乱社会治安的行为,戒严实
施机关和其他有关机关得依《戒严法》《刑法》《治安管理处罚法》等法
律法规予以制止和惩戒。

除上述两部法律外,与《反分裂国家法》第九条关联较为密切的法律
法规还有《国防动员法》《中国公民往来台湾地区管理办法》《治安管理
台湾香港澳门居民在内地就业管理规定》等法律法规,本文不再逐一
展开。

(三)第九条与国际法有关规定的规范关联

近年来,国际人权法的不断发展使得原本完全不具有国际法正当性的
干涉行为,在"人道主义干涉""保护的责任"等理论依据的支持下,完
成"合法化"包装。可以说,在冷战后,以美国为代表的西方国家,先后
通过构建"干涉的权利"和"保护的责任"两套人道干涉话语体系,强化
了人道主义干涉的道义性与合法性,对现行国际秩序造成了重大冲击。①
在这些理论的支撑下,西方国家在对他国内政加以干涉时,多选择具有所
谓"普世价值"属性的"保障人权"等借口干涉他国内政。因此,在采取
非和平方式解决台湾问题的过程中,国家应当重点围绕"人道主义干涉"
问题,做好相应的反干涉舆论准备。台湾问题是中国内政,即便国家在特
定条件下采取非和平方式及其他必要措施展开反分裂斗争,其所发生武装
冲突的性质亦应属于"中国内战",但对《反分裂国家法》展开规范构造
的过程中,我们亦应充分考虑其人权保障功能与有关国际法条款的关联,

---

① 参见陈小鼎、王亚琪:《"干涉的权利"到"保护的责任"——话语权视角下的西方人道主义
干涉》,《当代亚太》2014年第3期。

以便形成一系列既能够体现我方在这一过程中充分尊重和保障人权，又明确台湾问题内政属性的话语表述方案，做好对外部势力采取"人道主义干涉"的预先应对。考察武装冲突法的发展，目前，这一国际法规范已呈现出适用范围扩展到内战领域的趋势。1949年日内瓦四公约两项附加议定书的正式生效，标志着国际武装冲突法的调整范围已扩展到包括非国际性武装冲突在内的所有武装冲突行为。①《反分裂国家法》第九条与国际法有关规定的关系，可从其与《日内瓦四公约第二附加议定书》的关系之中加以考察和分析。

一方面，《反分裂国家法》第九条与《日内瓦四公约第二附加议定书》体现的基本精神相一致，应视为对《日内瓦四公约第二附加议定书》的间接适用。虽然我国已加入《日内瓦四公约第二附加议定书》，但欲使之在国内产生效力并得以实施，还需要经过适用的过程。国际法在国内适用的方法有多种，大体上可以概括为直接适用和间接适用两类。与世界上绝大多数国家一样，我国对国际法的国内适用既有直接适用，也有间接适用。《反分裂国家法》第九条不仅与《日内瓦四公约第二附加议定书》在保护平民的基本精神上趋于一致，而且可以涵括后者设定的保护平民的多数措施，因而可以视为对后者的间接适用的一部分。

另一方面，《日内瓦四公约第二附加议定书》在一定条件下可以成为国家解释和适用《反分裂国家法》第九条的规范参照。《日内瓦四公约第二附加议定书》作为国际武装冲突法的一部分，只能为非国际性武装冲突中的平民设定最基本的、十分有限的制度性保障，而《反分裂国家法》第九条立基于一个中国原则和人道主义精神，坚持将台湾同胞作为中国人民的一部分，赋予了他们更为全面、更为有力的权利保障，并进而惠及在台湾的外国人。从此意义上看，第九条的保护力度较之于《日内瓦四公约第二附加议定书》而言更强，更加能够体现国家尊重和保障人权的基本立场。但是，相对于《日内瓦四公约第二附加议定书》较为详细的规定而言，《反分裂国家法》第九条的规定略显抽象。因此，在未来该条进入法

---

① 参见谢丹、胡志鹏：《武装冲突法与相关概念辨析》，《西安政治学院学报》，2014年第6期。

律适用程序时，难免出现解释和适用的标准模糊问题。由于我国已加入
《日内瓦四公约第二附加议定书》，且《反分裂国家法》第九条所体现的人
权保障精神与该议定书相一致，因此，在未来解释和适用第九条时，可以
在一定条件下，将议定书的部分内容作为规范参照。由此，国家在采取非
和平方式及其他必要措施时，亦可最大程度体现出尊重国际条约的诚意，
以利于国家在反对外部势力干涉台湾问题时，完善以法律规范为核心的话
语表达体系。

四、结语

《反分裂国家法》第八条与第九条共同构成"采取非和平方式及其他
必要措施"展开反分裂国家斗争的法规范依据，这两个法律条文不仅对国
家采取措施展开反分裂国家斗争提供了明确的授权依据，也在客观上为国
家机关实施上述措施划定了法律边界。《反分裂国家法》第九条不仅在一
定程度上强化了第八条实施的法理正当性，更通过引入权利保障性规范，
为国家在采取非和平方式及其他必要措施解决台湾问题的过程中，有效安
定台湾民心、分化瓦解"台独"分裂势力、遏制外部势力干涉等奠定了规
范基础。本文尝试以规范分析的研究方法，对《反分裂国家法》第九条的
规范构造展开初步探索，这种探索既是通过对《反分裂国家法》规范内涵
解释和体系化的方式，完善我国反分裂国家斗争法律机制的必然需要，也
是通过法规范研究，强化《反分裂国家法》"法属性"的必然需要。当然，
作为一部具有高度政治性的法律规范，对《反分裂国家法》适用问题的研
究仍有待进一步展开，关于《反分裂国家法》的适用基础、《反分裂国家
法》在不同时空环境下的使用方式等问题，作者将另文详述。

采取非和平方式及其他必要措施解决
台湾问题时需考虑的九个法律问题[*]

"**第八条** '台独'分裂势力以任何名义、任何方式造成台湾从中国分裂出去的事实，或者发生将会导致台湾从中国分裂出去的重大事变，或者和平统一的可能性完全丧失，国家得采取非和平方式及其他必要措施，捍卫国家主权和领土完整。

依照前款规定采取非和平方式及其他必要措施，由国务院、中央军事委员会决定和组织实施，并及时向全国人民代表大会常务委员会报告。

第九条 依照本法规定采取非和平方式及其他必要措施并组织实施时，国家尽最大可能保护台湾平民和在台湾的外国人的生命财产安全和其他正当权益，减少损失；同时，国家依法保护台湾同胞在中国其他地区的权利和利益。"

——《反分裂国家法》（2005 年）

"和平统一、一国两制"是国家解决台湾问题的基本方针，实现国家和平统一，无疑是包括台湾同胞在内的全体中华儿女的共同心愿。然而，坚持"和平统一"并不意味着对"台独"分裂分子及其分裂行为的一味姑息纵容，一旦其相关行为触及《反分裂国家法》所设定的红线，国家同样有权依法采取非和平方式及其他必要措施展开反分裂国家斗争，实现国家

---

* 本文由祝捷、段磊合作撰写，原载《中国评论》2018 年第 8 期。

完全统一。① 尽管"台湾问题是政治问题，更是法律问题"② 这一观点已被理论界与实务界广为接受，但受到"战时无法治"等观念的影响，不少人在"和平—非和平"的二分法之下，片面认为法律对台湾问题的作用仅限于和平条件之下，若国家采取非和平方式及其他必要措施展开反分裂国家斗争，则法律将失去用武之地。基于对这一偏颇观点的批判，我们以《反分裂国家法》第八、九条的规范逻辑与采取非和平方式展开反分裂国家斗争的时间逻辑，提出采取非和平方式及其他必要措施解决台湾问题时所需考虑的九个法律问题，以期助益于广大学界同仁对法律与这一问题之间的关系展开进一步思考。

问题之一：如何界定"非和平方式及其他必要措施"的规范内涵？

"非和平方式及其他必要措施"是《反分裂国家法》第八条和第九条的"主题词"，构成遏制分裂国家行为的坚强后盾与最终底线。然而，从学理上看，对"非和平方式及其他必要措施"规范内涵的界定仍有待进一步厘清。一方面，从法规范分析的角度而言，《反分裂国家法》所规定的"非和平方式"有哪些具体形式，是否完全等同于"武力"或国际法上所使用的"战争"概念，还有哪些直接武力投送之外的非和平方式可以用于遏制分裂国家等问题，构成对这一规范内涵界定的重要面向。另一方面，"其他必要措施"是《反分裂国家法》第八条和第九条规定的重要法律用语。一般认为"非和平方式及其他必要措施"应属表达同一意涵的短语，应被理解为单纯的以"武力"解决台湾问题。然而，依照文义解释，"非和平方式及其他必要措施"构成一个主从结构，其中"非和平方式"是主，"其他必要措施"是从。从连接词"及"字的使用可以发现，"其他必要措施"在本质上是对"非和平方式"的重要补充。因此，我们认为，"其他必要措施"是指与"非和平方式"紧密联结，但在具体表现形式上与非和平方式有所区别的措施，包括但并不仅限于停止两岸交往、开展经

---

① 周叶中：《论反分裂国家法律机制的问题意识与完善方向》，《法学评论》2018 年第 1 期。
② 周叶中：《台湾问题的宪法学思考》，《法学》2007 年第 4 期。

济斗争、惩戒或宣示惩戒（公诉、通缉等）主要"台独"分子和团体、开展舆论攻势、封锁台湾地区国际空间等。因此，通过一定方式厘清《反分裂国家法》对于"非和平方式及其他必要措施"的规范内涵，对于这一条款的有效实施具有重要意义。

问题之二：如何界定国家采取非和平方式及其他必要措施解决台湾问题的启动条件已经具备？

根据《反分裂国家法》第八条第一款之规定，采取非和平方式及其他必要措施的启动条件包括三项：一是"'台独'分裂势力以任何名义、任何方式造成台湾从中国分裂出去的事实"，二是"发生将会导致台湾从中国分裂出去的重大事变"，三是"和平统一的可能性完全丧失"。那么，从法规范角度讲，何种情形属"台独"分裂势力造成台湾从中国分裂出去的事实，何种情形属台湾从中国分裂出去的重大事变，如何判断和平统一的可能性完全丧失，均有待国家在适用此条规定时进一步予以解释、厘清。此问题在一定程度上与"台独"概念的标定存在重要关联。长期以来，学界对"台独"概念的界定与认知存在一定程度的混乱，早期有不少人将"台独"狭义地理解为台湾当局以特定方式宣告"台湾独立"的政治事实，忽略其他形式的"台独"分裂活动，而晚近则又有更多人将"台独"概念标定的过于宽泛，将台湾民众因其生活的特殊政治环境下形成的特殊政治话语、政治情感、政治思维，甚至是台湾同胞爱乡爱土的台湾意识，一概视为"台独"思想和行为。[①] 显然，上述两种对"台独"的认知和界定都是偏颇的，亦无法与《反分裂国家法》第八条实现有效的规范对接。尽管有不少学者认为，过于清晰的界定《反分裂国家法》第八条所列的三种情形可能不利于国家根据两岸关系形势掌握对台工作的主动权，但我们认为，《反分裂国家法》第八条第一款是国家启动涉台关键性措施的逻辑前提，作为一项具有法律效力的规范条款，法学学者，特别是宪法学者应当

---

① 段磊：《"法理台独"的理论意涵与实践样态》，《全国台湾研究会 2018 年学术年会论文集》（待出版，2018 年 6 月 12 日）。

对这一条款的规范内涵作出合乎法教义学的解释。

问题之三：国家采取非和平方式及其他必要措施解决台湾问题时各国家机关的分工与程序性规定是否明确？

作为一部宪法性法律，《反分裂国家法》是对宪法原则的具体化。① 这部法律不仅彰显出国家对待"台独"分裂势力及其分裂活动的基本立场，更在此背景下赋予了有关国家机关在反分裂国家斗争中的职责职权，并且为这种职权的行使设定了法定的程序准则。根据《反分裂国家法》之规定，国务院、中央军事委员会决定和组织实施，并及时向全国人民代表大会常务委员会报告。这一条款界定了国务院、中央军事委员会和全国人大常委会在反分裂国家斗争中的具体权力定位问题，同时，也设定了采取非和平方式及其他必要措施展开反分裂国家斗争的"决定和组织实施"主体和接受"报告"的主体，然而，从法释义学角度来看，这一规定显然过于模糊，操作性不足，亦存在许多值得研究的学理问题。如本条与我国现行《宪法》第六十二条第十五项规定的全国人大具有的"决定战争与和平的问题"的职权体现为何种逻辑关系？本条与我国现行《宪法》第八十九条第十六项规定的国务院有权"依照法律规定决定省、自治区、直辖市的范围内部分地区进入紧急状态"之间具有何种逻辑关系？在"决定组织实施"非和平方式及其他必要措施中，中央军委和国务院之间是否应存在一定的职能划分？决定组织实施非和平方式及其他必要措施过程中，向全国人大常委会报备应当履行何种法定程序具有何种宪法意义？决定组织实施非和平方式及其他必要措施过程中应当遵循何种法定程序？我们认为，作为一项事关中华民族伟大复兴的重大事项，采取非和平方式及其他必要措施展开反分裂国家斗争的过程，理应遵循"重大活动于法有据"的基本原则展开活动。因此，在特定条件下，各个国家机关的职能分工问题和相关措施的实施程序问题，无疑需要从理论层面，尤其是宪法学层面予以

---

① 参见周叶中、祝捷主编：《构建两岸关系和平发展框架的法律机制》，九州出版社 2013 年版，第 23 页。

回应。

问题之四：国家采取非和平方式及其他必要措施解决台湾问题的过程中如何依法遏制外部势力干涉，占据国际道义制高点？

台湾问题的产生，在一定程度上是外部势力非法干涉的结果。由于两岸在硬实力上存在巨大差距，国家在采取非和平方式及其他必要措施解决台湾问题时，遏制外国势力以武力或非武力方式进行非法干涉，在一定意义上成为问题的关键。然而，如何遏制外国势力干涉，在本质上属政治、军事和外交问题，并非单纯的法律问题，但这并不意味着法律在此过程中不能发挥其应有作用。"法律战"（legal warfare）的概念近年来已成为军事法学研究的热点话题之一，如何在反对外部势力干涉台湾问题的过程中，在打赢军事战、心理战的同时，打赢"法律战"成为法律人必须积极回应的重要问题。在采取非和平方式及其他必要措施解决台湾问题时，展开"法律战"策略的重点在于如何依照国际法和相关国家的国内法，形成对外国势力干预的可能法律借口的应对策略，进而完成回应和反制外国势力干涉、争取国际支持和道义制高点的对策安排体系。从当前以美国为代表的西方国家对他国内政的干涉情况来看，其干涉理据体现出极强的"价值性"特征，"民主""人权""正义"等概念，成为其干涉他国内政时最乐于寻找的借口。以北约轰炸南斯拉夫联盟事件为例，以美国为首的北约就是将南联盟内部科索沃地区阿尔巴尼亚族和塞尔维亚族之间的民族矛盾和冲突包装为一场"人道主义危机"，并以"保障人权"为名对南联盟内政展开武装干涉。在美国据以处理台湾问题的基本法律《与台湾关系法》中，其对台湾问题的基本立场也以诸如"维护西太平洋和平、安全、稳定""美国对人权的关系，特别是对大约1800万全体台湾居民的人权的关心""维护并促进全体台湾人民的人权是美国的目标"等条文彰显其未来可能干涉台湾问题时采取的价值性理据。因此，能否在采取非和平方式及其他必要措施解决台湾问题的过程中，以既符合我国对台湾地区主权这一基本前提，又充分体现出一定价值性特征的话语表达国家采取非和平方式解决台湾问题的必要性和正当性，应成为法学学者着重研究的论题之一。

问题之五：如何在国家采取非和平方式及其他必要措施解决台湾问题的过程中依法保障台湾平民和在台外国人合法利益？

《反分裂国家法》第九条明确规定了国家在采取非和平方式及其他必要措施解决台湾问题过程中保障台湾平民和在台外国人合法权益，这既表明了国家在反分裂国家斗争中明确坚持人道主义原则，将非和平条件下台湾方面武装人员和平民区分开来，将少数"台独"分裂分子和绝大多数台湾普通民众区分开来的基本立场，也表明了国家在特定情况下对台湾地区人权保障的重视与关注。近年来，随着非国际性武装冲突（内战）成为常态，国际人道法的适用范围也随之从国际性武装冲突扩展到非国际性武装冲突，这就要求世界各国在包括内战在内的各类武装冲突中，均遵循国际人道法的要求，充分保障冲突中平民的基本人权。[1] 同时，与外部势力干涉台湾问题的理据分析来看，能否在战时保障好台湾平民和在台外国人的合法权益，亦构成我反对外部势力干涉活动的重要事实依据。因此，能否通过一系列有效措施贯彻实施好《反分裂国家法》第九条的权利保障条款，对于我们在采取非和平方式解决台湾问题过程中进一步争取台湾民心，减少实现国家统一之后治理台湾地区的障碍，获取更多国际社会支持，慑止外部势力以"人道主义"为由对我相关行动展开的非法干涉活动均具有重大现实意义。然而，在贯彻落实《反分裂国家法》第九条规定的过程中，仍有若干法律问题有待解决。如在紧急状态下如何界定台湾平民和在台外国人"合法权益"的规范内涵？哪些国际人道法中的人道主义规则可适用于内战条件下的台海冲突？如何在特定情况下区分"武装人员"与"台湾平民"？上述问题都有待学者从宪法学、国际法学等学科的基本理论出发作出回应。

---

[1] 参见马新民：《变革中的国际人道法：发展与新议程——纪念〈日内瓦公约〉1977 年〈附加议定书〉通过四十周年》，《国际法研究》2017 年第 4 期。

问题之六：国家采取非和平方式及其他必要措施解决台湾问题后，对台治理应采取何种治理战略，如何处理台湾地区原有政治架构？

历史上各国在解决国家统一问题之后，都会遇到诸如统一区域的治理结构问题、各区域的融合问题、部分区域的国家认同问题、统一区域的再分离思潮问题等。① 要解决这些问题，必须从战略高度考虑国家统一之后建构统一区域的治理结构问题。"和平统一、一国两制"是国家解决台湾问题的基本方针，《反分裂国家法》第五条规定，"国家和平统一后，台湾可以实行不同于大陆的制度，高度自治"，这一规定完成了对这一对台基本方针的规范确认。然而，仅以文义解释而言，这一条款显然无法涵盖"国家以非和平方式实现统一后"台湾地区的治理结构问题。那么，国家采取非和平方式及其他必要措施解决台湾问题后，在台湾地区的治理过程中是否还应继续采用"一国两制"的治理战略？若不采取传统的"一国两制"战略，那么是否应在台湾地区实行与大陆其他省份相同的治理模式？在采取非和平方式解决台湾问题之后，是否应因采取非和平方式解决台湾问题而全盘改变台湾地区施行数十年的政治架构？若仍采取与大陆相对区别的治理策略，仍贯彻"一国两制"的基本方针，那么台湾当局当前施行的所谓"修正的双首长制""五院体制""地方自治制度"等制度安排是否还应予以保留，抑或是修正后予以保留？若采取与大陆相同的治理策略，那么如何在法律层面实现对台湾地区原有政治体制的全面改造？是否应结合对台湾地区原有政治体制的调整，制定一部用于治理台湾地区的基本法律？这些问题都需要我们运用法治思维和法治方式，结合既有国家整合过程中的治理经验与台湾地区的政治实践，形成一套系统性解决方案。

问题之七：国家采取非和平方式及其他必要措施解决台湾问题后，如何对待台湾地区原有公职人员？

在采取非和平方式及其他必要措施解决台湾问题后，势必涉及对原台

---

① 周叶中：《论反分裂国家法律机制的问题意识与完善方向》，《法学评论》2018 年第 1 期。

湾当局公职人员，尤其是基层公职人员的处置问题。当前，台湾地区"军公教"人员约有 90 万人，占全岛总人口将近 4%，从其政治倾向上看，大多数"军公教"人员多对一个中国原则持肯认立场，在岛内选举中属"蓝营"基本盘。因此，在解决台湾问题后，应考虑将台湾地区原有公职人员，尤其是基层公职人员与"台独"分裂分子相区分，注意将公职人员中的政治人物和一般公务员相区分，对其中相关人员进行精准甄别和区别对待。在解放战争的历史中，中国共产党在建政过程中同样面临着因接管主要大城市而带来的旧政权公务人员处置问题。其时，为顺利接管城市，在中国共产党尚缺乏对大城市管理经验的情况下，采取了对旧政权公务人员"包下来"的基本政策，分步骤分阶段地对相关人员进行了改造和处理，保证了当时城市环境的稳定。① 我们认为，解放战争中的这段历史在国家采取非和平方式及其他必要措施解决台湾问题后，对我们处理原台湾当局公职人员具有一定的镜鉴意义。当然，如何运用法治思维和法治方式处理好原台湾地区公职人员，仍需广大法学理论和实务工作者展开进一步理论构建与学理分析。

问题之八：国家采取非和平方式及其他必要措施解决台湾问题后，如何在对台治理过程中依法惩处"台独"分裂分子？

"台独"分裂势力及其分裂活动是《反分裂国家法》规制的对象，因此，在采取非和平方式及其他必要措施解决台湾问题后，国家无疑应当依照法律规定，对"台独"分裂分子的分裂行为予以惩处。我国现行《宪法》明确规定了我国公民具有维护国家统一的义务，而《反分裂国家法》更是明确提出"维护国家主权和领土完整是包括台湾同胞在内的全中国人民的共同义务"。为贯彻落实上述规定，我国《刑法》分则第一章规定了"背叛国家罪""分裂国家罪""煽动分裂国家罪""武装叛乱、暴乱罪"等罪名，明确了上述危害国家安全和国家统一行为的刑事处罚方式。因

---

① 曹佐燕：《"胜利负担"：中共对旧政权公务人员处置政策的演变（1945—1952）》，《史林》2017 年第 2 期。

此，我们认为，在以非和平方式解决台湾问题的过程中，应当充分运用上述规范，事先形成对"台独"分裂分子的法律处置方案。然而，在这一法律处置方案的形成过程中，仍有一些法律问题有待进一步廓清。如是否应当在采取非和平方式解决台湾问题前，事先公布犯有"背叛国家罪""分裂国家罪""煽动分裂国家罪""武装叛乱、暴乱罪"等罪名的"台独"分裂分子（犯罪嫌疑人）名单抑或直接由有关机关发布通缉令？是否应当在将部分或全部"台独"分裂分子缉拿归案后，组织公开审判活动？是否有必要对部分持"台独"立场的人员予以剥夺政治权利的刑事处罚，以免其在国家统一后继续从事"台独"分裂活动，煽动台湾民心？是否有必要在解决台湾问题过程中，对起到不同作用的"台独"分裂分子进行分类处理，以降低国家实现统一的阻力？是否有必要通过我国《宪法》规定的特赦制度，依照法定程序由全国人大常委会决定、国家主席发布特赦令对曾主张"台独"分裂观点或从事"台独"分裂活动，但有明确悔过行为并为国家统一工作做出一定贡献的人士予以特赦，以争取更多台湾民心？追究"台独"分裂分子刑事责任是否应当预设一定限度，以免过于扩大打击面？这些问题都有待法学学者在展开相关研究时予以回应，并提出建设性意见。

问题之九：国家采取非和平方式及其他必要措施解决台湾问题后，在对台治理中如何依法肃清"台独"遗毒重塑台湾民众国家认同？

当前，在"台独"分子的鼓噪下，岛内民意结构出现一定程度的"偏独化"倾向，青年世代的国家认同观念发生较大变化，这对于国家统一后两岸同胞实现心灵契合提出了挑战。若国家采取非和平方式及其他必要措施展开反分裂国家斗争，则这种因"台独"思潮引发的两岸民意对立情绪有可能在一定条件下激化。因此，能否在采取非和平方式实现国家统一后，尽快消除"台独"分裂思潮长期以来对台湾民众的错误导向，转变台湾民众被误导的"国家认同"倾向，对推进两岸在经济社会等各层面的全面融合，消解两岸民众因"台独"分裂思想带来的隔阂具有重要意义。从香港回归祖国后特别行政区治理中正反两方面的经验来看，由于缺乏充分的治理经验和理论准备，国家未能尽快在香港开展"去殖民化"工作，以至于在香港回归祖国十余年后，仍产生了极端本土主义和"港独"思潮。不得不承认，在这一背景下，香港与内地的经济社会融合发展受到一定影响，香港"人心回归"仍存在相当程度的障碍。因此，从香港的经验教训来看，在展开国家采取非和平方式及其他必要措施解决台湾问题的战略谋划时，有必要将国家统一后对台治理过程中依法肃清"台独"遗毒，重塑台湾民众国家认同纳入作为一项重要问题做好理论准备。因此，我们在考虑战后台湾地区治理过程中，亦应从法律层面出发，对诸如如何运用法治方式取缔"台独"组织，消除"台独"遗毒，引导台湾民众重塑正确的国家认同观，消除因两岸长期政治对立带来的隔阂，推进两岸同胞心灵契合等问题展开论证。

结语

《反分裂国家法》是国家处理台湾问题的基本法律。多年来，学界围绕这部法律形成了不少研究成果，然而，这些研究成果之中，偏向于政治宣示的论述相对较多，而学理建构明显不足。更为重要的是，目前学界对于《反分裂国家法》第八、九条规定的国家采取非和平方式展开反分裂国家斗争的法律研究非常不足，以至于在展开研究过程中，我们只能首先归拢和凝练这一话题的问题意识，以待进一步展开更为精细化的研究。当然，采取非和平方式及其他必要措施解决台湾问题所需展开的法律准备，本身就构成一个宏大的问题群，因而上述问题仅是我们在学术研究中的一种探索和尝试，难免挂一漏万，我们真诚地期待学界同仁批评、指正。

专题二

构建两岸交往机制的法律问题研究

论"法治型"两岸关系的构建[*]

党的十八届四中全会决定指出，要"运用法治方式巩固和深化两岸关系和平发展"，这对于我们进一步推动两岸关系和平发展，促进两岸关系的治理转型具有重大而深远的意义。"法治"是两岸共同追求的价值理念，也是两岸在尚存政治分歧情况下的一种共同话语。因此我们认为，在运用法治思维和法治方式促进两岸关系和平发展过程中，构建"法治型"两岸关系和平发展新模式，从而推进祖国和平统一，是新时期实现两岸关系和平发展阶段性转变的重要环节。①

一、"法治型"两岸关系：两岸关系和平发展的新模式

"法治型"两岸关系是一种与"人治型"两岸关系相对应的两岸关系和平发展模式。"法治型"两岸关系的核心内涵在于，通过引入法治因素，使两岸关系摆脱对两岸政治人物，尤其是台湾地区领导人个人政治态度和统"独"倾向的依赖，以增强两岸关系和平发展的稳定性与可持续性。

（一）"法治型"两岸关系的提出

自 20 世纪 90 年代以来，台湾地区历经两次"政党轮替"，多党政治、

---

* 本文由周叶中、段磊合作撰写，原文载《福建师范大学学报（哲学社会科学版）》2015 年第 6 期。

① "法治型"两岸关系这一概念系本文第一作者在 2014 年 8 月 25 日参加第三届两岸和平发展法学论坛期间接中评网专访时首次提出。参见中评网：《周叶中语中评：应构建法治型的两岸关系》，资料来源：http://www.crntt.com/doc/1033/6/1/2/103361244. html? coluid = 209&kindid = 9572&docid = 103361244，最后访问：2014 年 12 月 30 日。

选举政治已逐渐成为台湾政治的主要形态，可以说，没有政党能够在台湾地区永久执政，政党轮替已呈现出常态化趋势。在 2014 年下半年举行的台湾地区地方公职人员选举（"九合一选举"）中，坚持"九二共识"和主张两岸关系和平发展的国民党遭遇重大失败，岛内政治格局发生翻转，这为 2016 年台湾地区领导人和立法机构的选举制造了更多变数。在这种时代背景下，如果主张或偏向"台独"的政党重新在台执政，"两岸关系和平发展将如何变化"已引发政界和学界的广泛关注和讨论。有学者甚至认为，如果民进党在台执政，两岸关系和平发展的步伐将停止甚至倒退。[①]我们认为，学者们之所以出现这些质疑和担忧，原因就在于两岸关系中仍然存在着"人治"的因素。

长期以来，两岸关系的发展方向往往寄托于台湾地区领导人一身，台湾地区领导人个人政治倾向和政治态度的改变，会对两岸关系造成重大影响。台湾地区领导人常常以"一人之力"破坏两岸关系大局，李登辉、陈水扁等人都曾对两岸关系造成过极其严重的负面影响。也就是说，两岸关系的发展方向往往决定于特定政治人物的言论和行为，而非一套客观的、不以个别人意志为转移的制度安排。以人治与法治的划分方式来看，当前两岸关系和平发展依然体现出较强的人治色彩。要祛除两岸关系和平发展中的"人治"因素，消除因特定政治人物政治立场变化而产生的不稳定因素，就必须引入"法治"因素，运用法治思维、法学理论和法律制度，构建一套合乎法治要求的两岸关系发展新模式。因此，我们提出必须构建"法治型"的两岸关系，基于法治的理念、精神、基本要求，构建两岸关系的制度化框架，从而达到遏制特定政治人物等个人因素对两岸关系和平发展产生负面影响的效果。

当前，两岸都已经选择法治作为社会治理所遵循的主要方式和核心价值，两岸都认同通过法律的社会治理是最佳的政治模式。因此，法治已成

---

① 参见中评网：《林文程：两岸关系或开始进入停滞期》，资料来源：http：//bj．crntt．com/doc/1035/4/8/9/103548936．html？coluid = 0&kindid = 0&docid = 103548936，最后访问日期：2014 年 12 月 30 日。

为两岸共同认同的价值形态和共同话语。如果我们在一个中国框架内认识和理解法治中国，那么这种认识和理解就自然包括依法处理两岸关系、依法规范两岸交往行为。邓小平同志曾以"使制度和法律不因领导人的改变而改变，不因领导人的看法和注意力的改变而改变"① 来界定法治的内涵，我们亦可以借用这一经典定义来界定"法治型"两岸关系的内涵：所谓"法治型"两岸关系，即是一种不因台湾地区政治局势的改变而改变，不因台湾地区领导人政治立场的改变而改变的规范化、制度化两岸关系和平发展模式。

（二）构建"法治型"两岸关系的重要意义

构建"法治型"两岸关系和平发展新模式，对于推进国家治理体系和治理能力现代化，弱化和消除两岸关系和平发展中的不确定因素，规范两岸各层次交往行为，维护和保障两岸人民基本权利有着重要意义。

第一，构建"法治型"两岸关系，是推进国家统一治理现代化的需要，对推进整个中国的国家治理现代化具有重要意义。党的十八届三中全会决定指出，全面深化改革的总目标之一是推进国家治理体系和治理能力现代化。维护和促进国家统一是中华民族的根本利益所在，只有在实现这一目标的基础上，方能真正保障国家治理体系和治理能力现代化这一目标的实现。因此，从整个中国的视角来看，国家治理体系和治理能力的现代化，自然包括国家统一治理的现代化。在现代国家，法治是国家治理的基本方式，是国家治理现代化的重要标志，国家治理法治化是国家治理现代化的必由之路。② 因此，要实现国家统一治理的现代化，就必须积极运用法治思维和法治方式深化和巩固两岸关系和平发展，依托相关法学理论成果，促进建立健全规制两岸关系的法律制度，构建"法治型"两岸关系发展新模式。

第二，构建"法治型"两岸关系，是应对两岸关系发展和台湾地区政治局势变化的需要，对于弱化和消除两岸关系和平发展中的不确定因素具

① 《邓小平文选》（第二卷），人民出版社 2002 年版，第 146 页。
② 张文显：《法治与国家治理现代化》，《中国法学》2014 年第 4 期。

有重要意义。2008年3月以来，两岸关系实现了历史性转折，两岸关系和平发展取得重大进展。在两岸关系不断向前发展的同时，一些两岸关系中长期被掩盖的矛盾和问题日益凸显，两岸关系开始迈入"深水区"，台湾地区部分民众开始对两岸关系和平发展的方式产生疑虑，2014年上半年爆发的"反服贸协议运动"即是这种疑虑的体现。与此同时，台湾地区政治局势在近期也发生重大变化，认同"九二共识"的国民党在台湾地区地方公职人员选举中遭遇重大失败，台湾地区地方政治版图发生重大变化。这些问题都是潜藏于两岸关系和平发展过程中的不稳定因素。与过分依赖于个别政治人物和政党的"人治型"两岸关系发展模式不同，"法治型"两岸关系发展模式的最大特点，即在于其内在稳定性与权威性。也就是说，可借由法治的稳定性来弱化和消除两岸关系发展过程中的不确定性，借由法治的权威性来强化和提升两岸关系和平发展在两岸同胞心中的认同感。因此，要消除两岸关系和平发展过程中潜在的不稳定因素，就必须将法治引入两岸关系发展的过程中，构建"法治型"两岸关系和平发展新模式。

第三，构建"法治型"两岸关系，是规范两岸各层次交往活动，保障两岸人民基本权利的需要，对两岸关系和平发展成果真正惠及两岸人民具有重要意义。两岸关系和平发展集中体现为两岸各层次交往的双向化、多元化和便利化。2008年以来，在两岸共同努力下，两岸人员、贸易往来层次持续升级。在众多两岸事务性协议的保障下，双方在知识产权、核电安全、金融监管、投资保护等多个领域迈出了重要的行政性合作步伐，两岸民间交往的范围与领域不断得到拓展。作为大陆和台湾以协商方式创制的两岸共同政策，两岸协议是两岸关系和平发展的法治化形式，并构成两岸关系和平发展框架法律机制的重要组成部分。① 因此，要在两岸关系持续发展的时代背景下，规范两岸各层次交往活动，保障两岸人民基本权利，就必须继续运用法治思维和法治方式，通过签署两岸协议等方式，将两岸

---

① 参见杜力夫：《两岸和平发展的法治化形式》，《福建师范大学学报（哲学社会科学版）》2011年第5期。

关系和平发展的成果予以规范化、制度化，构建"法治型"两岸关系发展新模式。

目前，两岸关系和平发展依然体现出较为强烈的"人治"色彩，因此本文只能从建构角度而非描述角度出发，对"法治型"两岸关系的应然形态进行阐述，并从两岸关系发展的现状出发，对如何实现这一应然状态加以论述。我们认为，理想中的"法治型"两岸关系，要求我们运用法治思维促进两岸关系和平发展，运用法学理论解释和阐述两岸关系和平发展的现状，为两岸关系的持续发展提供理论支持，以法律规范作为解决两岸关系发展中的问题的具体依据和两岸关系和平发展的确认方式。因此，在构建"法治型"两岸关系的过程中，法治思维构成其理念渊源与思维指引，法学理论构成其理论依托与智识支撑，（法律）规范则构成其法理依据和制度形态。下文即将因循这一划分，从三个层面分别阐释"法治型"两岸关系的构建方式。

二、法治思维：构建"法治型"两岸关系的理念渊源与思维指引

在促进两岸关系和平发展，推进祖国和平统一的过程中，要构建"法治型"两岸关系，首先应当从理念层面出发，充分运用法治思维，推动两岸关系和平发展的阶段性转型。法治思维虽然包含着丰富的理论内涵，但迄今为止学界尚未对这一概念形成共识性定义。我们认为，仅从描述性的角度来看，法治思维即是人们在社会活动中运用法律规范及其基本理论思考问题、解决问题的习惯和方式。结合两岸关系和平发展的具体情况，我们认为，在构建"法治型"两岸关系过程中，法治思维可以展开为制度思维、规范思维、程序思维和权利思维。

第一，构建"法治型"两岸关系要求我们运用制度思维，构建以（法律）规范为表现形式的制度框架，维护两岸关系和平发展的稳定性，确保两岸关系和平发展的不可逆趋势。法治思维是一种制度思维，构建和实施制度是运用法治思维解决现实问题的主要方式。正如美籍学者弗朗西斯·福山所言，"制度是规则，或是重复的行为模式，比任何掌握机构的个人，

都要获得长久"①。人们普遍认为，制度在形式上往往表现为一种规范，它表征着一种带有稳定性的社会关系及其内在社会秩序。考察两岸关系的发展历史可见，长期以来两岸关系的发展过程中，恰恰就是缺乏一套完善的以（法律）规范为表现形式的制度安排。因此，要促进两岸关系的长期稳定发展，就必须运用法治思维，强化制度建设，实现两岸关系从对个别政治人物和个别政党的依赖到对制度依赖的阶段性转变。具体来说，构建两岸关系和平发展的制度框架，应当从以下两方面入手：一方面，要进一步推进两岸各自域内涉对方事务法律制度体系的构建，完善双方依法处理对方事务的依据，使大陆和台湾在处理两岸关系时做到有法可依；另一方面，要进一步促进两岸交往机制的发展，形成以两岸民间交往为核心的"两岸内"交往机制、以两岸公权力机关交往为核心的"两岸间"交往机制和以两岸在国际社会交往为核心的"两岸外"交往机制②。唯有如此，才能实现两岸关系和平发展的制度化规制，推动两岸关系实现从"人治型"到"法治型"的转变。

第二，构建"法治型"两岸关系要求我们运用规范思维，以（法律）规范替代政治话语，作为处理两岸关系中现实问题的主要依据。法治思维要求我们在处理问题时，以具有理性和逻辑性的（法律）规范为解决问题的依据。这种以规范为解决问题依据的思维方式即规范思维。长期以来，我们都将台湾问题视为政治问题，认为法律对这一问题的规制只是政治话语的载体，法律只是运用于解决这一政治问题的斗争工具。尽管这一观点在一定程度上揭示了法律在解决台湾问题过程中的地位与作用，但却存在一定的片面性。我们认为，当国家运用于解决台湾问题的政策，经过法定程序体现于法律规范之后，传统的政治思维即应让位于法治思维，将法律规范作为解决两岸关系实践中具体问题的依据。在实践中，由于规范思维的缺失，大陆方面在两岸关系遭遇困难时，往往只能以政策话语而非法律

① ［美］弗朗西斯·福山：《政治秩序的起源：从人类时代到法国大革命》，毛俊杰译，广西师范大学出版社 2012 年版，第 442 页。
② 参见祝捷、周叶中：《论海峡两岸大交往机制的构建》，黄卫平主编：《当代中国政治研究报告》（第十辑），社会科学文献出版社 2013 年版。

话语对台湾方面的行为发表意见，如 2014 年 4 月 16 日，国台办发言人范丽青在就台湾发生的"服贸协议争议"答记者问时指出，"服务贸易协议是一个已经签署的协议，也是两会受权签署的协议……两会受权协商和所达成协议的权威性应该得到维护"①。这一回答体现出了大陆方面这种惯于以政治话语代替法律话语解释两岸关系和平发展中出现的具体问题的思维方式。在全面推进法治中国建设的今天，我们应当充分重视应用规范思维，逐步以（法律）规范替代单纯的政治话语，推动两岸关系实现从"人治型"到"法治型"的转变。

第三，构建"法治型"两岸关系要求我们运用程序思维，实现以阶段化方式解决两岸关系和平发展和两岸统一中的相关难题。法治思维在强调制度的实体正当性的同时，亦强调程序的正当性。在社会演变过程中，复杂的价值问题可以借助于程序加以化解，实体规范也可以通过公正的程序来形成。② 在两岸关系中存在着诸多诸如两岸政治关系定位、两岸政治互信、"一国两制"在台湾的具体实现形式等政治难题。而要在短期内以"毕其功于一役"的方式，化解这些存在于两岸政治对立的历史背景下的复杂难题实属困难。就两岸关系而言，运用程序思维可以将两岸关系和平发展和两岸复归统一过程中出现的种种复杂难题加以化解。通过环环相扣的正当程序，以阶段化解决的方式将这些难题予以分解，从而降低这些问题的敏感性，逐步推进两岸共识的累积，进而实现强化两岸政治互信，消除两岸政治对立的目的。因此，要促进两岸关系实现从易到难、由浅入深的发展，就必须运用程序思维，有步骤、分阶段地解决两岸关系和平发展中的难题，推动两岸关系实现从"人治型"到"法治型"的转变。

第四，构建"法治型"两岸关系要求我们运用权利思维，将两岸关系发展的目标落实到每一个个体，以两岸民众权利的实现和拓展作为衡量两岸关系和平发展成效的标准。法治思维不仅关注作为客观存在的制度、程

① 参见《国台办新闻发布会辑录（2014 – 04 – 16）》，资料来源：http：//www. gwytb. gov. cn/xwfbh/201404/t20140416 _6026239. htm，最后访问日期：2014 年 12 月 20 日。
② 季卫东：《法律程序的意义——对中国法制建设的另一种思考》，《中国社会科学》1993 年第 1 期。

序与规范，还体现出强烈的人文关怀。可以说，法治始终是以个体的人的人性和需求为标准和动力，以真实的具体的人的日常生活世界为诞生之地，并以现实的人的具体的生活场景为存在和发展的地域与时空维度的。[①]作为法治人文关怀的外在表征，保障人权成为法的终极价值之所在。长期以来，人们在探讨两岸关系时，往往侧重于对作为抽象意义的"两岸"的考察，重视作为整体的大陆与台湾之间的关系，却忽视了对两岸关系和平发展中的真正主体——人的关注。要使两岸民众，尤其是台湾同胞真正关心、肯定和支持两岸关系和平发展，增强他们对祖国统一的认同，就必须在两岸关系和平发展中，切实保障两岸民众的基本权利，使两岸民众在进行跨区域交往时，其基本权利能够得到有效保障。因此，要使两岸关系和平发展真正成为两岸民意支持和驱动下不可逆转的历史潮流，就应当运用权利思维，以两岸民众权利的实现和拓展作为衡量两岸关系和平发展成效的标准，使两岸关系和平发展能够立基于两岸最广大人民的根本利益之上，推动两岸关系实现从"人治型"到"法治型"的转变。

三、法学理论：构建"法治型"两岸关系的理论依托与智识支撑

法律是社会关系的调整器，法律机制能够将纷繁复杂的社会问题转变为法律机制内的权利义务问题，进而通过调整权利义务来实现对社会的控制。[②]将政治问题转化为法律问题，已经成为人类政治文明发展的标志性成果。在推动两岸关系研究方面，法学理论应该、也能够发挥其应有的作用。我们认为，要构建"法治型"两岸关系，积极运用法治思维和法治方法处理两岸关系和平发展实践中出现的各种问题，就必须运用宪法学、民商法学、国际法学、刑法学、诉讼法学等多种法学理论，解决若干制约两岸关系发展的重大现实问题，为"法治型"两岸关系的发展，提供充分的智识资源和理论支撑。

第一，构建"法治型"两岸关系要求我们运用宪法学理论解决两岸政

---

① 姚建宗：《法治的人文关怀》，《华东政法学院学报》2000 年第 3 期。
② 周叶中：《论构建两岸关系和平发展框架的法律机制》，《法学评论》2008 年第 3 期。

治关系定位问题，消解两岸因"承认争议"引发的政治层面的交往障碍。两岸政治关系定位问题是影响两岸关系全局发展的重大问题，也是解决两岸关系中各项政治难题的基础和前提。党的十八大报告指出，两岸可以探讨国家尚未统一特殊情况下的两岸政治关系，作出合情合理安排。考察大陆和台湾在两岸政治定位问题上的分歧，双方争议的焦点实际上集中于围绕"主权"和"国家"等关键问题而产生的"承认争议"。① 从学理角度看，与两岸政治定位有关的"主权""治权""公权力"等概念，都与宪法有关，因而在解决两岸政治关系定位问题时，可以积极挖掘和运用宪法资源，使两岸政治关系定位能通过合乎宪法原理的方式获致解决。② 因此，在构建"法治型"两岸关系过程中，应当借助宪法学中既有的主权理论、治权理论、国家结构形式理论、人民基本权利理论、公权力机关构成理论等多种较为成熟的理论，为消解两岸因"承认争议"而产生的政治层面的交往障碍提供理论支持。

第二，构建"法治型"两岸关系要求我们借鉴国际私法学理论解决两岸民商事法律适用和冲突协调问题，消解两岸因民商事法律差异而引起的法律适用障碍。目前，两岸仍处于政治对立状态，两岸各自制定的法律均在事实上无法适用于对方区域。这样，在不考虑法律体系正当性的前提下，大陆和台湾事实上存在着两套平行的法律体系，即两岸分属两个不同法域。对大陆和台湾分属两个不同法域的认识，并不影响大陆和台湾同属一个中国的事实，这一点已为两岸学界和实务界所公认。③ 在两岸分属不同法域的情况下，两岸的法制冲突和协调问题，成为双方交往过程中的一个重要问题。与这一问题相关的"准据法""识别""反致""法律规避"等问题都是国际私法学中重要的学术概念。在构建"法治型"两岸关系过程中，我们可以借鉴国际私法学中的区际私法冲突理论，建构两岸间的区

---

① 承认争议，即大陆和台湾是否承认对方根本法以及依据该根本法所建立的公权力机关上的争议。参见祝捷：《两岸关系定位与国际空间——台湾地区参与国际活动问题研究》，九州出版社 2013 年版，第 13—14 页。

② 周叶中、祝捷：《论宪法资源在两岸政治关系定位中的运用》，《法商研究》2013 年第 5 期。

③ 参见韩德培主编：《国际私法新论》，武汉大学出版社 1997 年版，第 447 页。

际法律冲突协调机制，为消解两岸因民商事法律差异而引起的民间交往中的法律适用障碍提供理论支持。

第三，构建"法治型"两岸关系要求我们运用刑法学和诉讼法学理论解决两岸跨区域犯罪和司法互助问题，消解两岸因司法制度差异引起的合作障碍。在两岸分属两个平行法域的情况下，两岸间的跨法域犯罪和司法互助问题，成为两岸关系和平发展中的一个重要现实问题。尽管两岸已于2009年签署《海峡两岸共同打击犯罪和司法互助协议》，但由于种种原因，这一协议仍存在一定的缺憾。[①] 与此同时，两岸间跨境犯罪形势依然严峻，两岸对跨法域司法互助的需求亦随之不断提升。刑法学和诉讼法学理论中的许多重要原理，对于解决两岸共同打击犯罪和司法互助问题有着重要意义。因此，在构建"法治型"两岸关系的过程中，应当借助刑法学和诉讼法学理论，进一步完善两岸共同打击犯罪和司法互助机制，为消解两岸因司法制度差异而引起的合作障碍提供理论支持。

第四，构建"法治型"两岸关系要求我们运用民商法学、经济法学和国际经济法学理论解决两岸经贸往来中出现的法律问题，消解两岸因经济制度差别引起的合作障碍。2008年以来，尤其是2010年两岸签署《海峡两岸经济合作框架协议》（ECFA）以来，两岸在金融合作、投资贸易合作、知识产权合作、海关通关合作等多个方面取得积极进展，两岸经济合作取得丰厚成果。[②] 然而，随着两岸经贸关系的不断提升，两岸经贸往来过程中亦出现许多相关法律问题，如不及时解决这些问题，将为两岸经济合作的进一步发展造成诸多障碍。民商法学、经济法学和国际经济法学理论中的许多重要法学原理，对于解决两岸经济合作中的法律问题有着重要意义。因此，在构建"法治型"两岸关系过程中，应当借助民商法学、经济法学和国际经济法学理论，进一步完善两岸经贸合作法律机制，为消解两岸因经济法律制度差异而引起的合作障碍提供理论支持。

[①] 参见赵秉志、黄晓亮：《论中国区际刑事司法合作机制的构建——以〈海峡两岸共同打击犯罪与司法互助协议〉为切入点》，《江海学刊》2011年第2期。

[②] 参见武汉大学两岸及港澳法制研究中心编：《海峡两岸协议蓝皮书（2008—2014）》，九州出版社2014年版，第122页以下。

第五，构建"法治型"两岸关系要求我们借鉴国际公法学理论解决台湾地区有序参与国际社会活动、两岸共同维护中华民族整体利益等问题，消解两岸因"主权"争议引起的在国际社会交往中的法律障碍。尽管台湾并非主权国家，两岸关系也绝非国际关系，但台湾地区以各种名义业已参与国际社会中的一些活动，亦在事实上对维护中华民族整体利益产生着不可忽视的影响。大陆方面亦在不同场合肯定了台湾地区可以以适当名义参与国际活动，两岸应当共同维护中华民族整体和根本利益的观点。① 然而，因两岸在"主权"问题上存在较大分歧，因此两岸迄今为止都未能就上述问题形成共识，更未能就上述问题展开务实合作。从学理角度看，与台湾地区参与国际社会活动、两岸共同维护中华民族整体利益相关的许多重要概念，都属于国际公法学理论的核心论域，涉及国际组织法学、国际海洋法学、条约法学等多个国际公法学的分支学科。因此，在构建"法治型"两岸关系过程中，应当借鉴国际公法学中既有的相关理论，为消解两岸在国际社会交往中产生的制度障碍提供理论支持。

四、（法律）规范：构建"法治型"两岸关系的法理依据与制度形态

自"两岸关系和平发展框架"的战略构想提出以来，经过多年的研究和探讨，学界已经在运用法治思维建构和维护"两岸关系和平发展框架"方面形成一定程度的共识。但是，这种宏观层面的共识尚不足以解决两岸关系和平发展过程中的许多细节性问题。我们认为，"两岸关系和平发展框架"不仅仅是一个存在于政治话语之中的概念，也是一个存在于两岸各自或共同制定的规范性文件之中的概念。因此，（法律）规范和（法律）制度构成依法保障两岸关系和平发展最重要的法理依据，也构成"法治型"两岸关系的制度形态。目前，两岸关系和平发展的法治化形式，包括两岸涉对方事务立法和两岸协议两种表现形态，其中前者由两岸各自制

---

① 参见胡锦涛：《携手推动两岸关系和平发展　同心实现中华民族伟大复兴——在纪念〈告台湾同胞书〉发表 30 周年座谈会上的讲话》；参见《国台办：两岸应该共同维护中华民族整体和根本利益》，资料来源：http://www.china.com.cn/news/2014－01/15/content_31195608.htm，最后访问日期：2014 年 12 月 30 日。

定，在两岸各自领域内生效和实施，后者由两岸以协商方式共同制定，在两岸范围内生效和实施，二者共同构成完整的"两岸法制"①。

两岸涉对方事务立法是指海峡两岸的大陆和台湾在各自领域内制定的，调整涉及对方事务问题的规范性文件的总称，亦即是大陆涉台立法和台湾涉陆立法的总称。目前，大陆方面对两岸事务的规定，主要体现在我国现行《宪法》（以下简称"1982 年宪法"）、《反分裂国家法》、其他部门法（含地方性法规、行政规章等）以及最高人民法院制定的司法解释②等法律规范之中。台湾方面对两岸事务的规定，主要体现在台湾地区现行"宪法""台湾地区人民和大陆地区人民关系条例"（以下简称"两岸人民关系条例"）、"部门法"以及多件"大法官解释"等规范性文件中。总体而言，尽管两岸涉对方事务的立法重点和立法模式存在一定程度的差别，但两岸目前均已初步形成各自涉对方事务的立法体系。尽管两岸涉对方事务立法，本质上仍然是两岸各自域内的法律，其体现的也并非两岸共识，但这些法律规范却构成两岸关系法治化的基础，对两岸交往和两岸关系和平发展框架法律机制的构建，起着不可替代的基础性作用。当然，由于两岸涉对方事务立法属两岸各自域内立法，双方在各自立法过程中缺乏沟通与协调，因而两岸涉对方事务立法虽均以两岸事务为调整对象，却彼此之间存在着不协调现象。同时，尽管近年来两岸关系和平发展取得重大进展，但两岸涉对方事务立法体系却很少随之调整和修改，因而表现出较为严重的滞后性。

两岸协议是指两岸间经大陆的海峡两岸关系协会（简称"海协会"）和台湾地区的财团法人海峡两岸交流基金会（简称"海基会"）平等协商、签署的对两岸均有一定约束力的协议。③ 自 2008 年 6 月两岸两会实现复谈以来，大陆和台湾共签署 21 项事务性协议，这些协议的调整范围涉及两岸

① "两岸法制"系对调整和规范大陆和台湾在两岸关系和平发展中各类行为的规范和制度的总称。参见祝捷：《论两岸法制的构建》，《学习与探索》2013 年第 7 期。
② 在我国，尽管最高人民法院制定的司法解释并不属于正式的法律渊源，但基于司法解释在涉台工作实践中发挥的重要作用，因而笔者仍将其列入大陆涉台工作法律体系之中。
③ 周叶中、段磊：《论两岸协议的法理定位》，《江汉论坛》2014 年第 8 期。

交通运输、经济合作、社会合作等多个领域，对构建两岸关系和平发展起到了重要推动作用。与两岸涉对方事务立法不同，两岸协议是一种具有软法特征的两岸共同政策，它需要两岸按照各自规定予以实施，或通过双方一致的政策取向予以实施，或通过对各自域内法律进行废、改、立予以实施。① 在实践中，两岸协议构成两岸关系和平发展框架法律机制的重要组成部分。在形成和表达两岸共识，引导和规范两岸在具体事务性问题的合作上起到了重要作用。当然，从现有两岸协议来看，各项协议之间主题较为分散，协议之间缺少相应的联系，虽然部分协议之间呈现出一定的关联性，但总体而言其体系化程度不高。同时，两岸两会事务性商谈依然体现出较为浓厚的秘密政治和精英政治色彩，两岸普通民众无从知晓两岸协议商谈的过程，更无从参与协议的制定并表达自己的意见，这使得两岸协议的民意正当性基础面临着一定考验。

构建"法治型"两岸关系需要以两岸关系和平发展的法治化形式——两岸法制为其制度工具。可以说，构建和完善两岸法制的过程，同时也是构建"法治型"两岸关系的过程。通过上文对两岸涉对方事务立法和两岸协议现状及纰漏的分析，我们认为，应当从以下几方面入手，尽快完善作为"法治型"两岸关系制度形态的两岸法制：

第一，结合两岸关系和平发展的新形势，制定和修改相应的涉对方事务立法。大陆方面应当尽快制定一部符合两岸关系和平发展实际的《两岸关系和平发展促进法》，同时结合两岸关系发展实际和两岸协议的相关规定，适时修改部分与两岸关系发展阶段性特征相冲突的法律规范，形成内部协调一致的对台工作法律体系。台湾方面应当尽快完成其"两岸协议监督条例"等规范的制定，完成对"两岸人民关系条例"等规范的修正，消除两岸协议在台湾地区生效和实施的法律障碍，切实保障两岸共识在台湾地区的贯彻实施。同时，两岸还应共同促进对方居民在己方领域内权利保障机制的发展，贯彻"同等对待"的基本原则，使两岸居民在对方领域内能够享受到其应有的基本权利。

---

① 参见周叶中、段磊：《论两岸协议的法理定位》，《江汉论坛》2014 年第 8 期。

第二，尽快签署基础性两岸协议，强化两岸协议的造法功能，明确两岸协议与两岸各自法律体系之间的关系，促进两岸协议的体系化建设，为构建"两岸法"体系奠定基础。当前两岸协议的体系化程度距离一个法域内的完整法律体系仍有较大差距。这种差距集中体现在两岸协议缺乏一个在协议体系中起基础性作用的协议。① 因此，要使两岸协议成为一个完善的体系，在完善两岸关系和平发展框架的法律机制中发挥更大的造法功能，就应及时制定合乎两岸共同需求的基础性协议，为整个两岸协议提供效力来源，并对两岸协议的程序性问题加以规范。如此一来，基础性协议统率下的体系化的两岸协议，将为两岸关系和平发展提供坚实的规范依据，也为构建"两岸法"体系奠定基础。

第三，积极构建两岸法制框架下的两岸民意整合机制，将"公民参与"理念引入两岸事务，强化两岸法制的民意正当性基础，从而使两岸关系和平发展真正惠及两岸民众。目前，两岸法制的构建方式体现出较为强烈的"精英政治"和"秘密政治"色彩，由于缺乏直接参与，两岸民众正逐渐沦为两岸关系和平发展的"旁观者"。长此以往，两岸法制的民意正当性基础将面临严峻考验。2014 年上半年台湾地区发生的"反对服贸协议运动"，即是两岸协议民意正当性危机的一次集中体现。因此，要使两岸法制（尤其是两岸协议）真实体现两岸民众的意愿，使两岸关系和平发展真正惠及两岸普通民众，就必须引入公民参与机制，构建两岸事务性协商机制中的民意征询机制，允许和鼓励两岸民众和利益相关群体直接了解和参与两岸谈判，并对谈判结果发表意见，从而达到强化两岸法制民意正当性基础的作用。

五、结语

当前，两岸关系和平发展已进入"深水区"，两岸关系能否持续取得新的进展正面临着重大考验。在这一历史背景下，我们提出构建"法治型"两岸关系，实现两岸关系和平发展的阶段性转变，正是为了通过运用

---

① 周叶中、段磊：《论两岸协议的接受》，《法学评论》2014 年第 4 期。

法治思维和法治方式，不断巩固、深化和维护两岸关系和平发展的成果，努力推动两岸关系不断向前发展。为此，我们应当充分认识到，构建"法治型"两岸关系，关键在于认清台湾问题的法律属性，坚持以法治思维促进两岸关系和平发展，依托法学理论，积极完善和发展两岸法制，将"依法治台"融入法治中国建设的大潮，使两岸关系和平发展在法治光辉的普照下，取得更大的成就。

关于两岸交往法治经验的几点思考*

2008 年 3 月以后的一段时间里，在两岸的共同努力下，开创了六十多年来的最好时期，两岸在各层次的交往合作均迈上新台阶。在这一过程中，法治作为两岸共同认可的价值理念，对维护两岸关系和平发展良好局面，构建两岸关系和平发展制度框架产生了重要影响。在当前两岸关系处于新的重要历史节点时，总结和归纳两岸交往的法治经验，具有极为重要的意义。围绕"两岸交往的法治经验"这一话题，我谈三点思考：一是分析当前条件下总结两岸交往法治经验的重要意义；二是分析两岸交往法治经验的理论内涵；三是提出当前坚持和贯彻两岸交往法治经验的实践路径。

一、总结两岸交往法治经验的重要意义

两岸恢复交往以来，尤其是 2008 年以来，两岸交往和两岸关系和平发展的实践，都表现出突出的制度化和法治化色彩。因此，两岸关系和平发展和两岸各层次交往不断深入的过程，也是两岸关系的制度化过程。2008年到 2016 年，学界围绕两岸关系和平发展、两岸交往的制度化等问题形成不少研究成果，一时间"构建两岸关系和平发展制度框架"成为涉台学界的热门议题之一。然而，自 2016 年民进党重新在台执政后，这一议题的热度逐渐下降，有人甚至认为，在台湾当局不承认"九二共识"政治基础的

---

* 本文由周叶中撰写，系作者在参加第七届两岸关系和平发展法学论坛暨两岸法学交流合作 30 周年纪念研讨会上的主旨发言稿。

条件下，探讨两岸关系和平发展的制度安排，总结两岸交往经验似乎已缺乏现实意义。但我认为，这一观点显然是偏颇和短视的。在当前条件下，总结两岸交往的法治经验具有极为重要的意义。

第一，总结两岸交往的法治经验，是当前两岸关系处于冷对抗状态下，进一步维护"九二共识"政治基础、坚决反对"台独"分裂活动的必然要求。及时总结两岸交往的法治经验，有助于我们立基于法治的一般理论和一般规律，以两岸交流交往促进两岸民意聚合，通过以法制度和法规范确认具有充分民意基础的"九二共识"，以形成可用于规制台湾当局两岸政策方向的制度框架。

第二，总结两岸交往的法治经验，是推动两岸交往进一步深化，保障两岸交往秩序，增进两岸同胞福祉的必然要求。及时总结两岸交往的法治经验，有助于我们在两岸交往形态日益多元复杂的背景下，通过完善和实施两岸各自域内立法体系和两岸协议实施体系等方式，为解决众多涉及两岸民众切身利益的事务性问题提供制度化方案。

第三，总结两岸交往的法治经验，是强化两岸关系发展的稳定性，推动形成"法治型"两岸关系和平发展新模式的必然要求。及时总结两岸交往的法治经验，有助于我们在台湾地区政党轮替已呈常态化趋势的背景下，在对持"台独"立场的政治势力保持政治上高压态势的同时，通过加强两岸关系的制度化建设，以制度的持续性和稳定性保障两岸关系和平发展的持续性和稳定性。

二、两岸交往法治经验的理论内涵

近年来，两岸已逐步认识到制度对于两岸关系发展的重要意义，并在通过法治方式构建和完善维护两岸关系和平发展制度框架方面取得令人瞩目的成就。因此，将两岸交往的法治实践上升为法治经验，对于未来更好地处理两岸关系发展过程中的问题，提出解决两岸关系难题的方法，从而探索"法治型"两岸关系的建构方式，有着极为重要的意义。

我认为，两岸交往的法治经验的基本内涵体现为：必须深刻把握台湾问题的法律属性，积极运用法治思维和法治方式反对"台独"分裂活动，维护两岸关系和平发展政治基础，通过构建和完善两岸各层次交往制度，深化两岸交往，维护两岸同胞共同福祉，探索建立不因台湾地区政治局势的改变而改变，不因台湾地区领导人政治立场的改变而改变的规范化、制度化两岸交往新模式。

我们可从以下三个方面理解和把握两岸交往法治经验的基本内涵：

一是就理念层面而言，必须深刻把握台湾问题的法律属性，继续推动对台决策工作思维方式的转变，充分认识法治思维和法治方式在促进两岸交往，尤其是维护两岸关系和平发展政治基础中的重要作用。

二是就制度层面而言，必须切实运用法治思维和法治方式，继续完善两岸交往的法规范体系，将党和国家的重要对台政策以法律或规范形式予以确认，积极运用法律武器，反对和遏制"台独"分裂活动，依法保障两岸各层次交往秩序，推进两岸各层次交往持续深入。

三是就方法层面而言，必须切实运用法治思维和法治方式，坚持形成以（法律）规范为法理依据和制度形态，以法学理论为理论依托和智识支撑的"法治型"两岸关系发展模式，在两岸处于特殊政治环境背景下构建和完善两岸各层次交往机制。

三、当前坚持和贯彻两岸交往法治经验的实践路径

尽管当前的两岸关系形势复杂严峻，但我们坚信，大江东流挡不住，任何人都无法阻挡两岸关系和平发展和祖国完全统一的大势。在当前台湾当局拒不承认"九二共识"政治基础，有意阻挠限制两岸交流合作的情况下，我们更应继续坚持和贯彻两岸交往三十年来形成的法治经验，以扩大交流、深化合作，为两岸关系发展注入新的动力。为在当前形势下进一步坚持和贯彻两岸交往的法治经验，我在此提出三点建议。

第一，进一步运用法治思维和法治方式，巩固两岸交往的政治基础，通过挖掘一个中国原则的法理内涵，从两岸各自规定出发探索维护一个中国原则的法理基础，为在新形势下遏制和反对"台独"分裂活动提供法理依据。受两岸政治对立和台湾岛内斗争性政党政治的影响，台湾部分政党和政治人物为实现其政治目的，不惜误读、曲解，甚至否定大陆对台政

策，使岛内部分民众在不明真相的情况下，对这些本来充满善意的政策产生误解，甚至抵制情绪。在这种情况下，大陆就一个中国原则提出的单方政策言说，已不能满足两岸关系深入发展的现实需要。① 因此，我们有必要转变既有思路，改变传统的以政治话语为核心的政策表达方式，通过深入挖掘两岸各自法律规定中的一个中国因素，明确"九二共识"的法理内涵，探索其法规范基础，实现以法治方式反对和遏制"台独"分裂活动，巩固两岸交往政治基础的目的。

第二，进一步运用法治思维和法治方式，保障两岸关系和平发展的稳定性，及时将国家有关促进两岸交流合作的重大方针政策上升为法律规范，巩固和维护两岸关系和平发展取得的各项成果。以法治的稳定性维护两岸交往的稳定性，是两岸交往法治经验的当然内涵。当前条件下，应当通过加强两岸交往的制度化建设，以制度的持续性和稳定性，保障两岸各层次交往的持续性和稳定性。因此，我建议，通过推动大陆方面域内立法的方式，将以促进两岸经济文化交流合作的三十一条措施为代表的国家有关两岸交往的重大方针政策和两岸多年来形成的各项共识，以法律规范形式确认下来，制定以维护和促进两岸关系和平发展为主旨的《两岸关系和平发展促进法》。同时，积极构建和完善两岸协议实施机制，在两岸短时间内无法继续签署新的事务性协议的情况下，积极保障两岸已经签署的事务性协议能够有效实施，坚决维护和增进两岸同胞福祉。

第三，进一步运用法治思维和法治方式，通过继续推动两岸党际交往，积极构建两岸间城市交往机制等方式，探索特殊政治环境下两岸公权力交往机制的运行方式。在历史上，党际交流在两岸关系发展中发挥着极为重要的特殊作用，2005年泛蓝领导人访问大陆，为两岸关系和平发展揭开序幕。此后，两岸主要政党间就两岸共同关心的众多话题交换意见，不少意见逐步转换为对两岸交往合作产生重大影响的政策。② 当前，在台湾

① 参见周叶中、祝捷：《关于重视两岸法律制度"一中性"的思考》，收录于周叶中、祝捷：《两岸关系的法学思考》（增订版），九州出版社2014年版，第118页。
② 参见周叶中、段磊：《海峡两岸公权力机关交往的回顾、检视与展望》，《法制与社会发展》2014年第3期。

当局拒不承认"九二共识"的情况下，两岸政党间的交往合作，便具有更为重要的现实意义。因此，应以党际交往为切入，为在两岸间凝聚更多共识提供制度管道。与此同时，应高度重视两岸城市间交往，将之作为两岸党际交往的重要补充。早在 2015 年，我们就提出，在台湾方面政党轮替已成常态的背景下，应鼓励和支持两岸城市交往，构建两岸城市间交往机制，为两岸出现特殊政治局势情况下，为两岸提供另一条公权力机关的交往管道。① 在当前条件下，应以两岸党际交往为依托，鼓励和引导更多支持和认可"九二共识"政治基础的台湾城市与大陆有关城市展开交往合作，鼓励各城市间以签署具有明确性、规范性特点的合作备忘录等方式，继续确认双方交往合作成果。

---

① 参见周叶中、段磊：《海峡两岸交往综合性框架协议（建议稿）》，《"一国两制"研究》（澳门）2015 年第 2 期。

关于运用法治思维促进两岸关系和平发展的思考[*]

中共十八大报告提出了提高运用法治思维和法治方式能力的重大论断。十八大后，习近平同志多次指出，凡属重大改革都要于法有据。众所周知，即将召开的十八届四中全会将以全面推进依法治国为主题。这些都说明法治在大陆政治生活中正具有越来越重要的地位。因此，坚持运用法治思维思考两岸关系，用法治方式处理两岸关系发展中的问题，形成"法治型"的两岸关系发展新模式，不断构建两岸关系和平发展框架的法律机制，就成为新时期两岸关系和平发展的必然要求。

一、运用法治思维促进两岸关系和平发展，是法治的要求，也是建设法治中国的必然

台湾问题涉及中华民族的核心利益，实现"中国梦"必然以实现中国"统一梦"为前提。两岸关系和平发展是促进两岸交流，结束两岸敌对状态，进而推动两岸融合的重要步骤。实现两岸和平统一，需要促进两岸关系和平发展，两岸关系和平发展，也因而成为两岸有识之士关心的中心工作。然而，两岸关系和平发展既面临前所未有的机遇，也遭遇着重大挑战，因而通过什么方式推进两岸关系进一步发展，成为两岸各界关心关注的重大问题。

当前，两岸都已经选择法治作为社会治理所遵循的主要方式和核心价值。两岸都认同通过法律的社会治理，是最佳的政治模式。因此，法治已

---

* 本文由周叶中撰写，系周叶中在第三届两岸法治发展论坛上的主旨演讲。

成为两岸共同认同的价值形态和共同话语。如果我们在一个中国框架内理解法治中国，那么在逻辑上自然包括依法处理两岸关系、依法规范两岸交往行为在内。因此，运用法治思维促进两岸关系和平发展，是法治在两岸关系领域的具体体现，是在一个中国框架内理解法治中国的必然要求。两岸通过法治思维和法治方式来处理两岸关系，是两岸价值选择的必然。

二、运用法治思维促进两岸关系和平发展，是发展"一国两制"理论，实现两岸关系治理体系和治理能力现代化的要求

"一国两制"理论原本是为解决台湾问题而提出的理论构想，因为历史的机缘首先运用于解决港澳问题。但是，"一国两制"理论在解决台湾问题方面仍然有着很强的生命力，是和平解决台湾问题的最佳方式。中共十八大报告提出的"两岸关系和平发展重要思想"，是在"一国两制"理论指引下形成的创新性理论，而运用法治思维促进两岸关系和平发展，则将创造性地发展"一国两制"理论。第一，运用法治思维促进两岸关系和平发展，将最大限度地挖掘"一国两制"理论的法治内涵，将为如何在两岸关系新形势下理解"两制"提供新思路，即"一国两制"的"制"既可以理解为政治制度、社会制度的"制"，以表明大陆解决台湾问题的最大善意，也可以理解为法律制度的"制"，以表明大陆在解决台湾问题具体制度、具体方法上的安排。第二，运用法治思维促进两岸关系和平发展，将推动"一国两制"理论实践方式的多元化，即在过去的军事准备、政治宣传、文化感召、经济协作等方式之外，又增加了法治促进的方式。第三，运用法治思维促进两岸关系和平发展，能够通过法律形式确认"一国两制"的实现成果。与运用基本法的规范形式确认"一国两制"在香港、澳门的实现类似，"一国两制"在台湾问题上的实现成果，也需要法律形式加以确认，而两岸关系和平发展框架的法律机制，就是体现"一国两制"的重要法律形式。

同时，大陆已经提出推进国家治理体系和治理能力现代化的改革目标，在一个中国框架内构建中国特色大国治理结构，应当实现两岸关系治理体系和治理能力现代化。两岸治理是两岸正在形成的新结构，它可避开

国家、政府等容易引发争议的实体概念，而使用治理这一更加动态、更加多元的概念，避免两岸关系中的敏感政治概念，有利于两岸关系和平发展。治理方式也不同于传统的统治、管理等方式，而是十分强调法律的作用。运用法治思维促进两岸关系和平发展，切合两岸治理结构和治理方式的内涵，符合两岸关系治理体系和治理能力现代化的要求。

三、运用法治思维促进两岸关系和平发展，是形成"法治型"两岸关系发展新模式，应对台湾地区政治局势变化的要求

2008 年，台湾地区政治局势发生了有利于两岸关系和平发展的变化，坚持"九二共识"和主张两岸关系和平发展的国民党再度在台执政，两岸关系取得一系列重要成果。然而，1990 年以后，台湾地区历经七次"宪政改革"。岛内自 2000 年执政党轮替后，又于 2008 年实现第二次执政党轮替。多党政治、选举政治已经成为台湾政治的主要内容。可以说，没有政党能够在台湾地区永久执政，政党轮替已呈现出常态化趋势。那么，如果主张或偏向"台独"的政党重新在台执政，两岸关系和平发展将如何变化，已经引发政界和学界的广泛关注和讨论。有专家甚至认为，如果民进党在台执政，两岸关系和平发展的步伐将停止甚至倒退。

之所以出现这些质疑和担忧，原因就在于两岸关系中仍然存在着"人治"的因素。台湾地区执政党和领导人的统"独"态度，对于两岸关系有着巨大的影响。在两岸关系发展史上，台湾地区领导人常常以"一人之力"，破坏两岸关系大局，李登辉、陈水扁等，都曾对两岸关系造成过严重破坏。要祛除两岸关系中的人治因素，就必须引入法治思维。因此，运用法治思维促进两岸关系和平发展，构建"法治型"两岸关系和平发展新模式，用法律规范确认和巩固两岸关系和平发展成果，运用法律方法保障和维护两岸关系和平发展成果，运用法学理论解释和阐述两岸关系和平发展成果，对于克服两岸关系发展中的人治因素有着重要意义，也能使两岸关系和平发展的成果不因台湾地区政治局势的变化而变化，不因台湾地区领导人的变化而变化，也不因台湾地区领导人统"独"观点的变化而变化。

四、运用法治思维促进两岸关系和平发展，是规范两岸各层次交往行为，构建两岸关系和平发展框架法律机制的必然

两岸关系和平发展集中体现为两岸各层次交往的双向化、多元化和便利化。2008年前，由于受政治因素的影响，两岸交往受到重重限制。2008年后，在两岸共同努力下，两岸顺利实现"三通"直航，大陆居民实现赴台旅游，共同打击犯罪和司法协助，台湾居民在大陆所取得的学历得到台湾当局的承认，两岸经济往来层次持续升级，在知识产权、核电安全、金融监管、投资保护和食品安全等领域迈出行政性合作步伐。两岸各层次交往的热络，既是两岸有识之士政治决断的结果，也有赖于两岸所签署的一系列事务性协议（以下简称"两岸协议"）。

两岸协议以法规范的形式，确认了两岸交往的各项共识，并规定两岸开展相关事务合作的程序、形式，界定两岸交往各参与主体的权利义务关系，已经成为两岸关系和平发展的法治化形式，构成两岸关系和平发展框架的法律机制的重要组成部分，也是法治思维运用于两岸关系和平发展的规范化成果。第一，法治思维有利于强化两岸交往的正当性。随着两岸交往的持续热络，两岸对于法规范的要求也在逐渐增加。过去依靠民族感情、经济利益所维系的两岸交往的正当性，在两岸交往中逐渐被淡化，两岸交往将越来越立基于法规范的正当性。第二，法治思维有利于调整两岸交往中各交往主体的权利义务关系。两岸交往归根到底是人的交往，两岸人民在交往过程中形成了以利益关系为本质的权利义务关系。关于两岸居民在对方区域内的权利保障、跨海峡公民参与机制、投资活动中的权利保障等，都已经成为两岸民众所关注的重要问题，对夯实两岸关系和平发展的民意基础有着重大意义。法治思维是以人为本的思维，是以权利义务为调整机制的思维，在确认、调整和保障两岸居民权利义务方面，能够发挥关键性作用。第三，法治思维有利于确认和肯定两岸协议的效力，从而巩固两岸交往的成果。尽管从理论上而言，两岸协议是两岸间形成的法规范形式，但在实践中，对于两岸协议是不是法，以及如何发生效力等问题仍然存在争议。2014年3月在台湾地区爆发的"反服贸运动"，在一定程度上就源于台湾地区内部对于两岸协议性质的争议。从法治思维出发，两岸协议作为两岸关系和平发展法治化的基本形式，其法规范性质就十分明确。运用法治思维思考和处理两岸关系和平发展，有利于消除各种容易受两岸政治局限影响的观点与思潮，从而正确认识两岸协议的法性质及其在两岸交往中的重要作用。

五、运用法治思维促进两岸关系和平发展，是解决两岸关系和平发展进程中若干重大问题的要求

尽管两岸关系和平发展已经取得巨大成就，但两岸关系和平发展依然存在诸多重大问题，这些问题大多与"主权""国家"等两岸关系中根本的"结"有关。如果在这些重大问题上缺乏谨慎的处理，则两岸关系和平发展的成果在相当程度上会被抵消乃至破坏。过去两岸在处理上述问题上，都大量使用意识形态话语。运用法治思维促进两岸关系和平发展，将会弱化单纯意识形态的对立与冲突，而且还可从法学理论和法律依据中挖掘资源，妥善处理和解决涉及两岸关系和平发展的重大问题。

如两岸政治关系定位问题，两岸存在着大量的表述，其中既有政策层面的表述，如领导人的讲话、两岸公权力机关和政党的政策文件，也有法制层面的表述，体现在两岸各自的法律、规定乃至于司法判决中。立基于法治思维，既然两岸都已经确认法治原则，那么只有为两岸各自法律所确认的政治关系定位，才能被认为是两岸所正式认可的关系定位。按此思路，两岸政治关系定位的本质即是两岸法理关系定位，因而两岸应当更多地从两岸法理层面寻求关系定位的可行方案。考察两岸各自具有根本法性质的法律文本，大陆的 1982 年宪法固然肯定一个中国原则，台湾地区现行"宪法"亦肯定一个中国，因此，两岸根本法都具有"一中性"，这是两岸法理关系定位的最大公约数，也是两岸在处理政治关系定位时可依据的最大资源。积极运用法治思维，重视两岸法律资源（尤其是宪法资源），有利于化解两岸关系和平发展进程中的政治痼疾，克服或者规避两岸交往中不必要的政治障碍。除此以外，法治思维在处理建立两岸军事互信机制问题，两岸签署和平协议问题，台湾地区有序参与国际空间问题等方面，都

能够发挥特殊作用。

　　总之，法治思维作为思考和处理两岸关系的新思维，对于进一步推动两岸关系和平发展具有重要而深远的意义。运用法治思维，关键在于认清台湾问题的法律属性，重视两岸关系中的法律资源，构建两岸交往的法律框架，遵守两岸协议的法律形式，积极发展与深化两岸关系和平发展的法学理论，将依法治台融入法治中国建设的大潮，使两岸关系和平发展在法治光辉的普照下，取得更大的成就。

关于两岸关系和平发展法治经验的几点思考*

2008 年 3 月以来，两岸关系迎来了难得的历史机遇期，在两岸共同努力下，双方开创了两岸关系六十年来的最好时期。这种良好局面的形成，是与我们坚持运用法治思维和法治方式维护和发展两岸关系，推动构建维护两岸关系和平发展的制度框架分不开的。当前，两岸关系正处于新的重要历史节点上，身处这一重要节点之上，对两岸关系和平发展的法治化历程与成就进行回顾，总结和归纳两岸关系和平发展的法治经验，对于当前对台工作具有重要现实意义。

一、两岸关系和平发展的法治实践历程

两岸关系和平发展的法治实践，是我们归纳和总结两岸关系和平发展法治经验的客观基础和现实来源。考察两岸关系和平发展的历程，大陆和台湾在坚持"九二共识"的基础上，立足于两岸关系发展的基本特点，因循务实思维，在共同维护两岸关系和平发展政治基础、推动形成两岸各层次交往格局、促进两岸双向多元经贸往来等方面形成了令人瞩目的成就，开创了两岸关系 60 年来的最好局面。与此前两岸关系的发展状态不同，2008 年以来两岸关系和平发展的实践历程，表现出较为强烈的制度化和法治化色彩。因而两岸关系和平发展的过程，同样也是两岸关系实现制度化的过程，是我们开创两岸关系和平发展法治实践的过程。我们认为，在这一过程中，大陆依法治台工作主要取得了以下三个方面的重大成就：

---

* 本文由周叶中撰写，系作者在 2015 年第二届两岸智库论坛上的发言稿。

一是在思维指引层面，实现从以政策为核心的治台思维到以法律为核心的治台思维的重大转变，形成以法治思维和法治方式巩固深化两岸关系和平发展的新理念、新方式。长期以来，人们习惯于将台湾问题视为一个单纯的政治问题，因而在解决两岸关系发展中出现的诸种问题时，往往惯于运用具有非程序性和非理性特点的政治思维，以缺乏规范性的政策为应对这些问题的依据。然而，随着法治思维逐渐深入人心，我们开始将台湾问题视为一个法律问题，以法律规范作为解决台湾问题的根本依据，并随之开始寻求法治思维和法治方式应对和解决两岸关系发展中的种种具体问题，从而实现了对台工作理念的重大转变。党的十八届四中全会首次在党的纲领性文献提出"依法保障'一国两制'实践和推进祖国统一""运用法治方式巩固和深化两岸关系和平发展"等关于对台工作的全新理论表述，这些表述将法治方式定位为我们处理两岸关系和解决台湾问题的基本方式，深刻阐释了全面推进依法治国与对台工作之间的内在联系，充分体现出党和国家对台工作理念的重大转变。

二是在法理依据层面，形成以《反分裂国家法》为核心，以对台事务性立法为主干的涉台法律规范体系，成为中国特色社会主义法律体系的重要组成部分。20 世纪 90 年代末至 21 世纪初，随着台湾地区政治格局的变化，部分"台独"分裂分子开始鼓噪通过"制宪""宪改""公投"等方式实现"台湾法理独立"，"宪法"和"法律"开始成为他们谋求"台独"的重要手段。在这一背景下，台湾问题的法律属性日渐凸显，宪法和法律成为我们可以用于遏制台湾"法理独立"的重要工具。① 2005 年 3 月 14 日，十届全国人大三次会议于通过《反分裂国家法》，首次以法律形式明确规定了对解决台湾问题的政治基础和前提、实现祖国和平统一的具体方式和途径，以及以非和平方式实现祖国统一的条件、原则、实施主体和具体程序等内容，为我们形成"依法治台"框架奠定了坚实的制度基础。与此同时，大陆方面开始逐步展开涉台立法工作，相继制定了《台湾同胞投资保护法》《中国公民往来台湾地区管理办法》等一系列涉台事务性立法，

---

① 参见周叶中：《台湾问题的宪法学思考》，《法学》2007 年第 6 期。

从而初步形成了一套对台工作法律体系。

三是在制度形态层面，形成制度化和常态化的两岸事务性协商机制，签署23项两岸事务性协议，为两岸确立共同遵循的规范体系，使之成为两岸法制的重要组成部分。自20世纪80年代末开始，随着两岸交往隔绝局面的结束，两岸各层次往来日益密切，逐渐形成了多元、复杂、双向的交往局面。① 与此同时，两岸各层次的利益格局日益复杂，两岸间产生了大量必须由大陆和台湾共同协商解决的事务性问题。为解决这些事务性问题，两岸不得不开始在双方尚处于政治对立的情况下，以寻求共识的方式解决涉及两岸共同利益的事务，进而透过各种渠道形成一系列的共同决策。② 两岸两会事务性协商机制，即是当前形势下两岸形成这种共同决策的主要制度渠道，而两岸协议则是这种两岸共同决策的规范表现形式。2008年6月两岸两会实现复谈以来，两岸在坚持以"九二共识"为核心的共同政治基础上，通过两会事务性协商机制，以平等协商方式务实解决了一系列有碍双方交往的事务性问题，形成了一批能够约束两岸行为的两岸协议，为两岸形成共同的行为规范体系奠定了制度基础。当前，两岸通过两会事务性协商机制签署的23项事务性协议，成为当前唯一可以在两岸范围内同时产生实际效力的规范性文件，为推动两岸在交通运输、社会事务、经济事务、司法事务等方面的深度合作提供了有力的制度保障。

二、两岸关系和平发展法治经验的基本内涵

如上所述，两岸关系和平发展的过程，同样也是两岸关系实现制度化的过程。两岸在近年来已逐步认识到制度对于两岸关系发展的重要意义，在通过法治方式构建和完善维护两岸关系和平发展制度框架方面取得了令人瞩目的成就。通过将对两岸关系和平发展法治实践的具象认识，上升为抽象的法治经验，能够为我们在未来更好地处理两岸关系发展过程中出现

① 参见祝捷、周叶中：《论两岸大交往机制的构建》，黄卫平等主编：《当代中国政治研究报告》第十辑，社会科学文献出版社2013年版。
② 段磊：《"两岸间"：一种特殊交往形态下的两岸共同决策模式》，收录于《第二届两岸学子论坛学术论文集》，两岸关系和平发展协同创新中心主办，2015年7月，未出版。

的新问题，提出解决两岸关系难题的新方法，对我们继续巩固和维护两岸关系和平发展，探索"法治型"两岸关系的建构方式，有着极为重要的现实意义。

我们认为，两岸关系和平发展法治经验的基本内涵是：必须深刻把握台湾问题的法律属性，积极运用法治思维和法治方式推动两岸关系和平发展，通过法治这一为两岸所共同认可的基本价值，反对和遏制"台独"分裂活动，巩固和维护两岸关系和平发展的政治基础，消解两岸政治对立，维护两岸同胞福祉，建设不因台湾地区政治局势的改变而改变，不因台湾地区领导人政治立场的改变而改变的规范化、制度化两岸关系和平发展新模式。结合两岸关系和平发展的历史与现状，可从如下几个方面理解和把握两岸关系和平发展法治经验的基本内涵：

第一，我们必须深刻把握台湾问题的法律属性，充分认识到法治思维和法治方式在反对和遏制"台独"分裂活动、构建维护两岸关系和平发展制度框架和促进祖国实现最终统一过程中的重要作用，继续推动对台决策工作的思维转变，实现两岸关系和平发展从政策依赖到制度以来的阶段性转变。

第二，我们必须切实运用法治思维和法治方式，完善两岸关系和平发展的域内法规范体系，将党和国家的重要对台政策以法律形式确认下来，积极运用宪法和法律武器，反对和遏制"台独"分裂活动，依法规范和保障两岸人民关系，推进两岸各层次交往继续深入。

第三，我们必须切实运用法治思维和法治方式，构建和完善两岸制度化的共同决策机制，将两岸通过平等协商形成的共识通过相关法律制度确认下来，规制两岸各层次交往秩序，确认、巩固和维护两岸关系和平发展的各项成果，减弱台湾地区政治局势变化和台湾地区领导人政治立场变化对两岸关系和平发展的负面影响。

第四，我们必须切实运用法治思维和法治方式，因循议题化、阶段化、共识化的基本思路，降低两岸政治性议题的敏感性，为两岸分阶段、分步骤地通过平等协商方式，逐步化解两岸关系中存在的诸如两岸政治关系合情合理定位、两岸政治互信、"一国两制"在台湾地区具体实现形式等政治难题提供方法论层面的支持。

三、进一步坚持和贯彻两岸关系和平发展法治经验的必要性与必然性

在回顾、总结和充分肯定我们过去坚持和贯彻法治经验，通过促进两岸关系和平发展所取得的成就的同时，我们也必须认识到，台湾地区政治局势依然复杂，"台独"分裂势力在台湾地区仍有相当市场。在台湾地区当前的政治制度之下，"政党轮替"已成常态，持"台独"立场的政治人物和政党重新上台执政只是时间问题。对此，两岸既要在政治上继续坚持走两岸关系和平发展的正确道路，又在制度上通过进一步坚持和贯彻两岸关系和平发展的法治经验，通过构建和完善维护两岸关系和平发展的制度框架，努力保障两岸关系和平发展的基本方向不因台湾地区政治局势的变化而发生改变，两岸关系和平发展所取得的成果不因台湾地区执政者的变化"得而复失"。对于我们继续坚持和贯彻两岸关系和平发展的法治经验的必要性与必然性的认识，可从如下三个方面加以理解：

第一，进一步坚持和贯彻两岸关系和平发展法治经验，是在新形势下维护和保障一个中国框架稳定性之必要，是以制度保证两岸关系和平发展政治基础稳定性的必然要求。以一个中国原则为核心的"九二共识"，以求同存异方式为两岸关系构建了政治基础。然而，作为两岸关系和平发展政治基础的"九二共识"，在台湾岛内却正遭受严峻挑战。一方面，由于缺乏足够的外部规范支撑，岛内部分政党长期以来均拒绝承认"九二共识"，否认"九二共识"对其两岸政策的约束力；另一方面，由于缺乏明确的内涵界定，岛内部分政治人物妄图利用"九二共识"具有的"建设性模糊"的特点，以超出"九二共识"政治界限的"再模糊"方式，使"九二共识"走向"虚化"。[①] 在当前形势下，能否充分维护"九二共识"框架的稳定性，成为我们能否克服台湾地区政治局势变化对两岸关系和平

---

① 以蔡英文的两岸关系政策表述为例，其所提出的"维持现状论"，即是一种对"九二共识"的"再模糊"。然而，与"九二共识"不同，这种"再模糊"的对象并非两岸对一个中国原则内涵的差异认知，而是一个中国原则本身。参见《蔡英文称处理两岸关系基本原则是"维持现状"》，资料来源：http://www.chinanews.com/tw/2015/04-09/7196646.shtml，最后访问日期：2015 年 9 月 20 日。

发展负面影响的关键问题。我们认为，要消解"九二共识"当前面临的诸种挑战，就必须积极运用法治思维和法治方式，以两岸各自规定为依据，明确"九二共识"的法理内涵，以法治的明确性克服政治的不确定性，以从而在根本上防止原本已存在模糊空间的两岸政治共识，在两岸关系发展的实践中走向异化，从而达到维护和巩固两岸关系和平发展政治基础的目的。

　　第二，进一步坚持和贯彻两岸关系和平发展法治经验，是在两岸关系处于"深水区"的背景下提升两岸政治互信程度之必要，是逐步消解两岸政治分歧的必然要求。两岸政治互信，就是海峡两岸在政治上的相互信任，或者说是海峡两岸各自在政治上相互给予对方的政治信心。① 两岸政治互信的不断强化，是我们有效管控和消解两岸政治分歧的重要基础。当前，尽管两岸关系和平发展使两岸各层次交往日益密切，但两岸之间的政治互信依然处于较低水平，双方因长期政治对立而在政治议题上产生的分歧依然没有得到有效管控。造成两岸政治互信不足的原因有很多，如两岸长期存在的对立情绪、台湾民众政治认同观念的变化、"台独"势力的干扰等。在这些因素中，当前对两岸关系发展影响最大的因素，莫过于当前台湾岛内民粹主义思潮的不断泛化。在民主的政治文化缺失和异常激烈的政党竞争等因素的影响下，台湾岛内的民粹主义思潮呈迅速发展之势，正逐渐对岛内政治局势的发展起到愈发重要的影响。② 两岸议题作为台湾岛内政治生活中的敏感话题之一，民粹主义的负面影响在这一议题上体现得尤为明显。在岛内一些政党和政治人物别有用心的鼓惑下，部分台湾民众在不明真相的情况下，采取非理性、非制度化的方式，一概而论地对大陆方面提出的对台政策持疑虑和否定态度。这使得一些原本只涉及两岸经济合作、社会合作的议题最终走向"泛政治化"的结果，对两岸政治互信的强化产生极为不利的负面影响。众所周知，法治是克制民粹主义的重要手段，建设良好的法治体系，能够帮助民众有效克服直接行动的冲动，将民

---

① 张文生：《两岸政治互信与台湾民众的政治认同》，《台湾研究集刊》2010 年第 6 期。
② 参见林红：《民粹主义——概念、理论与实证》，中央编译出版社 2007 年版，第 271 页。

主政治从民粹主义的诱惑中拯救出来。① 我们认为，要使两岸关系尽快摆脱民粹主义的负面影响，就必须积极运用法治思维和法治方式，以良好的法治体系约束和规制非制度化的民众参与活动，通过构建完善的民意整合机制，吸纳、包容和整合两岸民众对两岸关系议题的态度与立场，从而达到强化两岸政治互信，促进两岸民意融合，消解两岸政治分歧的目的。

第三，进一步坚持和贯彻两岸关系和平发展法治经验，是完善维护两岸关系和平发展制度框架之必要，是继续巩固、维护和保障两岸关系和平发展成果的必然要求。习近平同志在会见中国国民党主席朱立伦时指出，双方可以积极探讨构建"维护两岸关系和平发展的制度框架"。习近平同志的这一重要主张，立足于新形势下两岸关系发展的实践，充分肯定制度对于维护两岸关系和平发展大好局面的重要价值，为我们处理好处于新节点上的两岸关系指明了方向。近年来两岸关系和平发展的法治实践，为构建和完善维护两岸关系和平发展制度框架提供了制度资源。当前，维护两岸关系和平发展制度框架的法规范体系已经初具形态，但其制度化和系统化程度依然偏低，故只能被界定为一种处于初级状态的制度框架，依然有待进一步完善。② 我们认为，要进一步完善维护两岸关系和平发展的制度框架，通过制度框架巩固、维护和保障和平发展的既有成果，就必须积极运用法治思维和法治方式，继续推动两岸在宪制性规定层面形成更具约束力的法理共识，促进两岸分别完善各自涉对方事务立法，促进两岸协议自身的体系化建设及其实施机制的进一步完善，从而达到进一步提升其制度框架稳定性和内容合理性，使之成为能够在两岸关系面临重大考验时维护两岸关系和平发展重要支柱的目的。

四、进一步坚持和贯彻两岸关系和平发展法治经验的基本路径

我们，两岸关系正处于历史发展的新的关键节点上，两岸关系的发展

---

① 参见林红：《驯服民粹：现代国家建设的漫漫征程》，《社会科学论坛》2013 年第 11 期。
② 参见周叶中、段磊：《论维护两岸关系和平发展制度框架的法理内涵与构建方法》，收录于《第四届两岸关系和平发展法学论坛学术论文集》，海峡两岸关系法学研究会主办，2015 年 8 月，未出版。

方向可能随着台湾地区领导人选举的临近而再次面临考验。在这种时代背景下，我们应当通过适当的路径，进一步坚持和贯彻两岸关系和平发展的法治经验，为巩固和维护一个中国框架，确认和保障两岸关系和平发展成果提供有益助力。为此，笔者特提出以下三点建议，供学界同仁参考。

第一，要进一步运用法治思维和法治方式，巩固两岸关系和平发展的政治基础，挖掘一个中国框架的法理内涵，探索从两岸各自规定出发维护一个中国框架的权威性与稳定性，为在新形势下遏制和反对"台独"分裂活动提供法理依据。受两岸政治对立和台湾岛内斗争性政党政治的影响，台湾部分政党和政治人物为实现其政治目的，不惜误读、曲解，甚至否定大陆对台政策，使岛内部分民众在不明真相的情况下，对这些本来充满善意的政策产生误解，甚至抵制情绪。在这种情况下，大陆当前就一个中国框架提出的单方政策言说，已不能满足两岸关系深入发展的现实需要。[①]因此，我们有必要转变既有思路，改变传统的以政治话语为核心的政策表达方式，通过深入挖掘两岸各自法律规定中的"一中性"因素，明确一个中国框架的法理内涵，提升一个中国框架的权威性和稳定性，最终实现以法治方式反对和遏制"台独"分裂活动的目的。为实现这一目的，我们建议，应当在深入分析两岸各自规定"一中性"因素的基础上，肯定两岸法律制度对维护一个中国框架的重要意义，继而在区分正当权威和实际权力的前提下，给予台湾地区现行"宪法"和"法律"作出合情合理安排，最终通过两岸平等协商，签署具有宪制性地位的《海峡两岸和平协议》，将两岸各自规定之中的"一中性""暗合"上升为对一个中国框架的"法理共识"，并为之提供具有约束力的外在保障。

第二，要进一步运用法治思维和法治方式，保障两岸关系和平发展的稳定性，巩固和维护两岸关系和平发展所取得的各项成果，为应对台湾地区"政党轮替常态化"对两岸关系发展产生负面影响的做好准备。我们毫不讳言，2008年以来，两岸关系和平发展历史机遇的形成，台湾岛内因素

① 参见周叶中、祝捷：《关于重视两岸法律制度"一中性"的思考》，收录于周叶中、祝捷：《两岸关系的法学思考》（增订版），九州出版社2014年版，第118页。

是关键条件之一。① 然而，当前台湾岛内业已形成的多党政治、选举政治的政治运作机制，却很可能对我们维护两岸关系和平发展的持续稳定造成负面影响。我们认为，台湾地区当前政治运行的特点对两岸关系的影响主要体现在两个方面：1）没有政党能够在台湾地区永久执政，政党轮替已呈现出常态化趋势，持"台独"分裂立场的政党上台执政只是时间问题，届时两岸关系和平发展势必陷于停顿；2）任何政党和政治人物的政治立场（包括其对待统"独"议题的立场）都可能因选举态势的变化而发生改变，从而使两岸关系和平发展的稳定性下降。因此，在台湾地区日趋复杂多变的政治局势下，我们绝不能将两岸关系和平发展的未来，全然寄希望于台湾地区某一政党或某一政治人物的政治主张，而应当在对持"台独"立场的政党保持政治上的高压态势的同时，通过加强两岸关系的制度化建设，以制度的持续性和稳定性保障两岸关系和平发展的持续性和稳定性。为实现这一目的，我们建议，应抓住当前的战略机遇期，通过大陆域内立法和签署相关协议的方式，将两岸在过去数年形成的各项共识以法律规范的形式确认下来，同时，积极构建和完善两岸协议的实施机制，保障作为两岸共识规范化形式的两岸协议在台湾地区发生政党轮替的情况下，依然能够得以顺利实施。

第三，要进一步运用法治思维和法治方式，提升两岸民众对两岸关系和平发展的知情度和参与度，使两岸民众能够通过良性的利益分配机制，共享两岸关系和平发展的红利，为推动两岸同胞实现心灵契合提供制度保障。随着两岸关系和平发展的不断深入，两岸交往也随之快速发展，两岸之间的利益格局亦因此变得日趋复杂。此时，两岸公权力机关制定的一些重要的两岸政策，会越来越多地影响到两岸同胞，尤其是台湾民众的切身利益。在这种情况下，一旦两岸双方提出的政策主张触及台湾民众的切身利益，就容易引起他们的抵制情绪，进而引发两岸关系和平发展的民意正当性危机。当前，两岸公权力机关构成了两岸关系和平发展进程的主导者，而作为两岸交往主体的两岸民众，却未能参与到这一进程的建构之

---

① 林冈、万东青：《两岸关系和平发展的机遇和路径》，《台湾研究》2010 年第 3 期。

中，从而沦为两岸关系和平发展的旁观者。两岸关系和平发展的民意正当性危机，在本质上既体现出和平发展的"精英政治"和"秘密政治"色彩与普通民众的"参与期望"之间的紧张关系。① 若我们不能正视这种紧张关系，并及时采取措施补强两岸关系和平发展的民意正当性基础，则可能使两岸关系发展陷于停顿。为消解这种紧张关系，强化两岸关系和平发展的民意正当性基础，我们建议，应在构建和完善维护两岸关系和平发展的制度框架的过程中，积极引入公民参与机制，扩大两岸同胞对大陆对台政策和两岸共同政策的知情度与参与度，通过构建跨海峡的两岸民意整合机制，促进两岸公权力机关与两岸同胞之间的信息双向交流，形成良性的两岸关系和平发展利益分配机制，强化两岸关系和平发展的民意正当性基础。

---

① 周叶中、段磊：《论两岸关系和平发展中的民意正当性危机及其应对》，收录于《两岸关系和平发展前瞻学术论文集》，全国台湾研究会主办，2015 年 8 月，未出版。

论维护两岸关系和平发展制度框架的
法理内涵与构建方向 *

自 2014 年以来，台湾地区内部政治格局发生重大变化，岛内发生以反对《海峡两岸服务贸易协议》为目的的所谓"太阳花运动"，承认"九二共识"支持两岸关系和平发展的国民党陆续在岛内地方性选举、台湾地区领导人选举和民意代表选举遭遇重大失败。随着台湾地区政党轮替的发生，两岸关系和平发展的前景再次变得不可预期，不少学者对两岸关系的发展方向做出了"冷和平"①"冷内战"②的判断。面对台湾岛内"政党轮替"常态化的局面，只有通过具有稳定性、可持续性特点的制度约束，构建维护两岸关系和平发展的制度框架，才能有效框限台湾地区各派政治力量的两岸政策，确认、保障和维护两岸关系和平发展的既有成果，力争两岸关系和平发展不因台湾地区政治局势的改变而改变，不因台湾地区领导人政治立场的改变而改变。基于这一目的，本文在厘清维护两岸关系和平发展制度框架法理意涵的基础上，对这一框架的构成现状做出归纳，最终对新形势下维护两岸关系和平发展制度框架的构建方向做出宏观展望。

---

* 本文由周叶中、段磊合作撰写，发表于《"一国两制"研究》（澳门）2016 年第 3 期。

① 《倪永杰答中评：两岸将走向冷和平!》，中评网 2016 年 1 月 19 日，资料来源：http：// www.crntt.com/doc/1040/9/1/7/104091780.html？coluid＝136&kindid＝4711&docid＝104091780 &mdate＝0119095236，2016 年 4 月 20 日最后访问。

② 《张亚中：蔡英文赢，两岸进入冷内战?》，中评网 2016 年 1 月 17 日，资料来源：http：// www.crntt.com/doc/1040/8/9/4/104089429.html？coluid＝136&kindid＝4711&docid＝104089429 &mdate＝0117003600，2016 年 4 月 20 日最后访问。

一、维护两岸关系和平发展制度框架的法理意涵

构建维护两岸关系和平发展制度框架的核心，在于建立一套规范、调整和保障两岸关系和平发展进程的制度体系。从制度的表现形式来看，制度往往表现为一种规范，而法律规范则是制度最高层次的表现形式。因此，要促进两岸关系的长期稳定发展，就必须运用法治思维，强化制度建设，实现两岸关系从对个别政治人物和个别政党的依赖，向对制度依赖的阶段性转变。运用法治思维和法治方式构建维护两岸关系和平发展的制度框架，其本质在于，将两岸关系和平发展的事实与成果转化为立法、执法、司法和守法的过程，通过贯彻相应的法律制度，形成一套具有一致性、明确性、稳定性的两岸关系和平发展的法律秩序，使法律成为保障和维护两岸关系和平发展既有成果的有力手段。基于这一认识，我们应首先厘清维护两岸关系和平发展制度框架的法理意涵。

从描述的角度而言，维护两岸关系和平发展的制度框架可以被概括为：能够维护、促进和保障两岸关系和平发展的各项成果得以持续发展，使之不因台湾地区政治局势的改变而改变，不因台湾地区领导人政治立场的改变而改变的各项制度安排的总称。然而，这一描述性定义远远不能满足我们深刻理解维护两岸关系和平发展制度框架的法理内涵，以及促进对台工作理论与实践发展的需要。因此，我们有必要从制度的一般特点出发，寻求对维护两岸关系和平发展制度框架这一概念更为精准的分析。具体说来，构建维护两岸关系和平发展的制度框架，在目的、内容、功能上均体现出鲜明的特点：

第一，在目的上，构建维护两岸关系和平发展的制度框架，旨在使两岸能坚持以制度体系维护一个中国框架的稳定性，以制度保证两岸关系和平发展的成果不会因政治原因"得而复失"。以"九二共识"为主要表现形式的一个中国框架构成两岸关系和平发展的政治前提和政治基础。现阶段，两岸在政治层面就一个中国框架形成的共识构成这一框架的核心，其主要表现形式依然是两岸之间的政治共识和两岸政治人物的政治承诺。由于缺乏相应的制度保障，一个中国框架依然停留在政治共识层面，其有效

性严重依赖于台湾当局、岛内主要政党和政治人物的政治操守和政治态度，而缺少规范意义上的约束力。受台湾岛内"斗争性"政党政治①的影响，台湾地区政治人物关于两岸关系的主张与承诺，往往会受到各种政治因素的影响。随着民进党籍候选人蔡英文当选新一届台湾地区领导人，两岸透过政治共识形成的一个中国框架，极可能再次遭到挑战。在这种形势下，两岸仅从政治层面形成关于一个中国框架的共识，已不能满足两岸关系深入发展和台湾地区政治局势变化的需求。因此，构建维护两岸关系和平发展制度框架的目的在于，从制度层面寻求两岸对一个中国框架的共同认知基础，借助制度，尤其是法律制度的权威性和稳定性，维护一个中国框架的权威性和稳定性。

第二，在内容上，维护两岸关系和平发展的制度框架，主要体现为以（法律）规范为表现形式的两岸"制度独白"和"制度共识"。法律规范是制度框架的重要表现形式，也是众多具有制度特征的规范中最具权威性、稳定性和外部保障性的一种表现形式。要维护两岸关系和平发展的权威性和稳定性，保障两岸关系和平发展的正确方向，就必须运用法治思维和法治方式建构这一制度框架。因此，（法律）规范构成维护两岸关系和平发展最重要的法理依据，也构成维护两岸关系和平发展制度框架的主要内容。目前，维护两岸关系和平发展的制度框架，主要体现为大陆和台湾各自涉对方事务规定和两岸协议两种表现形态。其中，前者由两岸各自制定，在两岸各自领域内生效和实施，体现出大陆和台湾各自维护两岸关系和平发展的"制度独白"。尽管两岸涉对方事务立法，本质上仍然是两岸各自域内的法律，其体现的也并非两岸共识，但这些法律规范却构成两岸关系法治化的基础，对两岸交往和两岸关系和平发展框架法律机制的构建，起着不可替代的基础性作用。② 后者由两岸以协商方式共同制定，在两岸范围内生效和实施，体现出大陆和台湾共同维护两岸关系和平发展的

---

① 参见陈星：《论台湾政党体制的制度化问题》，《台湾研究集刊》2013 年第 4 期。
② 周叶中、段磊：《论"法治型"两岸关系的构建》，《福建师范大学学报（哲学社会科学版）》2015 年第 6 期。

"制度共识"。可以说，作为唯一能够在两岸同时发生约束力的规范性文件，两岸协议在处理涉及两岸共同利益的事务性议题中发挥着重要作用。

第三，在功能上，维护两岸关系和平发展的制度框架，既要承担维护两岸关系和平发展既有成果的功能，也要发挥保障两岸关系和平发展可持续性的功能。构建维护两岸关系和平发展的制度框架，首先要立足两岸关系发展的现实。目前，两岸关系和平发展的现实表现为，通过大陆和台湾八年的共同努力，两岸关系和平发展取得一系列重大成果。然而，我们不得不正视的是，两岸关系之所以能取得今天这样的成果，与支持和承认"九二共识"的国民党在台湾地区执政，有着重要关联。在台湾地区"政党轮替"已成常态的今天，没有哪一个政党能够在台湾地区永久执政，因而将维护两岸关系和平发展成果的希望，寄托于某一特定政党显然是不明智的。因此，维护两岸关系和平发展制度框架的首要功能，就是以具有稳定性特征的制度体系取代缺乏足够稳定性的两岸政治共识。通过制度框架内含的以（法律）规范为表现形式的制度体系，确认、巩固和维护两岸关系和平发展的既有成果。此外，构建维护两岸关系和平发展的制度框架，还应在立足现实基础上，着眼两岸关系和平发展的未来，通过制度推动两岸关系实现可持续发展。因此，维护两岸关系和平发展的制度框架，应对两岸关系未来发展的方向做出一些预期性安排，将两岸对双方关系发展方向的政策主张，以法律制度形式表述出来，为两岸以阶段化、议题化方式解决双方政治分歧提供制度保障。

二、维护两岸关系和平发展制度框架之构成现状

如前所述，维护两岸关系和平发展的制度框架，主要体现为以（法律）规范为表现形式的两岸"制度独白"和"制度共识"。本文即以此为主要研究对象，加以分析和探讨。目前，学界尚未形成对维护两岸关系和平发展制度框架的构成进行系统归纳与分析的研究成果。基于上文对维护两岸关系和平发展制度框架法理意涵的认知，我们认为，现阶段维护两岸关系和平发展制度框架，主要由两岸根本法、两岸事务性规定和两岸协议三部分构成。

（一）两岸根本法①的"暗合"构成维护两岸关系和平发展制度框架的宪制基础

大陆和台湾的根本法分别处于各自法律体系的最高地位，构成大陆和台湾各自两岸政策的根本依据。如上所述，当前，两岸就一个中国框架形成的共识，依然属一种政治共识，双方并未在规范层面，形成一种制度共识。考察两岸各自根本法的基本内容可见，双方关于一个中国的规定体现出一种"暗合"态势，即两岸双方制定的根本法，在并未事先进行协商，也不可能协商的情况下，在一个中国问题上表现出某种契合。具体说来，这种"暗合"态势体现在以下几个方面：

第一，两岸各自根本法对两岸主权统一和国家主权范围的界定呈现出一致的态势，从而为维护一个中国框架的主权意涵奠定了宪制基础。一个中国框架的内涵极其丰富，但其主权意涵构成了这一框架的核心，即两岸在主权层面上同属一个中国，中国的主权没有因为两岸政治对立而分裂，世界上既不存在两个名为"中国"的主权国家，也不存在一个名为"台湾"的独立于中国的主权国家。考察两岸各自根本法的相关规定，无论是大陆方面 1982 年宪法，还是台湾地区现行"宪法"及其"增修条文"，二者对国家主权统一性的界定呈现出契合形态，而双方所主张的国家领土主权范围亦相一致，即均认为各自根本法的主权效力应当涵盖包括大陆和台湾在内的全中国。两岸各自根本法对国家主权的相关规定，能够为我们积极应对台湾方面执政者统"独"立场发生变化后带来的负面影响提供有力的规范资源和宪制基础。

第二，两岸各自根本法均以"谋求国家统一"为处理两岸关系的最高准则，从而为两岸实现和平统一的最高目标提供宪制依据。长期以来，尽管两岸存在激烈地意识形态之争，对国家未来统一的具体方式存在争议，但双方对"谋求国家统一"这一目标却保持一致立场。因此，"谋求国家

---

① 本文将《中华人民共和国宪法》和台湾地区现行"宪法"并称为"两岸根本法"，这种表述，仅是从功能角度对台湾地区现行"宪法"做出的一种描述性界定，并不意味着本文认可台湾地区现行"宪法"的正当性。

统一"亦成为两岸双方在达成"九二共识"时，形成的一种存在于双方表述之中的共同话语。与此相类似的是，两岸双方在各自根本法之中，均表露出较为明显地"谋求国家统一"的"宪法目标"。1982年宪法序言第九自然段明确规定"完成统一祖国的大业是包括台湾同胞在内的全中国人民的神圣职责"，将国家统一大业界定为全中国人民应当完成的法律义务；台湾地区现行"宪法""增修条文"序言亦明确规定该"条文"的"立法目的"系"因应国家统一前之需要"，因而亦将"国家统一"界定为一种宪法目标。

第三，两岸各自根本法在处理涉对方事务时均预留了特殊的制度安排空间，从而为在统一前和统一后处理两岸事务提供了制度基础。尽管自1949年以来，两岸处于长期隔绝对峙状态，但双方均在各自根本法之中，为处理两岸关系，解决双方统一前的事务性安排和解决双方统一后的制度设计，预留了专项条文。如，1982年宪法第31条为解决台湾问题预留了特别行政区制度这一宪法上的制度安排，而台湾地区现行"宪法""增修条文"第十条则明确规定"自由地区与大陆地区间人民权利义务关系及其他事务之处理，得以法律为特别之规定"，为处理两岸关系预留了立法空间。两岸双方的这种制度安排上的共有预设，体现出在国家尚未统一的情况下，两岸事务在大陆和台湾各自根本法之中的特殊地位。

总之，两岸根本法上对一个中国框架表现出的"暗合"态势，为两岸以求同存异的方式，就一个中国框架形成共同认知奠定了宪制基础，也为以一个中国原则为核心的"九二共识"提供了规范依据。因而，两岸在根本法层面就一个中国框架形成的"暗合"，构成现阶段维护两岸关系和平发展制度框架的宪制基础和根本效力来源。

（二）两岸事务规定体系构成维护两岸关系和平发展制度框架的"独白"形态

作为中国内战的延续，两岸保留了两套互不隶属的法律体系，在事实上形成了一个中国框架下的两个平行法域。大陆涉台事务性立法和台湾涉陆事务性立法（以下合称"两岸事务规定"），即是两岸各自制定的，在两岸各自法域内实施的，以两岸交往过程中出现的事务性问题为调整对象的法律规范的总称。① 自 20 世纪 80 年代末以来，随着两岸恢复接触，双方人员交往和经贸往来日益密切，为维护两岸交往秩序，两岸各自陆续制定了一批涉对方事务的立法。这些立法大多以对方居民在己方领域内的权利义务为调整对象，并初步形成两岸交往过程中的法秩序渊源。由于两岸事务规定均为两岸依据各自政策制定的立法，双方在立法前缺乏沟通与协调，因而双方两岸事务规定体现的并非两岸共识，而是双方各自两岸政策的"独白"。因此，两岸事务规定体系构成现阶段维护两岸关系和平发展制度框架的"独白"形态。

大陆方面在两岸关系发展的过程中，陆续制定了《台湾同胞投资保护法》等法律法规，初步形成了一套涉台事务性法律体系。大陆的涉台立法散见于一百余件法律、行政法规、地方性法规和部门规章之中，体现出一种分散的单行立法模式。② 大陆涉台事务性立法对两岸事务的规定主要集中在以下三个方面：1）确立了台湾同胞在大陆地区投资保护过程中的权利义务和相关程序；2）确立了台湾同胞在大陆地区接受行政管理的有关实体和程序性规定；3）确立了两岸同胞之间发生民事法律行为中的权利义务关系。

与大陆方面的单行立法模式不同，台湾方面的涉陆立法采取的是以"两岸人民关系条例"为核心的综合性立法模式。"两岸人民关系条例"是台湾当局于 1992 年制定的一部规定两岸事务性问题的立法。该"条例"也是两岸范围内制定最早、内容最为丰富的一部综合性立法。这部立法的主要内容涵盖三个方面：1）明确了两岸事务性协商机制的法律地位，为两岸有关机构授权签署相关协议提供了法律依据；2）确定了大陆赴台居民的法律地位，对大陆赴台居民的基本权利做出了大量限制性规定；3）

① 段磊：《海峡两岸涉对方事务立法体系的构成、比较与启示》，《西安电子科技大学学报（社会科学版）》2014 年第 3 期。
② 根据国务院台湾事务办公室编辑的《台湾事务法律文件选编》，目前大陆涉台立法共 107 件，其类别涵盖宪法、经济法、行政法、民商法、社会法、诉讼法等法律部门。参见国务院台湾事务办公室编：《台湾事务法律文件选编》，九州出版社 2011 年版。

规范了两岸民间交往的规范秩序，为两岸人员往来确立了制度框架。除"两岸人民关系条例"外，台湾当局还根据两岸关系发展的实际情况，制定了一些有关两岸事务的实施性立法，对两岸交往活动走向法制化奠定了基础。

（三）两岸协议体系构成维护两岸关系和平发展制度框架的"共识"形态

两岸协议是"两岸跨越政治对立达成的对双方均有约束力的法律文件，是两岸直接接触达成共识后对未来双方行为规则的约定"①。由于两岸间存在的政治分歧和对立，两岸协议的创制无法基于"多数决"的方式进行，即无法由两岸民众以民主投票的形式完成决策，而只能由两岸当局出面代表两岸民众达成共识，完成协议的创制和实施。具体说来，两岸协议的"共识"特征主要体现在以下两个方面：

一方面，两岸协议这一两岸共识决策的产生原因在于两岸各层次交往的日益密切和随之产生的大量涉及两岸共同利益的共同事务。在两岸处于政治对立、军事对峙的时代，两岸之间并不存在交往，更不会产生涉及双方共同利益的事务，因而在当时双方并不存在形成共识决策的需要。然而，自 20 世纪 80 年代以来，两岸交往日益密切，呈现出多元化、复杂化和双向化的态势，随着两岸在经济、文化和社会问题层面利益格局的日趋复杂，两岸之间已经衍生出越来越多的共同事务。因此，两岸公权力机关不得不在双方尚处于政治对立的情况下，以寻求共识的方式解决涉及两岸共同利益的事务，进而透过各种渠道形成了一系列的共同决策。考察两岸双方签署事务性协议的过程与内容可知，大陆和台湾签署事务性协议的初衷和主要目的，即是通过规范化的两岸共同决策，处理两岸交往过程中产生的共同事务，规制两岸交往活动，维护两岸民众共同利益。

另一方面，两岸协议的调整对象、创制方式、生效和实施方式均体现出"共识决策"的基本特点。具体说来：1）两岸协议的调整对象是涉及

---

① 杜力夫：《论两岸和平发展的法治化形式》，《福建师范大学学报（哲学社会科学版）》2011 年第 5 期。

两岸共同利益的事务性问题，涵盖两岸交通运输合作、经济合作、司法合作等诸多领域。2）两岸协议的创制，必须由大陆和台湾基于平等协商，以"共识决"方式方能实现。考察两岸关系发展现状，两岸创制协议的唯一方式便是由双方协商谈判，并签署协议。3）两岸协议的生效和实施，亦须由大陆和台湾共同协作，方可实现。考察各项两岸协议的文本，协议的解释、修改等实施程序，均需两岸以协商方式共同做出。因此，在两岸协议完成创制程序后，仍需两岸协作，方可使之生效和实施。

总之，两岸协议的调整对象与创制、实施过程，均体现出强烈的"两岸共识"特征，因而，作为双方共识规范化体现形式的两岸协议，也只能依赖两岸共同协作方可有效实施。作为一种"两岸共同政策"①，两岸协议体系构成了当前维护两岸关系和平发展制度框架的"共识"形态，为两岸处理涉及双方共同利益的事务性问题，提供了规范保障

三、新形势下维护两岸关系和平发展制度框架的构建方向

从两岸关系和平发展框架的法理内涵出发，考察上述三种制度体系的基本特点，无论是从两岸各自宪制性规定对一个中国框架的确认情况，还是两岸各自事务性规定的发展状况，抑或是两岸协议的体系化程度来看，其制度化和系统化程度依然偏低，尚不能称之为完整意义上的维护两岸关系和平发展的制度框架。因此，我们认为，当前维护两岸关系和平发展的制度框架仍然处于一种初级状态。一方面，这种初级的制度框架依然存在着很多制度缺陷，亟待做出合乎两岸关系发展实际的完善；另一方面，这种初级的制度框架体现出的是以政治促进法治的内在逻辑，法律制度的作用只是确认和巩固两岸各自政策主张，因而难以发挥自身的能动性。② 可以说，这种初级制度框架，在两岸关系和平发展处于"顺境"时，尚能发挥其保障两岸关系和平发展秩序的基础性作用，而一旦两岸关系面临重大

① 参见周叶中、段磊：《论两岸协议的法理定位》，《江汉论坛》2014 年第 8 期。
② 参见祝捷：《巩固"一个中国"原则的法治思维析论》，《武汉大学学报（哲学社会科学版）》2016 年第 2 期。

挑战，处于"逆境"时，这一框架将可能因政治力的影响而面临无法发挥其作用的危险。因此，在台湾地区再次发生政党轮替的形势下，我们应更为重视运用法治思维和法治方式，进一步推动构建维护两岸关系和平发展的制度框架，使之真正成为能够支撑和维护两岸关系和平发展大局的重要支柱。如上所述，维护两岸关系和平发展的制度框架是一个内容极为复杂的制度体系，因而本文仅能从宏观视角观察和审视这一框架，基于两岸关系发展的新情况，提出若干有益于建构与完善这一制度框架的若干发展方向。

（一）推动形成两岸关于一个中国框架的"法理共识"和制度性保障

如上所述，当前两岸就一个中国框架在根本法层面呈现出"暗合"态势，能够为两岸以求同存异方式为两岸关系和平发展的制度框架提供宪制基础。然而，我们不得不承认的是，这种基础本身却"建立在脆弱的平衡基础上"，无法为两岸关系实现可持续发展，最终化解两岸政治对立提供有力支持。在当前形势下，这种"暗合"强烈依赖于双方各自的意志，一旦台湾方面以"制宪""修宪"或"释宪"等方式背弃这种"暗合"，那么维护两岸关系和平发展制度框架的宪制基础将不复存在。因此，在进一步构建和完善这一制度框架过程中，两岸必须在现有的双方宪制性规定的"暗合"基础上，强化对双方"暗合"的外在约束，推动两岸形成关于一个中国框架的法理共识，将两岸对一个中国框架的"暗合"升级为两岸对一个中国框架的"共识"。

对话必须承认相异主体的存在，即在互为"他者"的情境下，互相理解，在主体间的相互承认中，不断扩大交往共同体的范围。[1] 因此，要形成两岸有关双方法理关系的共识，以"法理共识"取代宪制性规定的"暗合"，其中一个重要前提，就是必须解决作为台湾当局法理标志的"中华民国宪法"之定位问题，务实看待台湾地区现行"宪法"对维护一个中国

---

[1] 唐桦：《两岸关系中的交往理性初探》，《台湾研究集刊》2010 年第 3 期。

框架的作用。台湾地区现行"宪法"是国民党败逃台湾前，于大陆制定的"中华民国宪法"及其通过七次"宪政改革"制定的"增修条文"。实事求是地看，这部"宪法"在台湾地区依然发挥着根本法的实际作用，既构成台湾地区公权力机关的规范基础，又发挥了保障台湾同胞基本权利的现实作用，更为维护一个中国框架提供了法理支撑。废除国民党政府"伪法统""伪宪法"的过程，是为中国革命历史所确认的事实，这一过程也构成我国社会主义法治建设的基础，这是不容否认的。① 然而，六十余年来，随着时空环境的改变，两岸关系的主要矛盾已从两岸争夺中国代表权的"正统"之争，转变为双方就两岸是否同属一个中国的统"独"之争。在这种背景下，台湾地区现行"宪法"的政治角色与功能正在发生微妙的变化，这部"宪法"已从国民党反动统治的"合法性"依据，转变为维护一个中国框架的重要依据。同时，台湾多数民众对这部"宪法"亦有其政治感情，他们认同这部"宪法"在台湾地区政治生活中的地位与作用，对此我们应当在一个中国框架下予以尊重和包容。因此，应在深入分析台湾地区现行"宪法""一中性"因素的基础上，肯定台湾地区法律制度，尤其是其"宪法"对维护一个中国框架的重要意义，继而在区分正当权威和实际权力的前提下，给予台湾地区现行"宪法"的法理定位作出合情合理安排。亦即是说，在否认台湾地区现行"宪法"完全正当权威属性的前提下，务实认可其在台湾地区的实际权力属性，从而赋予台湾地区有关规定以恰当的主体性地位。

在务实看待台湾地区现行"宪法"的基础上，两岸可在宪制性规定层面，共同推动"九二共识"从一个表现在两岸各自政策话语之中的政治性共识，向表现在两岸"宪制性规定"之中的、具有更强权威性和规范性的"制度共识"发展。这种两岸在"宪制性规定"层面形成"法理共识"的表现形式，即是大陆和台湾基于一个中国框架，经平等协商签署的《海峡两岸和平协议》。具体说来：1）和平协议是两岸在"宪制性规定"层面形

---

① 周叶中：《关于两岸法理关系定位的思考》，周叶中、祝捷：《两岸关系的法学思考（增订版）》，九州出版社2014年版。

成的"法理共识"，它建基于两岸各自规定中"一中性"的"暗合"之上，是两岸合意的产物，也是两岸同胞共同做出的一种政治决断；2）和平协议是大陆和台湾对两岸关系和平发展共识的一种制度化表现形式，它能够为两岸关系和平发展提供制度化、常态化的保障；3）和平协议是维护两岸关系和平发展制度框架的宪制性基础，它是两岸进一步完善制度框架的前提。

（二）形成规制两岸各层次交往的法规范体系

法律秩序是一个规范体系①。在维护两岸关系和平发展制度框架的法规范体系中，以一个中国框架为核心的两岸"法理共识"构成这一体系的基础性规范。而以规制两岸各层次交往行为的两岸事务性规定体系，则构成这一体系的主干之一。如上所述，两岸已初步形成各自的两岸事务规定体系。这种存在于两岸各自法域和法律体系之内的规范体系，已为两岸交往的正常开展提供了一定的制度保障。然而，不可否认的是，随着两岸关系和平发展的不断深入，两岸既有的两岸事务规定体系，已经显现出一定的滞后性。要克服这种滞后性，使两岸各自两岸事务立法能够符合两岸关系和平发展的时代特征，就应当积极推动两岸各层次交往秩序的建构与完善，使两岸各自领域内的部门立法，能够为巩固两岸关系和平发展的既有成果、推动两岸关系和平发展提供深入的制度支持。具体说来：

大陆方面，应积极检视当前对台工作立法体系的不足，紧跟两岸关系和平发展的步伐，将两岸关系和平发展取得的成果，以法律形式予以确认和保障。自2005年《反分裂国家法》颁布实施以来，大陆已初步建立一套对台立法体系。但这套立法体系的体系化程度依然较低，缺少一部处于统率地位的综合性基本立法。同时，大陆涉台立法仍存在着"政冷经热"的问题，即现行的立法主要调整的是经贸领域，尤其强调对台商的投资保护，而缺乏一些涉及两岸关系和平发展总体框架的法律规范②。大陆方面完善对台立法体系应从以下两方面入手：1）应积极强化对台立法体系的

---

① ［奥］凯尔森，《法与国家的一般理论》，沈宗灵译，商务印书馆2013年版，第173页。
② 参见王书娟：《对完善涉台立法的若干思考》，《海峡法学》2010年第3期。

体系化建设，在完善对台立法体系过程中，适当借鉴台湾方面采取的综合性立法模式，及时制定一部合乎新形势下两岸关系发展特点的综合性立法，以实现对台立法体系的整合；2）应在现有对台立法的基础上，结合两岸关系发展的最新形势，通过积极完善涉及两岸两会事务性协商机制的法律地位、台湾居民在大陆的权利保障等方面的制度安排，将国家最新对台大政方针以法律方式固定下来。

台湾方面，有必要检视其涉陆立法中出现的诸种问题，尤其是其法律规定中普遍出现的对两岸人民的"区别对待"情形，积极推动相关立法的修改活动，保障两岸交往过程中双方居民的基本权利得到平等保护。由于"两岸人民关系条例"制定于 20 世纪 90 年代。彼时两岸关系仍处于一种对立情绪较为严重的状态，故该"条例"的许多条文秉持"冷战"思维，体现出严格限制两岸交往的基本精神。尽管"两岸人民关系条例"历经多次修改，但其仍然在"确保台湾地区安全与民众福祉"[1] 的前提下，坚持对大陆人民和台湾人民的"区别对待"态度。近年来，台湾岛内众多学者和民间团体针对台湾方面有关规定对于"陆生""陆配"群体的"区别对待"态度，多次呼吁台湾当局贯彻平等权的基本要求，积极改善"陆生""陆配"的权利保障状况。可以说，在台湾地区建立普遍性的"平等对待"准则，消除因政治因素造成的人为区隔，是两岸建立更加全面交往关系之所需，也是增强两岸关系和平发展民意基础之所需[2]。因此，在两岸交往日益密切的今天，台湾当局应遵循平等权的基本要求，以"同等对待"为原则，积极检视其涉陆立法中存在的歧视性规则，使参与两岸交往的大陆居民之基本权利能够得到有效保障。

（三）构建和完善两岸协议实施机制

法的生命在于严格执行，作为两岸关系和平发展法治化的形式，两岸

---

① "两岸人民关系条例"第一条。
② 参见祝捷：《平等原则检视下的大陆居民在台湾地区权利保障问题——以台湾地区"司法院""大法官解释"为对象》，《法学评论》2015 年第 3 期。

协议的生命也在于严格执行。① 构建一套高效、务实的协议实施机制，对于构建维护两岸关系和平发展的制度框架有着重要意义。自"太阳花运动"以来，受岛内政治气氛和民粹主义的影响，"两岸协议监督条例草案"迟迟无法获得通过，两岸协议在台湾地区的接受与适用，成为制约两岸协议在两岸发挥法律效力的关键性问题。从这个意义上看，当前两岸协议的实施难度已经超过其谈判难度。因此，在完善维护两岸关系和平发展的制度框架过程中，构建和完善两岸协议事实机制，促使两岸制度共识的执行能够获得有效保障，成为当务之急和现实之需。具体说来：

一是要构建两岸两会事务性协商的公民参与机制，增强两岸协议的民意正当性基础。近年来，两岸和平发展的速度和范围不断提升和扩展，两岸协议的实施对两岸普通民众，尤其是台湾民众日常生活的影响越来越大，因而民众对协议协商过程的关注程度也随之增强。然而他们知悉和参与协议商签过程的程度却并未随之提升。在这种情况下，一旦两岸协议可能触及岛内部分民众的切身利益，就容易引起他们的抵制，从而引发两岸协议的民意正当性危机。要预防和缓解这种危机，补强两岸事务性协商机制的民意正当性，就应通过引入公民参与理论，构建两会事务性协商的公民参与机制，以跨海峡的"公民参与"消解两岸关系发展中"精英政治"和"秘密政治"的迷雾，让两岸普通民众能够切实了解和参与到两岸"制度共识"的构建过程中来。具体说来，可尝试建构以下两种类型的公民参与机制：1）建构以定期发布协商公报、允许两岸普通民众代表旁听协商过程等方式为制度形态的两岸事务性协商的信息披露制度，使两岸民众能够及时了解到两岸协商的内容、过程、进度等；2）建立两岸事务性协商的民意征询制度，在区分普通民主和协议所涉特殊利益群体的基础上，广泛征求两岸民众对两岸事务性协议的具体意见建议；3）建立两岸事务性协商的民意反馈制度，通过两岸各自协商机构，定期向广大民众和协议所涉特殊利益群体报告民众相关建议在协商中的采纳情况。

---

① 武汉大学两岸及港澳法制研究中心：《海峡两岸协议蓝皮书（2008—2014）》，九州出版社2014年版，第98页。

二是要构建和完善两岸协议的接受制度，实现两岸协议与两岸各自法律体系之间的有效衔接。两岸协议的接受是指两岸依照各自规定，通过一定方式，使本属民间私协议的两岸协议具有规范意义上的法律效力的过程。① 当前，在两岸协议的实施过程中，两岸均未在各自规定中明确界定两岸协议的法理属性，大陆方面更是缺乏与两岸协议相关的正式制度安排，因而引起两岸协议在大陆地区适用的混乱局面。台湾方面则因其内部斗争性政党政治的影响，使两岸协议在接受其立法机构审议监督的过程中不断遭遇困境。若两岸不能积极构建和完善两岸协议的接受制度，则两岸协议这种当前维护两岸关系和平发展制度框架中唯一的两岸"制度共识"将可能遭遇极为严重的实施困境。要避免这种困境的出现，就应当通过以下三条路径，完善两岸协议的接受制度：1）签署明确两岸协议法理属性及其与两岸各自规定之间关系的"两岸基础性协议"，明确两岸协议在两岸间的法律效力，强化两岸协议的权威性；2）制定和修改两岸各自法律规定中涉及两岸协议效力转换的条款，大陆方面应根据实际情况，制定两岸协议接受规范，将两岸协议与中国特色社会主义法律体系有机结合起来，使之能够有效发挥实际作用；3）密切关注台湾地区"两岸协议监督条例草案"的立法进程，通过制定相应立法等方式，积极做好该"条例"通过后的应对准备。

三是构建和完善两岸协议的解释制度，使两岸能够通过法律解释技术化解两岸协议适用中的诸种问题。两岸协议作为一种成文规范，在适用过程中，必然会出现内容缺失、表意不明、结构矛盾等问题，更会因为协议文本的模糊性，使双方在协议实施中出现种种争议。② 法律解释的功能，正是通过探求法律文本的意义，解决因成文法固有缺陷而出现的诸种问题，消解社会成员对法律实施的争议。因此，两岸协议解释机制能够在很大程度上缓解这些问题和争议，为我们运用法治思维和法治方式解决两岸协议在适用中出现的诸种问题提供一种制度路径。当前，尽管在各项两岸

① 周叶中、段磊：《论两岸协议的接受》，《法学评论》2014年第4期。
② 段磊：《论两岸协议解释机制的构建与完善》，《海峡法学》2015年第1期。

协议的文本中，都以各种形式规定了两岸协议的解释机制，但现行的两岸协议解释机制的设计较为简单，可操作性较低。同时，受到某些思维定式的影响，两岸均未启动过协议解释机制，更未能生成规范意义上的两岸协议解释规范。在当前两岸关系和平发展存在一定隐忧的情况下，两岸应当积极完善两岸协议解释机制的相关制度安排。通过确定两岸协议解释权归属主体、建构双方各自解释冲突的协调机制和完善两岸协议解释的技术性规定等具体措施，使这一机制能够尽快发挥其在两岸协议实施过程中应有的制度作用。

四、结语

两岸关系和平发展是历史发展的必然，是祖国实现完全统一的正确道路，也是两岸各方均能接受的最大共识。然而，当前两岸关系正处于新的重要节点上，两岸关系和平发展成果在未来可能面临得而复失的风险和挑战。因此，如何维护两岸这一最大共识，成为摆在我们面前最为重要的一项命题。为此，我们应当深刻把握台湾问题的法律属性，充分认识法治思维和法治方式在构建维护两岸关系和平发展制度框架中的重要作用。通过构建和完善维护两岸关系和平发展的制度框架，为维护台海地区和平、增进两岸同胞福祉、促进两岸同胞心灵契合、不断增强两岸政治互信，最终实现祖国完全统一奠定良好的制度基础。如上所述，维护两岸关系和平发展的制度框架是一个内容极为复杂的制度体系，因而本文只能从宏观视角观察和审视这一框架。至于构建和完善维护两岸关系和平发展制度框架中的细节性问题，本文限于篇幅，尚不能一一展开论证，作者将另文详述。

海峡两岸公权力机关交往的回顾、检视与展望[*]

两岸公权力机关之间的交往不仅涉及众多两岸关系和平发展中的核心问题，还直接影响到"两岸大交往机制"中两岸民众交往等其他交往方式的发展。①因此，针对目前两岸公权力机关的交往及其发展的研究就显得十分必要。20 世纪 80 年代末以来，两岸民间交往日益密切，两岸公权力机关之间完全隔绝、不相往来的状态也随之打破。自 1986 年两岸在香港举行"两航谈判"②至今，两岸公权力机关的交往已经走过了二十多年的历程。身处两岸关系和平发展的历史条件下，对两岸公权力机关的交往历程进行回顾，检视其中存在的机遇与困境，并在此基础上做出合理的展望，对于两岸关系和平发展和两岸交往机制实现阶段性转变有着重要意义。

一、回顾：两岸公权力机关交往的平台、阶段与特征

自 1986 年以来，两岸公权力机关的交往经历了从无到有的发展历程，期间虽历经波折，但总体趋势依然表现为交往与合作的强化。在历史上，

---

* 本文由周叶中、段磊合作撰写，原文发表于《法制与社会发展》2014 年第 3 期。

① 关于"两岸大交往机制"的概念与构成，参见祝捷、周叶中：《论两岸大交往机制的构建》，黄卫平主编：《当代中国政治研究报告》（第十辑），社会科学文献出版社 2012 年版。

② "两航谈判"是 1986 年 5 月 17 日至 20 日，两岸为解决当年 5 月 3 日台湾"华航"货机飞回大陆，机长王锡爵要求定居大陆，机上另外两名机组人员要求返台问题而举行的谈判。谈判的双方分别为中国航空公司和台湾的中华航空公司。"两航谈判"表面上是由两家航空公司进行，实际上背后有两岸的执政党操盘。因此，本文认为"两航谈判"是两岸公权力机关在两岸隔绝 40 年以来的首次接触。关于"两航谈判"的具体内容参见黄嘉树、刘杰：《两岸谈判研究》，九州出版社 2003 年版，第 69—73 页。

以两会模式为代表的间接交往是两岸公权力机关交往的主要方式，然而随着两岸政治关系的变化，行业组织、政党论坛等形式的公权力交往模式也在不同情况下发挥重要作用。除此之外，随着《海峡两岸经济合作框架协议》（以下简称"ECFA"）的签署，两岸公权力机关和公务人员开始有了直接接触的新平台，这一发展值得进一步观察和研究。概言之，目前两岸公权力机关主要透过四类平台进行交往，其交往的内容涉及两岸共识形成和执行的两个阶段，表现出间接性、事务性和行政性三项特征。

（一）两岸公权力机关交往的四类平台

所谓交往平台，即由两岸以共识形式构建的能够为双方提供常态化的理性沟通机会的制度安排。从交往平台的角度看，两岸公权力机关的交往主要透过四类平台进行：

第一，处于主导地位的两会事务性商谈机制。

20世纪90年代初，两岸相继成立了海基会和海协会两个民间组织，两会接受双方各自公权力机关委托和授权，并互为对口交往机构。此后，两岸逐步建立起了制度化的两会事务性商谈机制。两会事务性商谈机制目前在两岸间主要发挥着两项重要作用：一是接受两岸官方委托，就两岸共同关注的事务性问题进行沟通和商谈，在双方形成一定程度的共识之后以自己的名义签署两岸协议，为两岸事务性问题的解决提供规范依据；二是在两岸间发生突发性事件时，作为两岸官方的代言人进行沟通，以便及时解决相关问题，如在2007年发生的台湾"胜大和号"等六艘渔船被扣事件中，由于两岸渔政部门并无直接联系管道，台湾地区"海巡署"不能直接与大陆渔政部门进行现场沟通，而只能辗转通过海基会与海协会进行沟通，才使该事件最终得以解决。① 在过去的二十余年里，尤其是2008年3月以来，两岸通过两会事务性商谈机制就两岸"三通"和经济合作等诸多重要问题达成了多项协议，这些协议对两岸关系和平发展框架的构建起到了重要的推动作用。正如台湾学者邵宗海所言，"两会协商与谈判机制，

① 祝捷：《论两岸海域执法合作模式的构建》，《台湾研究集刊》2010年第3期。

不仅在过去两岸交流的过程中扮演过重要角色，而且这也已经形成在两岸官方接触之前无可取代的协商机制"①。

第二，作为特殊时期补充交往方式的个案授权民间组织和行业组织交往机制。

在两会平台建立前，针对两岸间发生的突发性事件两岸公权力机关之间曾举行过多次以授权民间机构名义进行的应急性谈判；在两会平台中断运行的九年时间里，两岸公权力机关之间亦以授权行业组织的名义针对春节包机、第一类观光客来台旅行等个别问题进行了谈判。这两类授权组织的交往实际上是作为"前两会时代"和两会平台无法正常运行的特殊时期里对两会平台的一种补充。

20 世纪 80 年代末，在两岸民间交往刚刚"解冻"的一段时间里，两岸公权力机关之间尚无接触和交往的平台，然而在此期间，两岸间曾就几起突发事件，以个案授权民间组织的方式进行接触和商谈。这种应急性商谈的参与主体表面上包括了两岸的企业、民间组织等，实际上则是由两岸公权力机关在背后参与和主导。此类谈判包括 1986 年举行的"两航谈判"、1989 年举行的"奥运谈判"和 1990 年举行的"红十字会谈判"等。由突发性事件引发的应急性商谈，为日后两岸制度化的两会平台的构建奠定了基础，也为两岸以民间性、事务性为主的公权力机关交往模式的开启提供了先例。2000 年至 2008 年 3 月间，民进党当局拒绝承认"九二共识"，两会商谈因失去了前提和基础而被迫中断，然而，在此期间两岸间仍旧存在诸多事务性问题亟待解决。在这种现实需求的推动之下，"两岸民间业者在当局的授权下直接对谈，相关业务主管部门官员以相应民间身份参与，选择相宜地点，展开协商"② 的"澳门模式"成为两岸解决个别事务性问题的重要补充方式。"澳门模式"是两岸在特殊政治环境下的特殊交往平台，是两岸公权力机关在两岸政治关系处于低潮期时迫不得已所采用的变通交往手段，其协商层级较低，协商内容与两岸政治关系的关联

① 邵宗海：《新形势下的两岸政治关系》，五南图书出版股份有限公司 2011 年版，第 113 页。
② 贺卫平：《"澳门模式"探析》，《统一论坛》2007 年第 4 期。

程度也较弱，在缺乏互信基础的前提下难以持续进行。

两会平台与作为其替代平台的个案授权民间组织、两岸行业组织平台之间是一种历时性存在关系。前者存在于两会机制尚未形成之际，后者则是两岸在未能就一个中国问题达成共识时采取的变通交往手段。目前，两会平台的运行已经逐步实现了常态化和制度化，因而这两种替代性平台也已成为历史的陈迹，不再发挥作用。因此，本文的叙述中将不再单独涉及两岸个案授权民间组织和行业组织协商模式。

第三，国共两党主导的两岸政党对话机制。

尽管从理论上讲，政党既非国家机关，也非官方组织，然而实际上它却构成了国家权力的轴心。在德国，曾有过关于政党宪法地位的争论，其中一种看法认为"政党是国家的准官方机构……它们是国家权力和政治代表的主要引擎，并以这种全能区形成与回应'人民的政治意愿'"①。因此，从广义角度诠释公权力机关的含义时，政党——至少是能够影响公权力运行的主要政党——应当成为其中的一个构成部分。就两岸而言，正是 2005 年台湾泛蓝阵营三大政党领导人的"登陆"为两岸关系进入和平发展的新阶段奠定了基础。因此，除接受公权力机关委托的民间组织之间的交往外，两岸主要政党之间的对话机制也当属于广义上的公权力机关交往的一个组成部分。

自 2005 年台湾岛内三大泛蓝政党领导人相继访问大陆以来，两岸政党，尤其是中共与泛蓝阵营各党派之间的对话和交往范围逐步扩大，中共与国民党、亲民党陆续举办了两岸民间菁英论坛、两岸经贸论坛、两岸农业合作论坛、两岸经贸文化论坛等一系列交流活动。其中，两岸经贸文化论坛（即"国共论坛"）已连续举办九届，初步实现了制度化。通过举办这些活动，两岸主要政党间就两岸共同关心的众多问题交换了意见，并为双方当局做出相关决策提供了众多参考意见。自 2008 年国民党重新在台执

---

① Kommers, The Constitutional Jurisprudence of the Federal Republic of Germany, Duke University Press (1997), pp, 210 – 211. 转引自张千帆：《宪法学讲义》，北京大学出版社 2011 年版，第 370 页。

政以来，国共两党之间多次就两岸间一些重大问题进行深入交流，并逐步形成一些共识，其中许多共识成为两岸官方的正式意见，并最终以两会协议或双方官方政策的形式表现出来。因此，在两岸公权力机关交往的多个平台之中，两岸政党对话机制对处于主导地位的两会协商平台起着重要的补充与推动作用。

第四，以两岸经合会为代表的两岸共同组织。

自 2010 年 ECFA 签署以来，除上述几种交往形式外，两岸公权力机关形成了通过"两岸经济合作委员会"及其下属各小组进行交往的新平台。根据 ECFA 第十一条之规定，双方成立"两岸经济合作委员会"……委员会由双方指定的代表组成，负责处理与本协议相关的事宜。这一委员会可以根据需要设立若干工作小组，处理特定领域中与协议相关的事项。两岸经合会的成立宗旨应是构建两岸特色经济合作机制、推动两岸经济关系进一步朝制度化与自由化方向发展、充分实现互惠双赢。[①] 实践中，这些工作小组一般均由两岸负责相关事务的官员以"双方业务主管部门指定的联络人"名义组成。如依据 ECFA 制定的《海峡两岸海关合作协议》中明确规定，该协议"由两岸经济合作委员会海关合作工作小组负责处理本协议及海关合作相关事宜，由双方海关各自指定的联络人负责联络，并建立联络热线，以保障协议的顺利实施"（第十二条）。在实践中，海关合作小组的组成人员均为两岸海关的公务人员。因此，依据 ECFA 设置的"两岸经合会"和"工作小组"制度，成为两岸公权力机关互动的新平台。透过这一平台，两岸公权力机关组成人员得以有机会直接接触和沟通，这是一种制度化的进步。在此基础上有学者甚至提出，在"两岸经合会"的基础上，未来双方可以考虑成立"两岸共同事务委员会"，共同策划、组织、协调、控制和监督两岸共同事务的合作问题，以实现两岸的"共同治理"。[②]

（二）两岸公权力机关交往的两个阶段

众所周知，两岸间目前并不存在一个"超两岸"的决策机构，因此在

---

① 朱磊：《两岸经济合作委员会之我见》，《两岸关系》2010 年第 10 期。
② 参见刘国深：《试论和平发展背景下的两岸共同治理》，《台湾研究集刊》2009 年第 4 期。

两岸特殊的结构之下，两岸的共同行动并不依靠"多数决"的投票民主形式完成，而只能依赖于两岸间的"共识决"。① 在两岸进行"共识决"的过程中，双方公权力机关的交往无疑扮演着核心角色。从共识的形成过程来看，两岸公权力机关在不同层次的交往行为可以被分别划入两岸进行"共识决"的两个阶段，即共识的形成阶段和执行阶段。前者是指两岸通过各种渠道，选择议题，并就该议题形成足够共识，最终以规范形式予以表达的过程；后者则是指两岸就某一议题形成共识之后，以各种方式执行这一共识的过程。两岸公权力机关各种形式的交往行为都是为两岸共识的形成与执行服务。上述四类交往平台或作用于共识之形成，或作用于共识之执行，具体而言，各类平台的具体作用阶段如下：

其一，两会平台（包括在特殊时期代替两会平台发挥作用的行业组织平台）跨越这两个阶段存在，既存在于共识形成阶段，也存在于共识执行阶段。具体来说，两会通过举行各层级的事务性谈判实现两岸在具体议题上的共识之形成，并通过签订两会协议的形式将这些共识予以规范化表述；在形成两会协议后，两会又在其中一些协议中充当协议的联系主体，在这些规范化共识的执行阶段扮演执行主体的角色。

其二，两岸政党对话平台一般存在于共识形成阶段，基本上不涉及共识执行问题。两岸政党对话平台的主要功能在于通过两岸各政党的接触与对话，就两岸间的重大政治问题或重要的事务性问题达成原则性共识，并通过两岸各自规定，将政党间共识转化为两岸官方意志。在政党间共识实现向官方意志转化之后，政党对话平台便不再介入共识的执行。

其三，"两岸经合会"及其下设的各类工作小组属于两岸共识的执行机构，一般不参与共识的形成。它们在共识执行阶段发挥沟通、交流和协调作用，扮演监督和评估协议执行、解释协议规定、通报信息等角色。② 根据 ECFA 所设置的两岸经合会下属的各小组，在本质上属于两会协议的

① 参见周叶中、祝捷：《两岸治理：一个形成中的结构》，《法学评论》2010 年第 6 期。
② 参见张冠华：《两岸经济合作框架协议的意义与启示》，周志怀主编：《两岸关系和平发展的巩固与深化——全国台湾研究会 2012 年学术研讨会论文选编》，九州出版社 2013 年版。

联系主体之一，其设置目的便在于执行好两岸在 ECFA 框架下所达成的各类协议。因此，这类小组属于完全意义上的共识执行机构，并不参与共识的形成。

（三）两岸公权力机关交往的三项特征

通过上文对于两岸公权力机关交往历程的回顾，我们认为，现阶段两岸公权力机关的交往表现出以下三项特征。

其一，从交往方式上讲，两岸公权力机关的交往表现出间接性特征。受两岸政治对立的影响，两岸互不承认对方的根本法以及依据根本法所建立的公权力机关，这造成了两岸公权力机关之间直接接触的困局。因此，不论是透过两会平台，还是通过两岸政党对话机制进行的对话与协商，两岸公权力机关之间交往与互动皆是通过"民间白手套"形式进行。尽管双方近年来在具体事务的合作中已经开始了公权力机关业务部门和公务人员的直接接触，但双方在接触中仍然以各种方式回避了"官方身份"问题。

其二，从交往内容上讲，两岸公权力机关的交往表现出事务性特征。由于两岸尚未就政治关系定位形成共识，且双方意识形态迥异，政治、经济和社会制度差别巨大，在这种情况下两岸只能运用区分事务性问题和政治性问题的方法，首先集中精力解决一些事务性问题，以推进两岸关系的和平发展。因此，在两岸启动政治性谈判之前，两岸公权力机关交往的内容主要停留在事务性议题上，而几乎不会涉及政治性议题。

其三，从交往范围上讲，两岸公权力机关的交往表现出行政性特征。从权力分立理论来看，公权力的范围不仅包含行政权，还包含立法权和司法权。与司法合作和立法合作不同，基于行政的公共性理论，两岸行政机关的合作可以在一定程度上回避台湾地区政治地位和宪法事实的确认问题等具有高度政治敏感性的话题。[1] 但在尚无新理论支持的情况下，两岸司法机关和立法机关却无法展开交往与合作。因此，目前两岸公权力机关的交往范围基本上局限于行政性事务，而很少涉及司法事务和立法事务，在

---

[1]　参见周叶中、黄振：《论构建两岸关系和平发展框架的行政机关合作机制》，《武汉大学学报（哲学社会科学版）2012 年第 2 期。

目前两岸达成的 28 项两会协议中，仅有《海峡两岸司法互助和共同打击犯罪协议》涉及两岸司法事务的合作，其余协议均属于双方行政事务合作，而至今尚没有任何一项协议直接规制两岸立法事务的合作。

二、检视：两岸公权力机关交往中的机遇与挑战

自 2008 年台湾方面出现了有利于两岸关系发展的重大转折之后，两岸关系迎来一个难得的机遇期，两岸关系开始了和平发展的新阶段。在这一历史背景下，两岸公权力机关的交往亦也迎来了前所未有的新阶段，双方交往密集，接触频繁。自 2008 年 6 月以来，两会每半年就要举行一次领导人会谈，并签署一批事务性协议；与此同时，两岸主要政党之间的交流亦进入一个新阶段，各泛蓝阵营政党领导人"登陆"已然不是新闻，绿营政党的许多重要政治人物也开始了其"登陆"行程。在当前的历史条件之下，两岸公权力机关的交往既存着在有利于双方交往开展的重要机遇，也存在着不可忽视的挑战。

（一）机遇：来自时代条件、现实需求和务实思维的支持

通过对当前两岸关系和平发展的大局与两岸公权力机关交往的现状的检视，我们认为，有利于公权力机关交往与合作进一步深化的机遇主要有三：

其一，两岸关系和平发展的局面为公权力机关交往的进一步深化提供了良好的外部环境。回顾两岸关系变迁的六十余年，两岸经历了从军事对峙到隔绝对立，再到开放交流的历程。2008 年 3 月，台湾岛内政治形势发生重大转折，两岸关系迎来了难得的机遇期，和平发展成为海峡两岸人民的共同愿景。在两岸关系和平发展的过程中，两岸"三通"等问题得以顺利解决，两岸民间交往愈发密切。与此同时，尽管两岸间红、蓝、绿三方对于"两岸关系和平发展"这一提法的具体解读与定位存在差异，但各方对于"和平发展"本身仍然具有很大程度上的共识。然而，正是这种有限度的共识为两岸关系和平发展的不断推进提供着切实的保障。两岸关系和平发展的有利局面为两岸公权力机关的交往提供了直接的保障。

其二，两岸对双方公权力机关开展交往的现实需要为公权力机关的进一步交往提供了直接助力。利益是人们所追求的事物，它体现的是主体的需要与客体满足需要之间的关系，是主体活动的内在动力，具有导向和调节作用，决定着主体活动对象的选择。① 对于海峡两岸而言，现实利益亦是促使两岸对事物做出选择的重要原因。对于大陆而言，其所追求的利益在于反对"台独"势力分裂国家，实现海峡两岸和平统一，维护中华民族的福祉；对于台湾而言，其所追求的亦是台湾人民的福祉，以维护台湾人民利益为先。在两岸的利益追求之中，两岸人民的福祉，尤其是台湾人民的利益是双方利益诉求的重合点，这一重合点又可以表现为双方对海峡两岸和平、稳定现状和繁荣交往的共同追求。因此，在这种共同利益和共同追求的支撑之下，能够对两岸各层次、各场域交往状况产生重大影响的两岸公权力机关交往的深入发展成为必要。

其三，两岸日益务实的行事思维为公权力机关的进一步交往提供了现实保障。在两岸交往的历史上曾经经历过很长时期的"务虚"阶段，即双方在政治对立思维的影响下，对交往的名义、地位、身份等问题关注过多，而对直接关系到两岸交往实际的事务关注不够的阶段。以"汪辜会谈"为例，双方在会谈前举行的预备性会谈中将大量精力用于对诸如会谈用桌的形状、座位安排等本来无关大局的形式问题中，而会谈最终成果却仅仅是达成了涉及公证书使用查证、挂号函件查询补偿等两岸间最为简单的事务性问题的协议。② 在这种思维模式的指引下，两岸事务性商谈的步伐在很长一段时间内停滞不前，直接关涉两岸民众交往的"三通"问题亦因台湾方面将其赋予政治色彩而一拖再拖。然而，自 2008 年两会复谈以来，两岸在商谈思维上的日益走向务实，双方在众多重大事务性问题上迅即达成一致，在短短五年时间里解决了多项极具现实意义的事务性问题，可谓务实思维的体现。在两会平台的参与人员问题上，两岸官员皆可以

---

① 高岸起：《利益的主体性》，人民出版社 2008 年版，第 62—63 页。
② 相关史料可参见郑剑：《潮起潮落：海协会海基会交流交往纪实》，九州出版社 2013 年版，第 110 页以下。

"顾问"名义直接参与对话，双方均采取默许和不排斥的态度，这亦显示出两岸日渐成熟的务实思维。① 两岸这种日益务实的行事思维为两岸公权力机关在现有的间接性、事务性、行政性的交往模式的基础上取得突破提供了现实保障。

（二）挑战：来自政治、规范与制度的三重难题

尽管当前两岸公权力机关交往的发展存在着上述诸多历史机遇，但在现实中亦存在着一些不可忽视的挑战。如果不能正视并消除这些现实挑战带来的负面影响，两岸公权力机关的交往将面临发展中不可回避的困难。具体来说，这些现实困难主要表现在三个方面：

其一，以"承认争议"为表现形式的两岸政治对立在公权力交往的场域内表现得尤为突出。所谓"承认争议"，即大陆和台湾由于"一中争议"，在是否承认对方根本法以及依据该根本法所建立的公权力机关等问题上所存在的争议。② 这种争议衍生于两岸对一个中国原则的争议，从宪法学角度看，它主要表现为"大陆和台湾在是否承认对方根本法以及依据该根本法所建立的公权力机关"③ 上的争议。近年来，尽管两岸在处理"承认争议"上已经逐步转向较为务实的处理思路，但相对于两岸民众交往而言，两岸公权力机关交往中关于"名义""身份"的争论更显突出，甚至可以被认为是制约两岸公权力机关交往中最大的"结"。正因为这个"结"的存在，两岸公权力机关只能采取间接交往的方式处理相关事务。

其二，两岸共识形成阶段，为两岸各方利益相关主体提供的表达渠道依然有限，各类意见表达渠道并未实现有效整合。在当前两岸公权力机关的交往中，参与意见表达的主体主要是两岸官方的"代言人"——两会，以及以两岸执政党为主的红、蓝两方的各政党。在这种意见表达机制之下，两个重要的利益主体——两岸民众和作为台湾最大在野党的民进党

① 参见邵宗海：《新形势下的两岸政治关系》，五南图书出版股份有限公司2011年版，第128—129页。
② 祝捷、周叶中：《论海峡两岸大交往机制的构建》，黄卫平主编：《中国当代政治报告》（第十辑），社会科学文献出版社2012年版。
③ 祝捷：《论两岸海域执法合作模式的构建》，《台湾研究集刊》2010年第3期。

——被排除在外。这不仅涉及两岸公权力机关交往的合法性基础问题，亦为两岸公权力机关的交往热度随台湾地区"政党轮替"而变化埋下了伏笔。

其三，两岸共识执行阶段依然存在着体制不统一，公务人员缺乏直接接触的规范依据等问题。在两岸分离和承认争议的影响之下，两岸公权力机关在两岸共识执行的过程中，依然存在着来自行政组织体制和政治影响在内的障碍。一方面，由于两岸的公权力机关体系分别建构于不同的根本法和组织法基础之上，双方的行政机构和业务部门设置存在着许多差异。在一些具体的两岸共识的执行过程中，两岸各自的执行部门无法实现对口合作，经常出现大陆方面多个部门对台湾方面一个部门的交往现象。这种现象制约着两岸共识执行效率的提升。另一方面，实践中两岸公务人员已经从幕后走到台前，开始就双方业务合作的具体问题展开直接接触。在这种现实背景之下，尽管两岸近几年签署的两会事务性协议中规定了"主管部门指定之联络人联系实施"的联系机制①，但这种协议联系机制却并未明确双方公务人员进行直接接触的名义、身份、方式等涉及两岸争议的基础性问题，基础性规定的缺失对于两岸公务人员直接接触制度的制度化极为不利。

三、展望：在"两岸间"模式的基础上构建多元、务实的两岸公权力机关交往机制

面对上述挑战，在可预见的时期内，两岸可首先通过现实、可行的"政治脱敏"方案化解"承认争议"带来的政治挑战，继而在多元、务实的思维下，逐步建构起较为完善的公权力机关交往机制，为两岸关系和平

---

① 这种联系机制的规定模式首次见诸《海峡两岸金融合作协议》，该协议第八条规定，"本协议议定事项，由双方金融监督管理机构、货币管理机构指定的联络人相互联系实施。必要时，经双方同意得指定其他单位进行联系"。在此之后，《海峡两岸共同打击犯罪及司法互助协议》《海峡两岸渔船船员劳务合作协议》《海峡两岸农产品检疫检验合作协议》《海峡两岸标准计量检验认证合作协议》《海峡两岸医药卫生合作协议》《海峡两岸知识产权保护合作协议》《海峡两岸核电安全合作协议》和《海峡两岸服务贸易协议》均采用了这一模式。

发展提供制度保障。我们认为，"去政治化"、多元化和务实化构成了未来两岸公权力机关交往机制发展的主要趋势。

（一）"两岸间"模式：消解两岸公权力机关交往政治困境的"脱敏"方式

正如上文所言，"承认争议"构成了两岸公权力机关交往的最大政治困境。在这一困境之下，两岸公权力机关的名义问题、双方各自域内法律的合法性问题都成为阻滞两岸公权力机关进一步展开交往的障碍。针对这些障碍，两岸学者多从两岸政治关系定位的角度提出各自的解决方案，其中具有代表性的观点包括大陆学者黄嘉树、王英津提出的"主权构成研究"理论，台湾学者张亚中提出的"一中三宪、两岸统合"理论，台湾学者童振源提出的"宪法各表"理论等。黄嘉树、王英津运用民法上的所有权与使用权相分离的原理，形成了"主权构成研究"，并运用这一研究工具提出了"主权所有权统一、主权执行权分离"的两岸政治关系定位模式[①]；张亚中在借鉴欧洲整合经验的基础上提出了"一中三宪、两岸统合"的两岸关系发展架构，提出成两岸"同意并尊重对方为宪政秩序主体"，"决定在双方同意之领域成立共同体"，并以"北京中国"和"台北中国"为双方称谓的两岸政治定位模式[②]；童振源则以"宪法各表"为基础，提出了"两岸是管辖境内与境外的特殊关系，但两岸不是国内关系"的政治定位模式[③]。然而，这些理论的应用均需要两岸在短期内通过大规模调整各自政策和法律，以此完全消除两岸间的政治对立。这些理论对于两岸解决政治对立这一根本问题有着重要的参考价值，但在实际中却无法为两岸官方所接受。因此，想要在短期内完全消除两岸政治对立，使两岸公权力机关的交往完全不受政治影响是不现实的。

所谓"两岸间"的概念，是建构于将地理概念上的"两岸"作为现阶

① 参见黄嘉树、王英津：《主权构成研究及其在台湾问题上的应用》，《台湾研究集刊》2002 年第 2 期。

② 参见张亚中：《论两岸和平架构》，《首届两岸和平论坛会议论文集》。

③ 童振源：《两岸政治关系的合情合理合宪安排》，《首届两岸和平论坛会议论文集》。

段大陆与台湾政治定位模式的基础上，借用现实主义者对欧洲一体化成果"政府间"描述，经过两岸特殊语境改造后形成的一种对两岸交往的描述性概念。"两岸"模式和"两岸间"的概念由大陆学者周叶中、祝捷提出，并将之应用于两岸公权力机关交往机制的建构。①"两岸"模式及其下属的"两岸间"的概念能够在最大程度上容纳两岸关于政治定位的争议，既遵守一个中国框架的基本要求，又尽可能包容台湾方面提出的两岸"对等地位"的诉求，因而更加易于为两岸官方所接受，并成为解决两岸公权力机关交往中政治困境的基础。

在"两岸间"的概念之中，两岸公权力机关的交往并不涉及到各自的管辖权变动或权力转移问题，而是在承认和正视两岸政治争议的基础上，使大陆和台湾暂不考虑对方是否为一个"政治实体"，其公权力机关是否具有"合法性"等敏感问题。亦即是以对两岸现有治理权力边界的尊重为基础，将政治问题与现实中的共同治理相分离，以适应两岸现实的一种方案。"两岸间"的描述模式，能够降低两岸公权力机关交往中的政治敏感性，务实而不务虚，有助于两岸将双方交往中存在的诸如名义之争、主权之争化于无形，并在这一特定名义下继续深化合作交流。

（二）共识形成阶段的多元化发展趋势

按照上文对两岸公权力机关交往的两阶段划分，共识形成阶段直接决定着两岸各交往层次的运行方向，其在两岸关系和平发展框架中的地位十分重要。然而，目前能够参与到这一阶段中的主体仍然十分有限，有针对性的调整和拓展两岸公权力机关交往中共识形成阶段的参与渠道，形成多元化的共识形成方式已经成为双方交往发展的必然趋势。具体来说，这种多元化的发展趋势主要包括以下几个方面：

第一，进一步推进两会平台共识形成功能的深入发展，并使之进一步规范化，使两会平台最终由两岸间的事务性解决平台转型为两岸共同的制度性造法平台。随着两岸关系和平发展的不断深入，两岸公权力机关各种

① 参见周叶中、祝捷：《关于大陆和台湾政治关系定位的思考》，《河南政法干部管理学院学报》2009 年第 3 期。

新的交往形式将得到进一步发展，两会框架作为两岸间对话与沟通平台的功能不再具有不可替代性，其事务性商谈功能将逐步弱化。这种弱化集中体现在两会协议规定的联系主体的变化上。以往签订的两会协议中，两会常常作为联系主体的一方或双方，直接涉入两岸事务性问题的解决，如《两岸挂号函件查询、补偿事宜协议》中既规定"挂号函件之查询由中国通信学会邮政专业委员会与财团法人海峡交流基金会或其指定之邮件处理中心（航邮中心）相互联系"①。自《海峡两岸食品安全协议》起，两会协议开始采取授权方式规定联系主体，即规定"协议议定事项，由……业务主管部门指定的联络人相互联系实施"② 的模式，为两岸公权力机关的直接联系提供了规范依据。这一联系主体规定的变化，意味着两会框架的职能不再囿于解决两岸具体事务性问题的处理，而是将这项本就基于"授权"的功能"归还"两岸公权力机关。因此，两会在两岸关系和平发展框架中的作用，已经逐步开始从事务性商谈平台转为造法平台。这种造法平台的运行原理可以表达为，两岸通过两会平台对双方通过各种形式（包括两会商谈、政党对话和公权力机关直接接触等形式）积累和凝聚的共识做出制度化、规范化的表述，形成对两岸均具有约束力的两会协议，最终影响两岸各自法律体系的变化。在未来，可以预见的是，两会框架将继续这一转变过程，并最终由建立之初的事务性商谈平台逐步蜕变为一个两岸共同的协商"立法机关"。

第二，积极构建和完善双方两岸事务主管机关的直接沟通和交往机制，为两岸共识的形成提供直接渠道。在 2013 年的 APEC 会议期间，国台办主任张志军和台湾当局大陆事务负责人王郁琦短暂寒暄，并以官衔互称对方，两位负责人亦就双方互建常态性的沟通和互动机制上达成了共识。③ 2014 年 2 月，王郁琦即以陆委会负责人的身份访问大陆，与张志军在南京

---

① 《两岸挂号函件查询、补偿事宜协议》第二条。
② 《海峡两岸食品安全协议》第五条。
③ 凤凰网新闻：《张志军与王郁琦寒暄 以彼此官衔互称对方》，资料来源：http://news.ifeng. com/mainland/special/xijinpingapec/content - 3/detail _ 2013 _ 10/07/30092117 _ 0. shtml，最后访问日期：2013 年 10 月 14 日。

举行会晤，实现了大陆和台湾的两岸事务主管机关数十年来的首次直接接触，此举被台湾媒体称之为"两岸接触进入2.5时代"①。尽管此次会谈双方并未形成书面文件，但张、王二人仍就两岸间许多重要问题广泛、深入地交换了意见，并达成了若干口头共识。可以说，大陆和台湾主管两岸事务机构直接沟通渠道的建立，一方面意味着双方直接交往大门的打开，两岸形成了较两会更为直接的沟通渠道；另一方面也意味着双方对于两岸公权力机关交往的务实化思维正在继续发挥作用，两岸公权力机关的交往在这种思维的指引之下将更加密切。与两会平台相比，双方主管两岸事务机构的直接沟通机制具有更加浓厚的政治色彩，从其功能上讲，它将会在未来承担更多的两岸沟通的使命，以便为双方各自两岸政策的形成和变动提供信息支持。可以预见的是，在未来的两岸公权力机关交往中，双方主管两岸事务机构及其负责人将在两岸事务性问题，乃至于政治性问题的商谈上扮演重要角色，它将与两会平台互为补充，成为两岸共识形成的一条重要管道。

第三，进一步拓展两岸政党对话机制的容纳范围，在坚持一个中国框架的前提下，欢迎台湾地区更多政党参与共识的探讨与形成。自2005年4月以来，中共与台湾泛蓝阵营各党派之间的交流与合作不断深化，双方之就两岸各项议题面对面交换意见已成常态，在短短八年多时间里，中共领导人与泛蓝阵营各政党的高层政治人物的会面达37次之多。② 然而，这种单纯存在于两岸的中共与泛蓝阵营政党的交往并不足以为两岸关系和平发展提供足够的动力，因而在坚持一个中国框架的前提下，适时扩大两岸政党的交流范围是十分必要的。按照"选票极大化策略"理论的解释，民主政治和民意的常态分配对于各主要政党都会产生趋同的压力，各党派政策

---

① 环球网：《台媒称两岸进2.5时代　对首次"官方接触"寄厚望》，资料来源：http://taiwan. huanqiu. com/news/2014 – 02/4818975. html，最后访问日期：2014年2月20日。
② 统计数据截至2013年10月，统计范围仅包括中共政治局常委一级领导人和国民党、亲民党、新党三大政党的副主席以上政治人物的会面。

调整的共同方向便是"中间地带"，身处选举政治之中的民进党也不能例外。① 民进党在经历了2008年和2012年两次"大选"失败后，其党内主要政治人物开始不断反思其两岸政策，许多党内重要成员提出应与中共以一定方式展开对话，其两岸政策"趋中性"苗头已经逐步显现。2012年以来，民进党党内多位重要政治人物相继以各种身份访问大陆，就此打破了民共两党之间不相往来的僵局。当然，民进党想要与中共展开正式对话，必须对其大陆政策作出重要调整，放弃"台独党纲"，承认一个中国框架对两岸关系发展的约束力。然而，这种调整在短期内对于民进党这样一个内部派系众多的传统"台独"政党而言是困难的。在这种现实政治困难之下，正式的两岸政党对话平台在短期内"扩容"，实现红、蓝、绿三方互动的可能性不大，但这并不妨碍各党派运用学术交流等非正式渠道进行沟通和交往，以便使两岸交往平台能够容纳更多来自岛内的声音，为双方酝酿和形成更多深入共识提供条件。

第四，积极构建共识形成阶段的公民参与机制。公民参与是实现公民权利的基本途径，有效的公民参与可以防止公共权力的滥用，并使得公共政策更加科学和民主。② 随着两岸交往的日益密切和两岸公权力机关合作范围的日趋扩大，两岸公权力机关的交往对于两岸民众利益的影响亦日渐增加。然而，目前两岸公权力机关在各个平台的交往，尤其是两会协议的谈判和签署过程均未引入公民参与，双方共识的形成过程中仍存在一定意义上的"密室政治"意味。到目前为止，公民参与的缺失尚未对两岸公权力机关的交往造成明显的负面影响，但这种缺失却将为两岸交往的深化埋下隐患，它不仅可能导致两岸公权力机关交往的民主正当性缺乏，还可能导致双方达成共识在两岸民众心中可接受度的下降，甚至两岸公权力机关交往中已经形成的共识无法得到有效执行。因此，在两岸公权力机关交往的共识形成阶段应当以各种方式引入两岸公民参与，以增强这种交往的民

---

① 参见吴玉山：《台湾的大陆政策：结构与理性》，包宗和、吴玉山主编：《争辩中的两岸关系理论》，五南图书出版股份有限公司1999年版，第133页。

② 参见俞可平：《公民参与的几个理论问题》，《学习时报》2006年12月18日第5版。

主正当性，并为其形成共识的实施提供有力支持。具体来说，可以采取在议题选择阶段引入民意调查机制，在议题谈判阶段引入利益相关民众代表的听证程序，在议题执行阶段引入相关民众的调查反馈机制，以便两岸民众全面掌握公权力机关交往中的共识的形成和执行过程。如此一来，才能广开言路，形成健全、独立、理性的两岸事务公民参与机制，逐步增强两岸公权力机关的民主正当性。

（三）共识执行阶段的务实化发展进路

目前，在两岸共识执行的过程中，以间接性为主的交往方式严重限制着双方交往走向深入。因此，在两岸公权力机关共识形成阶段走向多元化发展进路的同时，在两岸共识的执行阶段，以务实化思维为基本导向，逐步调整两岸业务部门和公务人员在接触中的交往方式，构建更加符合两岸关系和平发展走向深入的交往模式，已成为两岸公权力机关交往机制构建过程中的一种新的发展趋势。具体来说，这种务实化的发展趋势主要体现在以下两个方面：

其一，探索两岸功能性合作组织的构建，强化双方在两岸共识执行过程中的沟通与合作。针对上文所指出的两岸公权力机关交往中存在的体制困境，最为直接的方法便是两岸中一方或双方修改各自的行政组织配置模式，以统一双方的合作口径。然而，这种行政组织模式的调整对于两岸各自的政治体制的冲击较大，短期内达到双方体制完全一致的可能性很小。在调整两岸各自组织配置模式的目标无法实现的情况下，构建两岸功能性合作组织却可以很好地解决这一问题。我们认为，功能性合作组织，即两岸针对具体事务共同组建的，以促进两岸相关执行部门沟通、协调为主要功能的组织。此类组织的主要价值在于为两岸存在体制差别的不同业务部门之间提供一个制度化的沟通平台，以免双方出现多头沟通，效率低下的现象。功能性合作组织以解决两岸共识执行过程中出现的问题为目标，其设置可由两岸通过两会事务性协议专条规定的方式实现，组织成员可由两岸各自从己方与该事务相关的业务部门选出。如此一来，两岸共识执行过程中存在的体制冲突问题便可在两岸均不对各自行政组织体系进行调整的情况下得以消解。

其二，规范在实践中业已存在的两岸公务人员的直接接触行为，明确双方直接接触的名义、身份、方式等问题，为双方顺利开展业务合作提供条件。如上文所言，两岸公务人员在实践中存在的直接接触行为仍然缺乏足够的规范性依据，尤其是两岸对于其中的一些基础性问题尚未取得共识。要推动两岸共识执行阶段的务实进行，两岸就必须明确处于共识执行第一线的双方公务人员直接接触的基础性制度。双方公务人员的直接接触乃是双方务实地执行两岸共识的基本需要，基于行政公共性原理，双方行政人员的直接接触并不意味着两岸承认对方公权力机关的合法性，更不意味着两岸是对等的"国与国关系"。因此，两岸应当尽快以两岸协议的形式规范双方公务人员的直接接触行为，明确两岸公务人员的接触并不具有政治含义，双方的直接接触应以"有关部门负责人""执法人员"的身份进行，双方在接触过程中亦不得触及任何政治问题。如此一来，两岸公权力机关便可在共识执行的过程中，顺利展开直接接触，以避免不必要的争议与冲突。

四、结语

两岸公权力机关交往机制是由两岸公权力机关交往、两岸民众交往和两岸在国际社会的交往构成的两岸"大交往机制"的一个组成部分。在大交往机制的三个层面中，两岸公权力机关的交往机制在两岸"大交往机制"中处于核心地位，它为两岸民众交往提供规制依据，也间接影响到两岸在国际社会的交往。因此，构建好两岸公权力机关交往机制意义重大，影响深远。目前，两岸对于双方公权力机关交往的进一步深入均有意向，相关的接触和沟通业已展开，这种交往关系的拓展将为两岸关系和平发展的制度化提供极大助力。本文正是在这种现实背景之下，从宏观角度切入，对两岸公权力机关的交往进行简要的回顾、检视与展望，为两岸交往的进一步发展献计献策。两岸公权力机关交往制度化过程中尚有许多重要的细节性问题有待解决，本文受篇幅所限不能一一详细论证，这些问题作者将另文论述。

台生政治偏好和投票倾向调研报告

——以中部某地区高校台生群体为样本 *

  随着两岸教育交流的深入，越来越多的台湾学生（以下简称"台生"）选择大陆高校或科研机构就学与深造，台生已经成为跨海峡交流的重要群体。根据台湾地区选举制度，凡年满 20 周岁的台湾居民，可以在台湾地区各级公职选举中行使选举权，因此，部分年满 20 周岁的台生具有选举权。由于台生长期在大陆学习、生活，因此，台生的政治偏好和投票倾向，成为各方关注的焦点。2014 年 11 月底，台湾地区举行"九合一"选举，部分台生回台投票。以本次选举为背景，本文作者以中部某地区台生群体为样本，调研台生回台投票倾向以及对岛内政治局势认知的基本情况。本文以调研结果为基础，对台生群体的政治偏好与投票倾向作一讨论。

一、调研的总体说明

  政治偏好及其对投票倾向的影响，是选举政治学的研究热点问题之一。绝大多数学者认同政治偏好与投票倾向之间的正相关关系，[①]但亦有学者认为政治偏好未见得一定会转化为投票倾向，尤其是在相对短期的选举活动中。[②]不过，学者们至少在"政治偏好影响投票倾向"的观点已经形

---

 * 本文由祝捷、赖彦君合作撰写，原文发表于《台湾研究》2015 年第 3 期。

① Aibek Makazhanov, Davood Rafiei, Muhammad Waqar, "Predicting political preference of Twitter users", Social Network Analysis and Mining, 2014 (4), pp. 193.

② Elizabeth Cleaver, Eleanor Ireland, David Kerr, Joana Lopes, "Citizenship education longitudinal study: Second cross-sectional survey 2004——Listening to young people: Citizenship education in England", UK: National Foundation for Educational Research, 2005, pp. 69.

成共识。本调研的总体设计，即以政治偏好与投票倾向之间具有关联性为理论假设。

（一）样本选择和基本情况

本调研选取样本为中部某地区高校的台生（含本科、硕士研究生和博士研究生，下同）群体。该地区系中部某省省会，现有列入"985"计划高校 2 所，其余教育部所属高校 5 所，高等教育水平居于全国前列。在台湾地区教育部门承认学历的 129 所大陆高校中，该地区共有 8 所高校在列。[①] 据不完全统计，在本次台湾地区"九合一"选举中，在该地区高校就读的台生，有 100 名左右的台生以"投票"名义返台。[②] 本次调研通过该地区台生联谊组织联络，走访 92 名以"投票"名义回台的台生，全部受访台生均以匿名方式填写了问卷，问卷均为有效。

（二）问卷设计

本调研使用问卷由本文作者自行设计，除基本情况外，主要包括"政治偏好"和"投票倾向"两大部分。

1. 政治偏好部分：政治偏好（Political Preference），是指选民在意识形态、政策决定上的偏向性。选民的政治偏好与选民个人的特征、政治团体的政策规划和政治领袖的性格有关。[③] 在实行政党政治的社会，政党对社会意识形态有着高度的聚合作用，政治偏好在相当程度上体现为对于政党的认同。[④] 基于此，本调研进行问卷设计时，通过对政党认同的调查，获取本调查对象的政治偏好。

---

① 台湾"教育部高等教育司"，《教育部扩大采认大陆地区大学及高等教育机构学历以利揽才》，http：//www. edu. tw/pages/detail. aspx？Node＝1088&Page＝23246&Index＝3&WID＝c0746986 － 1231 － 4472 － abce － 5c5396450ba9，最后访问日期：2015 年 1 月 20 日。

② 本次调研发现，由于台湾海基会为在大陆台生支付回台投票的机票费用，因而绝大多数有选举权的台生均会借此机会回台，但并非所有以"投票"名义回台的台生，都会参加投票。

③ Gian Vittorio Caprara, Michele Vecchione, Claudio Barbaranelli, R. Chris Fraley, "When Likeness Goes with Liking：The Case of Political Preference", USA：Political Psychology, Vol. 28, Issue 5, 2007, pp. 611.

④ Thomas M. Carsey, Geoffrey C. Layman, "Changing Sides or Changing Minds? Party Identification and Policy Preference in the American Electorate", USA：American Journal of Political Science, Vol. 50, Issue 2, 2006, pp. 464 － 465.

2. 投票倾向部分：投票倾向（Voting Intent），是指选民在选举中的投票意图。投票倾向包括两个层次：（1）是否投票的倾向；（2）投向投票的倾向。围绕此两个层次，问卷在投票倾向部分通过逻辑跳转的方式，设计了两条支线：（1）支线一，对不投票的台生进行调查，获取影响其不投票的因素；（2）支线二，对投票的台生进行调查，获取影响其向何者投票的因素。

（三）数据处理与结果计算

问卷数据由 SPSS 19.0 软件输入并处理。在结果计算时，主要采取比例计算法和指数计算法。

1. 比例分析法（Proportional Analysis）：计算选择相应选项的样本数在能选样本数中的比例，计算公式为：$P_i = \dfrac{S_i}{S} \times 100\%$ 其中 P_i 为选择第 i 个选项的样本数在能选样本数中的比例，S_i 为选择第 i 个选项的样本数，S 为能选样本数。

2. 指数分析法（Index Analysis）：对于调查主观认知强度的问题，本调研采取指数分析法，即赋予不同认知强度的选项相应的分数，通过公式计算样本对于相应命题的主观认知指数。指数分析法的计算公式是：$I = \dfrac{\sum_{i=0}^{n} \times P_i}{n} \times 100$ 其中 i 是为不同认知强度所赋的分值，P_i 是选择分值为 i 的强度的样本在总样本中的比例，n 是为认知强度所赋的最高分值，在本调研中不超过 3。

（四）样本基本情况

本调研对样本的基本情况，除性别、年龄外，主要从两个方面进行设计：1. 在大陆居留时间，主要考察台生在大陆居留时间长短对政治偏好和投票倾向的影响；2. 户籍所在地，主要考察不同地域台生的政治偏好和投票倾向。样本的具体情况如下：

1. 在大陆居留时间方面：全部 92 份有效问卷中，选择"少于 1 年"的 10 人，占 10.9%，选择"多于 1 年、少于 5 年的"的 17 人，占 18.5%，选择"多于5年、少于10年"的17人，占18.5%，选择"多于10年"的48名，占52.2%。

2. 在台生的户籍所在地方面：92份有效问卷所选择的户籍地分布于台湾地区19个县市，仅苗栗县、彰化县、澎湖县和"连江"县无样本。本调研根据台湾政治版图以"浊水溪"划分北南的共识，将台北市、新北市、桃园市、基隆市、新竹县市、宜兰县、台中市、花莲县归类为台湾北部，将南投县、云林县、嘉义县市、台南市、高雄市、屏东县、台东县归类为台湾南部，将金门归类为外岛。全部92份有效问卷所选择的户籍所在地情况如下表所示：

表1　样本的户籍所在地分布①

户籍所在地				
地区	县市	样本数		百分比
台湾北部	台北市	23		25.0
	新北市	14		15.2
	桃园市	8		8.7
	基隆市	1	70	1.1
	新竹县	4		4.3
	宜兰县	4		4.3
	台中市	14		15.2
	花莲县	2		2.2
台湾南部	云林县	2		2.2
	南投县	1		1.1
	嘉义县	2		2.2
	台南市	1	20	1.1
	高雄市	11		12.0
	屏东县	2		2.2
	台东县	1		1.1
外岛	金门县	2	2	2.2

(台湾北部 百分比 76.1%；台湾南部 百分比 21.9%；外岛 百分比 2%)

---

① 本文未注明出处的表格均由作者自制，所有数据均由作者计算，数据精确至小数点后1位。

二、结果分析之一：台生的政治偏好及其影响因素

前文已述，本调研通过"政党认同"调查台生的政治偏好。问卷第5题为台生的政党认同设置了四个备选项，即"国民党""民进党""无政党倾向"和"其他"。在92份有效问卷中，选择"国民党"的28人，占30.4%，选择"民进党"的9人，占9.8%，选择"无政党倾向"的55人，占59.8%。通过户籍所在地、在大陆居留时间、是否投票、投票何者等问题的交叉分析，能够对影响台生政治偏好的因素进行分析。

（一）户籍所在地对台生政治偏好的影响

台湾地区政治版图有着"北蓝南绿"的特点。为调查地域对于台生政治偏好的影响，本调研将户籍所在地和台生政治偏好进行交叉分析，数据现实：除去无政治倾向的台生，北部和离岛的台生在政治偏好上有着明显的"蓝大于绿"（35.7% v. 5.7%）特点，而南部的台生亦呈现出"绿大于蓝"（25.0% v. 5.0%）的特点，但北部、南部选择"中间选民"的台生比例分别为58.6%和65%，表明台生群体的政党偏好有"中间"趋向。如虑及此，需要重新检视"北蓝南绿"传统政治格局在分析台生群体政治偏好上的适用性。

（二）在大陆居留时间对台生政治偏好的影响

在大陆居留时间越长，是否会因在大陆受到较多的国家统一意识熏陶，而在政治偏好上偏向认同"九二共识"的政党？这是一个十分有趣的问题。本调研将在大陆居留时间与台生政治偏好进行交叉分析，发现：选择"少于1年"的台生中，有30%倾向国民党，70%为无政党倾向；在选择"多于1年、少于5年"的台生中，有23.5%倾向支持国民党，17.6%倾向支持民进党，58.8%为无政党倾向；在选择"多于5年、少于10年"的台生中，有23.5%倾向支持国民党，5.9%倾向支持民进党，70.6%无政党倾向；而在选择"多于10年"的台生中，有35.4%倾向支持国民党，10.4%倾向支持民进党，54.2%无政党倾向。由此可见，在大陆时间不同的台生，政党倾向比较接近，在大陆时间的长短，实际上并不构成影响台

生政党倾向的重要因素。这也说明，大陆对台生的教育政策，并未能实质性地改变台生的政治偏好。

（三）家庭对台生政治偏好的影响

台生大多数是青少年，其政治偏好尚未完全定型，因而可能受到家庭的影响。问卷第 12 条要求台生填写自己家庭成员的政治偏好。由于台湾家庭有着比较复杂的政治偏好，即在同一家庭中，会出现既有国民党的支持者，也有民进党的支持者的情形，因而本调研也对家人政治偏好进行了光谱化处理，而没有将其绝然地分为"蓝"或"绿"。根据台生填写问卷的结果：对于家庭中 100% 的成员支持国民党或民进党的，本调研定义为"深蓝"或"深绿"；对于家庭中支持国民党的成员对于支持民进党的，或支持民进党的多于支持国民党的，则分别定义为"偏蓝"或"偏绿"；对于家庭中支持国民党的成员与支持民进党的成员相同的，则定义为"中间"，由此构成从"深蓝"到"深绿"的政治偏好光谱。表 2 显示了台生政治偏好和家人政治偏好的交叉分析结果：

表 2　台生政治偏好和家人政治偏好的交叉分析

台生政治偏好	家庭政治偏好				
	深蓝	偏蓝	中间	偏绿	深绿
国民党	17	7	4	0	0
民进党	0	1	0	7	1
无政党倾向	0	19	33	3	0

由上表可见，在政治偏好为"深蓝"或"深绿"的家庭，台生政治偏好全部为相应的政党，在政治偏好为"中间"的家庭，无政党倾向的台生占到该类家庭所出台生的 89.2%，接近九成，在政治偏好为"偏蓝"或"偏绿"的家庭，政治偏好与家庭政治偏好相同的台生，也远多于与家庭政治偏好相异的台生。由此可见，家庭对台生政治偏好有着较大的影响。

三、结果分析之二：台生的投票倾向以及影响因素

本次"九合一"选举是台湾地区 2012 年以来最大规模的一场选举。

本调研对于台生在本次选举中的投票倾向，主要调查两个问题：（1）是否投票；（2）投向何者。对于第一个问题，问卷第 6 题要求台生根据实际情况选择是否参与本次投票。在 92 份有效问卷中，43 人选择了"参加"，占 46.7%，49 人选择了"未参加"，占 53.3%。对于第二个问题，问卷第 11 题要求台生选择本次县市长选举（含"六都"市长选举，下同）中所投候选人所属的政党。在问卷第 6 题中选择"投票"的 43 份问卷中，选择"国民党"的有 14 人，占 32.6%，选择"民进党"的有 18 人，占 41.9%，选择"无党籍"的有 11 人，占 25.6%。本文仅以台北市为例，比较台生群体和全部人群的投票倾向，参见图 1：①

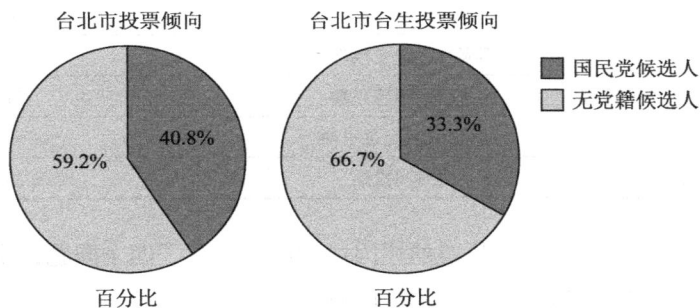

图 1　台生群体和全体人群在台北市投票倾向的比较

从图 1 可见，至少在台北市，台生群体和全部人群的投票倾向基本一致，台生群体对非国民党籍人士的偏好略强于全部人群。

（一）影响台生是否投票的因素

超过一半以"投票"名义回台的台生最终并未参加投票，这一现象值得关注。问卷对于影响台生是否投票的因素，以问题 6 为逻辑跳转点，设计了问题 7 和问题 8，分别供选择"未参加"的台生和选择"参加"的台生回答。

1. 台生选择"未参加"投票的原因：问题 7 设置了五个选项，供未参加投票台生进行多项选择，结果如表3所示：

　　由于本题为多选题，对单一选项响应数的比较并无意义，但单一选项的被选次数在总被选次数中的百分比，可以作为衡判该选项构成"没有参加投票的原因"的权重。据此，在问卷设置的五个原因中，因政治原因（不喜欢特定政党的候选人）不去参加投票的权重仅为7.5%，因非政治原因（包括"对政治不感兴趣"）所在权重合计为92.5%。由此可见，台生对政治普遍的冷漠情感，是导致台生即便回台也不参加投票的重要原因。

表3　台生没有参加投票的原因统计表

		被选次数	百分比
没有参与投票的原因	不喜欢国民党候选人	3	7.5%
	不喜欢民进党候选人	0	0
	对政治不感兴趣	27	67.5%
	路程太远交通不便	24	60.0%
	没时间投票	10	25.0%

　　2. 台生选择"参加"投票的原因：问题8设置了四个问题，供参加投票的台生进行多项选择，结果如表4所示：

表4　台生参加投票的原因统计表

		被选次数	百分比
参与投票的原因	担心没有投票要补机票钱	12	16.9%
	家人都去我也去	34	47.9%
	有想支持的候选人	20	28.2%
	有想让他失败的候选人	5	7.0%

　　从表4至少能够得出两点结论：（1）在台生选择参加投票的原因中，非政治因素仍占据较大权重，"担心没有投票要补机票钱"和"家人都去我也去"两个非政治原因选项的权重合计高达64.8%；（2）家人对台生影响权重较大，高达47.9%，结合家庭对台生政治偏好的影响（表2），台生作为台湾社会的青年群体，家人对台生政治偏好和投票倾向的影响，超过其他因素。这两个结论也符合台生在政治上尚未成熟的

阶段性特征。

（二）影响台生投票对象选择的因素

影响投票对象选择的因素一般有选民的政治偏好、候选人素质、选民对候选人所在政党及其领袖的好恶、重大事件等。考虑到家庭对台生政治偏好的特殊影响力，本调研除考察上述因素外，还将对家庭因素进行一并考察。

1. 台生的政治偏好：本调研对投票台生的政治偏好（问题 5）和投票倾向（问题 11）进行交叉分析，结果如表 5 所示：

表 5　台生政治偏好和投票倾向的交叉分析结果

		投票倾向			合计
		国民党	民进党	无党籍	
政治偏好	国民党	5	1	3	9
	民进党	0	4	0	4
	无政党倾向	9	13	8	30
合计		14	18	11	43

从表 5 可知，接近一半政治偏好为"国民党"的台生选择民进党或无党籍的候选人，而政治偏好为"中间"的台生有 70% 投票给民进党和无党籍的候选人。由此可见，政治偏好在本次选举中并未发挥决定性作用，台生群体也出现国民党传统支持者和中间选民大量流失的现象，这与台湾全体人群的选票流向特点基本一致。

2. 台生对候选人及候选人所在政党的态度：对于候选人及候选人所在政党的态度，本调研以国民党为中心展开。问题 14 设置了系列命题，包括"人民对国民党执政当局不满""人民反对马英九的亲财团政策""贫富差距大、贫富世袭""候选人自身素质低下"。这四个命题均设置了"非常赞同""赞同""不认同""非常不认同"四个强度的选项，分别赋分为 3、2、1 和 0，分数越高则不满意度（Dissatisfied Index）越高。根据指数分析法的计算公式，结果如表 6 所示：

根据表 6，台生对于国民党执政及其后果普遍持不满态度（均在 55 以上），对国民党执政团队的不满意度高达 79.0。比较选前台湾地区民调机构 TISR 对马英九执政团队的满意度调查，全台湾民众对马英九的不满意度为 74.1，说明台生群体对国民党和马英九的不满意度，略高于全台湾民众。

表6 投票台生对国民党的态度

人民对国民党执政团队不满	台生	百分比	人民反对马英九亲财团政策	台生	百分比
非常同意	17	39.5%	非常同意	9	20.9%
同意	25	58.1%	同意	30	69.8%
不认同	1	2.3%	不认同	4	9.3%
非常不认同	0	0	非常不认同	0	0
不满意度	79.0		不满意度	70.5	
候选人的自身素质低下	台生	百分比	贫富差距大、贫富世袭	台生	百分比
非常同意	5	11.6%	非常同意	3	7.0%
同意	23	53.5%	同意	27	62.8%
不认同	14	32.6%	不认同	12	27.9%
非常不认同	1	2.3%	非常不认同	1	2.3%
不满意度	58.1		不满意度	58.2	

3. 重大事件的影响：台湾选举社会的特点之一，就是重大事件在选举中常常能够发生决定性作用。① 马英九的第二个任期内，台湾政坛风波迭出。本调研在问题15 选择 2012 年 7 月的林益世贪腐案（贪腐）、2013 年 7 月的洪仲丘事件（军队）、2013 年 9 月的"马王政争"（国民党党务）、2013 年 11 月爆发的顶新"黑心油"事件（民生）、2014 年 3 月的"反服贸学运"（两岸）五个代表性事件，并为每个事件设置了"一定会影响""应该会影响""应该不影响"和"一定不影响"四个强度的选项。以上各强度分别赋值 3、2、1 和 0，分值越高说明负面影响度（Negative Impact

---

① 张佑宗：《选举事件与选民的投票抉择：以台湾 2004 年"总统"选举为分析对象》，台湾：《东吴政治学报》2006 年第 3 期。

Index）越大。根据指数分析法的计算公式，计算结果如表 7 所示：

由表 7 所示，投票台生认为上述重大事件对"九合一"选举的负面影响度较高，最高者（顶新集团"黑心油"事件）竟高达 88.3，最低者（洪仲丘事件）亦有 56.6。问卷在设置五个问题时，考虑其所代表的问题领域。因此，从投票台生对五个重大事件的态度排序，也能体现投票台生对相应问题域的态度。根据表 7，台生对相应问题域影响"九合一"选举的认知从高到低排序如下：民生（顶新集团"黑心油"事件，88.3）、党务（"马王政争"，75.2）、两岸（"反服贸学运"71.3）、贪腐（林益世贪

表 7　投票台生对重大事件影响"九合一"选举的认知

林益世贪污案（贪腐）			洪仲丘事件（军队）		
	频率	百分比		频率	百分比
一定会影响	7	16.3%	一定会影响	6	14.0%
应该会影响	30	69.8%	应该会影响	20	46.5%
应该不影响	6	14.0%	应该不影响	15	34.9%
一定不影响	0	0	一定不影响	2	4.7%
负面影响度	67.5		负面影响度	56.6	
马英九、王金平的"九月政争"（党务）			顶新集团"黑心油"事件（民生）		
	频率	百分比		频率	百分比
一定会影响	16	37.2%	一定会影响	29	67.4%
应该会影响	22	51.2%	应该会影响	13	30.2%
应该不影响	5	11.6%	应该不影响	1	2.3%
一定不影响	0	0	一定不影响	0	0
负面影响度	75.2		负面影响度	88.3	

"反服贸学运"（两岸）		
	频率	百分比
一定会影响	12	27.9%
应该会影响	25	58.1%
应该不影响	6	14.0%
一定不影响	0	0
负面影响度	71.3	

台生对重大事件的认知
（民生　党务　两岸　贪腐　军队）

腐案 67.5）和军队事务（洪仲丘事件，56.6）。由此可见，在台生看来，民生事件对选情影响最大，次之是国民党的党务和两岸议题，再次之是贪腐案件，而与台生相隔较远的军队事务则排在末尾。

4. 家庭因素：本调研设计问题 12，考察台生投票倾向是否与其家庭的投票倾向一致。在 43 名投票台生中，有 26 人选择"一样"，17 人选择"不一样"。由此对比表 2 所列数据，家庭因素在台生投票倾向中的影响，并不如其对于政治偏好的影响。此间原因，或许可以通过表 5 所列数据加以解释，即在本次"九合一"选举中，政治偏好并未对投票倾向产生决定性作用。同时将问题 12 和问题 13 进行交叉分析，形成表 8：

表 8　台生投票倾向和家人政治偏好的交叉分析

		家人政治偏好				合计
		深蓝	偏蓝	偏绿	中间	
与家人投票结果	一样	4	7	3	12	26
	不一样	2	6	1	8	17
合计		6	13	4	20	43

表 8 所示的结果更加强化了前文根据问题 12 所得出的结论。家庭政治偏好为"深蓝"和"偏蓝"的台生，在本次选举中与家庭投票结果相异的比例较大（相异率达到 42.1%），家庭因素对于台生投票倾向的影响力远低于对台生政治偏好的影响力。这一结论在家庭政治偏好为"中间"的台生群体上，也能够获得印证。

四、结果分析之三：台生政治偏好与两岸关系

台生群体作为两岸交流最为活跃的群体之一，其对于两岸关系的态度，是各方关注的热点议题。本调研将台生政治偏好、投票倾向及其对两岸关系的认知进行关联性研究。

（一）台生的政治偏好及其对马英九两岸政策评价

在马英九执政当局的各项政策中，对台生影响最大的无疑是两岸政策。问卷第 14 题调查台生对"不满意马英九大陆政策"命题的态度，并

为之设置了"非常同意""同意""不认同""非常不认同"四个强度不同的选项。在 92 份有效问卷中,以上四个选项的选择人数分别为 4、26、12 和 1,根据不满意度的计算公式,台生对马英九大陆政策的不满意度高达 82.6。这一结果是很多人始料未及的,说明并不能因为台生长期生活在大陆,就认定其一定满意马英九当前的两岸政策。

通过对本问题和台生政治偏好(问题 5)、在大陆居留时间(问题 4)的交叉分析,本调研得出结论:台生的政治偏好对于是否满意马英九两岸政策有着较大影响,但台生在大陆居留时间长短与此无明显关联。

1. 台生政治偏好与对马英九两岸政策的评价:通过对问题 14 和问题 5 的交叉分析,数据表现如下:(1)政治偏好为国民党的台生,虽有 42.9% 亦认为人民不满意马英九的两岸政策,但仍有 57.1% 对于马英九的两岸政策持肯定态度;但(2)政治偏好为民进党的台生,则全部(100%)对马英九的两岸政策持否定态度;(3)政治偏好为"中间"的台生,对马英九的两岸政策有褒有贬,以不认同者居多(69.1%),但亦有 30.9% 对马英九的两岸政策持肯定态度。这一结论,与表 5 所示的政治偏好与投票倾向的关联,也是基本相同的。

2. 台生在大陆居留时间与对马英九两岸政策的评价:通过对问题 14 和问题 4 的交叉分析,数据表现如下:(1)不同时间段的台生,对于马英九两岸政策持否定态度的比例,保持相对稳定,最高比例为 70.6%("多于 5 年、少于 10 年"组),最低亦保持在 58.8%("多于 1 年、少于 5 年组");(2)四个时间段的台生,在对于马英九两岸政策的态度上,无明显规律性变化。

(二)台生的政治偏好及其对两岸关系和平发展前景的认知

台生不仅是台湾社会与两岸交流最活跃的群体,也是台湾青年中与两岸交流最活跃的群体。台生的两岸态度和认知,对于两岸关系和平发展的未来具有重大而长远的意义,本调研亦对此有所涉及。

本调研在问题 17 一共设置了四个与两岸关系和平发展前景有关的命题,分别是:"国民党作为执政党,会对两岸关系更有利""民进党作为执政党，会对两岸关系很不利""国民党作为执政党，会让台湾民众在大陆受到的待遇更好""民进党作为执政党，会让台湾民众在大陆受到的待遇更差"，并为每个命题设置了"非常不认同""不认同""同意"和"非常同意"四个强度不同的选项，分别赋予 0、1、2 和 3 的分值，分数越高说明台生对此命题的认同度（Identity Index）越高，根据指数分析法的计算公式，计算结果如表 9 所示：

表 9　台生对两岸关系前景判断

国民党作为执政党会对两岸关系更有利			民进党作为执政党会对两岸关系更不利		
	台生	百分比		台生	百分比
非常同意	4	4.3%	非常同意	1	1.1%
同意	34	37.0%	同意	16	17.4%
不认同	52	56.5%	不认同	71	77.2%
非常不认同	2	2.2%	非常不认同	4	4.3%
认同度	47.8		认同度	38.4	
国民党作为执政党会让台湾民众 在大陆受到更好待遇			民进党作为执政党会让台湾民众 在大陆受到更差待遇		
	台生	百分比		台生	百分比
非常同意	1	1.1%	非常同意	0	0
同意	30	32.6%	同意	16	17.4%
不认同	58	63.0%	不认同	73	79.3%
非常不认同	3	3.3%	非常不认同	3	3.3%
认同度	43.8		认同度	38.0	

表 9 所示结果表明：（1）对于国民党对两岸关系和平发展可能更有利的命题，台生认同度仅 47.8，而对于民进党对两岸关系和平发展可能不利的命题，台生认同度更是低至 38.4，这两组数据表明，台生普遍认为政党轮替对两岸关系和平发展没有显著影响，即便民进党在 2016 年重新执政，两岸关系和平发展亦不会出现较大波动；（2）对于台生在大陆所受待遇问题，认同"国民党在台执政会使台生在大陆获得更好待遇"的认同度，仅为 43.8，而对"民进党在台执政会使台生在大陆受到更差待遇"命题的认同度仅为 38.0，说明台生普遍认为，政党轮替对于台生在大陆所受待遇并

没有直接影响。综合台生对此四组命题的认可度，台生对两岸关系和平发展的前景普遍持乐观态度。

五、结论与对策

（一）结论

本调研以中部某地区高校台生群体为样本，通过问卷调查的方式，对台生的政治偏好、投票倾向及其对两岸关系的认知进行了调查。根据前文分析，本调研得出以下结论：

1. 关于台生的政治偏好：（1）台生的政治偏好呈现出"中间大两头小"的格局，即持中间立场的"台生"占到超过一半的比例，而偏蓝或偏绿的比例则较小；（2）在非中间立场的台生中，政治偏好为"国民党"的台生比例高于政治偏好为"民进党"的台生，但是就忠诚度而言，政治偏好为"民进党"的台生高于政治偏好为"国民党"的台生；（3）台生的政治偏好受家庭和地域因素的影响较大，但受在大陆居留时间的影响不大。

2. 关于台生的投票倾向：就本次"九合一"选举而言，1）台生对于政治普遍存在冷漠心理，不投票的倾向比较严重；（2）政治偏好对于投票倾向有一定影响，但并不是绝对影响，候选人素质、国民党执政团队政绩以及重大事件等对于台生的投票倾向均有较大影响；（3）政治偏好为"民进党"的台生，在投票倾向上与其政治偏好能保持一致，但政治偏好为"国民党"的台生，在投票倾向上出现与其政治偏好分离的现象；（4）家庭对台生投票倾向的影响，小于其对台生政治偏好的影响。

3. 关于台生对两岸关系和平发展的认知：（1）台生对马英九两岸政策持负面态度的较多，这一态度受政治偏好影响较大，受在大陆居留时间影响不大；（2）台生认为政党因素对两岸关系和平发展的影响不大，台湾地区政党轮替不会对两岸关系和平发展造成负面影响；（3）台生认为政党因素对其在大陆的待遇没有直接影响。

（二）对策

根据调研结果，所谓"台生偏向国民党""台生回台投票就是投给国民党"等习惯性认知被证明是不正确的。对于台生工作应当从以下三个方面加强：

（1）减少从特定政党角度对台生的宣教工作，而是从中华文化传统、两岸关系和平发展的现实利益等角度加强对台生的宣教，弱化宣教中的意识形态色彩；

（2）以台生为纽带，建立与之家庭的联系，通过台生与家庭的双向互动，争取台湾民众对于两岸关系和平发展的认知和认可；

（3）对台生"以诚相待"，减少台生工作中的功利性，不因台湾地区政治局势的改变而改变对台生的态度和相应待遇。

习近平总书记指出，我们所追求的国家统一不仅是形式上的统一，更重要的是两岸同胞的心灵契合。台生是两岸交流中最为活跃的群体，也是两岸青年交往的主力军，台生对国家统一和"反分裂"的认知，关系着两岸关系的未来。本调研通过对台生政治偏好和投票倾向的考察，了解台生所知所感所想，唯愿以此助益两岸的心灵契合。

"两岸间"：一种特殊交往形态下的两岸共同决策模式[*]

两岸交往目前体现为一种"政治对立与经济社会文化交往日益密切并存"的特殊形态。在这种形态下，两岸逐渐形成了一种"二元并存"的共同决策机制。本文提出"两岸间"的概念，尝试以之作为描述两岸特殊交往形态下产生的共同决策现象的理论模型，并借这一概念的理论预测力，分析当前两岸共同决策机制与这一理想模型间的差距。

一、两岸特殊交往形态下的共同决策现象

随着两岸关系和平发展的不断深入和两岸交往的日益密切，两岸之间日趋复杂的利益格局催生了双方公权力机关之间的共同决策现象。然而，两岸尚未能对两岸共同决策机制的形成原因、性质及其表现形式等问题形成一致的表述和解释。

（一）"两岸交往光谱"与两岸特殊交往形态

考察 1949 年以来的历史，两岸关系的发展，经历了从军事冲突到和平发展的巨大变化。总体而言，六十余年的两岸关系发展史可划分为以下四个阶段：1）军事冲突、隔绝交往阶段。自 1949 年至 1978 年，两岸处于绝对意义上的军事对峙状态，大陆方面坚持以"武力解放台湾"为主的对台方针，两岸之间尚存在一些零星军事冲突，在这种情况下，两岸几乎不存在任何经济社会文化交往。2）军事对峙、隔绝交往阶段。以 1979 年大陆

---

* 本文由段磊撰写，发表于《台湾研究》2016 年第 3 期。

方面发表《告台湾同胞书》为标志，至 1987 年台湾方面开放老兵赴大陆探亲为止的八年间，两岸之间停止了长达三十年的军事冲突，转入军事对峙状态，在这种状态下，两岸之间依然不存在大规模的经济社会文化交往活动。3）政治对立、经济文化社会恢复交往阶段。自 1987 年台湾方面开放老兵赴大陆探亲，至 2008 年 3 月两岸关系进入和平发展新阶段前，大陆和台湾对待对方的政策均发生了一系列变化，双方的对峙情绪得到缓和，然而两岸在政治上仍处于对立状态。与此同时，两岸民间交往的绝对隔绝状态逐渐被打破，双方经济社会文化交往逐渐恢复。4）政治对立、经济文化社会密切交往阶段。2008 年 3 月，台湾地区政治局势出现了有利于两岸关系发展的重大转折，两岸关系迅速走上了和平发展的道路，两岸民间交往日益密切，双方经济、社会、文化关系的发展可谓"一日千里"。然而，由于两岸在政治议题上依然存在较大分歧，双方在政治上依然处于对立状态。

从两岸关系发展的历史和现状来看，两岸之间的"绝对隔绝"和"密切交往"并非是一种绝对对立或非此即彼的关系，而是体现为一种类似于光谱的渐变关系。我们可将这种用于描述两岸关系的光谱称为"两岸交往光谱"。自 2008 年以来，两岸双方秉持建立互信、搁置争议、求同存异、共创双赢的精神，按照先易后难、先经后政、把握节奏、循序渐进的思路，采取积极政策举措，促进交流合作和协商谈判，显著改善发展了两岸关系。[1] 从两岸关系和平发展的实践来看，由于两岸在政治层面尚存在较大分歧，双方在短期内无法就两岸政治议题展开实质性对话。因此，两岸在实践中贯彻了"先经后政"的基本思路，形成了"政经分离"的交往模式。因此，从 2008 年以来两岸关系和平发展的实践来看，当前的两岸交往形态，介于"两岸交往光谱"的"武力对峙带来的完全隔绝交往"一端与"和平统一带来的全面深化交往"一端之间，处于一种"政治对立与经济社会交往日益密切并存"的特殊状态。在这种特殊交往状态下，随着两岸在经济、文化和社会问题层面利益格局的日趋复杂，两岸之间已经衍生出

---

[1] 王毅：《巩固深化两岸关系 开创和平发展新局面》，《求是》2012 年第 8 期。

越来越多的共同事务。因此，两岸公权力机关不得不在双方尚处于政治对立的情况下，以寻求共识的方式解决涉及两岸共同利益的事务，进而透过各种渠道形成了一系列的共同决策。从两岸交往的实践来看，无论是以民间身份出现的两岸两会事务性商谈机制，还是以官方身份出现的两岸事务主管部门协商机制，均在实际上构成了两岸形成共同决策的沟通管道。

（二）"两岸共同决策"：概念与现状

基于两岸交往的主要特点和两岸做出共同决策现象的现状，本文尝试提出"两岸共同决策"的概念，以描述两岸公权力机关通过协商方式形成对两岸均有现实约束力的共同决策现象。两岸共同决策，意指一个中国框架下的海峡两岸，透过平等协商方式形成的，由双方以"自律"方式实施，对双方均有事实约束力的共识性决策。其特征有四：1）从形成方式上看，两岸共同决策是双方通过平等协商，以"共识决"的方式形成的决策。两岸的政治对立状态使同属一个中国的两岸，在政治上依然处于互不隶属状态，因而双方形成共同决策的方式只能是经由协商达成共识，而非采取代议制民主式的"多数决"。2）从决策的形成平台来看，两岸共同决策主要透过两岸两会事务性商谈机制和双方两岸事务主管部门沟通机制这两个平台形成。前者以两岸"民间团体"身份出现，却隐含着公权力机关的影子，在两岸政治对立状态下，承担着双方事务性协商的主要职能；后者则以双方公权力机关名义出现，却因受制于两岸政治分歧，而仅能承担补充性协商职能。3）从决策的表现形式来看，两岸共同决策主要体现为规范化的两岸协议和非规范化的两岸共识，这些协议与共识对双方具有事实上的约束力。4）从决策的实施方式来看，由于两岸之上并不存在一个具有强制执行力的"超两岸"机构，两岸共同决策无法依赖来自一个"超两岸"机构的"他律"，而需要两岸以"自律"方式共同实施。

从两岸关系发展的实践来看，目前两岸已经逐步形成了由两会事务性协商和两岸事务主管部门协商机制构成的"二元共同决策机制"。1）在这一"二元机制"中，两岸两会事务性协商机制在两岸共同决策模式中处于主导地位。两岸透过这一机制形成的规范化的两岸协议正是一种具有软法属性的两岸共同政策。目前，两岸已签署 21 项事务性协议，这些协议充分反映出两岸在处理事务性问题上的共识，对构建两岸关系和平发展制度框架起到重要推动作用。然而，随着 2014 年上半年"太阳花运动"的爆发，两岸两会事务性协商机制受到较大的负面影响，甚至于有部分学者质疑，两岸是否还能够因循两会模式继续签署协议。正如国台办发言人范丽青所言，"两岸平等协商的正常进程不应该受到干扰和阻碍"①，我们相信，两岸事务性协商机制不会因一次偶发事件而长期停滞不前，更不会因一次偶发事件而走向终结。大陆和台湾的两岸事务主管部门协商机制是两岸共同决策模式的最新发展，它不仅能够为两会事务性商谈的进一步深入提供支持，也能够为两岸就超越于一般事务性议题的政治问题交换意见提供平台。2) 在这一"二元机制"中，大陆和台湾两岸事务主管部门直接交往机制肇始于 2013 年的 APEC 会议期间，形成于 2014 年两岸事务主管部门负责人的成功互访。在短短两年时间里，两岸公权力机关实现直接接触，并开始尝试将这种接触常态化、制度化。这种趋势是有利于两岸关系和平发展的，也是值得赞赏的。然而，由于这一机制形成的时间较短，其运行依然处于不稳定状态。2015 年 1 月，时任台湾陆委会主委王郁琦因故辞职，这一突发事件引发两岸舆论对两岸事务主管部门协商机制能否持续运行的强烈关注。尽管此事发生后，国台办和陆委会均表示"人事的变动不应该影响到机制的运作"②，双方将"持续推动两岸官方互动交流正常化，深化两岸制度化协商及各领域交流合作"③。但是，由此观之，两岸事务主管部门直接协商机制依然处于起步阶段，其制度化程度依然不高，因而这一机制的发展仍然有待观察。

---

① 《国台办新闻发布会辑录（2014 - 04 - 16）》，资料来源：http：//www. gwytb. gov. cn/xwfbh/201404/t20140416 _6026239. htm，最后访问日期：2015 年 4 月 21 日。
② 中新网：《王郁琦请辞 国台办：人事变动不应该影响到机制运作》，资料来源：http：//www. chinanews. com/tw/2015/02 - 11/7053949. shtml，最后访问日期：2015 年 4 月 21 日。
③ 中评网：《陆委会回应国台办：续推两岸官方交流正常化》，资料来源：http：//www. crntt. com/doc/1036/2/8/7/103628772. html？coluid = 0&kindid = 0&docid = 103628772&mdate = 0218002816，最后访问日期：2015 年 4 月 21 日。

（三）大陆和台湾对"两岸共同决策"之回应

尽管两岸已在实践中形成了"二元共同决策机制"，并在过去的数年间，形成了包括二十一项事务性协议和多项共识在内的两岸共同决策，但是，无论是在政策层面还是在法律层面，两岸公权力机关都未能就"两岸共同决策"现象及其创制机制的性质形成共识性表述。

就两岸协议而言，两岸尚未就这种透过两会机制形成的两岸共同决策的性质形成共识。尽管大陆方面充分肯定两岸协议对大陆和台湾的现实约束力，但在法律层面，却未明确两岸协议的法律地位。在政策表述中，大陆方面将两岸协议称之为"权威性应当得到维护"的"两会受权签署的协议"①。然而，在法律规范中，大陆方面并未对两岸协议的定位问题做出正面表述，在当前大陆的涉台法律体系之中，也并没有一项立法明确提及两岸协议，更没有立法对两岸协议的定位问题做出规定。台湾方面对两岸协议的法律定位问题曾作出过较为明确的界定。在"两岸人民关系条例"中，两岸协议被界定为台湾地区大陆事务主管部门"依所处理事务之性质及需要……（委托）法人……代为签署协议"。② 同时，"两岸人民关系条例"还规定，此类协议依照是否涉及"修法或新订定法律"分别依照不同程序产生法律效力。③ 亦即是说，台湾方面同样承认了两岸协议对其的现实约束力，却回避了对这一协议属性问题的回答。

就大陆和台湾两岸事务主管部门之间的直接接触及其所形成的政治共识而言，两岸亦未能就其性质问题形成共识。对于大陆和台湾两岸事务主管机关负责人的直接接触，台湾地区领导人马英九将其称之为"两岸治权互不否认"的具体实践，并认为双方的会面是在"正视现实、互不否认，

---

① 参见《国台办新闻发布会辑录（2014 – 04 – 16）》，资料来源：http：//www. gwytb. gov. cn/xwf-bh/201404/t20140416 _ 6026239. htm，最后访问日期：2015 年 2 月 2 日
② 参见"两岸人民关系条例"第 4 条。
③ 参见周叶中、段磊：《论两岸协议的接受》，《法学评论》2014 年第 4 期。

共创双赢的基础上开创出来的结果"①。大陆方面在回应如何评价双方两岸事务主管机关负责人会面是"两岸治权互不否认的具体实践"这一问题时指出，双方的会面"是为了增进双方了解，更及时有效处理两岸事务，更有利于推动两岸关系全面发展……对此不必作其他方面解读"②。同时，在两岸事务主管机关负责人会面时，大陆方面仅有国台办负责人直呼台陆委会主委王郁琦的"官衔"，其他部门则一律称其为"王先生"。综合大陆方面的表态来看，其在实际上否认了对台湾方面所谓"治权互不否认"的提法。因此，以台湾方面提出的所谓"治权互不否认"来解释两岸公权力机关之间的交往和共同决策亦不符合关系发展的现状。

综上所述，尽管目前两岸已形成了由两岸两会事务性商谈机制和两岸事务主管机关负责人协商机制构成的"二元共同决策机制"。但是，在两岸尚处于政治对立的状态下，双方在政治与法律层面均未就两岸形成共同决策机制的原因、性质及其表现形式等问题形成一致的表述。在这种情况下，如何解释当前两岸公权力机关之间的交往现状及其共同决策机制，如何借助一定的理论模型预测这种共同决策机制的发展方向成为一项重要的理论问题。

二、"两岸间"的提出：概念产生及其内涵

尽管两岸关系和平发展的进程与欧洲一体化进程存在本质差别，但欧洲一体化理论中的一些理论要素作为研究不同实体间交往、协调的理论工具，在两岸关系，尤其是两岸公权力机关交往机制的研究中，有其可供参考之处。以欧洲一体化问题为研究对象的政府间主义理论中，有许多理论要素对于我们研究大陆和台湾正在形成的共同决策机制具有一定的借鉴意义。

---

① 《马英九谈张志军王郁琦会面：两岸互不否认的结果》，资料来源：http：//news. ifeng. com/taiwan/3/detail _2013 _10/10/30188067 _0. shtml？_from _ralated，最后访问日期：2015 年 2 月 3 日。

② 参见《国台办新闻发布会辑录（2013 - 10 - 16）》，资料来源：http：//www. gwytb. gov. cn/xwf-bh/201310/t20131016 _5042316. htm，最后访问日期：2015 年 2 月 3 日。

（一）政府间主义的理论内涵

政府间主义立基于新现实主义的理论传统，对新功能主义的观点提出批判，认为在欧洲一体化大发展的时代，民族国家远未"过时"，反而具有相当"顽强"的生命力①。政府间主义认为，主导和制约一体化发展的关键因素依然是民族国家和国家利益，一体化的最终结果并非一套超国家机制，而是制度化的政府间博弈、谈判机制。政府间主义的理论内涵可以被归纳为以下三个方面：

第一，一体化的前进的动力来源，并非新功能主义者所说的因"外溢"而产生的自主动力，而是源于民族国家对自我利益的追求。政府间主义的逻辑前提在于，国际体系是一套自助体系，在这一体系中，国家是占据主导地位的行为体，而国家参与一体化的目标则是维护和提升本国的利益。因此，一体化可以被看作是民族国家通过共同的政策决策和共享资源来增进解决它们共同问题的能力，这也是单个国家寻求其特定利益或增加它的权力的有效方法或工具。②

第二，一体化所涉及的范围，并非国家主权所涉的全部领域，而是仅限于"低级政治"领域，也不会从"低级政治"领域"外溢"到"高级政治"领域。政府间主义认为，新功能主义关于"外溢"的论述是一种无法证明的推导，新功能主义忽视了作为独立政治体的国家在国际关系中的中心地位，而在现实中当功能一体化面临政治化时，一体化就不会按照功能主义预设的方向发展。③ 为说明这一观点，政府间主义的首倡者霍夫曼提出"高级政治"和"低级政治"的区分，前者包括敏感性较低的经济政策、福利政策等领域，后者则包括主权、安全等敏感性较高的领域。他认为，"低级政治"领域的一体化并不一定会"外溢"到"高级政治"领域。

---

① See Stanley Hoffmann, Obstinate or Obsolete? The Fate of the Nation State and the Case of Western Europe, Daedalus, Vol. 95, No. 3, Tradition and Change (Summer, 1966).
② 肖欢容：《地区主义理论的历史演进》，中国社会科学院博士学位论文2002年，第57页。
③ 参见肖欢容：《地区理论的历史演进》，中国社会科学院博士学位论文，2002年，第55页。

第三，一体化最终形成的，并非一套凌驾于主权国家之上的超国家机构，而是一套制度化的政府间博弈机制。政府间主义认为，在国家利益这一行为基础上，民族国家既可以因为一体化符合其国家利益而推动这一进程，也可以因为一体化不符合其国家利益而阻碍这一进程。民族国家可能为使其利益能够得到更好的实现，将涉及"低级政治"领域的决策权力交给超国家机构，却不可能将涉及"高级政治"领域的决策权力让出。因此，一体化的结果仅仅是形成一套国家间的制度化协商机制，各国通过这套机制实现其利益博弈的制度化。

（二）"两岸间"模式的提出：对政府间主义的话语改造

两岸关系与欧洲一体化进程存在本质不同，但在抛开一些政府间主义中与两岸关系发展实践不相符合的概念之后，其理论框架能够在一定程度上描述和解释两岸形成共同决策的现象。因此，我们尝试结合两岸关系的实际，通过一系列的话语改造，建构脱胎于政府间主义的"两岸间"概念架构。

第一，"两岸间"以"两岸"一词，涵盖大陆与台湾在政治定位尚未明确的情况下，若干难以言明的政治概念，取代"政府间"中的"政府"一词。在政府间主义的话语体系中，"政府"是指参与一体化的各成员国政府，他们代表各自国家的利益，参与一体化进程中各国间的谈判，并在实质上主导一体化的进程。然而，由于两岸互不承认对方指定的根本法，亦不承认对方公权力机关的合法性，因此"政府"一词并不符合两岸关系发展的实际。此时，搁置大陆和台湾对于"主权""国家"等问题的争议，以一个近乎中性，却又具有更大包容性的词语——"两岸"，恰可满足这一要求。人们在使用"两岸"时多用于指涉一种政治现实，不仅表明分处台湾海峡两岸的大陆和台湾，而且也表明暂时尚未统一、但同属于"一个中国"的"大陆"和"台湾"。① 从这个意义上讲，作为政治概念的"两岸"，既可以用于代指作为一个整体的大陆和台湾，也可以用于表征台湾

---

① 祝捷：《论海峡两岸和平协议的基本原则》，《"一国两制"研究》（澳门）2011 年第 7 期。

海峡两岸在政治上互不隶属的两个地区。因此，"两岸"这一概念能够最大限度地包容两岸关系中"一"与"二"的矛盾，将两岸在政治话语上的争议化于无形。因此，以"两岸间"取代"政府间"也成为一种符合两岸关系发展实际的用语。

第二，"两岸间"以"事务性议题"与"政治性议题"的划分，取代政府间主义中的"高级政治"与"低级政治"的划分。尽管在界定范围上仍存在一定程度的差别，但两岸关系之中的这种事务性议题与政治性议题的区分，与政府间主义所提出的"高级政治"和"低级政治"之间的区分具有一定程度的相似。因此，我们在对政府间主义加以改造时，便可以这种符合两岸关系实践的划分方式取代其原有理论。当前，"两岸间"模式所要解决的，只是两岸现存的事务性议题，并非与"主权""国家"相关的政治性议题。亦即是说，"两岸间"模式与其说是提供一种解决两岸争议的方法，毋宁说是为两岸逐步累积互信，以阶段化思路解决双方争议提供一个制度起点，它只关照当前两岸亟待共同解决的事务性问题，而暂不涉及政治性问题。

第三，"两岸间"以为"两岸关系和平发展的不断深入"和"祖国完全统一"提供制度保障和前提条件的目标，取代政府间主义"提升国家利益实现水平"的目的。与欧洲一体化不同，两岸关系和平发展的目标无法以"国家利益"一词加以概括，更不能为抽象的大陆和台湾的利益所表述。两岸关系和平发展的目标在于通过双方切实有效的合作，维护两岸同胞的共同福祉，从而提升两岸关系和平发展的水平，增进双方政治互信，最终为祖国完全统一创造条件。因此，在建构"两岸间"模式时，我们尝试对政府间主义对一体化发展的目标加以置换，"两岸间"模式所关照的两岸关系和平发展的目标在于，通过保障两岸制度化协商机制的运行，为两岸民众和两岸公权力机关的正常交往提供制度保障，并借此实现增进两岸政治互信，为两岸早日就政治性议题展开协商奠定基础。

（三）"两岸间"模式的理论内涵

经过上述话语改造，"两岸间"模式成为一种兼顾两岸关系发展实际和政府间主义理论中部分能够适用于两岸关系研究实际的理论要素的理论。在完成这一话语改造后，我们尝试从认识论、方法论和实践论三个层面，分析"两岸间"的理论内涵。

第一，在认识论上，"两岸间"尝试以"主体间性"取代"主体性"，构建一套尊重两岸现状，包容两岸分歧，促进两岸共识的交往模式。"主体性"和"主体间性"是两个关照"主体"这一概念的重要哲学范畴。主体间性意味着"一种并非'我—它'而是'我—你'的关系的建立"，以及随之而来的"一种并非从属性的独白而是交互性的对话的原则的建立"。① 两岸关系是一种主体之间的关系，真正的理解活动只有在主体之间的社会交往关系中，在主体与主体相互承认和尊重对方的主体身份时才能存在。② 长期以来，两岸之间的政治对立导致双方在处理两岸关系中坚持以自我为中心的主体性思维，没有顾及"主体间性"这一维度，从而导致了两岸交往的扭曲与失衡。两岸共同决策机制的形成，意味着大陆和台湾开始从以往的以"独白"为主的交往方式，转向以"共识"为主的交往方式。"两岸间"这一概念，蕴含着将大陆和台湾两个参与两岸交往的主体平等视之，承认二者的主体性，进而为二者实现"共在"提供可能性的意义。因此，"两岸间"模式的提出，从认识论层面改变了长期以来两岸交往过程中存在的"主体性"思维方式，将大陆和台湾具有同等主体性的个体，通过双方的交往活动，使两岸原本具有较大差异性的视域逐渐走向融合，为双方形成更多共识提供条件。

第二，在方法论上，"两岸间"尝试以结构取代实体，以描述大陆和台湾之间形成的一种交往结构，而非一种新的政治实体。因此，"两岸间"结构并不具有超越于大陆与台湾之上的"超两岸"机制，而体现为一种两岸常态化、制度化的协商机制。实体，意指存在并起作用的组织机构。③ 结构，意指系统内各组成要素之间的相互联系、相互作用的方式，是系统

---

① 张再林：《关于现代西方哲学的"主体间性转向"》，《人文杂志》2000 年第 4 期。
② 参见唐桦：《两岸关系中的交往理性初探》，《台湾研究集刊》2010 年第 3 期。
③ 夏征农、陈至立主编：《辞海》，上海辞书出版社 2009 年版，第 2061 页。

组织化、有序化的重要标志。① 当前，学者们在讨论两岸关系发展方向时所运用的方法论，基本上是将两岸类比为某种政治实体的类型，或是创造出一种新的政治实体类型。② 这种以"实体"范畴分析两岸关系的方法尚存在着许多难以自圆其说之处。从词义的角度来看，尝试在两岸之间建构一个"存在并起作用的组织机构"往往意味着建构一种"超两岸"的实体。正如上文所述，在两岸政治互信不足的情况下，建立这种"超两岸"实体面临着众多现实困境，只有通过建立制度化的两岸协商机制，增进两岸政治互信，方能以渐进式的方式消解这些困境。因此，"两岸间"模式尝试建构的并非一种"超两岸"实体，而是一种关注两岸"相互联系、相互作用方式"的结构。在"两岸间"结构中，大陆和台湾不向新结构让渡其所掌握的治理权力，而是各自保留既有的对己方领域的有效治理权。"两岸间"模式所关注的并非两岸如何重新形成一个"超两岸"政治实体的问题，而是着眼于在不改变两岸既有现状的情况下，如何使两岸制度化协商机制的现实作用最大化。

第三，在实践论上，"两岸间"尝试将"二元并存"的两岸共同决策机制所创制的两岸共识，定义为一种政治层面上的两岸政治共识和一种法律层面上的具有软法属性的两岸共同政策，它对两岸各自域内法律体系能够形成一定的影响，但却并不必然在两岸能够直接适用。③ 在"两岸间"之结构下，两岸协议作为一种两岸共同政策影响两岸各自域内法律体系的实施，即两岸协议对大陆和台湾尽管并不具有强制约束力，但却可以在实践中发挥其现实约束力，从而对两岸公权力机关和普通民众产生法律效力。两岸协议的这种效力形式的变化，需要依照两岸各自域内立法的规定，经过接受、生效、适用等程序后方能实现，亦即是说，两岸协议对两岸公权力机关和普通民众的约束力是一种间接效力。④ 两岸协议的这种间接效力需要在大陆和台湾公权力机关的支持下方可实现，一旦一方停止对

① 夏征农、陈至立主编：《辞海》，上海辞书出版社2009年版，第1109页。
② 参见周叶中、祝捷：《两岸治理：一个形成中的结构》，《法学论丛》2010年第6期。
③ 参见周叶中、段磊：《论两岸协议的法理定位》，《江汉论坛》2014年第8期。
④ 参见周叶中、段磊：《论两岸协议的接受》，《法学评论》2014年第4期。

协议实施的支持，两岸协议便无法对两岸产生效力。

三、发展中的"两岸间"：发展障碍及其回应

从上文对"两岸间"模式的描述来看，在两岸关系和平发展的今天，"两岸间"的共同决策机制已初步形成，但这种共同决策机制依然有待进一步发展和完善。从两岸关系发展的现状来看，两岸共同决策的法理定位、民意正当性危机和决策的对象与范围等问题，都是当前"两岸间"模式发展过程中面临的主要障碍。正视这些障碍，对构建两岸关系和平发展框架，增进两岸政治互信，消除两岸政治对立，实现祖国和平统一有着重要意义。

（一）两岸共同决策的法理定位存疑：共同决策如何获得实施？

正如本文第一部分所述，尽管目前两岸已形成一种"二元共同决策机制"，但这种机制本身所输出的两岸共同政策的法理定位却较为尴尬，两岸尚未就共同政策的属性及其与两岸各自域内法律体系的关系问题形成一致的表述。长期以来，两岸关系的发展方向往往寄托于台湾地区领导人一身，台湾地区领导人个人政治倾向和政治态度的改变，会对两岸关系造成重大影响。[1] 1999 年两岸两会事务性商谈因"两国论"而中断、2014 年"太阳花运动"带来《海峡两岸服务贸易协议》延迟生效……这些事件无不体现出两岸关系发展中的这种"人治"因素。在两岸关系中仍然存在着"人治"因素的情况下，由于缺乏明确的法理定位，两岸共同政策的实施严重依赖两岸，尤其是台湾方面对共同政策的态度。在台湾地区政党轮替已成常态的今天，若不能通过法治方式明确两岸共同政策的法理定位，一旦主张或偏向"台独"的政党重新在台执政，则两岸共同政策的实施便将遭遇到严重困境。

针对两岸共同决策在法理定位上存在的问题，及其对两岸共同决策的实施带来的不利影响，本文认为，两岸应当转变既有的政治思维，转而以

---

[1] 周叶中、段磊：《论"法治型"两岸关系的构建》，《海峡两岸关系法学研究会 2014 年年会学术论文集》。

法治思维为导向，透过两岸间协商机制和两岸各自域内立法等方式，明确两岸共同决策的法理定位，构建起对两岸同时具有法律约束力的两岸法制体系，为"两岸间"结构的正常运行提供制度保障。① 具体而言：一是应由两岸尽快就共同政策的法理定位问题形成政治共识，继而签署一项旨在明确两岸共同决策法理定位问题的基础性协议，由此厘清两岸共同决策与两岸各自域内法律之间的关系；二是两岸应当尽快制定相关域内法律，明确两岸共同决策，尤其是两岸协议的法理定位，以强化两岸共同决策的权威性，防止"人治型"两岸关系对两岸共同决策实施效果的影响。② 总之，只有通过发挥法治的制度价值，才能充分保障"两岸间"结构的稳定性和可持续性，从而维护两岸关系和平发展的稳定性和可持续性。

（二）"精英政治"与"秘密政治"：共同决策的民意正当性危机如何克服？

考察近年来，尤其是 2014 年以来两岸关系发展的实践，在两岸共同决策机制形成的过程中，这一机制已经出现，因其"精英政治"与"秘密政治"色彩带来的民意正当性危机。就两岸两会事务性协商机制而言，由于两岸普通民众无从知晓两岸协议商谈的过程，更无从参与协议的制定并表达自己的意见，这使得两岸协议的民意正当性基础面临着一定考验。早在两岸关系和平发展初期，即有学者意识到，两岸共同决策机制体现的这种"精英政治"和"秘密政治"色彩，提出由于缺乏直接参与，两岸民众正逐渐沦为两岸关系和平发展的"旁观者"的观点。③ 彼时彼刻，这种观点似乎还是一种理论预测，而此时此刻，随着 2014 年上半年"太阳花运动"的爆发，以两岸协议为代表的两岸共同决策的民意正当性危机已经出现，两岸两会授权签署协议的权威性面临挑战。④ 较之于两岸两会协商，两岸事务主管部门协商机制尚处于一种初级发展阶段，其形成两岸共同决策的

① 参见祝捷：《论两岸法制的构建》，《学习与探索》2013 年第 7 期。
② 参见周叶中、段磊：《论两岸协议的接受》，《法学评论》2014 年第 4 期。
③ 参见周叶中、祝捷：《两岸治理：一种形成中的结构》，《法学评论》2010 年第 4 期。
④ 参见沈建华：《从台湾"太阳花学运"看两岸关系面临的挑战》，《现代台湾研究》2013 年第 4 期。

能力较弱，因而其所受到两岸民众的关注亦较少。但是，随着两岸事务主管部门协商机制的进一步发展，及其决策能力的不断提升，两岸民众对这一机制的关注程度亦会随之提升。因此，这一机制的民意正当性危机同样应引起我们的重视。

针对"秘密政治"和"精英政治"为两岸共同决策机制的发展带来的不利影响，本文认为，两岸应当尝试建构横跨海峡的多元民意整合机制，扩大两岸民众和利益相关群体参与两岸共同决策的议题选择和协商的空间，有效补强两岸共同决策机制的民意正当性。具体而言：一是应建构两岸共同决策的议题选择听证制度，就涉及两岸关系发展和民众福祉的重大问题，在两岸范围内公开举行议题选择听证会，使民众和利益相关群体能够参与确定两岸共同决策的议题范围；二是应建构两岸共同决策的协商旁听制度，邀请两岸民意代表和部分民众参与和旁听两岸两会协商，使民众能够直接了解两岸两会商谈的全过程；三是应建构两岸共同决策的事后民意数据调查和征询制度，在两岸形成共同决策和共同决策实施后，通过民意调查等多种民意征询手段，了解两岸民众对于相关决策实施的意见与建议，作为相关决策调整的重要依据，使民众意见能够对决策的实施发挥影响力。

（三）互信不足、领域有限：决策广度与深度如何得到扩展？

考察两岸共同决策机制的运行情况，目前两岸共同决策（无论是透过两会机制还是两岸事务主管部门协商机制）的决策范围依然有限，两岸范围内绝大多数事务依然由两岸各自决定。两岸共同决策范围的有限性主要体现在两个方面：一是共同决策的广度有限，现有的两岸共同决策的调整范围依然局限于两岸事务性议题，目前作为两岸协议的调整范围涉及两岸经济事务合作、社会事务合作和司法合作等方面，而两岸文化合作、行政合作和政治议题并未被纳入两岸共同决策的范围之中；二是共同决策的深度有限，两岸经济、社会和司法合作领域中的大量事务，依然由两岸各自决定，而并未引入共同决策机制。① 造成两岸共同决策范围广度与深度不

---

① 参见周叶中、祝捷：《两岸治理：一种形成中的结构》，《法学评论》2010 年第 6 期。

足的原因主要有二：一是由于两岸政治互信不足，台湾方面无法接受大量涉及两岸共同利益的事务由双方共同决定，因而双方无法就两岸政治议题等敏感性较高的问题展开商谈；二是由于两岸共同决策机制的平台建设有待进一步完善，现有的两岸两会协商机制和两岸事务主管部门协商机制，仍是一种简单的"两岸间"决策协调机制，而并未形成建基于稳定组织结构之上的共同决策体系。

针对两岸共同决策在法理定位上存在的问题，及其对两岸共同决策的实施带来的负面影响，本文认为，两岸应当透过双方不断深入地交往累积政治互信，通过制度建设和平台建设保障两岸共同利益的更好实现。具体来说：一是应当促进两岸在多个层面就现有共同决策机制决策范围外的事务交换意见，透过两岸学术交流等非官方平台，促进两岸各层次交往，累积双方共识，强化双方政治互信；二是应当推动两岸在两会事务性协商机制的框架下形成稳定的"两岸间"共同机构，以具有稳定组织结构的共同机构取代仅仅具有单纯协调性质的临时性协议"联系主体"，① 强化两岸共同决策的生成机制，为两岸做出更多共同决策提供条件。

四、结语

"两岸间"概念的提出，从现实背景上看，源于对两岸特殊交往形态下，两岸公权力机关交往和共同决策现象的回应；从理论溯源上看，脱胎于欧洲一体化进程中的政府间主义理论；从认识论上看，体现出通过以"主体间性"取代"主体性"的思维转向；从方法论上看，其核心在于以"结构"替代"实体"，体现出以动态方式形成对两岸关系和两岸交往描述的新方法。"两岸间"模式的提出，不仅为我们解释两岸公权力机关在政治对立情况下的共同决策现象提供了理论支撑，更为我们进一步完善这种两岸共同决策机制，进而为两岸增进政治互信，消除政治对立和分歧提供了可能。当然，"两岸间"仍是一种停留在理论层面上的"想象"，至于这种"想象"是否正确，仍然有待两岸关系实践的检验。

---

① 关于"两岸间"共同机构与两岸协议联系主体的关系问题，作者将另文叙述。

平等原则检视下的大陆居民在台湾地区的权利保障问题

——以台湾地区"司法院""大法官解释"为例[*]

  2008 年后，大陆居民赴台已经呈现出多元化、便利化和常态化的样态。①大陆居民在台居留期间的权利保障问题成为两岸全面交往背景下必须面对的重要课题。由于历史和政治的原因，台湾当局长期对大陆居民持有偏见，在制度安排与司法实践中形成了"区别对待"台湾居民和大陆居民的准则。考虑到台湾地区对台湾居民已经建立了比较完备的权利保障机制，因此，大陆居民在台权利保障问题的症结在于：大陆居民在台湾地区能否享有与台湾居民平等的权利、获得台湾地区公权力机构的平等保护。以往研究大多基于特定的政治立场，对台湾地区"区别对待"大陆居民和台湾居民的做法进行批判性研究，几无规范上之说理性可言，对"区别对待"的形成逻辑和论证步骤亦无法完成技术意义上的剖析，因而对大陆居民如何在台保障自身权利，除能提供政治说词外，并无法提供具有参考价值之法律路径。本文拟运用规范分析的方法，从台湾地区"司法院"有关大陆居民在台权利的"大法官解释"出发，从平等原则检视大陆居民在台湾地区的权利保障问题，以期为赴台之大陆居民保障自身在台权利提供可资运用的法律路径。

---

 * 本文由祝捷撰写，原文发表于《法学评论》2015 年第 3 期。

 ① 参见祝捷、周叶中：《论两岸大交往机制的构建》，黄卫平主编：《当代中国政治研究报告》（第十辑），社会科学文献出版社 2013 年版。

一、分析工具之建构：平等原则的精致化结构

制定于 1946 年的台湾地区现行"宪法"（以下简称 1946 年"宪法"）第 7 条规定，"……人民，无分男女、宗教、种族、阶级、党派，在法律上一律平等。"该条系台湾地区平等原则之法源，由于平等原则案件是"大法官解释"的重点案型，"大法官"对平等原则进行了精致化建构。"大法官"对于平等原则之含义、操作规程和审查密度，已经形成了包括一整套理论体系和实务规程在内的精致化结构。

（一）平等原则之含义

对于平等原则之含义，台湾学界向来存在"形式意义之平等"和"实质意义之平等"之经典区分。形式意义的平等，源自平等最为传统的概念，即"法律面前、人人平等"，[①] 其意指公权力机关必须依法对相对人予以平等对待，不得因相对人个体差异而产生不同对待。形式意义的平等，没有注意到人与人之间的差别，而强求法律对待具有差异之个体时采取同一态度，因而虽出自平等的动机，但会因此导致不平等的结果。因此，台湾学者更加重视实质意义上的平等概念。实质意义上的平等，系指具有正当性、为法律所允许的差别对待。[②]

学理上的二分法为"大法官解释"所肯定。"释字第 485 号解释"对实质意义上之平等的阐释，已经成为台湾地区有关平等概念的经典之作。根据"释字第 485 号解释"，"……第 7 条平等原则并非指绝对、机械之形式上平等，而系保障人民在法律上地位之实质平等，立法机关基于宪法之价值体系及立法目的，自得斟酌规范事物性质之差异而为合理之区别对待"。[③] 按照该解释，所谓"实质意义上的平等"，并非要求法律对一切人采取相同之对待，而是允许法律依不同情况在对待不同人群的方式上有所区别，唯该区别应为合理。

---

① 陈新民：《德国公法学基础理论》，山东人民出版社 2001 年版，第 671 页。
② 参见吴庚：《宪法的解释与适用》，三民书局 2004 年版，第 182 页。
③ "释字第 485 号解释"解释文。

（二）平等原则之操作规程

"释字第 485 号解释"虽然发展出平等权的实质内涵，但并未提供一套具有可操作性的规程。在理论层次，平等原则之适用一直承袭亚里士多德提出之经典公式，即"等者等之，不等者不等之"，但这一公式距离在实务中可资适用的操作规程仍有一定落差。台湾地区"司法院"针对"王某泉诉高雄第三信用合作社案"做成"释字第 596 号解释"，[①] 完整地展示了平等原则的操作规程。据"释字第 485 号解释"，台湾地区现行"宪法"并未禁止区别对待，而是要求为区别对待时，不得逾越"合理"，亦即平等原则适用的重点在于禁止"无正当理由"的区别对待。[②] 按平等原则适用之情形，必然是两个（或多个，下同）事物受到区别之对待，衡判平等原则是否获得实现需经过三步考量：

第一步：判断两个事物之间是否具有可比性。在"等者等之，不等者不等之"的公式中，所谓"等者"和"不等者"都应按照法律的规范意旨与规范事实，经由相互比较而后予以界定。在进行比较前，应确定两事物之间确有可比性。对于"可比性"的理解，可从两个层次上来把握：[③] 1）"可以被纳入比对、掂量，进行同异之辩者，必须属于同一规范体系"，"差别待遇若出于不同的规范系统，基本上不生……平等审查的问题"；2）对事物进行比较时，必须先设立"比较点"，透过"比较点"的比较，梳理出事物之间的共同点。对可比性的判断，是平等原则得以适用的逻辑前提。

第二步：确认"区别对待"的"区别"何在。平等原则的重点在禁止"无正当理由"的"区别对待"，因此，确认区别何在，是判断该区别是否具备正当理由所必需。确认"区别"时，应注意两点：1）该"区别"应具有法律判断之意义，而非无法律判断必要之"区别"；2）该"区别"应

---

① 对于本案之理论分析，参见祝捷：《台湾地区权利保障司法案例选编》，九州出版社 2013 年版，第 121 页。

② 李建良：《经济管制的平等思维》，《政大法学评论》第 102 期，2008 年 4 月。

③ 李建良：《经济管制的平等思维》，《政大法学评论》第 102 期，2008 年 4 月。

与第一步中所设定的"比较点"具有一定程度的关联性。确认两个事物"区别对待"的"区别"何在，是判断是否适用平等原则的关键步骤。

第三步：判断该"区别"是否"合理"。由于平等原则并非禁止"区别对待"，而是禁止无正当理由的"区别对待"，因而第二步所形成之"区别"，需经过是否"合理"的检验，方可判断是否有违平等原则。如该"区别"具有"正当化"事由，则纵使公权力行为对具有可比性之两事物区别对待，但仍能做成其符合平等原则的判断。在考量"区别"是否为合理时，"大法官"承认立法者享有广泛的立法余地。一般而言，只要不是构成"恣意"，均可认定为合理。在如何判断是否为"恣意"时，"大法官"一般使用比例原则的判断方法，将"区别"对待之措施，经过目的正当性、手段与目的之关联性的考量，综合判断是否为"恣意"。① 当然，在讨论目的正当性、手段与目的之关联性时，会涉及审查密度的概念。

（三）平等原则之审查密度

审查密度（*Kontrolldichte*），直译为"控制密度"，是留德之台湾学者经常使用的术语，其意指：法院在审查限制基本权利的公权力行为时，采取的宽严不同的尺度。在美国法语境下，"审查密度"又称为"审查基准""审查标准"。台湾地区尚未如美国通过"卡洛琳"案的"脚注四"形成以双重基准为主轴的审查密度，② 亦未如德国通过"员工参与决策"案形成三阶层的审查密度。③ 但许宗力在"释字第 578 号解释"的协同意见书中，在台湾地区首次提出比较完整的审查密度体系，即"三种宽严不同审查密度"：1）最宽松审查密度，只要立法者对事实的判断与预测，不具公然、明显的错误，或不构成明显恣意，即予尊重；2）中度审查密度，则

---

① 关于台湾地区之比例原则的结构，"大法官"基本沿袭德国公法学之三阶理论，即适当性、必要性和衡量性，但在"释字第 476 号解释"中，"大法官"亦提出目的"正当性"的审查步骤，从而形成了独具特色的四阶理论。参见李念祖：《人权保障的内容》（上），三民书局2006 年版，第 20 页以下。

② 黄昭元：《宪法权利限制的司法审查标准：美国类型化多元标准模式的比较分析》，《台大法学论丛》第 33 卷第 3 期。

③ 吴庚：《宪法的解释与适用》，三民书局 2004 年版，第 413 页。

进一步审查立法者的事实判断是否合乎事理、说得过去，因而可以支持；3）最严格审查密度，司法者对立法者判断就须作具体详尽的深入分析，倘无法确信立法者的判断是正确的，就只能宣告系争手段不符适合原则之要求。①

在台湾地区的审判实务中，采取较为严格的审查密度时，受审查标的一般较难通过审查，而采取较为宽松的审查密度时，受审查标的又一般较为容易地通过审查。审查密度之选择，在相当程度上决定受审查标的之命运。因此，判断"区别对待"是否为"恣意"，从判断"区别对待"本身是否为"恣意"，转换成以何审查密度判断"区别对待"为"恣意"。在涉及色盲考生能否报考警察学院的"郑某中诉台湾警察大学"案中，②"大法官"做成"释字第 613 号解释"，对"审查密度"的选择方法进行了阐述。

"大法官"认为，选择审查密度时，应当考量"分类标准"和"受侵犯的权利"两个维度。"分类标准"即系争法规区分不同人群的因素。"大法官"认为，非属人力所能控制的客观因素，如该案中的"色盲"，应采取严格审查密度。对于"受侵犯的权利"而言，主要考量权利的重要程度。如该案所涉及的受教育权，被"大法官"认为"对于个人日后工作之选择、生涯之规划及人格之健全发展影响深远，甚至与社会地位及……资源之分配息息相关"，③ 因而属于极端重要之权利，对不平等对待教育权之行为，应当采取严格审查密度。

"大法官"通过百余个解释的积累，已经将"平等"从理念层次之原则，转变为实务层次之操作规程，推动了平等原则在台湾地区的实证化，同时也从平等原则检视大陆居民在台湾地区的权利保护问题提供了一套可资适用的思维方法。本文将运用这一精致化的思维方法，纵剖横切"区别对待"和"平等对待"两准则，为大陆居民在台维护正当权利，在法技术

---

① "释字第 578 号解释"许宗力之协同意见书，在本协同意见书中，许宗力混用了"审查基准""审查标准"等概念，本文统一为"审查密度"。
② 对于本案之理论分析，参见祝捷：《台湾地区权利保障司法案例选编》，九州出版社 2013 年版，第 130 页。
③ "释字第 618 号解释"之解释文。

层面提供指引。

二、大陆居民在台权利处理准则之纵剖：从"区别对待"准则到"平等对待"准则

台湾当局至今仍认为中国大陆属于 1946 年"宪法"第 4 条所称之"固有疆域"，大陆居民在台湾地区仍为 1946 年"宪法"第 7 条所称之"人民"。① 然而，两岸尚未统一的政治格局和台湾当局长期以来的两岸政策，大陆居民在台湾地区事实上并未享有与台湾居民相同的权利。台湾地区"宪法增修条文"第 10 条及"台湾地区人民与大陆地区人民关系条例"（以下简称"两岸人民关系条例"）均对大陆居民在台各项权利加以限制。② 而在实务上，"大法官"经由多个解释，也形成了区别对待大陆居民和台湾居民的准则，即"区别对待"准则。但是，随着两岸关系的逐渐转暖，"大法官"亦随之改变单纯采取"区别对待"准则的态度，建立起更加符合两岸民众共同利益的"平等对待"准则。

（一）"区别对待"准则的形成与适用

在司法实务上，"区别对待"准则之滥觞，起于著名的"邓元贞"案。该案声请人邓元贞在 1949 年前曾在大陆娶陈某妻，但陈某并未随之去台。其后两岸隔绝近 40 年，邓元贞在无法办理与陈某离婚程序的情况下，于台湾地区另娶吴某为妻。在 1987 年台湾当局开放台湾居民回大陆探亲后，陈某诉请台湾当局地方法院撤销邓元贞与吴某的婚姻关系。"大法官"针对本案做成"释字第 242 号解释"。该号解释中，"大法官"引入"国家遭遇重大变故"的理由，③ 认为"在夫妻隔离，相聚无期，甚或音讯全无，生

① 参见《马英九"总统"接受墨西哥〈太阳报〉的专访》，资料来源：www. prisident. gov. tw，最后访问日期：2015 年 1 月 27 日。
② 对于台湾地区"区别对待"两岸居民之法源的论述，参见祝捷：《论大陆人民在台湾地区的法律地位——以"释字第 710 号解释"为中心》，《台湾研究集刊》2014 年第 2 期。
③ 事实上，"国家遭遇重大变故"经常运用于"大法官"解释两岸关系的案件中。最早之形成在 1954 年的"释字第 31 号解释"，该号解释即以"国家遭遇重大变故"为由，延迟台湾地区"立法委员"换届选举。参见周叶中、祝捷：《论我国台湾地区"司法院"大法官解释两岸关系的方法》，《现代法学》2008 年第 1 期。

死莫卜之情况下所发生之重婚事件，有不得已之因素存在，与一般重婚事件究有不同。"① 据此，"大法官"认定邓元贞在台婚姻为有效，无给予撤销之情形。该解释的解释文出现"与一般重婚事件究有不同"一句，表明"大法官"已经开始将大陆和台湾予以区别对待，而"国家遭遇重大变故"也成为支撑"区别对待"准则的"正当化"事由。在涉及大陆居民进入台湾地区的"释字第 265 号解释"中，"大法官"也使用了"国家遭遇重大变故"这一理由，认定"两岸人民关系条例"为大陆居民进入台湾地区设置考验期的规定为"合宪"。

"区别对待"准则正式形成于 1999 年的"释字第 497 号解释"。该案声请人林某在大陆的配偶范某请求进入台湾地区，但台湾当局依据"两岸人民关系条例"，给予范某"不予许可入境"和"不予许可居留"的处分，林某认为大陆居民亦属"中华民国国民"，"两岸人民关系条例"限制大陆居民在台湾地区进入和居留的权利，有违平等原则。"大法官"做成"释字第 497 号解释"，认为"两岸人民关系条例"及其授权制定的"大陆地区人民进入台湾地区许可办法"等规定，对于大陆居民进入台湾地区的程序性和实体性限制，系确保台湾地区安全与民众福祉所需，并未侵犯大陆居民的权利。② 本案确认了"两岸人民关系条例"区别对待大陆居民和台湾居民的"合宪性"，从而在司法实务中正式形成了"区别对待"准则。在同样涉及大陆居民进入台湾地区的"释字第 558 号解释"中，"大法官"将"释字第 497 号解释"引为"区别对待"准则的法源，表明"释字第 497 号解释"被认可为"区别对待"准则在司法上的直接渊源。

将"区别对待"准则推向高峰的是"释字第 618 号解释"。该案申请人谢某原系大陆居民，后因与台湾男子结婚后移居台湾，在 1998 年于台北县（现新北市）登记户籍。谢某于 2001 年 2 月通过"初等考试笔试"，在台北市某小学担任书记，取得"委任第一职等"任用资格。台北市政府于 2002 年 3 月查出谢某在台湾地区设户籍未满 10 年，因而根据"两岸人民

---

① "释字第 242 号解释"之解释理由书。
② "释字第 497 号解释"之解释文。

关系条例"第 21 条有关大陆居民在台湾地区设立户籍满 10 年后方可担任公务人员的规定，命令谢某离职。谢某认为"两岸人民关系条例"限制其工作权，遂声请"大法官解释"。"大法官"认为，"两岸人民关系条例"之所以为大陆居民在台担任公务人员设置 10 年考验期，是因为大陆居民的"自由民主宪政体制认识与其他台湾地区人民容有差异"，且"公职涉及对公权力之忠诚问题"，在"两岸处于分治与对立且政治、经济与社会体制存在巨大本质差异"的情况下，对其与其他台湾地区人民予以区别对待，亦属合理。① 本号解释不仅明确且直接的出现"区别对待"的表述，而且扩大了"区别对待"准则从传统的"入出境"领域扩展到其他基本权利领域，使"区别对待"准则在司法实务上得到了深化。

(二)"平等对待"准则的形成

2008 年后，两岸关系逐渐转暖，"区别对待"准则显然不再适合两岸关系和平发展的情势，"大法官"的态度亦出现微妙变化。"区别对待"准则松动之迹象，出现在简某诉北区"国税局"案中。在该案中，简某因其女儿在大陆北京大学，依台湾地区"所得税法"第 17 条纳税义务人扶养在读就学子女可减免所得税纳税额的规定，向北区"国税局"声请减免所得税之纳税额。当时台湾当局并未承认大陆高校学历，北区"国税局"以此为由，对简某之声请未予认可，简某认为北区"国税局"区别对待台湾高校和大陆高校，遂声请"大法官解释"。"大法官"针对本案做成"释字第 692 号解释"，认为北区"国税局"以简某之女以大陆高校学历是否受到承认，作为减免所得税纳税额之要件，构成不当联结，限缩了"所得税法"第 17 条之适用范围，违反租税法定原则。尽管本案并未涉及大陆居民在台湾地区的权利问题，但"大法官"在解释何为"所得税法"第 17 条规定之"在校就学"时，将大陆高校与台湾高校"平等对待"，并不考虑台湾当局教育机关是否认可大陆高校学历，已经构成对"区别对待"准则之松动。

---

① "释字第 618 号解释"之解释理由书。

"平等对待"准则正式确立于"梁某诉入出国及移民署"案。在该案中，梁某系大陆女子，与台湾男子王某结婚后，于2007年5月依台湾地区相关规定以"依亲居留"名义声请赴台，同年10月，台湾当局"入出国及移民署"通知梁某面谈，并在面谈后认为梁某与其夫王某的说辞有重大瑕疵，对梁某"注销入出境许可并强制出境"，并给予"暂予收容"处分。后"入出国及移民署"限制梁某人身自由长达126天，期间未赋予梁某陈述意见及答辩之机会，且收容时亦未交付任何书面文件，及告知救济途径、收容期间，于收容期间亦无给予声请人提审请求救济之权利。[①] 由于"入出境及移民署"仅以行政命令[②]限制声请人之人身自由，如声请人为台湾居民，则系争规定因违背法律保留原则而属"违宪"无疑。但由于该案声请人为大陆居民，且声请人并未在台湾地区设立户籍，能否获得与台湾居民平等的对待，成为案件争点。该案也成为衡判大陆居民能否适用平等原则，而获得与台湾居民同等权利保障的指标性案例。

"大法官"针对本案做成具有里程碑意义的"释字第710号解释"。在解释理由书中，"大法官"有两段话改变以往采取的"区别对待"准则，平等对待大陆居民与台湾居民：1）在解释理由书第1段第2句，"大法官"认为，"剥夺或限制人民身体自由之处置，不问其是否属于刑事被告之身份，除须有法律之依据外，尚应践行必要之司法程序或其他正当法律程序"；2）在解释理由书第2段第5句，"大法官"提出，"惟大陆地区人民形式上经主管机关许可，且已合法入境台湾地区者，其迁徙之自由原则上即应受宪法保障。"[③] 据此，至少在人身自由和迁徙自由方面，大陆居民在台湾地区受到了"大法官"的平等对待，享有与台湾居民相同的权利，系争之规定也因而无效。

在"释字第710号解释"后至今，虽并无新的涉及大陆居民在台权利

---

① "释字第710号解释"之"释宪"声请书。
② 台湾地区之"行政命令"相当于大陆《立法法》上规定之行政法规和规章，系行政机构制定的规范性文件的总称。参见陈清秀：《行政法的法源》，翁岳生：《行政法》（上册），中国法制出版社2002年版，第122页。
③ "释字第710号解释"解释理由书。

保障之案件，但由此领域所建立的"平等对待"原则已经适用于其他涉及两岸关系之案件。在涉及已有子女或养子女的台湾居民能否收养大陆居民的"释字第712号解释"中，"大法官"运用"平等对待"准则，认为"两岸人民关系条例"第65条第1款限制台湾居民收养大陆居民的规定，因违反比例原则而无效。这表明，"平等对待"准则已经逐渐为"大法官"接受，开始消解"区别对待"准则对两岸关系产生的负面效果。

从"区别对待"准则到"平等对待"准则之演变，符合两岸关系和平发展之大势。然而，"释字第710号解释"并未推翻"区别对待"准则，"平等对待"准则也只是个别地适用于大法官已经做成解释之领域，并不具有普遍效力。① 随着以大陆配偶、大陆学生、大陆游客、大陆投资者为主要群体的大陆居民在台权利保障问题日渐突出，研究大陆居民在台湾地区法律体系内部，获得平等原则保障的法理问题，亦随之突出。"区别对待"准则和"平等对待"准则对大陆居民在台权利保护的态度殊异，却都被"大法官"经由平等原则的铺陈，获得规范上的证立。从一个中国框架的政治立场出发，"平等对待"准则与两岸关系和平发展的贴合性，当然大于刻意区分两岸居民的"区别对待"准则。但就客观状况而言，"平等对待"准则在台湾地区仍是个别性的，而"区别对待"准则是普遍性的。当前，两岸协议在台湾地区的法律性质不明，② 大陆居民难以透过两岸协议保护其在台权利，"平等对待"准则因此成为大陆居民保护其在台权利的法技术路径，而如何防范"区别对待"准则的引入，也成为保护大陆居民在台权利的司法实务所需。③ 虑及此，本文从平等原则检视"区别对待"准则和"平等对待"准则的。唯此种检视亦须根据台湾地区已经形成之平等原则的精致化结构展开。本文对"区别对待"准则和"平等对待"准则

① 对此，"大法官"罗昌发认为，"多数意见虽对于大陆地区人民所应享之居住迁徙自由、人身自由及正当法律程序等基本权利，已有相当之厘清；惟本席认为，多数意见对大陆地区人民基本权利保护之宣示，尚有未周。"参见"释字第710号解释"罗昌发之"部分协同部分不同意见书"。
② 参见周叶中、段磊：《论两岸协议的法理定位》，《江汉论坛》2014年第8期。
③ 参见祝捷：《论大陆人民在台湾地区的法律地位——以"释字第710号解释"为中心》，《台湾研究集刊》2014年第2期。

的检视，分两步展开：1）从"实质平等"之内涵发端，探究两准则具有共性之问题；2）从平等原则之操作规程和审查密度发端，比较两准则之差异，并借此厘清"区别对待"准则之适用逻辑和"平等对待"准则的可扩展性。本文第三部分讨论"实质平等"在处理大陆居民在台权利保护问题上的内涵，第四部分讨论平等原则在大陆居民在台权利保障上的具体运用。

三、大陆居民在台权利处理准则横切之一："实质平等"的内涵

平等原则之"平等"在两岸事务领域，究竟是形式意义之平等，还是实质意义之平等，在台湾地区已有定论。"释字第 618 号解释"解释理由书载有明文："……此所谓平等，系指实质上之平等而言，立法机关……自得斟酌规范事物性质之差异而为合理之区别对待"。① 这一句话表达了三层含义：1）在两岸领域，平等原则一如在其他涉及平等原则之案件，将"平等"理解为实质意义的平等，据此，"区别对待"大陆居民和台湾居民亦可与平等原则相容；2）"区别对待"之"区别"的决定主体，是台湾地区立法机构，由此推知，"区别对待"大陆居民和台湾居民需符合法律保留原则，当然，下位法在符合授权明确性原则的前提下，亦可设置此种"区别"；3）立法机构决定之"区别"，即便符合法律保留原则及授权明确性原则，也需为"合理"，而判断"区别"是否为"合理"时，需"斟酌规范事物性质之差异"。此三层含义，事实上将台湾地区立法机构在两岸事务上的立法形成自由、法律保留原则以及"事务性质"三者揉捏在一起，构成理解"实质平等"内涵之要点，以下分述之：

（一）台湾地区立法机构之立法形成自由

1991 年，台湾地区启动"宪政改革"，其第一个"宪法增修条文"第10 条规定："自由地区与大陆地区间人民权利义务关系及其他事务之处理，得以法律为特别之规定"，此即台湾地区"宪法增修条文"的"两岸条

---

① "释字第 618 号解释"之解释理由书。

款"。1997 年第四次"宪政改革"后,"两岸条款"的序号改为第 11 条,但内容未变。"两岸条款"成为台湾当局制定各项两岸法规的根本依据。目前台湾地区规范两岸居民交往和大陆居民在台权利的"两岸人民关系条例",即是在该"两岸条款"的授权下制定。由于"两岸条款"对两岸事务之立法,采取了"特别"授权,因而台湾地区立法机构在两岸事务上的立法权限极大。这一"特别立法"的性质,在"释字第 497 号解释"中也获得承认。① 而在后续之"释字第 618 号解释""释字第 710 号解释""释字第 712 号解释"中,"大法官"也沿袭了此种定性。

立法机构在两岸事务上的立法形成自由究竟有多大,"释字第 618 号解释"对此有专门论述:"鉴于两岸关系事务,涉及政治、经济与社会等诸多因素之考虑与判断,对于代表多元民意及掌握充分信息之立法机关就此所为之决定,如非具有明显之重大瑕疵,职司法律违宪审查之释宪机关固宜予以尊重。"② 由此可见,台湾地区立法机构在两岸事务上,有着较大的形成自由。关于台湾地区立法机构在两岸事务上广泛的立法形成自由,构成了理解"区别对待"准则和"平等对待"准则的背景。因为"大法官"的各个解释,无论采取以上两个准则中的何者,都未试图挑战立法机构在两岸事务上的立法形成自由,而只是为之添加不同的限制而已。

(二) 法律保留原则的适用余地

法律保留原则是台湾地区保障人民权利的重要基本原则。"大法官"沿袭德国公法学对法律保留原则之通说,在涉及人民权利的部分采"侵害保留"说,即对人民权利之侵害,仅以法律层次之规范性文件方得为之。③但"大法官"对法律保留原则的理解,并非倾向绝对之法律保留原则,而是借助授权明确性原则使之相对化。在"释字第 313 号解释"中,"大法官"形成解释和适用授权明确性原则之"经典法则"。④ 据该解释,授权明

---

① 参见"释字第 497 号解释"之解释理由书。
② "释字第 618 号解释"之解释理由书。
③ 参见陈新民:《德国公法学基础理论》(下册),山东人民出版社 2001 年版,第 354 页。
④ 经典法则,系施文森语。参见"释字第 488 号解释"施文森之一部不同意见书。

确性原则，是指法律层次之规范性文件，可授权下位法制定限制人民权利之规范，但此种授权必须符合明确性要求。究竟何为"明确性"，"释字第313 号解释"给出了经典解释：1）下位法只能对法律已限制权利的构成要件加以规定，而不得创设新的权利限制；2）法律对下位法之授权在内容和范围上必须明确，不得为空白之授权。①

在涉及大陆居民在台权利的案件中，法律保留原则的适用相当常见和灵活，在"大法官"采"区别对待"准则和"平等对待"准则的解释中，都能获得适用机会。法律保留原则适用于采"区别对待"准则的案件，以"释字第497 号解释"为代表。在该解释中，"大法官"认为系争之"大陆地区人民进入台湾地区许可办法"，虽规定对大陆居民进入台湾地区的程序性限制，但此种限制是基于"两岸人民关系条例"的授权，符合授权明确性原则，并不抵触法律保留原则。事实上，"两岸人民关系条例"第10条仅授权行政部门制定大陆居民进入台湾地区和在台湾地区活动或工作的细则，而未对限制之内容和范围作出明确授权。该解释之声请人指责"两岸人民关系条例"第10 条的授权并不符合法律保留原则。但"大法官"认为，"两岸人民关系条例"第10 条实为"概括授权"，对"概括授权"之理解，"应就该项法律整体所表现之关联意义以推知立法者授权之意旨，而非拘泥于特定法条之文字。"② 此种说词，从法理角度而言，已经掏空法律保留原则及授权明确性原则的实质内涵，纯以授权明确性原则之虚幻外表，为"区别对待"准则背书！

而法律保留原则在采"平等对待"准则案件中的适用，则以"释字第710 号解释"为典型。该号解释中，"大法官"认为系争之"大陆地区人民及香港澳门居民强制出境处理办法"，以行政命令限制人民之人身自由，已经抵触法律保留原则。由此观之，"大法官"在两岸事务中对法律保留原则的适用，呈现出由宽至严的趋势。由于台湾地区限制大陆居民权利之规范依据，除"两岸人民关系条例"外，多数为行政命令层次的规范，因

① 参见李念祖：《人权保障的程序》，三民书局2003 年版，第317 页。
② "释字第497 号解释"之解释理由书。

而法律保留原则及授权明确性原则，理应成为大陆居民保障其在台权利的重要依据和切入点。

（三）两岸事务的"事务性质"

两岸事务究竟和其他事务有何区别，是斟酌区别对待是否为"合理"的判准。从几个解释的文本来看，"大法官"对两岸事务的"事务性质"，大多从负面角度加以诠释，认为"两岸人民关系条例"等限制大陆居民在台权利的规定，系为保障"台湾地区安全、民众福祉暨维护自由民主之宪政秩序"所需，其潜台词无异于"两岸事务"与其他事务不同之处，是两岸事务可能威胁"台湾地区安全、民众福祉暨维护自由民主之宪政秩序"。此种对于两岸事务的"事务性质"做负面理解的态度，亦在"释字第 710 号解释"中为多数意见所肯定，但有"大法官"对此"事务性质"提出不同意见。陈新民认为，"两岸人民的关系，许多都是民事、刑事及行政性质，岂能概括列入类似'军事行动'或其他敌对性与潜在敌对性的行为领域？因此将两岸关系事项列入'攸关国家安全与利益'，而一概排除行政程序法之适用，显然抵触比例原则。"① 还有"大法官"认为，不应夸大大陆居民在台权利案件中的"两岸因素"，而应就事论事地讨论所涉及之具体权利。陈碧玉认为，"两岸虽在分治状态，然强制出境及暂予收容之处分，攸关经许可合法入境大陆地区人民之居住、迁徙、人身自由暨婚姻家庭等基本人权之保障。相关法令仍应回归规范该事项之本旨。"② 这些观点虽未出现在正式的解释文和解释理由书中，但构成了对两岸事务之"事务性质"理解的松动。及至"释字第 712 号解释"，多数意见终于从具体权利角度理解两岸事务之"事务性质"，认为台湾居民收养大陆居民"将有助于其婚姻幸福、家庭和谐及其与被收养人之身心发展与人格之形塑"，而不再笼统地以"安全"等抽象理由搪塞之。③

---

① "释字第 710 号解释"陈新民之部分不同意见书。
② "释字第 710 号解释"陈碧玉之部分协同部分不同意见书。
③ "释字第 712 号解释"之解释理由书。

四、大陆居民在台权利处理准则横切之二：平等原则操作规程和审查密度的具体运用

平等原则之操作规程和审查密度的选择，被统一于"大法官"对"区别对待"准则和"平等对待"准则的论证中。本文根据第一部分梳理之精致化结构，在总体上以平等原则之操作规程为序，阐述平等原则在两个准则中的具体运用。

（一）比较点的选择和区别的厘清

比较点的选择和区别的厘清，是平等原则之操作规程的第一步和第二步。比较点之选择决定了大陆居民和台湾居民是否有可比性，如无可比性，则"区别对待"准则不受平等原则的审查。[①] 在上述系列案件中，大陆居民和台湾居民同属 1946 年"宪法"第 7 条所称之"人民"，成为衡判可比性的比较点。"释字第 497 号解释"之声请人林某在"释宪声请书"中明确写道："（台湾当局）一再标榜中国统一……大陆同胞亦属我中华民国人民，依此，则大陆配偶尚有居住及迁徙台湾之自由。"[②] 不过，由于"大法官"在"释字第 708 号解释"中，在涉及外国人在台权利的问题上，亦形成"平等对待"准则。"大法官"在"释字第 710 号解释"中，也多次引用《联合国公民与政治权利国际公约》相关条款，这是否意味着"大法官"对于大陆居民与台湾居民"平等对待"准则的建构，事实上已经将比较点选择为具有普遍意义之"人"，从而大陆居民等同于外国人？对此问题，"释字第 710 号解释"的解释文和解释理由书并未做直接表述，但也表示区别对待台湾居民和外国人之理由为"现代国家主权之行使"，而区别对待台湾居民和大陆居民之理由为"两岸分治的现状"，可以看出"大法官"并未将大陆居民等同于外国人，亦未选择以"人"为比较点。除多数意见外，陈春生、陈碧玉、罗昌发、李震山和陈新民等"大法官"也在协同意见书或不同意见书中，对于大陆居民、台湾居民和外国人的关

---

① "释字第 596 号解释"之解释理由书。
② "释字第 497 号解释"之"释宪声请书"。

系进行了说明。这些"大法官"的观点比较一致，都认为大陆居民虽非台湾居民，但肯定不是外国人。

至于"区别"，实为台湾地区相关规定对于大陆居民进入台湾或在台权利的种种限制，前文已经详述，此处不再赘述。

（二）区别是否为"恣意"的判断

"大法官"对可比性及区别的认知，并非是"大法官"论证的重点，对于区别是否为"恣意"的论证，才是"大法官"的着力之处。在涉及大陆居民在台权利的案件中，"大法官"对于是否为"恣意"的判断主要采取两种路径：1）运用"国家遭遇重大变故"的政治表述，为"区别对待"提供"正当化"事由；2）运用比例原则，根据目的正当性、手段与目的之关联性对区别对待是否为"恣意"进行论证。"国家遭遇重大变故"的表述，主要在20世纪90年代中前期使用，其结论具有唯一性。90年代中后期，当"国家遭遇重大变故"心理在台湾逐渐褪色后，"大法官"开始转向更具法理性的论证技术。"国家遭遇重大变故"尽管在后续解释中偶有出现，但只是作为解释的宏观背景，在法技术层面已经不具有证立结论的功效了。具有明显法技术意义的比例原则，开始成为大法官讨论区别是否为"恣意"的主要路径。

在比例原则使用之早期，"大法官"尚未能从目的正当性、手段与目的之关联性等角度，遵循比例原则之操作规程，对区别对待是否为"恣意"进行严格地学理论证，而是找到1946年"宪法"第23条，使之作为证立"区别"的"正当化"依据。如在"释字第497号解释"中，"大法官"在解释理由书中开篇即摆出："人民有居住迁徙之自由，固为宪法第10条所保障，惟为防止妨碍他人自由、避免紧急危难、维持社会秩序或增进公共利益之必要，得以法律限制之，宪法第23条亦有明文。"[1] 但1946年"宪法"第23条的说辞，如"避免紧急危难""维持社会秩序""增进公共利益"等几句过去宽泛，亦难说具有足够之说服力。"释字第618号

---

[1] "释字第497号解释"之解释理由书。

解释"比较完整地引入了严格意义之比例原则的操作规程，根据目的正当性、手段与目的之关联性形成特异化的论述。在该号解释中，"大法官"对"区别"（为在台设籍之大陆居民规定 10 年的考验期）是否为"恣意"的论证经过了三步：① 1）"大法官"首先祭出论证拟采取之法技术，认为1946 年"宪法"规定之平等，虽为实质之平等，但仍应经受比例原则之检验；2）"大法官"其次按"释字 476 号解释"形成之比例原则的操作规程，认定为在台设籍之大陆居民设定 10 年考验期，目的是基于公务人员在公法上的职务义务和忠诚义务，为确保"台湾地区安全、民众福祉暨维护自由民主之宪政秩序"所需，该目的具有正当性；3）"大法官"最后对作为手段的"设定 10 年考验期"，与上述目的之间的关联性进行了论述，"大法官"认为，"设定 10 年考验期"之手段，是考虑到大陆居民"对自由民主宪政体制认识之差异，及融入台湾社会需经过适应期间，且为使原设籍大陆地区人民于担任公务人员时普遍获得人民对其所行使公权力之信赖，尤需有长时间之培养"，该手段与目的之间具有合理关联。据此，"大法官"认定该案系争之区别对待符合平等原则。"释字第 618 号解释"事实上是比较完整地体现了比例原则在大陆居民在台权利案件中的运用步骤。其后的"释字第 710 号解释"，虽争点及结论与"释字第 618 号解释"殊异，但论证过程是基本相同的。

（三）审查密度的选择

"释字第 710 号解释"具有与"释字第 618 号解释"基本相同之论证过程，但最终得出相异之结论，肇因是"大法官"为两案选择之审查密度不同。"大法官"在"释字第 618 号解释"中明示："惟两岸关系事务，涉及政治、经济与社会等诸多因素之考虑与判断，对于代表多元民意及掌握充分信息之立法机关就此所为之决定，如非具有明显之重大瑕疵，职司法律违宪审查之释宪机关即宜予以尊重。"此一宣示台湾地区立法机构在两岸事务上之广泛形成自由的论述，事实上也提炼了"大法官"审查限制大

———————————

① 根据"释字第 618 号解释"之解释理由书整理。

陆居民在台权利之密度，即是否"具有明显之重大瑕疵"。"大法官"后续论证所形成之结论，亦呼应此一审查密度，认为该案所涉及之手段与目的间"尚无明显而重大之瑕疵"。

"释字第 618 号解释"做成时间晚于"释字第 613 号解释"，对审查密度的选择，必然受到"释字第 613 号解释"的影响。本文通过"分类标准"和"受限制之权利"对"释字第 618 号解释"审查密度之选择做一剖析。在"分类标准"上，该案涉及之当事人谢某亦为台湾居民，只不过并非原生之台湾居民，其原本在大陆设籍，因婚嫁关系在台湾地区设籍。因此，本案之分类标准实为"是否为原生台湾地区户籍"。在"受限制之权利"上，"大法官"认为本案所涉及之人民权利为 1946 年"宪法"第 18条规定之"服公职权"。按"释字第 613 号解释"形成之判准，是否为原生之台湾地区户籍，显然非当事人主观所能决定，而"服公职权"虽非如人身自由一般重要，但亦涉及人民政治参与的权利，也是台湾地区独具特色的一种基本权利。①"按释字第 613 号解释"之判准，对该案系争之"区别"，应采取严格审查密度，至少应采取中度审查密度。但大法官却以立法机构之形成自由为理由，选择宽松审查密度。因此，该案无论政治立场如何，在法技术上是存在重大瑕疵的！

再考察"释字第 710 号解释"，该案之分类标准，为是否是"台湾居民"，但在该分类标准上，"大法官"对涉及之大陆居民进行了限定，即"形式上经主管机关许可，且已合法入境台湾地区者"。这一限定事实上已经忽略了大陆居民和台湾居民在身份上的区别，视大陆居民在法律地位上与台湾居民无异。而在"受限制的权利"上，"大法官"认为该案涉及之人民权利，为 1946 年"宪法"第 8 条之人身自由和第 10 条之迁徙自由，此两项权利为人民最重要之基本权利，尤其是第 8 条之人身自由，是台湾地区唯一处于"宪法保留"位阶的人民权利，其重要性远大于"释字第

---

① 对于 1946 年"宪法"第 18 条所规定之"应考试服公职权"，台湾地区学者对此认识不一，吴庚认为该权实为政治参与权，而陈慈阳、许育典、陈新民等则认为该权为具有独立意义之基本权利。参见吴庚：《宪法的解释与适用》，三民书局 2004 年版，第 304 页；陈慈阳：《宪法学》，元照出版有限公司 2005 年版，第 631 页。

618 号解释"涉及之"服公职权"。据此，"大法官"在该案中选择了严格审查密度，要求限制大陆居民之上述权利时，"应视所涉基本权之种类、限制之强度及范围、所欲追求之公共利益、决定机关之功能合适性、有无替代程序或各项可能程序之成本等因素综合考虑"。①

由是观之，尽管决定"大法官"形成"平等对待"准则的关键，是两岸关系和平发展的大势，但"大法官"在形成该准则时，并未借助外在政治决断的权威正当化"平等对待"准则，而是透过详细之说理和精细之论证，从法技术层面正当化"平等对待"准则。从"释字第 710 号解释"的论证过程、审查密度之选择来看，"平等对待"准则并非针对人身自由、迁徙自由而设定，人身自由和迁徙自由作为"受限制的权利"，只是"大法官"在选择审查密度时考量的因素，因此，"平等对待"准则是一个较强的扩展性，完全能够扩展至台 1946 年"宪法"及其"增修条文"规定的各项权利上。这也为大陆居民在台湾地区保障自身权利提供了切入点。

五、结语

大陆居民在台权利保障问题，已经成为影响两岸建立互信和民众认同的重大议题。获得台湾当局的平等对待，消除因政治力造成之人为区隔，是两岸建立更加全面交往关系所需，也是增强两岸关系和平发展民意基础所需。在两岸尚未建立保障对方居民在己方控制区域内正当权利的机制前，赴台之大陆居民不仅可期盼两岸尽快积累足够互信，建立相应机制，更应当具备利用台湾地区相关规定保障自身权利之意识和能力。本文运用平等原则检视大陆居民在台权利保障的系列案例，并对之利用台湾地区"司法院""大法官"所建构之平等原则的精致化结构，对"区别对待"准则和"平等对待"准则进行了纵剖横切，以期助益于大陆居民在台权利之保护，期盼能以此推动大陆涉台法律研究的学理化、实证化和精细化。

---

① "释字第 710 号解释"之解释理由书。

论两岸协议的接受[*]

　　自 1993 年"汪辜会谈"之后，海峡两岸透过授权民间团体海协会和海基会签订了一系列事务性协议（以下简称"两岸协议"）。这些协议的签订与实施对于促进两岸关系和平发展有着重要现实意义。两岸协议自签署到实施，实现从两个民间组织之间的"私协议"，到对两岸具有普遍约束力的法律规范的转变，需要经历一个复杂过程。在此过程中，大陆和台湾依据各自的有关规定接受（incorporation）[①]两岸协议，是两岸协议实施的关键步骤。在两岸语境下，两岸协议的接受是指两岸依照各自规定，通过一定方式，使本属于民间私协议的两岸协议具有规范意义上的法律效力的过程。目前，在两岸协议的接受过程中尚有许多重要的理论与实践问题有待解决，如对此不予重视，将严重影响到两岸共识的贯彻落实，并对两岸关系和平发展大局产生不利影响。基于协议接受问题对两岸协议实施的重要意义，本文拟结合大陆和台湾各自接受两岸协议的实践及相关法学理论，对两岸协议的接受问题进行分析和讨论。

　　一、两岸协议的接受：一种制度的阐明

　　两岸协议的接受是协议实施过程中的一项重要制度，在两岸完成协议的接受后，具有跨法域和私协议属性的两岸协议即"转变"成两岸各自域内法律体系的一部分。然而，要解释这一重要的性质转变过程，就应当从

＊　本文由周叶中、段磊合作撰写，原文刊载于《法学评论》2014 年第 4 期。
①　"接受"一词的用法，参见李浩培：《条约法概论》，法律出版社 2003 年版，第 314 页。

两岸协议接受制度产生的理论原因、协议接受制度的理论描述和协议接受制度在协议实施制度中的地位与作用三个层面出发，以阐明这一制度的理论内涵。

（一）跨法域性和私协议性：两岸协议接受制度产生的理论原因

目前，两岸协议的政治基础和前提是以坚持一个中国原则为核心内容的"九二共识"，因此，从本质上讲，两岸协议是一种"一国内地区间协议"，是一个中国的两个部分之间达成的协议。因此，两岸协议与国际条约之间存在着本质差别。然而，"接受"一词是国际法学上的一个概念，它是对缔约国对条约内容的承认与执行的描述。那么，具有"一国性"特征的两岸协议，何以会使用一个国际法学上的概念呢？从法学角度看，两岸协议之所以会产生接受的问题，绝不是因为如某些持"台独"立场的人士所声称的所谓"两岸协议条约化"主张，而是源于两岸协议在两岸关系背景下体现出来的跨法域性和私协议性的特点，具体而言：

第一，两岸协议的跨法域性要求两岸通过接受程序，将两岸协议转变①为各自域内的法律规范。所谓"法域"，是指具有或适用独特法律制度的区域，乃是一个纯粹的法学概念，与"国家""主权"等概念无关，一个主权国家之内也可以有多个法域。② 大陆和台湾目前仍处于政治对立的状态，施行于大陆的《中华人民共和国宪法》及依据其制定的法律规范现在还无法在台湾地区适用，而台湾地区也依据其现行"宪法"形成了区别于大陆的法律体系。③ 在这种情况下，在不考虑法律体系正当性的前提下，大陆和台湾事实上存在着两套互相平行的法律体系，大陆人民和台湾人民在各自公权力机关的实际控制范围内，仅遵守、执行和适用本区域内的法律。对大陆和台湾分属两个不同法域的认识，并不影响大陆和台湾同属一个中国的事实，这一点已为两岸学界和实务界所公认。④ 2009 年 4 月两会

---

① 本文所用的"转变"，仅为描述两岸协议向两岸域内法律转换、变化的词语，不具有特定的法律意涵，尤其与国际法上的"转化"不同。
② 韩德培主编：《国际私法问题专论》，武汉大学出版社 2004 年版，第 117 页至第 118 页。
③ 参见周叶中：《台湾问题的宪法学思考》，《法学》2007 年第 4 期。
④ 参见韩德培主编：《国际私法新论》，武汉大学出版社 1997 年版，第 447 页。

签订的《海峡两岸共同打击犯罪及司法互助协议》，实际上就隐含着将大陆和台湾视为两个不同法域的理论前提。两岸既为两个法域，那么两岸协议的实质则是一国内两个平行法域之间签订的协议。因此，虽然两岸协议具有"一国性"，但仍需通过类似于国际法上的"接受"机制，使这种跨法域协议转变为两岸各自法域内的法律规范。亦即是说，接受程序的功能在于，将原本处于"两岸间"的两岸协议，转变为在"两岸内"具有法律效力的两岸域内法律规范。当然，两岸协议的"接受"与国际法上的"接受"有着本质不同，并不能以两岸协议需经接受为由，认为两岸协议就是条约，从而否定两岸协议的"一国性"。同样，也不能因为两岸协议的"一国性"，而否定两岸协议接受制度存在的必要性。

第二，两岸协议的私协议性要求两岸通过接受将两岸协议转变为具有公性质的法律规范。两岸协议是两岸在政治对立的历史背景下，在两岸公权力机关无法直接接触时，双方透过授权民间团体海协会和海基会所签订的协议。从协议签订主体来看，两岸协议皆以海协会与海基会名义签署，而非双方公权力机关所为。大陆的海协会和台湾的海基会是双方为开展两岸事务性交流而专门成立的团体，其中海协会的法律性质属"社会团体法人"，海基会的法律性质则属"财团法人"。① 根据两岸有关规定，二者均属不具有公权力性质之私主体，其在特定条件下享有的"公权力主体"之地位，需经两岸公权力机关的授权与委托。因此，由于两岸两会的"私"性质，其所签订的两岸协议，在规范意义上自然仅具有私协议（民间契约）的性质。因此，从法理上讲，具有私协议性质的两岸协议即便"生效"，也仅能拘束作为签订主体的海协会和海基会，而并不能对两岸公权力机关和普通民众产生普遍的拘束力。同时，两岸协议的实施不仅涉及两岸公权力的行使，有的还需两岸公权力机关对各自法域内的法律进行立、改、废活动，而这些事项是仅具"窗口"性质的海协会和海基会难以做到的。因此，只有通过接受的方式，使两岸协议从仅具私性质的两岸两会间

---

① 根据《海峡两岸关系协会章程》第 1 条之规定，海协会"是社会团体法人"；根据《财团法人海峡交流基金会组织规程》第 1 条之规定，海基会是"财团法人"。

的协议，转变为具有公性质的法律规范，两岸协议才能被赋予普遍约束力，从而成为能拘束两岸公权力机关和普通民众的法律规范。

综上所述，两岸协议的接受是两岸协议实施过程中的必经程序，也是使两岸协议真正发生法律效力的关键制度。根据两岸协议的跨法域性，两岸协议的实施可以被分为在两岸间的实施和在两岸各自法域内的实施（以下简称"域内实施"）两部分，其中前者意味着抽象意义上的大陆和台湾，有遵守和接受两岸协议的义务，而后者则意味着两岸依照各自域内法律之规定完成协议接受后，协议对两岸域内的公权力机关和普通民众均产生普遍约束力。而在协议实施的这两部分之间，起着衔接和协调作用的，正是两岸协议的接受制度，也正是由于接受制度的存在，使得两岸协议能够获取足够的正当性和规范性，使协议最终能够得到贯彻落实。

（二）两岸语境下的协议接受：国际法知识的借鉴

按照上文的解释，尽管两岸协议并非国际条约，但以"法域"这一学理概念为依托，我们可以在否定台湾地区"国家"属性的前提下，单纯地从理论层面借鉴国际法学中的条约法知识，对两岸协议的相关制度进行分析。

按照国际法的相关知识，接受是指各国在国内履行国际义务的一切形式。对于国际条约而言，条约在缔约国实施问题的本质在于，如何界定和协调国际条约与缔约国国内法的关系问题。关于国际法与国内法的关系问题，历史上主要存在两派观点：一派认为国际法与国内法同属一个法律体系，即所谓"一元论"；另一派则认为国际法与国内法是两个不同的法律体系，即所谓"二元论"。① 其中前一派观点中又有两种不同的观点，即对国际法与国内法效力高低的认知存在差别：其中一种观点认为"国内法优先于国际法"，即所谓"国内法优先说"；另一种观点认为"国际法优于国内法"，即所谓"国际法优先说"。② 因此，关于这一问题实际上形成两派三论的不同观点。经过两次世界大战之后，"一元论"中的"国内法优先

① 参见王铁崖：《国际法引论》，北京大学出版社 1998 年版，第 180 页。
② 参见王铁崖：《国际法引论》，北京大学出版社 1998 年版，第 180 页。

说"已逐渐衰落，失去了其影响力，"国际法优先说"和"二元论"成为主流观点。根据"一元论"中"国际法优先说"，国际法与国内法是一个法律体系，在此体系中，国际法处于金字塔的最高位，各国的国内法从属于国际法。① 因此，国际条约一旦生效，自然能够在缔约国国内适用，且国内法如果与条约相抵触，则归于无效。根据"二元论"的观点，国际法与国内法是两套完全独立而没有关联性的法秩序，两者之间没有位阶问题，也没有冲突问题。② 因此，要使某个国际法规范在国内生效，就必须通过国内法的某个法律行为将规范转变为国内法规范。③

这两种关于国际法与国内法关系的理论，为国际法中的接受程序奠定了理论基础，也在实践中影响了各国接受国际条约的具体方式。在实践中，接受本身可分为两种：（1）将条约规定转化（transformation）为国内法；（2）无须转变，而将条约规定纳入（adoption）国内法。④ 认同"一元论"的国家，多会以国内法明确规定国际条约是国内法的组成部分，能够在国内直接适用，故多选择以纳入方式接受国际条约，如美国、日本、法国、奥地利等国；认同"二元论"的国家则拒绝承认国际法在国内的效力，故多选择转化方式接受国际条约，如英国法律即规定，该国缔结和批准的条约尚需议会就该条约通过特定法案后方可在英国国内适用。

在两岸语境下，两岸协议的接受是指两岸依照各自规定，通过一定方式使本属于民间私协议的两岸协议，具有规范意义上的法律效力的过程。这个过程，既可以通过直接赋予协议以法律效力的方式完成，也可以通过依协议主要内容制定新法律或修改原有法律的形式完成。前者类似于国际法中的纳入方式，后者则类似于转化方式。目前，大陆和台湾在两岸协议的接受实践中，表现出不同的实际情况。在大陆，由于法律并未规定两岸

---

① 梁西主编：《国际法》，武汉大学出版社 2003 年版，第 12 页。

② 黄异：《国际法》，新学林出版股份有限公司 2010 年版，第 54 页。

③ ［德］沃尔夫刚·格拉夫·魏智通主编：《国际法》，吴越、毛晓飞译，法律出版社 2002 年版，第 125 页。

④ 李浩培：《条约法概论》，法律出版社 2003 年版，第 314 页。此处李浩培先生将"transformation"译为"转变"，本文则采用目前国际法通说，使用"转化"一词。

协议的接受程序，因而在实践中形成了复杂、混乱的情况：既出现过部分两岸协议一经签署即可产生法律约束力的情形，也出现过经有关部门通过转化立法赋予协议以法律效力的情形，亦有同一协议在接受中混合着转化接受和纳入接受的情形。在台湾，"台湾地区与大陆地区人民关系条例"（以下简称"两岸人民关系条例"）对两岸协议的接受制度做出了详尽规定，其接受制度已较为完备。按照"两岸人民关系条例"之规定，若两岸协议内容涉及"修法"或"新订定法律"，需由"行政院"核转"立法院"审议通过后方可生效；若协议内容不涉"修法"或"新订定法律"，则由"行政院"核定后，送"立法院"备查即告生效。① 这一程序类似于国际法中的"转化"方式。近年来，在台湾，两岸协议的监督与接受问题备受争议，对相关实践，本文第二部分将作出较为详尽的介绍与分析，此处不作赘述。

（三）衔接与协调：两岸协议的接受在协议实施中的制度作用

两岸协议的实施是一个复杂的过程。其起点是协议的签署，经过批准、生效、接受，最终实现协议在两岸各自领域内的适用。因此，两岸协议的接受是两岸协议实施中的一个环节，它在整个协议实施程序中起到了重要作用。具体而言，这种作用体现为衔接与协调两个方面。

第一，协议的接受上承协议的签署、批准程序，下接协议的生效和适用程序，其制度作用体现为对各个程序的衔接，使各个程序能够共同发挥作用。

自 2008 年两岸两会签订《海峡两岸包机会谈纪要》以来，两岸协议的实施逐步形成一套较为完整的制度体系，这一制度体系在近年来各项两岸协议的实施过程中逐步走向完善。从广义上讲，两岸协议实施的起点在于两岸协议的签署，即两岸两会领导人正式签订协议、完成协议换文之时，终点在于两岸协议的具体内容在两岸各自域内得到适用，即两岸协议的内容内化为两岸各自法律体系的组成部分，在两岸各自领域内发生普遍

---

① 参见"两岸人民关系条例"第 4 - 2 条、第 5 条。

约束力之时。在两岸，协议的实施制度一般包括协议的签署、生效、接受和适用四个部分，其中签署和生效程序一般由两会负责完成，接受和适用程序一般由两岸各自公权力机关完成。在大陆，目前的协议实施实践中，并没有涉及国家权力机关审议或批准两岸协议的问题，因此协议的实施制度并不包括批准程序。在台湾，根据"两岸人民关系条例"的规定和近年来的实践，涉及修改"法律"、新订定"法律"，以及两岸间重大问题的两岸协议，须经其立法机构审议通过后方能正式生效，这种审议程序与国际法上的条约批准程序具有一定的相似性，因此协议的实施制度还包括批准程序。

在环环相扣的两岸协议实施程序中，协议接受程序实际上扮演了承接协议签署、生效和适用的重要角色。两岸协议的签署是两岸协议实施程序的起点，也是两岸接受协议的前提条件。两岸协议的生效则与协议的接受之间显示出一种特殊的因果关系。一般而言，在国际法中，国家接受的只能是已经生效的条约。然而在两岸间，大陆和台湾接受的两岸协议并非一定是生效的协议，反而是两岸对协议的接受，在有些情形下构成协议生效的前提条件。

根据现有的两岸协议文本，两岸协议的生效条款曾先后采取过四种模式。[①] 第一，协议在签署后经过确定期间后生效，即两岸协议在双方签订后经过一定期间，待该期间届满后方产生效力，《汪辜会谈共同协议》等即采用这种模式。[②] 第二，协议在签署后的确定时间内生效，即两岸协议在双方签署后一定期间之内产生效力，但实践中一般为该期间届满之日生效，这就使这种模式与第一种模式在实际中产生相当的效果，《海峡两岸空运协议》等即采用这种模式。[③] 第三，协议在签署后经过一个有限的准备期后生效，即两岸协议规定一个供双方进行准备工作的准备期，但协议

---

① 数据统计截至 2014 年 2 月。
② 采用这种生效模式的两岸协议还包括：《两会联系与会谈制度协议》《两岸公证书使用查证协议》《两岸挂号函件查询、补偿事宜协议》《海峡两岸关于大陆居民赴台湾旅游协议》《海峡两岸包机会谈纪要》《海峡两岸食品安全协议》。
③ 采用这种生效模式的两岸协议还包括：《海峡两岸海运协议》《海峡两岸邮政协议》。

明确限定了准备期的最长时限，待双方完成准备工作后生效，《海峡两岸金融合作协议》等即采用这种模式。① 第四，协议在签署后由双方各自完成相关程序，待完成后以书面方式通知对方，两岸协议自双方均收到对方通知后的次日生效，《海峡两岸经济合作框架协议》等即采用这种模式。② 自 2010 年签署《海峡两岸经济合作框架协议》之后，两岸协议的生效模式已统一采取了第四种模式，即协议的生效取决于两岸各自"相关程序"的执行情况。在实践中，台湾方面的"相关程序"实际上就包含其立法机构对两岸协议的审议和接受程序。以 ECFA 为例，2010 年 6 月 29 日两会正式签署协议，8 月 17 日台湾"立法院"通过对该协议的审议，并完成了对协议相关"法律"的修改，协议的接受程序即告完成。然而，此时协议并未生效，直至当年 9 月 12 日，两会完成协议换文，协议方才正式生效。因此，在第四种协议生效模式之下，两岸协议接受程序的完成是协议生效的前提，协议的生效是协议接受的法律后果。

除了协议生效之外，协议接受的法律后果还包括两岸协议在两岸各自域内的适用。两岸协议的适用是指两岸依照各自规定，将协议内容应用于各自领域内的立法、司法和行政活动，使协议内容得以落实的过程。两岸协议的适用，可分为直接适用和间接适用两种适用方式。两岸协议的直接适用是指两岸行政机关、司法机关和部分立法机关能够直接依据两岸协议进行执法、审判和立法活动；两岸协议的间接适用则是指两岸行政机关、司法机关和部分立法机关只能根据各自立法机关所制定的法律行事，而不能直接以两岸协议为行事根据。两岸协议适用的前提是协议已经为两岸所接受，成为两岸各自域内法律体系的一部分。

第二，协议的接受是两岸协议从非规范意义的"两岸间"私协议，走

---

① 采用这种生效模式的两岸协议还包括：《海峡两岸共同打击犯罪及司法互助协议》《海峡两岸空运补充协议》《海峡两岸渔船船员劳务合作协议》《海峡两岸农产品检疫检验合作协议》和《海峡两岸标准计量检验认证合作协议》。
② 采用这种生效模式的两岸协议还包括：《海峡两岸知识产权保护合作协议》《海峡两岸医药卫生合作协议》《海峡两岸核电安全合作协议》《海峡两岸海关合作协议》《海峡两岸投资保护和促进协议》和《海峡两岸服务贸易协议》。

向规范意义上的"两岸内"法律规范的过程,其制度作用体现为对两岸协议与两岸各自域内立法之间关系的协调。

如上文所述,两岸协议在形式上是两岸两个民间团体之间达成的协议,具有私协议的性质,其形式上的约束力应当仅及于两岸两会,而无法直接对两岸民众和公权力机关产生普遍约束力。然而,两岸两会毕竟不是一般意义上的民间团体,而是"获得两岸当局之充分授权的机构"①,具有很强的公信力,是两岸公权力机关在两岸政治对立背景下进行接触的"白手套"。因此,超越形式意义上的局限性,由两会签署的两岸协议可以理解为两岸各自公权力机关意志的体现。

然而,从目前两岸关系发展的实践来看,大陆和台湾并不视两岸协议为一种规范意义上的法。在大陆,尽管不少两岸协议能作为一些部门规章的立法依据,甚至直接出现在一些司法判决之中,但从整体上讲,两岸协议并未被大陆明确界定为正式的法律渊源,也并未被列入"中国特色社会主义法律体系"之中②。在台湾,根据"两岸人民关系条例"的相关规定,当两岸协议与其现行"法律"不一致或需另定"法律"时,需通过"立法院"根据协议修改"法律"或新订定"法律",即相关事宜应以"法律"为准,而两岸协议也并未被视为其域内"法律渊源"的一种。因此,并不属于两岸正式法律渊源的两岸协议,要在两岸得到实施,就必须处理好其与两岸各自既有法律体系之间的关系。两岸协议的接受制度正是协调二者关系的法律程序。

二、差别化的接受方式:两岸的协议接受实践

在完成对两岸协议接受制度的理论分析后,我们有必要将视线从理论

---

① 邵宗海:《两岸关系》,五南图书出版股份有限公司 2006 年版,第 286 页。

② 根据国务院新闻办公室发布的《中国特色社会主义法律体系》白皮书,我国法律体系的层次构成包括宪法、法律、行政法规、地方性法规、自治条例和单行条例,这也构成了我国官方认可的正式法律渊源。参见《中国特色社会主义法律体系》白皮书,资料来源:http://news.xinhuanet.com/politics/2011-10/27/c_111127507_2.htm,最后访问日期:2014 年 2 月 18 日。

转向实践，对大陆和台湾近年来的两岸协议接受实践进行叙述与解读，归纳和分析其中的特点与问题，从而为下一步的论证提供依据。由于两岸的法制传统和制度延续的差别，两岸协议接受制度在大陆和台湾的实践中呈现出不同的特点：大陆的实践表现为既有纳入接受又有转化接受的混合接受模式；台湾的实践则表现为以转化接受为主的接受模式。

（一）大陆的协议接受实践：默示的转化接受与纳入接受的混合模式

目前，在实践中，大陆以纳入方式接受两岸协议的情形较多，即协议生效后并不需要经过类似国际法中的转化程序，直接成为大陆的正式法律渊源。我们在过去曾以两岸协议在大陆具有"直接适用性"来概括大陆的这种纳入接受方式。所谓的直接适用性，是指两岸协议在依据其自身规定生效后，即成为中国大陆法律体系的一部分，自然具有法律效力。① 这种"直接适用"的理论概括，实际上是以两岸协议为大陆所接受为前提的。而这种直接适用的方式，则从反面印证了两岸协议在大陆的接受方式是一种纳入接受。然而，由于这种纳入接受并未像大陆对待国际条约那样，在法律中明确规定条约对法律的优先地位②，而是以一种默认的方式表示接受，因此我们认为，大陆直接适用两岸协议的实践，可以被认为是一种对两岸协议的默示的纳入接受。

目前，大陆对两岸协议这种默示的纳入接受，主要表现为大陆有关部门在尚未执行任何协议接受程序时即开始适用协议，具体表现为立法机关直接以两岸协议为依据进行立法活动、审判机关直接以两岸协议为依据进行司法裁判活动、行政机关以两岸协议为依据调整相应的政策等。目前，

---

① 按照大陆方面在实践中的做法，"直接适用"的内涵是广泛的：其一，在对象上，"直接适用"系指两岸协议适用于包括公权力在内的所有公民、法人和其他组织；其二，在方式上，"直接适用"不仅是有关部门处理具体案件的规范依据，而且是制定规范性文件的依据。关于两岸协议直接适用性的论述，参见周叶中、祝捷主编：《构建两岸关系和平发展框架的法律机制研究》，九州出版社2013年版，第96页。

② 这种国际条约对国内法的优先地位体现为许多法律中设置的"条约优先"条款上，如《民事诉讼法》第260条、《票据法》第95条、《海商法》第268条等条文，均规定"中华人民共和国缔结或者参加的国际条约同本法有不同规定的，适用该国际条约的规定，但中华人民共和国声明保留的条款除外"。

大陆立法机关以两岸协议为依据，共制定了14件法律规范，其法律位阶主要集中于部门规章一级，也包括两项司法解释，制定主体则为国务院各部委和最高人民法院。这种直接在立法活动中适用两岸协议的立法例主要有两种，一是明确其立法或释法目的是"为履行""为落实""为促进实施"或"为实施"某项两岸协议，即该项立法或司法解释是对两岸协议已经涉及内容的细化规定①；二是明确其立法依据是"依照"或"根据"某项两岸协议，即该项立法或司法解释是对两岸协议所涉内容的扩展性规定②。近年来，大陆审判机关的裁判活动中直接援引两岸协议的情形亦有出现，这些司法裁判援引的主要是《两岸公证书使用查证协议》和《海峡两岸共同打击犯罪和司法互助协议》两项协议。除了以立法方式和司法方式直接适用两岸协议外，大陆有关部门还会在两岸协议正式生效前后，以各种行政措施落实协议的规定。以《海峡两岸空运协议》为例，尽管大陆没有依据该协议进行立法，亦没有根据该协议做出司法裁判，但自两会签署协议后，大陆民航空管局即开始着手准备两岸直航工作，并依据协议与台湾民

---

① 以此类方式表述协议与相关立法关系的部门规章和司法解释包括：司法部制定的《海峡两岸公证书使用查证协议实施办法》，交通运输部制定的《关于海峡两岸间集装箱班轮运价备案实施的公告（2012年第6号）》《关于海峡两岸海上直航发展政策措施的公告（2012年第41号）》《关于海峡两岸海上直航政策措施的公告（2011年第37号）》《关于公布进一步促进海峡两岸海上直航政策措施的公告（2009年第54号）》《关于促进两岸海上直航政策措施的公告（2009年第21号）》《关于促进当前水运平稳较快发展的通知》，最高人民法院制定的《关于人民法院办理海峡两岸送达文书和调查取证司法互助案件的规定》，海关总署制定的《〈海峡两岸经济合作框架协议〉项下进出口货物原产地管理办法》《关于对海关总署令第200号有关条款使用适宜的解释》，国家工商行政管理总局制定的《台湾地区商标注册申请人要求优先权有关事项的规定》，商务部和国台办制定的《台湾投资者经第三地转投资认定暂行办法》等。
② 以此类方式表述协议与相关立法关系的部门规章和司法解释包括：国台办、公安部和海关总署联合制定的《两会商定会务人员入出境往来便利办法》，交通运输部制定的《关于台湾海峡两岸间海上直航实施事项的公告（2008年第38号）》，国家海事局制定的《台湾海峡两岸直航船舶监督管理暂行办法》，国家发改委和国家邮政局联合制定的《关于核定大陆至台湾地区相关邮务业务资费试行标准的通知》，最高人民法院制定的《关于进一步规范人民法院涉港澳台调查取证工作的通知》。

航管理部门建立了信息通报制度和渠道。① 现已正式生效的两岸协议中，以默示纳入方式实现接受，并涉及立法适用和司法适用协议的情况可参见下表：

大陆以默示纳入方式接受两岸协议的情况简表②

两岸协议名称	默示纳入接受的表现形式	纳入接受后的适用情况
《两岸公证书使用查证协议》	依据协议制定规范性法律文件	司法部制定《海峡两岸公证书使用查证协议实施办法》
	依据协议做出司法裁判	浙江省杭州市余杭区人民法院审理的"北京天语同声信息技术有限公司与周福良侵犯著作财产权纠纷案"③、北京市第一中级人民法院审理的"山上正电子科技有限公司与国家知识产权局专利复审委员会案"④ 等案件的判决书中，均援引了《两岸公证书使用查证协议》的相关内容。
《海峡两岸海运协议》	依据协议制定规范性法律文件	交通运输部制定《关于海峡两岸间集装箱班轮运价备案实施的公告（2012 年第 6 号）》
		交通运输部制定《关于海峡两岸海上直航发展政策措施的公告（2012 年第 41 号）》
		交通运输部制定《关于海峡两岸海上直航政策措施的公告（2011 年第 37 号）》
		交通运输部制定《关于公布进一步促进海峡两岸海上直航政策措施的公告》（2009 年第 54 号）
		交通运输部制定《关于促进两岸海上直航政策措施的公告》（2009 年第 21 号）
		交通运输部制定《关于台湾海峡两岸间海上直航实施事项的公告》（2008 年第 38 号）

---

① 参见中国台湾网：《民航局空管局局长苏兰根：将全力以赴维护好两岸直航航线安全飞行》。2008 年 12 月 15 日，资料来源：http://www.taiwan.cn/wxzl/qtbwwx/gwybwgldgjj/minhang/200812/t20081224_804781.htm，最后访问日期：2014 年 2 月 1 日。

② 资料来源：作者自制。需要指出的是，本表仅列举大陆以立法方式和司法方式直接适用两岸协议的主要情况。由于行政适用的情况难以完整收集和总结，因此对于以实施有关行政措施的方式适用两岸协议的情形暂不予列举。

③ 判决书文号：（2011）杭余知初字第 28 号，资料来源：北大法宝网站 www.pkulaw.cn，最后访问日期：2013 年 12 月 20 日。

④ 判决书文号：（2010）一中知行初字第 330 号，资料来源：北大法宝网站 www.pkulaw.cn，最后访问日期：2013 年 12 月 20 日。

续表

两岸协议名称	默示纳入接受的表现形式	纳入接受后的适用情况
《海峡两岸海运协议》	依据协议制定规范性法律文件	交通运输部制定《关于促进当前水运平稳较快发展的通知》
		国家海事局制定《台湾海峡两岸直航船舶监督管理暂行办法》
《海峡两岸邮政协议》	依据协议制定规范性法律文件	国家发改委、国家邮政局制定《关于核定大陆至台湾地区相关邮资业务资费试行标准的通知》
《海峡两岸共同打击犯罪及司法互助协议》	依据协议制定司法解释	最高人民法院制定《关于进一步规范人民法院涉港澳台调查取证工作的通知》
		最高人民法院制定《关于人民法院办理海峡两岸送达文书和调查取证司法互助案件的规定》
	依据协议做出司法裁判	福建省厦门市海沧区人民法院审理的"中国工商银行股份有限公司厦门市分行诉廖静惠等信用卡纠纷案"① 等案的判决书中，引用了《海峡两岸共同打击犯罪及司法互助协议》的相关规定。
《海峡两岸经济合作框架协议》	依据协议制定规范性法律文件	海关总署制定《〈海峡两岸经济合作框架协议〉项下进出口货物原产地管理办法》
		海关总署制定《关于对海关总署令第200号有关条款使用适宜的解释》
《海峡两岸知识产权保护合作协议》	依据协议制定规范性法律文件	国家工商行政管理总局制定《台湾地区商标注册申请人要求优先权有关事项的规定》
《海峡两岸投资保护和促进协议》	依据协议制定规范性法律文件	商务部、国台办制定《台湾投资者经第三地转投资认定暂行办法》

当然，大陆亦有部分以转化形式实现对两岸协议接受的情形，具体表现为大陆有关部门以制定规范性文件的形式，全文转发有关两岸协议的主要内容，以完成对协议的接受。如1994年6月，两岸两会依据《两会联系与会谈制度协议》第五条之规定，以换文形式签署《两会商定会务人员出入境往来便利办法》，1995年3月，国台办、公安部和海关总署发布《关

① 判决书文号：（2012）海民初字第2305号，资料来源：北大法宝网站 www. pkulaw. cn，最后访问日期：2013年12月20日。

于印发〈两会商定会务人员入出境往来便利办法〉的通知》，将《办法》全文印发，完成了对该办法的转化接受。又如 2010 年 6 月，两岸签署 EC-FA 后，海关总署根据协议附件二《适用于货物贸易早期收获产品的临时原产地规则》，发布了海关总署公告 2010 年第 86 号《关于发布〈海峡两岸经济合作框架协议〉货物贸易早期收获产品的产品特定原产地规则》，全文转发了 ECFA 的附件二，完成了对该附件的转化接受。

综上所述，从两岸协议的接受实践来看，由于大陆法律并未规定两岸协议的接受程序，因而在实践中形成了复杂、混乱的情况，既存在着纳入接受的情形，也存在着转化接受的情形，故我们可将其称之为一种"混合接受模式"。需要指出的是，这种所谓"混合接受模式"仅仅是笔者基于实践的一种总结，并非一种现实制度的体现。正是由于缺乏规范的两岸协议的接受制度，才使协议在大陆地区的适用，出现种种难以自圆其说的问题，也使大陆构建法制化的两岸协议实施制度出现较大的现实困难。

（二）台湾的协议接受实践：转化接受与立法机构的审议监督

与大陆的默示纳入接受和并入并行的情形不同，针对两岸协议的接受问题，台湾有着较为明确的规定。调整两岸协议审议和接受的主要"法律"条文是"两岸人民关系条例"第 4 - 1 条、第 5 条和第 95 条。

按照"两岸人民关系条例"之规定，两岸协议的审议和接受方式主要分为两种情形：一是当两岸协议内容涉及"修法"或"新订定法律"时，需由"行政院"核转"立法院"审议通过后方可生效；二是若协议内容不涉"修法"或"新订定法律"时，则由"行政院"核定后，送"立法院"备查即告生效。① 在前一种情形中，又有一种"法定"的特殊情况，即所谓"推定同意"的决议方式。由于"两岸人民关系条例"第 95 条对涉及"台湾地区与大陆地区直接通商、通航及大陆地区人民进入台湾地区工作"的情形，设置了一种"推定同意"的特殊接受方式，即涉及上述问题的两岸协议须提交"立法院"审议，但 30 日内"立法院"未作出决议的，视

---

① 参见"两岸人民关系条例"第 4 - 2 条、第 5 条。

为通过。纵观上述两种情形下的三种规定方式，我们认为，台湾的两岸协议接受程序，具有类似于国际法中的"转化"方式的特点。

需要说明的是，在上述"核转""审议""核定"和"备查"四个程序中，"核转"和"备查"不具有实质性的审查意义，仅具有形式上的"转交""备案"等意义，而"核定"和"审议"则具有实质性的审查意义。① 换言之，从权力分配的角度来看，台湾的两岸协议接受制度，以是否需要"修法"或新订定"法律"为标准，划定了其行政机关和立法机关的接受权限，即若涉"修法"或新订定"法律"，则协议必须通过"行政院"和"立法院"的双方审议，反之则只需要经过"行政院"一方的审查即可。根据"两岸人民关系条例"第 5 条第 1 项之规定，在签订两岸协议前，海基会必须经"行政院"同意方可签署协议，因而最终签署的两岸协议，在某种程度上代表了台湾地区行政机构的立场和态度。因此，若台湾地区对两岸协议的接受，适用"行政院"核定、"立法院"备查的方式，则被接受的几率较大，反之则可能受制于"立法院"内各党派之间的斗争而影响协议的接受。因此，除少数极为明显地涉及"修法"或新订定"法律"的问题外，台"行政院"都以协议"未涉及修法"为由，"仅送立法院查照"。

在 2008 年 6 月以来签署的各项两岸协议的接受实践中，因涉及"修法"或新订定"法律"而提交"立法院"审议的情形，仅发生过三次，即第二次陈江会谈时签订的《海峡两岸海运协议》、第五次陈江会谈时签订的《海峡两岸经济合作框架协议》和《海峡两岸知识产权合作保护协议》，以及目前仍在审议中的《海峡两岸服务贸易协议》。具体说来，前两次立法机构对协议的审议，又分别适用了两种不同的规定方式。

《海峡两岸海运协议》的接受，适用了"两岸人民关系条例"第 95 条预设的特殊情形。2008 年 11 月 4 日签订的《海峡两岸海运协议》是自2008 年 6 月两会复谈以来，首个明确涉及修改"法律"的两岸协议。协议规定，"双方统一两岸登记船舶自进入双方港口至出港期间，船舶悬挂公

---

① 祝捷：《海峡两岸和平协议研究》，香港社会科学出版社有限公司 2010 年版，第 359 页。

司旗，船艉及主桅暂不挂旗"①，这与台湾地区"商港法"第 45 条规定的
"船舶入港至出港时，应悬挂中华民国国旗、船籍国国旗及船舶电台呼叫
旗"有着明显的冲突。时任台湾"立法院""法制局长"刘汉庭认为，
《海峡两岸海运协议》第 3 条的规定，与台湾地区"商港法"关于"挂
旗"的规定相悖。因此，要实施《海峡两岸海运协议》，必须修改"商港
法"的上述规定，或修改"台湾地区与大陆地区人民关系条例"，将"商
港法"排除出两岸关系适用范围。② 按照刘汉廷的观点，《海峡两岸海运协
议》无论如何都涉及台湾地区有关"法律"的修改，因而必须由"行政
院"核转"立法院"审议。③ 然而，由于"两岸人民关系条例"第 95 条
为"实施台湾地区与大陆地区直接通商、通航及大陆地区人民进入台湾地
区工作"的情形，设置了特殊的推定同意的决议程序，即规定"'立法院'
如于会期内一个月未为决议，视为同意"。因此，最终"行政院"以"两
岸人民关系条例"的这一规定为依据，使《海峡两岸海运协议》绕过了
"立法院"可能进行的冗长审议程序，以"推定同意"方式完成协议的审
议和接受程序，并于 12 月 14 日按时生效。

《海峡两岸经济合作框架协议》和《海峡两岸知识产权合作保护协议》
的接受和审议，则遵循了"两岸人民关系条例"第 4、5 条之规定，经二
读通过，完成了接受和审议程序。2010 年 6 月 29 日，两岸两会领导人正
式签署两项协议，随后"行政院"函请"立法院"审议两项协议。7 月 8
日，"立法院"第 7 届第 5 会期第 1 次临时会第 1 次会议审议两项协议，经
国民党党团提出，"院会"通过，两项协议绕过"委员会"审查程序，
"径付二读"。8 月 17 日，两项协议在民进党团"立委"全体退席的情况
下，由占到"立法院"多数席位的泛蓝阵营各党团以 68 票赞成，0 票反
对，0 票弃权，表决通过《海峡两岸经济合作框架协议》，并照"行政院"

---

① 《海峡两岸海运协议》第三条。
② 参见《警惕民进党将两岸协议扭曲为"两国条约"》，资料来源：http://www.taiwan.cn/
plzhx/hxshp/200811/t20081114_779426.htm，最后访问日期：2014 年 2 月 8 日。
③ 周叶中、祝捷主编：《构建海峡两岸和平发展框架的法律机制研究》，九州出版社 2013 年版，
第 117 页。

提案内容通过了《海峡两岸知识产权保护合作协议》。① 8 月 18 日，"立法院"表决通过了与两项协议相关的"商标法""专利法""海关进口税则"等五项"法律"的修正案，完成了协议的接受。可以预见的是，随着两岸关系和平发展走向深入，两岸协议的内容必将越来越多的涉及台湾地区"法律保留"的事项，类似于 ECFA 和《海峡两岸知识产权保护合作协议》接受实践的情形，也必将越来越普遍。

三、理论与实践：当前两岸协议接受中存在的双重困境

两岸协议是两岸政治对立现状下的"一国内地区间协议"。尽管当前绝大部分的两岸协议都得到了两岸公权力机关的接受，但在两岸政治对立的背景下，受两岸政治关系和台湾岛内政党政治的影响，实践中存在的两岸协议接受方式仍然存在着诸多困境。总的说来，这些困境可以被归纳为理论与实践上的两个层面。

（一）理论困境：由协议性质界定不清引起的问题

尽管两岸可以以模糊处理方式使两岸协议的商谈在暂不考虑协议本身定位的前提下持续进行，但是，这种理论上定位不明带来的协议定位问题，却对两岸协议的接受造成许多现实困难。在实践中，诸如《海峡两岸食品安全协议》在台湾延迟生效，《海峡两岸空运协议》《海峡两岸海运协议》因涉及租税法定原则部分内容延迟生效，ECFA 审议一波三折，《海峡两岸服务贸易协议》至今仍未通过台湾地区立法机关审议等问题，对两岸关系和平发展的大局都产生过负面影响。这些实践中困难的产生，都与两岸协议的接受制度相关联，准确地说是与两岸协议接受制度的理论构建相

---

① 关于《海峡两岸经济合作框架协议》"二读"审议的相关情况，参见台湾地区《"立法院"公报》第 99 卷第 50 期，第 2—205 页，其中二读表决结果见同期《公报》第 205 页；关于《海峡两岸知识产权保护合作协议》（智慧财产权合作保护协议）二读审议的相关情况，参见台湾地区《"立法院"公报》第 99 卷第 50 期，第 205—212 页，其中二读表决结果见同期《公报》，第 212 页。资料来源：台湾地区"立法院"议事暨公报管理系统，http://lci.ly.gov.tw/LyLCEW/lcivComm.action#pageName_searchResult=1，最后访问日期：2014 年 2 月 7 日。

关联。具体来说，两岸协议接受制度中存在的理论困境主要表现为以下两个具体问题：

第一，两岸协议是否具有"法"的性质，能否产生强制性的拘束力？众所周知，尽管两岸协议是两岸两个民间团体签订的事务性协议，但这种协议的签署却被两岸民众普遍认为是能够代表两岸官方意志的一种规范性文件。然而，这种具有"以官扮民""以民代官"特点的协议，毕竟与一般意义上的国内法不同，因而也就产生了两岸协议能否产生如"法"一般的强制约束力的问题。需要注意的是，这一问题在"两岸间"与"两岸内"两个不同的场域中，实际上包含着两个问题：一是两岸协议对抽象意义上的大陆与台湾是否具有约束力，即两岸是否必须启动协议的接受程序；二是两岸协议对两岸各自域内的公权力机关和普通民众是否具有直接约束力，即两岸协议能否在两岸域内直接适用。

第二，两岸协议与两岸各自法域内的规定如何协调？由于两岸协议在经过两岸各自法定程序之前，尚属于两岸两会间的"私协议"，因而自然处于两岸各自法域的法律体系之外，与两岸各自法律体系属于不同的规范体系。那么，两岸协议这种跨两岸的规范体系如何与两岸各自域内的法律体系进行协调，便成为两岸协议的另一个理论问题。这一问题的关键便在于如何定位"两岸协议的接受"这一处于衔接位置的关键程序。

上述两个问题若不能得到理论上的合理解释，将会严重影响两岸协议接受制度的构建与完善，同时也会严重削弱两岸协议的权威性，损害两岸共识的达成和执行，妨碍两岸事务性合作的进一步开展，影响两岸互信的建立与强化，最终影响两岸关系和平发展的大局。而要对上述两个问题作出合理的解释，实际上无法绕开对"两岸协议是什么"这个问题的回答。若无法给予两岸协议一个明确、合理的法理定位，并以这一定位作为两岸协议实施的理论前提，那么一个完善的两岸协议接受制度的建构也很难完成。

尽管两岸学界对两岸协议的性质定位问题曾进行过争论，但大陆和台湾的学者对这一问题则是见仁见智，均从各自立场出发提出具有代表性的观点。大陆学者基于一个中国原则的基本立场，从协议的性质、效力发生方式等层面提出了"国内法说""分别叙述说""行政协议说"等不同的观点①。大陆学者的观点往往以维护一个中国框架为基本出发点和落脚点，从特征对比角度对两岸协议的性质做出描述。应该肯定的是，上述观点均具有一定程度的合理性，对于进一步揭示两岸协议的法理定位有着重要的参考价值。然而，这些观点却无法为切实解决两岸协议相关制度的理论建构提供支持。无论是以"特殊的国内法"，还是以"分别叙述"，又或是"行政协议"的概念，来界定两岸协议的性质，都无法解释现实中两岸协议与两岸各自域内法律体系协调的问题。

台湾学者则其对两岸政治关系定位的不同观点出发，分别提出了"国际条约说""准国际条约说""两岸协议说"等观点。② 然而，台湾学者的观点往往意在强调两岸协议中大陆和台湾地位的"对等性"，或者说台湾的"主体性"，并借以强化台湾在两岸协议中的地位。正如上文所述，尽管我们在分析两岸协议的接受问题时，借用了部分国际法知识，但这种理论借鉴是基于两岸协议的"跨法域"性和"私协议"性，而非将协议直接定义为"国际条约"，因此"国际条约说"或"准国际条约说"等是与一个中国原则相违背的，是站不住脚的，也是不能为两岸所接受的。而"两岸协议说"实际上是学者们依据"两岸人民关系条例"做出的一种描述性界定，也无法为解决两岸协议的定位问题提供恰当的解决方案，亦无法为解决两岸协议接受制度建构中的问题提供理论支持。

当前两岸学者就两岸协议定位问题提出的诸种理论学说，大多是从各自的立场定位出发，大陆学者坚持一个中国原则，而台湾学者则强调"台

① 关于"国内法说"可参见杜力夫：《论两岸和平发展的法治化形式》，《福建师范大学学报（哲学社会科学版）》2011 年第 5 期；关于"分别叙述说"可参见王建源：《两岸授权民间团体的协议行为研究》，《台湾研究集刊》2005 年第 2 期；关于"行政协议说"可参见张亮：《ECFA 的法律性质研究》，《法律科学（西北政法大学学报）》2012 年第 5 期。
② 关于"国际条约说"，可参见姜皇池：《论 ECFA 应适用条约审查程序》，《新世纪智库论坛》第 51 期；关于"准国际条约说"，可参见曾建元、林启骅：《ECFA 时代的两岸协议与治理法制》，《中华行政学报》2011 年第 6 期；关于"两岸协议说"可参见苏永钦：《ECFA 应当怎么审?》，《中国时报》2010 年 7 月 1 日。资料来源：http://www.np.org.tw/modules/tadnews/index.php? nsn=125，最后访问日期：2013 年 7 月 16 日。

湾主体性""两岸对等"等基本原则，却并不能从策略层面回应两岸协议
接受中存在的现实问题。因此，要解决上述问题，就必须在客观、务实的
基础上，重新审视两岸协议的法理定位问题，提出有益于解决两岸协议约
束力和协议与两岸各自域内法律体系关系等问题的合理方案。

（二）大陆的实践困境：正式制度的缺失

从实践来看，大陆基于积极推动两岸关系和平发展的目的，在两岸协
议的接受上采取积极态度，因此"协议能否被接受"，这在大陆并非一个
值得探讨的问题。然而，与这种积极态度相对应的，则是相对混乱的制度
安排。正是由于大陆现有的相对混乱的协议接受制度安排，才使协议在获
得接受之后的适用中，存在若干影响其域内法制统一的现实问题。就这种
较为混乱的制度安排而言，我们可以尝试地运用新制度主义政治学中"非
正式制度"的概念对其进行描述。

新制度主义政治学是 20 世纪 80 年代以来西方政治学中一股重要的学
术思潮。这股思潮延续了一些旧制度主义中的重要概念，同时又提出了许
多新的理论，对政治学研究产生了巨大影响。新制度主义学者认为，制度
是各种规则和组织化管理一种相对持久的聚集，它嵌入在各种意义和手段
结构（structure of meaning and resources）中，这些意义和手段结构在面对
个体的人员更替时相对而言是稳定的，而面对个体的特殊偏好和期待以及
不断变化的外部环境时相对而言是灵活的。[1] 与旧制度主义不同，新制度
主义对于"制度"这一概念的认知，不仅局限于国家、政党、议会等正式
制度，还开始关注惯例、范例、行为、守则等非正式制度。在新制度主义
政治学的框架中，正式制度是人们有意识制造的一系列政策规则，而非正
式制度是人们在长期交往中无意识形成的，二者之间均具有制度的若干共
性特征，如二者均可通过社会化得以维持扩散、二者均具有自我强化机制
等。[2] 与非正式制度相比，正式制度具有强制性的特征，是一种有形的制

---

[1] ［美］詹姆斯·马奇、约翰·奥尔森：《新制度主义详述》，允和译，载《国外理论动态》
2010 年第 7 期。

[2] 参见吉嘉伍：《新制度政治学中的正式和非正式制度》，《社会科学研究》2007 年第 5 期。

度安排。正式制度与非正式制度之间，既存在着某种程度上的制度冲突和不兼容，也存在着相互替代和补充的关系。①

从两岸协议在两岸的接受实践来看，两岸对待协议的态度存在着明显的差异：大陆方面往往基于"政治需要"，将两岸协议的接受视为一种"政治任务"，在没有经过较为规范的程序时，即将协议视为一种具有法律约束力的规范性文件加以适用；台湾方面则基于其"民主政治"的基本理念，认为两岸协议并不直接具有法律效力，而需要经过一些特定的程序，使协议内容得到落实。借用新制度主义政治学中正式制度与非正式制度的分析框架，我们可以将大陆这种有行为、无规则的协议接受方式视为一种非正式制度的体现，而将台湾的这种有行为、亦有规则的协议接受方式视为一种正式制度的体现。因此，以这种非正式的制度安排来规制两岸协议的接受，凸显出大陆方面协议接受制度安排的非强制性特征，也解释了大陆在实践中存在的"混合接受"方式出现的原因。

从大陆的实践来看，直接适用两岸协议的做法，似乎意味着大陆并不需要考虑两岸协议与域内法律规范的协调问题，但从规范的角度出发，大陆这种直接适用两岸协议的做法与《立法法》《人民法院组织法》等现行法律规范存在一定的抵触。在协议的适用过程中，也客观存在着许多因无正式规则规制而导致的域内法制不统一的情形。可以说，视"政治需要"直接适用两岸协议的做法是两岸关系处于重大转折期，大陆方面"特事特办"的特殊做法。这种做法为两岸关系和平发展的持续深入提供了一定便利，但这种做法本身却缺乏规范依据。尽管这种非正式制度安排下的特殊情形，似乎并不妨碍大陆在实践中贯彻落实两岸协议的相关规定，也不会影响两岸关系和平发展框架的构建，但事实上，非正式的制度安排却无法以其强制性的外在特征保证其稳定性的内在特征，也无法提升台湾方面对大陆制度安排的信任程度。因此，这种非正式的制度安排，不仅会影响国家的法制统一，还会影响两岸政治互信的强化，并会最终影响该制度的整体实施。因此，以正式制度替代非正式制度，以法制化方式取代以政策为

①　参见崔万田、周晔馨：《正式制度与非正式制度的关系探析》，《教学与研究》2006年第8期。

核心的制度体系，乃是大陆在协议接受制度中不得不考虑的变革方向。

（三）台湾的实践困境："斗争性"政党政治对协议接受的负面影响

与大陆因缺乏明确的法律规范不同，台湾在两岸协议的接受实践中，既有规制相关问题的法律规范，又有立法机构审议和转化相关协议的实践行为，体现出正式制度的特点。然而，尽管台湾两岸协议接受制度的正式制度体系已初步形成，但由于受到台湾地区政党政治的影响，其协议接受制度依然存在一些实践困境。

与西方政党的"左右之争"不同，台湾各主要政党之间的分歧主要集中于族群矛盾、省籍矛盾、统"独"矛盾等方面。按照"选票极大化"理论的解释，民主政治和民意的常态分配，对各主要政党都会产生趋同的压力，各党的共同压力趋向是认同和利益的中间地带。① 这种"趋中"压力在台湾的政党政治中同样存在。因此，随着近年来台湾政党政治的逐渐成熟，台湾各主要政党的政策取向已开始"趋中"调整。两岸关系作为岛内最重要的政治议题之一，自然也受到这方面的影响。然而，这种"趋中"的发展方向却不可能掩盖岛内两大政党之间的对立关系，尤其无法掩盖两大政党之间对两岸政策的分歧。与西方政党制度中体现出来的竞争性特点不同，台湾政党的互动模式从一开始就具有对抗性色彩，表现出斗争性特点。这与台湾威权统治崩解过程中形成的对抗性结构有关。② 这种以对抗和斗争为主线的政党政治结构，在有着一定模糊空间的"法律"规定实施过程中，自然会对两岸协议的审议和接受产生一定影响。

尽管"两岸人民关系条例"明确规定以"法律保留"原则为核心的协议审议程序，但这一程序本身却充满着模糊性：一方面，"条例"本身对"需修改法律或新订定法律"的情形并未作出详细解释，因而可能出现似是而非的模糊地带；另一方面，"条例"仅规定涉及上述情形的需要经过"立法院"审议，但并未规定详细的审议程序，甚至未规定协议审议时可

---

① 吴玉山：《台湾的大陆政策：结构与理性》，包宗和、吴玉山主编：《争辩中的两岸关系理论》，五南图书出版股份有限公司 2011 年版，第 133 页。

② 陈星：《论台湾政党体制的制度化问题》，《台湾研究集刊》2013 年第 4 期。

以参考的类似程序。这种规则上的模糊性，为两大政党在协议审议过程中的斗争提供了空间。在国民党执政的数年间，民进党等绿营政党不断强调两岸协议的"国会监督"，企图以强化"立法院"在两岸协议审议程序中的地位，来阻止两岸协议在台湾的顺利实施。台湾"立法院"对ECFA、《海峡两岸知识产权保护合作协议》和《海峡两岸服务贸易协议》的审议过程，集中体现了台湾对两岸协议接受中出现的、因规则模糊性和政党之间的斗争而引起的实践困境。

2014年3月底至4月初，台湾地区部分学生团体因《海峡两岸服务贸易协议》的审议问题，发起占领"立法院""行政院"活动，并发动大规模游行示威活动，并导致台部分公权力机构一度陷入瘫痪。在此次围绕服贸协议的争议中，民进党扮演了重要的幕后推手角色，致使事件在岛内外引起了强烈反响。此次服贸争议充分体现出台湾岛内斗争性政党政治对岛内政治生态的负面影响，亦体现了台湾方面两岸协议接受制度尚存在一定缺陷。从法律制度的角度来看，在协议的审议和接受过程中，岛内不同政治势力之间主要围绕两个具体问题展开攻防：

第一，协议是否涉及"法律保留"问题。如上文所述，两岸协议在台审议与接受的第一个关键程序，是判定协议是否涉及修改"法律"或新订定"法律"的问题，即是否涉及"法律保留"的问题。一旦协议内容被判定涉及"法律保留"，协议就必须从由"行政院"简单"核定"变为交"立法院"进行冗长且不确定的审议。尽管从原则上看"两岸人民关系条例"对于其立法机构和行政机构之间有关两岸协议审议的权限划分是明确的，但在实践中仍存在一定的模糊空间，其中尤以"新订定法律"的规定为甚。根据台湾地区"中央法规标准法"之规定，"宪法或法律有明文规定，应以法律定之者""关于人民之权利、义务者""关于国家各机关之组织者"和"其他重要事项之应以法律定之者"，均属于"应以法律定之者"之列①。如果将这两个条文结合起来看，那么有关"两岸协议是否应送'立法院'审议"这一问题的答案就变得模糊起来。关于上述条文中

---

① 台湾地区"中央法规标准法"第五条。

"以法律定之者"的不同解释，足以造成协议是否"送审"问题上完全不同的答案。在这种具有一定模糊性的"法律"规定之下，蓝、绿两大阵营在历次两岸两会高层会谈签署协议后，均会不同程度地爆发关于协议是否应当送"立法院"审议的争论。同时，随着两岸关系和平发展的持续深入，两岸协议的内容自然会越来越多地触及台湾地区"法律保留"制度的边界。因此，协议是否涉及"法律保留"，是否需要送"立法院"审议的攻防仍将持续。

第二，协议在"立法院"审议的具体程序问题。按照"两岸人民关系条例"之规定，一旦两岸协议被确定涉及"法律保留"，则需进入"立法院"审议程序。由于"法律"并未明确规定具体的审议程序，故岛内各方往往利用这一规定上的疏漏，围绕具体程序的设置展开攻防。关于具体审议程序的攻防主要涉及三个问题：一是协议适用"二读"程序还是"三读"程序的问题，即对两岸协议的审议是按类似于"法律案"和"预算案"的"三读"程序，还是按类似于"条约案"的"二读"程序；二是协议是否能跨越"一读"和"二读"之间的"委员会审查"阶段，"径付二读"；三是协议是否需要适用"逐条表决""逐条通过"的程序。其中前两个问题关系到协议接受的速度问题，审议采用的程序越复杂，其进度就越发受到影响，后一个问题则关系到协议能否被台湾"全案"接受的问题，逐条表决的程序很可能导致部分协议条文获得审议通过，而部分条文无法通过的情形，这将严重影响两岸协议的权威性与严肃性，亦可能导致两岸就同一协议的反复谈判。

上述三个问题都曾在两岸协议的审议实践中出现过。第一个问题的争议曾出现在 ECFA 的审议之前。为简化协议审议程序，国民党方面强调协议具有"准国际条约"性质，应当参照"条约"的审议程序，二读通过；民进党方面则强调 ECFA 具有类似于"法律案"的性质，应当参照"法律案"的审议程序，三读通过。最终在国民党的坚持下，ECFA 以"二读"程序通过审议。第二个问题的争议亦首次出现在 ECFA 审议过程中。根据"立法院职权行使法"之规定，要让议案"径付二读"，需要"出席委员

提议，二十人以上联署或附议，经表决通过"① 方可实现。在 ECFA 的
"一读会"上国民党党团按照上述程序，要求协议"径付二读"，并最终获
得通过。第三个问题的争议则自 ECFA 的审议开始持续至当前正在进行的
《海峡两岸服务贸易协议》的审议过程。在 ECFA 审议中，"立法院"最终
采用"逐条审议、全案通过"的方式完成审议，知产协议的审议则采用
"全案审议、全案通过"的方式完成，而当前正在进行审议的服贸协议则
很可能采取"逐条审议、逐条通过"的方式进行。

虽然上述争议从表面上看是由于"法律"规定存在模糊、审议程序尚
不完善造成的，但究其根本，乃是源于台湾岛内两大政党之间的分歧与斗
争，两岸协议的审议之争不过是这种政党斗争的一种表现而已。随着两岸
关系和平发展走向深入，两岸协商的内容也会涉及更多更具敏感性的议
题，这种斗争性政党政治对于协议审议和接受的影响也会随之扩大。

四、两岸协议接受制度的构建与完善

要消解两岸协议接受制度中理论与实践的双重困境，就必须以解决上
述问题为核心，构建和完善两岸协议的接受制度。为此，就应从理论和实
践两个角度出发，分别针对上述问题提出相应的策略。具体说来，可以通
过阐明协议法理定位，以确定协议与两岸域内法律体系的关系的方式，完
善协议接受的相关理论前提；从强化协议体系化建设、建构法制化的大陆
接受制度、引入公民参与机制三个方面完善协议接受的具体制度。

（一）"缓和二元论"：两岸协议与两岸各自法域内规定的关系

作为"两岸治理"的治理工具，两岸协议在两岸关系和平发展中发挥
的作用十分重要，但这种两岸以政治默契形式形成的"私主体、公主导"
的协议商谈模式，实际上并未获得两岸明确的认同。协议定位的尴尬处境
从根本上造成了协议接受中的理论困境。因此，要消解协议接受制度中的
理论困境，就必须从协议的定位问题出发。我们认为，从两岸协议的效力

---

① 台湾地区"立法院职权行使法"第八条。

特征看，协议体现出软法"不能以国家强制力保证实施"的特点；从两岸协议的创制和实施方式看，协议体现出与欧盟第二、第三支柱（即"共同外交及安全政策"和"刑事司法合作"）类似的特点。通过对软法理论的限缩和调整，对欧盟共同政策理论的话语改造，我们将两岸协议定位为一种具有软法特征的两岸共同政策。这一定位既不涉及"主权""国家"等两岸间的敏感问题，又能为切实解决两岸协议实施中的问题提供理论支持，较之于前述的诸种理论而言，似更具合理性。① 在这一基本定位之下，我们尝试以"国际法与国内法"的关系理论对协议接受中的理论问题作出回应。

如上文所述，关于"国际法与国内法"的关系理论，主要存在"两派三论"的观点。在这些观点中，以"国内法优于国际法"为核心的"一元论"观点，严重影响到国际法的权威与存在基础，因而已被抛弃。而在一段时间内，占主流地位的以"国际法优于国内法"的"一元论"和"二元论"也受到一些批判：以"国际法优于国内法"为核心的"一元论"，因其"完全否定了两者'对立'的一面"② 而受到一些批评；而极端的，认为国际法与国内法完全无关的"二元论"也受到质疑。目前，多数学者倾向于将国际法与国内法定位为两个不同的法律体系，但这两个法律体系之间又并非绝对对立，而是彼此联系、相互影响。这种观点可以说是"接近二元论而对二元论加以修正的"③。如德国学者瓦尔特·鲁道夫（Walter Rudolf）认为，国际法与国内法虽然为两个分别独立的法秩序，但基于各国有遵守国际法的义务，各国国内法应配合国际法制定，而国内法亦应朝向符合国际法方向去解释，这种观点被台湾学者黄异称之为"缓和二元论"。④ 这种"缓和二元论"较之极端的"一元论"和"二元论"而言，能更为合理地解释现实中国际法与国内法之间的关系，因而为多数学者所认同。

---

① 关于两岸协议的法理定位问题，作者将另文专门叙述，此处仅简单介绍主要观点，不做赘述。
② 梁西主编：《国际法》，武汉大学出版社 2003 年版，第 14 页。
③ 王铁崖：《国际法引论》，北京大学出版社 1998 年版，第 192 页。
④ 参见黄异：《国际法在国内法领域中的效力》，元照出版有限公司 2006 年版，第 14—15 页。

在两岸语境下，两岸协议与两岸各自域内法律体系的关系问题，可以从两个方面加以解读：一方面，从两岸协议的跨法域性和私协议性的现实特征来看，两岸协议所建构的仍是一种两岸间的秩序，它与两岸域内法建构的两岸内秩序存在着规制场域的差别，因此二者无法被归入一种统一的体系之中；另一方面，从两岸协议对两岸各自域内法律体系的现实影响来看，它以直接或间接的方式对大陆和台湾的法律体系产生影响，其结果表现为协议的接受导致两岸各自法律的立、改、废活动，因此二者之间也并非完全对立，绝无联系。两岸协议与两岸各自域内法律体系之间这种既相互对立又相互关联的现实关系，与上述"缓和的二元"理论之间具有一定的相似性。因此，我们亦可借用这种"缓和二元论"来解释两岸协议与两岸各自域内法律体系之间的关系。

可以说，"缓和二元论"为大陆和台湾建构和完善各自的两岸协议接受制度提供了理论基础。根据这一理论，两岸协议与两岸各自域内法律体系之间并不属于同一体系，作为两岸共同政策的表现形态，两岸协议与两岸各自域内法构成"缓和的二元"关系。基于这一理论，两岸对作为共同政策的两岸协议应当具有遵守之义务，这种遵守义务体现在两个方面：一是应当依照各自域内法律规范启动协议的接受程序，使协议内容尽快成为各自域内法律体系的一部分；二是在协议尚未被接受之前，两岸不应做出违背协议宗旨和目的的行为。

（二）基础性协议的创制：体系化的两岸协议对接受机制的支持

截至 2014 年 1 月，两岸共签署 28 项事务性协议，其中既有以"协议""会谈纪要"为名的规范性协议，也有以"共识""共同意见"为名的非规范性协议，其内容涉及两会联系会谈制度、运输、邮政、旅游、经济合作、司法协助等诸多领域①。然而，两岸协议数量上的积累，并未使两会协议形成完备的规范体系，无论从协议内容、形式，还是协议间的相互关

---

① 关于两岸协议的范围，并无权威的表述，本文的两岸协议的范围以国务院台湾事务办公室网站"两岸相关协议"栏目内容为准，资料来源：http：//www.gwytb.gov.cn/lhjl/laxy/，最后访问日期：2014 年 2 月 16 日。

系看，两岸协议这一协议集合的体系化程度都不高。

以 2010 年 6 月两会签署《海峡两岸经济合作框架协议》为分界线，两岸协议的体系化表现出不同的特征。2010 年 6 月以前的两岸协议，仅有涉及两岸"三通"问题的《海峡两岸包机会谈纪要》《海峡两岸关于大陆居民赴台湾旅游协议》《海峡两岸海运协议》《海峡两岸空运协议》《海峡两岸邮政协议》和《海峡两岸空运补充协议》等六项协议之间形成了简单的功能性协议体系，其他的事务性协议之间均无相应的关联关系，因而两岸协议的体系化程度较低。自 2010 年 6 月，《海峡两岸经济合作框架协议》签署之后，这种情况发生了改变，两岸开始根据协议的相关内容展开了 ECFA 后续协议的商签。2011 年 10 月，两会依据 ECFA 的规定，达成了《关于加强两岸产业合作的共同意见》和《关于推荐两岸投保协议协商的共同意见》。2012 年 8 月，两会根据 ECFA 达成了《有关〈海峡两岸投资保护和促进协议〉人身自由与安全保障共识》，签署了《海峡两岸海关合作协议》和《海峡两岸投资保护和促进协议》。2013 年 6 月，两会又根据 ECFA 签署了《海峡两岸服务贸易协议》。由此，两岸协议形成了以 ECFA 为核心的一个新的协议体系，目前两岸两会协商的重点，仍为进一步完善这一协议体系。

然而，当前两岸协议的体系化程度距离一个法域内的完整法律体系而言仍有较大差距，这种差距集中体现在两岸协议缺乏一个在协议体系中起基础性作用的协议。两岸协议要成为一个完善的体系，就必须有具有基础性地位的协议为整个协议体系提供效力来源，并对协议的接受、效力、联系主体、解释等共同的程序性问题进行规范。在目前的两岸协议序列中，仅有 1993 年"汪辜会谈"时签署的《两会联系与会谈制度协议》具有类似功能，但这一协议的内容具有明显的时代性特征，已经远远不能满足规范两岸两会联系、会谈和签署协议等相关问题的需要。因此，创制一项以规范两岸协议自身定位、签署和实施程序为基本内容，确定两岸协议在两岸各自法域内的效力、违反两岸协议的救济途径等重大问题的基础性协议就极为必要。

从当前两岸协议的实践情况看，两岸协议中普遍规定了协议的变更和补充程序、协议的生效程序等内容，却仅有少数协议规定了协议的解释问题，更没有协议规定自身的法律属性等问题。① 然而，要完善两岸协议的制度体系，同时为两岸协议的接受制度提供支持，就必须将这些内容纳入基础性协议的调整范围。由于基础性协议涉及的问题十分复杂，且并非本文的论述重点，因而此处仅提出若干有关该协议的原则性设想，供有关部门和学界参考。

第一，基础性协议在两岸协议体系中应具有基础性和统率性地位。正如上文所言，所谓"基础性协议"，就是在两岸协议体系中具有基础性和统率性地位的两岸协议，这种基础性和统率性表现在协议的内容和位阶上。一方面，基础性协议规定的内容应当适用于所有的两岸协议，一般应包括两岸协议的法律地位，协议的签署、生效、实施程序，协议与两岸各自域内法律体系的关系等，因此它在协议体系中自然具有基础性地位。另一方面，基础性协议的位阶应当高于一般的两岸事务性协议，即现阶段两会所形成的两岸事务性协议，在基础性协议达成之后，如果其内容不与基础性协议相抵触，则可以继续有效，若有与基础性协议相抵触的内容，则应依据基础性协议规定的有关程序进行修改。同时，基础性协议一旦达成，则应当推定此后签署的所有两岸协议均须符合该基础性协议之规定。

第二，基础性协议的内容应当涵盖各项两岸协议所共有的规范。基础性协议与学界热烈探讨的两岸和平协议不同，其内容并不涉及两岸结束敌对状态等政治性内容，而是以程序性内容为主，涵盖各项两岸事务性协议的共有内容，因而其性质仍属于"事务性协议"之列。这里所说的各项两岸协议的共有规范，包括所有两岸协议的法律地位、协议的创制与实施程序、协议的变迁程序等重要内容，亦可包含两会之间的常规联系制度等。

第三，基础性协议的法律效力应当由两岸以各自域内法律的形式予以确认。尽管基础性协议在两岸协议体系中具有重要的地位和作用，但是，由于基础性协议依然属于两岸事务性协议之范畴，因而其签署主体将仍为

① 截至2014年1月的两岸协议中，所有协议均有提及协议变更和补充机制，而提及协议解释机制的仅有《海峡两岸空运补充协议》和《海峡两岸经济合作框架协议》及其后续协议。

两会，故该协议的外在特征依然具有民间私协议的特征。因此，要让该协议在两岸产生拘束力，就必须由两岸各自域内法予以确认后才具有法律效力，才能保证该协议得到有效实施。

总之，基础性协议将对两岸协议从商签到实施的全过程进行有效规范和约束，也将使两岸协议的法制化水平得到有效提升。同时，基础性协议的创制将为两岸协议的系统化奠定良好基础，为两岸协议的接受奠定明确、统一的规范基础。

（三）法制化接受制度的建构：大陆的协议接受机制之完善

正如上文所言，大陆两岸协议接受制度的实践困境集中体现在当前实施的非正式制度安排上，因此，以法制化方式实现该制度的正式化，乃是大陆完善协议接受制度的核心所在。亦即是说，构建法制化的两岸协议接受制度是大陆方面的建设重点。在这一目标指引下，我们探讨的重点即应从"是否建构法制化的协议接受制度"转向"如何建构这一制度"。而要在大陆建构法制化的两岸协议接受制度，则应对以下两个核心问题作出回答：

第一，建构协议接受制度的前提是什么？即如何解释"将两岸协议的接受置于大陆法律体系规制之中"的原因。正如上文所言，确定两岸协议的法理定位是建构两岸协议接受制度的重要理论前提，而将这一法理定位以恰当方式置于大陆的法律规范之中，则成为两岸协议接受制度建构的规范前提。因此，建构两岸协议的接受制度，就应当尽快明确两岸协议的域内法律地位，为建立两岸协议接受制度提供法律依据。

《反分裂国家法》是大陆目前处理两岸关系问题的基本法律，这部法律既可以通过非和平方式予以适用，也可以通过包括谈判适用和解释适用等和平方式予以适用。[①] 目前，两岸两会举行的事务性商谈，正是对《反分裂国家法》第6条、第7条相关规定的适用。然而，由于《反分裂国家法》规定得过于原则，且大陆尚未依据该法制定相关配套性立法，因此，

---

① 参见周叶中、祝捷主编：《构建两岸关系和平发展框架的法律机制研究》，九州出版社2013年版，第25页。

在大陆现有法律规定中，两会协商机制的定位尚不明确。这就直接导致了两会协商产生的两岸协议的法律定位和协议接受、适用的种种问题。因此，要建立健全大陆的两岸协议接受机制，就应当以《反分裂国家法》为依据，制定相关法律规范，明确两岸两会协商机制的法律地位，即规定"两会协商机制是两岸公权力机关在两岸处于政治对立的情况下，无法直接接触时所采取的变通协商方式，其协商结果具有法律约束力"。如此一来，那么两会协商产生的两岸协议，亦可随之具有相应的法律效力，这将为协议的接受提供规范前提。

第二，在具体接受方式的选择中，是采行纳入接受方式还是转化接受方式？即在解决制度前提的基础上，如何确定未来制度的具体设计问题。正如上文所说，接受的方式包括纳入接受和转化接受，而当前大陆的接受方式采取的是以默示的纳入接受为主、辅以部分转化接受的混合模式。然而，这种混合模式的提法是我们依据大陆的接受实践进行的理论归纳，且在现实中，这种混合模式的具体模式选择标准——即何种情况下采取纳入接受、何种情况下采取转化接受——并无定论。因此，这种混合模式实际上是混乱、无序的体现。

就接受方式的选择而言，大陆未来的两岸协议接受制度，既可采取转化接受模式，也可采取纳入接受模式。若依前者，则应制定相应的两岸协议转化规则，明确规定协议生效后承担转化职能的立法机关和相应的转化程序；若依后者，则应制定统一的纳入条款，即规定"现有法律规定与两岸协议不一致的，以协议为准"。然而，在这两种看似都具可行性的制度方案之间，我们更加倾向于前者，即采用转化接受两岸协议的接受模式，其原因有二：

一是从大陆现行《宪法》确立的根本政治制度来看，转化接受方式可以为国家权力机关参与监督两岸协议的签署与实施留出制度空间。目前，指导和参与两岸协议商签和实施的主体一般限于国务院台办和国务院各部委，作为国家权力机关的全国人大及其常委会并没有参与两岸协议实施的先例。然而，在实践中，许多两岸协议在实施中都涉及相应法律规范的立、改、废问题，① 这就要求作为立法机关的全国人大及其常委会能够在一定的制度安排下参与到协议的实施中来。同时，随着两岸关系和平发展的持续推进，两岸共识的议题也将随之逐步进入"深水区"，两岸协议的内容可能越来越多地涉及《立法法》第八、九条规定的"必须由法律规定"的事项。这些事项的立法工作也必须由全国人大及其常委会进行。现有的以默示纳入接受为主、转化接受为辅的混合接受模式，无法满足国家权力机关参与到协议实施过程的需要，也无法保证协议的接受不会完全脱离国家权力机关的监督。因此，转化接受的制度安排是符合大陆现有法律制度的，较之于纳入接受更为可取。

二是从上文对两岸协议和大陆法律体系之关系作出合理界定的"缓和二元论"理论出发，转化接受方式更加符合这种理论定位，更加符合两种不同规范体系下规范转换的现实。按照"缓和二元论"的观点，两岸协议与大陆域内法律体系之间构成"缓和的二元"关系，二者既有联系又相互区别，不能将二者对立起来。但总体而言，基于两岸协议的民间私协议性，我们应当将协议从形式上与大陆域内法律规范相区别，以"二元"作为两种规范体系的基本定位。在国际法中，"缓和二元论"认为，国际法应经国内法机制才有可能在国内领域予以适用，这种具有"变质"功能的机制即是转化接受②。因此，在这种理论下，两岸协议应当经过转化程序，方能成为大陆域内法律体系的构成部分，并在大陆适用。

（四）公民参与机制的引入：台湾的协议审议与接受困境之应对

正如上文所言，两岸协议在台审议和接受的程序之争，本质上在于台湾岛内斗争性的政党结构，因此，消解台湾协议审议与接受困境的关键，

---

① 两岸协议与现行法律规定不一致，甚至出现抵触的情形在大陆的实践中曾多次出现，如《海峡两岸投资保护和促进协议》第七条，实际上构成了对《台湾同胞投资保护法》第四条和《台湾同胞投资保护法实施细则》第二十四条规定的扩展，即超出了原有法律规定的范围；《海峡两岸海运协议》第三条关于"两岸登记船舶进入对方港口至出港期间悬挂公司旗"的规定，在协议正式实施起的半年时间内，与《船舶升挂国旗管理办法》第五条"中国国际船舶应当每日悬挂中国国旗"的规定相冲突。
② 参见黄异：《国际法》，新学林出版股份有限公司2010年版，第56页。

乃在于如何消除斗争性政党政治对协议审议的负面影响。然而，在当前台湾岛内的政治生态下，要想在短期内完全消除这种负面影响是难以企及的。但是，通过制度上的改良，将公民参与理论引入两岸协议的商签和实施机制之中，却能在很大程度上缓和两岸民众，尤其是台湾民众对部分两岸协议的抵触情绪，从而将这种政党政治的负面影响降到最低。

两岸协议是一种能够对两岸公权力机关和普通民众产生重要影响的公共政策，也是"在国家尚未统一的特殊情况下，唯一能在两岸全部领域发生强制力的法律文件"[①]。随着两岸关系和平发展的深入，两岸协议涉及的内容也越来越广泛，从最初的两岸"三通"问题，已经逐步扩展到两岸经济合作（包括投资保护、金融合作、知识产权保护等）、司法合作、社会事务合作等各个方面，其重要意义不言而喻。在这种情况下，两岸协议的签署和实施，越来越能引起两岸民众，尤其是台湾民众的高度关注。然而，在当前两岸共同构建的协议商签机制下，除公开签订协议的领导人会谈以及最后公布的协议文本外，普通民众根本无从知晓两会协议商谈的过程，更无从参与协议的制定过程并表达意愿[②]。这种密闭的商签机制，带给两岸协议某种"密室政治"的意味。而台湾岛内的一些政党和民间团体，正是以协议商签程序的不透明为借口，以"反对黑箱操作""保障国会监督"[③]为口号，以强化"立法院"审议程序为名，煽动台湾民意，以实现对部分两岸协议在台接受的恶意阻挠。

在这种情形下，两岸共同推动两岸协议商签过程的信息公开，将两岸民众参与引入协议的制定过程和实施过程，将能很好地回应这些反对两岸协议的呼声，达到遏制恶意阻挠的目的。具体来说，可以从以下三个方面逐步推动两岸协议公民参与机制的建构：一是在两岸协议议题选定阶段引

[①] 杜力夫：《论两岸和平发展的法治化形式》，《福建师范大学学报（哲学社会科学版）》2011年第5期。

[②] 周叶中、祝捷：《两岸治理：一个形成中的结构》，《法学评论》2010年第6期。

[③] 参见《绿营硬堵服贸协议 立院将演两岸大战》，中时电子报2014年2月16日，资料来源：http://www.chinatimes.com/newspapers/20140216000377 - 260108，最后访问日期：2014年2月20日。

入民意征询机制，即在两岸协议尚未选定具体议题时，向两岸民众征询意见，将民众关注度作为协议议题选择的重要参考标准，在协议创制前即对民众公开相应信息；二是在两岸协议商签过程中引入民众代表旁听机制，即向两岸民众代表（至少是与议题具有利益相关性的代表）开放两岸两会针对两岸协议的谈判过程，使民众充分了解商谈过程中双方的信息表达和利益权衡，从而达到消除"密室政治"影响的目的；三是在两岸协议实施过程中引入民意调查和反馈机制，即在两岸协议签署并开始实施后，在两岸开展民意调查和反馈意见征询，了解民众对相关协议实施效果的意见和建议，为双方进一步展开相关议题的沟通提供参考意见。

当然，除引入公民参与机制之外，台湾一些政党和民间学者也提出完善两岸协议的"国会监督"机制。2014 年 3 月至 4 月，台湾发生了学生"占领立法院""反对服贸协议"的所谓"太阳花"学运抗议活动，参与抗议的学生团体亦提出了建立"两岸协议监督机制"的诉求。对此，台湾当局做出回应，"行政院"提出了"台湾地区与大陆地区订定协议处理及监督条例"草案，并将该草案提交"立法院"审议①。尽管此次"学运"背后体现出台湾内部政党斗争的痕迹，部分学生的"诉求"亦超出了两岸关系和平发展的底线，但其所提出的将两岸协议纳入制度化轨道的言论和实践，对于逐步消解两岸协议在台湾审议和接受实践中的困境，最终实现两岸关系的法治化依然具有一定正面意义。

五、结语

作为两岸协议在两岸域内实施的重要步骤之一，两岸协议接受制度的完善对构建两岸关系和平发展框架，推动两岸关系走向深入发展具有十分重要的意义。然而，就两岸关系这一问题而言，理论的构建总是走在实践的变迁之后——两岸关系近年来发生的巨大变化，使得人们尚来不及提前设计那些能全面规制现实的完备制度。当然，我们必须承认，相对于台湾

---

① 中国新闻网：《台"行政院"通过两岸协议监督条例草案》，资料来源：http：//finance. chinanews. com/cj/2014/04 – 08/6037852. shtml，最后访问日期：2014 年 4 月 9 日。

较为规范的两岸协议接受程序，大陆地区的协议接受尚未实现法制化。这种现象不仅不利于大陆域内法律体系的规范实施，不利于两岸关系从"人治型"到"法治型"转变的实现，也不利于两岸关系和平发展框架法律机制的构建。因此，在两岸关系快速变化发展的时代，在两岸关系和平发展行将进入深水区的今天，我们应当尽快追赶时代发展的步伐，尽快解决两岸协议接受制度建构和完善过程中出现的种种问题，并在此基础上逐步完善由协议签订制度、批准制度、生效制度、接受制度和适用制度共同构成的协议实施制度。本文尝试以协议的接受制度为突破口，为解决整个两岸协议实施制度中的种种难题贡献智慧。至于协议实施制度中的其他问题，本文尚不能一一展开论证，作者将另文叙述。

论两岸协议在大陆地区的适用

——以立法适用为主要研究对象*

一、概念界定：两岸协议的接受和适用

两岸协议是"在国家尚未统一的特殊情况下，唯一能在两岸全部领域发生强制力的法律文件"[①]，也是两岸治理的重要工具。从法理属性上看，两岸协议是一种两岸以平等协商精神共同创制的，以共同政策为表现形式的软法。[②]两岸协议自签署到实施，实现从两个民间组织之间的"私协议"，到对两岸具有普遍约束力的法律规范的转变，需要经历一个复杂过程。这一过程的实质是两岸共同政策两岸间"软法"的"硬法化"，它主要涉及两岸协议的接受和适用两个程序，其中前者是后者启动的前提，后者则是前者的延续。

（一）协议的接受：协议适用的前提

毫无疑问，两岸关系不是国际关系，而是一国之内两个地区之间的关

---

* 本文由周叶中、段磊合作撰写，原文发表于《学习与实践》2014 年第 5 期。

① 杜力夫：《论两岸和平发展的法治化形式》，《福建师范大学学报（哲学社会科学版）》2011 年第 5 期。

② 关于两岸协议的软法属性，参见周叶中、祝捷：《两岸治理：一个形成中的结构》，《法学评论》2010 年第 6 期。关于协议是两岸共同政策的表现形式，作者将另文详细说明。

系。然而，由于两岸分别属于两个法域①，两岸协议本身具有跨法域的属性，因此，我们可以在否定台湾地区"国家"属性的前提下，单纯地从理论层面借鉴国际法学中的条约法知识，对两岸协议的相关制度进行分析。按照条约法的相关知识，接受是指各国在国内履行国际义务的一切形式。接受本身可分为两种：（1）将条约规定转变（transformation）为国内法；（2）无须转变而将条约规定纳入（adoption）国内法。② 可以说，国际法在国内得到执行是以其获得该国接受为前提条件的。

在两岸语境下，两岸协议的接受是指两岸依照各自规定，通过一定方式使本属于民间私协议的两岸协议，具有规范意义上的法律效力的过程。这个过程，既可以通过直接赋予协议以法律效力的方式完成，也可以通过依协议主要内容制定新法律或修改原有法律的形式完成。前者类似于国际法中的纳入方式，后者则类似于转化方式。目前，大陆和台湾在两岸协议的接受上，表现出不同的实际情况。

在大陆，法律并未规定两岸协议的接受程序，因而在实践中形成各种复杂与混乱的情况：既出现过部分两岸协议一经生效即可直接约束公权力机关的情形，也出现过经有关部门通过转化立法赋予协议以法律效力的情形。以《海峡两岸知识产权保护合作协议》为例，在该协议的实施过程中，专利局颁布了包含协议主要内容的《关于台湾同胞专利申请的若干规定》，这种立法活动与国际法中的转化行为类似。而国家工商行政管理总局则又直接依照协议颁布了《台湾地区商标注册申请人要求优先权有关事项的规定》，这种立法活动则与国际法中纳入转化后的直接适用行为类似。

在台湾，"两岸人民关系条例"对两岸协议的接受制度做出了详尽规定，其接受制度已较为完备。按照"两岸人民关系条例"之规定，若两岸

---

① "法域"是指一个具有或适用独特法律制度的区域，与"国家""主权"等概念无关，一个主权国家也可以有多个法域，因此在此使用"法域"的概念与一个中国原则并无抵触。本文中多次使用"两岸各自域内"等概念，均系对"法域"概念的应用。关于"法域"的概念，参见韩德培主编：《国际私法问题专论》，武汉大学出版社2004年版，第117页至第118页。

② 李浩培：《条约法概论》，法律出版社2003年版，第314页。

协议内容涉及"修法"或"新订定法律"，需由"行政院"核转"立法院"审议通过后方可生效；若协议内容不涉"修法"或"新订定法律"，则由"行政院"核定后，送"立法院"备查即告生效。① 这一程序类似于国际法中的"转化"方式。

（二）协议的适用：协议接受的延续

与协议接受相关联的程序是协议的适用。按照国际法的相关知识，条约的适用就是指缔约国按法定程序把条约具体应用于现实生活，使条约条款得以实现的活动。② 一般而言，条约的适用方式包括直接适用和间接适用两种。前者是指一国将条约直接作为本国法律渊源的一种，允许行政机关、司法机关直接援引条约规定行事；后者则指一国的行政机关、司法机关不能直接援引条约规定行事，而只能适用经立法机关通过将条约内容予以转化所制定的法律。需要说明的是，当一国选择通过转化方式接受条约时，该国国家机关仅能适用经转化后的条约，这亦即是间接适用方式。因而上述两种适用方式的划分，仅存在于采取纳入方式接受条约的国家之中。传统理论认为，如果对一国有约束力的国际法规则需要在该国国内实施，必须采纳到其国内法律体系中，才可以直接作为该国的国内法律渊源，并为国家机关所援引。③ 亦就是说，条约在一国适用的前提是其已经为该国所接受，即条约已经通过转化或纳入方式成为该国国内法律体系的一部分。

在两岸语境中，两岸协议的适用是指两岸依照各自规定，将协议内容应用于各自领域内的立法、司法和行政活动，使协议内容得以落实的过程。相应的，两岸协议的直接适用就是指两岸行政机关、司法机关和部分立法机关能够直接依据两岸协议进行执法、审判和立法活动；两岸协议的间接适用则是指两岸行政机关、司法机关和部分立法机关只能根据各自立法机关所制定的法律行事，而不能直接以两岸协议为行事根据。需要注意

① 相关规定可参见"两岸人民关系条例"第4-2条、第5条。
② 梁西：《国际法》，武汉大学出版社2003年版，第302页。
③ 万鄂湘：《国际法与国内法关系研究》，北京大学出版社2011年版，第61页。

的是，两岸协议适用的前提是协议已经为两岸所接受，成为两岸各自域内法律体系的一部分。

在台湾，由于其对两岸协议采用转化的接受方式，故其公权力部门要执行两岸协议规定的内容，就只能以其域内法律规范为依据，因而不存在直接适用两岸协议的问题。

与台湾地区不同，大陆对两岸协议的适用情况较为复杂。由于大陆法律既未规定两岸协议的接受程序，又没有规定两岸协议的适用程序，因而协议接受和适用程序实际上处于无法可依的状态。在实践中，两岸协议自生效之日起就成为大陆法律体系的一部分，对国家公权力机关和普通民众产生法律约束力。这种约束力既体现在立法机关依据协议制定相关规范性法律文件上，又体现在司法和行政机关依照协议进行审判和执法活动上，因而出现了公权力机关对协议的直接适用和间接适用并存的情况。亦即是说，大陆公权力机关既可以直接依照两岸协议制定相关立法、做出司法裁判和行政执法行为，也可以依照以两岸协议为主要内容制定的规范性法律文件，进行相关的立法、司法和执法活动。

可以说，两岸协议在为两岸接受之前，其属性仍为仅能约束两岸两个民间组织（海协会和海基会）的私协议；在其为两岸接受之后，其属性则变为两岸各自域内的法律规范，具有普遍约束力。然而，由于大陆对两岸协议的接受、适用两项程序没有成文规定，在实际执行过程中也出现过诸多问题，因而许多学者混淆了两岸协议的接受、实施这两个既有联系又有区别的概念。

对大陆而言，略显混乱的两岸协议的适用实践，对于构建法治化的两岸关系和平发展框架，以及社会主义法治国家建设，都会产生一定的负面影响。因此，从法学角度对现有两岸协议的适用问题进行分析、探讨就显得尤为必要。两岸协议的适用涉及的范围很广，其中既包括立法机关的适用，也包括司法机关和执法机关的适用；既包括直接适用，也包括间接适用。在各类协议适用活动中，立法适用因其承接着协议的接受和间接适用，而体现出与众不同的特点。因此，本文主要选取大陆地区立法机关对协议的直接适用为分析对象，即探讨部分立法机关在执行两岸协议的过程中，创设新的执行性立法，修改和废止部分原有立法的行为，并以此为突破口，为构建大陆地区的两岸协议适用制度提出若干建议。当然，在本文的讨论过程中，也不可避免地会涉及协议在大陆接受中存在的问题，并提出相关建议。

二、两岸协议在大陆的立法适用实践

在大陆的实践中，立法机关通过制定新的法律规范和修改原有法律规范的方式适用两岸协议，是两种常见的适用实践方式。由于大陆两岸协议的立法适用活动，仍缺乏相应法律规范的调整与规制，因而其中尚存在诸多需要解决的矛盾和问题。

（一）两岸协议的适用与有关机关制定法律的活动①

一般而言，两岸协议正式签署后，大陆有关部门会结合协议规定和本部门的工作实际，制定若干规范性法律文件，对协议规定的较为原则的内容进行细化，以保证协议得到有效贯彻实施。从目前大陆的实践看，国务院各部委和最高人民法院共制定了 17 件与《两会联系与会谈制度协议》《海峡两岸海运协议》《海峡两岸共同打击犯罪及司法互助协议》等 8 项两岸协议的实施相关联的部门规章和司法解释。在这些规范性法律文件中，国务院各部委共制定部门规章 15 件，涉及 7 项两岸协议的实施问题，最高人民法院制定司法解释 2 件，涉及《海峡两岸共同打击犯罪和司法互助协议》的实施问题。在这些部门规章和司法解释文本中，一般以两种方式说明其与某项两岸协议之间的关联：

一是明确其立法或释法目的是"为履行""为落实""为促进实施"或"为实施"某项两岸协议，即该项立法或司法解释是对两岸协议已经涉

---

① 严格来讲，最高人民法院依照《人民法院组织法》进行的司法解释活动，并不属于我国现行宪法中规定的法律制定行为，但为了文章结构安排和叙述的便利，本文将最高人民法院依照《海峡两岸共同打击犯罪和司法互助协议》制定司法解释的活动，置于协议对法律制定的影响进行论述。

及内容的细化规定。① 如《最高人民法院关于人民法院办理海峡两岸送达文书和调查取证司法互助案件的规定》的序言中明确指出，"为落实《海峡两岸共同打击犯罪和司法互助协议》……制定本规定"；商务部、国务院台办制定的《台湾投资者经第三地转投资认定暂行办法》第一条即规定"为……实施《海峡两岸投资保护和促进协议》……制定本办法"等。

二是明确其立法依据是"依照"或"根据"某项两岸协议，即该项立法或司法解释是对两岸协议所涉内容的扩展性规定。② 如国务院台办、公安部、海关总署制定的《两会商定会务人员入出境往来便利办法》第一条即规定，"本办法依《两会联系与会谈制度协议》第五条订定"；最高人民法院制定的《关于进一步规范人民法院涉港澳台调查取证工作的通知》规定，"根据《海峡两岸共同打击犯罪及司法互助协议》……最高人民法院与台湾地区业务主管部门之间可就民商事、刑事、行政案件相互委托调查取证"等。

（二）两岸协议的适用与有关机关修改和废止法律的活动

当两岸协议所规定的内容与大陆现行的法律规范有冲突时，有关立法机关一般会依照协议规定对现行法律规范进行修改，以适应协议的实施。

---

① 以此类方式表述协议与相关立法关系的部门规章和司法解释包括：司法部制定的《海峡两岸公证书使用查证协议实施办法》，交通运输部制定的《关于海峡两岸间集装箱班轮运价备案实施的公告（2012 年第 6 号）》《关于海峡两岸海上直航发展政策措施的公告（2012 年第 41 号）》《关于海峡两岸海上直航政策措施的公告（2011 年第 37 号）》《关于公布进一步促进峡两岸海上直航政策措施的公告（2009 年第 54 号）》《关于促进两岸海上直航政策措施的公告（2009 年第 21 号）》《关于促进当前水运平稳较快发展的通知》，最高人民法院制定的《关于人民法院办理海峡两岸送达文书和调查取证司法互助案件的规定》，海关总署制定的《〈海峡两岸经济合作框架协议〉项下进出口货物原产地管理办法》《关于对海关总署令第 200 号有关条款使用适宜的解释》，国家工商行政管理总局制定的《台湾地区商标注册申请人要求优先权有关事项的规定》，商务部和国台办制定的《台湾投资者经第三地转投资认定暂行办法》等。

② 以此类方式表述协议与相关立法关系的部门规章和司法解释包括：国台办、公安部和海关总署联合制定的《两会商定会务人员入出境往来便利办法》，交通运输部制定的《关于台湾海峡两岸间海上直航实施事项的公告（2008 年第 38 号）》，国家海事局制定的《台湾海峡两岸直航船舶监督管理暂行办法》，国家发改委和国家邮政局联合制定的《关于核定大陆至台湾地区相关邮政业务资费试行标准的通知》，最高人民法院制定的《关于进一步规范人民法院涉港澳台调查取证工作的通知》。

然而，这种修法的实践尚未形成制度，也并无相关法律规范予以规制。目前，由两岸协议引起的大陆域内法的修改实践可以归纳为三种具体方式：

一是在协议正式签订和实施前，有关部门即修改原有法律规定，以适应协议的生效和实施。以 2009 年 4 月签署的《海峡两岸共同打击犯罪和司法互助协议》为例，两岸在协议中就相互认可及执行民事裁判与仲裁裁决（仲裁判断）达成共识，该协议于同年 6 月 25 日正式生效。在这一协议正式签订前，大陆最高人民法院于 3 月 30 日通过《关于认可台湾地区有关法院民事判决的补充规定》，明确了认可台湾地区民事判决的有关规定，从而实际上构成对 1998 年制定的《关于人民法院认可台湾地区有关法院民事判决的规定》的补充和修改，以适应新的两岸协议的实施。尽管这种修改法律（规范性法律文件）的活动存在于两岸协议正式生效之前，但由于修法的目的在于配合协议的实施，因此，这种修法活动亦是我国以修法方式适用两岸协议的体现。

二是在协议正式生效后，有关部门在协议实施过程中，通过制定新法律的方式修改原有法律规定，以适应协议的实施。以 2013 年 1 月正式实施的《海峡两岸投资保障和促进协议》为例，该协议第一条第二项对"投资者"进行了明确解释，不仅包含"一方企业指根据一方规定在该方设立的实体，包括公司、信托、商行、合伙或其他组织"，还包含"根据第三方规定设立，但由本款第一项或第二项的投资者所有或控制的任何实体"，即协议所指投资者的范围既包括直接投资，也包括第三地转投资。为实施这一协议的规定，商务部和国台办于 2013 年 2 月联合颁布了《台湾投资者经第三地转投资认定暂行办法》。该办法第二条明确规定，"台湾投资者以其直接或间接所有或控制的第三地公司、企业或其他经济组织作为投资者在大陆投资设立企业，可……将该第三地投资者认定为视同台湾投资者"。而根据《台湾同胞投资保护法》第二条及其实施细则第二条之规定，台湾同胞投资是指"台湾地区的公司、企业、其他经济组织或者个人作为投资者在其他省、自治区和直辖市投资"，即并不包含台湾同胞在第三地设立或控制的经济实体。因此，《台湾投资者经第三地转投资认定暂行办法》实际上构成了对《台湾同胞投资保护法》及其实施细则中认定台湾同胞投资者标准的修改。

三是在协议正式生效后，有关部门在协议实施过程中，通过制定新的法律规范，并明确废止原有法律规范的方式，实现对原有法律规定的修改，以适应协议的实施。以《海峡两岸知识产权保护合作协议》为例，在该协议生效后，中国专利局颁布了《关于台湾同胞专利申请的若干规定》。该《规定》第十四条明确规定，"原中国专利局 1993 年 3 月 29 日颁布的《关于受理台湾同胞专利申请的规定》和 1993 年 4 月 23 日颁布的《关于台湾同胞申请专利手续中若干问题的处理办法》同时废止"。这一规定构成了原有法律规范的废止，达到了配合协议实施的效果。

除上述三种协议引起法律修改的情况外，在实践中仍然存在一些与两岸协议的规定不一致，且未经任何方式修改的法律规范。这些法律规范的法律效力，因两岸协议的实施而受到影响和削弱，这将会影响我国的法制统一，并对建设法治中国造成一定障碍。

三、大陆立法适用两岸协议实践中的主要问题

大陆地区目前实行的两岸协议适用制度与大陆宪法和法律的规定存在一些冲突与矛盾，具体来说，这些问题主要体现在以下三方面：

第一，尚无协议接受的制度化规定，直接适用协议缺乏前提，且与宪法、法律规定相矛盾。

众所周知，法律是国家制定或认可的社会规范，任何社会规范要获得法律效力就必须获得拥有立法权的国家机关的认可。[①] 从法理上讲，两岸协议的签署主体主要是作为民间组织的海协会与海基会，前者系在大陆地区登记注册的"社团法人"，后者系在台湾地区登记注册的"财团法人"，二者均系民间组织。因此，两岸协议的约束力应当仅及于两会，其性质应属民间私协议而非具有普遍约束力的法律。如上文所言，大陆地区尚未制定任何成文的两岸协议接受规范，换言之，尚无能够使协议成为大陆地区法律体系一部分的明确规定。这种立法缺位的现实，直接导致上述明确依

---

① 李龙：《法理学》，武汉大学出版社 2011 年版，第 86 页。

照两岸协议制定法律（或解释法律）的行为，陷入违法的尴尬境地。

根据《立法法》第七十一条之规定，"国务院各部、委员会、中国人民银行、审计署和具有行政管理职能的直属机构，可以根据法律和国务院的行政法规、决定、命令……制定规章"，且"部门规章规定的事项当属于执行法律或者国务院的行政法规、决定、命令的事项"。据此，部门规章的制定依据，应当仅限于法律和国务院制定的行政法规、决定、命令，其制定目的也仅限于执行上述规范性文件。然而，上文所列的 15 项规章却是以两岸协议为制定依据，以落实两岸协议为制定目的，这显然与《立法法》第 71 条的规定相抵触。根据我国《人民法院组织法》第三十二条之规定，"最高人民法院对于在审判过程中如何具体应用法律、法令的问题，进行解释"。据此，最高人民法院做出司法解释的解释对象应当是"法律、法令"，其解释目的应当是释明"审判过程中如何具体应用法律、法令的问题"。然而，上文所列的最高人民法院出台的两项司法解释，却是以《海峡两岸共同打击犯罪和司法互助协议》为依据，以贯彻落实该协议为目的，这显然与《人民法院组织法》关于司法解释的规定相违背。据此，尽管本文所列出的 17 项部门规章和司法解释，对于两岸协议在中国大陆地区的适用和落实具有重要意义，但这种立法和释法行为却与依法治国的基本理念相违背，与我国宪法、法律的相关规定相矛盾，因而使这种适用方式的合法性难以自圆其说。

第二，尚无协议适用的制度化规定，实践中的立法适用活动具有一定的随意性。

目前两岸协议在大陆的适用制度并非来自一种既有规则的规制，而是来自理论归纳，也即是说大陆尚未形成制度化的两岸协议适用程序。正因为缺乏明确的制度性规则，大陆在与两岸协议相关的立法实践中，存在着一定的随意性。这种随意性，在协议对法律修改活动的影响方面表现得尤为突出。在实践中，大陆一些部门的负责人曾以海协会顾问的身份直接参与协议的谈判过程，因而这些部门往往比较了解协议与本部门所制定法律规范之间存在的冲突问题，因而可以随着协议的谈判进程或签署进程修改其制定的法律规范。以《海峡两岸关于大陆居民赴台湾旅游协议》的修正为例，国家旅游局局长邵琪伟就曾以海峡两岸旅游交流协会会长和海协会顾问的身份参与协议修正文件的谈判中①，因此国家旅游局便赶在协议生效前完成了对原有《大陆居民赴台湾地区旅游管理办法》的修改，以便配合协议的实施。

然而，也还有一些部门的负责人并未直接参与协议的谈判过程，仅参与协议的具体执行，这些部门往往在协议执行过程中才会发现协议规定与原有法律规定的不一致，并自此才启动相应的法律修改程序。这就会导致协议适用过程中的法律修改活动具有很强的随意性，而并未完全实现其制度化。以 2008 年 12 月 15 日正式实施的《海峡两岸海运协议》为例。《协议》第三条规定，"两岸登记船舶自进入对方港口至出港期间，船舶悬挂公司旗，船艉及主桅暂不挂旗"，然而根据交通部于 1991 年颁布的《船舶升挂国旗管理办法》第五条之规定，"50 吨及以上的中国国籍船舶应当每日悬挂中国国旗"。显然，该《办法》的这一规定与协议规定并不一致，存在着明显的冲突。在协议正式生效后，有关部门也并未及时对该办法进行修改。直到协议正式实施半年后的 2009 年 6 月，交通运输部才发布公告，规定"允许两岸登记的非运输两岸间贸易货物的船舶，从两岸港口或第三地港口进入对方港口，挂旗方式按照《海峡两岸海运协议》规定的船舶识别方式执行"②。协议规定和既有法律规范之间的这一冲突，实际上存在了半年之久。

第三，目前仍有部分法律规定与两岸协议不一致，且这些法律规范尚未以任何方式适应协议的规定，从而在实践中造成大陆域内法制不统一的现象。

除上文已经提及的部分依照两岸协议制定和修改的法律规范外，事实上，目前大陆仍有部分与协议内容存在冲突的法律规范。这种现实存在的冲突，既未通过修改旧法的形式加以解决，也未通过制定新法的方式加以

———————————

① 凤凰网：《两会复谈层级高　两岸双方官员均以适当身份参与》，资料来源：http：//news. ifeng. com/taiwan/3/200806/0607 _ 353 _ 585836. shtml，最后访问日期：2013 年 12 月 20 日。

② 参见《交通运输部公告（2009 年第 21 号）》第六条。

解决。从学理上讲，作为民间协议的两岸协议，其效力理应低于作为国家正式法律渊源的各项法律规范。然而在实践中，这些与协议规定相冲突的法律规范却已经失去现实约束力，其对现实生活的约束功能已经让位于相关的两岸协议。这种法律低于协议的现象，充分反映出大陆域内法制的不协调、立法与执法相脱节的状况。这无疑应当引起重视。目前，我国现行有效的法律规范与两岸协议不一致的情况主要可归纳为以下两种类型：

一是协议内容扩展了现有法律规定的许可性内容。这主要表现为协议的规定超越了法律规定的许可范围。以台湾同胞在大陆地区投资问题为例，国务院于 1999 年制定的《台湾同胞投资保护法实施细则》第六条、第七条、第八条规定了台湾同胞在大陆投资的产业要求、投资方式、投资形式等，第九、十、十一条规定了台湾同胞在大陆投资需要进行的审批程序，这些规定实际上对台湾同胞在大陆投资的待遇，进行了一定程度的限制。然而，2013 年 1 月正式生效的《海峡两岸投资保护和促进协议》，却明确规定了"一方对另一方投资者就其投资的运营、管理、维持、享有、使用、出售或其他处置所给予的待遇，不得低于在相似情形下给予该一方投资者及其投资的待遇"，这实际上相当于两岸互相给予对方投资者以"国民待遇"，突破了《台湾同胞投资保护法实施细则》所规定的种种限制，扩展了现有法律中的许可性内容。

二是协议内容规定了现有法律尚未规定的内容。这主要表现为协议规定内容扩展了原有法律规定的内容，其实际效果相当于制定新法。以《海峡两岸投资保护和促进协议》为例，协议第七条详细规定了两岸一方对另一方投资者在其领域内的投资和收益的征收禁止及其例外，这一规定实际上构成了对《台湾同胞投资保护法》第四条和《台湾同胞投资保护法实施细则》第二十四条中"国家对台湾同胞投资者的投资不实行国有化和征收；在特殊情况下，根据社会公共利益的需要，对台湾同胞投资者的投资可以依照法律程序实行征收，并给予相应的补偿"规定的扩展，从而超出了原有法律的规定范围，起到了与制定新法类似的效果。

总之，两岸协议与现行法律规定不一致，且法律尚未进行修正的情况在实践中客观存在，这种不一致的情况，不仅不利于大陆域内的法制统一，也不利于大陆对台工作法律体系的切实执行，因此应当尽快予以消除。

四、构建法制化的两岸协议适用制度

基于两岸协议适用制度研究的重要意义和当前大陆地区协议适用制度中存在的问题，为逐步构建起法制化的两岸协议适用制度，本文提出以下三点对策与建议，供有关部门和学界参考。

（一）建立健全两岸协议的接受制度，解决协议适用的前提问题

正如本文第一部分所言，两岸协议的接受制度与适用制度是两种不同的制度。前者是后者的前提，后者是前者的延续。正是由于缺乏成文化的两岸协议的接受制度，才使得协议在大陆地区的适用，出现了种种难以自圆其说的问题。因此，要构建法制化的两岸协议适用制度，就必须首先解决协议接受的制度化问题。由于两岸协议的接受是一个较为复杂的问题，且本文的论证重点并不在此，故在此仅提出两点原则性建议：

一是落实《反分裂国家法》的谈判适用，明确两岸两会协商机制的法律地位，为建立两岸协议接受制度提供法律依据。《反分裂国家法》是大陆目前处理两岸关系问题的基本法律，这部法律既可以通过非和平方式予以适用，也可以通过包括谈判适用和解释适用等和平方式予以适用。① 目前，两岸两会举行的事务性商谈正是对《反分裂国家法》第6条、第7条相关规定的适用。然而，由于《反分裂国家法》规定得过于原则，且大陆尚未依据该法制定出相关配套性立法，因此，在大陆现有法律规定中，两会协商机制的定位尚不明确。这直接导致了两会协商产生的两岸协议的法律定位和协议接受、适用的种种问题。因此，要建立健全大陆的两岸协议接受机制，就应当以《反分裂国家法》为依据，制定相关法律规范，明确两岸两会协商机制的法律地位，即两会协商机制是两岸公权力机关在两岸处于政治对立的情况下，无法直接接触时所采取的变通协商方式，其协商

---

① 周叶中、祝捷：《构建两岸关系和平发展框架的法律机制研究》，九州出版社2013年版，第25页。

结果具有法律约束力。如此一来，那么两会协商产生的两岸协议，亦可随之具有相应的法律效力，这将为协议的接受提供法律前提。

二是尽快建立法制化的两岸协议接受制度。在明确协议法律地位的基础上，大陆应当尽快建立协议接受制度，明确协议的接受方式等核心问题。就接受方式的选择而言，大陆未来的两岸协议接受制度，既可以采取转化接受的模式，也可以采取纳入接受的模式。若依前者，则应制定相应的两岸协议转化规则，明确规定协议生效后承担转化职能的立法机关和相应的转化程序；若依后者，则应制定统一的纳入条款，即规定"现有法律规定与两岸协议不一致的，以协议为准"。由于目前指导和参与两岸协议商签的主要是包括国台办、国务院相关部委在内的国家行政机关，协议一般不通过作为国家权力机关的全国人大及其常委会，因此若对两岸协议一概采取纳入接受的模式，则可能导致协议完全脱离国家权力机关监督的情况。随着两岸关系和平发展逐步进入"深水区"，两岸协议的内容亦可能超越现有的事务性议题，逐步涉及两岸政治性议题，这就要求未来两岸协议的接受制度须为国家权力机关参与两岸协议的实施，留出一定的制度空间。

（二）制定统一的两岸协议适用规则，以间接适用取代现有的直接、间接混合适用

完善的两岸协议接受制度为制定统一的两岸协议适用规则提供前提和基础。目前，在大陆适用两岸协议的实践中，既存在着直接适用的现象，也存在着间接适用的现象。然而，随着以转化为主的接受制度的建立，大陆应当尽快着手制定统一的两岸协议适用规则，确立间接适用的两岸协议适用原则，以规范有关机关的协议适用行为。如上文所述，条约的间接适用和直接适用问题，一般存在于选择以纳入方式接受条约的国家，而选择以转化方式接受条约的国家，并不存在适用方式的选择问题。因此，当大陆确立了以转化为主的两岸协议接受制度后，应当及时制定相关法律规范，明确立法、司法、执法机关在两岸协议完成转化之后，只能适用经协议转化而来的大陆域内法律规范，而不能继续直接适用两岸协议。如此一

来，前述的国务院有关部委违反《立法法》规定依照两岸协议进行部门规章立法、最高人民法院违反《人民法院组织法》规定依照两岸协议进行释法的情况将不复存在。

同时，需要提及的是，目前在大陆各级人民法院的审判活动中，尚存在着将两岸协议直接作为裁判中的证据认定依据和审判依据的现象，如在福建省厦门市海沧区人民法院审理的"中国工商银行股份有限公司厦门市分行诉廖静惠等信用卡纠纷案"的判决书中，就在其"本院认为"部分直接引用了《海峡两岸共同打击犯罪及司法互助协议》第一条第四项之规定①；又如在浙江省杭州市余杭区人民法院审理的"北京天语同声信息技术有限公司与周福良侵犯著作财产权纠纷案"的判决书中，就在其证据认定部分援用《两岸公证书使用查证协议》的相关规定作为法院的证据认定依据②。这意味着在大陆的两岸协议适用实践中，其直接适用性不仅体现在协议对立法活动的影响上，也体现在其对司法活动的影响上。毋庸置疑，这种影响方式是违背司法基本原理的，也是违背大陆法律规定的。因此，我们认为，在完成协议转化规则制定后，应当终止人民法院在审判活动中直接适用两岸协议的行为，以保障大陆审判机关的权威，同时使两岸协议在大陆地区的适用逐步回归到其应有轨道。

（三）尽快开展与两岸协议内容相关的法律清理工作，消除尚未发现的法律冲突

法律清理，又称法规清理、法规整理，是指有关国家机关按照一定程序，对一定时期和范围的规范性法律文件加以审查，并重新确定其法律效力的活动。③ 正如上文所言，在目前两岸协议的接受和适用尚处于无序状态的情况下，大陆现行有效的部分法律规范与两岸协议之间尚存在着部分不协调、不一致的情况。因此，要彻底消除这种引起大陆法制不统一的情况，就必须在制定相应的协议接受、适用规则，解决"增量"问题的同

---

① 参见福建省厦门市海沧区人民法院（2012）海民初字第 2305 号判决书。
② 参见浙江省杭州市余杭区人民法院（2011）杭余知初字第 28 号判决书。
③ 杨斐：《法律清理与法律修改、废止关系评析》，《太平洋学报》2009 年第 8 期。

时，及时开展法律清理工作，消除"存量"问题。因此，要处理好两岸协议与大陆法律体系衔接的问题，就必须在建立健全大陆两岸协议接受和适用制度的同时，针对上文中提出的现行立法与两岸协议存在冲突且尚未被修改或废止的情况，及时开展法律清理工作，重新确定相关法律规范的法律效力。

截至2014年3月，两会共签订了30项协议，其中已生效协议27项，其内容涉及两会联系会谈制度、运输、邮政、旅游、经济合作、投资保护、司法协助等诸多领域①。与之相对应，大陆法律体系中需要进行调整的法律规范亦涉及众多法律部门，其中既包括行政法、经济法等公法部门，也包括民商法等私法部门，范围较广。从法律位阶上讲，目前两岸协议所涉法律规范的调整范围，以全国人大常委会通过的法律、国务院通过的行政法规和国务院各部委通过的部门规章为主，兼及部分地方性法规，层级较多。这种跨越多部门、多层级的法律清理工作，应由全国人大常委会组织实施，其他各级立法主体配合执行，以便于清理工作顺利、高效完成。

针对实践中存在的不同情况，有关立法机关在法律清理过程中，应当分别采取不同方式予以处理：对于与协议规定有部分冲突的立法，应当及时依照协议的相关规定，启动法律修改程序，将冲突部分予以修正，以适应协议的实施需要；对于协议规定内容尚无相关法律规定的，应当依照《立法法》的相关规定，或以特别立法形式将协议内容加以转化，或修改相关的部门法，将协议内容加入其中；对于相关法律规定已经完全与两岸关系和平发展的时代背景脱节，通过修改已经无法适应相关协议实施需要的，应当及时废止这些过时的法律规范。总之，只有在不断完善大陆地区两岸协议接受、适用制度的同时，及时展开相关法律清理工作，才能最终实现大陆相关领域法律体系的和谐一致。

---

① 关于两岸协议的范围，并无权威的表述，本文以国务院台湾事务办公室网站"两岸相关协议"栏目公布的内容为准，共计30项。由于《海峡两岸服务贸易协议》《海峡两岸地震监测合作协议》和《海峡两岸气象合作协议》尚未生效，故此处所称的已生效协议仅27项。

五、结语

两岸协议的适用作为两岸协议在两岸域内实施的关键步骤,其制度化对构建两岸关系和平发展框架,推动两岸关系走向深入发展具有十分重要的意义。然而,相对于台湾地区规范化的两岸协议适用程序,大陆地区的协议适用尚未实现法制化。这种现象不仅不利于大陆域内法律体系的规范实施,不利于两岸关系从"人治型"到"法治型"转变的实现,也不利于两岸关系和平发展框架法律机制的构建。因此,应当在建立法制化的两岸协议适用制度的基础上,逐步完善由协议签订制度、批准制度、生效制度、接受制度和适用制度共同构成的协议实施制度。本文篇幅所限,无法对上述问题一一展开论证,对于两岸协议实施机制的有关细节性问题,作者将另文叙述。

论两岸协议的法理定位 *

　　两岸协议是指海峡两岸间，经大陆的海峡两岸关系协会（简称"海协会"）和台湾的财团法人海峡两岸交流基金会（简称"海基会"）平等协商，签署的对两岸均有一定约束力的协议。两岸协议的法理定位问题，是对"两岸协议是什么"这一问题的回应，它与两岸协议的接受（包括协议的监督机制）、适用等现实问题密切相关。明确协议的法理定位，将对大陆和台湾构建与完善两岸协议的实施制度产生重要作用。基于协议定位问题的重要意义，本文拟在对大陆和台湾有关两岸协议法理定位的研究进行总结归纳基础上，运用新的分析工具，对两岸协议的法理定位问题进行探讨。

一、两岸对两岸协议法理定位的研究综述与评析

　　作为唯一能够对两岸同时产生约束力的规范性文件，两岸协议的法理定位问题直接关系到两岸关系和平发展框架的构建，也关系到两岸关系的未来。目前，大陆和台湾官方对两岸协议的定位问题有着不同认识，两岸学界也提出过各种不同观点。要针对两岸协议的法理定位问题提出适当观点，就必须对两岸官方和学界的不同观点进行梳理和评析，以便为确立合理的两岸协议定位提供实践和理论资源。

（一）中国大陆对两岸协议法理定位的认识与实践

　　目前，大陆官方并未对两岸协议的具体属性做出明确界定，也未表达

＊　本文系由周叶中、段磊合作撰写，原文发表于《江汉论坛》2014 年第 8 期，发表时有删节。

关于两岸协议法理定位问题的看法。同时，由于大陆法律既未规定两岸协议的接受程序，又没有规定两岸协议的适用程序，因而协议的接受和适用程序实际上处于无法可依状态。因此，我们只能以两岸协议在大陆实践中的适用方式为切入，在进行客观描述之后，再对其认知做出推论。

在实践中，大陆适用两岸协议主要采行两种模式①：一是直接适用，即两岸协议自生效之日起，自动成为我国大陆地区法律体系的一部分，发生法律效力。在此模式下，大陆公权力机关即可以直接依照两岸协议进行相关立法、做出司法裁判和开展行政执法，即在立法、司法和执法活动中直接适用两岸协议。现阶段大多数两岸协议在大陆的适用均采取此种模式。二是间接适用，即在两岸协议生效后，协议需经立法机关通过转化方式，将其主要内容转变为域内法的一部分之后，方可发生法律效力。在此模式下，大陆司法和行政机关只能以立法机关将协议转化后的域内法律为行为依据，而不能直接以协议为依据，《两岸公证书使用查证协议》等少数协议在大陆的适用，即采取此种模式。在上述两种适用模式并存的情况下，两岸协议在大陆法律体系中的地位，介于正式与非正式法律渊源之间，其效力位阶则与行政规章相当。然而，这种定位只是我们对大陆有关两岸协议适用实践进行总结得出的推论，而非正式的制度安排。

大陆学界关于两岸协议的法律性质亦有探讨，其代表性的观点主要有"国内法说""分别叙述说"和"行政协议说"等。

所谓"国内法说"，即认为两岸协议是一种"国内法"，且是中国的国内法。持这种观点的学者基于一个中国的基本原则，将两岸协议界定为一种"特殊的国内法"。杜力夫教授在论述"两岸关系的法治化形式"这一命题时指出，与两岸各自域内法一样，两岸协议也是两岸关系法治化的形式之一，是"两岸跨越政治对立达成的对双方均有约束力的法律文件，是两岸直接接触达成共识后对未来双方行为规则的约定"②。基于"大陆和台

---

① 关于两岸协议在大陆的适用问题，参见周叶中、段磊：《论两会协议在大陆地区适用的反思与重构——以立法适用为主要研究对象》，《海峡两岸关系法学研究会 2013 年度学术年会论文集》。

② 杜力夫：《论两岸和平发展的法治化形式》，《福建师范大学学报（哲学社会科学版）》2011 年第 5 期。

湾同属一个中国"的前提，两岸"为'两岸关系治理'通过各种方式签订的协议对两岸双方领域内的执政当局和民众、法人以及其他组织，同样具有法律约束力"，因此，两岸协议"是一种同时在两岸全部领域内，也就是全中国领域内发生法律效力的国内法"。①

所谓"分别叙述说"，即对大陆和台湾实施两岸协议的实践过程进行考察，通过对实践的分析和总结，分别描述两岸协议在两岸领域内的法理定位。持这种观点的学者对两岸协议在两岸各自的实施过程进行法理上的描述与分析，并以此对两岸协议的法理定位进行界定。王建源先生在对"两岸授权民间团体的协议行为"这一命题进行研究时指出，"两岸协议行为是国家统一前，两岸特定民间团体接受官方授权或者委托，就解决两岸交往中衍生的具体问题进行商谈，达成相关协议的法律行为"②。从协议行为的主体、授权和效力的差异来看，大陆和台湾对于两岸协议的定位持不同立场，在大陆，"两岸协议……具有相当于部委规章或最高法院司法解释的效力"，台湾当局则将协议定位为"准国际条约""准行政协定"③。

所谓"行政协议说"，即认为两岸协议是两岸公权力机关（行政机关）之间签署的行政协议。持这种观点的学者借用行政法学中的"行政协议"概念，对两岸协议的性质进行界定。如张亮教授在对"ECFA 的法律性质"这一命题进行研究时指出，"ECFA 不仅是一个主权国家中央政府与地方政府授权民间团体签订的协议，也是 WTO 成员方之间的协议"④。由于两岸尚未统一，中央政府的统治暂时不及于台湾地区，因此，台湾地区"在对内事务上……享有近似于绝对的自治权"，正是这种"自治权"使台湾在进行谈判的过程中享有与中央平等的地位，"作为中国中央政府与台湾地区'政府'之间的协议，ECFA 的法律性质应界定为国内法上的行政协

① 杜力夫：《论两岸和平发展的法治化形式》，《福建师范大学学报（哲学社会科学版）》2011 年第 5 期。
② 王建源：《两岸授权民间团体的协议行为研究》，《台湾研究集刊》2005 年第 2 期。
③ 王建源：《两岸授权民间团体的协议行为研究》，《台湾研究集刊》2005 年第 2 期。
④ 张亮：《ECFA 的法律性质研究》，《法律科学（西北政法大学学报）》2012 年第 5 期。

议"①。

应当肯定，上述观点均具有一定程度的合理性，对于进一步揭示两岸协议的法理定位有着重要的参考价值，但这些观点又都存在着理论缺陷，因而无法准确界定两岸协议的法理定位。"国内法说"和"行政协议说"，均站在一个中国原则的立场上，以驳斥"两岸协议是一种国际条约"的观点为主要论证目标，但前者的论证过于笼统，未能揭示出两岸协议的具体法律属性。后者的论证则未能考虑两岸协议在两岸实施过程中的差异性。因为这种差异性并非"行政协议"这种"对等性行政契约"② 所能涵盖，从协议主体、协议内容和协议的实施程序看，两岸协议与行政协议相比仍然存在很多差别，这两种协议不能混为一谈。"分别叙述说"则通过对两岸协议的实施分别进行分析，描述其在两岸各自范围内的法理定位，却回避了两岸协议在两岸间的法理定位问题。以"分别叙述"方式得出的两岸协议定位，实际上并未给出一个能够统一叙述两岸协议存在于"两岸间"和"两岸内"的现实状态，而仅仅是对其在"两岸内"的实施状态进行描述。

需要指出的是，有学者还对《海峡两岸经济合作框架协议》（ECFA）的法律性质给予了关注。如曾令良教授认为，由于两岸都是 WTO 成员，尽管 ECFA 的"名称和内容并不是传统意义上的区域贸易协定……但是本质上仍然属于 WTO 框架下的区域贸易协定的范围"，两岸"必须遵循 WTO 关于区域贸易协定的有关条件"③。尽管这种以 WTO 规则对 ECFA 协议的影响为依据，对其法理定位进行的分析和论证具有一定的合理性，但我们必须明确的是，ECFA 与 WTO 下一般的区域贸易协定依然存在很大差别。不论是从协议的签订主体、签订和实施程序，还是从其效力范围等方面看，它仍是两岸之间以两会名义签订的两岸协议，是两岸协议体系的组成部分，其法理定位应与其他协议相一致。因此，本文在对两岸协议的法

① 张亮：《ECFA 的法律性质研究》，《法律科学（西北政法大学学报）》2012 年第 5 期。
② 参见何渊：《论行政协议》，《行政法学研究》2006 年第 3 期。
③ 曾令良：《WTO 框架下两岸经济合作框架协定的法理定位》，《时代法学》2009 年第 6 期。

理定位进行分析时，也包含对 ECFA 法律性质的论证，而并未将其单独
列出。

（二）台湾地区对两岸协议法理定位的认识与实践

相对于大陆官方对两岸协议在实践中法理定位的沉默，台湾当局对两
岸协议的法律性质，则进行过较为充分的界定。早在 1993 年汪辜会谈签订
相关协议时，台湾岛内即对这些协议的法律效力和法律性质有过争论。这
些争论主要集中在两个方面：一是两岸协议是否属于"国际条约"；二是
两岸协议在台是否应当送"立法院"审议。针对这两方面的争议，台湾地
区"司法院"大法官于 1993 年作成"释字第 329 号"解释，以否定方式
给予两岸协议一个基本定性，即认定两岸协议"非本解释所称之国际书面
协定"①，但却没有对两岸协议的法理定位做出正面回应。此后，台湾地区
"法务部大陆法规委员会"又做出决议指出，两岸协议的定性应依其协议
内容而论，协议内容如与人民权利义务有关，"或依'宪法'第 63 条规定
属'国家重要事项'，经'立法院'审议通过者，为相当于'准条约'；
其余人民权利义务无关者，经主管机关许可，为相当于'准行政协议'"②。

在台湾，许多学者亦对两岸协议的法律性质问题提出过看法。其代表
性的观点主要有"国际条约说""准国际条约说""两岸协议说"和"分
阶段定位说"等。

所谓"国际条约说"，即认为两岸协议是一种"国际条约"。台湾学者
姜皇池在分析"ECFA 的审查程序"时指出，从主体上看，ECFA 的协议
主体应当为"'台湾、澎湖、金门及马祖个别关税领域'与'中国'（Chi-
na）两个在 WTO 结构下之'国际法主体'（subjects of international law）"，
而"释字第 329 号解释""仅明白排除两岸协议并非宪法所称之条约（国
际书面协定），但并不当然代表该号解释认定两岸协议不是'广义之条
约'"，因而应当将 ECFA 认定为"国际条约"，在审议时采取"条约案"

---

① 台湾地区"司法院大法官"解释，"释字第 329 号"解释理由书。
② 《海基与海协两会签署协议法律效力确定》，《中国时报》1993 年 7 月 10 日。

的审议程序。①

所谓"准国际条约说",即认为基于两岸"分裂、分治局面",两岸协议应当比照"国际条约",而属"准国际条约"。台湾学者曾建元、林启骅在探讨"两岸协议审议准照条约程序的争议"问题时指出,两岸"乃处于分裂、分治的局面……虽然两岸皆非以国际关系处理双边关系,但各由一主权国家之政府分别管辖则为一客观事实",因而两岸关系应比照两德关系,"乃为'特殊国与国关系'或'准国际关系'",因此,"两岸协议自为'准国际协议'",应交由"立法院"审议②。

所谓"两岸协议说",即认为两岸协议具有其特殊性质,应当自成一体,属于"两岸协议"这一特定范畴。台湾学者苏永钦在论述 ECFA 和《海峡两岸知识产权保护合作协议》(台湾地区称《海峡两岸智慧财产权保护合作协议》)的审议程序时提出,"两岸协议案不因'两岸人民关系条例'第5条的特别规定,就变成法律案……(也)不因同样涉及与统治权所不及的其他政权,不宜逐条审议,而变成条约案……ECFA 就是中华民国政府和其统治权所不及的大陆地区政府间接签订的行政协议,这不是法律或预算案,按大法官'第三二九号解释',当然也不是条约案……两岸协议案就是两岸协议案"③。

所谓"分阶段定位说",即按照两岸协议存在场域的差别对协议给予不同的定性。具有大陆学术背景的台湾律师戴世瑛认为,将两岸协议"定位为'准国际条约',论理上原无不妥……但盱衡现实,于'一中'基本原则下,大陆方不可能承认两岸协议的'国际性'",因此不如依照"法的形成过程"将两岸协议,"于签署成立时,均先定位于'民间协议',俟各自实践完备法制化程序后,再分别将各该协议转化定性为国内'行政命令'、'行政规章'或'司法解释',俾使双方公权力机关,得以各自遵守

---

① 参见姜皇池:《论 ECFA 应适用条约审查程序》,《新世纪智库论坛》第51期。
② 曾建元、林启骅:《ECFA 时代的两岸协议与治理法制》,《中华行政学报》2011年第6期。
③ 苏永钦:《ECFA 应当怎么审?》,《中国时报》2010年7月1日,http://www.np.org.tw/modules/tadnews/index.php?nsn=125,2014年4月10日访问。参见戴世瑛:《论两岸协议的法律定位》,《检察新论》第14期。

适从"①。亦即是说，将两岸协议分为两个阶段进行定位，在签署之时定位为"民间协议"，而在两岸完成各自的接受程序后定位为各自域内法律。

台湾地区学者对两岸协议性质的探讨，大多涉及立法机关对两岸协议的监督问题，其观点上的差别，主要源于其对两岸关系政治定位问题上的分歧。回顾历史，大陆和台湾分别对两岸政治定位提出过"合法政府对叛乱团体""中央对地方""两党""两区""两府""两体"和"两国"等定位模式，这些模式都存在一定问题，无法为双方所接受。② 尤其是在对以"九二共识"为基础签订的两岸协议进行定性时，以"两国"或"准两国"为前提提出的"国际条约说"或"准国际条约说"自然缺乏其合理性。而作为"两岸协议说"立论基点的"两岸人民关系条例"本身，就是"一国两区"理论的产物，因此，这种学说亦不能给两岸协议一个准确的法理定位。持"分阶段定位说"的学者，为平衡两岸对协议定位的接受分歧，改变了以两岸政治关系定位为协议定位的研究范式，转而以谋求创设能够为两岸共同接受的方案。这种仅从协议效力特征角度界定协议性质的方法，具有一定的创新性，其所持观点也较为中性，值得我们借鉴。然而，这种分阶段定位的方式，却无法解释两岸接受和实施"民间协议"的义务来源、协议与两岸各自域内法律体系的关系、协议在台湾地区接受立法机构审议的方式等现实问题，因此亦不能成为一种具有操作性的观点。

二、两岸协议法理定位问题的分析工具

从上述对两岸协议定位问题的研究综述来看，大陆和台湾的学者们（当然亦包含一些有特定政治目的的政治人物）在界定两岸协议的法理定位问题时，往往基于各自特定的政治立场，先为理论研究预设一定结果，再运用政策言说或理论建构的研究方法，来获致基于政治立场而被预设的

---

① 参见戴世瑛：《论两岸协议的法律定位》，《检察新论》第 14 期。
② 参见周叶中、祝捷：《关于大陆和台湾政治关系定位的思考》，《河南省政法管理干部学院学报》2009 年第 3 期。

结果，此即所谓"立场定位"的研究范式。① 在立场定位的研究范式下，两岸协议的定位问题与两岸政治关系定位问题直接相关。大陆学者的研究结论往往隐含着"两岸同属一个中国"的政治定位立场，而台湾学者的研究结论则内在地包含着"台湾主体地位""两岸对等地位"的政治定位立场。因此，在两岸尚未就双方政治关系定位达成共识的情况下，这种单纯的立场定位研究所得出的结论，很难为两岸共同接受，也很难为解决两岸协议实施过程中出现的各类问题提供有益的帮助。

因此，要对两岸协议做出合理定位，应当既能满足大陆和台湾对于两岸协议定位的立场需求，尽量避免"国家""主权"等争议概念的负面影响，又能为两岸协议在创制和实施过程中出现的各种现实问题提供策略支持。而要同时满足这两个要求，就必须通过使用无关两岸争议因素的理论工具，针对两岸协议创制与实施过程中的各类现实问题，对协议做出定位。两岸关系问题具有其他问题无可比拟的特殊性和复杂性。这种特殊性和复杂性，恰恰决定了对两岸关系问题分析方法的多元性。亦即是说，我们很难以任何一种既有的理论工具对其展开分析，而需要运用多种理论工具进行综合分析。就两岸协议的法理定位问题而言，一种合理的定位模式必须能够解决以下两个问题：一是如何解释协议的法律效力，即解释两岸协议是否具有法律效力，这种法律效力又如何得以体现；二是如何解释协议的创制和实施方式与这种定位模式的关系，即解释两岸协议何以会以区别于其他各类规范性文件的方式得以创制和实施。基于对上述问题的分析，本文尝试选取软法理论和欧盟共同政策理论，在经过一定的话语改造后，作为两岸协议法理定位问题的分析工具，以期能得出恰当的结论。

（一）软法理论及其特征限缩：两岸协议法理定位的效力分析工具

软法是一种在实践中广泛存在的法现象，对于软法概念的界定，弗朗西斯·施尼德曾做出过描述，即软法是"在原则上没有法律的强制约束

① 祝捷：《两岸关系定位与国际空间——台湾地区参与国际活动问题研究》，九州出版社 2013 年版，第 5 页。

力，然而却可能具有实际约束力的行为规则"①。国内一些具有代表性的软法学者已对软法的理论特征进行了较为全面的叙述，对包括软法的兴起背景、发展沿革、特征、功能、主要渊源、基本结构以及软法在公共治理中的定位等问题均进行了深入研究，形成了一批研究成果。一般而言，学者们认为，软法的个性特征主要包括以下几方面②：

一是软法的创制方式与制度安排富有弹性。软法的创制注重实践论辩，推崇柔性治理，而软法的规定往往表现出笼统、抽象、原则、模糊、灵活或柔和的特点；二是软法不能运用国家强制力保证实施。软法目标的实现主要依靠社会舆论、自律、内部监督、利益诱导和社会强制力的支持，而并非像硬法一样依靠国家强制力保障其效力；三是软法效力实现的非司法中心主义。软法并不将司法适用当作其效力实现的唯一方式，而主要通过相关主体的自愿服从或者习惯性服从，以及政治组织、社会共同体的适用而实现其效力；四是软法规范的位阶不甚明晰。与硬法所体现出的纵向关系不同，软法所反映的主要是一种横向的平行关系，不同软法规范之间的法律位阶表现较为模糊；五是软法的创制和实施具有更高程度的民主协商性。较之于硬法而言，软法的制定与实施主体更加多样，更加开放，更加注重对话与沟通，强调共识与认同，能够最大限度地基于合意做出公共决策。

较之传统的硬法而言，软法之"软"，最重要的表现就在于其实施方式，即效力特征。一般而言，法律是一种由国家强制力保证实施的规范，其实施方式主要依靠国家强制，表现出一种刚性特征。然而，在现代法治发展过程中，法的实施方式逐渐多样化，已从单一的依靠国家强制实施，发展为包括自愿服从、习惯性服从、社会强制服从和国家强制服从在内的多元化实施方式。在这四种实施方式中，其耗费的社会资源递增，对法的

---

① See Francis Snyder, The Effective of European Community Law: Institutions, Processes, Tools and Techniques, 56 Modern Law Review, 1993, P. 32.

② 参见罗豪才、宋功德著：《软法亦法：公共治理呼唤软法之治》，法律出版社 2009 年版，第372 页以下。

认知性、社会认同感、社会效果却递减。① 软法，则是一种不运用国家强制力保证实施的法，而是通过其他三种方式予以实施。具体来说，软法的实施方式主要有以下几种②：一是依靠社会舆论、自律、内部监督、同行监督等产生的社会压力使主体自觉遵守；二是依靠融入软法制度中的激励机制，因势利导，诱使主体遵守；三是依靠社会强制力保证实施；四是依靠国家权威或者国家强制力的权威，促成软法目标的实现。总之，软法与传统硬法最大区别就在于，其"不运用国家强制力保证实施"上，这也是持不同观点的软法论者的共识所在。

然而，在大陆行政法学界流行的软法理论，往往立足于以软法与硬法相结合的混合法体系取代单纯的硬法体系，本质上是对"国家管理失灵"问题的回应，其目的是实现"公域之治的转型过程"③。显然，这一目的与两岸协议的发展实践并不完全契合，因此有必要对行政法学者提倡的这种软法理论加以适当调整和限缩，方能将其运用于两岸协议的法理定位分析中。在软法理论中，软法的效力特征乃是其区别于硬法的"分水岭"，也是软法最显著的特征，而这一特征亦是两岸协议与软法最为契合的一点。因此，在本文的分析中，我们拟暂不考虑软法的其他理论特征，而仅仅以其效力特征为切入点，对两岸协议的效力问题加以分析。

（二）欧盟共同政策理论及其话语改造：两岸协议法理定位的主体分析工具

欧盟是欧洲一体化④进程的产物，是当今世界区域一体化体制中最杰出的代表。欧盟通过其独特的法律体系和治理结构，对欧洲有效一体化和整个世界的政治、经济、安全、文化等领域发挥着重要作用。欧盟法的创

① 参见罗豪才、宋功德著：《软法亦法：公共治理呼唤软法之治》，法律出版社2009年版，第193页以下。
② 参见罗豪才、宋功德著：《软法亦法：公共治理呼唤软法之治》，法律出版社2009年版，第373页以下。
③ 罗豪才、宋功德：《认真对待公法——公域软法的一般理论及其中国实践》，《中国法学》2006年第2期。
④ "一体化"为integration一词的译文，在台湾被译为"整合""统合"。本文将统一使用"一体化"的译法。

立为世界各国研究超越于主权国家之上的法律体系提供了一个典型范例。尽管两岸关系并非国际关系，两岸之间正在形成的共同治理结构，也与由主权国家构成的欧盟治理结构不同，但欧盟一体化模式和欧盟法律体系的构建，依然能够为我们研究两岸一体化和两岸法制的构建，提供众多有益的借鉴。自20世纪60年代以来，欧洲一体化进程成为各国学者关注的研究对象，来自不同学科的学者，分别就这一问题提出不同的理论。在这些理论流派中，新功能主义理论和政府间主义理论，构成两种"对峙理论"。这两个理论流派对于欧盟共同政策的制定方式都产生了重要影响。

新功能主义在欧洲一体化初期，对一体化进程起到重要的主导作用，哈斯、林德伯格、施密特、奈伊等人是这一理论的主要倡导者。新功能主义认为，一体化的最终结果应当是形成超国家的制度安排，越来越多的决策将由超国家机构作出。作为欧盟"第一支柱"的欧洲各共同体，充分显示出"超国家"的特点，其所制定的欧共体条例即能在各成员国实现普遍适用、整体约束和直接适用。[1] 在新功能主义的视野中，一体化"可以被定义为国家间的集体决策系统（collective decision making system）随时间的推移而进化"[2] 的过程。在其理论中，各成员之间一体化的最终结果是各成员间的共同决策机制，该机制产出的最终决策，由接受各成员主权让渡的超国家机构做出。因此，超国家机构应当成为各国共同制定共同政策的平台，其所作出的决策能够对成员国产生直接效力。

政府间主义是与新功能主义相对立的理论体系。其主要代表人物包括早期的斯坦利·霍夫曼（Stanley Hoffmann）、罗伯特·基欧汉（Robert Keohane）和晚近的安德鲁·莫劳夫奇克（Andrew Moravcsik）等人。政府间主义最初源于国际关系理论的现实主义传统，其核心是宣称欧洲一体化的本质和步伐主要由（相对）对立的民族国家的决策和行动决定，即强调

---

[1] 参见曾令良：《欧洲联盟法总论——以〈欧洲宪法条约〉为新视角》，武汉大学出版社2007年版，第140—141页。

[2] See Leon N. Lindberg: Political Integration as a Multidimensional Phenomenon Requiring Multivariate Measurement, International Organization, Vol. 24, No. 4 (1970), p. 650.

民族国家在一体化进程中的重要性。① 政府间主义产生的历史背景，是 20 世纪 60 年代中后期，欧洲一体化过程中出现的停滞现象。1965—1966 年间，法国政府奉行"空椅子主义"政策，拒绝参加欧共体任何会议，导致欧共体运行陷入危机之中，新功能主义者倡导的"超国家"趋势也随之受到抑制。在这一背景下，霍夫曼提出，在一体化进程中的各领域之间，有着"高政治"和"低政治"之分。欧共体各个成员国愿意在诸如农业和贸易等"低政治"领域保持紧密合作，甚至将部分主权让渡给超国家机构，但却不会在诸如外交政策、国家安全和军事力量使用等"高政治"领域放松控制权。② 政府间主义的本质在于，创制一个使各个主权国家就共同利益进行协调、合作的制度安排，各个国家的主权并不会因为这种合作制度而受到直接削弱。在政府间主义影响下，欧盟的"共同外交及安全政策"（"The Common Foreign and Security Policy"，以下简称"CFSP"）和"刑事司法合作"（"Judicial Cooperation in Criminal Matters"，以下简称"JCCM"）就充分体现出政府间色彩。而 CFSP 和 JCCM 的表现形式，并非是对各国具有普遍、直接适用性的条例，而是共同立场、共同行动、框架决定以及国际条约等形式③，这些形式对各国不具有直接适用性。因此，与其说欧盟的 CFSP 和 JCCM 是一种一体化机制，毋宁说它们是一种政府间的合作与协调平台。各国仅仅是通过这个平台实现利益的妥协与协调，各国与该平台之间并非分权关系，而是一种契约关系。

在两岸语境下，处于政治对立状态的大陆和台湾，通过协商、妥协达成两岸协议的过程，本质上是一种两岸合意的过程，是两岸实现合作、协调的过程，而两岸协议则是这种合作、协调的产物。与欧洲一体化理论中的各种理论观点相比，两岸关系和平发展的现实，虽然具有一定的新功能主义色彩，但"政府间主义"却能更好地解释和描述当前两岸当局接触、

① 房乐宪：《政府间主义与欧洲一体化》，《欧洲》2002 年第 1 期。
② See Stanley Hoffmann, "Obstinate Or Obsolete?: The Fate of the Nation-state and the Case of Western", Daedalus, Journal of the American Academy of Arts and Sciences, 95/3, 1966, p. 865.
③ 参见曾令良：《欧洲联盟法总论——以〈欧洲宪法条约〉为新视角》，武汉大学出版社 2007 年版，第 156—159 页。

谈判和形成共识的过程。然而，"政府间"一词具有较高的政治敏感性，在两岸尚未解决政治关系定位这一关键问题时，为使相关理论能更好地契合两岸关系的实际，我们尝试以"两岸间"这一语汇代替"政府间"，形成一种具有"政府间"理论内核，但语言表述能够切合两岸关系语境的话语体系。在这一话语体系下，我们将"政府间主义"体系下的欧盟共同政策理论，称为"两岸共同政策理论"，简称"共同政策理论"。

三、两岸协议是一种具有软法特征的两岸共同政策

运用软法理论和共同政策理论这两个分析工具，对两岸协议的各项特征进行分层剖析，有助于我们超越两岸学界既有的以立场定位为唯一研究范式得出的观点，并从一种新的角度去诠释两岸协议的法理定位，从而得出一种既能为两岸所共同接受，又能解决两岸协议实践中出现的现实问题的结论。

（一）两岸协议具有软法的效力特征

两岸治理是一个形成中的结构，体现为一种"私名义、公主导"的单一层级治理。治理的功能在于藉由制度的稳定性，来弱化、消除两岸关系和平发展的偶然性，从而提升其必然性，使两岸关系和平发展不因领导人的改变而改变，不因领导人注意力的改变而改变。① 根据上文对软法理论的介绍和描述，在两岸的治理结构中，两岸协议作为一种规范化的治理工具，在规范意义上并不体现强制性的拘束力，但却体现出软法的效力特征。

法的效力是指其约束力和强制力②。相对地，两岸协议的效力问题，涉及的亦是相关协议对两岸的约束力问题。考察两岸协议的文本，有关协议效力问题的规定，大致可分为两种：一类是以"协议"为名的两岸协议，即规范性较高的两岸协议，一般会专项规定协议的效力问题，其表述

---

① 参见周叶中、祝捷：《两岸治理：一个形成中的结构》，《法学评论》2010 年第 6 期。
② 张文显主编：《法理学》，法律出版社 2007 年版，第 143 页。

方式一般为"双方应遵守协议"①；一类是以"会谈纪要""共同意见""共识"等为名的两岸协议，即规范性较低的两岸协议，一般不会对协议的效力问题作出专门规定。其中，第二类协议往往是双方为尽快体现共识而发布的文件，数量较少，因此，本文并不将其列为讨论的重点。对于这种以"双方应遵守协议"为协议效力表述方式的现象，可以从以下两个方面加以解读：

第一，两岸协议无法依赖"超两岸"权威保证实施。在两岸处于政治对立的现实情况下，两岸间并不存在一个"超两岸"的权力机构，大陆与台湾相互之间无法实现对对方控制领域的有效统治，两岸亦分别形成两套平行的法律体系。因此，就两岸协议这种以约束大陆和台湾为目的的规范性文件而言，它无法依赖超越于两岸之上的权威以保证其实施，也无法通过任何方式对协议双方的违约行为加以处罚。因此，从外在形式上讲，两岸协议与软法的实施方式表现出一致的特点。

第二，两岸协议的实施主要依靠两岸的"自律"。依照两岸协议效力条款的规定，两岸应当自觉遵守协议，但这种表述并未规定双方应该如何"遵守"协议，也未规定双方不"遵守"协议的法律后果。就前一个问题而言，两岸如何遵守协议属于两岸内部事务，应按照两岸各自域内法律的规定加以执行，而无须协议予以规定；就后一个问题而言，不规定违反协议的法律后果即是要求两岸以"自律"的方式保证协议的实施。因此，从运行特点上讲，两岸协议与软法的实施方式表现出一致的特点。

需要说明的是，本文所述与两岸协议的效力特征具有相似性的软法，并不包含国际软法的概念。所谓国际软法，是指在国际社会中，各种主体在利益平衡的基础上，为了达到某种共同目标而形成的自愿遵守的共同行为准则。② 两岸同属一个中国，作为两岸协议主体的大陆与台湾都是中国的一部分，因此双方签署的协议理应是一种"一国内地区间协议"，而非

① 目前以"协议"为名的两岸协议中，除《汪辜会谈共同协议》因其性质特殊而未作出"双方应遵守协议"的规定外，其余协议均有此规定。
② 王海峰：《论国际软法与国家"软实力"》，《政治与法律》2007 年第 4 期。

"国际法主体"之间形成的行为准则。从这个意义上讲，两岸协议并不符合国际软法的基本特征，亦与国际软法的概念无关。

（二）两岸协议的创制与实施体现出共同性的特征

从两岸商谈的现状来看，在两岸展开商谈的各个领域，都不存在所谓"超两岸"的决策机构，两岸形成共同政策的主要平台，是具有"两岸间"色彩的两会商谈机制。从本质上讲，两会商谈机制是一种制度化的谈判形式，参与谈判的是"一个中国"的两个互不隶属的部分：大陆和台湾，作为谈判主体的则是接受两岸公权力机关委托的海协会和海基会。在两会商谈中，海协会与海基会代表各自公权力机关，通过表达立场、进行博弈和妥协的方式，最终形成能够为双方共同接受的共同意志。这种共同意志也即是"两岸间"机制所形成的"共同政策"，而两岸协议就是两岸共同政策的主要表现形式。

两岸协议的共同性特征表现在协议的创制、生效、解释和修改三个方面：

其一，两岸协议的创制必须由大陆和台湾以"共识决"的方式形成。按照美国学者阿伦·利普哈特（Arend Lijphart）的观点，以"现代民主国家的规则和实际活动是旨在寻求多数支持还是谋求达成共识的角度"分析，民主可以被划分为两种模式：一是多数模式，即政府应当代表多数人的意志进行治理；二是共识模式，即在多数模式的基础上，政府应当代表尽可能多的人的意志进行治理，使"多数"的规模最大化。从这个意义上讲，多数模式是"排他的、竞争性的和对抗性的"，反之，共识模式则体现出"包容性、商谈性和妥协性"的特征。也正是由于这一原因，共识民主又被称为"谈判式民主"（negotiation democracy）。① 因而，这两种模式在集体意愿形成的程序上，体现出"多数决"和"共识决"不同的特点。由于两岸间存在的政治分歧和对立，两岸协议的创制无法基于"多数决"的方式进行，即无法由两岸民众以民主投票的形式完成决策，而只能由两

① 参见［美］阿伦·利普哈特：《民主的模式：36 个国家的政府形式和政府绩效》，陈崎译，北京大学出版社 2006 年版，导言部分。

岸当局出面代表两岸民众达成共识，完成协议的创制。在欧盟共同政策的制定中，尽管大多数共同政策领域已经习惯于多数表决机制，但 CFSP 和 JCCM 仍坚持采取一致表决的基本原则，各种决策的做出必须寻求各方一致同意方可实现。① 这种一致表决的方式体现了"共识决"的基本特点，也体现了政府间主义的色彩。因此，从创制方式的角度来看，两岸协议与欧盟 CFSP 和 JCCM 具有类似的特点，即均体现出共同性的特点。

其二，两岸协议的生效必须由大陆和台湾共同协作方可实现。两岸协议的生效，意味着协议开始对大陆和台湾产生法律上的约束力。在两岸协议的实践过程中，由于协议内容往往涉及许多两岸内部事务的调整，因而协议并非一经签署即告生效。两岸协议的生效条款曾先后采取过四种模式：一是协议在签署后经过确定期间后生效，即两岸协议在双方签订后经过一定期间，待该期间届满后方产生效力；二是协议在签署后的确定时间内生效，即两岸协议在双方签署后一定期间之内产生效力，但实践中一般为该期间届满之日生效，这就使这种模式与第一种模式在实际中产生相当的效果；三是协议在签署后经过一个有限的准备期后生效，即两岸协议规定一个供双方进行准备工作的准备期，但协议明确限定了准备期的最长时限，待双方完成准备工作后生效；四是协议在签署后由双方各自完成相关程序，待完成后以书面方式通知对方，两岸协议自双方均收到对方通知后的次日生效。自 2010 年签署《海峡两岸经济合作框架协议》之后，两岸协议的生效模式已统一采取第四种模式，即协议的生效取决于两岸各自"相关程序"的执行情况。在这四种模式中，协议的生效或决定于双方共同决定的特定时间，或决定于双方对协议实施的准备工作。而四种模式均规定，协议的生效必须由双方共同确定的基本特点，因而体现出共同性的特征。

其三，两岸协议的解释和修改等程序必须由大陆和台湾共同协作方可

---

① 关于 CFSP 的一致同意原则，参见何志鹏：《欧洲联盟法发展进程与制度结构》，吉林大学出版社 2007 年版，第 185 页；关于 JCCM 通过欧盟理事会进行一致决策的相关内容，参见曾令良：《欧洲联盟法总论——以〈欧洲宪法条约〉为新视角》，武汉大学出版社 2007 年版，第 262 页。

实现。解释乃是一种媒介行为，借此，解释者将他认为有疑义文字的意义，变得可以理解。① 在两岸协议的实施过程中，协议本身亦有可能因各种原因出现"有疑义的文字"，因而需要通过解释以正确适用。在两岸协议中，仅有《海峡两岸空运补充协议》和《海峡两岸经济合作框架协议》设置了协议解释的相关条款，其余协议则以规定"争议解决"条款的方式，潜在地对协议的解释问题作出规定。前一种模式中，协议的表述一般为"协议的解释"需由"双方通过协商解决"，或由双方成立的协商机构解决（即"两岸经合会"）；后一种模式中，协议的表述一般为"因适用本协议发生的争议，双方应尽速协商解决"。这两种表述模式均规定，协议的解释和争议的解决必须由双方通过协商，共同做出，体现出共同性的特征。除解释程序外，两岸协议的修改程序亦体现出共同性的特点。在两岸协议中，由于长期以来形成的表述习惯，一般以"变更"条款和"未尽事宜"条款规定协议的修改程序。协议对变更条款的表述一般为"双方协商同意"，或"双方协商同意，并以书面形式确认"。其中后者主要是近期一些协议的表达模式②。协议对未尽事宜条款的表述，一般为"本协议如有未尽事宜，双方得以适当方式另行商定"。从这两类条款的三种表述来看，两岸协议的修改程序均需要"双方"共同完成，从而体现出共同性的特征。

当然，与欧盟共同政策产出机制略有不同的是，两岸间并不存在一个能使大陆和台湾进行制度化政策产出的共同机构，两岸协议的产出是透过机制化的双边谈判加以完成，亦即是说，两岸共同政策是一种"没有共同体的共同政策"。

（三）两岸协议的实施方式具有政策性的特征

从协议与两岸域内法律的关系来看，两岸协议体现出强烈的"两岸

---

① ［德］卡尔·拉伦茨：《法学方法论》，陈爱娥译，商务印书馆 2003 年版，第 193 页。

② 首次提出"双方协商同意，并以书面形式确认"的是《两岸关于大陆居民赴台旅游协议》，此前两岸签署的《两岸公证书使用查证协议》和《两岸挂号函件查询、补偿事宜协议》的表述，不包括"书面形式确认"，此后签署的协议均有"书面形式确认"的规定。

间"色彩。如上文所述，欧盟的 CFSP 和 JCCM 所输出的共同政策，以共同立场、共同战略、框架决定、国际条约等形式体现。其中前三种表现形式往往不涉及法律层面的变动，而仅仅需要各国政府采取一致政策取向即可，而后一种形式则需要各国按照国际条约的实施方式，完成接受、适用等程序。在两岸实践中，两岸协议的实施方式与上述两种类型表现出一定的相似性。从两岸协议与两岸各自域内法律规范的关系来看，二者表现出一种"缓和的二元"关系，即协议需要两岸按照各自规定予以实施，或通过双方一致的政策取向予以实施，或通过对各自域内法律进行废、改、立予以实施，具体来说：

部分两岸协议（包括一些协议的部分内容）并不涉及两岸既有法律体系的变动，这些两岸协议的实施方式与 CFSP 和 JCCM 中各成员国采取共同战略、共同行动、共同立场等方式类似。以《海峡两岸共同打击犯罪及司法互助协议》为例，该协议规定的内容，实际上与两岸各自域内立法并无矛盾之处，也不涉及法律的立、改、废活动，在这种情况下，协议的实施更多地体现在两岸就相关问题，采取共同战略、共同行动和共同立场上。台湾地区"法务部"曾就该协议发表新闻稿，指出"（协议）相关之合作内容，系在我方现行的法令架构及既有的合作基础上，以签订书面协议之方式，强化司法合作之互惠意愿，同时律定合作之程序及相关细节，提升合作之效率及质量。与对岸律定合作事项涉及人民权利义务部分，均在现行相关法律下执行，未涉及法律之修正，亦无须另以法律定之。"[①] 按照这一新闻稿的表述，《海峡两岸共同打击犯罪和司法互助协议》这一并不涉及"法律修改"的两岸协议，被台湾方面认为是两岸"共同意愿"的一种表达方式，这与 CFSP 和 JCCM 中的共同战略、共同立场等具有一定的相似性。

部分两岸协议则直接涉及两岸既有法律体系的变动，即涉及大陆和台

① 台湾地区"法务部"：《"海峡两岸共同打击犯罪及司法互助协议"不涉制定及修正法律》，2009 年 5 月 5 日新闻稿，http：//www. moj. gov. tw/lp. asp？ CtNode = 27518&CtUnit = 24&BaseDSD = 7&mp = 001&nowPage = 57&pagesize = 15，2014 年 4 月 5 日访问。

湾现有法律规范的立、改、废问题。这些两岸协议的实施方式，则与 CFSP 和 JCCM 中以条约为表现形式的部分相类似。以《海峡两岸经济合作框架协议》为例，大陆方面海关总署依据协议，制定了《〈海峡两岸经济合作框架协议〉项下进出口货物原产地管理办法》，将协议关于"进出口货物原产地"的规定，通过立法的形式实施；台湾方面则因协议内容与其部分"法律"规定有抵触，而在审议通过协议后，对其"植物品种及种苗法""海关进口税则"的部分条款，进行了修正，并删除了"两岸人民关系条例"第二十二条之一，修正了第二十二条，以保证协议得以实施。

综上所述，从法律效力上看，两岸协议体现出软法的基本特征，而从创制和实施方式上看，两岸协议体现出共同政策的基本特征。这些基本特征构成两岸协议法理定位的核心要素。因此，以软法理论和共同政策理论为分析工具，通过对两岸协议的效力特征、创制和实施方式等特点的分析，可以得出这样的结论：两岸协议是一种具有软法特征的两岸共同政策。这一结论既超越了大陆与台湾就"主权""国家"等政治敏感问题的争议，处于两岸共同的可接受范围之内，又充分体现出两岸协议的独特特征，对于解决实践中两岸协议的法制化问题，能够提供有效的理论支持。当然，本文提出的观点仅仅是对"两岸协议是什么"这一问题的回答，只是在论证过程中兼及协议的创制和实施中的部分问题，而并未对这些问题提出系统性的解决方案。因此，关于两岸协议的创制、实施、解释机制的构建等重大问题，还需要进一步深入研究。

论台湾立法机构审议监督两岸协议机制的发展及其影响

——以"两岸协议监督条例草案"为对象*

2014 年上半年，台湾地区爆发了因反对《海峡两岸服务贸易协议》而引起的所谓"太阳花运动"。为平息这一事件，台湾地区领导人马英九承诺在台立法机构本会期结束前完成"两岸协议监督法制化"，并随即公布了由台湾当局大陆事务负责机构起草的"台湾地区与大陆地区订定协议处理及监督条例"（草案）。①尽管该草案尚未获得台湾地区立法机构的批准，在未来也可能存在变数，但是"草案"本身在相当程度上体现了台湾地区各界人士对"两岸协议监督"的共识，也表明了台湾当局对两岸协议监督问题的基本思路和方向。基于此，本文在对台湾地区立法机构监督两岸协议的规范依据、实践活动和制度困境进行总结的基础上，根据现有的"两岸协议监督条例草案"，分析这一"草案"通过后对两岸关系造成的影响。

一、台湾地区立法机构审议监督两岸协议的现状与困境

目前，台湾地区立法机构审议监督两岸协议的法源是"台湾地区与大陆地区人民关系条例"（以下简称"两岸人民关系条例"）、"立法院职权行使法"，而"司法院""大法官"作成的"释字第 329 号解释"则从侧面界定了两岸协议的法律地位和审议原则，因而亦构成了与该"条例"相

---

* 本文由周叶中、段磊合作撰写，原文发表于《台湾研究集刊》2015 年第 1 期。

① 以下简称"两岸协议监督条例"，在与其他版本"条例"草案进行对比时则称"行政院版草案"。

匹配地规范来源。自 2008 年以来的实践中，"两岸人民关系条例"的相关规定遭遇到许多制度困境。这些困境从一定程度上构成了台湾地区监督两岸协议"立法"的现实背景。

（一）台立法机构审议监督两岸协议的规范与实践

"两岸人民关系条例"第五条第二款、第九十五条和"立法院职权行使法"第六十条、六十一条是规制台湾地区立法机构审议监督两岸协议的主要规范依据。自 2003 年台湾当局对"两岸人民关系条例"进行修改后，台立法机构开始享有以"备查"和"审议"两种方式监督两岸协议的权限。根据现行"两岸人民关系条例"之规定，台湾地区立法机构监督两岸协议的方式主要有两种：一是当协议内容涉及"修法"或"新订定法律"时，直接对协议进行审议，审议通过后，协议方可生效；二是对当协议内容不涉及"修法"或"新订定法律"时，行政机构核定通过的协议留存备查，备查本身并不影响协议的生效。在前一种情形中，又有一种"法定"的特殊情况，即当协议涉及两岸"直接通商、通航及大陆地区人民进入台湾地区工作"问题时，协议须提交立法机构审议，但 30 日内若立法机构未做出决议，则视为审议通过。

"立法院职权行使法"并未明确将两岸协议列为台立法机构的一项审议"议案"，但在实践中台立法机构往往将两岸协议视为该法所规定之"行政命令"。根据"立法院职权行使法"第六十条、第六十一条之规定，十五名以上"立法委员"连署或附议时，可将行政机构提交备查的"行政命令"交付有关"委员会"审查，各"委员会"于三个月内未完成审查，视为已经审查。亦即是说，当台行政机构依照"两岸人民关系条例"将两岸协议提交立法机构备查，有 15 名以上"立法委员"连署或附议时，即可将两岸协议的备查改为审议，审议期限为三个月，若未完成审议则视为已经审议完成。

除"两岸人民关系条例"和"立法院职权行使法"外，台湾地区"司法院""大法官"也曾就两岸协议的法律性质问题作成"释字第 329 号解释"，以否定的方式给予两岸协议一个基本的定性，即认定两岸协议

"非本解释所称之国际书面协定"①，并同时指出两岸协议"应否送请立法院审议，不在本件解释之范围"②。

在 2008 年以来台湾地区立法机构审议监督两岸协议的实践中，台行政机构在绝大多数情况下选择将两岸协议按照"两岸人民关系条例"规定的"核定－备查"方式送立法机构备查，而仅有三项协议依照"核转－审议"方式提交立法机构审议，即《海峡两岸海运协议》《海峡两岸经济合作框架协议》和《海峡两岸知识产权保护合作协议》。其中，《海峡两岸海运协议》系因该协议第三条关于"两岸船舶进入双方港口期间悬挂旗帜"之规定与台湾地区"商港法"的相关规定发生明显冲突，因而需经台湾地区立法机构审议方可生效。由于该协议涉及"两岸人民关系条例"第 95 条对两岸"三通"问题的特殊规定，台湾地区行政机构以这一条文规定的特殊程序为依据，在将《海峡两岸海运协议》送交立法机构审议满 30 日后，宣布以"推定同意"方式完成协议的审议程序，使该协议于 12 月 14 日按时生效。《海峡两岸经济合作框架协议》和《海峡两岸知识产权合作保护协议》的审议活动，遵循了"两岸人民关系条例"第五条第二款之规定，经台立法机构"二读"通过，于 2010 年 8 月 17 日完成了相关审议程序，③同年 8 月 18 日，台立法机构"三读"通过了与两项协议相关的"商标法""专利法""海关进口税则"等五项"法律"的修正案，完成了协议审议相关的"修法"程序。

在实践中，台立法机构接到行政机构函送的协议"备查案"时，往往会出现部分"立法委员"申请将"备查案"转为"审议案"的情形，即依照上述"立法院职权行使法"第六十条之规定，将该案送相关"委员会"审查。然而，由于种种原因，这些"备查转审议"案在台立法机构的有关"委员会"的审议时间往往会超过"立法院职权行使法"所规定的三个月期限，使该协议"视为完成审议"，从而获得通过。《海峡两岸服务贸

---

① 台湾地区"司法院""大法官解释"，"释字第 329 号"解释理由书。
② 台湾地区"司法院""大法官解释"，"释字第 329 号"解释理由书。
③ 关于《海峡两岸经济合作框架协议》"二读"审议的相关情况，参见《"立法院"公报》第 99 卷第 50 期，第 2 页以下。

易协议》是 2008 年以来唯一由台立法机构将行政机构送交的"备查案"转为"审议案"且影响到协议生效的案例。自 2013 年 6 月 27 日台行政机构核定《海峡两岸服务贸易协议》并函送立法机构备查以来，该协议在台湾的审议活动则遭遇了前所未有的困境。2014 年 6 月 25 日，台立法机构经"党团协商"作出决议，决定该协议应经立法机构"逐条审查、逐条表决……不得予以全案包裹表决"，非经其审查通过，不得启动生效条款。①8 月 25 日，台立法机构做出决定，将服贸协议"交内政、外交及国防、经济、财政、教育及文化、交通、司法及法制、社会福利及卫生环境八委员会审查"②，同时需"由内政委员会再召开 16 场公听会，并邀集各产业公会及工会代表参加后，方可进行实质审查"③。自此之后，受国民党党内权力斗争和民进党方面蓄意抵制的双重影响，《海峡两岸服务贸易协议》的审议进程一拖再拖。直至 2014 年 3 月 18 日，台湾岛内爆发了反对《海峡两岸服务贸易协议》的所谓"太阳花运动"，《海峡两岸服贸协议》的审议陷入无限期推迟状态。

（二）台湾地区既有规定在实践中遭遇的制度困境

从上述两岸协议审议的实践来看，尽管"两岸人民关系条例"对台湾地区立法机构审议监督两岸协议的相关活动做出了规定，这些规定相对于快速发展的两岸关系实践而言，显得过于简单，因而在审议实践中仍然出现了许多争议。从制度设计的角度来看，"两岸人民关系条例"和"释字第 329 号解释"所设置的制度框架表现出的问题可以归纳为以下两点：

其一，"两岸人民关系条例"和"释字第 329 号解释"并未对"两岸协议审议案"的性质作出规定，从而为两岸协议接受立法机构审议时的具体程序之争提供了空间。在 ECFA 的审议过程中，蓝绿两大阵营争论的首个问题即是该协议应当参照"条约案"，以"二读"方式通过审议，还是参照"法律案"，以"三读"方式通过审议。根据台湾地区"立法院职权

---

① 参见《"立法院"公报》，第 102 卷第 46 期，第 403 页。
② 参见《"立法院"公报》，第 102 卷第 47 期，第 2 页。
③ 参见《"立法院"公报》，第 102 卷第 48 期，第 467 页。

行使法"第七条之规定，台湾地区立法机构的议案一般需要经历"二读"方可通过，而"法律案"和"预算案"则需经历"三读"方可通过。在台立法机构审议《海峡两岸经济合作框架协议》时，国民党方面坚持认为，该协议并不属于"立法院职权行使法"规定的"法律案"和"预算案"，因而应当依照"二读"程序进行审议，民进党方面则提出该协议应当按照"法律案"，依照"三读"程序方可通过。① 由于"释字第 329 号解释"仅对两岸协议的法律地位做了否定式的界定，而"两岸人民关系条例"亦未对立法机构审议两岸协议的具体程序作出规定，这就使"两岸协议审议案"成为一种法律并未规定的"议案"类型，从而为台湾岛内各方政治势力对协议审议程序的争执提供了空间。

其二，"两岸人民关系条例"并未规定立法机构审议监督两岸协议的具体方式，从而为两岸协议接受立法机构审议时的表决方式之争提供了空间。在 ECFA 和《海峡两岸服务贸易协议》的审议过程中，各方争议的另一个重要问题便是立法机构应当以"打包审查、打包表决"，还是以"逐条审查、打包表决"的方式审议协议。与此相关联的是，若立法机构以"逐条表决"的方式审议两岸协议，那么就可能出现部分协议通过审议，而部分协议未能通过审议的情形，亦即是说台湾方面是否可以单方面对两岸协议提出"保留"的问题。针对台湾立法机构逐条审议《海峡两岸服务贸易协议》，海基会董事长林中森表示，"否决（服贸协议）任何一点，就等于否决全部"，这将会导致重新谈判。② 就这一问题，民进党方面则持相反态度，民进党籍民意代表柯建铭指出，台湾立法机构曾有过对双边协议附保留条款通过的先例，因此他强调服贸协议必须要逐条审查，逐条表决。③ 然而，"两岸人民关系条例"并未对立法机构审议监督两岸协议的具

---

① 财新网：《ECFA 岛内争辩步入法律程序》，资料来源：http：//china. caixin. com/2010 – 07 – 05/100158296. html，最后访问日期：2014 年 12 月 20 日。

② 新华网：《林中森谈两岸服贸协议 否决任何一点等于否决全部》，资料来源：http：//news. xinhuanet. com/tw/2013 –07/04/c＿116403463. htm，最后访问日期：2014 年 12 月 20 日。

③ 《协议不能改？ 民进党团：台美协定有前例》，资料来源：http：//news. ltn. com. tw/news/focus/paper/762541，最后访问日期：2014 年 12 月 20 日。

体方式做出规定，更未对出现立法机构"附保留通过"协议的情形如何处理作出规定。

可以说，要解决这些制度性纰漏，以制度化方式固化两岸协议的审议监督规则，势必需要以修改和调整相关法律的形式协调各方政治势力的意见，以实现各方的最终妥协。"两岸协议监督条例草案"的提出，正是台湾当局试图解决两岸协议监督审议过程中出现的制度困境的一种体现。

二、"两岸协议监督条例草案"的主要内容及其特点

台湾当局行政机构于2014年4月公布了由其大陆事务部门起草的"台湾地区与大陆地区订定协议处理及监督条例草案"（即"行政院版草案"）。这一"草案"对于消解上文所述的两岸协议审议监督中的制度困境，形成制度化的协议监督机制有着重要意义。因此，我们拟对"两岸协议监督条例草案"的主要内容进行归纳总结，并结合该版"草案"的条文及与其同时出现的其他两个具有代表性的"草案"版本的对比，对"行政院版草案"的基本特点进行归纳和总结，并借此对台湾地区内部对于立法机构审议监督问题的态度进行观察。

（一）"两岸协议监督条例草案"的主要内容

由台湾当局大陆事务部门起草的"两岸协议监督条例草案"共二十五条，对两岸协议的商签和审议的全过程进行了详细的规制。具体而言，该"草案"的内容主要涵盖以下四个方面：

第一，"两岸协议监督条例草案"明确了两岸协议商签和实施过程的四阶段。根据"草案"之规定，两岸协议的商签和实施过程划分为"协议议题形成阶段""协议议题业务沟通阶段""协议签署前阶段"和"协议签署后阶段"，[①] 以便明确各权力机关在各阶段所处的不同地位及其所应发

① 参见"台湾地区与大陆地区订定协议处理及监督条例草案"第六条，资料来源：http://www.mac.gov.tw/ct.asp？xItem＝108534&ctNode＝7596&mp＝210，最后访问日期：2014年12月22日。下文中涉及"两岸协议监督条例草案"之内容均来源于此，仅标明"两岸协议监督条例草案"及条文序号，不再一一标明出处。

挥的不同作用。这种阶段性的划分方式在此前的"两岸人民关系条例"之中并不存在,"四阶段"对两岸协议从商签到实施的全过程进行了细致地划分,为立法机构和台湾民众参与监督两岸协议提供了基础。

第二,"两岸协议监督条例草案"确立了立法机构在两岸协议商签实施过程各阶段中的地位,明确了立法机构审议监督两岸协议的基本程序、方式和协议未能通过审议的法律后果。根据"草案"规定,协议涉及的业务主管机关与陆委会在协议商签的四个阶段均应向立法机构说明、报告协议商签情况,并接受相关委员会的咨询。① 在这一制度之中,台立法机构可在上述四个阶段中及时了解协议谈判的具体情况及其进展。这一规定较之于"两岸人民关系条例"之中设置的立法机构事后"审查"或"备查"的规定有着较大区别,它为立法机构更多参与到两岸协议的监督活动中提供了规范依据。依照"两岸协议监督条例草案"之规定,提交审议的两岸协议须经立法机构"二读"通过,配合协议修正或制定的"法律案"则须经"三读"通过,方可生效。② 在立法机构审议两岸协议过程中,仅可做出通过或不通过的决议,而不能对协议文本做出修改。当协议未能通过立法机构审议时,有关协商部门须通知对方,并"视需要重启商谈"。

第三,"两岸协议监督条例草案"强化了协议商签过程中的民众参与机制。根据"草案"之规定,协议所涉的业务主管机关及"陆委会"须在协议商签的四阶段均应广泛搜集舆论对协议的反映,听取各界意见,并说明协议协商的基本情况。③ 在"两岸人民关系条例"之中并未出现签署两岸协议需征询民意的规定,因而在两岸协议的实践中,台湾当局极少就两岸协议问题征询民众意见,更未形成制度化的民意征询机制。从某种意义上讲,台湾地区此次爆发的"反对服贸协议"的抗议活动正是由于台湾民众缺少了解两岸协议内容、表达对两岸协议利益诉求的制度化管道。因此,"草案"将民众参与机制纳入两岸协议的商签和实施过程之中,为台

---

① 参见"两岸协议监督条例草案"第六条。
② 参见"两岸协议监督条例草案"第十六条、第十七条、第十八条。
③ 参见"两岸协议监督条例草案"第七条、第八条。

湾民众参与两岸协议监督审议互动提供了规范依据。

第四，"两岸协议监督条例草案"确立了两岸协议的事前"国家安全"审查机制。根据"草案"之规定，协议在业务沟通阶段即须由行政机构组织相关人员进行"初审"，再由"国家安全会议"复审，只有当协议"无危害国家安全之虞"时，协议的商谈方可继续进行。① 构建两岸协议事前"国家安全"审查机制，是台湾当局为对台湾民众提出的两岸协议有"危害台湾利益之嫌"口号的一种制度回应，但这一机制亦为两岸协议的签署设定了一定的限定条件。

（二）"两岸协议监督条例草案"的基本特点

"两岸协议监督条例草案"对两岸协议商签和审议监督实践中暴露出的种种制度缺陷都进行了回应，并着重对立法机构审议监督两岸协议的制度体系进行了完善。"两岸协议监督条例"的基本特点可概括为以下三点：

第一，"草案"维持了"两岸人民关系条例"所确立的"一国两区"的两岸政治关系定位表述。在台湾地区"宪政改革"的历程中，尽管所谓"宪法增修条文"对"中华民国宪法"确立的政治体制做了重大修改，但却并没有改动"中华民国宪法"第四条关于"中华民国"固有疆域的规定，没有触动"中华民国宪法"确认的"一个中国即中华民国"的原则。② 在台湾地区现有的"宪政体制"之下，两岸政治关系定位仍处于一个中国原则之下，并遵循"一国两区"的表述方式。同时，"释字第329号"解释亦以明示方式否定了两岸协议具有"国际条约"的性质。因此，任何将两岸协议异化为"国际条约"，将两岸关系异化为"国与国关系"或"准国与国关系"的表述都将与台湾地区现行"宪法"相违背。"两岸协议监督条例草案"对"协议"的定义仍准用"两岸人民关系条例"之规定，即"台湾地区与大陆地区间就涉及行使公权力或政治议题事项所签署之文书"，而"台湾地区"与"大陆地区"则均属"中华民国领土"。因此，"两岸协议监督条例草案"所涉及的"协议"仍属于"两岸人民关

① 参见"两岸协议监督条例草案"第九条、第十条、第十一条。
② 参见杜力夫：《"宪法一中"与国民党当政时的大陆政策》，《台湾研究集刊》2007年第1期。

系条例"所称一个中国的两个地区之间的协议，而非国与国之间的条约。因此，这一"草案"仍然坚持了一个中国的基本框架，并未超越两岸展开接触和交往的政治基础——"九二共识"的基本要求。

第二，"草案"明确了协议商签的四个阶段，并依照四阶段的划分强化立法机构和民众对协议商签的参与。从 2008 年以来的实践看，两岸透过两会平台商谈和签署两岸协议的过程对两岸民众而言并不透明，甚至对于专门研究两岸关系的学者而言，要了解到每项协议的详细商谈过程都极为困难。在这种情况下，普通民众很难透过制度化渠道表达自己对两岸协议的意见和看法。尽管在当前形势下，绝大部分两岸协议都符合两岸人民的共同利益，但这种"符合"往往是一种浅层次的"符合"，即符合两岸人民对两岸关系从对峙走向缓和，从战争走向和平的需求，却并不能够与作为个体的每一个两岸同胞的切身需要相"符合"。① 此次"太阳花运动"恰恰从一个侧面证明了，在缺乏制度化参与渠道的情况下签署的两岸协议，可能并不能完全满足两岸同胞的利益需要，甚至可能遭到一部分人的强烈反对。因此，在"两岸协议监督条例草案"中，民众有序参与（包括直接参与和透过立法机构参与）两岸协议的商签和审议过程成为了整个"草案"的核心内容之一。一方面，"草案"完善了立法机构监督审议两岸协议的程序、方式和法律后果等规定，弥补了此前实践中出现的制度缺陷，为解决因制度缺陷而导致的问题提供了可能；另一方面，"草案"为行政机构设定了舆情搜集、说明情况、听取意见、举办公听会等义务，为强化两岸协议的民众参与，有效提升两岸协议可接受程度提供了可能。

第三，"草案"为立法机构审议监督两岸协议活动提供了更大制度空间，亦有效弥补了造成立法机构与行政机构争议的制度漏洞。如上文所述，台湾地区现有的政权组织形式趋于混乱，各公权力机关之间的权限划分不清，这一点在两岸关系问题上表现得尤为突出。总体而言，台湾岛内各方对于立法机构对两岸协议享有监督权并无疑义，但行政与立法双方对于立法机构监督两岸协议的方式问题存在争议。台行政机构偏向"内阁

---

① 参见周叶中、祝捷：《两岸治理：一种形成中的结构》，《法学评论》2010 年第 6 期。

制"式的事后审议或备查即可；立法机构则主张"总统制"的审议方式，即事前立法授权行政机关谈判，事中可派员参与，事后则可依协议内涵性质做不同程度的审议。① 可以说，台立法机构与行政机构之间在两岸协议监督问题上的观点存在较大差别。正是基于对这种"差别"的认识，"两岸协议监督条例草案"在延续"两岸人民关系条例"原有规定的前提下，对立法机构审议监督两岸协议的范围、权限等均作了扩展。一方面，"两岸协议监督条例草案"根据"四阶段"的划分，为行政机构设定了在协议签署的事前和事中向立法机构进行说明、接受询问的义务，从而为立法机构在事前和事中监督两岸协议的商签活动提供了制度空间；另一方面，"两岸协议监督条例草案"允许立法机构"准用立法院职权行使法第六十条第二项、第六十一条、第六十二条第一项及第二项规定"处理"未涉法律之修正或无须另以法律定之者"，即允许立法机构在一定条件下将"备查"的两岸协议转为"审议"，将这种在实践中已经存在的情况予以法制化。在这种制度设计之下，"两岸协议监督条例草案"为台立法机构审议监督两岸协议提供了更大的制度空间，从而为解决两岸协议审议监督过程中出现的制度"落差"提供了条件。

（三）"行政院版草案"与其他版本"草案"之对比

在台湾当局行政机构通过"台湾地区与大陆地区订定协议监督处理条例草案"并将该"草案"正式提交立法机构审议的同时，台湾地区其他政党和民间团体亦提出了多个版本的"两岸协议监督条例草案"，这些"草案"均已提交台湾地区立法机构审议。在这些"草案"之中，以"行政院版草案"、民进党籍"立法委员"尤美女等42名民进党籍"立法委员"提出的"两岸协定缔结条例草案"（以下简称"民间版草案"）和"民进党党团"提出的"台湾与中国缔结协议处理条例草案"（以下简称"民进党团版草案"）的影响力最大。因此，本文拟将"行政院版草案"与"民间版草案"和"民进党团版草案"进行对比，通过分析各版本草案之异同，

---

① 廖达琪主持：《两岸协议推动过程行政与立法机关权限及角色之研究》，台湾地区"行政院研究发展考核委员会"委托研究报告（编号：RDEC - RES - 100 - 004），第66页。

观察台湾岛内各方政治势力对台湾立法机构审议监督两岸协议的态度。根据"行政院版草案""民间版草案"和"民进党团版草案"的"草案"文本，我们总结出这三个版本"草案"的相同点和不同点，列表如下：

三个版本"两岸协议监督条例草案"的异同对比①

三个版本"草案"的不同点		三个版本"草案"相同点
对协议性质的表述	"行政院版草案"：沿用了"两岸人民关系条例"的规定，即以"一国两区"定位两岸关系。 "民间版草案"：规定协议是"指台湾中华民国政府与大陆中华人民共和国政府之间"签署的协定，具有"准两国论"的倾向。 "民进党团版草案"：将"条例"定名为"台湾与中国缔结协议处理条例"，并规定"协议"即"两国协议"，即以"两国论"定位两岸关系。	各版本"草案"较之于"两岸人民关系条例"的规定： 1. 均强化了台湾立法机构在两岸协议监督审议过程中的地位与作用； 2. 均对民众有序参与协议商签与审议活动做出了规定； 3. 均设置了协议未能通过审议，将导致重启谈判的规定。
立法机构在审议监督两岸协议过程中地位	"行政院版草案"：可事前、事中了解、咨询相关内容，事后对协议进行审议。 "民间版草案"：可事前审定具有强制约束力的"协商计划书"，事中监督，事后审议协议。 "民进党团版草案"：可要求事前获取谈判报告，事中派员参加谈判，事后审议协议。	
对台湾民众在审议监督两岸协议过程中地位的规定	"行政院版草案"：协议商签全过程，主管机关均需通过不同方式广泛搜集舆情，听取各界意见。 "民间版草案"：公民可以就协议侵犯个人权利事项提起诉讼；事前、事后均应召开公听会，公听会结果直接影响协议商签进程； "民进党团版草案"：重大事项应交公民投票复决。	
对已签署的两岸协议的相关规定	"行政院版草案"：无相关规定。 "民间版草案"：未经立法机构议决通过的协议应于"条例"施行六个月送立法机构议决。 "民进党团版草案"：无相关规定。	

从上述对比来看，台湾岛内对于"两岸协议监督法制化"问题的分歧主要集中在与统"独"议题相关的制度设计上，各方以提出"两岸协议监督条例草案"为平台，彰显其对于统"独"议题的政治态度。在这种政治

---

① 本表为作者根据台立法机构网站公布的"草案"整理而成，资料来源：台湾地区"立法院"网站 http：//ly. gov. tw，最后访问日期：2014 年 12 月 20 日。

背景的影响下，各版本"草案"在制度设计上的差异就变得容易理解了。"行政院版草案"由台执政当局起草，该"草案"代表了作为台湾地区执政党的中国国民党的基本观点，即坚持"宪法一中"的基本观点，并以维持两岸关系和平发展的基本格局为目标。因此"行政院版草案"在维持两岸"一国两区"政治定位的前提下，有限制地提升了台立法机构和民众参与审议监督两岸协议的权限和地位。"民间版草案"由台湾地区部分反对两岸协议"黑箱操作"的民间团体委托民进党部分民意代表提出，其对近年来签署的两岸协议持保留态度，因而在"民间版草案"中对立法机构和民众在两岸协议商签和实施过程中的地位进行了近乎无限制的提升。"民进党团版草案"则以"民进党党团"的名义提出，因而该"草案"对于台立法机构和台湾民众参与审议监督两岸协议的具体程序并未做出详细的规定，而是将重点集中于对两岸政治关系定位的表述，即将两岸协议定位为"两国协议"。可以说，民进党方面提出"草案"的目的与其说是为实现"两岸协议监督法制化"，毋宁说是为借此机会表达其在两岸关系问题上的政治立场。

从上文对各版本"两岸协议监督条例草案"的对比来看，各个版本"草案"均强调立法机构对两岸协议的审议和监督，强调台湾民众对两岸协议审议监督活动的参与。因此，上述各版本"草案"内容的相同之处体现出台湾岛内各方对于立法机构审议监督两岸协议问题上的"朝野共识"。同时，上述各版"草案"在条文上的差异也充分反映出台湾地区内部近年来较为突出的三对矛盾，即台湾当局"立法权与行政权"之间的矛盾、台湾社会中存在的统"独"矛盾和台湾政治版图中的"蓝绿矛盾"。基于这三对基本矛盾的影响，"两岸协议监督条例"本身在台湾地区立法机构的审议过程势必受到延误，台湾地区因岛内选举而产生的政治格局变迁也会对这一"草案"的审议过程造成影响。然而，从上述各版本条文的比较来看，"行政院版草案"是各版"草案"中唯一满足以下三项条件的版本：一是条文表述符合台湾地区现行"宪法"对两岸政治关系定位的表述、合乎台湾地区现行"宪政"架构安排；二是程序设计在很大程度上能够满足台湾地区民众对"两岸协议监督法制化"的诉求；三是制度安排可以较好地弥补上文所述的现有两岸协议监督机制的制度纰漏。可以说，唯有满足这三项条件的"两岸协议监督条例草案"才能够在改革制度成本最小的前提下，既满足台湾岛内大多数民众对"两岸协议监督法制化"的需求，又不至使两岸事务性协商无法继续推进。基于此，我们认为，从中长期角度看，若台湾当局依然坚持推动"两岸协议监督法制化"，则"行政院版草案"在台立法机构获得通过的可能性远远高于其他版本"草案"。

三、"行政院版草案"通过后对两岸关系发展的影响

"行政院版草案"在岛内获得通过，继而成为规制台湾地区立法机构审议监督两岸协议的重要法律规范的可能性较大，因此，我们将对"行政院版草案"通过后对两岸关系发展的影响做出重点评估，为大陆方面做好应对提供智识支持。尽管"行政院版草案"并未改变台湾当局对两岸政治关系定位的基本态度，但这一"草案"一旦获得通过，仍会对两岸协议的商签与实施产生重大影响。具体而言，这些影响可以归纳为以下几点：

其一，"行政院版草案"获得通过后，台立法机构在协议商签过程中地位将得到强化，这将增加两岸协议在台通过的难度，"协议推动型"的两岸关系发展方式将会受到一定程度的影响。自 2008 年 6 月两会复谈以来，两岸关系和平发展的速度可谓一日千里，而为这种快速发展提供制度保障的正是双方在数年间签署的二十余项事务性协议。两岸协议是两岸跨越政治对立达成的对双方均有约束力的法律文件，是两岸直接接触达成共识后对未来双方行为规则的约定。[①] 可以说，没有规范化的两岸协议，就没有数年间两岸在经贸合作、人员往来、司法互助等领域取得的重大进展。因此，我们认为，2008 年以来快速发展的两岸关系可以被称之为一种"协议推动型"的两岸关系。在"两岸人民关系条例"构建的制度框架之下，行政机构是两岸协议商签和实施的主导者，立法机构对"协议推动型"两岸关系的影响较为有限。然而，根据"行政院版草案"之规定，台

---

① 杜力夫：《论两岸和平发展的法治化形式》，《福建师范大学学报（哲学社会科学版）》2011 年第 5 期。

立法机构不仅能够在事前和事中充分了解两岸协议的商签过程，而且能够以较低的门槛将以备查方式通过的两岸协议转为审议，这种制度设计为两岸协议在台湾地区的通过和实施设置了较大的障碍。在"行政院版草案"设置的制度框架之下，立法机构对两岸协议的事前和事中监督活动为民进党等对两岸协议持抵制态度的党派鼓噪民众、抵制两岸商谈提供了制度空间，而低门槛的"备查转审议"规定则可能意味着几乎所有的两岸协议都将面临立法机构以审议方式通过的可能。因此，"行政院版草案"获得通过后，两岸协议通过审议的难度无疑将会增加，这将对数年来形成的"协议推动型"两岸关系发展方式产生不利影响。

其二，"行政院版草案"获得通过后，两岸协议实施机制中，公民参与和信息公开的力度增大，这有利于台湾民众和利益相关群体了解两岸协议，但亦为民进党等党派抵制和拖延两岸协议的审议程序提供了渠道。公民参与对于政治发展而言具有重要意义，公民对决策过程的参与，可以及时发现政策的失误和偏差，及时纠正决策失误，从而使决策更加科学和合理。[①] 如上文所述，由于缺乏制度化的参与渠道，两岸民众，尤其是台湾民众对两岸协议的商签和实施过程知之甚少，更无法就协议的相关问题表达自己的意见。在这种情况下，一旦两岸协议可能触及岛内部分民众的切身利益时，就容易引起他们的抵制。"行政院版草案"设置了多个条文强化了民众参与两岸协议商签和实施过程中的制度，包括要求行政机构在商签开始前就广泛搜集舆情，了解民意对两岸协议议题设置的诉求，以召开说明会、座谈会、公听会等方式向公众说明协议商签与实施过程中的重大问题等。这些制度化的民意征询和民众参与机制有利于台湾民众和协议相关的利益群体更多地了解两岸协议的具体内容和谈判进程，从而提升两岸协议的权威性和可接受程度。然而，面对在台湾岛内分歧较大的两岸关系议题时，这种原本可以促成民众有序参与两岸协议相关事宜的制度设计却未必能够完全发挥其正面作用。在此次"太阳花运动"中出现的"占领立法院""占领行政院"等街头抗议行为体现出台湾民主的脆弱与不成熟，

---

① 俞可平：《公民参与的几个理论问题》，《学习时报》2006 年 12 月 18 日第 5 版。

在部分政治人物和政治势力的鼓噪下，台湾部分民众（尤其是青年学生群体）仍然无法以理性、平和的方式处理内部分歧，这种现象在两岸议题的探讨中尤为突出。在这一背景之下，制度化的民众参与机制可能演化为部分政党和政治人物误导和鼓动民众，抵制和拖延两岸协议商签和实施活动的正当渠道。

其三，"行政院版草案"获得通过后，台湾地区有关两岸协议的法律规范将趋于完善，相比而言，大陆方面调整两岸协议的立法则相当单薄。这种存在于两岸法律规范完善程度上的差别，将会营造出一种台湾可以单方面依照己方规定决定两岸协议生效和实施进程，进而决定两岸关系和平发展速度的假象。可以预料的是，"行政院版草案"通过后，台湾方面调整两岸协议的相关法律规范将趋于完善，台立法机构对两岸协议的审议监督也会趋于严格。与此相对的是，大陆方面涉及两岸协议的法律规定相对较少，对两岸协议法律地位、适用方式等问题均没有做出相应规定，因而缺少以法律手段处理与两岸协议相关事宜的规范依据。出于积极推动两岸关系和平发展、维护两岸同胞共同福祉的目的，大陆方面在两岸协议生效和实施问题上一直采取较为积极的态度，但由于缺少法律依据，大陆方面在两岸协议在台实施受阻时，往往只能以政策话语而非法律话语对台湾方面的行为发表意见。如 2014 年 4 月 16 日，国台办发言人范丽青在就台湾发生的"服贸协议争议"回答记者问时指出，"服务贸易协议是一个已经签署的协议，也是两会受权签署的协议……两会受权协商和所达成协议的权威性应该得到维护"①。这一回答体现出大陆方面这种以政策话语代替法律话语的表述方式。在这种情形之下，作为大陆和台湾共同决策的两岸协议，在两岸范围内的生效和实施将实际取决于台立法机构审议监督协议的进度，而大陆方面面对这种状况只能以政策话语表述己方的观点。这种由单方决定两岸协议生效和实施的决策方式不仅不利于两岸事务性问题的合理解决，也不利于两岸关系的持续发展。

---

① 参见《国台办新闻发布会辑录（2014 – 04 – 16）》，资料来源：http://www.gwytb.gov.cn/xwf-bh/201404/t20140416_6026239.htm，最后访问日期：2014 年 12 月 20 日。

总之，"行政院版草案"在台获得通过后，台立法机构参与两岸协议审议监督活动的空间将逐步增大，普通民众了解两岸协议的渠道也将得到拓展，这为台湾岛内部分政党抵制两岸协议提供了制度空间。如此一来，两岸在过去数年间形成的，过分依赖两岸协议推动两岸关系和平发展的格局必然受到一定影响，两岸协议的实施难度可能会超过其谈判难度。同时，大陆和台湾在关于两岸协议法律规制方面的差距亦将进一步增大，这无疑会为大陆方面推进两岸协议的实施增加难度。

论两岸协议解释机制的建构与完善 *

  自 1993 年"汪辜会谈"之后，海峡两岸透过授权民间团体海峡两岸关系协会和财团法人海峡交流基金会（以下简称"海协会""海基会""两会"）签订了一系列事务性协议（以下简称"两岸协议"）。在过去的 20 余年里，尤其是 2008 年 3 月以来，两岸通过两会事务性商谈机制就两岸"三通"和经济合作等诸多重要问题达成了多项协议，这些协议对两岸关系和平发展框架的构建起到了重要的推动作用。[①] 两岸协议的解释，是指有权解释主体，适用一定的解释方法与解释规则，通过对既有两岸协议文本正确含义的阐释，使两岸协议得以有效适用的过程。现有的两岸协议表现为较为规范的文本形式，在协议适用过程中产生文字歧义或者理解矛盾而影响协议的正确适用难以避免，因此构建和完善两岸协议的解释机制对两岸协议的顺利实施有着重要意义。

一、两岸协议解释机制的制度功能

  正如拉伦茨所言，"解释乃是一种媒介行为，借此解释者将它认为有意义文字的意义，变得可以理解"[②]。法的解释正是在法律适用过程中，由有权者对法律文本中文字的含义加以说明和阐释，以便于它能够为适用者所理解的过程。就两岸协议而言，协议解释机制正是一个使协议文本能够

---

* 本文由段磊撰写，原文发表于《海峡法学》2015 年第 1 期。
① 周叶中、段磊：《海峡两岸公权力机关交往的回顾、检视与展望》，《法制与社会发展》2014 年第 3 期。
② ［德］卡尔·拉伦茨：《法学方法论》，陈爱娥译，商务印书馆 2003 年版，第 85 页。

为人们理解的制度安排，这一机制的制度功能主要体现在以下四个方面：

第一，两岸协议解释机制具有释明协议内容，方便两岸正确适用协议之功能。法律是概括的、抽象的，只有经过解释，才能成为具体行为的规范标准。[①] 两岸协议表现为概括、抽象的文本，它以确定的文字表达出两岸的共同意志，以达到为两岸范围内普通民众和公权力机关设定行为标准之目的。因此，在协议适用的过程中，当出现具体的个体、个别的行为时，协议的适用就有赖于适用者将概括、抽象的文本转化为具体的行为规范，即对两岸协议的文本加以解释。因此，两岸协议解释机制的首要制度功能便在于通过一定的制度安排使协议适用者了解协议内容，以实现正确适用协议之目的。

第二，两岸协议解释机制具有协调两岸关系和平发展的多变性与两岸协议文本的稳定性之功能。两岸协议是两岸两会依照有关部门的授权协商签署的行为规范，其权威性和稳定性应当受到两岸的共同维护。[②] 然而，两岸协议所调整的社会关系却在不断地变化发展，两岸关系发展和变化速度远远超过一般社会事务，因而现实与文本之间的紧张关系将会更快显现。法的解释正是一种在不改变法律文本的前提下，赋予法律规范以新的含义，使之适应社会关系发展变化需要的方法。因此，要缓解两岸协议与两岸关系发展变化之间的这种紧张关系，同时照顾到协议文本的稳定性，协议的解释便成为一种必要的方法。

第三，两岸协议解释机制具有补充协议漏洞之功能。由于人类理性之有限，任何立法活动都难以做到完美无缺，因而在法律适用的过程中亦会出现因法律内容阙失、表述模糊、结构矛盾等问题导致的障碍。此时，为了既能够保证法律的稳定性，又能够及时弥补漏洞，人们往往选择以解释的方式达到补充漏洞的目的。作为人们理性创制的结果，两岸协议亦是如此。要达到既不修改协议文本，又有效补充协议实施过程中出现漏洞的目

[①] 张文显主编：《法理学》，高等教育出版社 2007 年版，第 281 页。

[②] 国台办发言人曾多次表示"两会受权协商所达成协议的权威性应该得到维护"。参见《国台办新闻发布会辑录（2014 - 04 - 16）》，http：//www.gwytb.gov.cn/xwfbh/201404/t20140416_6026239.htm. 下载日期：2014 年 10 月 10 日。

的，唯有通过一套协议解释机制方可实现。

第四，两岸协议解释机制具有解决两岸争议之功能。由于两岸协议是大陆和台湾两个处于政治对立的主体之间达成的协议，因此两岸协议的解释机制不仅承担着解决协议适用和补充协议漏洞等功能，还承担着通过解释化解两岸协议实施中双方争议的功能。当两岸在协议实施过程中对协议文本的含义出现争议时，双方即可以通过解释协议的方式解决这种争议。尽管目前在两岸协议的实施过程中，尚未出现需以协议解释方式解决的争议情况，但我们不得不承认的是，这种"无争议"现象的出现，与2008年3月以来国民党持续在台执政有着很大关系。随着台湾地区政治局势的变化，"政党轮替"现象可能再度发生，一旦民进党再次执政，两岸协议的实施过程中很可能出现争议，此时协议的解释问题便会浮出水面。因此，在当前两岸关系和平发展持续深入的时代背景下，对两岸协议解释问题的研究不能不说是未雨绸缪，为未来可能出现的争议情况做好准备。

总之，作为一种成文的制度规范，两岸协议无法避免成文法存在的固有局限，因此构建一套行之有效的两岸协议解释机制成为两岸协议实施和发展的过程中的一种必然需要。法律解释机制作为一种法律技术，它能够在不断进行的解释中，发展两岸协议的内容，使协议能够随着两岸关系和平发展的不断推进变得更加充实、丰富。

二、现行两岸协议解释机制的规范叙述及其制度缺陷

目前，两岸协议的实施过程中尚未出现解释协议的实践，因此，要对两岸协议的解释机制进行论述，只能从现有的协议解释制度与规范出发。本部分主要对两岸协议文本中的解释规范进行叙述，从而为我们发现其中的制度缺陷提供理论素材。

（一）现行两岸协议解释机制的规范叙述

在已签署的两岸协议中，除《海峡两岸空运补充协议》《海峡两岸经济合作框架协议》《海峡两岸投资保护和促进协议》和《海峡两岸服务贸易协议》外均未直接对协议的解释问题进行规定，但大部分协议均设置了

"争议解决"条款，潜在地规定了协议解释的相关内容。目前，两岸协议文本对协议的解释机制主要通过三种方式作出规定：

第一，大部分两岸协议均通过"争议解决"条款规定协议的解释问题。当两岸在实施协议的过程中出现争议时，大陆和台湾地区自然会对同一协议产生不同的解释倾向，协议解释上的争议由此产生。协议实施中产生的争议，其本质是解释上的争议。[①] 因此，两岸协议中出现的"争议解决"条款自然包含了对"解释争议"的规制。在两岸协议中，有22项协议规定了"争议解决"条款，其表述模式有两种：一是规定"因适用本协议所生争议，双方应尽速协商解决"，自《两岸公证书使用查证协议》起，包括《两岸挂号函件查询、补偿事宜协议》《海峡两岸空运协议》《海峡两岸海运协议》《海峡两岸食品安全协议》等在内的21项协议均采此模式[②]；二是规定"因执行本协议所生争议，双方应尽速协商解决"，《海峡两岸金融合作协议》采此模式。尽管二者在文字表述上有"适用"与"执行"之别，但因二者均属"实施"协议之范畴，因而其本质均属于对协议实施中的争议之解决。根据"争议解决"条款之规定，协议解释仅能在双方就协议"适用"或"执行"发生争议之时进行；当需要进行协议解释时，需由双方"协商解决"。

第二，部分两岸协议以"协商解释"条款规定协议的解释问题。《海峡两岸空运补充协议》是首次提及"解释"一词的两岸协议，亦是二十余项两岸协议中唯一设置专门条款规定协议解释问题的协议。根据该协议第13条"实施方式"第2款之规定，双方对协议的实施或者解释发生争议时，由两岸航空主管部门协商解决。据此，我们可以对这一条款做如下解

① 祝捷：《海峡两岸和平协议研究》，香港社会科学出版有限公司2010年版，第395页。

② 以此种模式规定"争议解决"问题的协议包括：《两岸公证书使用查证协议》《两岸挂号函件查询、补偿事宜协议》《海峡两岸关于大陆居民赴台旅游协议》《海峡两岸海运协议》《海峡两岸空运协议》《海峡两岸邮政协议》《海峡两岸食品安全协议》《海峡两岸共同打击犯罪及司法互助协议》《海峡两岸渔船船员劳务合作协议》《海峡两岸标准计量检验认证合作协议》《海峡两岸农点安全合作协议》《海峡两岸农产品检疫检验合作协议》《海峡两岸知识产权保护合作协议》《海峡两岸医药合作协议》《海峡两岸气象合作协议》和《海峡两岸地震监测合作协议》。（统计数据截至：2014年11月10日）

读：其一，这一条款明确了该协议的解释主体。与以往协议中规定的"双方"这一模糊化的争端解决主体不同，该项条款明确规定了"两岸航空主管部门"为协议的解释主体①。其二，这一条款明确了该协议的解释权属。该项条款明确规定协议解释须有双方"协商解决"，亦即是说确定了协议解释权由双方共同享有，解释权的行使方式是协商行使；其三，这一条款明确了协议的解释方式。该项条款明确规定双方对协议解释须为"双方对协议的实施或解释问题发生争议时"，即协议解释的前提是双方发生争议，因而该协议的解释只能是被动解释，而非主动解释。

第三，《海峡两岸经济合作框架协议》（ECFA）及其后续协议均以"争端解决"及"机构安排"条款规定协议解释问题。除以"争议解决"和"协商解释"方式规定两岸协议的解释问题外，2010年两岸签署的ECFA首次确立了该协议框架下所有后续协议的解释机制，并首次设置了"两岸经济合作委员会"作为协议的解释机构。在ECFA中，有两个条文涉及协议的解释问题，即第10条争端解决条款和第11条机构安排条款。从这两个条文的规定来看，ECFA确立了解释协议的三种方案：一是尽快建立争端解决程序，通过该程序完成协议的解释；二是由双方协商解决；三是通过"两岸经济合作委员会"解决。在方案一设置的争端解决程序建立之前，由两岸共同决定采取方案二或方案三解决协议的解释问题。目前，两岸尚未就争端解决问题达成协议，因而ECFA的解释仍采取方案二或三的制度进行。ECFA对于协议解释问题规定的复杂程度远超其他两岸协议，它既明确了协议解释的主体（即双方协商解决或由经济合作委员会解决），又明确了解释的方式（既可以在出现争端时解释，又可以不附加条件解释），可谓两岸协议解释机制的一次重大进步。ECFA之所以设置了如此详尽的协议解释机制，一方面是由于两岸协议制定技术的提升，另一方面则是由于该协议的调整对象涉及两岸经济合作的各个领域，这使得两

---

① 需要指出的是，在《海峡两岸空运补充协议》中，两岸航空主管部门亦为该协议的联系主体。《海峡两岸空运补充协议》第12条规定，双方同意两岸航空主管部门建立联系机制，视必要随时就两岸航空运输的相关事宜进行沟通并交换意见。

岸就协议内容发生争议的可能性远远高于其他协议，因而必须建构一套较为恰当的协议解释机制。在《海峡两岸投资保护和促进协议》《海峡两岸服务贸易协议》等 ECFA 后续协议中，均规定协议的解释应依照 ECFA 之规定处理。从 ECFA 与其后续协议的效力关系来看，未来两岸就相关问题签署的协议亦将会采取这种准用性规则模式加以规定。

（二）两岸协议解释机制中的若干问题

从上述规范和制度分析的角度看，尽管现有的两岸协议以不同的形式对协议的解释问题做出了规定，但这些规定的细致程度和可操作程度依然较低。当前两岸协议解释机制存在的核心问题在于制度化的解释机制尚未完全形成，具体来说，这一问题表现在以下三个方面：

其一，现行协议解释机制中对解释权主体的规定并不明确。在上述三种解释条款模式之中，"协商解释"条款和"机构安排"条款分别规定了以协议的联系主体和特定机构为协议的解释主体，而大多数两岸协议所采用的"争端解决"条款则并未规定协议的解释主体，而仅以"双方"这一模糊表述代之。可以说，这种模糊的规定一方面给两岸协议争议问题带来更加广阔的解决空间，另一方面却给协议解释机制带来了极大的不确定性。

其二，现行协议解释机制并未涉及两岸在各自领域内对协议的解释问题。从上文对两岸协议解释机制三种解释条款模式的表述可以看出，现行协议解释机制的规制对象是大陆和台湾在两岸之间做出协议解释的过程，而关于两岸协议在大陆和台湾各自领域内适用过程中的解释问题与协议在两岸域内解释和在两岸间解释之间的冲突与协调问题，协议却并未做出规定。在实践中，大陆已经出现了人民法院以两岸协议为证据认定依据或裁判依据，进行裁判的情形。[①] 在协议司法适用中，对协议的解释是无法避

---

① 参见浙江省杭州市余杭区人民法院审理的"北京天语同声信息技术有限公司与周福良侵犯著作财产权纠纷案"（判决书文号：（2011）杭余知初字第 28 号）、北京市第一中级人民法院审理的"山上正电子科技有限公司与国家知识产权局专利复审委员会案"（判决书文号：（2010）一中知行初字第 330 号）。

免的，而大陆相关法律规范对于这种情况尚缺乏相应的规范。这种法律上的漏洞应当得到及时弥补，否则将造成法院适用协议时无法可依的状况。

其三，现行协议解释机制并未对解释协议的具体方式、形式、程序和方法等技术性问题做出规定。与解释主体的规定不同，上述三种解释条款之下，协议均未对协议解释中具体操作的问题作出规定。包括协议解释是应以主动方式作出，还是以被动方式作出，是应以抽象形式作出，还是以具体形式作出，以及应采用何种具体程序，适用何种具体解释方法等。这种缺乏重要技术性规定的规范模式给协议解释机制的实际运行带来了很大的困难。

总之，受到各种因素的影响和限制，现行的两岸协议解释机制仍是一套制度设计较为简单，可操作性较低的规则安排。可以说，这套现行的解释机制远远无法达到消解因协议的成文性而产生的局限性之目的，更无法缓解两岸协议文本权威性与两岸关系快速发展变化之间的矛盾。因此，在两岸关系和平发展不断深入的今天，构建一套完善的两岸协议解释机制已成为两岸不得不共同考虑的问题。

三、两岸协议解释机制完善的基本思路与制度设计

要解决上述两岸协议解释机制中的现实问题，激活这一机制的制度功能，完善两岸协议解释机制，应当就上述问题提出一些有针对性的制度设计策略。具体来说，可以通过确定协议解释权的归属、构建协议冲突协调机制和完善协议解释的技术性规定三个方面出发提出一些制度设想。

（一）两岸协议解释权归属的确定

解释学被认为是"正确理解另一个的话语（尤其是文本）艺术，他参与到探讨认识的对话中"。[①] 从这个意义上讲，解释两岸协议的过程就是理解两岸协议意义的过程。两岸协议是一种具有软法属性的两岸共同政策，

[①] M. Frank, Hermeneutik und Kritik, P. 71. 转引自［加］让·格朗丹：《哲学解释学导论》，何卫平译，商务印书馆2009年版，第124页。

它与两岸各自域内法律之间存在一种"缓和的效力"。因此，两岸公权力机关和普通民众均有义务以一定方式贯彻落实两岸协议所规定的内容，在这一过程中，各个协议实施者均需首先"理解"两岸协议。从这个角度看，参与贯彻实施两岸协议的两岸公权力机关和普通民众均是广义上两岸协议的解释者。然而，作为两岸协商达成的一种共同政策，两岸协议的这些解释者对协议做出的解释并非均属有效解释。正如上文所述，两岸协议解释机制承担着化解协议实施过程中两岸之间发生争议的功能，因此确定协议解释权的归属问题，即确定两岸协议的解释主体，对于构建完善的两岸协议解释机制有着重要意义。

1997年7月，《香港特别行政区基本法》（以下简称《基本法》）正式生效，在此之后，全国人大常委会根据《基本法》的规定，对《基本法》进行了四次解释。《基本法》解释机制的规范安排和实践对构建完善的两岸协议解释机制具有一定的参考价值。从《基本法》第158条规定的基本法解释制度可以看出，基本法解释机制主要具有以下几个特点：一是基本法的解释权属于全国人大常委会；二是基本法实施过程中全国人大常委会和特区法院分别行使解释权；三是基本法解释的具体方式可以是全国人大常委会作出立法解释和香港特区法院在审判中作出的解释。① 对于基本法的解释机制，有学者指出，这种解释机制体现出原则性与灵活性的结合，为基本法体制确立了一套可为各方接受的框架，但缘于两种法律制度之间的内在冲突和断裂，这一机制存在着一些潜在问题和冲突。② 因此，基本法解释机制的制度设计对于两岸协议解释机制仅有有限的参考意义。

2003年6月，中国中央政府和香港特别行政区政府签订《内地与香港关于建立更紧密经贸关系的安排》（简称CEPA）。CEPA设置的协议解释机制对于构建完善的两岸协议解释机制亦具有一定的参考意义。从CEPA第19条的规定可以看出，CEPA的解释机制具有以下几个特点：一是

---

① 参见黄江天：《香港基本法的法律解释研究》，三联书店（香港）有限公司2004年版，第122页。
② 参见黄江天：《香港基本法的法律解释研究》，三联书店（香港）有限公司2004年版，第138页以下。

CEPA 的解释权属协议双方，即由中国中央政府和香港特别行政区政府共同所有；二是协议解释职能由双方代表组成的联合指导委员会行使；三是协议解释的具体方式是由委员会采取协商一致方式作出决定。可见，在解释权的归属问题上，协议确立了双方共识决策、共同解释的基本模式。

两岸协议是两岸在政治对立情况下，以平等协商方式共同制定的一种共同政策，在协议的实施过程中，两岸是权利义务平等的两个主体，从这个角度上看，两岸协议与 CEPA 具有一定程度上的相似性。同时，两岸协议在实施过程中将涉及到大陆和台湾两个互不统属的法域，这两个法域分别实施各自的法律制度，从这个角度上看，两岸协议与《基本法》又具有一定程度的相似性。因此，我们在构建和完善两岸协议解释机制时，应当结合两岸协议的自身特点和 CEPA 与《基本法》解释机制的经验，提出一套合理的解决方案。具体来说，这一方案对协议解释权归属的安排包括以下三点：

第一，两岸政治对立的现实决定着两岸协议的解释权归属只能以协议实施的场域而非协议调整的事务进行划分。从上文所述《基本法》的解释机制来看，全国人大常委会和香港特区法院对《基本法》解释权归属的划分是以解释涉及事务划分的，前者享有对于中央于特别行政区关系问题的解释权，后者则享有职责范围内事务的解释权。然而，在当前，两岸仍处于政治对立状态，二者在政治上互不统属，一方在未获得对方同意而做出的决策在对方领域内并不产生实际效果。因此，两岸协议的解释机制无法采取与《基本法》相类似的权力划分方式，而只能以解释协议的场域为标准，划分出在两岸各自领域内的解释权归属主体和在两岸之间的解释权归属主体。

第二，当两岸协议在两岸各自域内进行解释时，其解释权的分配可以借鉴《基本法》的解释机制，尊重大陆和台湾各自域内的现有法律制度，即由两岸分别行使各自域内的协议解释权。如上文所述，《基本法》解释机制的一大特点在于其对大陆和香港两个不同法域法制特点的包容性，它既能保持大陆以人大常委会为主的立法解释机制运行的顺畅性，也能兼顾香港以法院为主的普通法解释机制的法律传统，很好地解决了两套法律体系在《基本法》解释上的兼容问题。与《基本法》的情况相类似，大陆和台湾分属两个平行的法域，因此两岸协议的解释权归属设计必须考虑到这种跨法域性的特点，尊重两岸两个法域的各自特点。从这个意义上讲，当涉及两岸协议在两岸各自范围内实施的问题而需要解释时，可由大陆和台湾根据各自法律解释的基本制度确定。需要说明的是，两岸协议在两岸各自域内的解释问题还涉及协议的适用问题。在大陆，两岸协议具有直接适用性，因此协议在大陆的解释制度可以参照与法律类似的立法解释、行政解释与司法解释并存的解释制度。在台湾，两岸协议并不具有直接适用性，其公权力机关所适用的乃是经接受程序后，由两岸协议转变而成的其域内法律，因此协议在台湾的解释制度与其域内法律的解释制度完全一致，亦即是说在台湾并不存在形式意义上对两岸协议的解释，而只存在对由两岸协议转化而成的法律的解释。

第三，当两岸协议在两岸之间进行解释时，其解释权的分配可以借鉴CEPA 的解释机制，即由两岸以"共识决"方式，采取协商一致方式作出解释。尽管 CEPA 的签署双方是存在中央与地方隶属关系的中国中央政府和香港（澳门）特区政府，但二者在 CEPA 框架下却是权利义务平等的两个 WTO 成员。CEPA 采取的共同决策、协商解释的解释权归属分配方式很好地解决了这种平等主体之间的关系设定问题。正如上文所述，两岸协议是大陆和台湾这两个在政治上互不统属的主体之间签署的协议，尽管两岸协议的双方在政治地位上并不对等，但在协议的权利义务分配上确是平等的。从这一点来看，两岸协议在两岸之间的解释权归属问题的设计可以参考与其相类似的 CEPA 模式，即共识决策、协商解释。

（二）两岸协议解释冲突协调机制的构建

如上文所言，两岸协议解释权的分配应当依照场域原则，区分两岸内的解释权归属与两岸间的解释权归属，由两岸各自享有其域内的协议解释权，由两岸共同享有两岸间的协议解释权。依照此种制度安排，在协议解释机制运行时，有可能出现两岸各自作成的协议解释与两岸共同作成的协议解释之间、两岸各自作成的协议解释之间发生冲突的情形。这种冲突情形出现的原因主要缘于双方法律解释制度的差异。在大陆，我国现行《宪法》将法律的解释权赋予全国人大常委会，并通过相关法律的规定，建立了"以全国人大常委会为主导，各机关分工配合的法律解释体制"①，即全国人大常委会可以做出立法解释，最高人民法院和最高人民检察院可以根据审判工作中具体应用法律的问题做出司法解释的法律解释制度。这种法律解释体制表现出较为强烈的立法机关解释机制的特点，立法机关对法律享有终局解释权，其做出的法律解释具有最高法律效力。在台湾，依其现行"宪法"之规定："司法院解释宪法，并有统一解释法律及命令之权"②，基于这一规定，台湾地区已经建立起了一套由司法机关主导的法律解释制度。在台湾地区的政治实践中，"司法院大法官"不仅有权解释"宪法"和"法律"，行使对一般法律的"违宪审查权"，甚至还出现过对"宪法增修条文"进行"违宪审查"的情形。③ 因此，两岸法律解释制度表现出较大的差异，这种差异很容易造成两套法律解释机制在分别对两岸协议（或根据两岸协议制定的相关法律规范）进行解释时发生冲突的情形。为有效解决这种可能出现的协议解释冲突问题，我们有必要在考虑到冲突发生原因的前提下，构建一套有序的协议解释冲突协调机制。

两岸协议是大陆和台湾地区协商制定的一种具有软法属性的共同政策，在两会商谈中，海协会与海基会代表各自当局，通过表达立场、进行博弈和妥协的方式，最终形成能够为双方共同接受的共同意志，它对大陆和台湾均产生事实上的约束力。④ 从这个意义上讲，由两岸通过协商机制形成的具有共识特征的协议解释依然是两岸共同意志的体现，因此这种共同解释的效力自然高于两岸各自做出的域内协议解释。具体来说，这种效力上的高低之分可以从以下几个方面加以解读：

---

① 李龙主编：《法理学》，武汉大学出版社2011年版，第278页。
② 台湾地区现行"宪法"第78条。
③ 2000年3月24日，台湾地区"司法院"作成"释字第499号解释"，宣告1999年9月15日"国民大会"通过的第五个"宪法增修条文""违反修宪条文发生效力之基本规范……为自由民主宪政秩序所不许"，故而无效。参见"释字第499号解释"解释文。
④ 参见周叶中、段磊：《论两岸协议的法理定位》，《江汉论坛》2014年第8期，第125页。

其一，当两岸就同一事务各自做出的协议解释与两岸共同作出的协议解释发生冲突时，应当以后者为准，前者与后者冲突的部分不能对两岸发生效力。从上文对协议现有解释机制的叙述可知，两岸以协商方式作成的共同解释实际上也是两岸共同意志的体现，它以两岸共同事务为调整对象。因此，当两岸各自做出的协议解释与双方共同做出的协议解释发生冲突时，必然意味着两岸各自意志已经抵触了双方共同意志，此时就必须遵循共同意志高于单方意志的原则，确立共同解释高于单方解释的基本原则，而与共同解释冲突的单方解释不能对两岸发生效力。

其二，当两岸就同一事务各自做出的协议解释发生冲突，且这种冲突可能影响两岸共同利益时，应由两岸以协商方式就该事项作出共同解释，并依照共同解释对双方各自做出的协议解释加以修正。大陆和台湾分属两个不同的法域，因此双方对对方法域内的法律制度应当持尊重态度，只有当对方法域内的有关规定影响到两岸共同利益时，双方应当以协商方式解决这种单方面的利益影响情形。基于对两岸两个法域各自制度的尊重，我们认为，当两岸就同一事务做出的协议解释发生冲突时，并不当然造成双方做出共同解释的情况，而只有当这种单方面解释之间的冲突影响到两岸共同利益时才构成双方协商解决机制启动的条件。同样基于对两岸两个法域各自制度的尊重，当两岸以协商方式就协议解释的冲突问题达成共识时，这种共识也应当通过双方各自域内规定的修改，实现对两岸各自域内有关主体的约束。

其三，当两岸曾就一项协议涉及事务做出过共同解释之后，对于同一事项，两岸再各自进行解释时，应当依据这一已有的共同解释作出。基于两岸共同意志高于两岸单方面意志的基本原则，两岸已就一项协议的有关事务做出过共同解释，两岸再就该项事项进行单方面解释时，自然应当保持与共同解释的一致，即根据已有共同解释作出单方解释。当然，由于两岸协议本身政策性的特点，此处的"根据"并非意味着两岸各自做出的协议解释必须明文体现出这种效力来源的情形，而仅仅意味着两岸各自做出解释时应当在实质上考虑到共同解释的内容及其效力。

（三）两岸协议解释机制技术性规定的完善

正如上文所述，现行两岸协议解释机制的制度安排的细致程度和可操作程度依然较低，这使得这套机制难以在实际运行中承担其应有职责。因此，要让两岸协议解释机制能够成为一套真正具有可操作性的制度安排，就必须从制度设计的细节入手，即对这一机制的运行方式加以细化设计。

第一，应按照协议解释具体情形的差异确定协议解释的具体方式。两岸协议的解释方式，即协议的解释应采取主动解释还是被动解释的问题。这个问题在两岸间和两岸内两个不同的场域内有着不同的实际情况。两岸协议在两岸域内的解释方式亦与法律解释相类似，故本文不做赘述。然而，协议在两岸间的解释方式的设计却值得进一步探讨。从两岸协议现有的解释规定来看，"争议解决"与"协商解释"的解释条款适用以双方发生争议为前提，因而隐含着被动的解释方式，而以"机构安排"方式规定的解释条款则将协议的解释与发生争议相区别，即无须双方发生争议，相关机构亦可主动解释协议。就未来两岸协议解释机制中协议解释方式而言，我们认为，可采取主动解释与被动解释相结合的方式进行，即依照两岸事务性协议的实施情况，决定是以主动方式还是被动方式做出解释。一方面，两岸协议调整的事项涉及两岸关系和平发展的各个方面，在遇到一些协议实施过程中两岸可能出现因现实情况发生重大变化而引起协议需要解释的情形时，应当允许有权主体为避免问题的出现而做出主动解释；另一方面，两岸协议解释机制的核心作用在于消解两岸争端和分歧，这一作用发挥的前提恰恰在于争端和分歧的出现，因而大部分情形下的协议解释自然应是一种被动解释。从两岸协议解释的主体来看，不论是两岸两会还是两岸经济合作委员会，二者均没有明确的权力属性，因而无须像两岸域内解释机关一样，以机关的性质区分协议解释的具体方式。因此，两岸协议解释方式的设计只需遵循两岸协议解释的目的即可，以协议目的实现决定协议解释的具体方式。

第二，应依照解释形式的差异分别设计不同的解释程序。两岸协议的解释程序，即协议解释过程中各项具体制度运行顺序的问题。在两岸域内，协议的解释程序属两岸各自规定的调整范围，本文不再赘述，在两岸间，协议的解释则需进一步加以探讨。现有的两岸协议中并未就协议解释的基本程序做出规定，各种规定模式中，仅以"协商"二字对解释的程序作出最为简要的描述，显然过于简单，并不具备可操作性。我们认为，在未来两岸协议解释机制的设计中，协议的解释应当依主动解释和被动解释而设计不同的解释程序。如上文所言，主动解释需以具有独立地位的两岸共同机构为前提，而被动解释则可在两会协商框架下进行。就主动解释而言，一般应以两岸共同机构的存在为前提，在该机构运行的过程中，就其所发现的协议中出现的问题，可以主动进行内部商谈，并做出协议解释。就被动解释而言，则无须要求共同机构的存在，只需两岸中一方提出解释协议的请求，由两会出面就该请求进行讨论，经双方协商一致后做出有权解释即可。在两会就某项具体协议的解释讨论过程中，若遇到涉及两岸业务部门具体业务执行问题时，应首先由协议规定的联系主体负责就协议解释问题进行协商，并提出不具拘束力的参考解释方案，该方案经两会举行正式商谈通过后，以两岸协议形式体现，即以协议解释协议。

第三，应确立以文义解释为基础，目的解释为边界，历史解释为重要参考的协议解释方法体系。两岸协议的解释方法，即在解释协议的过程中应当遵守哪些解释规则，适用哪些方法的问题。法律的解释方法主要有文义解释、历史解释、目的解释等几种，这些基本的解释方法对于两岸协议的解释依然适用。在两岸协议的解释中，不同的解释方法具有不同的制度定位，具体来说，文义解释应当构成协议解释的基础，目的解释则应成为协议解释的边界，而历史解释则是协议解释的重要参考。文义解释，指依照法文用语之文意及通常使用方式而为解释，据以确定法律之意义而言。[1]在传统的法律解释方法之中，文义解释构成了典型解释方法的基础，法的解释应以文义解释开始。因此，就两岸协议的解释而言，文义解释亦应是协议解释的基础，任何解释都不得超越协议文本的"预测的可能性"。目

---

[1] 杨仁寿：《法学方法论》，中国政法大学出版社2013年版，第139页。

的解释，系指以法律规范目的，阐释法律疑义之方法。① 就两岸协议而言，目的解释是协议解释的边界，任何协议的解释都不应超越协议的基本目的。② 历史解释，即在解释时探求"最能配合立法者的规定意向或其规范想法"③ 的解释方法。就两岸协议而言，历史解释应当是解释两岸协议的重要参照。回顾两岸关系发展的历史，两岸关系的演变在很大程度上受到两岸政治局势，尤其是台湾地区政治局势变化的影响。在台湾地区"政党轮替"已成常态的今天，台湾当局对两岸协议的态度可能因执政党的不同而截然不同。故在解释两岸协议时，应当注重对协议签署时相关谈判材料的研判，以协议签订时双方的共同意思为重要参考，以免协议的解释受到变动后的台湾当局意志的影响。

四、结语

两岸协议的解释机制是协议实施机制的一个重要构成部分，完善的解释机制对于两岸协议的有效实施具有十分重要的现实意义。然而，目前两岸均未启用这一存在于两岸协议之中的机制。这并非是因为现实中不存在需要这一机制发挥其作用的情况，而是由于某些思维定式的影响而使两岸有意无意地忽略了这种机制的现实作用。这种忽略，对于一种制度而言，未尝不能说是一种遗憾。法律解释是一种重要的法律技术，而运用法律解释方法解决现实生活中出现的争端与分歧是法治思维和法治方式的一种重要体现。党的十八届四中全会决定指出，要运用法治方式巩固和深化两岸关系和平发展。④ 运用法治思维和法治方式解决两岸关系和平发展中出现的分歧和争端是构建不因两岸领导人的改变而改变，不因两岸领导人注意

---

① 杨仁寿：《法学方法论》，中国政法大学出版社 2013 年版，第 172 页。

② 在两岸协议的解释中，解释协议所符合的"目的"可从宏观和微观两个层面加以界定：从宏观上讲，解释任何一项两岸协议都应当符合"九二共识"的基本原则，符合有利于推动两岸关系和平发展的基本原则。从微观上讲，解释某项特定的两岸协议应当符合该项协议签署时两岸所欲达到的目标，而协议的基本目标一般均会体现在协议的文本之中。

③ ［德］卡尔·拉伦茨：《法学方法论》，陈爱娥译，商务印书馆 2003 年版，第 207 页。

④ 《中共中央关于全面推进依法治国若干重大问题的决定》，《人民日报》2014 年 10 月 29 日第 1 版。

力的改变而改变的"法治型"两岸关系的必然要求。当前，两岸关系和平发展的大趋势没有改变，但这种大好形势却不能掩盖两岸关系发展中可能出现的一些切实存在的问题。两岸协议解释机制作为一种以解决两岸争端和分歧为主要功能的制度安排，应当在这些问题逐渐浮出水面之际发挥其应有的作用。

《海峡两岸关系和平发展促进法》专家建议稿[*]

习近平总书记在会见台湾和平统一团体联合参访团时指出，两岸关系和平发展是通向和平统一的正确道路。这一重要主张为我们进一步认清两岸实现和平统一的路径与方式，进一步巩固和发展两岸关系和平发展所取得的成果指明了方向。从目前两岸关系和平发展的状况来看，两岸在最终实现和平统一之前，仍需在和平发展阶段停留较长一段时间。因此，正如我们在反对"台独"分裂活动时需要一部《反分裂国家法》一样，在两岸关系处于和平发展阶段期间，我们亦需要一部符合这一特定时期阶段性特征的综合性法律。基于这部立法对于促进两岸关系和平发展的重要意义，我们撰写了这份建议稿，对制定这部法律的必要性和我们设想的这部法律的立法思路、基本内容做简要介绍，供有关部门和学界同仁参考。

一、制定一部两岸关系综合性法律的必要性

尽管两岸关系和平发展在过去七年间取得许多重要成果，但自 2014 年以来，两岸关系发展过程中却暴露出许多问题。随着台湾地区内部政治局势的变化，2016 年后两岸关系虽不至走向全面对抗状态，但可能呈现出的新常态是：未来两岸关系和平发展态势难以改变，但发展频率、节奏、内涵则可能调整。①在这一阶段，如何保障两岸关系和平发展成果不因台湾地区政治局势的变化"得而复失"，如何使两岸关系不因台湾地区执政者

———————————

* 本文由周叶中、段磊合作撰写。

① 参见倪永杰：《"九合一"选举牵动台湾政局与两岸关系嬗变》，《台湾研究》2015 年第 1 期。

的变化而发生倒退，已成当务之急和现实之需。毫无疑问，要解决上述问题，既要依靠政治手段，也要依靠法律手段。基于这一判断，结合大陆对台立法工作现状与两岸关系和平发展的阶段性特征，我们认为，当前，制定一部调整两岸关系和平发展阶段相关问题的综合性法律极为必要。

第一，制定一部调整两岸关系和平发展阶段的综合性法律，是完善我对台立法体系，构建维护两岸关系和平发展制度框架的必然要求。如上所述，当前，怎样"旗帜鲜明地反对一切损害两岸关系政治基础的言行，绝不能让来之不易的台海和平和两岸关系和平发展成果得而复失"① 已成为摆在我们面前的重要命题。可以说，唯有推进两岸关系和平发展走向制度化，才能夯实政治、经济、文化和社会基础，保证两岸关系的正确发展方向，使两岸关系和平发展成为不可逆转的趋势。② 我们认为，运用法治思维，强化制度建设，通过构建维护两岸关系和平发展的制度框架，实现两岸关系从对个别政治人物和个别政党的依赖，向对制度依赖的阶段性转变，是解决这一命题的必由之路。从我对台法律体系的制度化程度而言，自 2005 年《反分裂国家法》颁布实施以来，大陆方面已初步建立一套对台立法体系，但这套立法体系却存在一定程度的缺漏。现有对台立法体系的立法重点，集中于反对"台独"分裂活动、规制台湾同胞在大陆地区入出境、投资、旅游活动等个别领域，却缺少对台湾地区居民在大陆地区个人权利保障、两岸公权力机关事务性交往机制等存在于两岸关系和平发展阶段的若干重大现实问题的规制。③ 因此，应及时制定一部能够切实解决两岸关系和平发展过程中现实问题的综合性法律，以达到完善我对台立法体系的目的。

第二，制定一部调整两岸关系和平发展阶段的综合性法律，是全面贯彻"以法制法"对台战略的要求。台湾问题既是政治问题，也是法律问

---

① 新华网：《习近平总书记会见中国国民党主席朱立伦》，资料来源：http：//news. xinhuanet. com/politics/2015－05/04/c＿1115169416. htm，最后访问日期：2016 年 3 月 1 日。

② 参见刘佳雁：《两岸关系和平发展制度化刍论》，《台海研究》2015 年第 2 期。

③ 参见段磊：《海峡两岸涉对方事务立法体系的构成、比较与启示》，《西安电子科技大学学报（社会科学版）》2015 年第 3 期。

题，而政治问题法律化是人类社会发展的必然趋势，也是人类政治文明成果的结晶。① 因此，通过法律手段应对台湾方面提出的相关主张，应成为大陆方面制定对台战略的重要组成部分。目前，台湾方面正在其既有立法基础上进一步完善其涉陆事务立法，其近期的立法重点包括制定"两岸协议监督处理条例"、修改"两岸人民关系条例"等，若这些相关立法活动得以完成，则台湾方面的涉陆法律体系将日趋完善。与之相对应的是，我方目前的涉台立法依然较为薄弱，尤其是缺乏宏观性、综合性法律，这种薄弱的立法现状已无法适应两岸关系和平发展现状。因此，要全面贯彻"以法制法"的对台战略，掌握对台斗争主动权，就应在密切关注台湾方面有关立法进程基础上，尽快完善我有关涉台立法。

第三，制定一部调整两岸关系和平发展阶段的综合性法律，是构建"法治型"两岸关系和平发展新模式，积极保障两岸关系和平发展不可逆的必然要求。自 2008 年 5 月以来，两岸关系进入和平发展的新阶段，大陆和台湾在短短数年间实现了从改善关系到深入交往的转变。然而，2014 年以来，台湾地区内部政治局势的变化，却使各界对两岸关系和平发展的未来走向迅速转向怀疑与观望状态，这充分体现出两岸关系发展中依然存在着较强的人治色彩。习近平同志指出，当前两岸关系虽然面临一些新情况新问题，但和平发展的大趋势没有改变。② 在两岸关系和平发展大趋势不会改变的背景下，我们应构建以"法治"这一为两岸共同认可的社会治理方式和核心价值为核心的"法治型"两岸关系和平发展新模式。③ 制定一部两岸关系综合性法律，正是我们贯彻法治精神，构建"法治型"两岸关系和平发展新模式的重要步骤。

---

① 周叶中：《台湾问题的宪法学思考》，《法学》2007 年第 6 期。
② 参见新华网：《习近平总书记会见台湾和平统一团体联合参访团》，资料来源：http：// news. xinhuanet. com/politics/2014 – 09/26/c _ 1112641354. htm，最后访问日期：2016 年 3 月 1 日。
③ 参见周叶中、段磊：《论"法治型"两岸关系的构建》，《福建师范大学学报（哲学社会科学版）》2015 年第 6 期。

二、《海峡两岸关系和平发展促进法》的立法总体思路

基于制定一部调整两岸关系和平发展阶段的综合性法律对两岸关系和平发展的重要意义，我们建议，应加快这部法律的研究和制定工作。由于这部法律与促进两岸关系和平发展、消除两岸政治对立、推进和平统一大业息息相关，故可命名为《海峡两岸关系和平发展促进法》。需要指出的是，基于《反分裂国家法》未冠以"中华人民共和国"前缀所取得的良好实际效果，本法之名称亦可采取不加前缀的方式。我们建议，《海峡两岸关系和平发展促进法》应成为构建两岸关系和平发展框架过程中的一部基本法律，它应以有效确认、巩固和维护两岸关系和平发展成果为立法宗旨，坚持制度性、事务性、综合性的立法原则。

第一，《海峡两岸关系和平发展促进法》应定位于一部调整两岸关系和平发展阶段两岸交往问题的基本法律。从大陆现有涉台立法体系看，除《反分裂国家法》这部以维护祖国领土完整、遏制和反对"台独"分裂活动的基本法律外，现有涉台立法主要以调整两岸经贸关系为主，而很少涉及两岸关系和平发展过程中的两岸事务性交往和两岸居民交往等问题。在两岸关系和平发展逐渐深入的今天，大陆方面需要一部能够调整上述问题的基本法律。因此，《海峡两岸关系和平发展促进法》应是一部依据《宪法》和《反分裂国家法》制定的，在两岸尚未完成和平统一前，调整两岸交往过程中各类事务性问题的基本法律。这部立法的时间效力及于和平统一前的两岸关系和平发展阶段，空间效力及于同属一个中国的海峡两岸，调整内容则及于两岸公权力机关之间和两岸居民之间的事务性交往。

第二，《海峡两岸关系和平发展促进法》的立法宗旨应是有效确认、巩固和维护两岸关系和平发展成果，为促进两岸消除政治对立奠定制度基础。两岸关系和平发展是两岸同胞的共同选择，符合中华民族的共同利益。在两岸关系和平发展不断深入的今天，通过法律形式将两岸共同努力取得的既有成果固定下来，既能对两岸关系和平发展成果予以确认，也能为两岸在此基础上继续扩大交流、促进合作、共同发展提供保障。在和平发展阶段，两岸应进一步增进各方面交流，消除因内战遗留下来的对立情

绪，为和平统一创造条件。因此，作为统摄两岸关系和平发展的一部基本法律，《海峡两岸关系和平发展促进法》应立足于巩固两岸关系和平发展的既有成果，促进双方关系全面健康发展，为两岸尽快实现和平统一提供法制保障。

第三，《海峡两岸关系和平发展促进法》的立法原则应包括制度性原则、综合性原则和事务性原则。立法原则是制定法律过程中必须遵循的基本准则，是贯穿法律制定和实施全过程的基本精神。作为两岸关系和平发展阶段的一项基本法律，除坚持一个中国原则外，《海峡两岸关系和平发展促进法》还应在立法过程中坚持制度性、综合性、事务性的立法原则。具体而言：制度性是指这部法律应围绕建构两岸关系和平发展框架的基本制度，通过制度设计与安排，为两岸关系和平发展提供制度依据；综合性是指这部法律应不拘泥于一个法律部门，而应将涉及两岸关系和平发展多个方面的问题均纳入其中，既包括两岸公权力机关之间的交往制度，也包括两岸居民的权利保障，既涉及传统的民商事法律部门，也涉及行政法律部门；事务性是指这部法律仍应以调整两岸间事务性问题为主，而暂不过多地涉及两岸政治问题，以免引起台湾方面不必要的误解和抵触。

三、《海峡两岸关系和平发展促进法》的主要内容

在上述立法思路的指导下，结合两岸关系和平发展现状，我们拟定的《海峡两岸关系和平发展促进法（专家建议稿）》的主要内容应包含以下五点：

第一，明确两岸关系和平发展与祖国完全统一之间的关系，将国家在两岸关系和平发展阶段的基本政策主张转化为法律规范。2005 年 4 月，胡锦涛同志在会见时任国民党主席连战时，首次提出"两岸关系和平发展"的概念，自此以后"两岸关系和平发展"逐渐成为大陆统摄对台政策的主导思想。[①] 习近平同志明确指出，两岸关系和平发展是通向和平统一的正

---

① 周叶中、祝捷：《论两岸关系和平发展框架的内涵——基于整合理论的思考》，《时代法学》2009 年第 1 期。

确道路。① 这一论断明确了两岸关系和平发展与两岸和平统一之间的关系，进一步完善了这一思想体系。及时将党和国家关于两岸关系和平发展的方针政策纳入法治轨道，不仅能够明确表达中央的对台政策，打消部分台湾民众心中的疑虑，也能为我们解决台湾问题提供明确的法律依据。因此，《海峡两岸关系和平发展促进法》应明确规定"两岸关系和平发展是通向两岸和平统一的正确道路，国家主张通过构建两岸关系和平发展框架促进两岸和平统一"。

第二，明确两岸事务性交往机制的法律地位，为海峡两岸公权力机关之间的正常交往提供法律依据。两岸协议是两岸关系和平发展法治化的形式之一②，自 2008 年以来，两岸逐步建立起以海协、海基两会为主的常态化事务性协商机制，两岸通过这一机制陆续签署了二十余项事务性协议。从实践角度看，两会机制和两岸协议代表了两岸同胞的共同利益，无疑具有高度的权威性，因而应受到两岸的共同认可与执行。然而，与台湾方面不同，大陆方面并无相关立法确认两岸两会协商机制及其签署的两岸协议的法律地位。③ 因此，作为两岸关系和平发展阶段的综合性法律，《海峡两岸关系和平发展促进法》应明确两岸两会协商机制的法律地位，提升两岸协议的合法性和权威性，为两岸协议在大陆的接受与适用确立相关法律程序。除此之外，这部法律还应明确大陆和台湾两岸事务主管部门常态化交往机制的法律地位，肯定这一机制在两岸关系和平发展中所发挥的作用，为两岸公权力机关在更多领域展开直接接触提供法律依据。

第三，对涉台司法审判组织、法律适用与两岸共同打击犯罪做出规定。随着两岸交往的日益密切，大陆方面涉台司法案件数量不断增多。由于涉台案件一方面涉及台籍人员、企业、组织，其主体具有一定的特殊

① 参见新华网：《习近平总书记会见台湾和平统一团体联合参访团》，资料来源：http：//news. xinhuanet. com/politics/2014 – 09/26/c _ 1112641354. htm，最后访问日期：2016 年 3 月 1 日。
② 杜力夫：《论两岸和平发展的法治化形式》，《福建师范大学学报（哲学社会科学版）》2011 年第 5 期。
③ 参见周叶中、段磊：《论两岸协议的接受》，《法学评论》2014 年第 4 期。

性；另一方面在案件审理过程中可能涉及两岸法律规定差异和司法互助不健全带来的各种制度困境，因而涉台案件的专业性远强于大陆一般域内案件。① 为解决这一问题，与台湾咫尺之遥的厦门市在全国率先展开涉台审判组织机制改革试点。厦门市海沧区人民法院于 2012 年成立全国首个涉台专业法庭，此后厦门市中级人民法院也成立了涉台专业审判庭，集中管辖全市涉台民事、刑事和行政案件。② 厦门市的涉台审判组织机制的调整实践，为全国在司法改革进程中，考虑调整涉台司法审判组织，适时推行涉台案件的集中管辖提供了一定经验。因此，在《海峡两岸关系和平发展促进法》中，应授权最高人民法院，适时设立涉台审判巡回法庭，管辖全国涉台审判终审案件。除此之外，我们认为，《海峡两岸关系和平发展促进法》还应就涉台民事、刑事和行政案件审判过程中台湾同胞享有的基本权利和相关法院应履行的司法程序，以及两岸司法互助和共同打击犯罪等内容作出规定，以进一步落实《海峡两岸共同打击犯罪和司法互助协议》的相关规定。

第四，明确台湾地区居民在大陆地区的法律地位，确保其享有的基本权利得到有效保障。随着两岸交往的日益深入，两岸居民前往对方领域内婚嫁、探亲、旅游、投资、就学、就业等活动日益频繁。在这一背景下，大陆居民在台湾的法律地位和台湾居民在大陆的法律地位，成为两岸关系和平发展中的一个新问题。毫无疑问，台湾居民是中国人，但受两岸政治对立的影响，台湾居民在大陆却并没有完全享有作为中国人应享有的待遇。这种待遇上的差别主要体现在台湾居民在大陆行使其基本权利的问题上。在大陆居住、工作、生活的台湾同胞在政治权利、社会经济权利方面与一般大陆居民仍存在一定程度的差别。要让台湾同胞真正感受到"两岸一家亲"的温暖，就应及时以法律形式明确他们在大陆地区享有与大陆居民同等的待遇。因此，《海峡两岸关系和平发展促进法》应明确规定，"台

---

① 参见厦门市中级人民法院课题组：《厦门涉台审判机制改革及两岸法院司法互助研究报告》，齐树洁主编：《东南司法评论》（2014 年卷），厦门大学出版社 2014 年版。

② 参见《厦门中级法院成立涉台案件审判庭 集中管辖各类涉台案件》，资料来源：http：//news.xinhuanet.com/legal/2013-01/28/c_114527812.htm，最后访问日期：2016 年 3 月 1 日。

湾同胞是中国人，台湾居民在大陆具有与大陆居民同等的法律地位"。

第五，对两岸民间交往秩序做出规范。两岸民间交往是两岸各层次交往活动中最大量也最活跃的交往方式，其内容包含两岸民众在经贸、投资、旅游、就业、就学、文化交流、婚姻等各个方面。① 两岸民间交往构成两岸关系和平发展的内在动力，维护和推进两岸民间交往是我们为两岸同胞谋福祉的重要方式。在目前两岸民间交往繁荣，经济来往密切的情况下，两岸民众，尤其是台湾民众对两岸关系和平发展的期望不断提升，这对于两岸共同维护和平发展的有利形势有着重要作用。当前，大陆现有立法中对两岸民间交往的规制，主要散见于一百余件法律法规之中，其时效性和体系性都显不足。为解决这一问题，《海峡两岸关系和平发展促进法》应对两岸民间交往的各主要方面做出原则性规制，以充分彰显大陆方面对两岸民间交往的鼓励和支持态度。

第六，确立两岸区际法律冲突规范。所谓区际法律冲突，就是在一个国家内部不同地区法律制度之间的冲突，或者说是一个国家内部不同法域之间的法律冲突。② 当前，两岸在事实上分属两个不同法域，因而在两岸交往过程中，自然会产生区际法律冲突问题。要解决区际法律冲突问题，可以采取制定全国统一的区际冲突法、各法域分别制定各自的冲突法、类推适用国际私法、适用与解决国际法律冲突基本相同的规则和制定统一实体法等方式。③ 但从两岸当前的实际情况来看，制定全国统一的区际冲突法规范或统一实体法尚不现实，而完善两岸各自既有冲突法规范则更切合实际。为解决两岸区际法律冲突问题，大陆方面在既有法律，如《民法通则》《继承法》《涉外民事关系法律适用法》等法律规定中，对相关问题均做出了一些规定。但这些规定或是将两岸区际法律冲突界定为"参照"或"比照"涉外法律关系适用规则，或者仍存在一定程度的缺漏。为因应两岸民间交往不断密切，民商事法律冲突不断增多的实际情况，《海峡两

① 参见祝捷、周叶中：《论海峡两岸大交往机制的构建》，黄卫平等主编：《当代中国政治研究报告》第十辑，社会科学文献出版社2013年版。
② 黄进：《区际冲突法研究》，学林出版社1991年版，第48—49页。
③ 参见黄进：《试论解决区际法律冲突的途径》，《法学评论》1988年第1期。

岸关系和平发展促进法》应对两岸区际法律冲突规范做出专门性、原则性的规定，为两岸最终能够建立起统一的区际法律冲突规则奠定基础。

四、《海峡两岸关系和平发展促进法》专家建议稿

海峡两岸关系和平发展促进法
（专家建议稿）

第一章　总　则

第一条（立法目的）　为促进两岸关系和平发展，增进两岸民众福祉，维护中华民族的根本利益，实现国家和平统一，根据宪法和反分裂国家法，制定本法。

第二条（基本原则）　世界上只有一个中国，大陆和台湾同属一个中国。

国家以最大的诚意，尽最大的努力，实现和平统一。

第三条（和平发展的阶段性定位与目标）　两岸关系和平发展是通向和平统一的正确道路，国家主张通过构建两岸关系和平发展框架促进两岸和平统一。

国家坚持走两岸关系和平发展道路，坚持开展两岸协商谈判、推进各领域交流合作，坚持为两岸民众谋福祉。

维护"九二共识"，坚持一个中国原则，是两岸关系和平发展的基础与前提。

第四条（构建制度框架）　国家通过符合法律规定的方式积极构建维护两岸关系和平发展的制度框架，确认、巩固和维护两岸关系和平发展取得的成果。

全国人大常委会、国务院及相关部委、具有地方立法权的各地方人大及其常委会、地方人民政府可以依照本法，制定有利于促进和保障两岸关系和平发展的法律法规。

第五条（暂停法律实施）　为促进两岸关系和平发展，全国人大常委会在必要时可以在部分与台湾地区交往较为密切的地区，暂停部分全国性

法律在该地区实施，授权特定省份人大及其常委会就特定地区经济贸易往来、社会管理事务等作出相应的特别立法。

第二章　两岸协商交往平台

第六条（两岸协商原则性条款）　国家鼓励和支持两岸有关部门在一个中国框架下，就两岸事务性议题展开协商和谈判。

第七条（两岸事务主管部门协商机制）　国务院台湾事务办公室和台湾方面有关部门之间可以在一个中国框架下定期或不定期就与两岸关系发展相关的议题交换意见。

第八条（两岸两会事务性商谈机制和两岸协议）　海峡两岸关系协会和财团法人海峡交流基金会组成的协商平台是两岸受权协商平台，两岸两会之间受权达成的两岸协议具有约束力。

第九条（两岸协议的接受和适用）　国务院及有关部委依照其职责，将两岸有关部门签署的有关协议中涉及修改法律、法规或涉及新制定法律法规的部分，依照立法程序，转化为行政法规、部门规章。

两岸协议涉及《立法法》第八条所规定的事项时，由全国人民代表大会、全国人民代表大会常务委员会，依照立法程序，转化为法律。

国家机关、企事业组织和公民在适用涉及两岸协议的规定时，应以经有关部门转化后的法律、法规、部门规章为依据。

第十条（两岸城市交往）　国家鼓励和支持两岸城市之间在一个中国框架下进行友好交往，建设两岸城际友好关系，鼓励双方就城际交往事务签署合作协议和备忘录等。

第十一条（其他交往平台）　国家鼓励和支持两岸行业组织之间在一个中国框架的前提下，就具体行业合作事宜展开合作协商。

第三章　涉台司法审判与共同打击犯罪

第十二条（涉台审判巡回法庭、台籍人民陪审员）　最高人民法院可在必要时设立涉台审判巡回法庭，管辖全国涉台审判终审案件。

各级人民法院在审理涉台案件时，可以选任部分台湾籍居民担任人民陪审员，参与案件审理活动。

第十三条（涉台民商事审判法律适用） 人民法院依法审理涉台民商事案件，诉讼程序参照适用民事诉讼法涉外部分以及涉外民事关系法律适用法的规定。

在民事诉讼中，台湾居民享有与大陆居民同等的诉讼权利和义务。

人民法院依法审理涉台民商事案件过程中，根据法律和司法解释中选择适用法律的规则，确定适用台湾地区民事法律的，人民法院予以适用；适用有关法律违反国家法律的基本原则或者社会公共利益的，不予适用。

在不违反公共秩序或善良风俗之情况下，大陆认可及执行台湾地区的民事确定裁判与仲裁裁决（仲裁判断）。

第十四条（涉台刑事案件法律适用） 人民法院依法审理涉台刑事案件，诉讼程序参照适用刑事诉讼法涉外部分的规定。

在刑事诉讼中，台湾居民享有与大陆居民同等的诉讼权利和义务。

涉台刑事案件审判期间，人民法院应当将案件信息及时通报同级人民政府涉台主管部门；涉台刑事案件宣判后，应当及时将处理结果通报同级人民政府涉台主管部门。

第十五条（涉台行政案件审判） 有关机关办理涉台行政案件，应当按照国家有关涉台案件的规定，严格执行请示报告、内部通报、对外通知等各项制度。

在行政诉讼中，台湾居民享有与大陆居民同等的诉讼权利和义务。

有关机关处理台湾居民在大陆提出的行政复议时，参照适用行政复议法涉外部分的规定。

人民法院依法审理涉台的行政诉讼案件，诉讼程序参照适用行政诉讼法涉外部分的规定。

公安机关对在大陆的台湾居民作出行政拘留、拘留审查或者其他限制人身自由以及限制活动范围的决定后，决定机关应当在二十四小时内告知其亲属，并通报当地台湾事务管理部门。

第十六条（涉台司法互助） 人民法院应当在法定职权范围内办理海峡两岸民事、刑事、行政诉讼案件中的送达文书和调查取证等司法互助业务。

人民法院需要向住所地在台湾地区的当事人送达刑事司法文书，可以通过协议确定的海峡两岸司法互助方式，请求台湾地区送达。

人民法院协助台湾地区法院送达司法文书，应当采用民事诉讼法、刑事诉讼法、行政诉讼法等法律和相关司法解释规定的送达方式，并应当尽可能采用直接送达方式，但不采用公告送达方式。

文书中存在不符合法律规定或损害公共秩序、善良风俗等情形，得不予协助，并向对方说明。

两岸相互协助调查取证的范围包括：取得证言及陈述；提供书证、物证及视听资料；确定关系人所在地或确认其身份；勘验、鉴定、检查、访视、调查；搜索及扣押等。

第十七条（两岸共同打击犯罪） 两岸有关部门可以就双方均认为涉嫌犯罪的行为在刑事领域开展共同打击犯罪的协助活动。

国家鼓励两岸合作着重打击下列犯罪：

（一）涉及杀人、抢劫、绑架、走私、枪械、毒品、人口贩运、组织偷渡及跨境有组织犯罪等重大犯罪；

（二）侵占、背信、诈骗、洗钱、伪造或变造货币及有价证券等经济犯罪；

（三）贪污、贿赂、渎职等犯罪；

（四）劫持航空器、船舶及涉恐怖活动等犯罪；

（五）其他刑事犯罪。

国家鼓励两岸双方采取下列方式共同打击犯罪：送达文书、调查取证、认可及执行民事裁判与仲裁裁决（仲裁判断）、移管（接返）被判刑人（受刑事裁判确定人）等。

第十八条（同等待遇原则） 台湾同胞是中国人，在大陆生活工作的台湾居民，原则上具有与大陆居民同等法律待遇。

第十九条（台湾居民在大陆就学待遇） 国家支持和鼓励台湾居民来大陆就学。

台湾居民在大陆就学，享受同等收费、专项补贴、城镇居民基本医疗保险、认可台湾地区高等学校学历等政策，并可申请专设的台湾学生奖学金以及免试入学。

第二十条（台湾居民在大陆就业待遇） 台湾居民在大陆就业，适用台湾香港澳门居民在内地就业管理规定，享受平等待遇。

国家鼓励台湾居民在大陆参加专业技术人员资格考试与专业技术职务任职资格评审。

台湾居民在就业过程中自身权益受到侵害时可以寻求所在单位工会、当地台办投诉协调部门、当地劳动仲裁委员会、当地人力资源和社会保障机构等单位的帮助，必要时可起诉侵害方至当地人民法院。

第二十一条（台湾居民在大陆经贸活动待遇） 国家依法鼓励两岸开展经贸活动。

国家致力于逐步减少或消除两岸间的贸易和投资障碍，创造公平的贸易与投资环境，进一步增进两岸贸易与投资关系，建立有利于两岸经济繁荣与发展的合作机制。

国家依法保护台湾同胞投资者的投资、投资收益和其他合法权益。台湾居民在大陆从事投资活动，适用大陆的法律、法规，享受国民待遇以及其他优惠政策。

第四章　两岸民间交往秩序

第二十二条（原则性条款） 国家鼓励和支持两岸居民在各层次展开交往活动。

第二十三条（两岸政党交往） 国家鼓励两岸认同和支持一个中国框架的政党就两岸关系中的各项事务展开交往。

第二十四条（大陆居民、企业在台遵守当地法律） 在台湾地区生活工作的大陆居民，应尊重并遵守台湾地区有关法律制度。

大陆企业赴台湾地区投资，应当尊重并遵守当地法律法规、风俗习惯，注重环境保护，并善尽必要的社会责任。

第二十五条（鼓励两岸文化、社会、教育交流） 国家依法鼓励两岸开展文化、社会、教育交流活动。

两岸文化、社会、教育交流要突出民间性、广泛性、组织性，着力全方位推进两岸社会融合、建立共识和互信。

第五章 台湾居民在大陆的法律待遇

第二十六条（鼓励两岸学术交流） 国家鼓励大陆学术机构、学校、社会团体、企事业单位在不违反一个中国框架的前提下，邀请台湾人士来大陆参加各类学术研讨会、讲学及进行合作研究等学术交流活动。

国家鼓励大陆学者赴台参加学术交流活动，大陆居民应邀赴台参加各类研讨会、讲学、合作研究等学术交流活动，应依照相关规定向业务主管部门提出申请。

台湾人士要求来大陆学术机构或高校进行学术交流、商讨合作事宜，应依照相关规定向业务主管部门提出申请。

第六章 两岸区际法律冲突规范

第二十七条（区际法律冲突规范） 国家致力于促进两岸有关方面共同建立区际法律冲突规范，解决两岸在民商事法律规则中存在的差异。

第二十八条（两岸婚姻法律冲突） 两岸居民缔结婚姻，适用婚姻缔结地法律。

两岸居民协议离婚，当事人可以协议选择适用一方当事人经常居所地法律；当事人没有选择的，适用共同经常居所地法律；没有共同经常居所地的，适用办理离婚手续机构所在地法律。两岸居民诉讼离婚，适用法院地法律。

第二十九条（两岸抚养法律冲突） 大陆居民与台湾居民有关父母子女相互之间的扶养、夫妻相互之间的扶养以及其他有扶养关系的人之间的扶养，适用与被扶养人有最密切联系地区的法律。

扶养人和被扶养人的住所以及供养被扶养人的财产所在地，均可视为与被扶养人有最密切的联系。

第三十条（两岸收养法律冲突） 两岸居民有关收养的条件和手续，适用收养人和被收养人经常居所地法律。

收养的效力，适用收养时收养人经常居所地法律。

收养关系的解除，适用收养时被收养人经常居所地法律或者法院地法律。

第三十一条（两岸继承法律冲突） 两岸居民的法定继承，适用被继承人死亡时经常居所地法律，但不动产法定继承，适用不动产所在地法律。

两岸居民的遗嘱继承，适用遗嘱人立遗嘱时或者死亡时经常居所地法律。

遗产管理等事项，适用遗产所在地法律。

无人继承遗产的归属，适用被继承人死亡时遗产所在地法律。

第七章 附 则

第三十二条（法律清理和修改） 全国人大常委会及有关立法部门应依照本法及时对涉台法律规定进行清理和修改。

第三十三条（效力关系） 本法规定与之前相关立法规定出现不一致时，以本法规定为准。

第三十四条（实施日期） 本法自公布之日起实施。

《海峡两岸交往综合性框架协议》（建议稿）*

两岸交往是指大陆和台湾以各种方式进行沟通、接触和交流的过程，它包含两岸民众之间的交往和两岸公权力机关之间的交往两个层次。2008年以来，随着两岸关系和平发展的逐渐深入，两岸之间的交往日趋多元、复杂。因此，运用法治思维，积极构建两岸交往机制，促进两岸在各层次交往的常态化和制度化，对于增进两岸民众情感，强化两岸交往联系，积累两岸政治互信等均有着重要现实意义。两岸协议作为两岸法制①的重要构成部分，能够在一定程度上将两岸既有的共识予以固化，并对大陆和台湾产生现实约束。在这种情况下，两岸有必要凝聚共识，以平等协商的方式共同构建体系化的两岸交往机制，促进和保障两岸各层次的交往，形成"两岸交往综合性框架协议"，为两岸交往机制的规范化提供法理基础。为此，我们在长期进行两岸关系和两岸交往机制研究的基础上，依托"两岸大交往机制"②的理论框架，草拟了《海峡两岸交往综合性框架协议》（建

---

* 本文由周叶中、段磊合作撰写，原文发表于《"一国两制"研究》（澳门）2015年第2期。

① 两岸法制是调整和规范大陆和台湾在两岸关系和平发展过程中各类行为的规范和制度的总称，其规范构成包括两岸各自域内涉对方事务法律规范和两岸协议。参见祝捷：《论两岸法制的构建》，《学习与探索》2014年第7期。

② 两岸大交往机制是统摄和描述两岸各种交往机制的总括性概念，它涵盖两岸各方面、各层次的交往机制，具体来说，大交往机制包括调整两岸民众交往的"两岸内"交往机制、调整两岸公权力机关交往的"两岸间"交往机制和调整两岸在国际社会交往的"两岸外"交往机制。参见祝捷、周叶中：《论海峡两岸大交往机制的构建》，黄卫平等主编：《当代中国政治研究报告》第十辑，社会科学文献出版社2013年版。由于调整两岸在国际社会交往的"两岸外"交往机制的政治色彩较为浓厚，暂不适宜在当前两岸两会事务性商谈机制下进行规制，因而本建议稿仅涉及对两岸民众交往机制和两岸公权力机关交往机制的规制。

议稿），以期助益于大陆和台湾早日就两岸交往问题形成制度性协议，促进和规制两岸交往行为，使大陆和台湾逐步形成"不因领导人的改变而改变，不因领导人注意力的改变而改变"的法治化的两岸关系。

序　　言

为促进海峡两岸关系和平发展，保障两岸交往有序进行，基于互信互谅、平等互利、循序渐进的原则，海峡两岸关系协会与财团法人海峡交流基金会就双方交往事宜，经平等协商，达成协议如下：

【释义】序言部分是两岸协议的传统内容，主要对本协议的目的、谈判与签署协议的原则、主体和名称等基本问题进行说明。具体而言，本协议的序言主要规定下列内容：一是协议目的。作为构建两岸关系和平发展框架的重要文件，两岸交往综合性框架协议的根本目的在于保障两岸交往的有序进行，进而达到凝聚共识，拓展两岸互信的目的。因此，此处将协议目的表述为"保障两岸交往有序进行"。二是协议谈判和签署的原则。按照两岸协议的惯例，两会在协议谈判和签署的过程中处于平等地位，因而此处确立"互信互谅、平等互利"为达成协议的原则。三是协议主体。自 1993 年以来，各项两岸协议的谈判和签署主体均为两岸两会，这种两会事务性协商机制已成惯例，因此，此处的协议主体仍规定为"海峡两岸关系协会与财团法人海峡交流基金会"。四是协议名称。两岸在两会机制下形成了协议前冠之以"海峡两岸"的惯例。这一惯例在本协议中并无修改必要，宜继续沿用。因此，本协议的名称确定为"海峡两岸交往综合性框架协议"。

第一章　总　　则

第一条　两岸交往的目标

本协议的目标为：

一、增进双方之间的各层次交往，保障双方交往的有序进行。

二、扩大双方在交往过程中的合作领域，建立更加广泛的合作机制。

三、通过规范双方交往秩序，进一步维护和拓展两岸关系和平发展的良好局面。

【释义】本条规定本协议的目标。两岸协议的目标条款是整个协议的基本条款，它既为整个协议的具体规定指明方向，又为协议在适用过程中存在疑问时提供指导。在两岸协议中，自《海峡两岸农产品检疫检验合作协议》起，各项协议均以不同方式设置目标条款，且一般置于协议的第一条或第一章中。基于目标条款对协议的重要意义和近年来两岸协议形成的传统，本协议亦将目标条款置于全文第一条。本协议所规定的三项目标是对协议性质、内容、功能等基本思路、基本精神予以总结，并分层递进行的规定。

首先，本协议作为规制两岸各层次交往机制的基础性协议，为两岸各层次交往提供基本准则、形成健康的交往秩序无疑是协议的首要目标。因此，本条确定"加强和增进双方之间的各层次交往，保障交往的有序进行"为协议的第一项目标。

其次，本协议以构建两岸大交往机制为指导思想，因而有效整合和扩大两岸现有的交往范围，扩大双方合作领域亦应当是本协议的当然目标之一。可以说这是两岸实现有序交往的必然结果。因此，本条将"扩大双方在交往过程中的合作领域，建立更加广泛的合作机制"确定为协议的第二项目标。

最后，除上述两项目标外，本协议在整个两岸关系和平发展框架中无疑也具有重要作用。一方面，作为两岸关系和平发展框架的重要组成部分，两岸交往机制的形成，将为整个发展框架的完善提供动力支持；另一方面，由于两岸交往对于两岸各领域互信的强化具有重要作用，因而两岸交往机制的形成和拓展亦将为两岸关系和平发展创造更好的内在条件。因此，本条在前两项目标基础上将"进一步维护和拓展两岸关系和平发展的良好局面"确定为协议的第三项目标。

第二条　两岸交往的合作范围

双方同意本着平等互惠原则，就两岸交往事宜，加强在包括但不限于下列领域的交流合作：

（一）双方民间交往的制度安排，包括双方民间往来的规定、待遇、标准等问题的交流与合作。

（二）双方公权力机关交往的制度安排，包括双方公权力机关往来的原则、规则、名义，双方公权力机关以议题为核心的合作机制等问题的交流与合作。

【释义】本条规定协议的合作范围。在两岸大交往机制的整体安排下，两岸就双方交往这一议题的合作范围，明确为主要涵盖双方民间交往的制度安排和双方公权力机关交往的制度安排两个构成部分。在两岸大交往机制中，两岸交往的主体是两岸民众，其主导者是两岸公权力机关。两岸民间交往机制包含两岸民众在经贸、投资、旅游、就业、就学、文化交流、探亲、婚姻等各个方面的交往，其政治色彩较为淡薄，受两岸政治关系变动的影响较小。对两岸民间交往机制而言，最重要的内容应当包含两岸就上述民间交往领域中的法律规范、给予对方居民的待遇、标准等问题的交流与合作等。因此，本协议规定两岸就民间交往制度安排的合作，应包括双方民间往来的规定、待遇标准等问题。两岸公权力机关交往机制则是两岸在政治上存在分歧的情况下，为处理涉及公权力运作的两岸事务性问题而产生的一种交往机制。目前两岸公权力机关交往机制包含作为两岸公权力机关"白手套"的两会交往机制和刚刚建立的大陆和台湾两岸事务主管部门沟通机制等具体制度。对于两岸公权力机关交往机制而言，其正常运行受到两岸间政治分歧的影响较大，同时亦受到两岸公权力部门体制设置不一等制度困境的影响，因此在构建这一机制时，应充分考虑"非政治化"和体制对应等现实问题。因此，本协议规定两岸就公权力机关交往制度安排的合作，应当包括对双方交往过程中的"非政治化"问题加以消解的双方交往之原则、规则、名义等问题，以及对体制对应问题加以消解的以议题为核心的合作机制构建等问题。

第三条　两岸交往的基本原则

一、双方以适当方式鼓励和支持民间交往的开展，并遵循下列原则：

（一）双方承诺就两岸民间交往过程中的相关事项展开持续协商；

（二）双方对两岸民间交往的单方规制应以有利于民间交往的开展为原则；

二、双方公权力机关应以双方商定的、适当的名义和方式开展交往，并遵循下列原则：

（一）双方尊重彼此在各自领域内的管辖权；

（二）双方公权力机关在开展业务交往活动中，不涉及政治问题。

三、在双方交往中出现上述原则无法涵盖的现实问题时，由双方以协商方式解决。

【释义】法律原则是指可以作为规则的思想基础或政治基础的综合性、稳定性的原理和准则。[1] 对本协议而言，协议的基本原则构成协议各项具体条款的根基，其效力涵盖整个协议。结合两岸交往实践，本条拟设计三项内容作为本协议的基本原则，其中两项分别规制两岸民间交往和两岸公权力机关交往，一项对整个两岸交往机制进行兜底性规制，具体说来：

第一，本条规定了两岸民间交往的基本原则。两岸民间交往是两岸交往中数量最大也最活跃的交往形式。本条提出，两岸应持有共同"鼓励和支持"两岸民间交往的基本态度，并遵守两项基本原则：其一，由于两岸民间交往涉及两岸民众往来中的各种问题，其内容纷繁复杂，故本条首先规定了双方就民间交往中产生的相关事项进行继续协商的原则，即明确两岸将以协商方式解决两岸民间交往问题，以强化两岸在这一领域的共识决策方式，避免过去纯粹的单方决策所导致的各类问题，从而作出有利于两岸民众交往的制度安排。其二，在提倡两岸以共识决策解决两岸民间交往中各类问题的同时，协议并不完全否认大陆和台湾单方决策的重要意义，但协议对两岸单方决策进行了原则性限制，即两岸做出的单方面规制应以有利于两岸民间交往的开展为原则，以避免两岸中一方刻意限制两岸交往情况的出现。

第二，本条规定了两岸公权力机关交往的基本原则。本协议试图以"两岸间"这一概念作为指导构建两岸公权力机关交往机制的理论基础。[2]

---

[1] 李龙主编：《法理学》，武汉大学出版社2012年版，第127页。

[2] "两岸间"的概念，是在将地理概念上的"两岸"作为现阶段大陆与台湾政治定位模式的基础之上借用现实主义者对欧洲一体化成果的"政府间"描述经过两岸特殊语境改造后形成的一种描述两岸交往的概念。参见祝捷、周叶中：《论海峡两岸大交往机制的构建》，黄卫平等主编：《当代中国政治研究报告》第十辑，社会科学文献出版社2013年版。

以"两岸间"概念为指导的两岸公权力机关交往机制，就是以对两岸现有治理权力边界的尊重为基础，将政治问题与现实中的共同治理相分离以适应两岸现实的一种方案。① 在这一方案指导下，两岸应"以双方商定的、适当的名义和方式"开展交往，并遵循以下两项基本原则：一是双方应尊重彼此在各自领域内的管辖权。尊重对方现有治理权力是两岸公权力机关展开交往与合作的基础，为尽量规避"主权""治权"等政治敏感性较高的用语的使用，本条以"管辖权"来描述双方在各自领域内的治理权力，并以"尊重"代替"承认"，用以描述（而非规定）大陆和台湾对待对方治理权力的基本态度。二是双方交往中的非政治化原则。在"两岸间"的理论架构之下，两岸公权力机关交往、合作的主要目的是解决两岸事务性问题，故应尽力去除两岸公权力机关在双方交往过程中的政治属性，达到"政治脱敏"的效果。因此，本条明确了双方公权力机关交往的主要目的，即"业务交往"，明文要求双方避免涉及政治问题。

第三，本条规定了双方协商解决未尽事宜的基本原则。在海峡两岸的交往活动中，可能出现各种各样的现实问题，这些现实问题可能超越两岸在签署协议时的预料。因此，除规定两岸民众和两岸公权力机关交往的基本原则外，本条还设置了兜底性条款，即当发生上述原则无法涵盖的现实问题时，由两岸以协商方式解决的规定。

第二章　两岸民间交往的制度安排

第四条　两岸双方尊重对方民商事法律制度

两岸双方尊重对方民商事法律制度，并致力于共同建立区际法律冲突规范，以解决双方在民商事法律规则中存在的差异。

双方承诺，己方居民在对方领域内时，遵守对方之民商事法律规定。

【释义】在一定时期内，囿于两岸之间存在的"承认争议"，大陆和台湾均不承认对方制定的法律规范，亦不认为己方居民在对方领域内应当遵

---

① 周叶中、段磊：《海峡两岸公权力机关交往的回顾、检视与展望》，《法制与社会发展》2014年第3期。

守对方制定的相关法律规定。在两岸交往隔绝的情况下，这种不承认态度对两岸民众基本权利的保护并无太多影响，然而，在两岸民众交往日盛的时期，这种不承认态度则不仅无法在实践中得到切实执行，亦不利于两岸民众的个人权利在对方领域内获得有效保障。

在两岸打破隔绝状态、双方民间交往日趋密切的情势下，台湾方面对两岸政治关系定位发生了改变，以"一国两区"为基础制定了作为其调整两岸事务基本法律的"两岸人民关系条例"。在"两岸人民关系条例"中，台湾方面开始允许适用"大陆地区之规定"①，间接承认了大陆地区民事法律在台湾地区的可适用性。与此同时，大陆方面亦在考虑到两岸民众交往日盛的情况下，逐渐改变其对待台湾地区法律规定的态度，有条件地承认了台湾地区相关法律规定在大陆的可适用性。2010 年最高人民法院《关于审理涉台民商事案件法律适用问题的规定》的出台，实现了大陆对台湾地区民事法律的适用效力从间接承认到直接承认的转变②，这对于解决两岸交流中产生的各类纠纷，明确法律适用问题，具有重大实践意义。2009 年，两岸签署《海峡两岸共同打击犯罪和司法互助协议》，为两岸在司法互助方面的合作提供了规范依据。这体现出两岸尝试以共识决策方式解决双方在司法领域之中的合作的基本态度。总之，两岸已在实践中对对方民商事法律规范的适用性持承认态度，且已开始了致力于强化双方在民商事司法活动中互助合作的实践，故本条对这一实践中的既有现象加以确认，规定双方尊重对方民商事法律制度。

在承认对方民商事法律规范适用性的基础上，构建两岸区际法律冲突规范成为两岸必须面对的现实问题。所谓区际法律冲突，就是在一个国家内部不同地区法律制度之间的冲突，或者说是一个国家内部不同法域之间的法律冲突。③ 由于两岸分属两个不同法域，在两岸交往过程中，自然会

---

① "两岸人民关系条例"第 41 条规定，大陆地区人民相互间及其与外国人间之民事事件，除本条例另有规定外，适用大陆地区之规定。
② 《关于审理涉台民商事案件法律适用问题的规定》第 1 条规定，根据法律和司法解释中选择适用法律的规则，确定适用台湾地区民事法律的，人民法院予以适用。
③ 黄进：《区际冲突法研究》，学林出版社 1991 年版，第 48—49 页。

产生区际法律冲突问题。从法理上讲，要解决区际法律冲突问题，可以采用制定全国统一的区际冲突法、各法域分别制定各自的冲突法、类推适用国际私法、适用与解决国际法律冲突基本相同的规则和制定统一实体法等方式。① 在两岸当前尚处于政治对立的形势下，双方很难以全国统一制定冲突法或实体法的方式解决两岸间存在的区际法律冲突，而由两岸分别制定各自冲突法、类推适用国际私法或使用与解决国际法律冲突基本相同规则的方式解决区际法律冲突亦会出现一定程度的疏漏。因此，以协议方式推动两岸各自区际法律冲突规则的趋同化，既能够取得与全国统一制定区际冲突法相类似的法律效果，又无碍于双方在政治对立情况下各自维持自己的法制权限，从而能较好地解决两岸区际法律冲突。因此，本协议规定，双方致力于共同建立区际法律冲突规范，以解决双方在民商事法律规则中存在的差异。

在承认对方民事法律规范可适用性的前提下，要求己方人员在对方领域内尊重对方相关法律规定，成为两岸尊重对方民商事法律制度的应有之义。在大陆，商务部、国家发改委和国台办曾于 2010 年联合制定了《大陆企业赴台湾地区投资管理办法》，该办法第三条即规定，"大陆企业赴台湾地区投资，应……认真了解并遵守当地法律法规……"。按照这一规定，大陆已经在法律规范中明确了己方居民在台湾地区遵守当地法律规范的义务。这种义务的确立是出于对台湾地区既有社会秩序的尊重，亦是出于对大陆赴台居民个人权利的保护。因此，本协议所规定的，"双方承诺，己方居民在对方领域内时，遵守对方之民商事法律规定"之条文，亦是对两岸既有规定的一种确认与拓展。

需要指出的是，在区际私法中，适用其他法域的民商事法律，只是为了保护私人的民商事利益，并非对该法域国际政治和法律地位的认同。② 因此，大陆方面允许在发生区际法律冲突时适用台湾地区法律，要求己方居民在台湾地区遵守当地规定，并非是对台湾"主权"或"治权"的承

---

① 参见黄进：《试论解决区际法律冲突的途径》，《法学评论》1988 年第 1 期。
② 徐崇利：《两岸民商事法律冲突的性质及立法设计》，《厦门大学法律评论》第五辑。

认，而是将台湾地区法律重新视为一个中国法律体系的一部分，将台湾地区法律视为保障当地秩序的规则。然而，这种要求己方居民在对方领域内遵守对方法律法规的规定，目前仅限于个别领域，并未形成概括性规定，而这种零散的规定方式已无法满足现实需要。因此，本条确立了大陆和台湾应要求"己方民众在对方领域内遵守对方民商事法律规定"的概括性原则，以保障两岸民众在对方领域内的活动，不对对方领域内的既有社会秩序产生影响。

第五条　两岸双方居民在对方领域内的法律地位

双方承诺，双方居民在对方区域内享有不低于对方居民之法律地位。

【释义】随着两岸交往的日益深入，两岸居民前往对方领域内婚嫁、探亲、旅游、投资、就学、就业等活动日益频繁。在这一背景下，大陆居民在台湾的法律地位和台湾居民在大陆的法律地位，成为两岸关系和平发展中的一个新问题。在台湾，关于大陆居民在台湾地区的法律地位问题，其"两岸人民关系条例"做出了较为细致的规定，其内容涉及大陆人民在台湾地区法律地位的原则性规定、大陆居民入境台湾地区、大陆人民在台湾地区居留、定居、就业、从事商务或观光活动、担任公职或登记为公职候选人、担任涉密职务、组织政党、从事投资、就学等事项。① 总之，在"两岸人民关系条例"中，台湾当局以"确保台湾地区安全与民众福祉"为由，通过各类限制性规定，确立了大陆人民在台湾地区有别于台湾人民的法律地位。近年来，尽管台湾地区"司法院"透过一系列"大法官解释"，部分修正了这种区别对待的限制性规定，确立了适用于大陆人民人身自由、迁徙自由和收养领域的同等对待原则，但总体而言，大陆人民在台湾地区的各项基本权利之行使仍处于受限状态。②

确认两岸居民在对方领域内有不低于对方居民的法律地位，有利于促进两岸民众的日常交往，保障两岸民众在对方领域内的基本权利。目前，

---

① 参见"两岸人民关系条例"第二章。
② 参见祝捷：《论大陆人民在台湾地区的法律地位——以"释字第710号解释"为中心》，《台湾研究集刊》2014年第2期。

在部分两岸协议中，零散地规定了两岸居民在对方领域内的法律地位问题，如《海峡两岸投资保护和促进协议》中即规定，"一方应确保给予另一方投资者及其投资公正与公平待遇，并提供充分保护与安全"，但此类规定仅散见于两岸签署的几项专项协议，其保护范围极其有限。因此，站在增进双方民众交往的角度，两岸应当尽快以专门协议（或协议条款）概括性地确认两岸居民在对方领域内的法律地位，全面推行同等对待原则。因此，本条以"双方居民在对方区域内享有不低于对方居民之法律地位"的表述方式确认这一原则，以满足两岸关系发展过程中双方民众的现实需要。

第六条 两岸共同促进民间交往

一、为实现共同促进两岸民间交往之目的，双方同意加强包括但不限于以下合作：

（一）两岸居民在对方区域内居留和定居时产生的各类问题；

（二）两岸居民之间在婚姻、抚养、赡养、收养、继承中产生的各类问题；

（三）两岸居民在对方区域内就学、就业中产生的各类问题；

（四）两岸居民在对方区域内进行经贸活动、投资活动中产生的各类问题

（五）两岸居民在对方领域内进行文化交流活动和社会组织交流活动中产生的各类问题。

二、双方应尽速针对本条合作事项的具体计划与内容展开协商。

【释义】两岸民间交往机制所涉及的，乃是两岸交往中数量最庞大、形式最活跃的交往形式，也是与两岸民众福祉关系最密切的交往形式。因此，在确定两岸民商事法律规定的合作原则和两岸给予对方居民在己方领域内享受同等待遇的原则后，本条以列举方式规定了双方在两岸民间交往领域中应重点强化合作的具体领域。依照民事活动的范围不同，本条分别规定了双方应强化合作的领域，具体包括两岸居民在对方区域内居留、定居、就学、就业、进行经贸活动、投资活动、文化交流活动、社会组织交流活动中产生的各类问题，两岸居民之间婚姻、抚养、赡养、收养、继承

中产生的各类问题等。当然，本条亦明确指出，双方加强合作的领域"包括但不限于"上述领域。这一规定为双方在未来民间交往中出现其他不属于上述条款罗列之问题时，继续进行合作提供了依据。除此之外，本条还专项规定，双方应尽速针对上述问题展开具体协商，从而明确了双方在上述领域进行后续协商，签署本协议之后续协议的义务。

第三章　两岸公权力机关交往的制度安排

第七条　两岸公权力机关交往平台的构建与维护

两岸双方致力于共同促进公权力机关之间的业务往来，以实现促进和保障双方民间往来、维护两岸关系和平发展之目的。

双方公权力机关得通过包括但不限于以下之平台进行交往：

（一）海峡两岸关系协会与财团法人海峡两岸交流基金会之商谈机制

（二）双方两岸事务主管机构之沟通机制

（三）双方共同认可的其他沟通机制

双方致力于共同构建和维护上述交往平台，并视情况需要，进一步拓展双方交往渠道。

【释义】本条规定两岸公权力机关交往平台的构建与维护机制。所谓交往平台，即由两岸以共识形式构建的能够为双方提供常态化的理性沟通机会的制度安排。① 在历史上，两岸公权力机关之间曾通过两岸两会、个案授权民间组织、行业组织和两岸事务主管部门等渠道进行过交往。目前仍在运行的渠道包括两会事务性商谈机制和两岸事务主管部门沟通机制。这两种两岸公权力机关间的交往机制，既有分工上的区别，又可以相互弥补与配合，共同发挥着保障双方公权力机关沟通、交流的功能。

自1991年以来，两岸两会接受双方当局授权，通过平等协商，签署了21项事务性协议。两岸透过这一平台，就双方共同关心的事务性议题充分交换意见，形成两岸共识，并以协议形式将两岸共识予以固化。因此两会

① 周叶中、段磊：《海峡两岸公权力机关交往的回顾、检视与展望》，《法制与社会发展》2014年第3期。

事务性协商机制的主要功能，在于解决两岸之间的众多事务性问题，保障双方在事务性议题上的沟通与合作。与历史悠久的两会机制不同，大陆和台湾两岸事务主管部门之间的沟通管道刚刚建立，国台办主任张志军与台湾陆委会主委王郁琦在 2013 年 APEC 会议短暂寒暄，并于 2014 年 2 月和 6 月完成互访，宣告双方建立常态互访机制。从双方两次正式会谈的实践来看，双方两岸事务主管部门进行沟通的内容，既涉及两岸政治性议题，如两岸领导人会晤等问题，也涉及两岸事务性议题，如两岸两会互设办事处、两岸共同推动 ECFA 后续协商等问题。但总体而言，双方在这一机制中并不涉及两岸交往中的具体问题，而是宏观地就双方的两岸政策交换意见。因此，两岸两会和两岸事务主管部门这两套交往机制之间已形成较为清晰的分工，二者相互影响，相互促进，共同构成当前两岸公权力机关的交往平台。在这一现实背景下，本条对两岸现有的两种公权力机关交往平台进行制度确认，要求双方应共同构建和维护这两个交往平台，并以"双方认可的其他交往平台"的兜底性规定，保障了两岸创设其他交往平台和恢复运行原有交往平台的可能性。最后，本条还为两岸共同构建除上述几种交往平台之外的两岸公权力机关交往机制预留了制度空间，规定双方"情况需要，进一步拓展双方交往渠道"。如此一来，本条的设计既保障了两岸现有公权力机关交往机制的正常运行，也为双方在未来开拓新的交往机制，如拓宽两岸公权力机关直接接触范围等提供了可能。

第八条　两岸业务人员交往的非政治化

双方业务人员的接触应以"有关部门负责人""执法人员"等名义进行，双方在交往过程中应避免触及政治问题。

【释义】本条规定两岸公权力机关交往中双方业务人员交往的非政治化原则。目前，大陆和台湾尚不能就两岸政治定位问题提出双方均可接受的方案，因而两岸间存在的政治分歧无法得到消解，这种分歧的集中表现即是双方的"承认争议"[①]。承认争议在政治上的具体表现之一，便是两岸互不承认对方公权力机关和政治职位的"合法性"，构成两岸政权核心的

---

① 参见祝捷：《论两岸海域执法合作模式的构建》，《台湾研究集刊》2010 年第 3 期。

公权力机关和政治职位也为两岸所否认。① 然而，随着近年来两岸事务性往来逐渐密切，在合作执法、信息沟通等方面，两岸公职人员之间的直接接触已经无法避免。自《海峡两岸食品安全合作协议》以来，绝大部分两岸协议都将"双方业务主管部门指定的联络人"作为协议的议定事项联系主体，在实践中两岸协议的具体实施和实施中的沟通均由两岸各自的业务主管部门进行，因而在两岸协议的联系机制之下，两岸公职人员亦存在直接接触的现象。在这些场合，双方公职人员往往以民间身份，如顾问、专家等，或是以"业务部门主管人员""执法人员"等政治色彩较弱的身份进行接触。两岸共同坚持的这种以非政治化方式处理两岸事务性问题的默契，充分体现出双方的务实态度，为双方联系、接触的顺利进行，避免政治分歧带来的负面影响提供着重要支持。然而，两岸这种在业务往来中以"非政治化"方式处理相互间关系的方式，却仅仅是双方的一种政治默契，而并无正式制度加以明确。我们认为，应当以协议形式，将这一"政治默契"加以明确，以保证双方业务人员的正常往来。因此，本条明确规定，双方业务人员在交往过程中，应当避免触及政治问题，并明确双方交往过程中的身份为"有关部门负责人""执法人员"等。

第九条　两岸城市交往

双方支持两岸城市之间的友好交往，双方共同致力于建设两岸城际友好关系，鼓励双方签署城际事务性合作协议和备忘录。

【释义】本条规定两岸城市之间的交往机制。城市是两岸各自地方政权的组成部分，也是双方公权力机关交往的构成单元之一。在当前两岸存在的"承认争议"之中，双方争议的核心集中于中央层面，即一个中国问题，大陆对于台湾地区地方政权的合法性并不否认，在两岸城市交往的实践中，亦以"市长""县长"名义，称呼台湾地区地方行政机关负责人。因此，两岸城市间公权力机关的交往成为两岸在存在较大政治分歧的情况下，双方实现直接接触和往来的一个突破口。在台湾方面"政党轮替"已

① 祝捷：《两岸关系定位与国际空间——台湾地区参与国际活动问题研究》，九州出版社2013年版，第25页。

成常态的今天，拒不承认"九二共识"的民进党重新在台执政并非没有可能，这将可能重新阻断大陆和台湾当局"中央"层面交往的渠道。然而，在台湾"地方"层面却极难出现一党垄断全部县市执政权的局面。因此，构建两岸城市间交往机制，能够在两岸出现特殊政治局势的情况下，为两岸提供另一条公权力机关之间的交往管道。

在实践中，两岸多个城市间建立了友好关系。如上海市与台北市、南京市与新北市、富阳市与基隆市、龙岩市与桃园市、漳州市与台南市等。其中尤以上海市与台北市之间的交往最为密切。自 2000 年起，两市就开始轮流举办城市论坛，两市市长亦曾进行过互访。2011 年 7 月，台北市市长郝龙斌访问大陆，参加"上海—台北城市论坛"，与上海市市长韩正举行会晤，双方签署教育、卫生医疗、旅游合作交流合作备忘录。① 我们认为，作为两岸公权力机关交往机制的一项重要渠道，两岸城市间交往机制，包括双方以备忘录形式进行合作的方式应当被固定下来，以成为两岸间一种制度化的交往方式。因此，本协议专条规定两岸城市间交往机制，鼓励和支持双方城市签署城际事务合作协议和备忘录。

第四章　本协议的实施条款

第十条　本协议的实施主体

一、双方成立"两岸交往合作委员会"（以下简称委员会），作为协调本协议相关事务性问题的两岸跨区域共同机构，负责本协议及其后续协议的实施。

二、委员会由双方指定代表组成，委员会每半年召开一次例会，必要时经双方同意可召开临时会议。

委员会下设秘书处，作为委员会的常设机构，秘书处成员由双方指定人员组成，秘书长由双方各自指派一人共同担任。委员会秘书处可依照委员会指示，执行委员会所承担的事务。

---

① 参见中国广播网：《上海—台北城市论坛举行　共同签署合作备忘录》，资料来源：http://news. cnr. cn/gnxw/201107/t20110725 _508281483. shtml，最后访问日期：2014 年 7 月 11 日。

三、委员会的权限包括：

（一）本协议后续协议的协商；

（二）监督并评估本协议的执行情况；

（三）通报有关本协议的相关信息；

（四）就本协议及其后续协议的解释、修改问题进行协商。

四、本协议相关后续协议的达成和协议解释、修改文本的签署，由海峡两岸关系协会与财团法人海峡交流基金会负责。

【释义】本条规定本协议的实施主体。从两岸协议的传统来看，协议议定事项①的实施往往需要通过双方设定的联系主体进行沟通协调。这种联系主体既可以是由两岸各自设置的民间机构，也可以是两岸业务主管部门指定的联络人。然而，这种联系主体机制却无法克服两岸业务主管部门设置中存在着体制不统一的问题。在现有的两岸协议中，经常出现大陆多个业务主管部门联系台湾一个部门，或大陆多个业务主管部门联系台湾多个部门的情况。这种多重联系的情况对于两岸协议实施中的畅通联系较为不利。因此，ECFA 在原有两岸协议联系主体制度的基础上，创设了"两岸经济合作委员会"这一机构。其代表由两岸各自指定，一般为两岸各自负责协议相关事宜的业务部门主管人员，其职能包括协议后续协商、监督、评估、解释、争端解决等。ECFA 设置的这种综合性协议联系机制，很好地解决了两岸业务主管部门体制不统一带来的联系困境。然而由于种种原因，两岸经济合作委员会在实际运行过程中，逐渐演变为无实体机构的一个对话平台，且这一平台"不发出共同的结论文件及不发出共同的共识内容"。两岸经合会这一原本可以成为两岸协议实施主体的机构被"虚化"了，这就使其原本可以发挥出的职能，尤其是监督、评估协议执行情况等需由实体机构完成的职能受到很大限制。

因此，本协议在对协议实施机构进行安排时，采取了在两岸经合会模

---

① "议定事项"一词是两岸协议针对联系主体制度所使用的专门用语，其所指代的正是两岸协议中规定的具有较高专业性和技术性的具体业务。与"议定事项"相对的是协议的"其他事项"，按照两岸协议的传统，协议其他事项的联系事宜往往由两会负责。

式基础上，对其进行适当修正的方法，设置"两岸交往合作委员会"，以适应本协议对其职能设定的需求。具体来说，"两岸交往合作委员会"对两岸经合会模式的修正包含以下几点：一是设置委员会秘书处，作为委员会常设机构，秘书处成员亦由双方指定，可由双方分别选出一位代表担任秘书处共同秘书长。作为常设机构，委员会秘书处可以承担监督、评估协议实施、通报信息等需由常设机构完成的任务，并为委员会召开会议提供协助。二是明确委员会仅负责后续协议、协议解释、修改的"协商工作"，亦即明确委员会在这些重要职能行使过程中的"协商平台"属性，以保证两岸两会在上述问题上的主导地位，避免再次出现两岸经合会屡遭台湾地区部分人士质疑权力过大，超越监督的境况。① 与此相适应的是，本条明确规定，本协议相关后续协议的达成和协议解释、修改文本的签署，由两岸两会负责实施。三是出于同样理由，取消了两岸经合会规定中，其职权"包括但不限于"的表述，将两岸交往合作委员会的职能限定为协议明确规定的内容。

除上述修正外，本条对于两岸交往合作委员会的职权设置，基本维持了与两岸经合会类似的表述，即包括后续协议的协商工作、协议监督和评估、协议信息通报和协议及后续协议的解释、修改问题的协商工作。在经过上述调整和完善后，由两岸交往合作委员会和两岸两会共同构成的一套机制，其职能已远远超越传统两岸协议规定的"联系主体"，而更加近似于包含各项协议实施权能的主体，因此本条定名为实施主体。

第十一条　本协议的遵守

双方应遵守协议。

【释义】本条规定本协议的效力和效力实现方式。两岸协议的效力，是指协议的拘束力。在两岸协议中，一般以"双方应遵守协议"来规定协议的效力。这一规定一方面以"双方"回避两岸定位问题，以此替代可能

---

① 在两岸经合会设立后，台湾地区部分"立法委员"不断提出，两岸经合会"这种机制的设计未来可能架空行政、立法、司法三权，超越了整个国家的权利，而且看起来是一个违宪的设计，而架空的结果会变成一个超级怪兽"。参见台湾地区《"立法院"公报》，第100卷第9期，第318页。基于此，本协议修正了两岸经合会相关规定中可能引起误解的表述。

导致两岸争议的"大陆""台湾""中共""国家"等词汇，防止出现不必要的问题；另一方面，以"遵守"二字总括协议效力的实现方式问题，至于双方如何遵守和实施协议，则交由双方自行决定。这一表达方式能够较好地表述两岸协议的效力问题，因而，本条遵循两岸协议的惯例，保留这一规定。

第十二条　本协议的后续协商

双方应当尽速针对本协议所规定的各项事宜展开协商，并以达成相关后续协议的方式予以落实。

根据本协议签署的后续协议，构成本协议的一部分。

【释义】由于本协议涉及两岸民间交往、两岸公权力机关交往的各个层面，因而两岸很难在短期内就各层面的所有议题达成一致，因此，本协议采取了与《海峡两岸经济合作框架协议》（ECFA）类似的框架协议形式，即双方先就若干与两岸交往相关联的原则性、基础性议题和未来两岸交往中出现的各类议题之处理方式达成一致，签署框架协议，再就框架协议中涉及的各项问题展开具体协商，形成后续协议。因此，本条设定了两岸就本协议规定的相关事项展开后续协商和签署后续协议的义务，以促进两岸尽快将这一框架协议落到实处。

第十三条　本协议的监督评估

两岸交往合作委员会（含委员会秘书处）应定期对本协议及其后续协议的实施进行评估，以监督协议在两岸的实施情况。

完成相关监督、评估工作后，委员会应及时向两岸两会提交评估报告。

【释义】本条是对两岸交往合作委员会监督评估协议实施情况这一职能的细化规定。根据以往两岸协议运行实践中的惯例，对两岸协议实践效果的监督和评估，往往由两岸各自业务主管部门负责，再由两会在高层会谈时就相关情况交换意见。在第六次"陈江会谈"之前，历次两岸两会高层会谈，都有总结和检讨前次会议签署的两岸协议在近期的执行成效的内容。在第六次"陈江会谈"时，两会高层达成共识，"同意在适当时间由两会邀集两岸主管机关，举行'两岸协议成效与检讨会议'，以落实双方关切议题的实际执行"①。自此以后，两岸两会先后在 2011 年和 2014 年分别在台北和长沙举行两次"两岸协议成效检讨会"，对两岸协议实施情况进行回顾和检视。在两岸签署 ECFA 后，ECFA 的监督评估工作则由两岸经合会负责实施。然而，正如上文所言，两岸经合会因其机构的"虚化"而导致其很难切实执行协议监督和评估工作。因此，本协议所设的协议实施主体——两岸交往合作委员会设置了作为其常设机构的秘书处。秘书处作为一个实体机构，可以行使委员会的协议监督和评估职能。除此之外，本条还细化规定了委员会的报告职责，即在其完成对协议的定期监督和评估后，应当向两岸两会提交评估报告，以便将本协议及其后续协议的实施评估机制与"两岸协议成效与检讨会议"机制相结合，共同构成系统化的两岸协议监督评估机制。

第十四条　本协议的修改

一、双方可通过协商方式，以另定协议或换函确认形式对本协议进行变更。

二、双方可通过协商方式，以另定协议或换函确认方式对本协议的未尽事宜加以补充。

【释义】 本条规定本协议的修改机制。两岸协议的修改，是指有权修改主体，根据两岸关系发展的现实情况，对既有两岸协议的内容进行变更、补充的过程。在现有的两岸协议文本中，协议的修改机制往往以"协议的变更"和"未尽事宜"两种形式加以表述。前者系指狭义上对协议内容的修正，后者则指对协议的补充。为方便叙述，本条将这两类条款统一归入两岸协议的修改机制之中。关于本协议的变更，本条延续两岸协议的既有传统，仍规定变更应由"双方通过协商方式进行"。然而，与以往协议不同的是，本协议明确了协议变更的形式，即"可以另定协议或换函确认形式进行"。这既是对既有两岸协议变更实践的一种总结与确认，又是对两岸协议变更机制的一种规则完善。关于本协议的补充，本条延续了两岸协

① 海基会：《第六次"江陈会谈"概述》，资料来源：http：//www. sef. org. tw/ct. asp？xItem＝186011&ctNode＝3809&mp＝19，最后访问日期：2014 年 6 月 28 日。

议的既有传统，仍规定对未尽事宜通过协商方式加以补充。而补充未尽事宜的具体形式，亦遵循两岸协议的惯例，即可以另订协议或换函形式进行。

第十五条　本协议的解释

本协议由双方通过协商方式解释。

（一）协议的解释应以书面形式作出；

（二）协议解释一旦做出，即与本协议具有同等效力。

（三）协议解释涉及本协议嗣后签订的后续协议之规定时，其效力适用于该后续协议。

【释义】本条规定本协议的解释机制。两岸协议的解释，是指有权解释主体，运用一定的解释方法与解释规则，通过对既有两岸协议文本正确含义的阐释，使两岸协议得以有效适用的过程。对两岸交往综合性框架协议进行解释，是适用本协议的重要环节。在目前签订的两岸协议中，所规定的协议解释机制实际上包含三种模式，即以"争议解决"条款规定解释问题、以"协商解释"条款规定解释问题和以"机构安排"条款规定解释问题。①

关于本协议的解释机制，需要明确以下几个问题：一是关于解释机制的作成方式。根据两岸协议的解释惯例，两岸间对于本协议的解释只能通过两岸协商机制进行。在这一机制之下，本协议的解释亦应遵循两会商谈机制形成两岸协议的制度，以协商方式做出，而书面化的形式要求则使这种协商结果更为明确。二是关于解释的启动程序。在这种协商机制之下，双方均可就各自在适用本协议过程中出现的需要对协议进行解释的问题，提出解释申请，以便启动解释程序。三是关于解释的效力问题。就本协议而言，基于解释与被解释对象具有同等效力的基本原理，对本协议的解释理应与本协议具有同等效力。同时，由于本协议系针对两岸交往机制达成的框架性协议，在本协议之后将会达成若干后续协议，以贯彻实施本协议的要求，因此本协议的解释若涉及后续协议，则解释的效力应当及于该后

---

① 这三种模式的解释和概括参见段磊：《论两岸协议解释机制的构建与完善》，《台湾政局与两岸关系学术研讨会论文集》（北京联合大学台湾研究院主办 2014 年 6 月 7 日，未出版）。

续协议。

第十六条　本协议的接受与生效

本协议签署后，双方应各自完成相关程序并以书面形式通知另一方。本协议自双方均收到对方通知后次日起生效。

本协议于×月×日签署，一式四份，双方各执两份。四份文本中对应表述的不同用语所含意义相同，四份文本具有同等效力。

【释义】本条规定本协议的接受和生效办法。两岸协议的接受是指两岸依照各自规定，通过一定方式使本属于民间私协议的两岸协议，具有规范意义上的法律效力的过程。[①] 由于两岸协议在形式上仍属于两岸两会这两个民间机构签署的协议，因而要使其在两岸范围内具有相应的法律效力，就必须依照两岸各自域内法律所规定的接受程序，以实现协议在形式上的转变。在近年来的两岸协议中，协议的生效往往采用"完成准备后相互通知生效"的模式，即规定双方各自完成相关程序后以书面通知对方，协议自双方均收到通知起生效，实际上是后完成准备的一方通知之日为生效日。[②] 亦即是说，两岸协议的生效是以双方接受协议为前提的，当双方均完成协议接受程序后，协议方可在两岸范围内生效。实践证明，这种先接受、后生效的表述方式，符合两岸关系发展实践，故本协议遵循两岸协议的惯例，仍采用"完成准备后相互通知生效"的模式，表述协议的接受和生效条款。

两岸两会在两岸事务性谈判中是平等关系。这种平等关系不仅体现在谈判过程中，亦体现在协议文本中。因此，本协议在保持主体内容不变的情况下，允许在落款顺序、纪年表述上，分别设置两个不同版本。大陆所持版本落款海协会在前，海基会在后，使用公元纪年；台湾所持版本落款海基会在前，海协会在后，使用台湾地区通行纪年，双方各持有己方版本和对方版本各一份。两份落款、纪年表述不同的协议，具有同等效力。

---

① 　周叶中、段磊：《论两岸协议在大陆地区的适用——以立法适用为主要研究对象》，《学习与实践》2014年第5期。

② 　此种模式见诸《海峡两岸经济合作框架协议》之后的各项两岸协议。

专题三

两岸关系政治基础研究

论"宪制—治理"框架下的两岸政治关系合情合理安排*

　　两岸政治关系合情合理安排，是两岸关注的重大问题，也是需要多学科参与并贡献智慧的理论问题。过去的讨论大多囿于政治学、国际关系等学科的论述框架内，较少将之放置于法学的论述框架内。目前，法治思维在两岸关系研究中的意义已经逐渐成为学界共识。①不应也不能缺位于两岸政治关系的讨论。为此，本文试图运用法治思维，对两岸政治关系合情合理安排的问题作一探讨，以期推进两岸政治关系研究的法理转向。

一、转换：法治思维与"两岸政治关系合情合理安排"的法理内涵

　　台湾问题的法学属性已经为两岸学界所认知，但法治思维运用于台湾问题研究的路径与方式，仍未获致完全地厘清。法治思维在台湾问题研究中的运用，既需要从观念上将台湾问题视为法问题，也需要于方法论层次建立起适合台湾问题研究的新范式，从而透过研究结论的合规范性增强其合理性和认受性。两岸政治关系虽是发生在政治场域的问题，但在研究方法上并不排斥法治思维。相反，在现阶段，对于两岸政治关系的研究，有着转换至法治思维上的必要性和可行性。

（一）法治思维：一种台湾研究新范式的建立

　　法治思维在台湾问题研究中的运用，谕示着一种台湾研究新范式的建立。从法学角度研究台湾问题，目前主要有着三种研究路径：1）对象式

＊　本文由祝捷撰写，原文发表于《台湾研究集刊》2015 年第 2 期。
①　参见周叶中：《台湾问题的宪法学思考》，《法学》，2007 年第 6 期。

研究，亦即研究两岸关系或台湾地区的法律问题，或介绍某项具体的法律制度，或分析某个重要的案例；2）探佚式研究：将法律规定作为研究线索或支撑研究结论的论据，在此类研究中，法律规范并非是研究的论点，而是支撑其他观点或补强政治言说的论据；3）概念式研究：在台湾问题研究中引入若干法学的基本概念，用以解释两岸关系中的某些现象，在此类研究中，被引入的法学概念一般按照其在法学理论体系中的通常含义理解，较少对法学概念本身进行创新与发展。

　　法治思维运用于台湾问题研究，不应仅限于作为一种论据，去证成某种已经确定的政治立场，也不应仅仅用以描述现象的理论说词，更应当为解决两岸棘手问题提供可资适用的策略。策略虽是基于特定的政治立场，但并不限于对政治立场的重复和诠释，而是关注政治立场的可实现性问题，注重研究将被预设的政治立场从政治话语转变为法律话语和技术话语的方法，并合理地设计政治立场实现的路径。台湾问题既然具有法律属性，法治框架是两岸关系和平发展框架的重要组成部分，两岸又都认同法治的权威，因而以法治为核心的台湾问题研究新范式的建立，也就是题中应有之义了。

　　寻找合适的策略，是法治思维运用于台湾问题研究的问题起点和逻辑结果。依次思考脉络，法治思维在台湾问题研究中的运用，应当具备如下特点：1）法治思维运用的对象应当是台湾问题，而不是法学问题，因此，对象式研究实际上仍是法学研究，而不是台湾问题研究；2）法治思维以法律规范为研究的切入点，法律规范也限定了法治思维的运用，必须考量策略选择的合规范性，法律规范不再仅仅是佐证政治立场的论据，相反，各种有关两岸关系的政策言说，都是诠释法律规范的论据，对立论和论证的合规范性考量重于合政策性考量，这与探佚式研究有着明显区别；3）透过法治思维研究台湾问题建基于法学理论之上，但并非简单套用法学理论，也非单纯借用若干法学概念，而是根据"策略选择"所需，对法学理论加以创新与发展，使之更加适合台湾问题研究的需要，在此意义上，法治思维在台湾问题研究上的运用，不仅能够丰富台湾问题研究的体系，也能推动法学理论的创新。

由此可见，将法治思维运用于台湾问题研究，完全不同于过去从法学角度对台湾问题的研究，而是一种面向问题、以策略选择为思考重心的范式转换过程。法治思维的运用，将为台湾问题提供合规范性、可实现性和低敏感性的思考路径。

（二）合规范性和可接受性："合情合理"的法理内涵

两岸从各自的政治立场出发，在理论和实务上发展出诸多两岸政治关系的解释方案或解决方案。从早期之"合法政府对叛乱团体""两党"，及至"一国两区"/"一国两府"/"一国两体""两国论""一边一国"，再到晚近之"两岸统合""一中（国）两岸"等。但是，这些方案无一变为现实，且饱受攻讦。究其原因，现存方案并未能厘清两岸政治关系的症结所在，也并非建基于两岸都能认知基础上，因而至今仍陷入"自说自话"的境地。

"自说自话"的原因，是两岸在政治关系安排上仍然处于"单方独白"的阶段，虽然"合情合理"的表述透露出大陆方面意图在此问题上寻求共识的态度，但"合情合理"是一个不确定的政治概念，在可操作性和可衡量性上尚有欠缺。事实上，两岸对于自我的"主权"属性和"国家"定位并无争议，问题是是否承认对方的"主权"属性和"国家"定位。因此，解决两岸政治关系合情合理安排的问题意识，不是论证两岸之间在"主权"和"国家"问题上的是非曲直，而是如何解决两岸的"承认争议"。①在政治关系安排的问题上，"承认争议"已经成为横亘在两岸之间的痼疾。"承认争议"在不同的领域有着不同的定义：在政治领域，"承认争议"可以定义为大陆和台湾是否承认对方拥有"主权"和作为"国家"的争议；在国际关系上，"承认争议"可以定义为大陆和台湾是否承认对方为国际法主体以及是否有权从事只有主权国家才能从事的国际活动的争议；在法

---

① "承认争议"的概念，由本人于 2010 年在拙文《论两岸海域执法合作模式的构建》一文中提出，后于拙著《两岸关系定位与国际空间》中深入阐释。参见祝捷：《论两岸海域执法合作模式的构建》，《台湾研究集刊》，2010 年第 3 期；祝捷：《两岸关系定位与国际空间——台湾地区参与国际活动问题研究》，北京：九州出版社，2013 年，第 14 页。

理上，"承认争议"可以定义为大陆和台湾在是否承认对方的宪制性规定，以及依该规定而建立的公权力机关上的争议，等等。

"承认争议"是由"一中争议"衍生的两岸核心政治争议。[①] 由于两岸在"一中争议"上存在根深蒂固的歧见，试图改变对方立场因而是一件具有长期性和复杂性的工作。一种更加务实的策略，是在两岸已有共识基础上，形成能够为两岸共同接受的方案。对此策略的理解，可以从两个方面展开：1）两岸虽存在"承认争议"，但并非完全没有共识，这些共识应当成为两岸解决"承认争议"最可倚重的资源，也是解决"承认争议"的基础；2）"承认争议"的解决方案，应当是两岸能够共同接受的方案，在两岸政治问题未能解决的情况下，不应当涉及两岸政治立场上的核心争议。

这两个方面，在法理上能够转化为判断"合情合理"的两项标准：1）如果将两岸解决承认争议的基础，立基于两岸各自认同一个中国框架的规定，并虑及两岸都已经认可的法治原则，则"合规范性"是"合情合理"的第一项标准；2）两岸对于解决方案的共同接受，不仅建立在立场妥协和利益交换的基础上，而且应透过充分的法理论证加强解决方案的可接受性，据此，法理上的"可接受性"是"合情合理"的第二项标准。用"合规范性"和"可接受性"来界定"合情合理"的优势有：1）让"合情合理"从一个不确定的政治概念，转化成为可以获致初步界定的法律概念，从而使之具有可操作性和可衡量性；2）运用"合规范性"的标准，在法理上构建两岸认知基础，最大顾及两岸各自规定和政治情绪，将政治立场转化为对法律规定的认知，尽可能防止两岸因立场偏差而产生过紧的意识形态张力；3）用"可接受性"，推演政治关系安排的技术问题，策略性地回避或降低政治概念、政治因素对两岸政治关系安排的影响。总之，用"合规范性"和"可接受性"充实"合情合理"的法理内涵，是为解决两岸争议问题提供法律策略，以期在法律框架内，最大限度地利用法治

① 祝捷：《两岸关系定位与国际空间——台湾地区参与国际活动问题研究》，北京：九州出版社，2013年，第14页。

资源，推进预设政治立场的实现，同时降低两岸关系中所涉政治问题的敏感性。

二、框架："宪制—治理"框架及其理论优势

大陆学界对于两岸政治关系安排的研究，大多无法跳脱"主权—治权"的论述框架，这一论述框架虽能强化"主权统一"的立场，但无法有效回应是否存在"治权分离"以及如何处理"治权"等问题。台湾政界和学界则提出诸如"主权互不承认、治权互不否认""两岸三国""一中两国"等说词。这些观点，要么有"故作惊人之语"的嫌疑，并不符合两岸关系现状，要么将"主权""治权"等概念不断进行理论揉捏，反而有治丝益棼之感。[1] 本文通过挖掘"合情合理"的法理内涵，依靠两岸各自宪制性规定所确认的"一中性"资源，借助政治敏感性低且为两岸所共同认可的"治理"概念，构建起"宪制—治理"框架。

（一）超越"主权—治权"："宪制—治理"框架的构造逻辑

"宪制—治理"框架虽脱胎于"主权—治权"框架，但策略性地回避"主权—治权"框架产生的敏感问题。"主权—治权"框架运用政治学和国际法上常见的主权概念，用主权作为国家区别于其他政治实体的根本属性，从而将国家的统一与分裂，用主权的创制、分离和合一加以解释和描述。如"一个中国"被解释为"中国国家主权的统一"，"台湾独立"则被解释为"主权分裂"。"治权"则是一个被借用的表述。从理论渊源而言，"治权"源自孙中山的"五权宪法"理论。根据孙中山的定义，"治权"是有别于人民之权（即"政权"）的"政府之权"。[2]"治权"本是用于描述人民与公权力机构的分权关系，而在"主权—治权"框架中，被用于描述一国内部分地区与国家整体的分权关系。

"主权—治权"框架的基本思路是：两岸同属一个中国框架，因而在

---

① "故作惊人语"是王鹏令对陶百川、周阳山等人提出的"国协"模式的评语。参见［荷兰］王鹏令：《"邦联论"与两国论》，《联合早报》，2000 年 4 月 29 日。
② 谢政道：《孙中山之宪政思想》，台北：五南图书出版公司，1999 年，第 105 页。

主权上是统一的，但两岸实际上处于"分治"状态，因而在"治权"上是分离的，这种"主权统一而治权分离"的状态，就是两岸政治关系的现状。"主权—治权"框架符合一个中国框架，也能够描述两岸尚未统一的现状，符合两岸政治关系最根本的事实基础和认知基础，因而具有一定的理论优势。然而，"主权—治权"框架有着明显的缺陷：1）两岸对于"主权"有着不同的认知，对于"主权"的主体存在较大的认知分歧；2）由于"主权"概念的不确定性和开放性，部分倾向"台独"的学者也透过主权论述，提出并论证所谓"台湾主权"，导致"主权—治权"框架出现偏离一个中国框架的解释路径；3）"治权"与"政府"有着天然的联系，是否适合于两岸关系的论域尚存在争议，更遑论"台湾治权""治权分离"等容易引发不同理解的提法；4）"主权—治权"框架并未解决两岸之间的"承认争议"，而是比较注重对于现状的描述与解释，因而理论的发展性不足。

"主权—治权"框架出现上述问题的主要原因有二：1）对于"主权"概念存在多种不同理解，理论上也未达成共识，有关"国家主权""人民主权""宪政主权"等观点迭出，导致主权概念的抽象化和空洞化；2）受"承认争议"的影响，两岸对"治权"以及两岸各自行使"治权"的公权力机构，并未相互承认，因而难以直面"治权"一词。这两个肇因恰可用合规范性不足和可接受性不足两者概括：1）"主权"因未能附着于规范上，其内涵无从界定，从而流于抽象与空洞，对两岸政治关系的各种解释都能从多义的主权概念中获取理论资源；2）"治权"未能为两岸所共同接受，因而其适用余地存在争议。

"宪制—治理"框架，是回应"主权—治权"框架合规范性不足和可接受性不足两大弊病的新分析框架：1）一国"主权"在法理层次上首先体现在宪制性规定上，因而宪制性规定是一国主权的规范依据，用具有明确规范指向的"宪制"，代替多义的"主权"，以体现合规范性的要求；2）"治权"因其敏感性在两岸存在争议，但两岸各自在所实际控制地区，形成了多元主体参与的治理体系，则因非特指公权力机构，在政治敏感性上较之专涉公权力结构的"治权"为低，虑及"治理"一词在两岸都有着较高的认可度,对于"治理"概念的使用,具备较高的可接受性。

当然,本文构建"宪制—治理"框架并不仅是策略性地规避"主权—治权"框架,更不是用"宪制""治理"等相对低敏感性的表述,降解"主权—治权"框架的敏感性。"宪制—治理"框架的释出,是反思、检讨"主权—治权"框架的结果,同时也是两岸政治关系研究法理转向的方法论基础。通过"宪制—治理"框架,两岸政治关系合情合理安排既能够在法理层面获得更加务实地探讨,又能从理论上探索合适的实现路径。

(二)法治思维在两岸关系领域的具体运用:"宪制—治理"框架的优势

"宪制—治理"框架是法治思维在两岸关系领域的具体运用:1)"宪制—治理"框架的适用对象是两岸关系中的重大问题,而不是单纯的法学问题;2)两岸各自体现"一中性"的宪制性规定,是"宪制—治理"框架的规范起点和法理基础,也是思考两岸政治关系合情合理安排的逻辑起点,在"宪制—治理"框架内,相关法治模式和法治路径的讨论,都围绕此展开;3)"宪制—治理"框架来源于法学理论,但结合两岸关系的实际情况,在话语表述、理论内涵上都进行了必要的创新,而不是法学理论在两岸关系研究中的机械运用。"宪制—治理"框架依托法治资源、形成合规范性和可接受性较高的话语体系,并为两岸政治关系规划了发展路径,因而有着较强的理论优势。

第一,资源优势。大陆方面制定于1982年的中华人民共和国宪法对"一中性"的坚持与肯定无须赘言,而台湾方面制定于1946年的现行"宪法"虽屡经修改,但并未变更"固有疆域"和"政权符号",仍然坚持"一中性"。1990年后,台湾地区领导人和政党的统"独"主张时常出现变化,对"政权符号"的理解也趋向多元,但宪制性规定中有关"一中"的部分并未发生变化,是台湾地区关于"一中"问题最为根本的法理依据。① 虽然两岸宪制性规定中对于"一中"的理解存在差异,但这种差异是为"九二共识"所允许的,并不构成阻碍两岸政治关系合情合理安排的

---

① 参见杜力夫:《"宪法一中"与国民党当政时的大陆政策》,《台湾研究集刊》,2007年第1期。

根本性障碍。两岸宪制性规定对于"一中性"的共识，两岸政治关系合情合理安排最可倚重的法治资源。"宪制—治理"框架将合规范性寓于在两岸各自法体系中具有最高权威的宪制性规定，借助宪制性规定的最高权威，巩固了"一中"立场，也为两岸政治关系的安排划定了法理底线。

第二，话语优势。合适的话语表达，是两岸交往中的核心议题之一。两岸为规避"承认争议"，避免不必要的概念之争，形成了具有两岸特色的替代性话语体系。"宪制—治理"框架形成以"宪制"和"治理"为主轴的话语体系，既能够沿袭既有的两岸替代性话语体系，又能借助两岸在社会管治中的共识性理念，因而具有法治话语优势。"宪制"一词，在法技术层面，能够充分体现所指规定的根本法特征，且已经在香港和澳门"一国两制"的实践中被广泛运用，与"宪法"一词所具有的"主权""国家"等因素无涉，因而能够作为"宪法"这一在两岸范围内存在高度敏感、歧见和争议概念的替代性话语。"治理"在两岸都是当前出现率较高的词汇，两岸各自形成了以"治理"为核心的社会管治理念和体系。"治理"是为克服公权力独揽社会管治而创设的新管治理念，在主体上强调公权力机构、社会组织、公民个体等社会主体的共同参与，在方式上包含社会参与、多元共治、平等协商等非公权力因素在内，"治理"概念所具有的公权力意涵相较于政治敏感性较高、语义明确性不足的"统治""治权"等更加符合两岸关系的现状。"宪制—治理"框架的两大主轴话语，贴合两岸关系现状，能有效规避两岸政治争议，又系采用法学、政治学常见的理论术语，而非"故作惊人之语"，能够为两岸政治关系合情合理安排提供一套可用、实用的话语体系。

第三，发展优势。毋庸讳言，两岸政治关系问题的完全解决，最终只能依靠两岸在立场问题上的政治决断，"宪制—治理"框架在根本上仍是尽量降低"承认争议"阻滞效应的策略。但是，"宪制—治理"框架并非只是一套新的替代性话语体系，而毋宁是一种两岸关系新思维。"国家""主权"等已经成为两岸根本的"结"，① "承认争议"的阻滞效应不仅体

---

① 张亚中：《两岸主权论》，台北：生智文化事业有限公司，1998年，第2页。

现可能改变"国家认同"的本质问题上,而且对两岸关系和平发展的技术问题亦可产生影响。以两岸协议的实施为例,台湾地区就两岸协议的性质发生过多次论争,对两岸协议之定性有"行政协议"说、"民间团体协议"说乃至于"条约"说,这些论争归根到底仍是两岸政治关系定位不明所致。"反服贸运动"表明依靠单纯地回避或由公权力机构戴上"民间白手套"等方法,已经不足以应对两岸关系和平发展步入"深水区"后的政治困局。"宪制—治理"框架在策略上的本义,是在两岸尚未形成相关立场的政治决断前,在由宪制构建的"一中性"基础上,实现两岸从各自孤立到相互融合,整合为一个治理结构,进而在"整个中国"国家治理体系和治理能力现代化的背景下,推进两岸治理体系和治理能力现代化。在此意义上,"宪制—治理"框架不仅考虑到两岸政治关系在某一特定时刻的静态安排,而且通过治理结构的建构,推进两岸政治关系安排与两岸治理现代化的互动,关注两岸关系和平发展的长远。

"宪制—治理"框架在两岸政治关系安排上的运用,是充分发挥法治思维的长处,借助"宪制"的法治资源优势、"治理"的法治话语优势以及由"宪制—治理"构建的两岸治理结构在法治发展上的优势,以法律智慧补强政治决断的不足,能够弥补传统政治思维在两岸政治关系安排上的不足和缺憾。本文也将运用"宪制—治理"框架,对两岸政治关系合情合理安排进行尝试。

三、对策:"一中宪制框架内两个平等治理体系"的提出与论证

"宪制—治理"框架运用于解决两岸政治关系合情合理安排问题,并不执拗于设计或臆想出种种两岸政治关系安排的实体性"模式",而是通过分析两岸政治关系合情合理安排的描述格式,从对既有模式中总结出描述格式的类型化特点与描述两岸政治关系安排所必须涵盖的要素,再选择合适的法律语言表述之。这一思路并非是"概念美化"的循环,而是有着以下三个方面的考量:1)通过对要素的总结,厘清两岸政治关系安排需要突破的重点与难点,以便有针对性地应对之;2)将政治问题的解决,依循合规范性和可接受性的基础上,转化为选择合适法律语言的这一法技

术问题，从而降解两岸政治关系安排的政治敏感性；3）在法律语言选择的过程中，充分借助法治资源和法治权威，增强描述的权威性和认同基础。

（一）两岸政治关系合情合理安排的描述格式

衡诸两岸政治关系安排的各种方案，两岸政治关系安排已经形成了确定的描述格式，如前述之"合法政府对叛乱团体""两党""一国两区"/"一国两府"/"一国两体""两国论""一边一国""两岸统合""一中（国）两岸"等。本文从描述的语词结构出发，对各种方案的描述格式进行类型化分析。

总体而言，两岸政治关系安排的模式在描述格式上有三种类型。1）以"一国"联结两个并列的"实体"，如"一国两区"/"一国两府"/"一国两体""一中（国）两岸""两会"等均属此类。当然，有时虽不出现"一国"的字样，但"实体"本身的意涵也能表明"一国"的存在，如"合法政府对叛乱团体""中央对地方""两党"等。这一类描述格式的特点是：在"九二共识"允许的范围内，将两岸至于"一中"框架内，赋予两岸一个实体性称谓（"地区""政治实体""政府"、政党、民间协会以及地理名词等），对两岸政治关系进行安排。2）直接将两岸界定为"两国"，如"两国论""一边一国"，即直接将两岸以"国家"界定之，而无"一中""一国"的联结。这种描述格式，实际上已经祛除了两岸间的"一中性"。3）不描述两岸的政治关系安排，而只描述两岸达成理想中模式的路径，如"两岸统合""两岸治理"等。这种描述格式看似抛弃了"实体"界定的方法，但实际上是用"实体动词化"的方法，最大限度地模糊了"实体"的具体意涵，仍不啻如以一种指涉模糊之"实体"代替其他指涉明确之"实体"，且将解决两岸政治关系合情合理安排的问题，亦步亦趋于未来之形势发展，缺乏建构性而流于过程主义。

综上分析，描述格式的语词结构分析，虽未刻意区分不同的政治理念，但类型化的结果却与政治理念的分际基本重合。本文认为，第二种和第三种描述格式并不适用于两岸政治关系合情合理安排，因而聚焦于对第一种描述格式的分析。事实上,第一种描述格式已经表现出两岸政治关系安排所必须关注的三个基本要素:1)对于"一中性"的描述,以厘清两岸政治关系合情合理安全的基础;2)两岸在"一个中国"内各自管辖区域的描述,以厘清两岸参与政治关系安排的身份符号;3)两岸在"一个中国"内的相互地位描述。基于此,并结合"宪制—治理"框架,本文提出"一中宪制框架下两个平等治理体系"的表述,作为两岸政治关系合情合理安排的选项之一。

(二)"一中宪制框架内两个平等治理体系"的论证

"一中宪制框架内两个平等治理体系"的描述,涵盖两岸政治关系安排所必须关注的三个基本要素,充分挖掘两岸在政治关系安排上可资依靠的法治资源,又能顾及两岸各自在此问题上的诉求,因而符合合规范性和可接受性的标准。

第一,"一中宪制框架"是对两岸"一中"特征的法理描述。考察以"一国"联结两个并列的"实体"的描述格式,"一国"是被默认的前提,这一方面是因为"两岸同属一个中国"的确是不可动摇的历史事实基础,另一方面也因为在这些模式提出的历史时刻,"一个中国"在两岸有着共同的认知基础。因此,两岸政治关系安排的症结并不在于是否存在"一中",而在于如何界定"两岸"。这一思路实际上是"承认争议"中"谁是中国"问题的延续,是两岸争夺"中国正统"的再现。然而,"一中"的历史事实基础犹在,认知基础则发生动摇。当"一中"在政治上、文化上被解构时,各类以"一中"为基础的模式,都面临着质疑与拷问。台湾地区过去十余年的政治生态表明,对于"一中"的解构已经发生,"两国""一边一国"等罔顾事实的模式已经被提出。在这一条件下,"一中"已经不能简单地被认为是默认事实和政治前提,而必须建基于两岸都能认同的法理基础上。"宪制—治理"框架没有将"一中"寄存在宽泛的政治言说上,而是充分挖掘两岸各自宪制性规定所具备的"一中性"资源,将"一中"从"政治的一中""文化的一中""历史的一中""地理的一中"具体化为"法理的一中""宪制的一中"。"一中宪制框架"的建构,将"一中"的来源界定为两岸各自的宪制性规定，在法理层面精细化地论证了"一中"，并借由宪制的权威，强化了"一中"的可接受性。"一中宪制框架"既足以承载"一中"，又具有合规范性和可接受性，较之孤立、抽象地表述"一中"更具优势。

第二，"治理体系"是对两岸各自管辖区域的法理阐释。"承认争议"的事实基础，是两岸各自实际管辖一定区域，且各自依据相关规定建立了公权力机构。两岸各自管辖区域内的居民，亦认同己方的管辖主体及其所构建的法律体系。这是无法回避的事实，两岸政治关系合情合理安排必须顾及此一事实，否则仍只是一种"单方独白"。在"承认争议"尚未解决的前提下，有着明显公权力特征的"政府"显然不足以作为两岸的身份符号，而"地区""实体"则指涉过于模糊，至多只能作为对两岸政治关系的一种静态描述，而无法为两岸关系和平发展提供持续动力，亦无法解决两岸公权力机构能否开展交往、两岸如何看待与适用对方规定、两岸签署协议之性质和效力为何等两岸亟需解决的重大问题。至于"两党""两会"只是两岸交往的具体路径，并非是政治关系安排。本文将两岸定性为"治理体系"，以替代上述提法，作为两岸各自的身份符号：1）两岸都能认可"治理"的概念，亦都致力于形成有效的治理体系，两岸各自所形成的治理体系，都不限于公权力机构，而是包括了社会多元主体，因此，如仅仅从公权力的角度，思考两岸的身份符号，则已经不符合客观事实；2）也正是由于"治理"一词涵盖范围较广，"公权力"色彩较淡，因而可以用于替代容易引发政治争议的概念，有利于提高可接受性；3）"治理体系"具有较好的融合性，为两岸各自的治理体系融合进两岸治理结构，预设了话语空间。由此可见，"治理体系"的表述既有着较高的可接受性，又切合"宪制—治理"框架的发展优势，足以阐释两岸各自管辖区域的法理特征。

第三，"平等"是对两岸相互关系的法理界定。寻求"对等"，是台湾地区在两岸政治关系安排上的主要诉求之一。1979 年全国人大常委会《告台湾同胞书》和 1981 年"叶九条"未能获得台湾方面认可的重要原因，是其拒不接受"中央对地方"的"非对等式"安排。邓小平在 1983 年曾经提出，以"两党"模式规避"中央对地方"模式，① 但台湾方面以政党政治发展为由未予正面回应。② 是否"对等"的问题，本质上对应着两岸在实际政治权力上的相互关系。两岸是否"对等"，是两岸间一项极富争议的话题，至今仍未形成定论。两岸是否"对等"的问题尚需要政治决断，在政治决断未形成前，将两岸在政治上是否"对等"转化为在法律上是否"平等"是一项可行的策略。"平等"是一个法律用语，并不涉及实际政治权力的角力，而仅仅指在交往中权利义务的相互关系。两岸的平等关系，因而不涉及政治上两岸是否对等的问题，更不涉及以何身份对等的问题，而是指两岸在交往过程中，平等地享有权利、平等地履行义务以及平等地承担责任，并不因双方在政治实力上的落差而存在差异。"平等"一词已经在两岸各自的政策文件和两岸协议的文本中多次出现，不仅是理论上的一种方案，而且有着深厚的政策基础和规范基础，具有较高的可接受性。从"对等"到"平等"的转化，用法理上的平等界定两岸相互关系，充分体现了法治技术在两岸政治关系合情合理安排上的运用。

当然，考虑到"宪制—治理"框架的发展优势，"一中宪制框架内两个平等治理体系"的安排，只是本文根据当下两岸关系现状以及可见之未来所提出的观点，并非具有恒定性，亦会根据两岸关系和平发展的实际情况而发生变化。

四、结语

两岸政治关系不仅有历史遗留的问题与情结，也有现实带来的冲突与纠葛，在世界历史与现实中，竟无一成例可与之相比照。实现两岸政治关系合情合理安排，不仅需要政治家的勇气和胸怀，也需要法律学人的思维与智慧。在政治决断尚付阙如的情况下，法治思维、法治方式和法治智慧能够缓和政治角力造成的两岸对立，也能够找寻规范化的两岸共识，还能够提供处理政治敏感问题的法技术理性。随着两岸关系和平发展"法治

① 《邓小平文选》（第三卷），北京：人民出版社，1993年，第31页。
② 参见邵宗海：《两岸关系》，台北：五南图书出版股份有限公司，2006年，第631页。

型"模式和两岸治理结构的不断深化，法治思维将在解决两岸政治问题中发挥更加显著的作用。本文为此提供了一个粗鄙的框架，并进行了初步的尝试。至于"宪制—治理"框架在更加细部之政治问题中的运用，作者将另文叙述。

巩固一个中国原则的法治思维析论

——兼论"宪制—治理"框架的构造与运用*

　　自《反分裂国家法》通过后，运用法治思维和法治方式巩固一个中国原则、保障两岸关系和平发展已经成为政界和学界的共识。目前，运用法治方式巩固两岸来之不易的发展成果，构建维护两岸关系和平发展的制度框架，抵御台湾地区"政党轮替常态化"趋势对于两岸关系和平发展可能的消极影响，已经成为当务之急和现实之需。与现实需求相比较，学理层面的研究则相对滞后，原因在于：1）两岸关系研究长期未能落入法学研究的论域内，学界对于两岸关系研究的知识储备不足，可用的方法论和理论框架极度缺乏；2）法律规范、法律方法等法治资源在两岸关系中，经常扮演着"立场确认"或"立场复现"的角色，法治资源的策略性、发展性角色未获得足够重视。为此，本文拟从梳理法律规范在两岸关系中的功能嬗变入手，挖掘一个中国原则的法理内涵，在此基础上构造"宪制—治理"框架，对如何从法治层面巩固一个中国原则，进行理论上的探讨。

　　一、从"法理立场"到"法治策略"：法律规范在两岸关系中的功能嬗变

　　（一）当前两岸关系中法律规范的角色与功能："法理立场"的供给及其窘境

　　由于台湾问题长期执拗于历史、政治、国际关系等议题，因而中国大

＊　本文由祝捷撰写，发表于《武汉大学学报（哲学社会科学版）》2016年第3期。

陆的台湾问题研究一般落入历史学、政治学和国际关系等学科的论域。法治思维和法治方式在较长的一段时间内，在台湾问题的论域内并不占据话语主流，因而也难以发挥法治对于两岸关系和平发展和国家统一的拉动作用。

然而，这并不表明法律规范缺位于台湾问题论域。早在 1954 年，台湾当局通过"司法院大法官"解释，就开始通过规范化的形式对两岸关系进行定位与调整。① 1982 年，中国大陆制定现行宪法时，在宪法中确立了一个中国原则，并为解决国家统一问题创设了特别行政行政区制度。1990 年起，台湾当局所发动的"宪政改革"，也将大量"两岸条款"列入台湾地区的"宪法增修条文"，并在稍后制定的"台湾地区人民与大陆地区人民关系条例"（以下简称"两岸人民关系条例"）确认了"宪法增修条文"所规定的两岸政策，细化两岸人民开展交流的具体规范。2005 年，中国大陆制定《反分裂国家法》，再次确认了一个中国原则和"两岸同属一中"的事实，并规定了国家统一的和平方法和非和平方式。② 及至 2008 年后，两岸透过民间团体签署的多项两岸协议，也被认为是两岸关系和平发展的法治化成果。③ 应该说，法律规范已经广泛存在于两岸关系的各个层次。

法律规范是两岸治理结构为两岸关系所提供的一种主要制度供给。④这种基于法律规范的制度供给，在当前的两岸关系中，主要体现为以下三个方面的功能：1）用规范化的语言确认大陆和台湾各自所确定的两岸政策，以及两岸借由商谈机制形成的共识，增强政策和共识的规范性与权威性；2）利用公开性这一法律规范的基本特征，将两岸政策中已经能够公开的部分予以公示，增强两岸政策的透明度，也借此汲取两岸事务的民意正当性；3）借助法律的规范化形式，为两岸各交往主体提供行为指引，

---

① 参见周叶中、祝捷：《台湾地区"宪政改革"研究》，香港：社会科学出版社有限公司 2007 年版，第 20 页。

② 参见周叶中：《台湾问题的宪法学思考》，《法学》2007 年第 6 期。

③ 参见杜力夫：《论两岸和平发展的法治化形式》，《福建师范大学学报（哲学社会科学版）》2011 年第 5 期。

④ 参见周叶中、祝捷：《两岸治理：一个形成中的结构》，《法学评论》2010 年第 6 期。

确定各交往主体的权利义务关系。这些功能的实现，都必须立基于两岸既存的政治立场、政治决策和政治共识，即法律规范所供给之内容，为具备法律规范外观的政治立场，其功能毋宁是为两岸关系提供"法理立场"。法律规范为两岸关系提供"法理立场"的功能，在台湾当局法务部门有关《海峡两岸共同打击犯罪及司法互助协议》的一份新闻稿中，获得了充分地展示。该新闻稿认为，前述协议"相关之合作内容，系在我方现行的法令架构及既有的合作基础上，以签订书面协议之方式，强化司法合作之互惠意愿，同时律定合作之程序及相关细节，提升合作之效率及质量。"① 按此新闻稿的说法，两岸开展共同打击犯罪及司法互助，并非是两岸协议所创设之新合作事项，而是已经存在于两岸各自的法律体系和合作基础上，两岸协议之功能仅在于确认两岸已经在政治上形成之立场。

由此，法律规范在两岸关系论域内居于相对尴尬的地位：尽管法律规范具有确认政治立场的功能，并能在相当程度上将政治立场转化为"法理立场"，但法律规范并不具有独立的价值和意义，而是单向度地映射政治场域已经形成的立场，因而并不具有能动性。法律规范的单向度性，造成法律规范在两岸关系中的实践窘境：1）透过法律规范呈现之"法理立场"仅仅是对于政治立场的"规范美化"，对政治立场无实际影响力和约束力，政治立场一旦发生改变，则连带法律规范随之发生变迁，体现特定法理立场之法律规范有遭政治力虚置乃至破弃之虞；2）法律规范仅仅是回溯性地确认两岸政治立场，对于两岸关系未来之发展缺乏构造力，导致法律规范对社会之形塑功能无法在两岸场域内获得实现，从而限缩了法律规范的适用余地。造成法律规范出现上述尴尬地位的原因，仍在于法治思维在两岸论域内未获得充分发挥，法律规范仅仅被视为确认和体现政治立场的工具。推动法律规范摆脱在两岸论域的尴尬地位，充分发挥法律规范等法治资源在两岸关系和平发展中的能动作用，必须摆脱工具主义的法律观，推动法律规范在两岸关系中的功能嬗变。

① 台湾地区"法务部"："'海峡两岸共同打击犯罪及司法互助协议'不涉及制定及修正法律"，2009 年 5 月 5 日新闻稿。

（二）"策略定位"范式与法治思维的融合：作为"法治策略"的法律规范

法律规范在两岸关系实践中的尴尬地位，导致台湾问题研究对于法律规范乃至于法治思维的重视程度不足。当前从法学角度研究台湾问题，主要有着三种类型：1）着重于对台湾地区或者两岸间的某个具体制度、重要案例的研究；2）将法律规范所谓研究线索或支撑研究结论的论据，以补强其他观点或政治言说；3）在台湾研究中引入若干法学概念，用以解释两岸关系中的某些现象。这三类研究虽对于法治思维在台湾问题论域的推展已有助力，但距离两岸关系和平发展的实践需求仍有着相当距离。法治思维运用于台湾问题研究，不应仅将法律规范作为一种美化政治立场或将政治立场转化为"法理立场"的工具，也不应仅仅将法律术语和法学概念作为描述现象的理论说词，更应当是为解决两岸间的棘手问题提供可资适用的法治策略。

法治策略是"策略定位"范式和法治思维相结合的产物。"策略定位"范式源于台湾学者对于两岸谈判的研究，其逻辑起点是两岸的"不对称博弈"。台湾学者认为，由于两岸在政治、经济、军事和国际影响力上的巨大落差，两者构成了"不对称博弈"。但是，两者实力上的"不对称"，只是"总和结构权力"的不对称，即两岸总体实力的"不对称"，并不必然决定最终的胜负结果。台湾可以通过选择合适的议题策略和行为策略，扳回两岸在"总和构造权力"上的"不对称"。[①] 本文作者也曾运用策略定位范式讨论台湾地区参与国际组织的问题。[②] 比较而言，大陆方面较少使用策略，试图以不变之"一中"立场应对台湾方面多变之策略。这种"立场定位"范式已经成为大陆方面台湾问题研究的主流。前述法律规范所承担的"法理立场"供给功能，亦是这一范式的产物。"立场定位"范式当

[①] 参见初国华：《不对称权力结构下的两岸谈判：辜汪会谈个案分析》，台湾政治大学中山人文社会科学研究所博士论文，2007 年 9 月，第 13、62 页。

[②] 参见祝捷：《两岸关系定位与国际空间——台湾地区参与国家活动问题研究》，九州出版社2013 年版，第 276—292 页。

然是符合两岸历史与现实的，其优势是能够从学理上强化研究所持之立场，但仅仅使用"立场定位"范式的缺陷也十分明显：1）"立场定位"范式本质上是对特定政治立场的理论复现，对于支撑立场所需的制度细部构建和实现途径的观察、分析和解释比较薄弱；2）"立场定位"范式所得成果的正确性寄托于政治立场本身的认受性，一旦支撑研究结论的立场被质疑和否定，则研究结论的正确性亦将遭受质疑。因此，在坚持一个中国的政治立场不动摇的前提下，台湾问题研究可以引入"策略定位"的研究范式，使得台湾问题研究的成果更具针对性和可操作性。

透过"策略定位"的研究范式，法律规范被作为法治策略（而非单纯用于表述特定政治立场的规范语句）被引入台湾问题论域。对此理解，主要有三个方面：1）法律规范为法治策略提供支撑政治立场的法治资源，法律规范仍然为表述特定的政治立场提供规范支撑，但这种支撑并非是透过规范语句对政治立场进行单向度复现，相反，法律规范和政治立场之间应当呈现出多元互动的关系，政治立场之形成不应脱离法律规范，而应被置于法律规范的约束内；2）法律规范为衡量两岸关系和两岸各自的政治立场提供法治标准，将两岸为达成政治妥协而形成的各种"建设性模糊"表述，用"合规范性"予以界定，防止本已模糊的政治共识在实践中空洞化，两岸在选择各自的政治立场时，至少应当符合各自的法律规范以及两岸业已形成的制度性共识，将"合规范性"作为政治立场选择的重要考量；3）法律规范的实施路径构成实现两岸关系和平发展的法治路径，两岸关系和平发展的诸类事项以两岸各自规定和两岸制度性共识的方式固定下来，实现两岸关系和平发展的过程，就是实施相应法律规范的过程，从而将特定的政治过程转化为法律实施的过程，既降低了政治过程的敏感性，也提升了两岸民众对于特定政治立场的认受度。

法治思维在台湾问题论域内的展开，绝非是对于法律规范的附带性、佐证性地运用，而是将一种全新的策略思维引入台湾问题论域，引入两岸关系和平发展的总体框架中。法律规范也在从"法理立场"到"法治策略"的功能嬗变中，成为维护一个中国原则最为根本的理据，也为构建两岸关系和平发展的制度框架奠定了规范基础。

二、巩固一个中国原则的法理内涵及问题意识

（一）一个中国原则的法理内涵：基于客观事实与认识论统一的透视

理解一个中国原则的法理内涵，是运用法治思维巩固一个中国原则的前提。从两岸现实和两岸关系和平发展的逻辑谱系而言，一个中国原则不仅是一种以历史和现实的既存事实为基础的原则，也是两岸关系和平发展的认识论基础。

当前文献对于一个中国原则的解释主要分为两股：第一股是从台湾与中国大陆互动的历史出发，论证"台湾自古以来是中国领域一部分"的命题，强调一个中国原则在历史维度的正确性；[①] 第二股是从现实角度出发，从民众的认同心理、文化属性、经济关联、国际承认等方面，论证"大陆和台湾同属一个中国"的事实。[②] 这两股文献虽论述的侧重点有所不同，但论证的逻辑起点是相同的，即将一个中国原则视为一个客观存在的事实，从而使用各种历史材料和现实证据论证这一事实的成立。这一逻辑起点、论证思路和所用的论证材料当然是正确的，也构成对一个中国原则最为有力的支撑。但存在两个方面的问题：1）对于历史材料和现实证据的解读，存在着多视角性，同一材料既可以从一个中国的角度解读，也可以从其他角度进行解读，特别是"以台湾为中心"的历史观，已经形成了一整套按"政治反抗文化"理论解读台湾历史的说辞，客观事实论证的有效性受到冲击；2）将一个中国视为客观事实无疑是正确的，但这种正确性毋宁只能覆盖已经发生的历史时空和当下的现实，而对于尚未发生的未来

---

① 参见李松林、祝志男：《中共和平解决台湾问题的历史考察》，九州出版社 2012 年版，第176—180 页；林震：《试析"一个中国"原则的来源和内涵》，《中央社会主义学院学报》2002 年第 2 期；刘佳雁：《两岸政治关系中"一个中国"问题之省思》，《台湾研究》1998 年第 4 期。

② 参见黄嘉树：《"一个中国"内涵与两岸关系》，《台湾研究》2001 年第 4 期；江国青：《略谈主体与两岸关系》，《法学评论》2001 年第 3 期；范宏云：《国家统一国际法学问题研究》，九州出版社 2014 年版，第 77 页；陶迎：《从国际法看一个中国的原则——兼批"台独"谬论》，《理论月刊》2000 年第 7 期；刘红：《关于"一个中国"原则的思考》，《台湾研究》1999 年第 1 期。

时空无法进行有效回应，亦即以客观事实解读一个中国原则，对于一个中国原则的前溯性能够进行充分的论证，但对于一个中国原则的后及性缺乏适切的关照。

虑及此，对于一个中国原则的解释应当更加丰富和多元，除需继续坚持从客观事实的角度展开论证外，还需将之视为一个认识论问题，从认识论的角度论证一个中国原则的正确性和有效性。在透过认识论解释一个中国原则的过程中，法律规范成为承载两岸对于一个中国原则认识和认知的主要载体，一个中国原则的法理内涵因而亦能从认识论的解读中获致澄清。

从认识论角度而言，一个中国原则不仅是两岸基于历史和现实既存的客观事实，而且是两岸的共同认知，亦即一个中国的客观事实不仅是真实存在的，而且也投射在两岸各自的主观认识上，为两岸所认可。对此的理解，可以从三个方面展开：1）两岸在主观上承认一个中国原则，认可"大陆和台湾同属一个中国"的客观事实，对于历史材料和现实证据按照一个中国原则的方向进行解读，而非有意误读或歪曲之；2）对于一个中国原则的认知，两岸存在着差异，但两岸能够在"九二共识"的基础上，对各种差异化的认识进行统合与容纳，"九二共识"因而成为两岸对于一个中国原则在认识论层面的替代性表述；3）两岸对于一个中国原则的认识具有持续性和连续性，不仅存于已经发生的历史时空，也存于尚未发生的未来时空，对历史、现实和未来都形成有效约束，因而构成两岸关系和平发展的认识论基石。

一个中国原则在两岸各自主观上的投射，并非只是构成一种观念意识，而且对于两岸各自的立法产生直接影响。两岸各自的法律规范有关一个中国原则的规定，不仅是确认客观事实的事实性原则，而且是规定两岸各自主观上立法意图的法律性原则。据此，一个中国原则的法理内涵可以从两个方面加以理解：1）从立法意义或法律发生意义而言，两岸各自法律规范对于一个中国原则的规定，是对客观现实的法律确认，亦即法律规范是确认一个中国原则这一客观事实的载体；2）从法律实施的角度而言，一个中国原则对于两岸后续发生的行为和事件形成具有规范意义的约束，亦即法律规范是两岸各自对一个中国原则认知的建制化，也构成了对于一个中国原则存续的制度性保障。

（二）解决"承认争议"：运用法治思维巩固"一个中国"原则的问题意识

吊诡的是，两岸虽承认一个中国的客观事实，并在法律规范层面将一个中国原则确认为法律原则，甚至形成"九二共识"的认识论表述，以包容差异化的一个中国认知。但两岸至今未能在一个中国原则基础上形成政治互信，一个中国原则在台湾地区甚至迭遭质疑和抨击。更有甚者，一个中国原则已经被台湾地区现行"宪法"确认为一项具有根本性的法律原则，却屡次随台湾地区"政党轮替"而遭受冲击。一项本应十分稳固的法律原则，却遭遇种种冲击和动摇，原因自然是多元且复杂的。制度层面的原因，是两岸至今存在着严重的"承认争议"，导致两岸虽有一个中国的共识，但因"承认争议"的阻隔而无法获致融通，政治区隔和误解坚冰因而无法消弭。"承认争议"在不同的领域有着不同的表现形式：在政治领域，"承认争议"体现为大陆和台湾是否承认对方拥有"主权"和是否为"国家"的争议；在国际关系上，"承认争议"体现为大陆和台湾是否承认对方为国际法主体以及是否有权参加只有主权国家才能参加的国际组织的争议；在经济上，"承认争议"主要体现为台湾方面对大陆资本采取的限制性经贸政策，特别是对于大陆国有资本的各种制度限制①。在法理上，"承认争议"则主要体现为大陆和台湾是否承认对方的宪制性规定（即大陆的 1982 年宪法和台湾地区现行"宪法"），以及根据宪制性规定建立的公权力机构的争议，包括：1）两岸互相否认对方作为"国家"和"政权"的正当性；2）两岸互不承认对方宪制性规定的正当性和有效性，但承认除宪制性规定之外的规定和裁判在技术上的有效性；3）两岸互不承认对方公权力机构和政治职位的"合法性"。

运用法治思维巩固一个中国原则的问题意识，不是去论证两岸在"国

---

① 关于"承认争议"的具体表现形式，参见祝捷：《两岸关系定位与国际空间－－台湾地区参与国家活动问题研究》，九州出版社 2013 年版，第 24—38 页。

家""主权"等政治问题上的是非曲直，更不在于臆造各种无可能性和说服力的"政治新形态"去包容两岸，而是如何解决横亘在两岸之间的"承认争议"。从发生意义上而言，"承认争议"的产生机理是：1）两岸虽形成"九二共识"，但"九二共识"并未消除两岸各自对于一个中国原则的差异化认知，相反，"九二共识"是以尊重此种差异化认知为基础的；2）两岸对于一个中国的差异化认知，在两岸交往中或许能够通过"九二共识"予以包容，但在两岸各自实际控制的区域内，"九二共识"的包容性呈现出递减效应，两岸各自在其实际控制区域内，因而依然保留着各自的"中国论述"；3）两岸各自保留的"中国论述"又影响着各自的立法，特别是宪制性规定的创制；4）而宪制性规定对于各自一个中国认知的规定，又运用建制化的力量，确认和保障了各自对一个中国认知的差异化。在略显繁琐和缠绕的逻辑基础上，两岸在一个中国框架下的差异化对立格局，由两岸各自的法律规范所确认并保障，并成为两岸各自建立公权力体系的基本法理。

运用法治思维巩固一个中国原则，目的并不是解构两岸在一个中国框架下的差异化对立格局——这是另一个更加庞大和复杂的政治工程——而是尽力地借助法律规范这一法治资源，运用法治方法，将两岸对于一个中国原则的差异化认知，在法治框架内予以融合，扫除此种差异化认知对于两岸关系的阻滞，提升两岸关系的抗压能力。

三、"宪制—治理"框架的构造与运用

（一）"宪制—治理"框架的构造机理

两岸学界对一个中国原则及两岸相互关系的解释，依然无法跳脱出"主权—治权"的论述框架。"主权—治权"框架的基本思路是：两岸同属"一个中国"，因而在主权上是统一的，但两岸实际上处于"分治"的状态，因而在"治权"上是分离的，这种"主权统一而治权分离"的状态，就是两岸关系的现状，也是一个中国原则的现状。显而易见，"主权—治权"框架是通过政治学上十分常见的"主权"和"治权"的话语，对两岸在一个中国框架下的差异化对立格局进行了解释。尽管是目前两岸学界

居于主流地位的解释框架，但"主权—治权"框架也存在着明显的缺陷：1）"主权"概念是一个政治概念，不具有确定性和约束性，偏向"台独"的学者亦可通过主权论述，论证所谓"台湾主权"；2）"治权"概念与"政府"有着天然的联系，在两岸"承认争议"未能解决的情况下，"治权"概念的使用两岸仍存在争议；3）"主权—治权"框架重在描述和解释两岸政治现状（暂且不论此种论述是否合理），对于"承认争议"之解决不仅欠缺助益，反而因其以两岸的差异化对立格局为基础，对"承认争议"有着强化作用。

"主权—治权"框架是政治思维在两岸关系上的经典运用，其间虽然涉及法律规范，但法律规范的运用主要是用于表征两岸在"主权"问题和"治权"问题上的立场。法律规范的功能仍然是将政治立场透过规范语言表述为"法理立场"，法治策略方面的功能供给不足。因此，有必要运用法治思维补足政治思维在合规范性和可接受性上的缺憾，选择两岸都能接受的法治话语，借助两岸共同肯定"一中"的法律规范，超越"主权—治权"框架，形成足以消弭"承认争议"，在法理上巩固一个中国原则的新理论框架。这种新理论框架的选择，对应法律规范作为法治策略的三个面向，即法治资源、法治标准和法治路径，应当具备如下特征：1）新理论框架应当充分运用法律、司法解释、裁判等法治资源，尤其是选择两岸各自法律规范的交叠部分，表征一个中国的两岸共识，同时借助法律规范强化一个中国原则的约束性和有效性，目的是借助法治资源夯实两岸对于一个中国的认知基础；2）新理论框架应当为判别两岸相关主体（如公权力机构、政党、民间团体、政治人物和公民等）的行为是否符合一个中国原则，提供具有拘束力且具备可操作性的规范标准，目的是形成判别一个中国原则是否获得维护的法治标准；3）新理论框架应当为两岸解决"承认争议"提供可行的法治路径，推动两岸的差异化认知，在两岸都可接受的法治框架内获致融合，最终提升两岸关系的抗压能力。

为选择合适的理论框架，本文对两岸既有的"主权—治权"框架予以改造，构造根据法治意蕴的"宪制—治理"框架：1）"主权"在法理层次上首先体现在两岸各自的宪制性规定上，两岸各自的宪制性规定都包含着对于"一个中国""主权"的宣示和规定，为避免使用两岸间仍具争议的"宪法"一词，本文使用相对中性的"宪制"代替"主权"，将在两岸各自范围内具备最高法律效力的宪制性规定所体现的"一中性"，作为巩固一个中国原则最可倚重、也是具备最高约束力的法治资源；2）两岸都确认了宪制性规定在法治社会的普遍约束力和最高法律效力，因此，两岸各自宪制性规定对于一个中国原则的规定，不仅是一种"法理立场"的表征，也是制约两岸各自域内立法、执法、司法以及相关主体行为的根本规范，构成判别上述行为是否与一个中国原则相抵触的法治标准；3）两岸在各自实际控制区域内，都形成了以法治为主导的多元治理体系，"治理"一词非专指公权力机构，也包含两岸各层次主体的交往，因而较之"治权"更具可接受性，因此，本文使用"治理"代替"治权"一词，将两岸各自的规定视为治理依据，将两岸各自的公权力机构视为治理主体，用具备多元特质和开放特质的治理理论，为解决"承认争议"提供法治路径。

综上所述，"宪制—治理"框架实际上借助了"宪制"的法治资源优势和法治标准特征，"治理"在法治话语和法治路径上的中立性和可接受性，是法治思维在巩固一个中国原则中具体运用的切入点。

（二）"宪制—治理"框架在巩固一个中国原则中的运用

前文已述，巩固一个中国原则的问题意识，是解决两岸业已根深蒂固的"承认争议"。"宪制—治理"框架在巩固一个中国原则、消弭两岸"承认争议"问题上的基本思路，是寻求并能动地构造两岸对于"一中"的法治公约数，构建以"治理"为主轴的两岸治理结构，为解决"承认争议"、不断深化两岸共识以及提升两岸抗压能力提供法治框架。

第一，两岸签署具有宪制性地位的协议，推动"九二共识"的宪制化，夯实两岸解决"承认争议"的法理基础。"九二共识"是两岸解决"承认争议"的认识论基础，但"九二共识"至今仍是一项"口头协议"，岛内早有政治势力对"九二共识"的性质、效力甚至是否真实存在都有着质疑声音。推动"九二共识"的成文化、法理化甚至是宪制化，使之从一项基于两岸共同认知的认识论原则，上升为两岸间具有根本性的法理原则，有着重大意义。"宪制—治理"框架不仅依托两岸各自宪制性规定对于一个中国原则的规定，也推动形成能够包容两岸的宪制性协议。2007 年10 月，中国大陆方面已经提出两岸签署和平协议的构想，台湾方面予以了积极回应。两岸完全可以将和平协议作为两岸的宪制性协议，在和平协议中对"九二共识"予以成文化和宪制化，确立和巩固"九二共识"的法理地位，使之不仅能够继续为两岸交往提供政策引导，而且在法理层面能够为增进两岸互信、解决"承认争议"提供法理依据。

第二，深挖两岸各自宪制性规定的"一中性"资源，拓展一个中国原则作为法治标准的适用空间。从法治策略的角度出发，"宪制—治理"框架所倚重者，不仅是两岸各自宪制性规定所提供的法理立场根据，还包括宪制性规定在巩固一个中国原则上的能动作用。结合相关宪法学理论，两岸各自宪制性规定中有关一个中国原则的规定，应当具备对公权力机构的授权委托功能。一个中国原则在两岸各自宪制性规定的文本中，又可归类为"基本国策"条款,[①] "基本国策"条款事实上对两岸各自的公权力机构设定了根本规定层次的授权与委托，两岸各自的公权力机构因而有义务、采取办法推进一个中国原则的巩固与实现。一个中国原则对于两岸公权力机构的授权委托功能，不是将关于"一中性"的规定仅仅视为孤立的立场表述，而是试图使相关规定能动地发挥巩固一个中国原则的作用，体现了对于两岸各自宪制性规定"一中性"资源的深挖掘。

第三，构建两岸治理结构，以之为核心形成两岸关系和平发展的制度框架，为两岸对于"一中"的差异化认知在两岸治理的过程中不断融合，从而为解决"承认争议"提供法治框架。巩固一个中国原则，解决困扰两岸的"承认争议"，归根到底是推动两岸对于一个中国的差异化认知不断融合。这就需要一个足以包容两岸的框架，让两岸对于一中的差异化认知能够在这一框架内进行交流、妥协，最终获致融合的效果。当前两岸虽建立了多层次的交往管道，也形成了由授权民间团体海协会与海基会构成的

---

① 参见陈慈阳：《宪法学》，台北：元照出版公司 2005 年版，第 80 页。

两会事务性商谈机制和两岸涉对方事务部门负责人直接对话机制，但公权力机构、民间团体、政党、城市以及民众等各层次的交往，都呈现出孤立、零散的状态，并未真正形成有序、统一的框架。"宪制—治理"框架运用两岸都能接受的治理思维，建构两岸多元主体共同参加的两岸治理结构，形成足以包容两岸，推进两岸相关规定适用、两岸公权力机构互动的制度框架。通过治理思维的引入，两岸可以借助社会参与、多元共治、民意主导、平等协商等治理因素，深化两岸互信和两岸民众的心灵契合，从而减弱以至消弭两岸在一中问题上的差异性认知。

四、结语

巩固一个中国原则，构建两岸关系和平发展的制度框架，既需要政治人物的政治决断和政治智慧，也需要法律学人的法律智慧。运用法治思维巩固一个中国原则，运用法治方式和法治策略缓和两岸因政治对立造成的紧张关系，将两岸对于"一中"的共识宪制化，推动两岸交往的治理转向，有助于提高两岸在一个中国原则上的法规范理性和法技术理性。在此方面，本文所提出的"宪制—治理"框架为法治思维的运用提供了一个可能的路径，也为从宪制的高度巩固一个中国原则提供了一种可能。

"九二共识"核心意涵的法理型构

——再论两岸法律的"一中性"*

2016 年全国"两会"期间，习近平总书记对台发表重要讲话，在两岸关系可能遭遇重大变局的关键时期，提出"承认'九二共识'的历史事实，认同其核心意涵"的新表述，对台湾地区各政治势力特别是之争在即的民进党宣示了大陆对台政策的新动向，也进一步创新了"九二共识"的内涵与外延。更早时间，中国外交部长王毅在美国访问时首提"台湾宪法"，蔡英文提出"中华民国宪政体制"，"宪法"和"宪政"再度成为牵动两岸敏感神经的主题词。"台湾宪法""中华民国宪政体制""九二共识"这些颇具两岸特色的词汇究竟是何关系？面向后 2016 的大陆和台湾如何围绕"九二共识"重塑新共识？接续本人与周叶中教授合作的《关于重视两岸法律制度"一中性"的思考》一文，本文将对上述问题进行更进一步地讨论。

一、如何回答"一个中国"在哪里？

"一个中国"在哪里？这或许是自 1949 年两岸隔海相望后，最为困扰两岸的问题。早期的"一个中国"，是对于"天命谁归"的正统之争，从政权正统（政统）之争到文化正统（道统），两岸各自认为自己才是中国的唯一代表，从而在台海直至国际空间开展攻防。中程的"一个中国"，

---

* 本文由祝捷撰写，刊载于《中国评论》2016 年第 4 期。

又陷入"完成时""将来时"和"现在进行时"的"古今之争"。而晚近的"一个中国"则开始执拗于"统独之争"。从表面看,"一个中国"在两岸抽象、空洞的概念之争中逐渐模糊,但是,如果仔细观察两岸对于"一个中国"语言表述在着力点上的位移,可以发现:两岸的"一中"论述并非是渐趋模糊,而是倒逼两岸从统一的民族国家向"法的共同体"迈进。"一个中国"也在两岸"法的共同体"形塑过程中,逐渐从"文化的一中""民族的一中""政治的一中"向着"法理的一中"进化。

1648年《威斯特法伦和约》结束了"帝制邦国"的旧体系,近代民族国家踏上历史舞台。基于特定的民族建立主权国家,成为国家构造的经典范式,影响至今。1787年美国制宪,宪法成为组成一个民族国家结成真正共同体的宣言和依据。自此,民族、国家、宪法构成"三位一体"的结构。主权国家在为一民族国家的同时,也具有了法的共同体的意涵。从"天下观"中走出的中国,经历了"中华民族建立中华民国"的民族国家形塑过程。"中华民国"成为中国走出"家天下"后的第一个"民族国家"符号。可惜的是,民族、国家和宪法三位一体的结构中,宪法的地位和作用被忽视了。宪法成为确认某种成果的法律文件,甚至是特定事实的法律化形式。近代中国及至今日,仅仅走完了"民族国家"这一段路,距离真正意义的现代中国还有一部宪法的距离。

"一个中国"在哪里这个问题的回答方式,不是争论"天命谁归",也不是借助语法词汇玩文字游戏,而是讨论"一个中国"究竟靠什么来确认。目前两岸在根本问题没有解决的情况下,采取了认识论层次上的方法,即由两岸执政者达成关于一个中国在最大限度上的共识,并各自表述与认同这个共识,以求得两岸暂时的平衡。"九二共识"的原初意义即在于此。然而,时过境迁,选举政治的规律决定了台湾地区不可能有永远的执政者。新执政者是否认同这种认识论层次上的方法,过去的现实和即将发生的现实都已经给出了答案。这才有了习近平将"九二共识"定位于"历史事实"的新提法:"九二共识"不再是一种认识论层面的结论,而是一项铁一般的历史事实,不因台湾地区领导人的改变而改变,也不因台湾地区领导人注意力和看法的改变而改变。因此,"九二共识"虽文字未变,其内涵已经与过去不可同日而语！但是，"九二共识"的原初意义并未随着其内涵的更新而褪去，它还将成为"九二共识"的软肋。不仅没有参与"九二共识"形成过程的民进党可以轻易否定它，就是参与"九二共识"形成过程的国民党也可以为因应岛内政治局势变化而否定它！靠什么确认"九二共识"，如何找寻台湾地区无法否认、无法回避的事物，来确认"九二共识"及其背后的"一个中国"？

这个能够用于确认"九二共识"以及"一个中国"的事物，当然只能是两岸各自体现"一中性"的法律。"文化的一中"尽管植根于两岸文化的同源性和中华文化的巨大凝聚力、感召力，但"文化的一中"并不必然导致"政治的一中"。"民族的一中"正在面临着"台湾国族"建构的挑战，"台湾国族建立台湾国"的呓语已经开始消解"中华民族建立中华民国"。"政治的一中"虽构成"一中性"的内核，但"政治的一中"立基于政治团体和政治人物的决断，可信度、稳定性和权威性不足。应该说，两岸关系的历史，就是各类型"一中"不断"试错"的历史，"文化的一中""民族的一中""政治的一中"最终发展至"法理的一中"。"法理的一中"包容了"一中"的各种形态，为"文化一中"赋予权威性保障、为"民族一中"赋予法理光环、为"政治一中"提供刚性约束，已经解答"一个中国在哪里"之问的唯一可行选项！

两岸的统一，如若植根于"法律的一中"，"九二共识"最终能够成为两岸的"宪法共识"，则宪法在全中国的历史上首次扮演了"型塑国家"的重要角色。两岸的统一，因而也是现代中国在民族、国家和宪法"三位一体"意义上被构造的过程。因此，两岸复归统一，不仅是两岸结束政治对立的过程，也是两岸塑造"法的共同体"的过程，而中国也将在两岸"法的共同体"形塑的过程中完成真正意义的现代化。无疑，两岸各自体现"一中"的法律将在其中扮演无法替代的重要作用。

二、"中华民国宪政体制"怎么用？

蔡英文提出的"中华民国宪政体制"已经广为人知，成为蔡英文两岸政策的一大说词。对于蔡英文的"中华民国宪政体制"论，政学各界人士已经对其进行了充分的解读和批判，无须赘述。那么，"中华民国宪政体制"对于大陆方面而言，是否只是供批判的对象？是否毫无价值可言？理想的大陆对台政策应当是战略与策略的结合，政治底线和政治定力的结合。既要在战略层次建立起一个中国的政治底线，保持两岸关系和平发展的总体方向，又必须根据台湾地区政治局势变化，针对政治人物暧昧多变的言论和态度，保持足够的政治定力，选择合适的应对策略。从资源的角度看待政治人物的任何言论，因势利导，挖掘资源的最大利用价值。因此，"中华民国宪政体制"论虽然在根本上模糊应对"九二共识"，但未必没有可资利用的价值，问题的关键是怎样运用"中华民国宪政体制"的说辞。

蔡英文眼中的"中华民国宪政体制"是否就是"中华民国宪法"？恐怕不能得出乐观的回答。在宪法理论上，宪政是宪法及宪法运行的状态，因而"宪政体制"除了成文宪法典之外，还包括宪法惯例、宪法判例、宪法解释等与宪法运行相关的规则等。蔡英文自己也曾在回应到底何为"中华民国宪政体制"时说道："我所说的是中华民国现行宪政体制，我也以教授身分提供定义，包括宪法的内文、增修条例、相关宪政释文、法官判决以及政府与人民的相关运用，只要是跟宪法有关、跟释宪运用有关，都含在我所谓的现行宪政体制里。"台湾地区现行"宪法"的解读，自 20 世纪 90 年代"宪政改革"后，就陷入"一部宪法、各自表述"的吊诡境地。

作为母本的 1946 年"宪法"制定于中国大陆，其中政治体制、基本政策的规定，大多以"全中国"为对象，当然体现出"一中性"。但是，就是这个 1946 年"宪法"，同样留下了"中华民国的固有疆域"这一模糊、暧昧的提法，在 20 世纪 90 年代一度成为"台独"势力挑动"释宪台独"的缺口。1991 年"宪政改革"后通过的增修条文，在序言中明确其作用为"因应国家统一前之需要"，又以"一国两区"界定两岸关系，似乎虽认可"分裂分治"但仍坚持"一中"。但是，在细部的制度设计上，"宪法增修条文"推动"中华民国总统"在台湾直选、废止作为"法统"象征的"国民大会"、推动"五权宪法"和台湾省的虚级化、推动"原住民"等台湾特色的词汇"入宪"……一部"全中国"的"宪法"逐渐蜕变为"小台湾"的"宪法"。而作为"宪政体制"重要组成部分的台湾地区大法官"释宪"，对于"一中"问题更趋暧昧：一方面以"政治问题不审查"为据，回避"中华民国固有疆域"的问题，仍维持"中华民国""制宪"时的"疆域"不变更，另一方面又透过结社自由、言论自由等，为"去中国化"、解禁"台独"言论提供法律依据。由此可见，这部"宪法"，这个"中华民国宪政体制"到底是什么？恐怕不是"非黑即白"的逻辑能够解释清楚的。

应该说，"中华民国宪政体制"实在包括了太多的内涵。单就一个"中华民国"，它既是马英九念兹在兹的"国家符号"，又是民进党"台湾前途决议文"中台湾在"宪法"上的"国号"。"中华民国宪政体制"也是这样，它既可以是蔡英文们心目中"台湾独立"的生存策略，也是部分"台独"分裂势力欲除之而后快的拦路石。如何看待"中华民国宪政体制"，在战略上当然应当严守"政治底线"，但在策略层面不妨更加艺术地对待之。既然"中华民国宪政体制"已经成了台湾的一个筐，各方势力各取所需，大陆方面当然亦可将之作为一种资源，寻求、放大、培育其中的"一中性"因素。事实上，两岸对于各自规定上的"一中性"早有认识，在两岸共同场合亦有论述。国民党方面的连战、吴伯雄都曾言"两岸各自的法律、体制都实行一个中国原则"，民进党方面的谢长廷也说过台湾目前"宪法"体制确有"'一中'架构"，就是现在的民进党在2016年胜选后，也将长期主张的"台湾与中国缔结协议处理条例"祛除掉"两国论"的成分提交新立法机构审议。尽管其中不免掺杂形形色色的政治意图，但在可见的法理层面，台湾地区现行"宪法"的"一中性"成分仍然发挥着独特的作用。在中国大陆现行宪法和台湾地区现行"宪法"都具有"一中性"时，两岸"一中性"就能在法理上、特别是在根本法的层面寻找到交迭之处。规范的交迭为政治共识的形成提供了依据和素材，在政治力的催化和诱导下，两岸交迭的"一中性"规范完全能够成为两岸构建再平衡的支点。

三、"'九二共识'核心意涵"如何构造？

"九二共识"自诞生以来不仅命运多舛，而且含义也多次发生变迁。"九二共识"在相当长的一段时间，是作为两岸开展事务性商谈的前提性条件存在。2011 年 11 月，胡锦涛在檀香山对"九二共识"的内涵进行了重述，"九二共识"因而形成了包括本体论的"九二共识"和方法论的"九二共识"双重结构。本体论的"九二共识"体现为两岸对一个中国原则的认同，而方法论的"九二共识"则体现为两岸"求同存异"的协商精神。

2016 年两会期间，习近平对于"九二共识"的含义再次进行了两处更新：其一，将"九二共识"首次明确为"历史事实"；其二，形成"九二共识""核心意涵"的新提法。从逻辑关系上，两处更新是联系紧密的整体：只有当"九二共识"成为一项历史事实，而非简单的"认识论共识"，"核心意涵"的提法才有所附丽。"核心意涵"的提法，意味着只要台湾方面——特别是民进党和蔡英文——用合适方式表达对于一个中国原则历史事实的认同，则大陆亦可不拘泥于特定的概括性表述。这就意味着，在民进党执政后，大陆和台湾仍有可能达成体现"九二共识"核心内涵的新共识。

"九二共识"核心内涵的提出，展现大陆方面在继续推进两岸关系和平发展方面的巨大诚意和决心。事实上，"九二共识"的核心内涵是十分明确的，即一个中国原则，然而这也是台湾方面在统"独"领域争议最为聚焦的问题。"九二共识"形成的年代，两岸的争议仍是"天命谁归"的正统之争，两岸对于"一个中国"并无争议，争议只在于中国的"国号"为何。时过境迁，今日两岸的统"独"争议早已不再是"国号之争"，是否承认"一个中国"成为问题的关键。在"文化的一中""民族的一中""政治的一中"相继被解构、被曲解的时候，唯有在运用法理资源，借助"法理的一中"才可能有效回应岛内是否承认一个中国的问题。无论如何，台湾地区现行"宪法"以及由此构建的法律规范体系，仍能够在规范文本上坚持"一中"，在法教义学的立场上已经成为岛内支撑"一中"的核心依凭。

然而，台湾地区现行"宪法"恰恰是大陆的一块心结。1949 年，中共中央发出《关于废除国民党的〈六法全书〉与确定解放区的司法原则的指示》（简称"废除六法全书的指示"），标志着"中华民国""法统"在大陆的断绝和中华人民共和国新法统的建立。对待台湾地区现行"宪法"的态度，已经成为是否承认中华人民共和国政权合法性和新法统的标志。大陆至今未承认台湾地区领导人和绝大多数公权力机构的正当性，至今否定台湾地区现行"宪法"和绝大多数公法的正当性，皆在于此！这不仅是"争正统"的体现，也是中国共产党和中华人民共和国自证合法性的需求使然。如果承认台湾地区现行"宪法"的"正当性"，可能的政治后果甚至不限于两岸问题论域，因而必须谨慎处置，不可贸然为之。台湾地区现行"宪法"不宜直接承认，但其中的"一中性"资源的确值得合理利用，正是这种"否定的承认"或曰"承认的否定"，构成了两岸"宪法"的一种吊诡，也是大陆应对台湾地区现行"宪法"时总有"戴着脚镣跳舞"之感的根源，而这也恰是两岸"隔离但统一""隔离但交往"奇妙状态在法理上的直观呈现！

如果走出这种吊轨的境地，成为通过两岸"一中性"规范的交迭，构造"九二共识"核心意涵，进而推动两岸形成新共识的症结所在。还是回到第一个问题所谈的民族、国家、宪法"三位一体"的关系上。如果将宪法作为一种政权存续的法律化形式，或者将宪法作为一个新政权正当性或曰法统的标志，那么上述症结永远也难以跨越，两岸关系无论处于何种阶段，仍然跳脱不出"正统之争"的层次。然而，如果将国家理解为法的共同体，将宪法理解为国家这个法的共同体构造的理据，则完全可以从功能性的视角去解读宪法。两岸最终的统一，既是中国作为一个民族国家复归统一的过程，也是一个两岸法域和法律体系融合发展最终达致法的共同体的过程。"九二共识"核心意涵在两岸法的共同体形成过程中，不仅在认识论层次和历史事实层次得以构建，也能够成为两岸新共识——无论共识的名称和形式为何——所认可和肯定！

至于两岸各自"宪法"的名称，在两岸未能完全消除政治对立的情绪前，可以用合适的名称替代之，既可以是仅仅体现功能性特征的"宪制性法律"或"宪制性规定"，也可以其他合适的名称。作为"宪法"的替代性名称，归根到底只是一种语言文字相互转化的戏码，"宪法"作为塑造两岸法的共同体的理据，其中的"一中性"资源才是最值得关注和运用的。祛除了两岸"宪法"在两岸论域内不必要的政治性色彩，而突出甚至仅仅关注两岸"宪法"对于法的共同体的功能性作用，则两岸"宪法"在各自所体现的"一中性"基础上相互融合发展自有可期。

"一个中国"话语体系的逻辑构成与理论挑战 *

    一个中国原则是大陆方面处理台湾问题时一以贯之的基本原则，构成两岸关系和平发展的政治基础，也为中国现行《宪法》所确认。长期以来，大陆方面已形成一套由历史与现实两条逻辑线索构建的"一个中国"经典论述体系，这套论述体系在维护国家统一、促进两岸关系和平发展的历史进程中发挥了不可替代的重要作用。然而，近年来，越来越多的学者开始意识到，在"台独"分子精心组织的一系列理论学说的攻击和挑战下，"一个中国"的经典论述在岛内正走向"标签化"和"污名化"，其在台湾地区内部的影响力正呈现出式微趋势。①一个必须直面的事实是，当前系统化的"台独"理论谱系已经形成，在"台独"政客与学者的鼓噪下，"一中"经典论述正在岛内逐渐失去"听众"。

    尽管理论的薄弱并不意味着现实的失败，但"一中"经典论述的困境却必将会对两岸关系的发展和国家最终统一的实现造成一定困难，不仅会使我们长期坚持的"寄希望于台湾人民"的方针受到一定负面影响，更不利于两岸同胞心灵契合的实现。基于此，本文拟对"一个中国"经典论述的形成逻辑和"台独"话语对"一中"经典话语的挑战方式进行分析，进

* 本文由段磊撰写，原载《中国评论》2016年第11期。

① 如周叶中在《"一国两制"法理内涵新释》（《中国评论》2014年12月号）中提出"一国两制"在台湾已被"污名化"和"标签化"；庄吟茜在《"一国两制"在台湾的污名化：剖析与澄清》（《台湾研究》2016年第1期）中着重分析"一国两制"在台湾走向"污名化"的原因；张笑天在《为什么我们即将在理论上失去台湾?》（《全国台湾研究会2016年学术年会论文集》）中提出近年来台湾民意发生深刻变化，"拒统"成为岛内共识，两岸现有的统一论述已经（或即将）失败。

而探讨经典论述为何会在台湾地区逐渐失去"听众",以期为克服当前"一中"论述遇到的挫折与挑战奠定理论基础。

一、"一个中国"经典论述的逻辑构成:历史与现实论证路径的聚合

以"两岸同属一个中国"为核心内涵的"九二共识"构成对两岸关系性质界定的核心标准,也是两岸关系得以正常发展的政治基础。基于"一个中国"在两岸关系中的重要意义,学界从不同学科、不同角度对于之进行了极为详尽地解读,形成一套一个中国框架的经典论述体系。这套论述体系的核心目标在于从多角度证成和复述"两岸同属一个中国"的历史、政治和法理事实,主要表述方式体现为对一个中国框架的政治话语描述,主要论证逻辑体现为历史与现实两条论述路径。

所谓历史逻辑,即通过历史学、人类学、社会学、地理学等多学科的研究,对两岸历史联系的素材加以整合,论证台湾与大陆的历史渊源,以两岸在历史地理学上的一体性和中原王朝(元、明、清)在历史上对台湾地区(包括澎湖列岛等)的有效管治事实为依据,达到证明"大陆与台湾同属一个中国"之目的。① 通过历史逻辑的分析,能够对一个中国框架的历史渊源进行有效梳理,从而形成对"两岸同属一个中国"历史事实的有效论证。就历史论证逻辑而言,学者多从两岸关系发展的历史出发,论证"台湾自古以来是中国的一部分"这一命题,进而达到证成"两岸同属一个中国"结论之目的。② 具体而言,现有文献主要从下列两条路径出发完成相关论证:1)从历史地理学角度出发,证明海峡两岸在地理上的同源性,强调两岸在地理层面的主权一体性,如通过对台湾自然地理的研究,

---

① 相关文献如李松林、祝志男:《中共和平解决台湾问题的历史考察》,九州出版社 2012 年版,第 176—180 页;林震:《试析"一个中国"原则的来源和内涵》,《中央社会主义学院学报》2002 年第 2 期;刘佳雁:《两岸政治关系中"一个中国"问题之省思》,《台湾研究》1998 年第 4 期等。

② 相关研究成果参见张凤山:《台湾自古就是中国领土》,《台湾研究》2000 年第 1 期;伍俐斌:《〈马关条约〉是否"割让"台湾给日本之考辩》,《台湾研究》2013 年第 3 期;徐晓望:《元代瑠求及台湾、彭湖相关史实考》,《福建师范大学学报(哲学社会科学版)》2011 年第 4 期等。

提出"台湾长期与大陆连在一起，为中原文化进入台湾创造了地理条件，使远古台湾文化就成为早期中华文化的组成部分"① 的观点；2）从政治史角度出发，梳理中国历代中原王朝和台湾地区的交往，尤其是中原王朝对台湾地区的有效管辖过程，通过对元代以来，尤其是清代中央政府对台湾地区管理史实的梳理，强调两岸在政治层面的主权一体性。

所谓现实逻辑，即通过国际法学和国际关系学的研究，通过强调各主要主权国家对一个中国原则的承认态度和包括联合国在内的必须由主权国家参与的国际组织对台湾国际地位的立场，达到由国际法上的"一个中国"推演至国内法上的"一个中国"之目的。② 通过政治现实逻辑的分析，能够从外部证成一个中国框架的有效性和合法理性，驳斥包括"台湾地位未定论""住民自决论"等在内的"台独"分裂学说，从而形成对"两岸同属一个中国"法理事实的有效论证。就现实论述逻辑而言，学者多从国际法上的主权理论、承认理论出发，通过运用国际法上的政府继承、国家承认和政府承认等理论元素，以现实中世界各主要国家对待一个中国原则的立场为佐证，证成中国的主权并未分裂、台湾并不享有主权等结论。

具体而言，现有文献主要从下列两条路径出发完成相关论证：1）从国际法上的政府继承理论出发，提出1949年中国共产党领导人民推翻了国民党的南京国民政府，建立了中华人民共和国，即完成了由中华人民共和国政府对"中华民国政府"的政府继承，而1972年中华人民共和国取代"中华民国"恢复在联合国的合法席位并得到世界各国的普遍承认，从而在国际关系层面巩固了这种政府继承的事实。2）从国际法上承认与主权的关系理论出发，基于"一个国家如果不是在一个主权国家体系之中，如果它的主权不被他国承认，它就成为不了主权国家"③ 的认知，提出当前

---

① 崔之清主编：《台湾是中国领土不可分割的一部分：历史与现实的实录》，人民出版社2001年版，第7页。
② 相关文献如范宏云：《从国际法的承认理论与实践论台湾是中国的一部分》，《江汉论坛》2003年第6期；姚礼明：《从主权概念、国际法看中国对台湾拥有绝对的主权》，《台湾研究》2001年第1期等。
③ 〔英〕安东尼．吉登斯：《民族－国家与暴力》，胡宗泽、赵力涛译，生活·读书·新知三联书店1998年版，第331页。

国际社会普遍承认中华人民共和国政府是中国唯一合法代表，台湾是中国的一个部分，从而证成了台湾对中国主权的从属性。与此同时，亦有部分学者从台湾方面所拥有的"邦交国"角度出发，指出这 20 多个国家并不是与"中华民国在台湾"或所谓的"台湾国""建交"，而是与建立在"两岸一中""宪政"基础上的"中华民国""建交"，并承认在台湾的"中华民国是中国的唯一合法政府"，因而这种来自"邦交国"的承认，也并不能够证成台湾已成为一个有别于中国的"国家"，因而同样证成台湾对中国的从属性。①

尽管上述两条论证线索的侧重点有所不同，但其论证的逻辑起点是相同的，即将"两岸同属一个国家"视为一个客观存在的事实（无论是历史事实，还是政治事实、法理事实），从而使用各类历史素材和现实论据来论证这一事实的成立。这两条线索的逻辑起点、论证思路和论证依据自然是正确的，也在实践中构成对"两岸主权统一"这一命题最为有力的支撑。但目前这种支撑在台湾地区内部政治局势变动的背景下，面临着来自"台独"话语体系的直接挑战。

二、"台独"理论学说对"一中"经典论述的挑战

自 1949 年以来，尤其是 20 世纪 80 年代台湾地区政治转型逐渐启动开始，一些持"台独"主张的学者开始借助多种理论资源，意欲裂解中国（尤其是中华人民共和国）对台湾享有主权的法理事实，从而达到论证"中华民国"或"台湾"是一个"主权独立的国家"之目的。

（一）以两岸主权分裂为导向的"台独"理论形态

考察台湾方面现有的诸种主张"台湾主权独立"（"两岸主权分裂"）的理论学说，其中以台湾"主权"形成的时间节点认知之不同，这些学说大体可分为"自始分裂论"和"嗣后分裂论"两种类型：

所谓"自始分裂论"，即认为台湾自古以来即是一个与中国大陆相区

---

① 参见范宏云：《国际法视野下的国家统一研究》，广东人民出版社 2008 年版，第 159 页。

隔的主体，其"主权"自始"独立"，无论是日本、"中华民国"还是中华人民共和国都不曾享有对台湾的主权，上述国家和政权对台湾而言都属于"外来政权"的理论形态。"以台湾为主体的史观"是"自始分裂论"的典型理论形态之一。长期以来，"台湾史"被认为是中国史的一个构成部分而为人们所认知和理解，"大中国史观"在较长的一段时间内在台湾地区独树一帜，彼时人们也未对台湾对中国的历史归属性产生质疑。然而，自20世纪80年代末开始，随着台湾地区政治转型的展开，台湾本土历史学者逐步掌握对台湾史研究的话语权，并逐渐改变了对台湾史地位的认知，摒弃了"大中国史观"台湾历史地位的认知，形成了将台湾视为"一个独立的历史舞台"① 的"以台湾为主体的史观"。在"台湾主体性意识"的引导下，"以台湾为主体的史观"逐渐取代"大中国史观"成为台湾地区史学研究的主流。这套史观将台湾视为"非指某特定的政权或国家，而是指由聚着其上的人民组成的一个共同体"，它"可以有自己的历史，不必因为它是中国的一部分，或日本或另一主题的一部分而有历史"②。依照"以台湾为主体的史观"的建构，台湾自始便是一个与中国相区隔的主体，二者之所以产生连接，只是因为中国曾作为"外来政权"统治过台湾，而并非因为二者共属一个共同体。总之，这套史观彻底改变台湾在历史渊源上对中国的归属性，从而为两岸主权自始分裂提供了所谓史料依据。

所谓"嗣后分裂论"，即认为台湾虽在历史上曾属于中国之一部分，但1949年两岸"分裂分治"之后，尤其是20世纪90年代台湾地区"宪政改革"之后，台湾开始脱离中国之主权范围，成为一个"主权独立国家"的理论形态。诸如"台湾国家进化论""事实主权论"等学说，都构成"嗣后分裂论"的典型理论形态。"台湾国家进化论"是"台独""理论大师"陈隆志提出的一套"台独"分裂理论，陈隆志认为，自1895年

---

① 曹永和：《台湾史研究的另一个途径——"台湾岛史"概念》，《台湾早期历史研究续集》，联经出版公司2000年版，第449页。

② 王泰升：《台湾法律史概论》，元照出版公司2001年版，第4页。

以来台湾即不再是中国的一部分，在此后的百年间，台湾经历了作为日本"领土"、为"中华民国"军队占领、为"中华民国政府"实施军事威权统治等时期，最终，台湾因"宪政改革"而进化为一个"主权独立的国家"。① "事实主权论"是陈水扁于1990年在民进党"一○○七决议文"（"台湾主权决议案"）中提出的一个概念，该"决议文"认为，台湾"主权事实上不及于中国大陆与外蒙古"，未来"宪政体制及内政、外交政策，应建立在事实领土范围之上"。② 此后，即有人围绕"事实主权"概念提出"法理主权"与"事实主权"的区分，认为台湾的"事实主权"和"有效治权"均不及于大陆，而是仅限于台、澎、金、马地区。③

上述各种以论述"两岸主权分裂"为目标指引的学说，在台湾地区产生了一定影响，部分学说甚至成为持"台独"分裂主张的政党和政治人物制造台湾"法理独立"和攫取台湾民意的理论工具。这些学说在一定程度上对一个中国框架经典论述造成了极大的负面影响，若不及时驳斥这些论调，消除其在两岸范围内产生的不良影响，将严重影响一个中国框架的权威性和稳定性。

（二）"台独"分裂理论的理论逻辑及其对"一中"话语的攻击进路

基于对上述"台独"分裂理论的归纳与叙述，我们应在合乎法理的基础上，对其作出相应的分析和应对。总体来看上述理论的论述逻辑体现在三个方面：1）从其论证前提上看，上述分裂理论往往将两岸"分裂分治"或台湾"独立地位"作为其完成论证的"事实前提"，将两岸在事实上的尚未统一等同于主权上的分裂，或将这种尚未统一的事实作为其论证两岸主权分裂的"事实"或"法理"依据，将所有有利于证成"两岸分裂"的所谓"历史事实"或"法理依据"拼接起来，形成一套论证体系。2）从其论证逻辑上看，上述分裂理论将两岸之间的尚未统一描述为主权上的

---

① 参见陈隆志：《台湾国家进行曲》，《新世纪智库论坛》第39期。
② 民进党："台湾主权决议文"（1990年）。
③ 参见朱松岭、许崇德、易赛键：《"法理台独"理论根源之批判》，《福建师范大学学报（哲学社会科学版）》2010年第3期。

分裂或从历史角度将两岸视为两个自始相区隔的政治共同体。上述"自始分裂论"借助"历史观"的调整，将原本从属于中国国家共同体的台湾，强行解释为一个具有自主性区域，从而将大陆与台湾视为自始相区别的政治共同体。上述"嗣后分裂论"则将1949年视为两岸"分裂"的起点，将事实上的内战对峙状态，与法理意义上的主权分裂相等同，并借助台湾地区"宪政改革"对台湾当局内部代表性的巩固作用，提出所谓"台湾主权"的概念，从而将台湾视为与"中国"相区隔的"主权独立的国家"。3）从其论证结论上看，上述分裂理论所欲论证的，即是两岸在主权层面的分裂结果，各种具体理论形态的差异只是对两岸主权分裂时间、程度的认知不同。

从"主权分裂论"各种理论形态的论述来看，其中部分论断看似能够自洽，但实际上这些理论学说均是一种"构建"的产物，因而其理论前提往往存在根本性偏差。然而，正是这些存在明显逻辑缺陷的论述，却对一个中国经典论述发挥其应有影响力产生了极大的负面作用。从上述诸种主张"台独"的理论学说的论述逻辑来看，其对一个中国经典论述的攻击路径主要体现在两个方面：

第一，"台独"论者试图通过重新解读和组织现有与两岸关系相关的史料，形成一套使台湾成为一个能够完全独立于中国大陆的历史舞台，从而对抗"一中"经典论述之历史逻辑。一方面，由于两岸尚处于政治对立状态，台湾民众对大陆在政治上仍持高度不信任态度，因此当持两种不同立场的学者对相同的史料做出截然相反的解读时，他们往往倾向于相信台湾学者的论述，或者说，他们往往倾向于抵制大陆学者的论述。另一方面，"台独"论者以当前两岸尚未实现最终统一的政治现实为依据，通过强调这种状态的"长期性""永久性"，达到反向证成其"台独史观"合理性的目的，从而博取台湾民众对其理论的认同。由此，"以台湾为主体的历史观"得以在岛内大行其道，甚至于最终取代"大中国史观"成为台湾地区史学界的"主流"。①

第二，"台独"论者试图借助对台湾地区政治转型的历史与现状的"国家化"解读，形成一套立基于"国内法"（尤其是"宪法"）的"台独"论述体系，从而对抗"一中"经典论述之现实逻辑。这一路径的核心在于，将处于国家尚未统一的特殊条件下的台湾地区政治转型（在形式上体现为"宪政改革"）视为台湾"国家"建构的过程。有台湾学者甚至将台湾地区"宪政改革"的过程称之为台湾的"宪法时刻"②，这种论述就是套用"制宪—建国"的逻辑，形塑一套"台独建国"理论体系。在对台湾地区政治转型进程做出"国家化"的解读过程中，"台独"论者已然形成一套以"2300万台湾人民"为价值基础，以"民主""宪政"为话语武器的理论体系。借由这套理论体系，在国际上早已成为各主权国家共识的一个中国原则，被污蔑为大陆方面"打压台湾"的凭证，而台湾民众长期以来普遍存在的"悲情意识"则为这种"打压论"提供了心理环境。

三、"一个中国"经典论述在台湾地区式微的危害与原因

从台湾地区近年来的政治实践来看，一方面，持"台独"立场的学者已逐渐构建起一套攻击"一中"经典论述的"台独"理论体系，另一方面，以实现"台独"为旨趣的台湾政治人物则以这套理论体系为依托，逐渐形塑出一套以"台湾主体性意识"为核心的"台独"实践体系。二者相互依托，相互支持，共同促使岛内政治生态在短短二十余年间发生重大转变，原本处于包含与被包含关系的"中国"与"台湾"，在岛内被扭曲为并列和对立关系。在这种政治生态下，如果有人继续宣导"一个中国"，那就等同于"不爱台湾"或"卖台"。由此，我们必须思考的一个问题是，"一中"经典论述何以在岛内失去"听众"？

（一）"一中"经典论述在岛内式微的现实危害

近年来，两岸关系和台湾内部政治局势呈现出复杂多变的形势，其中

---

① 张萌：《从台湾课纲微调事件探析台湾史研究的史观变化》，收录于《首届复旦大学两岸青年论坛学术论文集》（未出版，2015年12月）。

② 参见叶俊荣：《珍惜宪法时刻》，元照出版公司2000年版。

既有有利于两岸关系发展的部分，也有极易对两岸关系长远发展产生负面影响的部分。可以说，在一定时期内，两岸在政治层面共同坚持以"一个中国"原则为核心意涵的"九二共识"，对促进两岸关系和平发展，提升两岸政治互信起到重要作用。但我们也必须意识到，与政策实施相比，上文所述的"一中"经典论述却在种种因素的作用下，正在岛内失去"听众"。"一中"论述在岛内的式微境况，将对新形势下两岸关系的发展产生深远危害。这种危害主要体现在对岛内政治环境和两岸关系的发展方向两个层面：

第一，从岛内的政治环境来看，"一中"话语的式微，使"台独"论述在两岸话语斗争中有机可乘，在岛内逐渐掌握了意识形态领导权，进而对岛内政治生态产生重大影响，"台湾主体性意识"逐渐成为岛内各方政治力量都必须尊重和认可的"政治正确"。由此，一方面，岛内统派力量的话语权日趋式微，是原本在统"独"问题上持中立态度的国民党在强大的选举压力下也不得不开始进行"本土化"论述；另一方面，在民进党长期鼓噪和推动下，以拒斥"一中"为目标导向的"本土化"话语使岛内民意结构呈现出"偏独化"趋势，这就为民进党回避和拒斥以"两岸同属一个中国"为核心意涵的"九二共识"提供了所谓"民意资本"。

第二，从两岸关系的发展方向来看，台湾民众对"中国"的国家认同持续弱化，和平统一的理论基础遭到削弱。两岸民众共同的国家认同意识，是两岸永久和平的重要保证，也是两岸逐渐消除对立情绪、积累共识的民意基础。从国家认同的角度看，"一中"话语体系在岛内的实际影响，直接决定着作为统"独"论述"受众"的台湾民众是否能够理性认同一个中国框架，与大陆民众形成共同的"中国"认同观。然而，"一中"经典论述在岛内的式微与"台独"论述的兴起，在客观上使台湾民众的国家认同观念发生异化，在"台独"分子的建构下，一个法理上并不存在的"主权国家"——"台湾"逐渐成为岛内民众国家认同的对象。从部分研究机构的研究结论看，近二十年来，在"去中国化"活动的影响下，台湾同胞的整体国家认同对象发生重大变化，"台湾"已逐渐超越"中国"，成为越来越多台湾民众，尤其是青年世代的认同对象，"台湾国家认同观"逐渐扎根于新一代台湾民众心中。由此，两岸民众在认同观念上开始产生歧见，国家和平统一的理论基础受到一定程度的削弱。

（二）"一中"经典论述在岛内失去"听众"的原因分析

当前，"一中"经典论述在台湾地区内部的政治生活中呈现出影响力日趋弱化的态势，在"台独"论述的步步紧逼中，似乎在岛内明确表态承认"一中"，就等同于"卖台"，只有明确反对"一中"才是符合"台湾利益"的"政治正确"。那么，"一中"经典论述何以会在岛内逐渐失去"听众"呢？笔者认为，其原因主要有三：

第一，在两岸长期处于政治对立的状态下，大陆方面主张的"一中"经典论述成为台湾方面各政治派别共同对抗的对象，这导致经典论述在岛内天然处于被动地位。众所周知，两岸自20世纪40年代末以来，即处于隔绝、敌对状态，而20世纪90年代以来，在岛内斗争性政党政治的娃仔环境下，统"独"矛盾则进一步演化为各政党争夺选票的工具，台湾民众在如此宣传之下，对"一中"话语会产生一种天然的反对立场。政治立场的差异，使"一中"话语在一定程度上为台湾方面所排斥。划分敌友是政治的标准，大陆和台湾作为政治对立的双方，对方的政治说辞注定是被批判的对象，在实践中，在大陆方面偏重于强调"一中"话语的同时，台湾方面却出于与大陆相对立的立场，着重强调台湾（或"中华民国"）的"主权独立"地位，从而造成"一中"话语失去"听众"的现象。

第二，经典论述以"政治话语"为主要外在形态，存在一定泛政治化倾向，较之于"台独"论述而言，尚需更多的理论架构支持。在"一中"经典论述的话语体系中，诸多缺少论证的"政治话语"成为这一体系的主要表现形式，而不少学者对"一中"论述的论证更是立基于对政治人物的话语分析，以政策表述为论证依据，从而使经典论述在一定意义上沦为政策复述。可以说，经典论述的泛政治化倾向，是导致台湾方面回避和排斥"一个中国"的重要原因之一。政治话语本身具有重实体结论、轻程式论证的特点，经典论述中许多表述被认为是"不证自明"的，如"台湾自古以来就是中国的一部分"的话语表述为大陆方面政界、学界广泛使用，而

"台独"理论建构者面对这一表述却并不信服，而是从史料中寻找不利于此的"证据"，形成一套否定经典表述的论述链，从而使"台独"论述"看起来"比"一中"论述更具说服力。大陆学者在形塑"一中"经典论述的过程中，多使用政策言说的研究方法，多数成果都是对两岸相关政策的解读和复述，而与之对应的是，对相关问题的理论建构有所不足，这在一定程度上导致"一中"经典论述的理论基础不够牢靠。反观"台独"论者的论述，其论证十分注重对各学科既有理论的改造与应用，多能够形成一套至少在形式上具有一定逻辑性的理论模型与其所提倡的"台独"理论相匹配。由此，相对于十分强调理论建构的"台独"论述而言，重政策言说的"一中"经典论述对台湾民众之说服力略显不足。

第三，经典论述以"被动回应"为主要形成方式，在两岸关系发生重大变化的情况下缺少主动理论建构，这导致经典论述与时代相对脱节，话语形态陈旧，而"台独"论述则可有针对性地掌握话语斗争的主动性。在"一中"经典论述的理论论述中，多数论述是针对"台独"论述的"被动回应"，而缺少"主动创造"，如国际法学者以政府继承、国际关系学者对公民投票等理论诠释和分析"一中"经典论述的背景。往往是台湾学者或政治人物提出某些特定的"台独"说辞（"分裂国家论""住民自决论"等），亦即是说，大陆方面的"一中"经典论述的论证在一定程度上是对"台独"论述的"被动回应"，而非"主动建构"。这直接导致经典论述未能紧随两岸关系发展的形势及时调整。在当前台湾青年世代已然崛起的形势下，"一中"经典论述未能及时跟进，引入并建构与之相适应的理论元素。

第四，经典论述的论述逻辑尚存部分不够周延之处，容易受到"台独"论述有针对性的挑战与攻击。除论述形态和形成方式方面的原因外，"一中"经典论述的两条论述逻辑，均有尚欠缜密之处，详言之：1）上述历史逻辑之论证，其逻辑起点和论证材料无疑是正确的，但就历史研究的学科特点而言，对于历史材料和现实证据的解读，存在着多视角性，同一材料既可以从"一个中国"的角度解读，也可以从其他角度进行解读，特别是"以台湾为中心的历史观"，已经形成了一整套按"政治反抗文化"

理论解读台湾历史的说辞，客观事实论证的有效性受到冲击。2）上述现实逻辑之论证，以无可争辩的国际法理论与事实为依据，以国际法理论与实践为依托，形塑"一个中国"的经典表述形态，对于我们从国际法层面维护"一个中国"的法理事实具有重要意义。但是，这一论证逻辑的起点是两岸在国家主权层面的同一性，其论证前提与结论表现出一定的重合性，因而论证结论极易陷入循环论证的逻辑僵局之中，同时，其论证在一定程度上忽视了对大陆和台湾在国内法意义上同属一个国家的理论建构，为台湾方面从国内法层面提出影响两岸主权统一要素的理论学说提供了可能性。

四、结语

正如本文在开篇时所言，理论的薄弱绝不意味着现实的失败，"一中"经典表述面临的挑战并不必然意味着"一中"框架的挫败，但是，理论的薄弱却必须同样引起我们的充分重视。在新形势下，广大涉台理论工作者应立基于"两岸同属一个中国"的政治与法理事实，以维护和促进祖国实现完全统一的历史使命感和责任感为指引，与时俱进，开拓创新，通过引入新的理论资源和研究方法，积极补充、完善和更新"一中"经典论述，为解决对台工作中出现的新问题、新情况贡献智识。关于失去"听众"之后"一中"话语体系的更新问题，囿于篇幅，本文不做展开，作者将另文详述。

"中华民国宪法"法理定位问题意识论*

  树立正确的问题意识，对于解决问题有着极为重要的意义。长期以来，如何给予败退台湾之后仍以"中华民国"为"国号"而存在的台湾当局以一个合情合理的定位，是大陆方面在处理台湾问题时，必须面对的一个难题。台湾问题是政治问题，也是法律问题，更是宪法问题。随着人类政治文明的不断发展，运用具有技术性色彩的法律手段，解决极具对抗性特点的政治问题，已经成为一种潮流。就"中华民国"问题而言，与其拘泥于传统的政治思维，以极具对抗性的政治思维思考这一问题，不如转而运用法治思维，尤其是宪法思维考虑这一问题。通过问题域和研究框架的调整，可将存在于政治学和历史学视阈中的"中华民国"问题，转换为存在于宪法学视阈中的"中华民国宪法"问题，从而为运用宪法学的理论资源，解决这一横亘于两岸之间的政治难题提供可能。众所周知，台湾问题实际上是新中国制定的宪法有效适用于台湾地区的问题，也是台湾现行"宪法"和新中国宪法之间的关系命题，[①]因而"中华民国宪法"法理定位研究，既涉及两岸主权争议、中国的革命事实和1949年发生的政权更迭与宪法更迭，更关系到两岸政治关系定位与发展等重大现实问题，其本身即构成了一个极为宏大和复杂的理论命题。本文意欲释明和厘清的，乃是"中华民国宪法"法理定位研究的问题意识，从而为实现解决这一问题思维方式的转换提供理论支持。要将两岸关系之中极为重要和复杂的"中华

---

* 本文由段磊撰写，原文发表于《"一国两制"研究》2017年第2期。
① 周叶中：《台湾问题的宪法学思考》，《法学》2007年第6期。

民国"问题纳入宪法学研究范围，就必须通过对政治学中"中华民国"问题之问题意识进行合乎宪法学学科特点的转换，即通过对问题域和研究框架的调整，实现从"中华民国"到"中华民国宪法"，从政治思维到法治思维的转换。

一、问题基点：政治学视阈中的"中华民国"问题

"中华民国"问题是两岸关系发展中一个无法绕开的关键性问题。尽管在两岸事务性交往过程中，双方尚能以"九二共识"这一"建设性模糊"暂时搁置"中华民国"问题，但一旦双方的交往涉及两岸政治性议题，则处处都无法绕开这一难题。大陆学者陈孔立教授甚至将"中华民国"问题列为"两岸政治定位瓶颈"的两个问题之一，足见这一问题的重要性与复杂性。[①] 具体说来，"中华民国"问题的重要性与复杂性体现在以下几个方面：

第一，自 1949 年至今，大陆方面基于对中国已经发生政府继承的事实，已不再承认"中华民国"作为一个"国家"的存在，不再承认"中华民国政府"作为一个"政府"的存在。然而，1949 年以来，尽管中国的国号已因中华人民共和国已经取代"中华民国"而发生变化，但是随着蒋介石政权败退台湾，"中华民国"这个名称依然在台湾地区长期存在。同时，由于蒋介石政权坚持所谓"反共复国"的建政口号，故长期以来"中华民国"依然保持着作为一个"国"的政治架构，拥有其"宪法"和全套公权力机构。在近年来，台湾地区越来越多的政治人物对大陆方面提出了所谓"正视中华民国"的诉求，这使得我们不得不认真面对"中华民国"的"合法性"与"有效性"问题。

第二，由于两岸长期隔绝，台湾岛内民众长期以来生活在以"中华民国"为"国号"的台湾地区，并逐步成为岛内民众的最大公约数，若不承认"中华民国"，岛内民众就会在情感上感到反感。[②] 长期以来，大陆方面

---

① 陈孔立：《两岸政治定位的瓶颈》，《台湾研究集刊》2011 年第 3 期。
② 参见陈孔立：《走向和平发展的两岸关系》，九州出版社 2010 年版，第 86 页。

基于一个中国原则的基本要求，拒绝承认"中华民国"，在国际场合坚决反对出现"中华民国"，包括作为其"国家符号"的"中华民国国旗""中华民国国歌"等。然而，这种对"中华民国"的拒斥，却伤害了多数以"中华民国"为"国家认同"对象的台湾同胞的情感，为此，部分台湾同胞对大陆方面的涉台政策颇有微词。①

第三，当前大陆方面不给予"中华民国"以定位的态度，在客观上，与部分"台独"分裂分子对"中华民国"所持的态度在一定程度上存在形式上的契合。长期以来，大陆方面对"中华民国"的定位往往集中于1911年至1949年之间作为全中国合法政府的认识，而并未对1949年之后，尤其是当前存在于台湾地区的"中华民国"做出定位。这种观点和台湾岛内部分"台独"分子的"台独"主张在外在形态上存在一定程度的契合。如民进党于1991年10月通过的"党纲"即公然把"台湾独立"和"建立台湾共和国"的内容，包括"建立主权独立自主的台湾共和国及制定宪法的主张，应交由台湾全体住民以公民投票方式选择决定"②等置于其中，可以说否定"中华民国"成为这种"台独"主张的核心组成部分。因此，在当前"反台独"任务较之于"促统一"更具紧迫性的情况下，若仍坚持不给予"中华民国"以定位的态度则可能在一定程度上助长"台独"分子的气焰。

基于"中华民国"问题的重要性与复杂性，这一问题一直是两岸政界、学界人士讨论的重点。两岸政界、学界对于"中华民国"是什么，它至今是否依然存在，它是否是一个主权独立的国家，它与中华人民共和国之间的关系如何等问题提出过许多不同的、甚至是相反的看法。③大陆方面认为，"中华民国"的历史地位已经于1949年结束，中华人民共和国已

① 如2016年台湾领导人选举前发生的所谓"周子瑜事件"即反映出两岸民众对"中华民国"及其"国家符号"认知的矛盾与差异。参见中国台湾网：《国台办发言人就台湾选举及周子瑜事件答记者问》，资料来源：http://www.chinanews.com/tw/2016/01-16/7719093.shtml，最后访问日期：2017年3月1日。
② "民进党党纲"（1991年）。
③ 陈孔立：《走向和平发展的两岸关系》，九州出版社2010年版，第85页。

经取代"中华民国"成为中国的唯一合法代表，而"中华民国"充其量只是中国一个地方当局（台湾当局）的名称；台湾方面泛蓝阵营普遍认为，"中华民国是一个主权独立的国家……其主权范围及于大陆和台湾，其治权范围仅及于台、澎、金、马地区"；台湾方面泛绿阵营则普遍认为，"中华民国就是台湾"，虽然台湾"依目前宪法称为中华民国，但与中华人民共和国互不隶属"①。

除各方政治力量对于"中华民国"的不同认知外，两岸双方学者亦依照政治学的一般原理，提出过许多适用于解决这一问题的理论模式。如大陆学者王英津依照"主权所有权—主权行使权——一般治权"的分析框将"中华民国"界定为行使台湾地区主权行使权的主体②；大陆学者朱松岭认为"中华民国"已经随着中华人民共和国的建立和"六法全书"的废除而被"宣告死亡"③；大陆学者祝捷基于"宪制—治理"框架，将两岸政治关系界定为"一中宪制框架内两个平等的治理体系"，而"中国民国"则自然构成其中之一的治理体系的表现形式。④台湾学者张亚中提出基于"两岸统合理论"，提出"整个中国，一中三宪"的主张，将"中华民国"界定为一个中国框架下与中华人民共和国并列构成"整个中国"的"宪政秩序主体"⑤。

总之，作为两岸政治关系发展中的瓶颈问题，"中华民国"问题严重制约着两岸政治互信的增强与两岸政治关系的进一步发展，对大陆方面反对和遏制"台独"分裂活动也起到一定程度的负面作用，而基于其本身的复杂性，两岸政界、学界又尚未就这一问题达成能够为双方接受的共识。

---

① 民进党："台湾前途决议文"（1999年）
② 参见王英津：《论两岸关系研究中的"主权—治权"分析框架及其替代方案》，《广西师范大学学报（哲学社会科学版）》2014年第5期。
③ 参见朱松岭：《国家统一宪法学问题研究》，香港社会科学出版社有限公司2011年版，第34—43页。
④ 参见祝捷：《论"宪制—治理"框架下的两岸政治关系合情合理安排》，《台湾研究集刊》2015年第5期。
⑤ 参见张亚中：《两岸定位：一中三宪：重读邓小平的"和平统一、一国两制"》，张亚中：《统合方略》，生智文化事业有限公司2011年版。

因此，如何解决"中华民国"问题成为两岸政治关系发展过程中极具理论与现实意义的重大问题。

二、问题意识的转换：必要性、可行性与实现路径

早有学者提出以"两岸法理关系定位"作为两岸从以民间团体为交往主轴的事务关系到政治关系过渡的一个中间概念。[①] 作为两岸法理关系定位中的一项核心议题，通过对"中华民国宪法"法理定位的探讨，为解决"中华民国"政治定位问题，乃至两岸政治关系定位给问题奠定基础，既有其必要性，也有其可行性。基于此，应通过对"中华民国"定位问题之问题域与研究框架的转换，实现"中华民国宪法"问题意识的转换。

（一）从"中华民国"到"中华民国宪法"的转换：必要性与可行性

台湾问题既是政治问题，也是法律问题，更是宪法问题。[②] 挖掘法律资源，尤其是宪法资源，运用法治思维和法治方式处理两岸关系和台湾问题，亦成为台湾问题研究领域的一种重要的研究方法。从理论上讲，若大陆和台湾能够就两岸政治关系定位问题达成共识，从而解决"中华民国"定位问题，则"中华民国宪法"法理定位便能够顺理成章地得到解决。两岸政界、学界为解决这一问题，亦提出了许多值得探讨的解决方案。但是，从当前两岸关系发展的现状和台湾地区内部高度对立的政治生态来看，在短期内，两岸尚无法具备达成上述共识的政治互信基础，而大陆方面亦不可能单方面就"中华民国"定位问题做出表态。因此，更加务实地解决方案，只能是逆序而行，从更具法律技术性、法理理论性特点的"中华民国宪法"法理定位问题开始，通过给予"中华民国宪法"以合情合理定位，实现两岸法理关系定位的合情合理化，为两岸累积政治互信，实现对双方政治关系定位的合情合理安排奠定基础之目的。

从两岸关系和平发展的大势和两岸交往的实践情况看，在当前形势

---

① 参见周叶中：《关于两岸法理关系定位的思考》，周叶中、祝捷：《两岸关系的法学思考》，九州出版社 2013 年版，第 405 页。

② 参见周叶中：《台湾问题的宪法学思考》，《法学》2007 年第 6 期。

下，继续坚持传统的以"敌我"之分为核心的政治思维①，只会使我们置"中华民国"问题于某种两岸红、蓝、绿三方几乎完全不相兼容的话语体系冲突之中，使三方都无法在既有的政策空间内实现突破，从而使这一问题陷入"绝境"。然而，超越既有的政治思维，转而运用更为注重规范性、程序性的法治思维，尤其是宪法思维对"中华民国宪法"法理定位问题做出预判性研究和务实探讨，却已具备足够的可行性。具体说来：

第一，两岸都已经选择法治作为社会治理所遵循的主要方式和核心价值，两岸都认同通过法律的社会治理是最佳的政治模式，② 因而通过运用法治思维对"中华民国宪法"定位的合情合理安排，实现对"中华民国"定位、两岸政治关系定位的合情合理安排，能够有效提升其在两岸范围内的权威性和认受度。

第二，相对于注重权力关系，而缺乏法理推导和规范界定的政治思维而言，法治思维更加注重在分析和解决问题的过程中应用制度化、程序化和规范化的思维方式，因而通过运用法治思维对"中华民国宪法"定位的合情合理安排，能够有效促进两岸某些特定政治共识的合法理化和合规范化，避免部分具有"建设性模糊"特点的政治共识在实践中走向空洞化③。

第三，尽管"中华民国宪法"与"中华民国"存在千丝万缕地联系，但从理论和实践两个层面看，二者仍然存在一定差异，因而对前者定位问题的探讨更具操作性，且并不会如对后者定位问题的探讨一样衍生出某些不必要的政治问题。具体而言：1）宪法规范具有较强的法技术色彩，因而对"中华民国宪法"法理定位问题的探讨，其敏感性远低于对一个具有"政治实体"属性的"中华民国"政治定位问题的探讨；2）基于法律所具有的明确性特点，对"中华民国宪法"这一具有明确文本归属的规范性文

---

① 参见［德］卡尔·施米特：《政治的概念》，刘宗坤、朱雁冰等译，上海人民出版社 2015 年版，第 31 页。
② 周叶中、段磊：《论"法治型"两岸关系的构建》，《福建师范大学学报（哲学社会科学版）》2015 年第 6 期。
③ 参见祝捷：《巩固一个中国原则的法治思维析论》，《武汉大学学报（哲学社会科学版）》2016 年第 2 期。

件的定位，较一个可为各方做出不同解读的"中华民国"① 之定位更具精确性。3）基于法律所具有的稳定性特点，对"中华民国宪法"法理定位问题的探讨，并不必然会对"中华民国"定位之中涉及的某些极易发生变化的因素产生影响，从而导致大陆方面的政治被动。

作为一门独立的学科，运用宪法学理论对"中华民国宪法"法理定位问题进行研究，需要首先将来自于政治学等学科的素材进行宪法学的问题意识转换，使原本表现出强烈的政治学学科特点的问题意识转变为宪法学问题意识，从而为我们应用宪法学理论解决这一问题奠定基础。因此，可以通过适当的问题意识转换，将政治学视阈内的"中华民国"问题，转变为宪法学视阈内的"中华民国宪法"问题，从而使这一问题落入宪法学的学科论域之中。

（二）问题域与研究框架：实现转换的具体路径

要实现对"中华民国"问题意识的转换，其核心在于通过对问题域的调整，实现研究框架的变化，从而达到通过给予"中华民国宪法"法理定位的方式，通过合情合理安排解决"中华民国"问题的目的。因此，这种转换可以展开为以下两个层次：

一是通过"中华民国"问题之问题域的转换，实现从"中华民国"问题到"中华民国宪法"问题的调整。问题域，意指提问的范围、问题之间的内在的关系和逻辑可能性空间。笔者认为，要实现对"中华民国"问题之问题意识的转换，就必须对作为其基础的问题域做出转换，将研究的范围从"中华民国"问题转向"中华民国宪法"问题，从而为我们将更多的理论资源和研究方法引入这一问题的研究提供前提。具体所来，进行这一调整的原因有三：1）"中华民国"与"中华民国宪法"息息相关，前者构成后者存在的政治基础，后者则构成对前者的法理映射与确认。因此，当"中华民国"定位问题研究陷入僵局之时，"中华民国宪法"法理定位问题为我们提供了"中华民国"定位问题研究的一个全新视角。通过对"中华

---

① 参见王英津：《论两岸政治关系定位中的"中华民国"问题（下）》，《中国评论》2016 年 2月号。

民国宪法"法理定位问题的研究，能够为"中华民国"定位问题的解决提供策略性支持。2）尽管"中华民国宪法"是对"中华民国"政治事实的一种法理映射和确认，但基于台湾地区极为特殊的政治情势，"中华民国宪法"的政治地位甚至高于作为其存在基础的"中华民国"。正如台湾学者颜厥安所言，"中华民国已经消失……所剩的，仅是一个自我宣称继续依照那部已经没有中华民国的中华民国宪法来自我组织的'支配体系'……中华民国已死，只有中华民国宪法仍一息尚存"①。因此，较之于"中华民国"问题而言，对"中华民国宪法"法理定位问题的研究，在一定条件下更具现实意义。3）相对于极具政治意味的"中华民国"问题而言，"中华民国宪法"法理定位问题体现出更多的法律意味。因此，在对"中华民国宪法"法理定位问题的研究过程中，我们可将更多更具技术性色彩和策略价值的法学理论资源应用于这一问题的研究，同时，通过法学理论的推演得出的对"中华民国宪法"的法理定位方案，相较于通过政治话语推导出的对"中华民国"的定位方案而言，其敏感性更低，而可接受程度更高。

二是通过"中华民国"问题之研究框架的转换，实现从单纯的政治思维到政治与法治思维相结合的调整。长期以来，台湾问题被认为是一个政治问题，因而人们往往会套用政治学的研究框架来分析和解决台湾问题，从而形成一套以政治学理论、思维和方法为核心的研究框架。考察既有成果对"中华民国"问题的研究，大多数研究成果都因循政治学理论展开，形成由证成既有政治立场为研究目标、两岸政治人物政策话语为研究依据、政治思维为核心的研究方法构成的研究框架。然而，当"中华民国"问题转换为"中华民国宪法"问题，实现问题域的转化之后，我们亦有必要在既有文献研究的基础上，重视台湾问题的法律属性，超越以政治学理论为核心的研究框架，形成政治与法治思维相结合的研究框架。具体说来，这套研究框架可展开为以下几点：1）在研究目标上，在坚持一个中

---

① 颜厥安：《宪政体制与语言的困境》，氏著：《宪邦异式——宪政法理学论文集》，元照出版公司 2005 年版。

国框架这一两岸关系发展基本前提（低度前提）的基础上，将研究重点转为探索"中华民国宪法"法理定位的可行性方案，即以寻求对两岸均具有较高可接受度的方案作为研究目标。2）在研究依据上，坚持政策与法律并重的态度，在研究过程中，既重视两岸各方政治人物和政治力量对"中华民国宪法"定位问题的政策言说，又注重两岸各自法律规范对这一问题的相关规定，将二者有机结合起来，作为本文的研究依据。3）在研究方法上，改变既有的以缺乏规范性的政治思维为核心的研究方法，转而使用以法治思维为核心的研究方法，通过运用制度思维、规范思维、程序思维和权利思维①，对"中华民国宪法"法理定位问题作出精细化分析。

综上所述，通过问题域和研究框架的转换，"中华民国是什么"这一问题，变为"中华民国宪法是什么"，而研究这一问题的学科范式也相应地由政治学转为法学。由此，"中华民国宪法"法理定位问题的问题意识由此开始变得精准与明确。

三、"中华民国宪法"法理定位：问题意识之展开

"中华民国宪法"是台湾地区现行"宪法"，它制定于1946年的大陆，经由台湾当局于20世纪90年代至本世纪初，在台湾进行七次"增修"而成。来自政治学和历史学的研究成果从其各自的学科视角出发，证成了这样一个事实，即"中华民国宪法"是一部伪宪法，是国民党反动政府伪法统的象征，因而它在1949年被废除了：从历史事实来看，自1949年新中国成立以来，国民党政权败退台湾，中华人民共和国政府取代其成为中国的唯一合法政府，因此其所制定的"中华民国宪法"已经无法适用于大陆地区，更无法成为整个中国"法统"的代表；从政治事实来看，中共中央于1949年初制定的《关于废除国民党的"六法全书"与确定解放区的司法原则的指示》明确指出，"在无产阶级领导的工农联盟为主体的人民民

---

① 参见周叶中、段磊：《论"法治型"两岸关系的构建》，《福建师范大学学报（哲学社会科学版）》2015年第6期。

主专政政权下，国民党的六法全书应该废除"①。根据《指示》，作为国民党反动政府"法统"象征和"法制基础"的"中华民国宪法"亦在规范上被废止了。基于上述前提，在法制史学研究场域内，"中华民国宪法"被定位为一部存在于中国宪制史上的宪法典，它在现实之中已经不复存在，因而一切对这部宪法的研究，都着眼于其被废止之前的时间节点。同样，"中华民国宪法"被定位为国民党政权"伪法统"的象征，是粉饰国民党一党独裁统治的工具，而当国民党政权败退台湾后，这部"宪法"更是一部不具任何合法性的"伪宪法"。如上所述，随着两岸关系的不断发展，对"中华民国"做出"已不存在"的定位，在实践中遇到很多现实困难，实际上已经不利于我们在当前形势下维护一个中国框架，巩固两岸政治互信，而对"中华民国宪法"做出的"伪宪法"定位，也面临着同样的现实问题。基于宪法学的理论框架，"中华民国宪法"法理定位研究的问题意识主要应体现在以下四个方面：

第一，"中华民国宪法"大部分条文及其"增修条文"，在台湾地区仍然具有事实上的法律效力，它切实构成了台湾地区政治秩序的基础，那么如何在宪法学的理论框架内，给予其所具有的实际效力以正确的理论定位？回顾历史，1946 年"制宪"后不久，国民党当局便以"动员戡乱"为名，将这部"宪法"的主要条款加以冻结，可以说，"中华民国宪法"在大陆的短短三年时间里，并未发挥其应有的作用。国民党政权败退台湾之后，在长达四十余年的"动员戡乱时期"，"中华民国宪法"也不过是确认和维护国民党在台湾地区威权统治的工具而已。然而，20 世纪 90 年代至本世纪初，在台湾地区政治转型的浪潮中，"中华民国宪法"也随之开始走出被"破弃"状态，逐步开始成为规制岛内政治力量活动的有效规则。尽管在台湾地区斗争性政党政治的影响下，部分政党和政治人物曾对"中华民国宪法"持强烈的工具主义态度，在需要时将其奉为圭臬，在不需要时便将其弃之一边，但在长时间的政治博弈和妥协过程中，岛内主要

①《关于废除国民党的"六法全书"与确定解放区的司法原则的指示》。

政治力量已将这部"宪法"视为各方共同认可的政治共识和"最大公约数"。① 在这种情况下，如果我们仍然坚持传统观点，绝对地、片面地否定"中华民国宪法"，则有可能将岛内各政治力量均置于对立面，对两岸政治互信的累积产生负面影响。

第二，"中华民国宪法"及其"增修条文"在实践中切实发挥着维护台湾民众基本权利的作用，而绝大多数台湾民众也普遍认同"中华民国宪法"的规范效力，那么如何在宪法学的理论框架内，诠释台湾民众的这种实际认同现象，这种认同是否与一个中国框架相悖？保障人民基本权利是宪法的应有之义，也是宪法的核心功能之一。在台湾人民长期以来坚持不懈的抗争之下，台湾地区的权利保障状况有了很大程度的进步，而"中华民国宪法"作为台湾人民基本权利保障书的功能也随之日渐凸显，以"司法院大法官"为核心的台湾地区"宪法解释"体制，逐渐成为台湾人民维护其基本权利的重要管道。自20世纪90年代以来，除极少数条文外，"中华民国宪法"关于基本权利的绝大多数规定，已有相关的"大法官解释"加以阐明和解释，仅从其客观效果看，在台湾地区的法治实践中，"司法院大法官"通过"释宪"机制，逐渐建立起了台湾地区的权利保障谱系，为维护台湾人民的基本权利起到了积极作用。② 同时，由于两岸长期隔绝，大多数台湾同胞已经在历史发展的过程中逐渐形成了对"中华民国宪法"的认同感，他们大多认可和遵守"中华民国宪法"的规范效力。在这种情况下，如果我们仍然坚持传统观点，绝对地、片面地否定"中华民国宪法"，有可能伤害台湾民众的感情，影响两岸同胞心灵契合的有效实现。

第三，"中华民国宪法"虽在台湾历经多次"增修"，但这部"宪法"的"一中性"因素却并未随之消失，那么如何在宪法学的理论框架内，为我们借助其所具有的"一中性"要素，反对和遏制"台独"分裂活动起到正面作用？当前，部分"台独"分裂分子妄图通过否定或变革"中华民国

---

① 周叶中：《关于两岸法理关系定位的思考》，周叶中、祝捷：《两岸关系的法学思考（增订版）》，九州出版社2014年版。
② 参见祝捷：《台湾地区权利保障司法案例选编》，九州出版社2013年版。

宪法"实现其分裂祖国的目的。而考察"中华民国宪法"及其"增修条文"，其中不乏"因应国家统一前之需要""自由地区与大陆地区"等肯定两岸同属一个国家的表述。这些表述能够成为我们运用法治思维和法治方式反对和遏制"台独"分裂活动，维护一个中国框架，推动祖国统一的重要工具。当前，在两岸关系和平发展的过程中，"反独"任务的急迫性仍远远大于"促统"目标的情况下，若我们依然坚持传统观点，绝对地、片面地否定"中华民国宪法"，将在一定程度上有助于"台独"分类分子否定"中华民国宪法"的"一中性"，不利于两岸关系和平发展和两岸政治关系定位的前景。

第四，台湾当局和台湾地区主要政治人物已越来越注重借助"中华民国宪法"的相关规定来处理两岸政治关系问题，或提出其两岸关系的政策主张，那么如何运用宪法学基本理论分析这些政策主张所蕴含的法理内涵，并在此基础上提出应对策略？从岛内主要政治人物的两岸关系政策主张来看，不论是台湾地区领导人蔡英文，还是国民党领导人洪秀柱、民进党内实力派人物谢长廷等人，均围绕台湾地区现行"宪法"提出了其两岸事务论述。如台湾地区领导人蔡英文亦提出"在中华民国现行宪政体制下，依循普遍民意，持续推动两岸关系的和平稳定发展"[1] 的两岸政策主张；国民党领导人洪秀柱则提出，"中华民国宪法就是一中的宪法，两岸主权宣示重迭，但两岸治权应互相承认"[2] 民进党重要政治人物谢长廷则更是提出两岸"宪法各表"的观点作为其对"两岸现况最精确的描述"[3]。可以说，透过"宪法""宪政"等概念，论述各自两岸关系政策主张，已成为台湾政坛的一股新风潮。在这种背景下，大陆方面如何"见招拆招"，应对这些包裹着"宪法外衣"的政策主张，如何运用宪法思维和宪法方

---

[1] 中时电子报：《蔡英文：中华民国宪政体制下推动两岸关系》，资料来源：http：//www．china-times．com/cn/realtimenews/20150604002766－260407，最后访问日期：2017 年 3 月 1 日。

[2] 《洪秀柱：中华民国宪法就是一中宪法》，资料来源：http：//www．chinatimes．com/cn/realtime-news/20161230004357－260407，最后访问日期：2017 年 3 月 1 日。

[3] 《谢长廷："宪法各表"是对两岸现况最精确描述》，资料来源：http：//taiwan．huanqiu．com/news/2014－02/4845936．html，最后访问日期：2017 年 3 月 1 日。

式，推动两岸政治关系发展实现新突破，成为一项极具价值的现实命题。在这种情况下，如果我们仍然坚持传统观点，绝对地、片面地否定"中华民国宪法"，对两岸发展政治关系的消极意义可能大于积极意义。

综上所述，从宪法学的视角来看，"中华民国宪法"法理定位问题的问题意识在于，我们应如何看待"中华民国宪法"这个在大陆方面看来"主观上已经被废止，但客观上仍然存在"的规范性文件。亦即是说，如何在主观与客观、规范与事实之间建立某种应有的、合乎法理的联系。为解决这一问题，我们有必要重新检视传统观点对"中华民国宪法"问题的认知，运用法治思维和法治方式，对"中华民国"是什么，"中华民国宪法"是什么，如何务实、理性的给予"中华民国宪法"一个合情合理合法定位，如何从宪法层面分析和界定两岸政治关系定位等问题加以深入思考。

四、结语

在精准问题意识的导向之下，我们得以将"中华民国宪法"法理定位这一原本极为敏感与复杂的问题，化约为一个具有内在关联性与外在指向性的问题意识群。这一问题意识群由两岸"主权"争议、宪制史发展变迁与两岸关系现状三个面向构成，三个研究面向共同为合乎法理的解决"中华民国宪法"法理定位问题提供了理论支撑。从这三个问题的内在关联看，主权面向构成"中华民国宪法"定位研究的背景与前提，历史面向构成"中华民国宪法"定位研究的纵向视角，两岸面向构成"中华民国宪法"定位研究的横向视角。各个研究面向都基于自身的研究视角，力求解决若干与"中华民国宪法"法理定位密切相关的关键性问题，从而为最终形成"中华民国宪法"法理定位策略做好相应的理论铺垫。正如本文开篇时所言，"中华民国宪法"法理定位研究，构成了一个极为宏大和复杂的理论命题，本文意欲释明和厘清的，仅是"中华民国宪法"法理定位研究的问题意识，而借助业已形成的问题意识体系，进一步完成相应的论争，则远非一篇短文所能完成的重任。关于本文梳理的问题意识群所引出的相关问题，作者将另行撰文详细展开论述。

论两岸关系中"中华民国宪法"问题的
缘起、演变与现状*

"中华民国宪法"问题一直是横亘于两岸之间的一项牵动政学两界的重大现实问题。一方面，台湾地区领导人蔡英文已形成一套以"中华民国宪政体制""中华民国宪法"为核心的两岸关系政策表述体系，如何剖析、破解和应对这套体系成为摆在我们面前的重大实践问题；另一方面，围绕"中华民国宪法"问题，来自历史、主权、现实等多个面向的涉及两岸关系政治定位的理论难题汇于一点。[①]因此，能否厘清"中华民国宪法"问题的缘起，看清这一问题在两岸关系发展变化中的演变方向，对于我们维护和巩固两岸政治关系基础，维护一个中国框架的法理基础，有理有据地应对台湾方面提出的种种政策表述，具有重要意义。

一、"中华民国宪法"问题的缘起：历史背景与理论解读

1945 年抗战胜利后，国内的主要矛盾从民族矛盾重新转回阶级矛盾，战后的中国向何处去，成为中国人民最为关注的重大问题。为处理这一问题，国民党当局邀请中共、民盟等党派，召开政治协商会议，共同商讨和平民主建国事宜。在此次政协会议上，当时国内各方力量就制宪问题形成诸多共识，因而此次政协会议，被广泛认为是一次制宪会议。然而，随着国民党六届二中全会的召开，在国民党内部保守派势力的强大压力下，国

---

* 本文由段磊撰写，原载《台海研究》2017 年第 4 期。
① 参见段磊：《"中华民国宪法"问题意识论》，《"一国两制"研究》（澳门）2017 年第 2 期。

民党最终选择放弃政协会议决议，从而导致多党派联合制宪的愿景再次落空。1946 年 6 月，国民党军队大举围攻中原解放区，内战序幕由此揭开，此前各党派共同努力形成的民主成果付之东流，政协会议实质上已经解体。1946 年 11 月 20 日，随着民社党最终提交代表名单，到会人数超过法定人数，国民党当局正式宣布召开"制宪国大"。"制宪国大"于 12 月 25 日三读通过"中华民国宪法"，于 1947 年 1 月 1 日公布，1947 年 12 月 25 日正式实施。尽管国民党当局通过各种手段，分化瓦解第三方面，使"制宪国大"出席代表人数达到法定人数，在形式上赋予了"中华民国宪法"以合法性，但这种合法性却仅止步于形式层面。与政协会议决议的各方一致通过不同，此次"制宪国大"缺少当时国内两股重要政治力量——中共和民盟的参与，从而使"制宪国大"在包容性、可接受性和权力制约方面存在着"先天不足"，因而其所通过的"中华民国宪法"的实质合法性亦是不充分的。同时，在 1946 年"宪法"实施后不久，国共内战局面发生根本性扭转，在国民党军队的接连败退之中，蒋介石当局即开始将这部宪法束之高阁。1948 年 4 月，一纸"动员戡乱时期临时条款"在事实上造成了停止适用"中华民国宪法"的效果。恰如台湾学者陈慈阳所言，"中华民国宪法"实施后，即因"动员戡乱时期临时条款"的颁布"名存实亡"，"无论是动员戡乱时期临时条款或戒严均是独裁者钳制人民之藉口"[1]。

　　从上述历史事实来看，依照革命叙事的基本逻辑，在经过看似胜败已定的内战之后，"中华民国""中华民国宪法"都将随着战争的结束和革命的胜利，成为历史陈迹。随着《中共中央关于废除国民党六法全书与确定解放区的司法原则的指示》的发布，"中华民国宪法"在大陆革命历史之中已经被明确界定为一部"伪宪法"。[2] 然而，历史的因缘际会，却使得"中华民国宪法"得以在台湾地区长期存在，从而使这部已被中国人民主

---

[1]　陈慈阳：《宪法学》，元照出版公司 2005 年版，第 35 页。

[2]　参见李龙、刘连泰：《废除"六法全书"的回顾与反思》，《河南政法干部管理学院学报》2003 年第 5 期。

观废止，却在客观上依然存在的"宪法"之定位问题，成为当前两岸关系研究中不得不面对的问题。从法理上看，可从内战中止状态与制宪权的效力阻却两个层面对这一现象加以解读：

一方面，从法理层面看，中国内战的中止状态是"中华民国宪法"得以在 1949 年之后在中国领土范围内存续的法理背景。1948 年之后，国共内战局面发生根本性扭转，在一年多的时间里，人民解放军解放了大陆绝大部分地区，而蒋军大部撤往台湾，在当时的情景下，尤其是 1949 年 10 月 1 日中华人民共和国成立之后，内战胜负已被不可逆转地确定下来。① 但是，这种战局胜负的确定，却并不意味着中国内战的结束，更不意味着中国已经"分裂"，而只表示中国的内战在一定条件下处于中止状态。这种内战中止状态可从三方面解读：1）从事实和法理两个层面看，当前中国内战尚未结束，亦即内战双方均在事实上持续存在，但双方并未签署在法理上结束内战的《和平协议》；2）尽管两岸之间直接的军事冲突已于 1979 年结束，当前双方并未处于交战状态，但这种结束并不意味着中国内战的终结，而只是法理意义上的内战中止，这种中止表示内战既可能因两岸和平协议的签署而正式结束，也可能因某种原因而恢复。2）内战中止状态在国际法层面意味着，中国的政府继承尚未完全完成且有待继续完成，处于一种进行时中的暂停状态。亦即，源自国共内战的政府继承"实际上处于进行时状态"② 或"未完成状态"③。在这种界定之下，两岸双方"各自由一定的内部主体支撑，同时也在国内外分别行使既相互区隔又相互依存的对内对外功能"④，而导致这种情况发生的原因，即是内战的中止状态。

另一方面，从宪制层面看，中国革命中的制宪权的实施及其生效的外

---

① 参见郭震远：《结束内战方能促进两岸关系持续地和平发展》，《中国评论》（香港）2010 年 6 月号。
② 郑振清、巫永平：《海峡两岸特殊政治关系的法理解释——国际法"政府继承"理论与两岸政府继承特殊形式探析》，《公共管理评论》（第十一卷），清华大学出版社 2011 年版。
③ 参见郑海麟：《论两岸关系中的"未完成继承"问题》，资料来源：http://www.21ccom.net/html/2016/gtzc_0229/1956.html，最后访问日期：2017 年 8 月 10 日。
④ 刘国深：《两岸政治僵局的概念性解析》，《台湾研究集刊》1999 年第 1 期。

力阻却，构成 1949 年后"中华民国宪法"得以继续存在的法理原因。正如德国宪法学家卡尔·施米特所言，"宪法是关于整治统一体的类型和形式的总体决断"，"通过制宪权主体，政治统一体自己为自己做出了这一决断，自己为自己制定了这部宪法"①。1949 年《共同纲领》的制定和新中国的建立，就是中国革命历史发展过程中，中国人民作为政治统一体，对自己的命运所做的一次"总体决断"。然而，施米特的政治决断论只是对制宪历程的一种理想化地静态描述，而缺乏对这一历程的过程性叙述，亦即政治决断的实效性在一国范围内完全得以拓展的问题。在实践中，在以革命方式为制宪奠定基础的国家，其政治总决断的做出可能是一个静态的、瞬间的过程，但这一决断在一国的全部领域内完全生效，却有可能是一个动态的、长期的过程。从 1949 年中国革命和制宪的实践来看，中国人民政治总决断生效的过程，实际上就是人民解放军不断前进，国民党军队不断败退的过程。可以说，人民解放军所及之地，就是政治决断生效的地域范围。依照当时人们的普遍设想，1950 年下半年，包括台湾在内的全中国即将获得解放，因此，此次政治决断的效力也将在彼时涵盖到全中国，从而完成整个中国革命、制宪、建国的政治使命。然而，历史的发展却为中国革命过程中的这次政治决断的生效画上了一个"逗号"——1950 年的中苏结盟与朝鲜战争的爆发，导致美国直接出面干预中国内战②，第七舰队开进台湾海峡，作为当时全球两极之一的美国，以毫无正当性可言的外力，打断了前述政治决断的效力延伸，人民解放军被迫放弃了横渡海峡解放台湾的作战计划，台湾问题由此形成，而本应成为历史陈迹的"中华民国宪法"也得以在台湾地区继续存在。

综上，自 1946 年 12 月至 1949 年 9 月，"中华民国宪法"是一部以维护国民党专制统治为目的而制定和实施的伪宪法，其所维护的乃是国民党专制统治的"伪法统"。自 1949 年 9 月《共同纲领》颁布之后，"中华民

---

① ［德］卡尔·施米特：《宪法学说》，刘锋译，上海人民出版社 2005 年版，第 25—26 页。

② 参见沈志华：《中苏同盟、朝鲜战争与对日和约——东亚冷战格局形成的三部曲及其互动关系》，《中国社会科学》2005 年第 9 期。

国宪法"在大陆地区被彻底废止,《共同纲领》作为当时中国人民政治决断的规范产物,成为中国革命胜利的法理标志,而被蒋介石当局带至台湾的"中华民国宪法"只是一种内战中止状态下外力作用下的政治事实,因而不具备法理层面和宪制层面的正当性。

二、"中华民国宪法"问题的演变:政治格局变化与规范文本变迁

1949 年之后,随着国民党在内战中的失败,被"动员戡乱化"的"中华民国宪法"被蒋介石当局带到台湾,成为维护其统治的"法理"工具。然而,这部三年前制定于大陆的"中华民国宪法"在台湾地区运行的过程中,却因国民党政权实际控制范围的大幅度减少,而显现出种种"全中国"与"小台湾"之间的尴尬局面。1954 年前后,随着第一届"中央民意代表"任期界至,这种政治上的尴尬局面演化为一场"宪法危机"。为解决这一危机,蒋介石当局不惜饮鸩止渴,选择采取冻结民意代表选举的方式,维护"中华民国宪法"和"中华民国法统"在形式上的延续性。此后的四十余年间,国民党当局虽局部微调了相关政策,但并未从根本上改变其威权统治的本质,这种统治式虽在较长一段时间内达到了巩固政权的目的,但这种高压统治累积的反对能量与其制造的压力成正比,这种能量的积攒,恰恰构成了台湾地区"宪政改革"的原动力。① 1988 年 1 月,蒋经国在台北去世,经过激烈的权力争夺后,李登辉获得了国民党和台湾当局内部的最高统治权。在完成权力转移后,蒋经国晚年推动的政治转型再次启动,如何通过实现岛内"政治民主化",强化台湾当局"代表性"与"合法性",包容和吸纳以民进党为代表的在野党力量,成为当时摆在国民党当局面前的主要问题。为解决这些问题,台湾当局自 1991 年起,连续发动七次"宪政改革",废除"动员戡乱时期临时条款",形成"宪法增修条文",对 1946 年"中华民国宪法"做出重大调整,从而实现了以"宪政改革"为主轴的政治转型。在这场政治转型中,"中华民国宪法"问题的性质与表现也发生重大变化,这种变化体现在政治背景和规范文本两

① 参见刘国深:《台湾地区"宪政改造"对国家统一的影响》,《台湾研究集刊》2006 年第 4 期。

个层面，表现出三个具体特点：

第一，两岸处于政治对立状态，国家统一进程因国内外形势而长期中断，这导致原本应属过渡性存在的政府继承与"宪法"更替现象持续存在，两岸关系在政治、历史和法理事实层面存在割裂现象。一方面，两岸"临时状态"的长期性为不少人就改变"中华民国宪法"问题之性质，曲解其内在的"一中性"提供了所谓的"事实论据"。如上所述，"中华民国宪法"问题的缘起，乃是因为原本应在短期内完成的中国的内战和政府继承，因外力干预而未能完成。由此，两岸在长达六十余年的时间内，处于事实上的军事对峙、政治对立状态，而这种法理上的"临时状态"却因事实上的"长期性"而为一些人所误读、曲解。在岛内，不少对"中华民国宪法"的统"独"属性持异议的政治人物和学者否认这部"宪法"内含之"一中性"的一个重要原因即在于此。部分台湾学者基于这些认识，提出"中华民国宪法"在实践中已经"台湾化"，因而在事实上这部"宪法"已经沦为台湾的"生存策略"①。另一方面，两岸关系事实状态的割裂现象也为"中华民国宪法"问题的变迁增加了多变性。从理论上讲，两岸关系的事实状态可分为政治事实、历史事实和法理事实三个具体层面：1）政治事实，即从政治现实出发定义的两岸关系事实状态；2）历史事实，即从历史渊源出发定义的两岸关系事实状态；3）法理事实，即从法理规范出发定义的两岸关系的事实状态。考察台湾方面有关政治人物和学者的论述可知，其主要论证逻辑在于，通过对1949年以来两岸长期隔绝的政治现实的重新诠释，消解一个中国的政治事实，通过所谓"以台湾为主体的历史观"的建构消解一个中国的历史事实，进而形成一套台湾拥有"事实主权"的论述体系，最终通过这一立场基点，重新诠释文本上具有较为纯粹"一中性"的"中华民国宪法"，从而实现瓦解一个中国法理事实的目的。从这一逻辑来看，"台独"分子对一个中国政治事实的重新诠释构成其整套论证体系的起点，对历史事实的重新构建是完成其论证目标的重要工具，而对法理事实的改变则构成其最终目的。

① 参见颜厥安：《宪政体制与语言的困境》，颜厥安：《宪邦异式》，元照出版公司2005年版。

　　第二，台湾地区内部政治局势发生较大变化，在政治本土化的影响下，执政当局逐步放弃谋求国家统一的政治立场，转而寻求"两岸对等"甚至是"台湾独立"，两岸主要矛盾从"法统"之争转向统"独"之争。20世纪40年代末至90年代初之间，两岸关系的主要矛盾体现为"谁是中国"之争，即两岸谁拥有"中国代表权"、谁是代表中国的"唯一合法政府"的"法统"之争。在这一背景下，两岸双方对一个中国原则并无争议，双方均坚决反"两个中国"或者"一中一台"的"台独"分裂观点。从这个意义上讲，"中华民国宪法"问题的本质仍然是涉及中国代表权的"正伪"之争，大陆方面只能，也必然将这部"宪法"界定为"伪宪法"。然而，自20世纪80年代末开始，台湾岛内的分裂势力逐渐崛起，并在岛内政治转型的背景下，借助政治本土化的影响，日渐坐大，所谓"中华民国台湾化"的政治过程逐步展开。① 李登辉执政后，台湾当局逐渐放弃"谋求国家统一"的两岸关系主张，转而强调大陆和台湾的"对等性"，即强调在"中国"框架下台湾应与大陆具有同等地位——这种同等性不仅表现在国内关系上，更表现在国际关系上。在具体政策上，李登辉当局开始陆续抛出"一国两区""一国两府""阶段性两个中国"等两岸政治关系定位论述，称"一个中国"是"历史上、地理上、文化上、血缘上的中国"②，最终正式抛出"特殊的两国论"。此后，陈水扁当局执政期间，更是直接以"一边一国"来界定两岸政治关系，从而全面放弃一个中国立场，转向追求"台独"。在这种背景下，两岸关系的主要矛盾，由以"谁是中国""谁代表中国"为表现形式的"法统"之争，转变为谋求国家统一与推动国家分裂的以"一中一台"或"两个中国"为表现形式的统"独"之争。在政治背景发生重大变化的条件下，原本为大陆全面否定的"中华民国宪法"，也成为"台独"分裂分子意欲破弃的对象，由此，大陆方面不得不逐渐转变对这部"宪法"的完全否定态度，转而将台湾地区具

① 参见［日］若林正丈：《战后台湾政治史——中华民国台湾化的过程》，洪郁如等译，台湾大学出版中心2014年版，第214页。
② 台湾当局"台海两岸关系说明书"（1994年）。

有"去中国化"内涵的"修宪""制宪"活动明确界定为"法理台独"活动。

第三，1946年"中华民国宪法"文本在20世纪90年代末开始的台湾地区"宪政改革"中遭到修改，"一中性"与"台湾性"开始在同一部"宪法"中并存。一方面，"一中性"是台湾地区现行"宪法"对两岸关系一以贯之的法理定位主线，在"增修条文"和相关的"大法官解释"中均有较为明显的表现，如：1）在"增修条文"前言中，明确说明"增修条文"的"修宪"目的，在于"因应国家统一前之需要"，以此说明在此状况下台湾地区现行"宪法"发生变化的根本原因，将"国家统一"界定为"增修条文"的立法目标。2）"增修条文"的将"中华民国宪法"的适用范围限定在"中华民国自由地区"，以之与"中华民国大陆地区"相对，将大陆地区人民和"自由地区"人民分开规定，以法律形式肯定"一国两区"的两岸政治关系定位状态。3）"大法官解释"中绝大部分"解释"均坚持"一国两区"的定位，或明确将两岸界定为"非国与国关系"，仅有极少数"解释"存在定位上的模糊。① 另一方面，"台湾性"是台湾地区"宪政改革"过程中，注入这部"宪法"文本的核心内容。台湾地区"宪政改革"的目的，即在于弥合"1946年宪法"中的"全中国"与台湾地区政治现实中的"小台湾"之间的裂隙，因此，在"增修条文"和岛内"宪政实践"中，强调"台湾主体性"成为一种必然选择，如：1）台湾当局自1949年以来的实际控制范围仅及于台澎金马地区，这一事实应当成为理解和适用"中华民国宪法"的事实基础；2）1971年台湾当局被逐出联合国，直至台湾地区"宪政改革"启动，台湾选出的"中华民国"民意代表已实现从"增额"到"全额"的蜕变，因而"中华民国"的统治基础已经从"全中国"改变为"台湾"②；3）台湾地区现行"宪法"及其"增修条文"中，不断出现着因肯定"自1949年年底以来仅统治台湾"

---

① 参见段磊：《"释宪台独"的政治意涵、表现形式与应对策略》，《台海研究》2017年第1期。

② 参见王泰升：《中华民国法体制的台湾化》，王泰升：《台湾法的断裂与连续》，元照出版公司2002年版。

之事实和"对中国大陆仍具有法律上的主权"之间的矛盾，① 这种矛盾的产生原因即是因为"中华民国宪法"已经"台湾化"，体现的是"台湾性"。由此可见，在台湾地区"宪政改革"的过程中，"中华民国宪法"凸显出"一中"与"台湾"并存的二律背反现象。

总之，在两岸关系和台湾岛内政治格局的发展变化中，"中华民国宪法"问题的性质与主要侧重方向发生重大转向，这一原本隶属于中国内战与政府继承过程中的单向问题，转而落入国家"正伪之争"和国家分裂统一双向交织的复杂性问题域之中。这种转向，为当下两岸各方政治力量对待"中华民国宪法"问题立场的纠葛埋下了伏笔。

三、"中华民国宪法"问题的现状：两岸三方立场与各自调整方向

从"中华民国问题"及其背后的两岸关系变迁与台湾地区政治转型的变迁历程来看，这一问题背后映射出历史与现实的缠绕、政治与法律的纠葛。可以说，大陆方面和民进党、国民党三方力量，在"中华民国宪法"问题上均抱有极为复杂，甚至在一定程度上看是自相矛盾的政治心态。而在两岸关系发展变化的过程中，各方又不约而同地围绕"中华民国宪法"问题调整政策表述，尝试取得突破。这种各方对待"中华民国宪法"问题的现时性的立场，值得我们关注与分析。

第一，大陆方面对"中华民国宪法"持"废止"与"捍卫"的策略性立场。一方面，大陆方面依照革命史观的逻辑将"中华民国宪法"界定为一部"伪宪法"，并进而将之视为中华人民共和国宪制体制取代的对象，因而拒绝承认其存在。从这个意义上讲，在大陆方面的话语体系中，"中华民国宪法"仅仅是存在于中国法制史之中的一部历史性规范而已。另一方面，在"台独"分子妄图从具有一个中国因素的"中华民国宪法"入手，推行"法理台独"活动的背景下，大陆方面又转而采取一套模糊应对机制，即虽在整体上不承认"中华民国宪法"，却又不完全否认这部"宪

———————
① 参见王泰升：《中华民国法体制的台湾化》，王泰升：《台湾法的断裂与连续》，元照出版公司2002年版。

法"的部分内容，更不容许"台独"分裂势力对这部"宪法"中的"一中"内容作出修改。① 由此，在历史与现实相缠绕的背景下，大陆方面对待"中华民国宪法"的态度实际上是一种兼顾"法统"之争与统"独"之争的策略性立场，即从"法统"（或者说"主权"）层面持"废止"与"否定"立场，而从统"独"层面则持"维持"甚至是"捍卫"立场，从而形成了一套看似矛盾，却内在协调一致的政治策略体系。

第二，民进党方面对"中华民国宪法"持"废弃"与"接受"的"适应"性变化。一方面，自建党以来，民进党即将推翻"中华民国"、废弃"中华民国宪法"、建立"台湾共和国"作为其政治目标。为实现这一目标，民进党屡屡提出"制宪"主张。20 世纪 90 年代，民进党陆续炮制了所谓"台湾宪法草案""台湾共和国宪法草案"，陈水扁执政后，更是提出通过"公投"，制定一部"合身合用的新宪法"等"制宪台独"论述。② 另一方面，由于岛内大多数民众对民进党提出的激进"台独"主张持担忧态度，民进党在一段时间内的选举屡屡失利，为尽快获取执政权，民进党不得不选择向中间民意靠拢，于 1999 年出台"台湾前途决议文"，放弃推翻"中华民国"、制定"新宪法"的主张。为平衡主流民意的需要与民进党的"台独""理想"，"台湾前途决议文"使用了"借壳上市"的方式，对"中华民国"的政治意涵作出重新解读，提出"台湾是一主权独立国家，其主权领域进及于台澎金马及其附属岛屿……台湾固依目前宪法称为中华民国"③ 的主张。此后，民进党政治人物和部分持相同立场的学者在这一思维的主导下，开始尝试重新诠释"中华民国宪法"，尤其是从"固有疆域"的政治现实与法理叙述之间的裂隙出发，意图形成基于"中华民国宪法"的"台独"分裂主张。由此，为实现其夺取岛内执政权的目标，民进党在对待"中华民国宪法"问题时，在不同的政治环境之下，以"适应"执政环境为依据作出政策调整。

---

① 参见王英津：《两岸政治关系定位研究》，九州出版社 2016 年版，第 286 页。
② 参见周叶中：《台湾问题的宪法学思考》，《法学》2007 年第 6 期。
③ "台湾前途决议文"（1999 年）。

　　第三，国民党方面对"中华民国宪法"持"继承"与"调整"的"被动"性改变。一方面，作为"中华民国宪法"的"缔造者"，国民党为延续其政治传统，维持其自身政治特性，长期以"中华民国"和"中华民国宪法"的维护者自居。可以说，在当下的台湾，没有"中华民国"，国民党便失去了一笔最大的政治财富。因此，国民党内不少人士在界定两岸关系性质时，往往乐于以"中华民国宪法"（包括"宪法增修条文"）为依据，强调"中华民国固有疆域"涵盖"整个中国"，大陆和台湾均属"中华民国"，而"中华民国"是代表中国的"唯一合法政府"。另一方面，在台湾地区政党轮替常态化的背景下，国民党又不得不向岛内日渐上升的"本土化"民意靠拢，应对民进党两岸政策的挑战，适度调整其对"中华民国宪法"的立场和观点。所谓"一国两区"定位、"中华民国主权及于整个中国，而治权仅及于台澎金马"等论述，即是在这一背景下形成的。可以说，在岛内政治格局变化的背景下，国民党的"中华民国宪法"论述也不得不在"继承"中"被动"改变。

　　近年来，随着两岸关系和岛内政治环境的变化，两岸三方在"中华民国宪法"问题的既有立场上，又有所调整。这种调整体现在：1）大陆方面，近年来政界学界均开始出现借助"中华民国宪法"制约"台独"分裂活动的声音。一方面，大陆学界早有学者提出，"台湾问题是台湾现行'宪法'和新中国宪法之间的关系问题"[①] 的主张，亦有不少学者就台湾地区现行"宪法""法律"的定位问题展开分析[②]。另一方面，大陆官方也曾尝试以"中华民国宪法"遏制分裂活动，2016 年 2 月 26 日，外交部长王毅在美国智库战略与国际研究中心（CSIS）发表演讲时，首次使用"他们的宪法"的提法，清楚指出"他们的宪法是规定大陆台湾同属一个中

---

① 周叶中：《台湾问题的宪法学思考》，《法学》2007 年第 6 期。
② 参见杜力夫：《"一国两制"视角下"中华民国宪法"的定位》，《"一国两制"研究》（澳门）2013 年第 4 期；王英津：《两岸关系中的"中华民国宪法"问题》，《中国评论》（香港）2016年 3 月号；段磊：《"九二共识"与台湾法律定位——论新形势下重新界定"中华民国宪法"法理定位的必要性与可行性》，《"一国两制"研究》（澳门）2016 年第 4 期。

国"①，引起海内外各方的广泛关注。2）民进党方面，在第二次获取执政权后开始围绕"中华民国宪法"构建其两岸关系论述体系。2016 年民进党重新执政后，台湾地区领导人蔡英文在既要应对大陆方面强大反"独"压力，又要平衡党内"独"派势力，更要争取多数"中间选民"的情势下，提出以"中华民国宪法""中华民国宪政体制"为依据来处理两岸事务，在一定程度上也展现出民进党当局在一定条件下的两岸政策新选择。3）国民党方面，借助"中华民国宪法"表达其两岸关系立场是其近年来一以贯之的表述策略，但对同一部"宪法"的适用方式却有所不同，呈现出与民进党一定的"趋同化"倾向。前任台湾地区领导人马英九曾将台湾地区现行"宪法"视为其界定两岸关系"并非国与国关系"的根本依据②。曾任国民党党主席的洪秀柱则围绕"宪法"中的相关规定提出"一中同表"等一系列两岸关系主张。③ 新任国民党主席吴敦义推动修改其《政治纲领》，选择删除"签署和平协议"等内容，而保留了"在'中华民国宪法'架构下……推动两岸交流"④ 等内容，被广泛认为是在民进党执政压力下的妥协，甚至是与民进党政策的趋同。这些存在于国民党重要政治人物政策论述中的主张，都可被视为国民党方面试图借"中华民国宪法"创新其两岸关系政策的尝试和探索。

从上述分析来看，尽管两岸三方在对待"中华民国宪法"问题的立场上，似乎都存在尝试突破其传统政策的倾向，但是我们必须看清的是，两岸三方的这种"改变"只是为了在外在政治环境变化的情况下，更好地护其各自基本政治立场的一种策略调适。大陆方面对本已被定义为"废止"

的"中华民国宪法"持"不反对"甚至是"维护"立场的本质是巩固一个中国框架，维护国家在法理层面的主权统一。国民党方面以"治权范围限缩"方式对长期秉持的"'中华民国宪法'为'全中国'根本法"之定位作出调整，民进党方面以置换"中华民国"主权意涵的方式，将其原本意欲破弃的"中华民国宪法"作为"处理两岸事务"的依据，其本质皆是为了使各自政党在台湾地区内部"斗争性"政党政治的背景下获取更多选票，谋求更大政治利益。因此，我们在分析各方对待"中华民国宪法"的政策表述时，既要看到其中的"变"与"不变"，更要以其中根本性的"不变"透析策略性的"变"。

四、结语

尽管两岸三方在统"独"议题上持不同观点，但颇为吊诡的是，三方在各自的两岸政策建构之中，却都不约而同地选择以"中华民国宪法"为突破口，从不同角度、以不同方式适度调整其政策表述。由此可见，一部在内涵上兼具"历史性"与"现实性""一中性"与"台湾性"，既关涉到国家"法统"之争，又关系到统"独"之争的"中华民国宪法"，对两岸各方实现其政治立场而言均具充分的解读与运用空间。可以预见的是，在两岸关系仍处于僵局的时代，一部能够为各方挖掘政策资源的"中华民国宪法"，必将继续引起关注，甚至可能成为各方尝试破局的关键点。

从"法统"论述看"中华民国宪法"法理定位的历史症结*

　　"法统"是流行于民国时期的一个重要概念，也是学界在讨论"中华民国宪法"问题时经常涉及的一个重要概念。众所周知，1946 年制定的"中华民国宪法"已随着《共同纲领》的制定和新中国的建立，而在大陆地区彻底失去法律效力。然而，实事求是的看，由于历史的机缘，这部被宣告废止的"宪法"在台湾地区至今仍得到有效实施，并在规范中体现出较为明确的一个中国因素，且在实践中获得多数台湾民众的认同。由此，如何认识"中华民国宪法"这部在主观上被视为伪宪法而遭到废止、但在客观上却具有维护一个中国正面意义且仍具有实际效力的规范，是两岸关系中一个极为复杂和重要的难题。自 1946 年"中华民国宪法"制定之初，中国共产党和民盟等民主党派即明确表示拒绝承认这部"宪法"的合法性，称其为"伪法统""伪宪法"，而 1949 年中共中央制定的《关于废除国民党的六法全书与确定解放区的司法原则的指示》更是明确将"六法全书"视为"伪法统"的象征，因而宣布"六法全书绝不能是蒋管区与解放区均能适用的法律"[①]，由此，"法统"概念即与"中华民国宪法"问题密切相关。长期以来，大陆学界始终将《废除六法全书指示》中"伪法统""伪宪法"的表述视为是能否将"中华民国宪法"作为一种能够助益于维护一个中国框架的正向资源的重要障碍。易言之，在不少学者的研究框架

---

* 本文由段磊撰写，原载《中国评论》2017 年第 7 期。
① 《中共中央关于废除国民党的六法全书与确定解放区的司法原则的指示》。

中，若坚持《废除六法全书指示》的基本精神，则在处理两岸关系时即应回避"中华民国宪法"，而若以"中华民国宪法"作为处理两岸关系的论述工具便是对《废除六法全书指示》的背弃。然而，这种认知本身是建立在革命史观之下的一种对抗性的"法统"逻辑之上的，因此，本文拟从"法统"论述出发，探讨当前依然横亘于两岸关系之中的难题——"中华民国宪法"问题的历史症结，以期能够为解决这一问题提供一种新的理论路径。

一、缘起：1946 年"中华民国宪法"制定过程中的"法统"之争

1911 年爆发的辛亥革命推翻了清王朝的统治，结束了中国两千余年的帝制时代，创建了中华民国，从而开启了中国国家近代化的新阶段。1912 年 3 月，南京参议院通过《中华民国临时约法》，这部约法是对辛亥革命历史事实的确认，它以根本法方式宣告了中国专制制度的灭亡，确认了民主共和国家制度的诞生，同时也确立了中华民国的"法统"。① 尽管学界对"法统"概念的界定尚存很大分歧，但毋庸置疑的是，这一概念内在地包含着对政权合法性的确认。② 正是基于这一概念的重要价值，自民国建立以来的数十年间，国内各方政治力量之间曾发生过多次"法统"之争。

在 1946 年"中华民国宪法"的制定过程中，亦体现出国内不同政治派别之间的"法统"之争。具体说来：国民党方面主张，这部"宪法"应当"依照《建国大纲》与五权宪法之基本原则而拟定"③，主张采取内阁制政权组织形式，取消各省制定省宪之权力，从而实现中华民国的"法统"传承。共产党和民盟等党派则主张应当依照政协会议决议之《宪法草案案》，采行以五院制为外在形态的责任内阁制政权组织形式，赋予各省以制定省宪、实行自治的权力。最终，在各方协商未果，国民党已挑起内

---

① 张晋藩：《辛亥革命百年话法统》，《法学杂志》2011 年第 11 期。
② 参见俞荣根：《道统与法统》，法律出版社 1999 年版，第 28 页；蒋晓伟：《论中国的"法统"》，《哈尔滨工业大学学报（社会科学版）》2013 年第 1 期。
③ 《国民党六届二中全会对于政治协商会议之决议案》，荣孟源主编：《中国国民党历次代表大会及中央全会资料》（下册），光明日报出版社 1985 年版，第 1047 页。

战的背景下，国民党方面选择以拉拢数个中间政党的方式，抛开中共和民盟，单方面召开"制宪国大"，并于 1946 年 12 月通过"中华民国宪法"。与此同时，中共和民盟等党派拒绝承认"中华民国宪法"的合法性，将这部"宪法"界定为"伪宪法"，认为这部"宪法"是国民党一党专政的"伪法统"的象征。在"中华民国宪法"实施后不久，蒋介石当局即通过制定赋予总统几近无限权力的"动员戡乱时期临时条款"，实现对这部"宪法"的实质破弃。然而，在"中华民国宪法"已遭实质破弃之后，国民党当局仍念念不忘"法统"这块招牌的象征价值，直至 1949 年初，蒋介石发表之"元旦求和声明"中仍提出，"只要神圣的宪法不由我而违反……中华民国的法统不致中断"，则其"个人更无复他求"①，从而将维持"中华民国法统"作为国共和谈的一项条件。对于国民党方面的此类论调，中共方面据理力争，坚持立场，一以贯之地坚持反对"伪法统""伪宪法"的主张，并将此主张明确列为北平和平谈判的八项条件之一。在此期间，中共中央制定了《废除六法全书指示》，正式宣布在解放区废除"伪法统""伪宪法"，这一决定在日后颁布的《中国人民政治协商会议共同纲领》第十七条中得到确认，由此作为"中华民国法统"象征的"中华民国宪法"和"六法全书"在大陆正式退出历史舞台。

考察"中华民国宪法"的制宪实践可知，这部"宪法"所体现出的"法统"内涵在形式上和实质上存在本质差异。国民党方面认为，这部"宪法"承袭辛亥革命以来《中华民国临时约法》传承的"法统"，体现出全国人民的制宪诉求，直接依据则是"孙中山先生创立中华民国之遗教"②。然而，从"中华民国宪法"的制宪经历来看，作为当时中国政治格局中，唯一能起到制约国民党一党专政力量的中国共产党未能参与到制宪之中，从而使这部"宪法"与宪政的基本精神大相出入。正如大陆学者刘山鹰所言，"中华民国宪法"在国民党逃离大陆前，"充其量只是一个民主

---

① 《申报》，1949 年 1 月 1 日。
② 1946 年"中华民国宪法"序言。

的气泡，它跟人们所期待的宪政没有任何必然的联系"①。如果说，这部"宪法"在制宪之初，即在坚持《政协决议》时期，尚能体现出中国各方政治力量的政治共识，体现出全国人民的制宪意愿，那么，在国民党单方面撕毁《政协决议》，一党包办制宪之后，它就已经丧失了合法性基础，因而只能体现出其作为"保护地主与买办官僚资产阶级反动统治的工具"，"镇压与束缚广大人民群众的武器"② 的一面，是一部"伪宪法"，是"伪法统"的体现。

二、症结：1949 年后"中华民国法统"之"中国性"与"专制性"的黏合

1949 年，随着国民党政权败退台湾，"中华民国宪法"和"中华民国法统"也随之来到台湾，成为蒋介石当局彰显其自身"合法性"的重要工具。为弥合以"全中国"为适用对象的"中华民国宪法"与"小台湾"之间的裂隙，保障其作为"全中国"代表的"法统"之延续，国民党当局不惜透过"司法院大法官""释宪"方式，以极为牵强的说辞，冻结"中央民意代表选举"，形成长达 40 年未改选的"万年国代"之怪现象。民意机构的长期不改选，一方面实现了国民党当局消解"宪法危机"，保障"法统"延续的意愿，另一方面也禁锢了台湾的民主发展，堂而皇之地巩固了国民党在台湾的专制统治。然而，这也使得以"全中国"为指向的"中华民国法统"，成为台湾地区民主运动的标靶。由此，台湾民主运动中形成一套以"台独"为手段，以"民主"为目的的，台湾"民主独立"的逻辑体系，③ 从而逐渐呈现出"台独化"倾向。

毋庸置疑，"中国性"是"中华民国法统"的天然构成部分，没有"中国性"就没有所谓"中华民国法统"。然而，在 1949 年之前，"中国性"却是"中华民国法统"之中一个无须讨论，也无须证成的组成部分，

① 刘山鹰：《中国宪政的选择——1945 年前后》，北京大学出版社 2005 年版，第 189 页。
② 《中共中央关于废除国民党的六法全书与确定解放区的司法原则的指示》。
③ 参见祝捷：《"民主独立"的台湾故事与香港前路》，《港澳研究》2015 年第 2 期。

因为任何参与"法统"争议的中国政治派别未曾主张过，也不可能主张"非中国（的）法统"。因此，在1946年"中华民国宪法"的制定过程中，各方政治力量"法统"争议的重点和本质在于，"中华民国法统"是不是等同于维护国民党一党专政的"专制法统"，是不是应当成为国民党实行一党专政的"护身符"。从这个意义上讲，《废除六法全书指示》中否定的"伪法统"，其本质即是维护国民党一党专政的"专制法统"，而不应包括，也不可能包括对"中华民国法统"之"中国性"的否定。

1949年后，国民党政权退据台湾，为维护其自身在台湾地区统治的"合法性"，国民党当局才开始将"中华民国法统"之中的"中国性"凸现出来，以实现其以维护"中国法统"为名，行维护"专制法统"、禁锢民主之实的目的。蒋介石政权最为重要的"合法性"来源即是其在1948年选举的"行宪国大"。然而，"行宪国大"召开后仅一年时间，国民党政权在大陆的统治即走向崩溃，"中华民国宪法"所设立的"国大"和"五院"等机构亦随蒋介石政权退往台湾。1954年，首届"国大代表"和"立法委员""监察委员"任期陆续届至，而国民党政权根本无法依照"宪法"规定，在全国范围内展开"换届选举"，因而引发了一场严重的"宪法危机"。① 为解决这场"宪法危机"，继续维护其在台湾的一党专政，蒋介石当局选择由"司法院大法官"出面，作成"释字第31号解释"，以"国家发生重大变故……若听任'立法'、'监察'两院职权之行使陷于停顿，则显与宪法梳理五院制度之本旨相违"② 为由，宣布第二届"立法委员""监察委员"继续行使职权直至"第二届委员……依法选出集会与召集"为止。"释字第31号解释"为台湾地区"中央民意代表"长期不改选提供了"法理依据"，也为弥合因国民党当局败退台湾而引起的"全中国"与"小台湾"之间的鸿沟，提供了法理说辞。③ 由此观之，此号"解释"

① 参见周叶中、祝捷：《台湾地区"宪政改革"研究》，香港社会科学出版社有限公司2007年版，第20页。
② "释字第31号解释"之"解释文"。
③ 参见周叶中、祝捷：《我国台湾地区"司法院大法官"解释两岸关系的方法》，《现代法学》2008年第1期。

的"释宪逻辑"在于,在遵从"两岸同属一个中国"的前提之下,强调台湾当局对"中国"的代表性,继而以维护此种"代表性"为由,禁锢台湾人民的民主权利。这一"释宪"逻辑将维护一个中国原则与维持国民党政权的威权统治粘合在一起,从而直接造成禁锢台湾地区内部民主发展的恶果,从而为部分"台独"分裂分子,以"推翻国民党威权统治、实现台湾人民民主权利"为由,鼓噪岛内部分民众对"释字第31号法统"所维持的一个中国原则产生敌意提供了借口。

由此,"中华民国法统"在台湾地区体现出与1949年之前不同的面向,即一方面,在两岸隔绝,国民党当局急需维护其作为"中国唯一合法政府"地位的背景下,原本隐于其中的"中国性"开始显露于外;另一反面,在国民党当局的操弄下,"中华民国法统"与"专制法统"画上等号,成为岛内反对国民党专制统治力量的攻击对象。

三、解题:台湾地区"宪政改革"与"中华民国宪法""中国性"与"专制性"之剥离

自20世纪80年代末开始,台湾地区逐渐开始展开破除国民党威权统治的政治转型运动,这场运动的规范表现形态,即是"动员戡乱时期临时条款"的废止和台湾地区"宪政改革"的展开。透过七次"宪政改革",原本影响"中华民国宪法"在台湾地区实施的许多条款,多以"不受限制""不适用""停止适用"等名义被废止,从而使"中华民国宪法"重新在台湾地区开始发挥其政治根本法的实际作用。

考察台湾地区历次"宪政改革"的具体内容可知,其对"中华民国宪法"的"增修"主要集中在对"中华民国政权组织形式""国家结构形式"的变更和对两岸关系的界定上。具体说来①,1)对1946年"宪法"中既有之"国民大会"与"五院"等公权力机关的权限做出相应调整,从而使台湾地区政权组织形式突破了1946年"宪法"的"五院体制",形成

---

① 参见周叶中、祝捷:《台湾地区"宪政改革"研究》,香港社会科学出版社有限公司2007年版,第27页以下。

所谓"修正的双首长制"；2）通过"冻省"，实现"省虚级化"，达到变更"国家结构形式"之目的；3）对"中央民意机关"的选举范围做出调整，以"大陆地区"和"自由地区"之划分，确定以"自由地区选举人"为基础的选举体制，实现对"总统"和"民意代表"的"直选"。尽管有学者将台湾地区"宪政改革"视为"中华民国台湾化"的起点①，但遍观"增修条文"文本，1946 年"宪法"所蕴含的"一中性"因素却并未消失，"中华民国宪法"的"固有疆域"条款依然存在，"增修条文"明确规定其制定目的系"为因应国家统一之需要"，同时"增修条文"还做出"中华民国""自由地区"和"大陆地区"的划分，依然将大陆视为其"领土主权"范围。

由是观之，仅从"法统"角度看，台湾地区"宪政改革"的对象，主要集中在通过对权力运行机制和权力来源的变动，弥合"中华民国宪法"之中的"全中国"与现实之中的"小台湾"之间的裂隙，实现对"专制法统"的破除。然而，"宪政改革"却并未对"中华民国宪法"之中的"中国法统"做出实质性改变，仍将包括大陆和台湾在内的全中国，视为其效力范围。因此，"宪政改革"的"法统"意义在于，它破除了国民党当局强加在"中华民国宪法"之上的"专制符号"，却并未因循所谓"台湾民主独立"的逻辑，完全改变这部"宪法"之中的"中国符号"，从而为我们从这部"宪法"之中寻找维护一个中国框架的因素提供了可能。

因此，如果说大陆方面将"中华民国宪法"界定为"伪法统"标志，那么"宪政改革"之后的"中华民国宪法"的"伪法统"属性已经随着台湾地区政治转型的实现而发生变化。台湾地区"宪政改革"的过程，即伴随着"中华民国宪法"所体现的"中华民国法统"意涵的变迁。"宪政改革"前，"中华民国宪法"的主要作用在于，以维护"中国法统"的方式，维护国民党当局在台湾地区统治的"合法性"和彰显其对全中国主权主张的虚幻"合法性"。从这个意义上讲，在"宪政改革"之前，"中华

①　参见［日］若林正丈：《战后台湾政治史——中华民国台湾化的历程》，洪郁如等译，台湾大学出版中心 2014 年版，第 214 页。

民国宪法"仍然是《废除六法全书指示》中所界定的"保护地主与买办官僚资产阶级反动统治的工具,是镇压与束缚广大人民群众的武器",即"伪法统""伪宪法"。而随着台湾地区"宪政改革"的展开,作为"专制法统"标志的"万年国大"走向终结,"中华民国宪法"的法理作用也发生了变化,它所体现的已不再是国民党长期主张的,"中国法统"与"专制法统"的聚合体,而是对台湾地区政治转型事实的确认。可以说,"宪政改革"之后的"中华民国宪法"已自我消除了代表国民党反动统治的"伪法统"因素,转而成为台湾人民巩固自身政治转型事实的一种规范符号。

四、结论:史观重树后遏制"法理台独"的宪制进路

当前,在民进党重新执政的背景下,岛内"台独"分裂势力正从政治、文化、历史、民族、经济、法理等多个层面分路突进,意欲割裂两岸在各层面的连接,以实现其分裂目的。① 在这一背景下,能否将具有一个中国因素,且能为我们维系两岸法理连接提供重要支持的台湾地区现行"宪法"视为一种正向资源,对于我们打击和遏制"台独"分裂活动,维护两岸关系和平发展的大局具有重要意义。从本文对"法统"视角下"中华民国宪法"变迁的回顾与论述看,在当前形势下重新探讨"中华民国宪法"法理定位问题,并不意味着否定《废除六法全书指示》废除"伪宪法""伪法统"的基本精神和基本原则,更不意味着否定新中国建立的合法性,否定新中国法治建设的基础。在当前形势下,我们探讨"中华民国宪法"法理定位问题的核心目的在于,通过给予这部"宪法"以合情合理安排,实现巩固和维护一个中国框架,促进两岸政治互信,为两岸展开高阶层政治商谈提供条件。只有厘清《废除六法全书指示》的真正废止对象,将作为"中华民国宪法"中的"中国性"和"专制性"相区分,才能在对台工作中,更好地运用这部"宪法"的"一中性"因素,以期实现对"法理台独"活动的宪制制约。

---

① 参见祝捷:《"台独"的推进策略和七种形式》,《中国评论》2016 年 12 月号。

"九二共识"与台湾的法律定位

——论新形势下重新界定"中华民国宪法"法理定位的必要性与可行性[*]

2016 年 5 月 20 日，台湾地区新任领导人蔡英文在其"就职演说"中提出，台当局"会依据中华民国宪法、两岸人民关系条例及其它相关法律，处理两岸事务"①，从而使"中华民国宪法"成为继"中华民国现行宪政体制"之后，其处理两岸关系的又一政策依据。众所周知，"中华民国宪法"是一个具有较大模糊性的概念，它既可以被岛内部分蓝营人士解释为以"谋求国家统一"为目标的"一中宪法"，也可以被"台独"分裂分子解释为"中华民国台湾化"之后的一种"生存策略"。维护两岸关系和平发展的关键在于坚持"九二共识"政治基础，毫无疑问，蔡英文的这一模糊的政策表述是无法为大陆方面所接受的，她的这一套以"中华民国宪法"为核心的两岸政策体系仍是一份"未完成的答卷"②。基于对蔡英文当局两岸政策的基本认知和对"中华民国宪法"内涵的认知，我们首先应在战略上严守政治底线，坚持"九二共识"政治基础，明确两岸关系"不是国与国关系"的性质界定，坚决反对和遏制一切"台独"分裂活动。在这一前提下，面对这部可以做出多种解读的"中华民国宪法"，我们亦

---

* 本文由段磊撰写，刊载于《"一国两制"研究》（澳门）2016 年第 4 期。

① 联合早报：《蔡英文就职演说全文》，资料来源：http://www.zaobao.com/special/report/politic/tw2016520/news/story20160520 – 619360，最后访问日期：2016 年 5 月 21 日。

② 《中共中央台办、国务院台办负责人就当前两岸关系发表谈话》，新华社北京 5 月 20 日电。

可以在战术上理性区分其中的积极与消极因素，将其视为一种可资用于巩固和维护一个中国框架的法理资源，并在此基础上积极挖掘、强调和放大其中的积极因素，为框限台湾当局两岸政策论述空间做好理论准备。为此，我们应注意适时调整将"中华民国宪法"单纯地界定为一部伪宪法的传统观点，考虑重新界定这部"宪法"的法理定位。

一、"中华民国宪法"法理定位问题的缘起与表现形式

众所周知，制定于 1946 年的"中华民国宪法"，在其宣布实施仅一年多之后，便在大陆地区退出了历史舞台。然而，历史的因缘际会却使得这部原本即将离开人们视野的"宪法"，得以继续在台湾地区施行至今。自20 世纪 90 年代以来，两岸关系的主要矛盾从"正统"之争转为统"独"之争，由此，"中华民国宪法"这部天然地带有"一中性"因素的规范性文件的法理定位问题，再次成为两岸共同关心的议题。两岸红、蓝、绿三方在对待这一问题的立场上均体现出较为复杂的政治心态。① 在当前形势下，"中华民国宪法"法理定位问题，不仅表现为如何界定这部"宪法"的地位问题，更表现为如何运用这部"宪法"维护祖国统一、如何回应岛内政治力量和普通民众对这部"宪法"的政治诉求等等。

（一）"中华民国宪法"法理定位问题的缘起：外力干预下的因缘际会

"中华民国宪法"法理定位问题，产生于中国近现代历史发展过程中，是中国人民在宏大的革命叙事中政治决断发生中断的一种体现。从宪制史角度看，制定于 1946 年的《中华民国宪法》，首先是一种发生于中国近现代制宪史上的历史事实，这一点已为大陆官方和学界所普遍承认。在 1946年宪法的制宪过程中，国民党专制当局为维护其一党专政的政治格局，公然违背由当时中国主要政治力量共同达成的《政协会议决议》，悍然发动内战。在这种背景下，尽管国民党当局通过各种手段，分化瓦解第三方面，使"制宪国大"出席代表人数达到法定人数，在形式上赋予了《中华

---

① 参见王英津：《论两岸政治关系定位中的"中华民国"问题（下）》，《中国评论》2016 年 2月号。

民国宪法》以合法性，但这种合法性却仅止步于形式层面。① 由于缺少当时国内两股重要政治力量——中共和民盟的参与，此次"制宪国大"在包容性、可接受性和权力制约方面存在着"先天不足"，因而其所通过的《中华民国宪法》的实质合法性亦是不充分的。

在此之后，在国共内战格局发生根本性翻转的背景下，中共中央发布《关于废除国民党的六法全书与确定解放区的司法原则的指示》（以下简称《废除六法全书指示》），明确提出，"国民党全部法律只能是保护地主与买办官僚资产阶级反动统治的工具，是镇压与束缚广大人民群众的武器"，因而"六法全书绝不能是蒋管区与解放区均能适用的法律"②，从而明确宣告废除包括《中华民国宪法》在内的"六法全书"。此后，在 1949 年 9 月召开的中国人民政治协商会议上通过的《中国人民政治协商会议共同纲领》，更是明确肯定了《废除六法全书指示》的基本精神，规定"废除国民党反动政府一切压迫人民的法律、法令和司法制度"③，从而在法理上彻底宣告《中华民国宪法》在大陆地区的废止。

依照革命—制宪—建国的一般逻辑，在内战看似大局已定之时，"中华民国""中华民国宪法"似乎都将随着战争的结束和革命的胜利，成为历史陈迹。然而，历史的因缘际会，却使得"中华民国宪法"得以在台湾地区长期存在。1950 年的中苏结盟与朝鲜战争的爆发，导致美国直接出面干预中国内战，第七舰队开进台湾海峡，作为当时全球两极之一的美国，以毫无正当性可言的外力，打断了中国人民解放台湾的进程，人民解放军被迫放弃横渡海峡的作战计划，台湾问题由此形成。在此之后，"中华民国宪法"这部已为中国人民所抛弃的伪宪法，在外力的支持下，作为台湾当局的"法统"象征得以继续在台湾地区存在至今。

（二）"中华民国宪法"法理定位问题的表现形式：传统立场的困境与挑战

在中国革命历史与两岸关系现实的双重影响下，"中华民国宪法"这

---

① 参见刘山鹰：《中国的宪政选择——1945 年前后》，北京大学出版社 2005 年版，第 173 页。
② 《中共中央关于废除国民党的六法全书与确定解放区的司法原则的指示》。
③ 《中国人民政治协商会议共同纲领》第十七条。

部已被中国人民主观废止，但却在客观上依然存在的"宪法"的法理定位问题，逐渐从一个单纯地存在于法制史学科范畴内的问题，转变为一个两岸关系研究需要宪法学、政治学、历史学等学科共同研究的重要问题。在历史与现实相交汇的背景下，"中华民国宪法"法理定位问题的焦点体现为：我们应当如何看待"中华民国宪法"这部在大陆方面看的来，主观上已被废止，但客观上仍然存在，在历史上代表着国民党伪法统，在现实中包含着"一个中国"因素的规范性文件。具体说来，这一问题可拆分为以下四个具体问题：

第一，1946 年"中华民国宪法"大部分条文及其"增修条文"，在台湾地区仍然具有事实上的法律效力，它切实构成了台湾地区政治秩序的基础，那么如何给予其所具有的实际效力以正确的理论定位？自国民党政权败退台湾之后，在长达四十余年的"动员戡乱时期"，"中华民国宪法"不过是确认和维护国民党在台湾地区威权统治的工具而已。"宪政改革"后，这部"宪法"开始走出被"破弃"状态，逐步成为规制岛内政治力量活动的有效规则，岛内主要政治力量已将这部"宪法"视为各方共同认可的政治共识和"最大公约数"。① 在这种情况下，若仍绝对地、片面地否定"中华民国宪法"，不仅容易产生大陆方面不顾这部"宪法"客观存在事实的表象，还有可能将岛内各政治力量均置于对立面，对两岸政治互信的累积产生负面影响。

第二，"中华民国宪法"虽在台湾历经多次"增修"，但这部"宪法"的一个中国因素却并未随之消失，那么如何为我们借助其所具有的一个中国要素反对和遏制"台独"分裂活动提供支持？众所周知，部分"台独"分裂分子妄图通过否定或变革"中华民国宪法"实现其分裂祖国的目的，而考察"中华民国宪法"及其"增修条文"，其中不乏"因应国家统一前之需要""自由地区与大陆地区"等肯定两岸同属一个国家的表述。这些表述能够成为我们运用法治思维和法治方式反对和遏制"台独"分裂活

① 周叶中：《关于两岸法理关系定位的思考》，周叶中、祝捷：《两岸关系的法学思考（增订版）》，九州出版社 2014 年版。

动，维护一个中国框架，推动祖国统一的重要工具。在这种情况下，若仍绝对地、片面地否定"中华民国宪法"，将在一定程度上有助于"台独"分裂分子否定"中华民国宪法"的"一中性"，不利于了两岸关系政治基础的巩固。

第三，"中华民国宪法"及其"增修条文"在实践中切实发挥着维护台湾民众基本权利的作用，而绝大多数台湾民众也普遍认同"中华民国宪法"的规范效力，那么如何尽可能地包容和尊重台湾同胞这种产生于特殊历史条件下的政治情感？在台湾人民长期坚持不懈的抗争之下，台湾地区的权利保障状况有了很大程度的进步，而"中华民国宪法"作为台湾人民"基本权利保障书"的功能也随之日渐凸显，以"司法院大法官"为核心的台湾地区"宪法解释"体制，逐渐成为台湾人民维护其基本权利的重要管道。同时，由于两岸长期隔绝，大多数台湾同胞已经在历史发展的过程中逐渐形成了对"中华民国宪法"的认同感，他们大多认可和遵守"中华民国宪法"的规范效力。在这种情况下，如果我们仍然坚持传统观点，绝对地、片面地否定"中华民国宪法"，有可能伤害台湾民众的感情，影响两岸同胞心灵契合的实现。

第四，台湾当局和台湾地区主要政治人物已越来越注重借助"中华民国宪法"的相关规定来处理两岸政治关系问题，或依据这部"宪法"提出其两岸关系的政策主张，那么应如何分析这些政策主张所蕴含的法理内涵，并在此基础上提出应对策略？从岛内主要政治人物的两岸关系政策主张来看，岛内主要政治力量均围绕台湾地区现行"宪法"提出其两岸事务论述。新任台湾地区领导人蔡英文更是将"宪法""宪政体制"视为其两岸政策体系的重要支柱。可以说，透过"宪法""宪政"等概念，论述各自两岸关系政策主张，已成为台湾政坛的一股新风潮。在这种情况下，若仍绝对地、片面地否定"中华民国宪法"，对两岸发展政治关系的消极意义可能大于积极意义。

综上所述，传统意义上《废除六法全书指示》所确立的，将"中华民国宪法"视为一部伪宪法的观点，在当前形势下已很难应对两岸关系发展中出现的新情况、新问题，也很难为台湾方面所接受。因此，在新形势下，重新界定"中华民国宪法"法理定位，立基于充分的理论推导，在区分有效性与合法性、历史与现实的基础上，在适当场合以适当方式认可这部"宪法"的有效性，成为大陆方面应予慎重考虑的备选方案之一。

二、新形势下重新界定"中华民国宪法"法理定位的必要性

随着"宪法""宪政体制"等语汇在两岸关系论域中地位的日益显现，以及其在维护和巩固一个中国框架、促进两岸民众心灵契合、拓展两岸政治交往空间过程中价值与功能的彰显，重新界定"中华民国宪法"的法理定位之必要性更加凸显。

（一）重新界定"中华民国宪法"法理定位是维护和巩固一个中国框架的必然需要

当前，作为两岸关系政治基础的"九二共识"正遭遇极大挑战。一方面，在台湾地区政党轮替常态化的背景下，承认和支持一个中国框架的政党和鼓吹"台独"分裂活动的政党皆有可能获取台湾地区执政权，在民进党重新执政的背景下，"九二共识"可能再次遭到破坏。另一方面，在"去中国化"运动和岛内民粹主义的影响下，台湾地区民情民意出现新变化，岛内总体政治格局的"本土化"倾向明显，"台湾主体性"意识正逐步侵蚀一个中国框架在台湾地区政治环境中的存在空间。可以说，当前一个中国框架在政治、历史、文化、社会等层次，都面临"断裂"的危险。

从上述背景来看，为一个中国框架寻找更具权威性、稳定性和可接受性的论述支柱，成为我们稳定两岸关系发展政治基础的当务之急和必然之需。当前，两岸都已经选择法治作为社会治理所遵循的主要方式和核心价值，两岸都认同通过法律的社会治理是最佳的政治模式，法治已成为两岸共同认同的价值形态和共同话语。① 因此，通过相对于政治资源、历史资源、文化资源等而言，更具权威性、稳定性和可预测性的法治资源，尤其是宪法资源，应当成为我们用于巩固一个中国框架的重要支柱。众所周

---

① 周叶中、段磊：《论"法治型"两岸关系的构建》，《福建师范大学学报（哲学社会科学版）》2015 年第 6 期。

知，两岸在各自法律制度上，均对"大陆和台湾同属一个中国"的法理事实有所规定①，这些规定构成"九二共识"所描述的客观事实规范化和具体化的表现形式。因此，"九二共识"并非"国共两党之间的共识"，而是"两岸共识"②，一个中国框架更非无所附丽的想象，而是存在于两岸各自规定，尤其是两岸各自根本法之中的两岸法理共识。这就为我们将存在于台湾新执政者话语体系之中的"中华民国宪法"作为一种体现"九二共识"核心意涵，彰显一个中国法理事实的正向资源提供了规范根基。

在我们意图借助"中华民国宪法"这一资源时，适时改变将这部"宪法"视为一部伪宪法的传统观点，重新界定"中华民国宪法"法理定位，无疑成为我们建构一套维护和巩固一个中国框架的法治策略体系时必须加以解决的问题。能否处理好"中国民国宪法"法理定位问题中存在的历史遗留问题和政治问题，成为我们能否将这部"宪法"中的"一中性"资源发挥到极致的关键。因此，重新界定"中华民国宪法"法理定位，实乃维护和巩固一个中国框架的必然需要。

（二）重新界定"中华民国宪法"法理定位是照顾台湾民众特殊政治情感的必然需要

由于特定的历史原因，台湾同胞长期生活在与大陆相区隔的政治环境中，从而产生了与大陆同胞有所差异的政治归属感。③ 从根本法认同的角度来看，大多数台湾同胞已经在历史发展的过程中逐渐形成了对"中华民国宪法"的认同感，他们大多认可和遵守"中华民国宪法"的规范效力。我们必须承认，台湾同胞的这种"中华民国""中华民国宪法"认同现象是客观存在的，而这种现象的产生则有其历史和现实原因。

一方面，在两岸隔绝对立的历史背景下，"中华民国宪法"成为台湾民众长期以来能够赋予认同情感的唯一对象，正是这部"宪法"赋予台湾

---

① 参见周叶中、祝捷：《"一中宪法"与"宪法一中"》，黄卫平等主编：《当代中国政治研究报告》（第十辑），社会科学文献出版社 2013 年版。

② 参见刘相平：《交锋：台湾岛内对"九二共识"的争议及其影响述论》，《台湾研究集刊》2015 年第 6 期。

③ 陈孔立：《走向和平发展的两岸关系》，九州出版社 2013 年版，第 85 页。

以"国家"的幻象，赋予台湾人民以政治上的存在感和必要的政治尊严。另一方面，在台湾地区政治转型的过程中，通过极具本土化色彩的"宪政改革"，"中华民国宪法"从一部建基于"全中国民意基础"之上的"巧语性宪法"，转换为一部建基于"台湾民意基础"之上的"规范宪法"①。因此，在很多台湾民众看来，经过"增修"之后的"中华民国宪法"是台湾"民主化"的产物，它蕴含着台湾社会对"民主事实"的政治共识，因而捍卫这部"宪法"就是捍卫台湾"民主"。

由此可见，"中华民国宪法"对广大台湾同胞而言，具有重要的政治意义，他们将这部"宪法"视为其政治认同的载体和政治情感的寄托对象。因此，当有人对这部"宪法"的有效性提出质疑时，他们即会从感性出发，表现出抵制情绪。2013 年发生的所谓"张悬事件"② 和 2016 年发生的所谓"周子瑜事件"③，即在一定程度上体现出台湾民众对"中华民国"政治符号的政治情感。习近平同志指出，"我们所追求的国家统一不仅是形式上的统一，更重要的是两岸同胞的心灵契合……我们理解台湾同胞因特殊历史遭遇和不同社会环境而形成的心态，尊重台湾同胞自己选择的社会制度和生活方式"④。因此，在当前岛内民众普遍认同"中华民国宪法"的现实条件下，我们有必要透过对这部"宪法"法理定位的重新界定，体现出大陆方面对台湾同胞特殊政治情感的包容。可以预见的是，通过调整既有思路，重新界定"中华民国宪法"法理定位，在一定范围内包容体现出"中国性"的"中华民国"符号的存在，台湾民众对大陆相关涉台政策的可接受度将大大提升，两岸民众的对立情绪也将得到大大缓解，这将对两岸同胞实现心灵契合提供重要契机。因此，重新界定"中华民国宪法"法理定位，实乃照顾台湾民众特殊政治情感，促进两岸民众实现心

① 参见吴庚：《宪法的解释与适用》，（台湾）三民书局 2003 年版，第 5 页。
② 参见《台歌手张悬演唱会上展示青天白日旗　大陆学生不满》，资料来源：http：//news. ifeng. com/taiwan/3/detail _ 2013 _ 11/05/30974917 _ 0. shtml，最后访问日期：2016 年 4 月 7 日。
③ 参见《国台办就周子瑜事件表态　警惕个别事件挑拨两岸》，资料来源：http：//mt. sohu. com/20160119/n434965798. shtml，最后访问日期：2016 年 4 月 7 日。
④ 《习近平总书记会见台湾和平统一团体联合参访团》，资料来源：http：//news. xinhuanet. com/ politics/2014 –09/26/c _ 1112641354. htm，最后访问日期：2016 年 5 月 25 日。

灵契合的必然需要。

（三）重新界定"中华民国宪法"法理定位是拓展两岸政治交往空间的必然需要

自20世纪80年代末两岸恢复民间交往以来，大陆和台湾逐渐形成了以"先经后政"顺序开展关系的政治默契，大致因循新功能主义预设的理论路径，不断推动两岸经济社会交往的多元化。可以说，在"先经后政"的交往模式下，两岸政治关系在很长一段时间内处于停滞状态，双方政治对立情绪并未得到有效缓解，政治互信水平依然较低，在特定条件下，双方短暂形成的共同政治基础还有可能遭到破坏。从这个意义上讲，在继续促进两岸经济文化社会交往的基础上，积极拓展两岸政治交往空间极具必要性，而重新界定"中华民国宪法"法理定位，则构成拓展两岸政治空间的最佳切入点之一。具体说来：

第一，两岸政治分歧终究要获得解决，当前两岸关系的发展形势下，拓展两岸政治交往空间，既能够促进两岸交往的全面发展，也能为两岸强化政治互信，消除政治对立提供条件。正如习近平同志所言，"两岸长期存在的政治分歧问题终归要逐步解决，总不能将这些问题一代一代传下去"①，可以说，在当前两岸经济文化交往日益密切，双方互赖关系不断强化的形势下，解决两岸政治问题已成历史的必然。从两岸交往的历史与现状来看，当前两岸经济文化往来已体现出多元化、常态化特点，两岸基础性整合已经展开，这为两岸展开政治交往提供了有利条件。同时，从近年来，尤其是2014年"太阳花运动"以来岛内的政治格局来看，两岸若不能及时消解双方交往中因政治分歧而引起的对立情绪，则这种对立情绪将会反过来制约两岸经济文化交往。因此，当前的两岸关系发展格局，要求大陆方面应高度重视两岸政治议题，将积极拓展两岸政治交往空间，倒逼台湾方面对相关议题做出回应。

第二，作为制约两岸政治关系发展的瓶颈，"中华民国宪法"法理定

---

① 《习近平：政治问题不能一代一代传下去》，资料来源：http://www.chinanews.com/gn/2013/10-07/5346801.shtml，最后访问日期：2016年4月7日。

位问题，是当前拓展两岸政治空间的最佳切入点。众所周知，"中华民国"政治定位问题被认为是两岸关系发展中的"瓶颈问题"①，是两岸政治关系定位中"最敏感、最棘手的问题"②，而这一问题能否得到有效解决也直接关系到两岸政治空间能否得到实质拓展。较之于政治色彩很强的"中华民国"政治定位问题，"中华民国宪法"法理定位问题具有更强的技术性、规范性和明确性特点，而其政治敏感性和不确定性则远远低于前者。同时，通过重新定位一部含有"一中性"要素的"中华民国宪法"，可以达到巩固一个中国框架，强化两岸法理连接，包容和尊重台湾民众政治情感的有益效果。因此，"中华民国宪法"法理定位问题应优先于"中华民国"政治问题，成为两岸，尤其是大陆方面在拓展两岸政治空间过程中的最优突破点。我们可以预见的是，当两岸可以就"中华民国宪法"法理定位问题达成某种层次的共识时，双方即可为进一步结束敌对状态，签署和平协议，形成一个中国框架的法理共识，从而为进一步实现两岸整合揭开序幕。

据此，在两岸交往日益密切的背景下，两岸应当充分重视原本为双方搁置的政治性议题，以政治力化解两岸经济社会交往中出现的种种困境，为消解双方政治分歧，奠定和平统一基础提供条件。在当前形势下，以"中华民国宪法"法理定位问题为代表的政治性议题，应当在两岸经济社会关系不断推进的情况下，引起两岸重视，并以一定方式获致解决。因此，重新界定"中华民国宪法"法理定位，实乃拓展两岸政治交往空间的必然需要。

三、新形势下重新界定"中华民国宪法"法理定位的可行性

在当前形势下，重新界定"中华民国宪法"法理定位，积极考虑借助这部"宪法"之中的"一中性"因素，巩固两岸关系政治基础，推动两岸关系良性发展，不仅具有必要性，也具有相当程度地可行性。台湾地区现

---

① 参见陈孔立：《两岸政治定位的瓶颈》，《台湾研究集刊》2011 年第 3 期。
② 王英津：《论两岸政治关系定位中的"中华民国"问题（上）》，《中国评论》2016 年第 1 期。

行"宪法"规范文本中的"一中性"，台湾地区"修宪"机制与台湾民意的制约，宪法与合法性、国家和主权之间关系的理论观点共同构成了我们通过重新界定"中华民国宪法"，有条件地认可这部宪法的"有效性"，实现借助其"一中性"资源，巩固和维护一个中国框架，稳定两岸关系政治基础的可行性论证体系。

（一）规范基础：台湾地区现行"宪法"规范文本的"一中性"

台湾地区现行"宪法"由 1946 年"中华民国宪法""宪法增修条文"组成，而"司法院大法官"对"宪法"做出的"解释"亦构成其现行"宪法"的当然构成部分。台湾地区现行"宪法"文本规范中存在的"一中性"要素，是我们研究这部"宪法"法理定位问题的出发点和落脚点，而正是这部"宪法"规范文本中的"一中性"要素，使大陆方面借助这部"宪法"维护和巩固一个中国框架的策略具有可行性。具体说来，台湾地区现行"宪法"（含"大法官解释"）规范文本中的"一中性"主要体现在以下三个方面：

第一，1946 年"中华民国宪法"第四条的"固有疆域"条款体现出较为明显的"一中性"特点。由于 1946 年"中华民国宪法"文本制定于大陆，其时两岸尚处于同一当局的实际控制之下，并不存在所谓"两岸关系"问题，因而"一中性"是其天然构成部分。从文本角度看，1946 年"宪法"第四条对"中华民国固有疆域"的规定，构成对"大陆和台湾同属一个中国"事实的直接肯定，是这部"宪法"之中最具"一中性"特点的规定。因此，只要这一规定存在于"中华民国宪法"之中，这部"宪法"的就很难游离于一个中国框架之外。

第二，台湾地区现行"宪法增修条文"包含较为明显的"一中性"要素。1）在"增修条文"前言中，明确说明"增修条文"的"修宪"目的在于"因应国家统一前之需要"，以此说明在此状况下台湾地区现行"宪法"发生变化的根本原因。2）"增修条文"的将"中华民国宪法"的适用范围限定在"中华民国自由地区"，以之与"中华民国大陆地区"相对，将大陆地区人民和"自由地区"人民分开规定，以法律形式肯定"一国两区"的两岸政治关系定位状态。3)"增修条文"沿用 1946 年"宪法"关于"中华民国固有疆域"的规定，且为因应"国民大会"废止之需要，将原有规定中修改这一条款的门槛从"国民大会决议"变更为最少需 3/4 "立委"出席，出席"立委"3/4 决议，公告半年后经"复决"方可完成，从而在程序上为维护两岸在领土主权层面的同一性提供了重要制度保障。

第三，台湾地区涉两岸关系的"司法院大法官解释"中绝大多数"解释"都认同"两岸同属一个国家"的事实。在台湾地区当前的政治体制中，享有"释宪权"的"司法院大法官"扮演着与众不同的重要角色。一方面，在谋求"台湾法理独立"的过程中，不少"台独"分裂分子妄图借助作为政治精英的"大法官"之手，绕开岛内普遍民意，制造有"台独"倾向的"宪法解释"；另一方面，"大法官"也曾以各种方式或明确肯定"一个中国"事实，或回避统"独"议题，从而发挥其在两岸关系中的特有作用。考察当前台湾地区"司法院"做出的 20 个涉及两岸关系的"大法官解释"①，"大法官"对两岸主权关系的态度可划分为三种：一是在"释宪"中直接或间接肯定"两岸同属一个中国"的事实的，如开启和终结"万年国大"现象的"释字第 31 号解释"与"释字第 261 号解释"等；二是在"释宪"中对"两岸是否同属一个中国"问题持回避或不表态立场的，如以"政治问题不审查原则"为由作成的"释字第 328 号解释"；三是在"释宪"中将台湾等同于"中华民国"，在实际上为"去中国化"活动制造"法理"依据的，如以解决"中国比较法学会"更名为"台湾比较法学会"是否违法问题的"释字第 479 号解释"。上述三类"大法官解释"中，前两类在统"独"取向上均认同一个中国的事实，占台湾地区涉两岸关系"大法官解释"的绝大部分，后一类则以具体案件中法律规范的"违宪审查"为途径，妄图从侧面否认一个中国原则，但此类"解释"的数量较少，且均作成于陈水扁执政时期。

当前，台湾岛内各派政治人物对"中华民国宪法"的统"独"意涵存

---

① 截至 2016 年 5 月，最新一件涉及两岸关系的"大法官解释"涉及台湾人民收养大陆子女问题的"释字第 712 号解释"。

在不同理解，部分学者亦通过一些看似，正确但实际上严重违反法解释学常识的方法，构建出一套以"中华民国宪法"已经"台湾化"为核心观点的理论体系①。但是，正如美国宪法学家劳伦斯·却伯所言，"宪法学是一个被限定了的讨论领域……尽管某些宪法条款可能更富于弹性，但没有哪个条款可以被过分歪曲到自我破坏的程度"②，任何严重歪曲法律文本本意的解释都是荒谬的。从"中华民国宪法"的规范文本来看，将这部"宪法"的"一中性"内涵理解出"两岸分裂""台湾独立"等意涵，显然是一种有意而为的曲解。因此，当我们试图借助"中华民国宪法"资源，实现巩固一个中国框架，建构两岸关于一个中国原则的法理共识体系目的时，应紧紧抓住台湾地区现行"宪法"的规范文本，挖掘、放大和强调其规范文本中的"一中性"要素，使之成为能够为我所用的正向资源。

（二）保障机制：台湾地区"修宪"机制与台湾民意的制约

尽管"中华民国宪法"的规范文本体现出较为明显的"一中性"特点，但仍有学者认为，贸然改变对"中华民国宪法"法理定位的既有观点，认可这部"宪法"的有效性，可能意味着将支撑一个中国框架的重要支点将建立在台湾地区现行"宪法"之上，从而导致我对台工作的主动权转移至具有修改这部"宪法"实际权力的台湾当局手中。我们必须承认，学者对这一问题的疑虑和担忧是极为必要的，但是，台湾地区现行"宪法"的"修宪"机制和台湾主流民意对两岸关系的基本立场，为我们重新界定"中华民国宪法"法理定位，构建以两岸各自规定为支撑的一个中国框架法理内涵提供了来自法律和政治的双重保障机制。具体说来：

一方面，台湾地区现行"宪法""增修条文"对修改这部"宪法"的程序规定了超高的制度门槛，这为我们重新界定"中华民国宪法"法理定位提供了防范风险的法律"安全阀"。根据台湾地区现行"宪法"之规定，

---

① 参见许宗力：《两岸关系法律定位百年来的演变与最新发展——台湾的角度出发》，《月旦法学杂志》1996 年第 12 期；王泰升：《自由民主宪政在台湾的实现：一个历史的巧合》，《台湾史研究》第 11 卷第 1 期。

② See Laurence·H·Tribe, Taking Text and Structure Seriously: Reflections on Free—Form Method in Constitutional Interpretation, 108 Harv. L. Rev. 1224 (1995).

要发动"修宪",需四分之一"立委"提议,四分之三"立委"出席及出席"立委"四分之三通过,并经公告半年后经"公投"通过方可完成。相对于世界主要国家和地区的修宪规定而言,台湾地区现行"宪法"的这一"修宪"门槛极高,这就导致台湾当局完成"修宪"的可能性极低。同时,依照台湾地区通行宪法学理论的认知,领土构成国家的要素之一,尽管台湾地区现行"宪法"规定了"领土"缩小的许可性条款,但"领土"应当是"一代人不能加以处置"的宝贵遗产,因而这一制度可以"抱做'备而必不用'之制度"①。易言之,构成台湾地区现行"宪法""一中性"的"固有疆域"条款是一项极端重要的条款,任何对这一条款的修改和解释,都可能在台湾地区的多元社会条件下成为众矢之的。因此,尽管台湾地区各党派可能依据不同的政治形势,发表有所区别的两岸政策主张,但只要台湾地区现行"宪法"文本未作修改,这些主张在台湾地区都不具备法理效力,都不能被认为是台湾当局的官方主张。可以说,台湾地区现行"宪法"的稳定性,远高于台湾当局与岛内各政党两岸政策的稳定性,因而借助这一资源,能够在较长一段时间保障一个中国框架法理基础的稳定性。

另一方面,当前岛内主流民意认同两岸关系和平发展,支持两岸维持现状,反对"台独"分裂活动,在选举政治基本规律的作用下,岛内主要政治力量不可能选择逆民意而动,提出修改"中华民国宪法"中涉及两岸关系的重要条款,这就为我们重新界定"中华民国宪法"法理定位提供了防范风险的政治"安全阀"。近年来,在岛内"去中国化"运动的影响下,台湾地区的民意结构呈现出"偏独"的趋势,这种趋势也构成民进党得以在台湾地区"全面执政"的重要原因,这一点毋庸讳言。② 但是,我们必须认识到,在岛内民意"偏独"的同时,主流民意并不支持台湾当局单方面改变两岸现状,阻滞两岸关系和平发展进程,使两岸关系重新回到政治对立、军事对峙、交往隔绝的状况。因此,在当前岛内政治格局之下,在

---

① 参见陈新民:《宪法学释论》,作者自刊2010年版,第100—103页。

② 参见《三个面向逆转 黄嘉树详析两岸关系前景》,资料来源:http://www.crntt.com/crn-webapp/doc/docDetailCNML.jsp? coluid = 7&kindid = 0&docid = 104242446,最后访问日期:2016年5月25日。

大多数台湾民众不可能支持对涉及统"独"议题的"中华民国宪法"条文加以修改的情况下，任何政党都无法以一己之力实现对这部"宪法""一中性"条款的修改，无法达到所谓"修宪台独"之目的。

（三）学理支撑：宪法与合法性、国家与主权之关系

除对台湾方面"修宪"可能表示担忧之外，还有学者认为，对台湾地区现行"宪法"有效性的认可，就等同于对"中华民国"的认可，也就进一步等同于对台湾当局"主权"的认可，这将会造成"两岸分治"合法化，或是产生"一国两府"乃至"两国两府"的危险局面。我们必须承认，这种观点对于积极防范"台湾法理独立"具有重要意义，但从宪法学的一般原理来看，在区分有效性和合法性的前提下，仅从功能主义层面认可"中华民国宪法"的有效性，并不意味着承认这部"宪法"的合法性，更不意味着认可"中华民国"和所谓的台湾"主权"。这就为我们重新界定"中华民国宪法"之法理定位，运用这部"宪法"的"一中性"资源提供了可行性。具体说来：

第一，从宪法学角度看，认可一部宪法的实际有效性并不意味着认可其政治合法性。众所周知，权威和权力是一对既相关联，又相区别的概念，对正当权威的认可与对实际权力的认可相分离。权力是统治者支配和控制被统治者的能力，它可能是暴力的，也可能是柔性的，而权威则是一种为被统治者所认同、自愿服从的统治。① 因此，权威是一个表征合法性的概念，而权力仅是一个对统治事实描述性的概念，却并不必然意味着权力主体具有实施权力的合法性。从传统的政治性视角看，宪法是一个集权威与权力的存在，认可一部宪法就意味着对基于这部宪法而产生的权威与权力的承认。然而，仅从宪法的功能性视角看，权威与权力却是一对可以分开看待的概念，可以依照一部宪法实施的具体情况，在认可宪法权力（有效性）的基础上，否认其宪法权威（合法性）。在实践中，自20世纪50年代起，大陆方面一直对台湾当局控制台澎金马地区的政治事实表示认

① 许纪霖：《为何权力代替了权威》，《天津社会科学》2011年第5期。

可，但却并不认同其统治的合法性，而视其为一种事实现象，这也为我们以类似的方法处理"中华民国宪法"法理定位问题提供了范例。因此，在我们需要借助"中华民国宪法"中存在的"一中性"资源，却面临着对这部"宪法"有效性与合法性的逻辑论证困境时，将对这部"宪法"的有效性与合法性认知相分离的方法，可以有效解决这一问题，从而避免因运用"中华民国宪法"资源而导致的论证困境。

第二，在宪法学基础理论之中，宪法并不一定与国家和主权等概念直接相关。长期以来，在我国的政治话语体系之中，宪法似乎是一个与国家、主权直接相关的概念，承认一部宪法也就意味着承认一个国家，承认一国所享有的主权，承认一国的政府。然而，这种观点显然是片面的，也是不符合宪法学一般原理的。众所周知，宪法与政府在同一时序上成长，考量中西方的历史演进过程，足可发现最初的宪法无一例外地都侧重于"如何组织政府"，而并未与当时尚未出现的"主权"概念发生关联。① 在民族国家形成前的很长一段时间里，宪法被欧洲大陆公法学界广泛视为政府的"组织法"，而非国家主权的表征。然而，随着主权概念的形成与发展，民族国家的架构逐渐在全球范围内得到确立，与此同时，宪政主义思潮在全球范围内产生重大影响，各国都开始重视通过制宪方式寻求所谓主权独立。在这一过程中，主权概念与宪法逐渐产生一定关联，由此，宪法才在很多情况下被视为民族国家实现独立的一种法理标志。同时，作为一个单一制国家，我国长期以来奉行一个国家、一个主权、一部宪法的国家观②，因此，宪法等同于主权和国家的观念在中国语境下得到进一步强化。然而，我们必须承认，这种一个国家、一个主权、一部宪法的国家观，并非一种为世界各国和地区所共同接受的政治理念。在联邦制国家，一个国家可以拥有多部宪法，作为联邦组成部分的各州（state）同样可以拥有自己的宪法。在联邦制国家的语境下，宪法往往只是一种与"政府组织"相关的法律规范，而并不与主权直接挂钩。因此，从宪法学基础理论来看，

---

① 参见江国华：《宪法哲学导论》，商务印书馆 2007 年版，第 27 页。
② 参见童之伟：《国家结构形式论》，北京大学出版社 2015 年版，第 220 页。

宪法这一概念，尽管在一定条件下与国家、主权等概念密切相关，但从功能主义意义而言，宪法只是一种表征着公权力机关组织的法律规范，认可一部宪法的有效性，并不意味着认可与之相关的国家和主权。

四、结语

自蔡英文提出"中华民国现行宪政体制说"以来，两岸双方在短短的半年时间内，陆续提出不少有关台湾地区现行"宪法"与两岸关系的政策论述，这些论述在短时间内均引起两岸各界舆论的强烈关注。这一现象表明：当前运用宪法资源巩固一个中国框架，为两岸关系和平发展创造更大空间的条件已较为成熟，大陆方面应做好就这一问题进一步展开相关政策论述的准备。探讨"中华民国宪法"定位问题及其对两岸政治关系定位影响问题的关键，在于我们如何以这部"宪法"文本中的"一中性"因素为基质，通过两岸共同努力，以政治力的催化，形成合乎两岸关系实际，能够为两岸共同接受的策略方案。"中华民国宪法"法理定位问题，涉及两岸在主权、历史等方面的诸多争议，如何在处理好相关问题的基础上，充分运用"中华民国宪法"中有利于两岸关系发展的因素，使这部"宪法"能够为我所用，为两岸关系和平发展所用，为实现祖国完全统一所用，是一个极为复杂的理论与实践问题，本文篇幅所限，对相关问题的详细讨论，作者将另文详述。

"治权"概念史研究 *

  概念史的研究方法，是 20 世纪 70 年代英国学者昆廷·斯金纳（Quentin Skinner）和德国学者考泽莱克（R·Koselleck）开创的一种研究方法。由于"概念"具有历史性、易变性、歧义性、政治性等诸多特点，①因而一个特定概念在不同的历史条件和外在环境中，其内涵可能因为各种内外因素而发生变化，概念史的研究方法的研究对象，正是具有这些特点的概念。通过概念史这种新兴的研究方法，学者能够对某一特定概念追根溯源，考察其内涵的演变过程，并通过对这一过程的研究，实现对其所研究的概念所处时空环境——即社会现实和社会现象的研究。近年来，"治权"逐渐成为两岸关系研究领域中的一个关键概念，越来越多的两岸政界、学界人士开始使用这一概念论述其政策与学术主张。然而，两岸各方对"治权"概念的使用场景和使用方法却存在极大差别，这种差别无疑源于各方对这一概念意涵认知的差异。借助概念史方法，系统梳理"治权"概念自形成以来的发展变化情况，能够为我们厘清这一概念的实际意涵，解决实践中对这一概念的适用方式等问题，奠定重要的语义学基础。

  一、"治权"概念的由来：孙中山宪政思想与民国宪政实践中的"治权"

  从传统的法学和政治学等学科的基础理论来看，"治权"并非一个严

---

* 本文由段磊撰写，原载《惠州学院学报》2017 年第 4 期。

① 参见周保巍：《概念史研究对象的辨析》，《史学理论研究》2012 年第 1 期。

格意义上的学术概念。① 在宪法学中，人民主权派生出"国家权力"的概念，而"国家权力"依纵向划分为最高国家权力、中央国家权力和地方国家权力，依横向划分为立法权、行政权、司法权等，并不存在"治权"的概念。在国际法学中，国家主权派生出"管辖权"的概念，以代指国家主权的具体行使方式，亦不存在"治权"的概念。在政治学中，学界往往使用治理、统治等概念，同样也不使用"治权"的概念。可以说，"治权"这一概念并不存在于传统的相关学科领域之中，其意义也并不能与一些传统的学术概念实现完全意义上的对接。

在中国近现代史上，最早使用"治权"概念的是孙中山先生。孙中山认为，西方各国所实行的三权分立的宪政体制，无法做到让"人民有权"和"政府有效率"之间的最大化平衡，更无法解决当时中国所面临的问题。因此，他基于对人类天赋差异的划分，将人分为"先知先觉""后知后觉"和"不知不觉"三类②，提出那些不知不觉的多数人只有将"管理众人之事"交给"先知先觉"和"后知后觉"的少数人，实现"权能分离"，才能实现"人民有权"和"政府高效"之间的最佳平衡。为实现这种最佳平衡的政体设计，中山先生在提出作为其宪政思想核心组成部分的"权能分立"理论时提出：

政是众人之事，集合众人之事的大力量，便叫作政权；政权就可以说是民权，治是管理众人之事，集合管理众人之事的大力量，便叫作治权；治权就可以说是政府权。所以政治之中，包含有两个力量：一个是政权，一个是治权。这两个力量，一个是管理政府的力量，一个是政府自身的力量。③

在"政权"与"治权"的二元划分之中，前者完全属于人民，后者完全属于政府，前者先决于后者，后者服务于前者的实现，"用人民的四个政权，来管理政府的五个治权，人民和政府的力量才可以彼此平衡"④。在

① 参见杜力夫：《也谈两岸关系中的主权与治权》，《中评月刊》（香港）2014 年 11 月号。
② 参见《孙中山选集》，人民出版社 1956 年版，第 767 页。
③ 《孙中山选集》，人民出版社 1956 年版，第 791 页。
④ 《孙中山全集》（第 5 卷），中华书局 1986 年版，第 559 页。

权能分立的理论基础之上，孙先生提出"五权宪法"思想，将政权划分为选举、罢免、创制、复决四权，将治权划分为行政、立法、司法、监察和考试五权，由国民大会和政府分别行使之。据此，孙中山"权能分立"和"五权宪法"思想之中的"治权"概念，是一种建立于权力的"政权－治权"二元划分基础之上，与人民所享有的"政权"相对应的，由政府所享有的权力。在孙中山的话语体系之中，"治权"是一个国家政府所享有的包括内政外交等一切公权力在内的权力形态的总称，是一种总括性的权力。从既有文献来看，"治权"概念并非一个存在于法学、政治学等学科体系之中的学术概念，亦即是说，这一概念在诞生之日并不隶属于既有的政治学或法学话语体系之中，而是一个孙中山宪政思想体系中的独有概念。

受到当时历史条件的限制，以"权能分立"为基础的"五权宪法"思想在孙中山先生生前并未付诸实践，但这一思想体系却对日后国民党推动的民国制宪活动产生了重要影响。国民党结束北伐战争后，在其主导的历次制宪活动中，作为"五权宪法"理论基石之一的"治权"概念均贯穿于政权组织形式的设计之中。

1931 年《中华民国训政时期约法》中首次确立"国民政府总揽中华民国之治权"（第 65 条），将治权划分为行政权、立法权、司法权、监察权、考试权，分别划归五院所有，这在某种程度上使得孙中山先生的五权宪法思想得到落实。当然，由于国民党这部《约法》颁布后，坚持实行一党专制，舍弃了孙中山训政构想中的民主、革命性因素，所谓的五院制也失去了它应有的意义。[1] 1936 年 5 月 5 日公布的《中华民国宪法草案》（"五五宪草"）首次在宪法文本中明确了政权与治权分立的制度设计，形成由国民大会行使政权，五院行使治权的政权组织形式。仅从宪法文本对政权组织形式的制度安排来看，"五五宪草"较好地贯彻落实了孙中山先生的五权宪法思想的制度设计。"五五宪草"公布后，由于日本发动全面

① 参见王贵松、邱远猷：《善之途多歧路：五权宪法的理想与现实》，《首都师范大学学报（哲学社会科学版）》2004 年第 6 期。

侵华战争，国内国际形势发生重大变化，国民大会被迫延期召开，这部宪法草案最终未能获得真正实施。抗战胜利后，1946 年 12 月颁布的《中华民国宪法》仍坚持以"孙中山先生创立中华民国之遗教"为立宪依据，通过对国民大会和五院的设置，在一定程度上体现除孙中山宪政思想的基本内涵。从 1946 年宪法对政权组织形式的设置上看，尽管这部宪法在五权关系上，尤其是在行政院与立法院关系上，存在背离了孙中山先生设想的五权关系理论之处，以至于梁漱溟先生称之为"保留五权宪法之名，运入英美宪政之实"①，但从政权机构（国民大会）与治权机构（五院）的关系来看，这部宪法仍体现出"权能分立"的基本理念。然而，随着国共内战的爆发，1946 年宪法在尚未真正实施的情况下，便很快被内战双方以不同方式废止，此后再未真正实行过。② 随着国民党政权败退台湾，"五权宪法"思想在大陆日渐式微，"治权"概念也在很长一段时间内成为一个仅存于法制史学研究范畴中的概念，而不再引起人们更多的关注。

二、"治权"的意涵变化及其与"主权"之结合：中英香港谈判中的"治权"

有学者认为，中国概念史研究的最大特点在于，具有一定的"跨文化特质"，许多重要概念都存在着因"翻译文化"而产生的"概念旅行"③，然而，对于"治权"这一中国本土概念而言，在其意涵转变的过程中，翻译竟也扮演了极为重要的角色。在中英香港谈判过程中，在中国大陆已然销声匿迹数十载的"治权"概念再次映入人们的眼帘，并因译者的缘故，而产生了一系列因应用环境变更而产生的意涵变化。

20 世纪 80 年代，在中英两国就香港问题进行谈判时，英国政府为最大可能保全其在香港地区的实际利益，曾提出"主权换治权"的谈判方案，即"在承认中国对香港的主权的原则下，由英国继续管治香港"。

---

① 梁漱溟：《我参加国共和谈的经过》，《忆往谈旧录》，文史出版社 1987 年版，第 177 页。
② 参见周叶中、江国华主编：《从工具选择到价值认同——民国立宪评论》，武汉大学出版社 2010 年版，第 435 页。
③ 参见孙江：《概念、概念史与中国语境》，《史学月刊》2012 年第 9 期。

1982 年 9 月 24 日，时任英国首相撒切尔夫人访问中国，与中国领导人邓小平就香港问题举行会谈，在会谈中，由于邓小平明确指出，"关于主权问题，中国在这个问题上没有回旋的余地，主权问题不是一个可以讨论的问题"①，从而使英方有关香港主权问题的谈判方案失去讨论空间。在这种情况下，撒切尔夫人抛出"以主权换治权"的说法，她提出，"英方希望在 1997 年后继续统治香港，保持同样的法律体系，同样的政治体制，同样的独立货币……这样的话，我就可以向议会提出这一方案，在主权问题上做出让中方满意的安排"②。撒切尔夫人的这一表态，就是所谓"主权换治权"方案的始源体现。邓小平在会谈中当即坚决反对英方所提出的将香港主权和治权分离的方案，表明了中国收回香港的决心。此后的两年间，中英两国就香港问题陆续举行二十余轮谈判，在此期间，英方在相当长的一段时间里始终坚持"香港主权归属中国，治权归属英国"的方案，从而使谈判一度无法进行下去。1983 年 9 月 10 日，邓小平在会见来访的英国前首相希思时，就英方提出的"主权换治权"方案指出，"英国想用主权来换治权是行不通的。希望不要再在治权问题上纠缠，不要搞成中国单方面发表声明收回香港，而是要中英联合发表声明"③。由于邓小平对香港"治权"问题的强硬立场，英方在后来的谈判中，不得不放弃了对"主权换治权"方案的坚持，至此中英两国在香港问题上的主要谈判障碍得以扫清。

在中英谈判中，英国所谓"主权换治权"方案，仅仅是其中一个插曲，但这个插曲，却使得"治权"概念重新进入人们的视野，并使之与"主权"相结合，形成一种"治权"与"主权"相对应的印象。然而，考察当时双方谈判时的有关史料，我们却会发现，出现在中英香港谈判中的"治权"一词并非前述孙中山宪政思想中的"治权"概念，亦即是说，与此前的"治权"概念相比，中英谈判中的"治权"概念，只是借"治权"一词来表达新的含义而已。从英方有关人员对"主权换治权"方案的叙述

---

① 《邓小平文选》（第三卷），人民出版社 1993 年版，第 12 页。
② 宗道一等编著：《周南口述：遥想当年羽扇纶巾》，齐鲁书社 2007 年版，第 254 页。
③ 中共中央文献研究室编：《邓小平年谱（1975—1997）》（下），中央文献出版社 2004 年版，第 932 页。

来看，其所使用"治权"的英文表述是 *administration*，如时任英国首相撒切尔夫人在其回忆录中明确提出，"我们的谈判目标曾是以香港岛的主权来交换英国未来继续获得对整个殖民地的管理权（*continued British administration of the entire Colony*）"①。根据权威的《柯林斯英汉双解大词典》的解释，"administration"一词表达的核心意涵体现为管理（部门）、行政事务（部门），直译为中文应为"管理权"或"管辖权"。1997 年中国大陆出版的《撒切尔夫人回忆录》简体中文版将此段文字中的"*British administration*"译为"英国的治权"②，无独有偶，在此前的 1994 年，台湾地区出版的同一回忆录中，台湾译者也选择以"治权"一词翻译撒切尔夫人口中的 *administration*。③ 从由此可见，英国方面在提出"主权换治权"方案时所使用的"治权"一词所欲表达的并非孙中山思想中的"治权"意涵，而是以之代指英国对香港享有的对香港地区行政事务的管理权，二者的内涵存在根本差别，相较而言，英方所谓"主权换治权"方案似乎直译为"主权换管辖权"更为恰当。至于为何译者在当时将 *administration* 一词翻译为中文的"治权"，现已无从考究，但可以证实的是，从某种意义上讲，"治权"一词因中英香港谈判而再次进入国人的视野，乃是译者翻译讹误所致。

从 *administration* 一词的含义来看，中英香港谈判中使用的"治权"一词，并非是一个和国民享有的"政权"相对的，一个国家政府所享有总括性权力，而是指代一种与国家"主权"相对的，对特定区域的管辖权。由此，"治权"概念在译者的助力下，实现其意涵的重大变化。同时，"治权"概念的应用环境，也因与"主权"概念的结合，实现从"政权—治权"话语体系转入"主权—治权"话语体系。

---

① Margaret Thatcher, The Downing Street Years, (HarperCollins Publishers, 1993), P259.
② ［英］玛格丽特·撒切尔：《撒切尔夫人回忆录——唐宁街岁月》，撒切尔夫人回忆录翻译组译，远方出版社 1997 年版，第 177 页。
③ ［英］玛格丽特·柴契尔：《柴契尔夫人回忆录（上）——唐宁街岁月》，月旦编译小组译，（台湾）月旦出版社股份有限公司 1994 年版，第 246 页。

三、"治权"概念在两岸关系论域中的发酵：台湾方面的"主权—治权"论述

20 世纪 80、90 年代间，为回应大陆方面提出的"和平统一、一国两制"的国家同一方针，台湾方面学界、政界陆续提出一些涉及两岸关系政治定位和国家统一模式的理论模型。其中，台湾学者沈君山使用"主权""治权"等概念，构建除所谓"一国两治"的理论模型，具有一定影响力。① 他提出，"一国两治"的基础在于"主权史传，治权民予"，其中"主权为抽象的国家象征，治权为具体的政治权力，主权的统一共享，应以治权的独立分拥为前提"，基于此，两岸应当"共享主权，分拥治权，即在一个象征性的国家主权下，实行不同制度的两个地区，各拥有独立的治权"。② 沈君山的"一国两治"论，将"主权"与"治权"相连接，开启了在两岸关系论域内使用"治权"概念的先河。在"一国两治"的论述体系之中，主权被定义为一种文化层面的存在，"代表历史的传承，象征未来的发展"，与传统国际法学所界定的作为"一个国家独立自主地处理对内对外事务的最高权力"③ 的主权迥然不同；而治权则被定义为"完全的，包括自卫权、外交权，和在国际上具有国际人格的政治实体的权利"④。可以说，所谓"一国两治"，实际是要在一个虚化的"主权"之上，将"两岸分治"作为一种法理形态确立下来，从而使大陆方面承认台湾当局对台湾地区的合法控制权。

20 世纪 90 年代，台湾当局在提出两岸政治关系定位模式时，也开始使用"治权"概念，从而使这一概念从学术领域进入政治领域，成为两岸关系论域内不可忽视的政治术语。1992 年 8 月 1 日，台湾当局"国统会"通过的《"一个中国"意涵定位结论》提出，"'一个中国'应指 1911 年成立迄今之'中华民国'，其主权及于整个中国，但目前之治权，则仅及

① 参见沈君山：《一国两"治"对抗一国两"制"》，《中国时报》1987 年 9 月 1 日。

② 沈君山的相关观点转引自杨锦麟：《"一国两治"析论》，《台湾研究集刊》1988 年第 3 期。

③ 梁西主编：《国际法》，武汉大学出版社 2003 年版，第 65 页。

④ 沈君山：《一国两"治"对抗一国两"制"》，《中国时报》1987 年 9 月 1 日

于台澎金马"①。这一论述延续了沈君山的"主权—治权"二元划分标准，但却并未如沈氏一般完全将主权视为一种"虚化"概念，而是坚持"中华民国"对包括大陆和台湾在内的整个中国享有之主权，同时以"中华民国"对台澎金马地区的"治权"来描述台湾当局对这些地区的实际控制事实，并以"主权"与"治权"地域范围的差异性来解释"两岸分治"现象。自此之后，台湾当局对两岸关系的定位开始实现从"同一式"向"一二式"定位的转变，以"主权一国""治权分立"来界定两岸关系。② 这种转变彰显出台湾当局在海峡两岸势力完全翻转的背景下，选择彻底放弃对一个中国主权代表权的争夺，转而谋求与大陆方面在承认"分治"前提下的"对等地位"③。

在李登辉执政后期和陈水扁执政时期，台湾当局开始背弃一个中国原则，大肆推行以"法理台独"为导向的两岸政策④，因而在这一阶段，"治权"概念在岛内遭到冷遇。直至 2008 年 5 月国民党重新执政后，台湾当局两岸关系政治定位的政策主张又重新回到以"主权—治权"框架为核心的轨道上。时任台湾地区领导人马英九在沿用"治权"概念既有表述的基础上，提出两岸"主权互不承认，治权互不否认"的政策主张（"互不论"），他提出，"（两岸）互不承认、互不否认的涵义就是两岸互不承认对方的主权，但是互不否认对方的治权……互不否认对方的治权，是务实的承认现状"⑤。从马英九的这一表述来看，其意图在于，通过以搁置在两岸关系中具有高度敏感性的"主权"，换取大陆当局对台湾方面"治权"的默认（即不否认），从而为解决两岸关系政治定位问题提供一条具有较高可行性的路径。随着马英九"互不论"的出炉，两岸学界开始重视对

---

① 海峡两岸关系协会编：《"九二共识"历史存证》，九州出版社 2006 年版，第 49 页。
② 参见倪永杰：《两岸政治定位与一中框架刍议》，《台海研究》2013 年第 2 期。
③ 参见邵宗海：《两岸关系》，五南图书出版股份有限公司 2006 年版，第 106 页。
④ 参见张春英：《"法理台独"的历史溯源及当代表现》，《学习与实践》2008 年第 1 期。
⑤ 马英九：《世界国际法学会 2011 年亚太区域会议上的讲话》（2011 年）。

"治权"概念的研究和使用①，有部分大陆学者甚至提出了大陆"应当承认台湾当局对台湾地区的治权"②的观点，以期通过"治权"概念化解两岸关系政治定位难题。

值得注意的是，在台湾，"治权"仅是一个出现在学术文献和政治人物政策主张中的概念，却并未出现在任何正式法律规范之中，这也从侧面体现出"治权"概念规范性不足的特点。考察台湾地区现有法律规定可知，无论是其现行"宪法"，还是其现行各项法律规定均未使用过"治权"概念，③而多是以"统治权"一词来表述台湾当局在台、澎、金、马地区享有的实际控制权。如"两岸人民关系条例""入出国及移民法""海岸巡防法"等法律规范，均规定台湾地区是"指台湾、澎湖、金门、马祖及政府统治权所及之其他地区"④。台湾地区涉及两岸关系的法律规范、"大法官解释"等正式法律文本中，也均使用"统治权"概念，而并未出现过"治权"一词。由此可见。"治权"概念因其内涵的严谨性不足，而未能在台湾地区成为正式的法律用语，因此"治权"概念在台湾地区的话语谱系之中仍属一种存在于学术研究领域和政治人物政策话语之中的语汇，而不具有法律上的规范约束力。

四、海峡两岸对"治权"概念认知与使用之比较：表象与本质

随着"治权"概念在两岸关系论域内重现生机，越来越多的学者开始尝试使用这一概念解释两岸现存的政治对立现状，甚至开始尝试以这一概念为核心构建一套两岸关系政治定位理论体系。然而，考察两岸学界和政界对"治权"概念的基本立场和使用方法可知，双方在共同使用这一概念

① 参见杨立宪：《试论"两岸一家亲"》，《中评月刊》2014 年 12 月号；李家泉：《达成两岸和平协议的可行性研究》，《中央社会主义学院学报》2008 年第 4 期；李毓峰：《论两岸关系"主权重叠、治权分立"——"宪法"主权观的视角》，《中评月刊》2015 年 3 月号等。
② 参见杜力夫：《也谈两岸关系中的主权与治权》，《中评月刊》（香港）2014 年 11 月号。
③ 根据台湾地区"法源法律网"数据库之检索，台湾地区"宪法"和"法律"中出现"治权"字样的有 54 处，但其中绝大部分是关键词"政治权利"和"自治权"的一部分，其余则是关键词"统治权"的一部分。
④ 台湾地区"两岸人民关系条例"第二条。

的表象之下，所欲表达的实质内涵却存在极大差异。

　　大陆官方在两岸关系场域内，从未主动使用过"治权"概念，并在实践对台湾方面有关"治权"表述持回避立场。如国台办发言人范丽青在回答记者提出的，如何评价台湾方面提出的张志军与王郁琦首次会面并互称官衔是两岸"治权互不否认"的具体实践的问题时指出，"张志军主任……同台湾方面大陆事务主管部门负责人见面寒暄，就发展两岸关系的一些问题交换看法，这是为了增进双方了解，更及时有效处理两岸事务，更有利于推动两岸关系全面发展。对此不必作其他方面解读"①。较之于官方的回避立场，大陆学界不少学者在论述中却常使用"治权"概念，而学者在使用"治权"概念时，往往受到中英香港谈判中曾出现过的"主权换治权"思路影响，将之等同于"administration（行政管理权）"，并下意识地将台湾当局享有的"治权"描述为一种"区域性""行政性""实际管制性"的权力。如周叶中认为，"虽然台湾的主权是中华人民共和国的，但主权与治权却一直相互分离，或者说法律意义上的主权与事实上的治权尚处于割裂状态"②；李义虎在阐释"一国两制"台湾模式时提出，"（一国两制）台湾模式主要着眼于如何更好地维护国家主权、处理主权与治权关系问题"③；魏治勋将中国统一问题的本质视为"在主权统一或曰主权没有分裂的前提下国家治权的统一问题"④；张笑天在分析国际法上"主权与治权分离"现象时，将治权视为"施行治理权利"⑤。由上述学者的论述可见，在大陆学者的表述框架内，"治权"来源于主权、从属于主权，因而台湾当局享有的"治权"，无疑只是一种基于其对台湾地区实际控制事实而产生的一种区域性权力，绝非一种能够体现出"国家"属性的"主权性权力"。

---

① 《国台办新闻发布会辑录（2013－10－16）》，资料来源：http://www.gwytb.gov.cn/xwfbh/201310/t20131016_5042316.htm，最后访问日期：2016年6月6日。
② 周叶中：《加强对台立法势在必行》，周叶中、祝捷：《两岸关系的法学思考》，九州出版社2013年版，第79页。
③ 李义虎：《作为新命题的"一国两制"台湾模式》，《国际政治研究》2014年第4期。
④ 魏治勋：《中国特色的"融合性统一模式"》，《北京行政学院学报》2014年第3期。
⑤ 参见张笑天：《试论主权治权分离的理论基础与现实可能》，《台海研究》2015年第4期。

台湾方面在使用"治权"这一概念时，在形式上使用"主权—治权"表述框架，但实际上往往沿用"五权宪法"之"政权—治权"划分，将"治权"视为一国（中央）政府的统治权力。根据大陆学者伍俐斌和毛启蒙的研究结论，在台湾当局的官方翻译中，"治权"被译为"governing authority"或"authority to govern"①，而在国民党英文版网站的翻译中，"治权"又被以为"jurisdiction"②，而在英文中，上述三个英文单词（词组）均体现出强调官方的"管辖权""政府的权力"等意涵。由此可见，台湾方面对"治权"的这一认知，与宪法学中的"国家权力"概念相类似，它既可以指代地方性权力，也可以指代中央性权力，其内涵与"主权"存在一定程度的交叉。③从其适用"治权"概念的场合来看，台湾方面欲借助这一概念表述的内涵体现在两个方面：1）台湾当局所享有的"治权"是一种包含"内政""外交"权力在内的"中央性权力"，这一权力的存在将为台湾当局在台湾地区的实际统治及其在参与国际相关活动提供正当性依据；2）台湾当局所享有的"治权"是一种在台湾地区内部具有最高性和外部具有独立性的权力，它一方面昭示出台湾当局对台湾地区内部的最高统治权的法理基础，另一方面亦体现出台湾相对于大陆的独立性（无论这种"独立性"是相对的，还是绝对的）。由此可见，在台湾方面的话语体系中，"治权"是一种具有"官方性""正式性""组织性""普遍性"和"权威性"的"权力"形态，其"治权"是具有"合法性"基础、"正当性"前提、"完整性"形态、"普遍性"效力和"政治架构"内涵的。④

考察两岸官方和学界对"治权"概念的不同立场和使用情境可知，两岸对同一个名为"治权"的概念之政治内涵的认知存在极大差别，这种差别主要体现在三个方面：1）对"治权"与国际法上通行的"主权"概念

① 参见伍俐斌：《试析两岸关系中的"治权"概念》，《台湾研究》2014年第3期。
② 参见毛启蒙：《两岸关系研究语境中的"治权"释义——再论"主权"与"治权"话语下的两岸关系》，《台湾研究集刊》2015年第3期。
③ 参见王英津：《论两岸关系研究中的"主权—治权"分析框架及其替代方案》，《广西师范大学学报（哲学社会科学版）》2014年第5期。
④ 参见毛启蒙：《两岸关系研究语境中的"治权"释义——再论"主权"与"治权"话语下的两岸关系》，《台湾研究集刊》2015年第3期。

之间关系的认知不同，大陆学界一般认为"治权"从属于"主权"、来源于"主权"，因而台湾当局即是享有"治权"，也不能改变其从属于中国国家主权的事实；台湾方面所使用的"治权"概念却天然地内涵着唯有主权国家才能享有的权力，即对内（台湾地区）的最高统治权和对外（国际空间）中的独立权。2）对台湾当局享有"治权"的合法性基础认知不同，大陆学界一般认为，台湾当局享有的"治权"来源于其实际控制台澎金马地区的政治事实，而非中央政府的授权，因而这种权力并不具有宪法学意义上的合法性；台湾方面在使用"治权"概念时，将"合法性"视为这一权力的内在属性，即认为其对台澎金马地区实际统治的事实是天然正当、合法的。3）对"治权"概念在两岸关系中应用的侧重点认知不同，大陆学界一般认为，认可（或默认）台湾当局的"治权"，只是为了务实处理两岸政治对立现状，为形塑一套能够为双方接受的两岸关系政治定位方案提供策略支持；台湾方面使用"治权"概念的目的，则更多是为了谋求大陆方面对其控制台湾地区的正当性的承认，亦即将"治权"概念视为台湾当局的一种"生存策略"。从两岸对"治权"概念认知和使用方法的三点差异来看，在大陆和台湾均使用同一个概念的背后，却切实潜藏着双方截然不同的政治目的。

五、结论

由于"治权"概念在大陆和台湾各自产生和发展的脉络存在较大差异，双方所欲通过这一概念表述的政治意涵存在极大差别，这种差别在一定意义上已超越"九二共识"政治基础所能容纳的范畴。因此，在大陆和台湾探索两岸关系政治定位合情合理安排的过程中，"治权"概念显然无法成为双方形成共识的基础，而所谓"主权—治权"框架，亦只能沦为一种双方自说自话的说辞而已。

维护一个中国框架的法理路径：从台湾现行规定的角度 [*]

　　大陆方面强调，1949 年以来尽管两岸尚未统一，但大陆和台湾同属一个中国的事实从未改变，这就是两岸关系的现状。你是我们的立场，也见之于台湾现有规定和文件。一个中国框架的核心是大陆和台湾同属一个国家，两岸关系不是国与国关系。两岸从各自现行规定出发，也为我们在新形势下维护一个中国框架提供了可资运用的正向资源。借助所谓"中华民国宪法"资源巩固和维护一个中国框架，要求我们必须深入分析这部"宪法"的规范与政治含义，有理有据地应对历史与现实困境，从而准确认识台湾地区领导人蔡英文所谓以"中华民国现行宪政体制""中华民国宪法"为核心的两岸关系政策表述体系的内涵与实质。

　　一、作为维护一个中国框架正向资源的"中华民国宪法"

　　自 1949 年以来，作为国民党专制统治象征的"中华民国宪法"，一直被视为"伪宪法"，因而成为中国"革命史观"下的一种不利于国家建构的负向资源。然而，时空变换，两岸关系的主要矛盾从"谁是中国"的中国代表权之争，转向"一中一台"或"两个中国"的统"独"之争^①。在这种历史条件下，包含"两岸同属一个中国"内涵的"中华民国宪法"逐渐成为能够用于维护一个中国框架的正向资源。存在于这部"宪法"及其"增修条文"与"大法官解释"之中的一个中国因素，成为我们做出这一

＊　本文由段磊撰写，原文发表于《台湾研究》2018 年第 4 期。
① 　参见祝捷：《两岸关系定位与国际空间》，九州出版社 2013 年版，第 16 页。

判断的实践依据。

（一）问题意识："中华民国宪法"能否成为一项正向资源？

抗战胜利后，国共两党在重庆就和平建国问题展开谈判，并达成《双十协定》。此后，国民党方面依照这一协定，召开由国民党、共产党、民盟、青年党和社会贤达组成的政治协商会议，共同探讨制宪问题。遗憾的是，此后由于国民党内部保守派势力的强烈反对，国民党当局最终选择撕毁政协决议，抛开中共和民盟等党派，通过笼络"第三方面"中的部分党派，单方面召开"制宪国大"，于 1946 年 12 月通过"中华民国宪法"。在内战阴云已经遍布神州的背景下，国民党当局一意孤行，不顾制宪一般规律，强行通过"中华民国宪法"，从而这部"宪法"的悲剧命运埋下了伏笔。[①] 在这一过程中，国共内战爆发，中共和民盟等党派拒绝承认这部"宪法"的合法性，称其为"伪宪法"。1949 年 2 月，在中国革命机将胜利之际，中共中央制定《关于废除国民党的六法全书与确定解放区的司法原则的指示》（以下简称《废除六法全书指示》），明确宣布废除包括"中华民国宪法"在内的"六法全书"。此后，1949 年 9 月召开的中国人民政治协商会议通过《共同纲领》，再次确认《废除六法全书指示》的基本精神，从而在法理上宣告"中华民国宪法"的废止。由于美国公然干涉中国内战，台湾问题并未获得最终解决，中国内战陷于法理上的中止状态，而与这种中止状态相伴随的，则是中国人民以制定《共同纲领》和历部《中华人民共和国宪法》的方式行使制宪权的实际效力在台湾地区受到阻滞。从这个意义上讲，被国民党当局带至台湾并奉为圭臬的"中华民国宪法"，则只能被视为一种存在于国家尚未统一的特殊条件下的政治事实，而非宪法规范。

20 世纪 40 年代末至 90 年代初之间，两岸关系的主要矛盾体现为"谁是中国"之争，即两岸谁拥有"中国代表权"、谁是代表中国的"唯一合法政府"的争议，在这一背景下，"中华民国宪法"理所应当地被大陆方

---

① 参见周叶中、江国华主编：《从工具选择到价值认同——民国立宪评论》，武汉大学出版社 2010 年版，第 435 页。

面视为"伪宪法"，成为一种不利于国家建构的负向资源。然而，自20世纪90年代开始，台湾地区政治局势发生重大变化，岛内本土势力逐渐获得主导地位，"台独"分裂势力日益猖獗，"中华民国台湾化"的政治过程逐步展开①。由此，两岸关系的主要矛盾转变为"一中一台"或"两个中国"的矛盾，即统"独"之争。当前，台湾地区"政党轮替"已呈常态化趋势，岛内本土势力的政治影响力进一步增强，拒绝承认"九二共识"的民进党获得"完全执政"，"台湾主体性意识"逐渐成为岛内具有"政治正确"地位的意识形态……如此种种，都显现出新形势下巩固两岸关系政治基础，反对和遏制"台独"分裂活动的紧迫性与重要性。在这一背景下，我们有必要抓住两岸关系的主要矛盾，重新检视对于维护国家统一具有积极意义的"中华民国宪法"的性质界定，在解决国家分裂与统一这一涉及中华民族根本利益的问题时，进一步解放思想，务实看待这部"宪法"的正面意义，将之视为有助于巩固和维护一个中国框架的正向资源。"中华民国宪法"所蕴含的正向属性，存在于这部"宪法"（包括其"增修条文"和相关的"大法官解释"）的"一个中国"规范和要素之中，因而对其规范文本的分析，有助于我们进一步挖掘这一正向资源的内在价值。

（二）"中华民国宪法"及其"增修条文"中的"一个中国"规范分析

台湾地区现行"宪法"由1946年"中华民国宪法"和"增修条文"构成。就1946年"宪法"而言，其制定于中国大陆，当时两岸尚处于同一当局的控制之下，并不存在所谓"两岸关系"问题，因而"一中性"是其天然构成部分。相对而言，台湾地区"宪法增修条文"系20世纪90年代至21世纪初，台湾地区"宪政改革"的产物，彼时两岸已处于对立状态，因而对两岸关系的界定自然成为"增修条文"的重要组成部分。仅从文本来看，尽管"增修条文"以"一国两区"的基本思路将大陆和台湾区分看待，但这并不妨碍其在文本表述中对"两岸同属一个中国"事实肯定

---

① 参见［日］若林正丈：《战后台湾政治史——中华民国台湾化的过程》，洪郁如等译，台湾大学出版中心2014年版，第214页。

和确认。具体说来，这种肯定和确认体现在以下三个方面：

第一，"增修条文"前言明确规定"修宪"目的在于，"因应国家统一前之需要"，从而使"两岸同属一个国家"成为该规定的事实前提。针对这一表述，有台湾学者称其"明显表示宪法本身终于不再执迷于法理上的大一统，从此正视并承认了原有国土业已分裂的事实"①。从宪法解释原理来看，这种解读企图运用文义解释的方法，将两岸关系解读为一种"统一前"的关系，继而以偷换概念的方式，将事实上的"统一前"等同于法理上的"已分裂"。然而，这种解读显然是缺乏理论与事实依据的。一方面，从法律解释的一般原理来看，对法律上文句的解释，"首先应顾及上下文，不得断章取义"②，因而对两岸关系性质的界定，不应仅从"增修条文"的某个词汇来探寻，更应考量上下文对这一问题的整体界定。除前言外，"增修条文"还在多个条文中体现出对两岸关系的界定，综合考察这些条文之间的逻辑关系，无法推导出两岸"已分裂"的法理表述。另一方面，不应简单地将事实上的"尚未统一"等同于法理和主权层面的"已分裂"，所谓两岸"尚未统一"是指双方在事实上处于互不统属状态，但这并不意味着两岸在主权层面走向"分裂"。因此，从"增修条文"的整体文本来看，这一条文仍然将大陆和台湾视为一个国家，将"谋求国家统一"视为两岸关系发展的终极目标。

第二，"增修条文"将"中华民国宪法"的适用范围限定在"中华民国自由地区"，以之与"中华民国大陆地区"相对，将大陆地区人民和"自由地区"人民分开规定，以法律形式肯定"一国两区"的两岸关系政治定位状态。作为台湾当局对两岸政治关系定位的正式观点，"一国两区"构成了"增修条文"对两岸关系界定的指导思想。一方面，"增修条文"并未将"中华民国"与"自由地区"相等同，而是将"自由地区"视为与"中华民国"之下与"大陆地区"相对等的一个地区，从而肯定了

① 许宗力：《两岸关系法律定位百年来的演变与最新发展——台湾的角度出发》，《月旦法学杂志》（台湾）1996年第12期。
② 黄茂荣：《法学方法与现代民法》，法律出版社2007年版，第344页。

"两岸同属一个国家"的事实。另一方面，台湾地区现行法律规范中涉及两岸关系的内容均以"增修条文"第十一条对"自由地区与大陆地区间人民"关系之规定为基础，形成一套以"一国两区"的两岸关系政治定位为基础的台湾地区涉两岸关系法律体系。

第三，"增修条文"沿用1946年"宪法"关于"中华民国领土"的规定，且为因应政权组织形式的变化，将原有规定中修改这一条款的门槛从"国民大会决议"变更为最少需3/4"立委"出席，出席"立委"3/4决议，公告半年后经"复决"方可完成，从而在程序上为维护两岸在领土主权层面的同一性提供了重要保障。针对这一条款，有台湾学者提出，"固有疆域"一词的内涵应以"制宪或修宪当时国家实效统治的范围为根据来认定"，因而所谓"中华民国固有疆域"应当是"政府实效统治的台澎金马及其他附属岛屿，当然不及于中国"[1]。这种看似合乎"事实"的推演，并不符合台湾地区现行"宪法"的规定，更不符合以宪法文本约束政治权力的宪政精神。众所周知，"增修条文"是对1946年"宪法"的"增修"，因而这一"条文"从性质上属于1946年"宪法"的附属条款，对其条文意涵的考察，显然应当从1946年"宪法""制宪者"的意志出发。1946年"宪法"制定于大陆，其对"中华民国""固有疆域"的规定，显然是指包含大陆和台湾在内的全中国。上述学者论述的推演，显然是一种妄图通过混淆"法理"与"事实"的方法，偷换概念，将台湾当局对现有区域的实际控制事实，视为一种"主权"存在，从而实现重新解释"中华民国固有疆域"的目的。

综上所述，从"中华民国宪法增修条文"的规范文本来看，其所包含的"一中性"是比较明显的，"两岸同属一个中国"是蕴含于这部"宪法"之中的基本精神。这就为我们借助这部"宪法"中有利于维护国家统一的部分，巩固一个中国框架提供了充分的规范支持。

（三）台湾地区"司法院""大法官解释"中的一个中国因素分析

在台湾地区当前的政治体制中，"司法院大法官"扮演着与众不同的

---

[1]　参见黄昭元：《固有疆域的范围》，《月旦法学杂志》（台湾）2000年第9期。

重要角色，司法权的"贵族"特性，使"大法官"能通过理论性、技术性较强的方式，诠释台湾地区现行"宪法"运行中的统"独"立场。① 至2018年2月，台湾地区"司法院"共作成20个涉及两岸关系的"大法官解释"，这些"解释"均以不同方式表达了对"中华民国宪法"中"一中性"的态度。

第一，在"解释"中直接肯定"中华民国宪法"之"一中性"的。自20世纪50年代至90年代，由于国民党当局坚持其中国"正统"地位，为从法理层面维护台湾当局的"中国代表性"地位，弥合其面临的"全中国"幻象和"小台湾"事实之间的裂隙，台湾地区"司法院"陆续形成一系列有关两岸关系性质的"解释"。创设台湾地区"万年国大"的"释字第31号解释"和开启台湾地区"宪政改革"的"释字第261号解释"等均系此类"解释"的典型代表。从解释方法角度看，此类"解释"多以"国家发生重大变故"为解释依据，形成一套独特的肯定"中华民国宪法"之"一中性"的"宪法解释"路径。

第二，在"解释"中以否认或回避方式拒绝破坏"中华民国宪法"之"一中性"的。20世纪90年代后，台湾地区本土势力在岛内的政治地位日益提升，台湾当局的两岸政策也随之发生改变，在这一阶段，"大法官"在做成涉及两岸关系的"解释"时的态度也趋于暧昧，多选择以否定性或回避性表述应对"台独"分子意欲破坏"中华民国宪法"之"一中性"的"释宪声请"。在涉及"中华民国""固有疆域"问题的"释字第328号解释"中，"大法官"以"政治问题不审查"为由，回避了"声请书"中敏感的"中国大陆是否属于中华民国领土"②的问题。而在涉及两岸协议法律性质的"释字第329号解释"中，"大法官"则以否定方式指出两岸协议"非属国际条约"③，从而否定了两岸的"国与国关系"。

第三，在"解释"中以权利话语包装"台独"意涵，以一定方式稀释

---

① 参见周叶中：《台湾问题的宪法学思考》，《法学》2006年第6期。
② 台湾地区"释字第328号解释"陈婉真等之"声请书"。
③ 台湾地区"释字第329号解释"之"解释理由书"。

"中华民国宪法"之"一中性"的。在李登辉和陈水扁执政时期，受岛内影响日盛的"台独"分裂思潮影响，在处理一些涉及两岸关系的司法个案时，"大法官"的政治倾向亦随之发生变化，在无法明确否认"中华民国宪法"之"一中性"的情况下，他们多以保障公民基本权利为由，以法律语言包装其助长"台独"分裂活动的政治立场。以解决"中国比较法学会"更名为"台湾比较法学会"是否违法问题的"释字第479号解释"，构成此类解释的典型代表。在该"解释"中，"大法官"以"结社自由保障"为由，认为台当局"内政部"制定的"社会团体许可立案作业规定"第四点关于人民团体应冠以所述行政区域名称之规定，因违反母法规定而失效。① 该"解释"充分体现出将台湾等同于"全国"的倾向，在一定程度上对"中华民国宪法"的"一中性"产生稀释效应。

基于"司法院大法官"在台湾地区"宪政体制"中的特殊地位及其对两岸关系发展所产生的潜在影响，我们应辩证看待其对我们维护一个中国框架所起到的作用。一方面，应当注重对涉两岸关系"大法官解释"的分析研判，高度警惕部分"台独"分裂分子以"释宪台独"方式推进"法理台独"的活动。另一方面，手握"释宪"大权的"大法官"也应被视为巩固和维护一个中国框架的重要资源，注重"大法官"的政治立场和倾向，通过各种渠道影响"大法官"对两岸关系发展大势的判断，使之在一定条件下成为遏制"法理台独"的一道重要防线。

二、当前形势下运用"中华民国宪法"资源的双重实践困境

从规范分析的角度看，"中华民国宪法"及其"增修条文"与"大法官解释"均体现出较为强烈的"一中性"色彩，因而我们可以将之视为在新形势下可用于巩固和维护一个中国框架的正向资源。但是，基于两岸关系在历史与现实两个层面的纠葛，我们在运用这一资源的过程中，亦不得不面对一些极为复杂的实践困境。具体说来，这种困境体现在由《废除六法全书指示》废止"中华民国宪法"带来的历史困境和由"中华民国"

---

① 参见台湾地区"释字第479号解释"之"解释理由书"。

政治含义模糊化与多样化带来的现实困境。

（一）历史困境：《废除六法全书指示》与"伪宪法"的界定

1946 年 3 月，在国民党内强硬力量的主导下，国民党六届二中全会做出决议，否定 1946 年政协会议通过的《宪法草案案》，严重妨碍国共两党和中间党派在极为复杂的条件下初步形成的政治互信，最终使各方就制宪问题形成妥协的空间消失。[①] 1946 年 6 月，国民党军队大举进攻中原解放区，内战序幕由此揭开，此前各党派共同努力形成的民主成果付之东流，政协会议在实质上走向解体。在内战的阴云之下，国民党纠集民社党、青年党等党派，抛开中共和民盟，单方面召开"制宪国大"，并通过"中华民国宪法"，从而使这部"宪法"在国内矛盾极为尖锐条件下走向了各派政治共识的对立面。

作为反对国民党独裁统治的主导力量，中国共产党在国民党召开"制宪国大"之初，即明确表示对"中华民国宪法"的否定态度，并以一贯之地坚持这一正确立场。1946 年 12 月 21 日，"制宪国大"尚在进行之中，中共中央即发表"中国人民不承认伪宪"之声明，谴责"非法国大"，称蒋介石当局"一面大打内战，和把宪法'国大'开到底；一面又通过什么'民主宪法'，这只是更加自绝于人民"，并指出"蒋介石反动集团的独裁不取消，不论宪法字面上怎样，人民总之休想得到民主，这已是中国人民的常识"[②]。1949 年元旦，蒋介石在其行将失败之际，发表"求和声明"，宣布下野，在这一"声明"之中，其亦不忘这部"宪法"的重要性，提出"只要神圣的宪法不由我而违反……中华民国的法统不致中断"，则其"个人更无复他求"[③]，从而将维持"中华民国法统"作为国共和谈的一项条件。面对这一条件，中共方面坚持立场，在北平和平谈判时明确提出包括"废除伪宪法"在内的八项条件，坚决驳斥了蒋的这一无理条件。1949 年

---

① 参见秦立海：《民主联合政府与政治协商会议——1944—1949 年的中国政治》，人民出版社 2008 年版，第 248 页。

② 《中共中央发言人谈称蒋记国大所制伪宪　中国人民绝不承认》，新华社 1946 年 12 月 21 日电。

③ 《申报》，1949 年 1 月 1 日。

2 月，在中国革命即将胜利之时，中共中央制定《废除六法全书指示》，明确提出，"国民党全部法律只能是保护地主与买办官僚资产阶级反动统治的工具，是镇压与束缚广大人民群众的武器"，因而"六法全书绝不能是蒋管区与解放区均能适用的法律"①，从而明确宣告废除包括《中华民国宪法》在内的"六法全书"。此后，在 1949 年 9 月召开的中国人民政治协商会议上通过的《中国人民政治协商会议共同纲领》第十七条明确肯定了《废除六法全书指示》的基本精神，规定"废除国民党反动政府一切压迫人民的法律、法令和司法制度"，从而在法理上彻底宣告《中华民国宪法》在大陆地区的废止。至此，《中华民国宪法》这部与中国人民所期待的民主宪政毫无关联的宪法，最终从中国大陆彻底消失。

从宪法学一般原理来看，由于 1946 年宪法缺乏当时国内两股重要政治力量——中共和民盟的参与，这部"宪法"在包容性、可接受性和权力制约方面存在着"先天不足"。一方面，在当时的政治环境下，作为当时国内各方政治势力妥协失败的产物，1946 年宪法不仅未能如人们所期望的那样，实现对国内政治力量的整合与包容，反而昭示着国共两党矛盾的激化，因而必然是一部缺乏包容性与可接受性的宪法。另一方面，在当时的政治格局下，1946 年宪法的通过，并未改变国民党专制统治的政治事实，因而并未形成作为宪法基本精神的权力制约体制。从这两个方面说，1946 年宪法"充其量只是一个民主的气泡，它跟人们所期待的宪政没有任何必然的联系"②。因此，《废除六法全书指示》和对 1946 年宪法的废除无疑是合乎宪政精神、符合宪政原理的。1949 年人民政协的召开、《共同纲领》的制定和中华人民共和国的成立，则昭示着中国新民主主义革命的完成和全新国家结构的确立，因而也意味着在中国范围内，对作为国民党政权旧秩序外在形态的"中华民国宪法"的颠覆与替代。

从国家法治秩序建构的角度看，《废除六法全书指示》构成了新中国法制建设的基石，而《共同纲领》则构成新中国在宪法意义上的"出生

---

① 《中共中央关于废除国民党的六法全书与确定解放区的司法原则的指示》。
② 刘山鹰：《中国的宪政选择——1945 年前后》，北京大学出版社 2005 年版，第 173 页。

证"。因此，《废除六法全书指示》和《共同纲领》对"中华民国宪法"的废止，是我们必须坚持的政治原则。那么，从历史回归现实，如何在坚持《废除六法全书指示》和《共同纲领》相关规定正确性的基础上，给予"中华民国宪法"这部"主观上被废止、客观上仍存在、历史上维护国民党反动统治、现实中具有维护国家统一作用"的规范性文件以正确定性的问题，直接关系到我们能否在维护一个中国框架的过程中，运用好这一资源。

（二）现实困境："中华民国"政治含义的模糊性与多样性

"中华民国宪法"的法理内涵与"中华民国"的政治含义密切相关，从一定意义上讲，对"中华民国"政治含义的界定直接关系到"中华民国宪法"所表达的统"独"方向。近年来，随着台湾岛内政治局势的变化，尤其是"台湾主体性"意识在岛内政治活动中作用的日益凸显，"中华民国"的政治含义正发生一定变化，这种变化为我们运用"中华民国宪法"资源维护一个中国框架制造了现实困境。

当前，岛内对"中华民国"政治含义的认知存在极大差异，它既是马英九念兹在兹的"国家符号"，又是民进党"台湾前途决议文"中台湾在"宪法"上的"国号"，具有极大的模糊性和多样性。[1] 蔡英文当局正是基于对"中华民国"政治含义模糊性与多样性的认知，才提出以"中华民国现行宪政体制""中华民国宪法""维持现状"等话语为核心的两岸政策体系，意欲以这种具有模糊性和多样性含义的概念，为其日后的政治实践提供更大进退空间。

从统"独"视角观之，"中华民国"政治含义的多样性与模糊性主要体现在对"中华民国"与"中国"和"台湾"的关系上。考察岛内关于"中华民国"含义认知的演进来看，涉及"中华民国"与"台湾"关系的认知主要有三种：1）将"中华民国"视为整个中国的"国号"，而台湾和大陆均是"中华民国"的组成部分，依"主权—治权"框架，"中华民

---

[1] 参见祝捷：《"九二共识"核心意涵的法理型构——再论两岸法律的"一中性"》，《中国评论》（香港）2016 年 3 月号。

国"之"主权及于整个中国，但目前之治权，则仅及于台、澎、金、马"①。2）将"宪政改革"之后的"中华民国"视为辖区仅包括台、澎、金、马的"主权独立国家"，认为"中华民国在台湾"，而两岸关系应当定位为"特殊的国与国关系"②。3）认为台湾是一个"主权独立国家"，"中华民国"是台湾在"宪法"上的"国号"，但"中华民国"与中华人民共和国互不隶属，亦即所谓"中华民国就是台湾"之观点③。

　　从上述三种对"中华民国"政治涵义的认知来看，这些表述之中，有些能够为"九二共识"所包容，有些表述则处于"台独"与"独台"的边缘地带，有些则是为大陆方面坚决反对的"台独"分裂立场。毋庸置疑的是，上述对"中华民国"政治含义的差异化认知，将直接对"中华民国宪法"法理内涵的界定造成重大影响。基于台湾地区内部对"中华民国"争议意涵认知的差异，不少学者认为，贸然认可"中华民国"或"中华民国宪法"可能会在岛内产生不利于巩固一个中国框架的政治效果或是产生以虚化的"一个中国"为代价换取实际的"两岸分治"的政治影响从而对促进和平统一造成负面效果④。因此，是否能够处理好"中华民国"与"中华民国宪法"政治含义的模糊性与多样性带来的现实困境，直接关系到我们能否在维护一个中国框架的过程中，运用好"中华民国宪法"资源。

三、"中华民国宪法"要素的三重分离思路：消解困境的应然选择

　　尽管具有一个中国因素的"中华民国宪法"是我们反对和遏制"台

---

① 此即台湾当局 1992 年作成之"关于'一个中国'内涵的说帖"之观点，同时为台湾地区现行"宪法增修条文"所肯定，因而亦为台湾当局官方正式立场，参见《台"国统会"八一结论（1992 − 8 − 1）》，资料来源：http://www.gwytb.gov.cn/zt/92/201101/t20110110 _ 1686385. htm，最后访问日期：2017 年 2 月 10 日。

② 此即李登辉"特殊的两国论"之观点，参见《李登辉接受"德国之声"专访时的谈话》，资料来源：www. president. gov. tw，最后访问日期：2017 年 2 月 10 日。

③ 此即民进党 1999 年"台湾前途决议文"之观点，至今仍为民进党方面对"中华民国"政治含义的正式立场，参见民进党："台湾前途决议文"（1999 年）。

④ 参见王英津：《论两岸政治关系定位中的"中华民国"问题（下）》，《中国评论》（香港）2016 年 2 月号。

独"分裂活动的重要正向资源，但来自历史和现实两个层面的实践困境为我们运用这一资源带来了一定的政治风险。因此，如何突破历史与现实两个层面的实践困境，建构一套运用"中华民国宪法"资源维护一个中国框架的法理策略体系，成为当务之急和必要之需。一个可供探讨的解决思路，是依照运用"中华民国宪法"资源维护一个中国框架之需要，通过对这部"宪法"进行多层次地切割与分离，实现既能够借助这部"宪法"的积极因素维护一个中国框架，又不因这一策略而引发不必要的政治风险之目的。

（一）历史定位（历史性）与现实定位（现实性）之分离：作为历史事实与政治事实的"中华民国宪法"

在"革命史观"的影响下，"中华民国宪法"长期被大陆方面界定为"保护地主与买办官僚资产阶级反动统治的工具，是镇压与束缚广大人民群众的武器"①，因而这部"宪法"的性质当然应被界定为"伪宪法"。然而，如上所述，当前两岸关系主要矛盾已从意识形态对立转变为国家的统一与分裂之争。因此，在当前形势下，我们应当从历史的、辩证的角度看待这部"宪法"，在坚持以《废除六法全书指示》为代表的规范性文件对这部"宪法"历史评价的基础上，结合实际情况的变化，通过历史定位与现实定位相分离的方法，实现对"中华民国宪法"历史性与现实性的切割。具体说来：

第一，对"中华民国宪法"历史定位与现实定位相分离的方法，有助于我们坚持《废除六法全书指示》和《共同纲领》等规范性文件的法理效力，避免造成以现实策略否认历史事实的错误印象。如上所述，《废除六法全书指示》和《共同纲领》在新中国建立的过程中起到了极为重要的作用，因而我们不能因反对和遏制"台独"分裂活动，就直接否定《废除六法全书指示》和《共同纲领》的有关规定，进而否定新中国政权建构的法治基础。② 因此，面对历史遗留问题带来的困境，我们有必要通过历史定

---

① 《中共中央关于废除国民党的六法全书与确定解放区的司法原则的指示》（1949年）。
② 参见祝捷：《"九二共识"核心意涵的法理型构》，《中国评论》（香港）2016年4月号。

位与现实定位相分离的方法，充分肯定我国社会主义法律体系的合法性基础，避免因当前运用"中华民国宪法"资源而造成对革命历史和社会主义法治建设全盘否定的负面效果。

第二，对"中华民国宪法"历史定位与现实定位相分离的方法，有助于我们正确看待中国革命进程中的"中华民国宪法"的历史地位和当前两岸关系发展中"中华民国宪法"的现实地位。在两岸关系主要矛盾发生变化的情形下，传统"革命史观"对"中华民国宪法"性质做出的界定，已脱离当前的两岸关系现状。因此，将对这部"宪法"的历史定位与现实定位相分离的方法，能够有效避免"革命史观"对我们在当前条件下借助这部"宪法"维护一个中国框架造成的不利影响，使我们对"中华民国宪法"定位的认知更加符合当前两岸关系的实际情况和对台工作的实际需要。

据此，在面对运用"中华民国宪法"资源维护一个中国框架过程中出现的历史遗留问题，可秉持历史定位与现实定位相分离的方法，将这部"宪法"的历时性与现实性加以切割，将存在于中国革命历史中的"中华民国宪法"与存在于两岸关系中的"中华民国宪法"相切割。结合"中华民国宪法"变迁的具体情况，一方面肯定《废除六法全书指示》对这部"宪法""伪宪法"的正确界定，另一方面则认可其在国家尚未统一的特殊条件下在台湾地区发挥的维护"两岸同属一个中国"事实的实际效力。

（二）正当权威（合法性）与实际权力（有效性）之分离："中华民国宪法""合法性"问题的应对思路

除厘清"中华民国宪法"的历史定位与现实定位之差别外，在运用"中华民国宪法"资源的过程中，我们必须对这部"宪法"能否具有代表主权属性的国家根本法之合法性问题作出回应，以避免造成两岸存在两部合法"宪法"的错误印象，甚至造成对两岸关系政治定位现状的改变。为解决这一问题，我们应从正当权威和实际权力相区别的角度，深入分析这部"宪法"的"合法性"基础，客观看待其在岛内政治实践中的有效性事实，在坚持否认这部"宪法"合法性的前提下，结合两岸关系发展实际，通过肯定这部"宪法"的有效性，以这部含有"一中性"因素的"宪法"制约"台独"分裂势力之目的。具体说来：

第一，权威与权力相分离，意味着对"中华民国宪法"合法性与有效性认知的切割。权威和权力是一对既相关联，又相区别的概念，对正当权威的认可可以与对实际权力认可相分离。权力是统治者支配和控制被统治者的能力，它可能是暴力的，也可能是柔性的，而权威则是一种被统治者所认同的、自愿服从的统治。① 因此，权威是一个表征合法性的概念，而权力仅是一个对统治事实描述性的概念，却并不必然意味着权力主体具有实施权力的合法性。从传统的政治性视角看，宪法是一个集权威与权力的存在，认可一部宪法就意味着对基于这部宪法而产生的权威与权力的承认。然而，仅从宪法的功能性视角看，权威与权力却是一对可以分开看待的概念，可以依照一部宪法实施的具体情况，在认可宪法权力（有效性）的基础上，否认其宪法权威（合法性）。在实践中，自20世纪50年代起，大陆方面一直以"台湾当局"称呼台湾地区公权力机关②，对其控制台澎金马地区的政治事实表示认可，但却并不认同其统治的合法性，而视其为一种事实现象，这也为我们以类似的方法处理"中华民国宪法"法理定位问题提供了范例。

第二，无论是从法理上还是政治上看，"中华民国宪法"均不能被视为一部具有充分合法性基础的根本法。从制宪权理论出发考察"中华民国宪法"的"制宪"与"修宪"事实可知，1946年"中华民国宪法"仅具有形式上的合法性，而因缺乏对当时国内政治格局中各方力量政治共识的凝聚，缺乏实质合法性。"宪政改革"后形成的"增修条文"并非作为中国主权者的"中国人民"③ 意志的体现，仅是作为"中国人民"组成部分的"台湾人民"意志的体现，故这种所谓的"修宪"、行为缺乏足够的合

① 许纪霖：《为何权力代替了权威》，《天津社会科学》2011年第5期。
② 参见李鹏：《以"当局"作为两岸商谈政治定位起点之理论探讨》，《台湾研究集刊》2014年第2期。
③ 参见陈端洪：《宪法学的知识界碑——政治学者和宪法学者关于制宪权的对话》，《开放时代》2010年第3期

法性基础，并不具备足够的正当权威。因此，我们仍应坚持否定这部"宪法"作为代表全中国的"宪法"或代表"台湾"的"宪法"之合法性。

第三，从台湾地区政治实践来看，"中华民国宪法"又是一部在岛内获得有效实施的规范性文件，具有其现实有效性。自台湾地区"宪政改革"以来，从"中华民国宪法"及其"增修条文"在岛内的适用情况看，这部"宪法"通过"司法院""释宪"等方式的具体适用，已从一部仅具有"法统"象征意义的"宪法"，逐渐转变为能够约束岛内政治运行的规范性文件。① 考察台湾地区内部政治实践可知，当前"中华民国宪法"已成为岛内各主要政党共同遵守和认可的"最大公约数"，成为台湾民众保障基本权利的重要宪制依据，成为岛内各族群实现政治认同聚合的重要规范载体。可以说，这部"宪法"在实践中，已经成为台湾地区政治转型事实法律化的法理渊源，因而具有其实际有效性。因此，在我们对"中华民国宪法"法理定位问题做出重新安排时，必须充分考虑到其实际有效性，有条件地认可这种有效性，从而使政策表述与客观事实相符合。

据此，我们在处理"中华民国宪法"法理定位时，可秉持正当权威与实际权力相分离的方法处之，将这部"宪法"的合法性与有效性认知相切割。一方面，应坚持否认这部"宪法"的正当权威属性（合法性），否认其作为一部具有"主权"和"国家"属性"宪法"的法律地位，强调《中华人民共和国宪法》对台湾地区的法律效力；另一方面，应充分认识到这部"宪法"在台湾地区政治实践中的实际权力属性（有效性），以正当权威（合法性）和实际权力（有效性）分离的思路，寻求解决运用"中华民国宪法"资源的现实困境。

（三）规范含义（规范性）与政治含义（政治性）之分离："中华民国宪法"文本的规范价值应用

针对因"中华民国"政治含义的模糊性和多样性对应用"中华民国宪法"资源带来的实践困境，我们应采取区分作为政治符号的"中华民国"

---

① 参见杜力夫：《"一国两制"视角下"中华民国宪法"的定位》，《"一国两制"研究》（澳门）2013 年第 4 期。

与作为规范文本的"中华民国宪法"之方法，将这部"宪法"所蕴含的规范含义与政治含义相区分，借助宪法教义学的研究方法，通过挖掘、放大和强调其规范含义，达到约束和规制台湾当局的两岸政策走向，反对和遏制"台独"分裂活动之目的。具体说来：

第一，与"中华民国"这一政治概念不同，"中华民国宪法"及其"增修条文"与相关"大法官解释"均是具有确定文本载体规范性文件，其明确性、稳定性和权威性远远高于作为政治概念的"中华民国"。因此，尽管不同政治势力可以根据其需要，对"中华民国"这一政治概念做出不同的解读，但其对于"中华民国宪法"的解读，则不得不立足于规范、受制于文本。如上所述，在"台独"分裂分子的曲解之下，"中华民国"在台湾地区内部拥有了多种意义差别极大的政治含义，为我们运用"中华民国宪法"资源制造了极大的现实障碍。然而，与含义模糊的"中华民国"不同，"中华民国宪法"是一部具有文本载体的规范性文件，任何对这一文本做出的解读都必须以文本为依据，遵循宪法学的一般原理进行。在岛内的政治实践中，持"台独"立场的政治人物和学者往往通过混淆政治现实和法理事实的方法，妄图以两岸尚未统一的政治事实，压制甚至推翻"中华民国宪法"对"两岸同属一个国家"的法律界定。倡导所谓"以台湾为主体的法律史研究"的台湾学者王泰升的相关论述即是此类逻辑的典型代表，他认为，台湾"以一个事实上国家的地位已存在五十余年，且发展出自由民主的宪政秩序……如果台湾人民选择了'自由民主'的宪政生活方式，并为确保其永续存在，而在法律规范上宣示仅以台湾一地作为国家领土、居住于台湾之人作为国民，则岂是现有宪法条文所能拘束的"[①]。这种论断的本质是以一种看似至高无上的价值，作为超越现有宪制规范的依据，并借此为实现所谓"民族自决""独立建国"提供条件。这套通过改变"规范"来迎合所谓"事实"的理论体系充分体现出台湾学者对于明确体现出一个中国含义的"中华民国宪法"规范文本的无可奈何。

---

① 王泰升：《自由民主宪政在台湾的实现：一个历史的巧合》，《台湾史研究》（台湾）第 11 卷第 1 期。

第二，从法解释学基本原理出发，文本应是法律解释的边界，任何与文本明显相悖的解释都是不可取的。就宪法解释而言，宪法文本无疑应是解释者行为的边界，"再大胆的解释也不能把与宪法文本显然相悖的观念纳入宪法"①，否则释宪行为将越界演变为修宪甚至是宪法破弃。因此，作为一部具有明确文本界限的规范性文件，任何对"中华民国宪法"法理意涵的解读，尤其是涉及国家统一问题的解读，都应以这部"宪法"的文本为界限。如上文对"中华民国宪法"文本的分析，这部"宪法"的有关规定充分体现出对"两岸同属一个中国"事实的确认。依据这一原理，结合这部"宪法"的规定，在解决"中华民国"政治含义模糊化和多样化现状为我们运用"中华民国宪法"资源带来的障碍时，应因循政治含义与规范含义相分离的原则，紧紧抓住"中华民国宪法"及其"增修条文"与相关"大法官解释"的规范文本，以文本为依据，反制"台独"分裂分子提出的种种理论说辞与政治言论，使这部"宪法"成为我们可以运用的正向资源。因此，在运用"中华民国宪法"资源的过程中，运用宪法教义学的理论与技术，充分挖掘这部"宪法"（包括其"增修条文"与相关"大法官解释"）的规范文本，成为关键。

综上所述，尽管从政治事实层面看，岛内各政党基于其各自认知，使"中华民国宪法"掺杂着形形色色的政治意图，甚至出现"一部宪法，各自表述"②的情形，但从法理层面，尤其是文本层面出发，台湾地区现行"宪法"的"一中性"成分仍然发挥着独特的作用。在两岸各自根本法都充分肯定"一中性"的基础上，双方对于一个中国框架的各自主张就能够在法理上形成重叠表述的客观状态。在这种情况下，两岸各自根本法上的"一中性"要素，就能够为双方通过政治力运作，形成合乎一个中国框架的政治基础提供质料。

---

① 张翔：《宪法释义学——原理·技术·实践》，法律出版社 2013 年版，第 54 页。
② 参见曾建元：《一个宪法，各自表述：台湾宪法秩序中的"一个中国架构"》，《中华通识教育学刊》（台湾）2006 年第 4 期。

四、结论

随着台湾地区政党轮替日趋常态化，两岸关系发展面临新的变局。当前，台湾地区领导人蔡英文已初步形成一套以"中华民国宪政体制"为核心的两岸关系政策表述体系。从本文对"中华民国宪法""一中性"内涵的分析来看，这部"宪法"之中存在的"一中性"要素，能够成为大陆方面应对和反制蔡英文所谓"中华民国宪政体制论"的一种正向资源。因此，我们在坚持战略上严守"九二共识"政治底线的基础上，可在策略层面，适时对"中华民国宪法"做出合情合理安排，在充分考量两岸关系现状的基础上，通过将这部"宪法"的历史定位与现实定位相切割，对这部"宪法"的规范含义与政治含义区别对待，将这部"宪法"所代表的正当权威与实际权力相区隔，在继续坚持否定其合法性的基础上，有条件地认可其有效性，继而将之整合为可资运用的正向资源，从而为巩固两岸关系政治基础提供更为充分的外在支持。

专题四

涉台时评、采访

反分裂法十年匡正两岸关系 *

一、法条充满政治智慧与法律智慧

《国际先驱导报》：《反分裂国家法》颁布十周年以来，您如何评价它的实施效果？

周叶中：从《反分裂国家法》颁布实施的十年间两岸关系发展的实践来看，这部法律的实施，为我们依法处理台湾问题，坚持"九二共识"，反对"台独"，推动两岸关系和平发展的不断深入提供了有力支持。

第一，《反分裂国家法》的颁布，将党和国家关于解决台湾问题的大政方针和全中国人民维护国家主权与领土完整的一致意愿上升为国家意志，为我们运用法治思维和法治方式处理台湾问题提供了宝贵经验。《反分裂国家法》实施十年以来，党和国家结合两岸关系发展的实践，提出了许多涉台工作的新主张、新政策，这些主张和政策在《反分裂国家法》的框架下，依照相应的法律程序，成为具有长期适用性的法律规定，为我们逐步构建"法治型"两岸关系和平发展新模式奠定了基础。

第二，《反分裂国家法》的颁布，表明了中国政府和人民反对和遏制"台独"分裂势力分裂国家活动的坚定决心，也充分表明了国家以最大诚意、尽最大努力，争取实现和平统一的一贯立场。《反分裂国家法》颁布时，正值"台独"分子鼓吹"台湾法理独立"的高潮时期。《反分裂国家

---

* 本文系周叶中接受《国际先驱导报》的采访内容。采访时间：2015 年 3 月 10 日。文章链接：http：//news.whu.edu.cn/info/1002/42962.htm。

法》的颁布明确了国家遏制"台湾法理独立"，打击"台独"分裂势力的底线。

第三，《反分裂国家法》的颁布，为两岸关系开启和平发展之门，促进两岸关系和平发展的不断深入起到了重要推动作用。《反分裂国家法》不仅为我们反对"台独"分裂活动设定了规范边界，也为我们通过两岸平等协商谈判，实现祖国和平统一提供了法律依据。

概括而言，《反分裂国家法》中，最核心、最关键的内容有三点：即一个中国原则进一步明确化；为通过和平方式或者非和平方式解决台湾问题确定了法律依据；为其后两岸关系进一步发展提供了相应的原则。

这部法律的内容不长，短短十条，但充满了法律智慧、政治智慧，以及立法技术。想想看，所有大陆的法律都是以"中华人民共和国……"冠名，唯独《反分裂国家法》不是，这就为台湾问题的解决预留了一个空间。

二、大陆牢牢抓住了两岸关系主动权

Q：这部法律对我们用法治方式处理台湾问题的影响有哪些？

A：作为中国大陆第一部专门处理台湾问题的宪法特别法，《反分裂国家法》也是我国对台工作立法体系中具有统率地位的一部立法。这部立法为我国实现依法治台奠定了基础，为我们反对"台独"提供了法律依据，同时也表征着我国处理台湾问题思维方式的重大转变。

第一，《反分裂国家法》构成了国家运用法治方式巩固和深化两岸关系和平发展的法律依据和规范基础，为我国实现依法治台奠定了基础。党的十八届四中全会决定指出，要运用法治方式巩固和深化两岸关系和平发展，完善涉台法律法规，依法规范和保障两岸人民关系、推进两岸交流合作。《反分裂国家法》是我国当前处理台湾问题的基本法律，在其统率下，我国已经逐步建立了涵盖宪法、行政法、民商法、经济法等多个法律部门的对台工作法律体系。

第二，《反分裂国家法》是坚持"九二共识"，反对"台独"分裂活动的法治化形式，为我们反对国家分裂，促进国家统一提供了法律依据。

《反分裂国家法》明确规定了国家运用非和平方式解决台湾问题的条件和程序，为我们在处理两岸关系时，坚持原则，求同存异，威慑和打击"台独"分裂活动提供了坚实的法律后盾。

第三，《反分裂国家法》是国家运用法治思维处理台湾问题的重要体现，表征着国家对台工作思维方式的重大创新。《反分裂国家法》的实施构成了国家依法处理涉台问题的起点，《反分裂国家法》实施的十年，同样是我们转变处理台湾问题思维方式的十年。

Q：转变处理台湾问题思维方式后，两岸关系得到了根本性的改变？

A：《反分裂国家法》的出台可以说对两岸关系产生了扭转乾坤的作用。原先我们是被动的，陈水扁当局一有小动作，国台办发言人公开批评几句。然后呢？别的办法不多。但《反分裂国家法》公布后，我们非常清楚地亮明了底线，立法做法又符合法治的世界潮流，符合国际惯例。从法理上，如果台湾真要闹"独立"，大陆当然师出有名，这是其他任何国家没有理由干涉的。

这部法律通过后的第二个月，时任台湾国民党主席的连战、时任亲民党主席的宋楚瑜对大陆开启"和平之旅"；随后时任台湾新党主席郁慕明也访问了大陆。从那时起，大陆牢牢掌握住了两岸关系的主动权，一直到现在。

三、还需要一部对台综合性立法

Q：《反分裂国家法》还需不需要与时俱进？

A：《反分裂国家法》颁布实施的十年，是两岸关系发生重大变化的十年。因此，在回顾和纪念《反分裂国家法》颁布十周年之时，我们也应当结合两岸关系发展的实践，以党和国家的重大涉台方针政策为指引，对国家在新时期、新阶段的涉台法制工作做出展望。

第一，根据党的十八大报告对两岸关系的定位，结合《反分裂国家法》的相关规定，适时修改宪法序言中关于台湾问题的表述。《反分裂国家法》中对于台湾问题使用了"台湾是中国的一部分""大陆和台湾同属一个中国"的表述。这一表述尽管与我国现行《宪法》的表述不尽一致，但却合乎现阶段党和政府对两岸关系定位的观点，也合乎两岸关系发展的现状。为此，我建议将现行《宪法》第九自然段修改为"大陆和台湾同属一个中国。完成统一祖国的大业是包括台湾同胞在内的全中国人民的神圣职责"。

第二，根据两岸关系发展的最新形势，适时通过法律修改、法律解释等方式促进《反分裂国家法》的实施。《反分裂国家法》诞生于两岸关系尚处于低潮期的 2005 年，在此之后的 2008 年，台湾地区政治形势发生了重大转折，两岸关系进入和平发展的新阶段。随着两岸关系和平发展的不断深入，在对台工作的实践中出现了许多《反分裂国家法》制定时尚未出现的新情况、新问题。面对这些新情况、新问题，我们应当积极运用法治方式，通过法律修改、法律解释等具体方法推动《反分裂国家法》的与时俱进。

第三，根据两岸关系和平发展的发展形势，适时推动制定一部合乎当前两岸关系发展方向的综合性立法，为推进两岸关系和平发展的不断深入，促进国家实现最终统一提供法治保障。

自《反分裂国家法》颁布实施以来，我国虽已初步建立了一套对台工作立法体系，但这套立法体系还略显单薄。我国现有的对台立法体系的立法重点集中于反对"台独"分裂活动、规制台湾同胞在大陆地区入出境、投资、旅游活动等个别领域，却缺少对台湾居民在大陆地区个人权利保障、两岸公权力机关事务性交往机制等存在于两岸关系和平发展阶段中的若干重大现实问题的规制。

因此，我建议，应当及时制定一部能够切实解决两岸关系和平发展过程中现实问题的综合性立法，以达到完善我国对台立法体系的目的。

四、把"寄希望于台湾人民"的原则落实好

Q：那我们还需不需要《统一法》？

A：我认为，两岸需要先签订《两岸和平协议》，把两岸关系和平发展框架制度化，同时继续深入扩大两岸交流，以交流促共识。待统一共识水到渠成时，就不一定需要《统一法》了。所以，还需不需要《统一法》，

需要根据未来两岸关系发展的具体形势而定。

Q：**如果民进党领导人未来再次上台，在《反分裂国家法》的框架下，我们如何与民进党打交道？**

A：就像习总书记在全国政协十二届三次会议上的讲话所说的，我们始终把坚持"九二共识"作为同台湾当局和各政党开展交往的基础和条件，核心是认同大陆和台湾同属一个中国。只要做到这一点，台湾任何政党和团体同大陆交往都不会存在障碍。

Q：**如果台湾在"台独"路上走远，我们一定会根据《反分裂国家法》，采用非和平手段吗？**

A：我的一个基本判断是，台湾肯定在"台独"路上走不远。如果要走，我们也有很多办法制约它。《反分裂国家法》设定了几个"如果"，对"台独"的警告已经非常明确，民进党不敢做。当然，对"台独"分裂势力及其分裂活动，我们绝不能掉以轻心，一旦发生《反分裂国家法》设定的几个"台独"的事件，大陆一定会采取相应的重大举措。

Q：**所以您对未来的两岸关系感到乐观？**

A：归根结底，两岸问题本质上是中美问题。但从根本上说，决定两岸关系走向的关键因素是祖国大陆的发展进步。所以大陆的发展最重要，要把自己事情做好。当大陆各种力量不断成长起来以后，美国也会调整她在台湾问题上的相关立场。

我认为，未来两岸关系的突破的确会越来越艰难。但我们的总体战略很好，然而我们也要特别注意尽量不要在战术上出错。所以，我们一定要认清台湾岛内的政治"新常态"，即台湾是政党有可能轮流执政的政治，是选举政治，也是民生政治。如果我们根据这些"新常态"的内在规律性和在岛内实际政治生活中表现的新特点来开展工作，就会更有成效。

我们需要采取有针对性的战术。在交流、斗争，以及合作的过程中，争取台湾老百姓，要把"寄希望于台湾人民"的原则落实好，要把大陆释放的利益让台湾中小企业、中低收入阶层和台湾青年人受益，打消他们心中的疑虑。我们需要做的是争取人心的工作。人心向背，跟利益紧密相连，跟软实力的影响紧密相连，跟全方位的交流紧密相连。

新时代推进祖国统一的行动纲领*

解决台湾问题、实现祖国统一，是全体中华儿女共同愿望，也是中华民族根本利益所在。党的十九大报告充分总结和肯定过去五年对台工作的历史性成就，以习近平新时代中国特色社会主义思想为指引，紧紧把握两岸关系和平发展和反分裂斗争的大局，形成一套体系完整、内容充分、兼顾现时性与前瞻性、原则性与能动性的对台方略。十九大报告彰显了新时代对台工作的基本立场，宣示了新时代对台工作的基本原则，阐释了新时代对台工作的基本理念，划定了新时代对台工作的政治底线，为新时代推进祖国统一提供了行动纲领。

一、彰显新时代对台工作的基本方针

"和平统一、一国两制"是中国大陆长期以来处理台湾问题的基本方针。十九大报告将"坚持'一国两制'和推进祖国统一"作为习近平新时代中国特色社会主义思想的基本方略之一。在推进祖国统一的过程中，必须继续坚持"一国两制"，准确把握两岸关系和平发展与两岸和平统一的逻辑关系，并内化于对台工作的具体举措中。

习近平总书记指出，两岸关系和平发展是通向和平统一的正确道路。这就明确了两岸关系和平发展与国家和平统一之间的关系，继承和发展了两岸关系和平发展的思想体系，为两岸关系和平发展锚定了最终方向。坚持推动两岸关系和平发展，应当将推进国家和平统一进程这一事关中华民

---

* 本文由周叶中撰写，原载《中国评论》，2017 年第 12 期。

族根本利益的大事作为对台工作的根本目标，形成"以和平统一引领和平发展，以和平发展促进和平统一"的良性互动，避免岛内政治势力以"两岸关系和平发展"为名，行"两岸分裂分治永久化"之实。

"和平统一、一国两制"方针，要求我们从两个方面做好对台工作：一方面，我们必须在促进两岸实现和平统一的伟大进程中，以实际行动维护台海和平稳定，以两岸同胞的根本福祉为奋斗目标，以足够的战略勇气和战略定力，积极弥合海峡两岸因历史和政治原因产生的隔阂，尊重台湾地区现有社会制度和台湾同胞生活方式，促进两岸经济社会融合发展和两岸同胞心灵契合。

另一方面，我们必须在推动两岸关系和平发展的过程中，明辨是非，做到既反对和遏制意欲将台湾从中国分裂出去的"台独"活动，也坚决反对任何妄图以"维持现状"为名将国家尚未统一和两岸政治对立现状永久固化下来的行为。我们需积极借助两岸关系和平发展所取得的各项成果，形成维护两岸关系和平发展与反分裂斗争的实践成果，推动祖国统一。

二、宣示新时代对台工作的基本原则

一个中国原则是我们对台工作中一以贯之的基本原则，这一原则明确了两岸关系的根本性质，是两岸关系的定海神针。十九大报告重申，一个中国原则是两岸关系的政治基础，并强调体现一个中国原则的"九二共识"是确保两岸关系和平发展的关键。十九大报告表明了中国共产党和中国人民在大是大非问题上绝不含糊、决不妥协的坚定立场。

2016年以来，台湾地区内部政治局势发生较大变化，至今没有承认"九二共识"的民进党在台湾地区再度执政，两岸关系和平发展的大好局面因而遭到破坏。"九二共识"是两岸关系的基础，基础不牢，地动山摇。是否坚持体现一个中国原则的"九二共识"，是一道摆在台湾当局面前的必答题，只有坚持这一原则两岸关系才能稳定发展，而背离这一原则"台独"势力必将遭遇严惩。民进党的错误立场，是两岸关系和平发展停滞、两岸关系陷入僵局的根本原因。

两岸关系僵局不仅使两岸对话协商机制陷入停滞，更使两岸同胞的切身利益受到极大伤害。十九大报告明确指出，承认"九二共识"的历史事实，认同两岸同属一个中国，两岸双方就能开展对话，协商解决两岸同胞关心的问题，台湾任何政党和团体同大陆交往也不会存在障碍。十九大报告的表态充分体现出中国共产党和中国人民对于发展两岸政治关系、推动两岸对话交流、增进两岸同胞福祉的最大诚意，向台湾地区一切认同一个中国原则的政党和团体伸出了"橄榄枝"，在夯实两岸关系根基的同时敞开了两岸交往的大门。十九大报告的政策表态必将对两岸关系和台湾地区内部政治局势产生重要影响，也为两岸在一个中国原则的基础上恢复对话交流保留了可能。

三、阐释新时代对台工作的基本理念

十九大报告指出，两岸同胞是命运与共的骨肉兄弟，是血浓于水的一家人。尽管两岸同胞因政治原因长期分隔，相互之间了解程度不够，甚至还在一定情况下存在着对立情绪，但是，只要双方将心比心，以诚相待，就没有无法化解的心结，也没有无法消除的分歧。习近平总书记提出"两岸一家亲"的理念，两岸同胞秉持"两岸一家亲"的理念，就能够不断拉近心灵距离，增进共同的国家、民族、历史和文化认同感，台湾同胞也能够积极参与到实现中华民族伟大复兴的历史进程中来，共享两岸关系和平发展和中华民族伟大复兴的成果。

为贯彻"两岸一家亲"的理念，十九大报告提出一系列促进两岸经济文化社会交流合作的重大政策举措，充分体现出大陆方面追求两岸各层次融合发展的政策导向。与台湾地区一些政党和政客为拉拢选民开出的"空头支票"承诺相比，大陆方面一直坚持为台湾同胞办实事的目标，以"血浓于水"的亲情与台湾同胞分享大陆发展的机遇，不断促进两岸互利互惠。

习总书记在十九大报告明确提出，将逐步为台湾同胞在大陆学习、创业、就业、生活提供与大陆同胞同等的待遇，增进台湾同胞福祉。这一重大政策导向，将以往的"区别对待"原则调整为"同等对待"原则，无疑将为广大参与到两岸交流中的台湾同胞提供实实在在的利益与便利，同时

也会使广大台湾民众真正看到大陆方面对待同胞的真情实意和处理两岸关系的开放心态与务实精神。

三、划定新时代对台工作的基本底线

"台独"势力的分裂活动损害中华民族根本利益，煽动两岸同胞对立情绪，是两岸关系和平发展的最大障碍，更是台海和平稳定的最大威胁。维护中国主权和领土完整是中国的核心利益，更是对台工作中一条不可逾越的政治底线。十九大报告明确指出，"我们绝不允许任何人、任何组织、任何政党、在任何时候、以任何形式、把任何一块中国领土从中国分裂出去"！这一掷地有声的政治宣言明确体现出中国大陆反对"台独"分裂活动的决心和信心，也向台湾方面传递了极为精准和明确的政治信号，奏响了反"台独"的最强音。

近年来，在各种因素的综合影响下，"台独"分裂活动呈现出死灰复燃、沉渣泛起的态势。近年来，在"台独"分裂分子的蓄意谋划和强力鼓噪下，岛内形成了有利于其生存发展的政治土壤，岛内各政治力量的"本土化"倾向明显，政治光谱发生一定偏移，多种形式的"台独"分裂活动开始浮出水面。以政治动员和政治运动为主要形式的"政治台独"、以"去中国化"教育为主要形式的"文化台独"、以割裂两岸历史联结为主要目的的"历史台独"、以"宪政改革"形式确认"台独事实"的"法理台独"等"台独"的具体表现形式俨然已经形成一套完整的实践体系。

在"台独"分裂势力及其分裂活动一再对中国的主权和领土完整发起挑战的情况下，必须站在维护祖国统一与主权领土完整的立场上，保持对其高压态势，以零容忍的态度坚决与之斗争到底。在这一过程中，必须明确"台独"的各种形式，形成全方位的反"台独"斗争体系。这套体系涵盖政治、经济、文化、历史、法律、外交、军事等各个层面，将反对和遏制"台独"分裂势力及其活动的目标贯穿其中，形成一套有序、有效、有力反分裂国家斗争策略体系，稳守对台工作的政治红线和基本底线。

四、结语

在新时代对台工作的基本方针、基本原则、基本理念、基本底线的指引下，将新时代实现祖国统一伟大目标的行动纲领内化于对台工作的方方面面。具体说来：一是继续秉持"和平统一、一国两制"的基本方针，坚定两岸关系和平发展和国家实现完全统一的信心与决心，保持足够的战略定力；二是坚决捍卫一个中国原则的两岸关系政治基础，明确"九二共识"的重大意义，并以此作为衡量台湾方面一切两岸关系主张的关键尺规；三是秉持"两岸一家亲"理念，通过扩大两岸经济文化交流合作，实现互利互惠，使广大台湾同胞能够分享大陆发展的机遇，推动两岸经济社会融合发展，争取更多台湾民心民意；四是坚决反对一切分裂祖国的活动，为对台工作划定清晰的政治底线，表达大陆方面捍卫祖国主权和领土完整的战略决心，运用各种措施形成对"台独"分裂活动的高压态势。

我们相信，在两岸同胞的共同努力下，在全体中华儿女的不懈奋斗下，祖国统一的伟大目标必将在新时代得以实现，一个统一的中国将以更加昂扬的姿态走向伟大复兴！

老将宋楚瑜应知道的"大局"和"大势"*

随着洪秀柱"出闸",2016 年台湾地区领导人选举的第一波谜团渐次开解。这波谜团中,剩下唯一值得关注者,就是屡战屡败又屡败屡战的宋楚瑜,是否会再度披挂上阵,开启他新的选举征程。

作为一名亲历台湾选战 20 年的政治老兵,宋楚瑜经历了李登辉、陈水扁、马英九三任领导人,经历了国民党和民进党几乎数不清的党主席,更是在 2000、2004 和 2012 三度亲自参选。虽功败垂成,但"宋楚瑜"已经成为台湾政治史和台湾选举史的一个符号。随着时间的流逝,宋楚瑜的影响力已经逐年下降,早已不复当年台湾首任"民选省长"的高人气。麦克阿瑟曾言:"老兵不会死,只会慢慢凋零。"然而,宋楚瑜似乎不甘凋零,依旧跃跃欲试,试图找回当年的风采,为"九七精省""兴票"案、"三一九枪击"案等这些听来已经恍若隔世的案件报"一箭之仇"!

从台湾地区相关规定来看,宋楚瑜当然有权决定是否参选。然而,从政治历史的发展大势,从两岸关系和平发展的大局来看,宋楚瑜应该更加关心的是台湾的下一个十年,而不仅仅是台湾的下一次选举,留一个"政治家"的"身后名"给台湾。

一、何为"大势"?

"强人政治"向"常人政治"的过渡,是政治人物应当明晰的"大

---

* 本文由祝捷撰写,原载华广网,发表时间:2015 年 7 月 28 日,原文链接:http://www.chbcnet.com/zjps/content/2015-07/28/content_1153915.htm。

势"。当一袭休闲装的奥巴马一步跳上讲台，当萨科齐、贝卢斯科尼、奥朗德等西方政治领袖的新闻出现在娱乐版，当高颜值的卡梅伦、齐普拉斯登上最高权力的宝座，政治场就不再是"强人们"的天下，而是充斥着与平凡人无异的"常人"。

"看脸风"刮进了政治场，传统的"权力黑领"已经开始逐渐被"政治红领"取代。年轻选民对于政治的海量参与，宣传造势的重要作用，网络新媒体的大量运用，都决定了在选举社会能够登上权力巅峰的绝不是传统官僚型的政客，而是善于抓眼球的新派政治精英。政治人物用什么抓眼球？是态度鲜明的政策，刺激神经的演讲，极富创意的造势，棱角分明的个性。资历、经验、年龄，这些曾经称雄政治场的因素，不仅不再是加分因素，相反已经成为减分因素。征战选举20年的宋楚瑜超越洪、蔡二人的只有资历、经验和年龄，可能还多了一份"屡战屡败"又"屡败屡战"的悲情。然而，从2012选举和2014台北市长选举的结果来看，宋楚瑜并没有获得多少"同情分"，想必在2016选举中也不会有何例外。

政治世代的更替，选民口味的变化，都是不以政治人物的意志为转移的。从世界看台湾，国民党和民进党两大主要政党均推出女性候选人参选，实不过是全球政治领袖"女性风"的体现。"柱柱姐"和"小英"的称谓，让台湾选举增添了浓郁的平民化、年轻化色彩。作为一名政治人物，应当明晰其中的大势，而非为刷"政治存在"逆势而行。

二、何为"大局"？

两岸关系和平发展，是台湾有责任感的政治人物必须关注的大局。2012马英九险胜，2015洪秀柱在逆境中崛起，这些事件背后的重要原因，都是马英九、洪秀柱所推行的两岸政策，符合两岸关系和平发展所需，从而满足台湾民众思稳定、求安定的心理。2008谢长廷惨败、2012蔡英文败选及至近期蔡英文人望降低，都是因为民进党至今没有在两岸政策上作出符合"九二共识"和"一中框架"的表态。两岸关系和平发展虽不系于一人一党，但如能在台湾地区争取一个更加有利于两岸关系和平发展的政治环境，亦有着重大意义。

当前台湾的政治局势来看，蔡英文裹挟"反服贸"学运和"九合一"胜选之势，大有视 2016 "大位"如"囊中物"的架势。从蔡英文及民进党内人士的言行来看，民进党 2008 年和 2012 年均因两岸政策败选的教训早已被抛之脑后。民进党不仅没有放弃"台独"党纲，甚至有在"台独"道路上越走越远的倾向。可以想象，民进党如若在 2016 年实现第三次"政党轮替"，两岸关系和平发展必将遭遇一场大波折。在此意义上，国民党、亲民党等泛蓝政党能够坚持"九二共识"，其执政更加符合两岸关系和平发展所需，也更加符合两岸民众的根本利益。关键问题是，同属泛蓝阵营的洪秀柱和宋楚瑜同时参选，必将分化选票。这种选票的分化，对于 2012 年的马英九而言，尚且造成不小的压力，对于崭露头角的洪秀柱而言，不啻如一场严峻的政治考验！再考虑国民党内对于洪秀柱仍存在较大争议，宋楚瑜是否参选就更加具有指标意义了！如若宋楚瑜能够识大局，以泛蓝整合为重，放下个人的政治计较，他的背影应该会更加伟岸一些。

作为一名浸淫台湾政坛二十年的政治人物，宋楚瑜应当是明白大势，也意识到大局的。事实上，就连宋楚瑜自己，也不认为能够其能够在 2016 年选举中获胜。参选，一是过去二十年心结作祟，试图再做一搏，权当抒发"凭谁问，廉颇老矣，尚能饭否"的情怀；二也是为亲民党和自身长远政治前途考量，在台湾政坛继续显示存在。事实上，政治人物发挥作用和维持影响的途径，并非只有参选一途，宋楚瑜不妨学一学他在 2004 年的竞选伙伴，致力培养新人，为两岸关系和平发展奔走，做到"我不在江湖，江湖处处有我的传说"，岂不懿欤？

抵制陆资就是抵制台湾经济的未来[*]

　　日前，有台湾团体提出，台湾应当警戒来自大陆的"红色产业链"，警惕陆资"入侵台湾"，防止台湾经济的"再度殖民化"。在经济已经高度全球化的今天，台湾岛内面对来自大陆的发展机遇与发展红利，居然仍继续沉浸在"冷战"思维中，抵制陆资，反对台湾与大陆发展更加紧密的经贸关系，无异于自外于大陆经济发展的红利，自绝于世界经济发展的大势。

　　按该团体说法，大陆通过在台湾的投资，几乎能够将台湾"买下"，从而实现对台湾经济的控制以及对台湾的"吞并"。因此，该团体要求台湾当局停止服贸和有关货物贸易协议的后续谈判，并且严格控制陆资进入台湾等等。

　　事实上，与"红色产业链"相类，鼓噪台湾与大陆经济保持距离的说辞，已经不是第一次出现在台湾岛内。早在20年前，李登辉就曾经提出过"戒急用忍"的主张，要求台商减少在大陆的投资。此举最终断送了台湾建设"亚太营运中心"的道路，也让台湾丧失了20世纪最后的黄金发展期。15年前，陈水扁提出以"南向"代替"西进"的政策，要求台商的投资方向从台湾以西的大陆，转向台湾以南的东南亚。"南向"的最终结果是大部分台商在东南亚无法立足，最终只能撤资。

　　尽管有"戒急用忍"和"南向"政策的殷鉴不远，但岛内的某些团体

---

　*　本文由祝捷撰写，原载华广网，发表时间：2015年7月23日，原文链接：http：//www.chbcnet. com/zjps/content/2015 - 07/23/content _ 1152167. htm。

似乎并不愿意承认失败或接受教训，在世界经济已经高度一体化，两岸经贸关系持续热络的今天，依然提出抵制陆资的主张，违逆世界大势，必然和当年的"戒急用忍"及"南向"政策一样，碰得头破血流。

众所周知，大陆与台湾同文同种同源，既是血脉相连的命运共同体，也是产业优势互补、经贸往来甚密的利益共同体。大陆对于台商投资连续三十年给予极大优惠，而且鼓励大陆资本赴台投资。从经济体量和资本需求的角度而言，大陆已经是世界第二大经济体，吸引外资能力和规模位列世界前列。台资对于大陆而言，已经不再如三十年前那样迫切急需。远离陆资，与大陆经济保持距离，以台湾目前的经济实力而言，对大陆经济甚至构不成任何威胁。相反，已经对大陆有着高度依存感的台湾，才是真正的经济受害者！

经济不同于政治，各地区之间在政治利益上或许各有考量，而在经济层面相互促进、相互合作，则已经成为世界范围内的共识。大陆已经和世界多个国家或地区签署了自由贸易协议，与世界各国各地区的经贸关系越来越密切。在经济上，不仅大陆越来越走向世界，世界也越来越走向大陆。2015 年上半年，大陆与韩国、与澳大利亚签署自由贸易协议，与美国的自由贸易谈判也正在进行。亚太地区经济一体化步伐加快。在这种背景下，由于服贸协议受阻、货贸协议延宕，台湾不仅失去了与大陆发展更加紧密经贸关系的机会，而且也正在失去积极参与亚太经济一体化的机会。而这一切，并不是大陆对于台湾的刻意打压所致，相反却是台湾某些人的"迫害妄想症"所结的恶果。

再者，凭着"一带一路"和亚投行两大标志性战略，大陆在经济下行压力加剧的背景下，积极寻求新的经济增长极，也寻求与世界分享发展红利的途径。包括英国、法国、德国在内的欧洲发达国家纷纷以创始成员的身份加入亚投行，中亚、东欧、东南亚诸多国家和地区积极参与"一带一路"建设，而台湾却因为各种因素，踟蹰不前、左顾右盼，即便面对大陆的善意和邀请，也是推阻再三。与大陆关系本应最密切、最热络的经济体，到头来却与大陆刻意保持距离，甚至不惜放弃近在咫尺的发展红利，不能不叫人扼腕叹息！

在全球经济高度一体化的今天，为何岛内还有人提出抵制陆资、警戒"红色产业链"的奇谈怪论？原因不外乎岛内的一些政党和团体，至今留存着冷战思维，用冷战那一套"防共反共"的说辞，为本党选举利益服务。事实上，即便是所谓"红色产业链"的提出者自己心里也清楚，这套说辞对大陆根本构不成任何损害，其所指向的对象甚至都不是大陆，而是在 2008 年后主张两岸发展经贸关系的台湾地区执政当局和国民党。所谓"红色产业链"一词，也是这些团体常用的"抹红"手段的体现。这些团体正是利用"抹红"国民党，片面渲染"陆资入岛"的经济恐怖气氛，挑动民粹，为攫取选举利益和政治利益服务。

在今日之台湾，大陆是最可倚靠和信赖的经济伙伴，也是台湾未来经济复苏和成长的支柱。抵制陆资、警戒"红色产业链"，说到底无非是一场为一己之私所为的"民粹化"政治操作。它所抵制的不止是陆资，所警戒的也不是所谓"红色产业链"，更是台湾经济的未来！

共祭抗战有助两岸建构历史互信*

两岸关系，不仅有现实利益带来的冲突和纠葛，又有历史遗留的问题和情结。建构两岸互信，除了通过交流协商建立两岸更加紧密的联系外，还需要两岸放下历史包袱，沿着和平发展的大道轻松前行。为此，两岸除了在政治上进一步协商，经济上进一步互惠，文化上进一步互通外，也需要解开历史心结，让过去的事情"一风吹"，建构属于两岸中国人共同的历史互信。

构成两岸历史的，固然有两岸及国共两党因政治对立造成的摩擦、冲突乃至于兵戎相见，也有两岸之间、国共之间携手团结、共御其侮的共同记忆。其中，最珍贵也是最值得当下两岸中国人共同纪念的，就是对于抗战胜利的纪念。北京在抗战胜利70周年之际，为国民党抗战将领佟麟阁和赵登禹树立雕像；将于9月3日进行的纪念阅兵，也拟邀请属于国民党军队的抗战老战士参加，其中包括已经身在台湾的国民党老兵。大陆方面肯定国民党在抗战中的历史性贡献和地位，视台湾民众反抗日本殖民统治的斗争构成中华民族争取民族独立和自由的重要组成部分，是一种对历史的负责与自信，也是对两岸共同纪念抗战、共同捍卫抗战成果的期盼。台湾方面，国民党、新党等政党以及社会各界都开展了纪念抗战胜利的活动，台湾地区领导人马英九也发表演讲，肯定抗战胜利对于世界史的重大意义。

---

* 本文由祝捷撰写，原载华广网，发表时间：2015年7月9日，原文链接：http://www.chbcnet.com/zjps/content/2015-07/09/content_1145817.htm。

　　遗憾的是，对于抗战的纪念，在台湾出现了一些不和谐的声音。所谓"纪念无用论""台湾受害论"等奇谈怪论渐次出现。台北市长柯文哲以"抗日有什么好庆祝"为由，竟取消拟于日本在台投降地"中山堂"举行的活动，而主张"台独"的政治势力甚至认为，台北曾经遭遇过盟军的轰炸，台湾因而是抗战的受害者。这些忽视、歪曲历史竟至如此境地的言论，居然是堂而皇之地出现在台湾媒体上，还获得了相当数量政客和政治团体的认可。"纪念无用论""台湾受害论"等论调，淡忘、抹杀的首先是西来庵事件、雾社事件等事件中为国捐躯的台湾义士的功绩，是三千五百万中国军民用生命换来的台湾光复，也是台湾民众作为中华民族一分子的自豪与自尊。

　　所谓"纪念无用论""台湾受害论"的意图昭然若揭：从历史上将中国大陆与台湾作切割，抗战的胜利只是大陆的胜利，要么与台湾无关，要么台湾只是"受害者"（其中的潜台词甚至包含着"台湾是中国全面抗战的受害者"之意）。放着胜利者的尊严不要，宁愿贴上"受害者"的标签，乃至与战败国进行刻意的捆绑，这些政治势力的自甘堕落和奴颜卑态可见一斑。在历史上作切割，用所谓"以台湾为中心"的史观重新解释乃至解构台湾历史，是"台独"惯常使用的一种方法论。而这种托名"历史"的"台独"论调，如果不是臆造了台湾人民的历史，也是曲解了台湾人民的历史。台湾民众的抗战是中华民族全民族抗战的重要组成部分，台湾光复是台湾民众抗战胜利的果实。抗战胜利是台湾民众的节日，不是所谓"与台湾无关"，而台北遭遇空袭，恰是日本对台湾进行殖民统治的恶果之一。

　　从两岸范围来看，所谓"抗战无用论""台湾受害论"，也是两岸缺乏历史互信的表现。囿于两岸不同的意识形态和两岸主要政党之间的政治对立，两岸对于抗战历史乃至于鸦片战争后的历史存在不同解释，其中不乏相互贬斥的部分。历史互信的缺乏，最大恶果是造就了台湾的"历史虚无主义"，"以台湾为中心"的史观刻意割裂大陆和台湾，根据"台独"所需随意揉捏台湾史上的重大事件。"台湾国族"也在对中国历史的不断淡忘、抹杀中形成，并成为台湾地区不可忽视的社会思潮，也构成"历史主义台独"的核心观念。建构两岸的历史互信，让两岸相互承认对方在中华民族历史上的贡献，相互认可和尊重对方的历史地位，澄清因政治原因扭曲的历史真相，构筑两岸关系和平发展的历史根基与情感基础。

随着历史真相的不断挖掘和两岸对于过去历史包容度的不断提升，两岸已经能够越来越客观、越来越包容地看待和解释那一段历史，建构包括大陆和台湾在内的"大中华历史观"，从人性的角度去理解抗战的历史，从全民族的高度去解读抗战胜利的重大意义，在两岸已经获得了高度共识。抗战的胜利，有共产党在平型关的大捷、敌后根据地的卓绝抗争，也有国民党在淞沪会战、武汉会战的正面作战。抗战胜利是中华民族全体儿女浴血奋战取得的胜利，值得中华民族全体儿女共同来纪念和铭记，也是属于一个中华民族的两岸中国人的荣光。这段历史本身，就是两岸消除历史隔阂、建构历史互信的最大资源。

"度尽劫波兄弟在，相逢一笑泯恩仇"。两岸共祭抗战，其一祭奠为抗战胜利和中华民族独立自由献出生命的英灵烈士，而不论国共、无分两岸；其二慰藉尚在人世的抗战老兵，亦不论国共、无分两岸；其三是通过对于抗战的共同纪念，进一步溶解两岸根深蒂固的历史误解，澄清若干重大历史真相，促进放下历史的负担，建构起两岸的历史互信，在此方面，更不分国共、无分两岸，两岸中国人均应肩负起历史性的责任与担当。

"一国两制"需要政治家式的担当*

　　意料之中，香港"泛民派"利用立法会三分之一多数的优势，否决以全国人大常委会"8.31决定"为基础的"政改方案"。情理之外，建制派的大多数立法会议员缺席最终的投票。

　　建制派议员匪夷所思的行为，一石激起千层浪，在大众传媒上的吸睛效应甚至超过立法会否决"政改方案"本身。所谓"造越位失败"论有之，"回避投票"论有之，"技术错误"论亦有之。无论何者，从旁观如我者来看，都是钻研政治谋略技巧过甚所致，缺乏政治家式的担当，欲弄巧反成拙，最终搬起石头既砸了自己的脚，也陷"一国两制"在香港于空前之不利境地。

　　实现"一国两制"，探索"一国两制"在香港、澳门和台湾的具体实现形式，需要两岸与港澳拿出政治家式的担当。习近平总书记多次指出，我们所追求的国家统一不仅是形式上的统一，更重要的是心灵契合。心灵契合需要以诚相待、以心相交，心灵契合是诚心、真意的契合。曾任海基会副董事长的许惠佑先生也以两岸谈判为背景提倡"多一点诚意与信任、少一点权谋策略"。如何做到"诚"与"真"，除了宏观的政策与制度配合，微观的民间互动与交流外，政治人物的品性无疑是极为重要的部分。

　　与香江对岸的戏码同时开演的，还有海峡对岸的励志剧。出身贫微，以"砖"自喻的洪秀柱，凭借小辣椒的韧劲，从国民党内的"B咖"女子

---

*　本文由祝捷撰写，原载华广网，发表时间：2015年6月21日，原文链接：http://www.chbcnet.com/zjps/content/2015-06/21/content_1138137.htm。

超越一众"A 咖"男人，代表国民党出战 2016 领导人大位角逐。为何"红砖"能变成"蓝玉"？洪秀柱敢于担当起一个政治人物对于台湾、对于两岸关系和平发展的历史使命，敢于直面"台独"、直面国民党内弊政有着莫大的关联。

细读让洪秀柱超越"防砖"门槛的中常会讲话，尽管某些提法和政治立场与大陆存在差异，但能够读出洪秀柱对于国民党两岸政策的反思，对于台湾民主"民粹化"的忧虑，对于国民党面对"台独"声音踟蹰不前的痛心疾首，也能读出她对于两岸关系和平发展的担当与决心。洪秀柱的政治经济观点未见得完美，民生福祉政策也未见得成型，大部分台湾选民甚至未来得及了解她的政治思路与主张，但大部分台湾人都看到了一个政治家式的担当。洪秀柱通过"防砖民调"的数据，与其说是台湾民众投给洪秀柱本人，不如说是投给了一份久违的政治担当！

反观国民党党内的一众男性 A 咖大佬，最后悔的恐怕是朱立伦。本来已经成为包括大陆在内的各方属意的国民党未来之星，代表国民党竞逐 2016 大位的不二人选，面对去年"九合一"的惨败和蔡英文的如虹气势，朱立伦没有像一个政治家一样挺身而出，挽狂澜于既倒，而是策略性回避，试图"以退为进"，以"2016"换"2020"。而习惯于躲在幕后火中取栗的王金平，恐怕也在失去"征召"可能后，丧失了最后的机会，开始慢慢地"宋楚瑜化"。

对于 2016 地区领导人位置和党内权力角斗思虑过甚，权谋策略的运用过于娴熟，缺乏台湾历史与现实，对于两岸关系和平发展长远利益缺乏政治家式的担当，用已经在政治场被磨圆的心思权衡、斟酌、考量，反而是误了卿卿前程。如若不是洪秀柱自甘"以砖引玉"，国民党恐怕又得哀叹"忽喇喇似大厦倾，昏惨惨似灯将尽"，"百年老店"关张之日也不久远。

从香港政改大幕开启之日，香港建制派就没有一位政治人物如同洪秀柱一般，能够拿出政治家式的担当。从头至尾，全国人大常委会"8·31决定"对于香港长治久安之意义，就没有一位建制派人物说清楚，甚至没有一位建制派人物从"一国两制"在香港实践的高度去思考。目光所及，要么是劝人"袋住先"，充满了以退为进式的策略考量，要么是指责"泛民派"挑动"民粹"，将香港普选的政治大道变成党派游戏。到投票之日，建制派议员也无一人有勇气敢于从香港长期繁荣稳定、内地与香港共同发展共同繁荣的高度，论及接受政改方案之意义，更无人敢于直指"泛民派"所谓"民主"亦与民进党所谓"民主"一样，已经成为对抗内地十三亿人民的工具。

对于个人前途和党派利益思虑过甚，对于政治利益斤斤计较，不敢发声，不敢投票，不敢亮明自己对于香港前途和"一国两制"事业"虽九死而不悔"的支持态度，反而玩起了纸牌屋式的政治操弄，忽视了政治之大道所在。香港政改受挫的责任当然主要在无视港人长远利益的"泛民派"，但建制派诸君亦应承担历史性的责任。从此意义而言，洪秀柱一介女子，不仅让一众台湾男子汗颜，也足以让一众香港男子汗颜。

"一国两制"是政治的大道。在香港和澳门维护"一国两制"，在台湾探索"一国两制"的具体实现形式，不需要政客，也不需要技术官僚，而是需要真正胸怀一国、心忧本土、勇于直言、敢于担当的政治家。少一点权谋算计，多一点坦诚相待，更多一点面对"台独""港独"等形形色色思潮的勇气，"一国两制"的事业，两岸及港澳民众的福祉，才能真正获得长远可期的保证！

繁简两相宜 两岸文化交流不设限 *

近日，在台湾地区颇有影响的台北诚品信义书店以"阅读不设限"为主题，正式设立简体书区，延揽诸多读者驻足品书。台湾知名书店专设简体书区，不仅是为读者提供了一个不设限的阅读视野，而且也更加进一步地在民间层次扩大了两岸文化交流的范围，推动两岸文化交流不设限。

"书同文"，是两岸文化根系相交、血脉相连的重要表征。由于历史的原因，两岸文字发展在 20 世纪 40 年代后出现了"花开两朵、各表一枝"的局面。中国大陆不断推行"汉字简体化"，传统的繁体汉字在中国大陆已经基本上为简体字所取代。台湾地区则保留了以"正体字"为名的传统繁体汉字。汉字繁简本无优劣之分，但由于两岸区隔太久，文化交流几近停止，繁简之争也成为两岸政治对立在文化领域的延续。用繁体的"正体字"，还是简化的"简体字"，成为台湾是否保持中华文化正统的标志，成为台湾是否保持文化主体性的标志。台湾本地媒体多次出现诸如以"简体字舛误多""简体书文化入侵""繁体中文是台湾利基"为标题的评论。更有甚者，2009 年 1 月，台湾地区领导人马英九提出"识正书简"（即"认识'正体字'、书写简化字"）的主张，被民进党的部分人士认为是"失格"行为，是走向"中国统一的路线"云云。繁简之争被贴上了政治的标签，文化交流被附着上政治的色彩。由于政治原因，台北故宫博物院、部分县市的旅游管理部门，也纷纷撤下了为方便大陆游客阅读设立

---

* 本文由祝捷撰写，原载华广网，发表时间：2015 年 6 月 8 日，原文链接：http：//www.chbcnet. com/zjps/content/2015 - 06/08/content _ 1130138. htm。

的，运行多年的简体字网站。

繁体字优美、大气，意之深与形之美高度融合，体现中华文化的深邃与悠远。简体字简洁、流畅，音之韵与书之便完美结合，又能够展现中华文化的求实与质朴。繁简两相宜，共同展现中华文化中的文字之美、文字之韵，都是中华文化在语言文字领域的体现。两者相通互补，相容互交，方可共同延续与促进中华文化，而不是被人为地制造出对立和紧张关系。诚品信义书店专设简体书区的意义也在于此。简体书入台，一则扩大了台湾读者的视域，让更多、更加优秀的简体字书籍能够在台湾堂堂正正地出版，以飨读者；二则让台湾读者感受简体字因便捷所产生的独特魅力，在繁简互补之间更加深刻、全面地理解中华文化；三则为台湾地区其他领域启用简体字起到示范效应，以方便赴台旅游的大陆游客。

繁简互补只是两岸文化交流的一个侧面。众所周知，台湾在相当程度上保留了中华文化的精髓，两岸文化的互补性极强。近年来，两岸文化交流持续热络，"文化中国"的理念获得海峡两岸的高度认同。2011 年，两岸各自保存的《富春山居图》合璧展出，惊世亮相，不仅让分隔两岸的国宝再有合璧复原之日，也让两岸文化的互补性特点显现无遗。近日，存于大陆河北省博物馆的北齐汉白玉释迦牟尼佛身与失散在台多年的佛头合并展出，书写两岸文化互补、共通的又一件盛事。

习近平总书记指出，"两岸同胞一家亲，根植于同胞共同的血脉和精神，扎根于我们共同的历史和文化。这是与生俱来、浑然天成的，是不可磨灭的"。两岸文化的同源性是维系"两岸同属一中"的文化根基，是巩固"九二共识"的文化基础。推动两岸文化大交流、大繁荣、大发展，既是两岸关系和平发展的题中应有之义，是落实"两岸一家亲，共圆中国梦"的必要举措，也是巩固两岸关系和平发展成果的文化维度。如果说深水区的两岸关系谈政治太敏感，谈经济又有诸多现实利益亟须平衡，那么，文化则是两岸间敏感程度最低、共识最大，两岸民众最能接受的领域。两岸文化交流理应成为两岸交往的先行者和拓路者，为进一步积累两岸共识和两岸互信进行文化铺垫。在此意义上，两岸文化交往不应设限，事实上由于两岸文化的互通性，人力也无法为两岸文化交往设限。简体书在台湾繁简之争频仍之时依然入台，已经说明了两岸文化交往的不可逆性。

当前，两岸关系步入深水区，两岸交往正在或即将经历严峻的考验，"文化互通"将与"政治互信""经济互利"一道，成为维持和支撑两岸关系和平发展可持续性的支柱，也将为两岸关系走出深水区提供不竭的精神动力。

"放弃南海"等于让两岸重回"外交鏖战"*

　　2008 年后，两岸关系和平发展的春风不仅是海峡两岸的和平之风、交往之风、发展之风，也是世界的和解之风。两岸"外交休兵"，让台湾海峡从剑拔弩张之地变成了和平发展之地，两岸亦不再虚耗资源，而能在国际社会齐头并进，增益中华民族的整体利益。"外交休兵"改变了两岸长期以来的"外交鏖战"，台湾同胞参加国际事务的心愿正在逐步获得实现，台湾地区在国际社会的利益也获得肯定与维护。国际组织的会议上两岸反复纠缠"代表权"问题的景况大大缓解，台湾因素也不再是各类国际组织和中国国际地缘政治的"搅局者"。这些，得益于大陆方面对于台湾同胞参与国际事务心愿的理解与宽容，更加得益于台湾方面能够坚持"两岸人民同属中华民族"和维护中华民族整体利益的定位。

　　遗憾的是，台湾日前爆出 2016 年台湾地区领导人选举民进党参选人蔡英文访美期间将向美国表态"放弃南海"的传言。尽管传言并未获得民进党方面的证实，但民进党方面亦未否认，而是含糊其词，"顾左右而言他"。如果民进党为换取美国支持，宁愿牺牲中华民族固有海域——南海的利益，那么，不仅民进党"放弃南海"政策提出者将被永远地钉上历史的耻辱柱，背负上"数典忘祖""丧权辱国"的罪名，而且 2008 年后两岸"外交休兵"局面将不再，两岸将重回"外交鏖战"岁月。

　　两岸虽有隔阂，但这些隔阂归根到底是中华民族内部的争议，是 20 世

＊　本文由祝捷撰写，原载华广网，发表时间：2015 年 6 月 2 日，原文链接：http：//www.chbcnet.com/zjps/content/2015 − 06/02/content _ 1124877. htm。

纪 40 年代后两岸"政治对立"的延续。但如果民进党内的部分人为了选举利益和权力之争，宁可以牺牲和放弃中华民族整体利益为代价，换取外部势力的支持和认可，则无异于引入外部势力干预中华民族内部事务，用影响中国国际地缘政治布局的做法来打乱中国大陆对台方略，已与"外交鏖战"毫无二致！

事实上，距今不远的两岸"外交鏖战"，其惨烈程度至今仍使人心有余悸。两岸要么秉持"有你无我、有我无你"的立场，在国际舞台展开攻防，争夺对方的"国际空间"，让外邦渔翁得利；要么为所谓"代表权"问题争论不休，各借国际场合进行冗长辩论、发言，消磨两岸在国际社会的形象。"台独"分子也常常以国际事件为借口，渲染"台湾被打压""台湾被矮化"的悲情氛围，获取大量选举资源。历史证明，"外交鏖战"的后果，是中华民族整体利益在两岸攻防间无谓消耗，两岸政治互信亦在"外交鏖战"中迟迟无法获得建立，两岸民众沟壑亦难填平。

民进党中的部分人，如果为了一己之私，真的拿"放弃南海"换取外部势力的支持，则其即便胜选，也将无法从中真正获益：首先，两岸"外交鏖战"再现，外交攻防将再次虚耗两岸资源；其次，两岸刚刚有所进展的政治互信，将因两岸"外交鏖战"而受阻甚至倒退，连带两岸经济互惠、文化互补、社会互利的和平发展局面受到严重挫折；再次，"外交鏖战"将影响台湾民众参与国际事务的途径与方式，导致台湾民众参与国际事务再难遂愿；复次，民进党"因利忘义"的形象将由此定格，大陆方面也将失去对民进党的任何期待和信心；最严重的是，"放弃南海"及其所带来的连串反应，可能使中华民族在南海的根本利益受到无法挽回的损害，这将为中华民族留下永久的遗憾与伤痛！

习近平总书记指出，两岸同胞是血脉相连的一家人，是命运共同体。这"一家人"是"兄弟阋于墙外御其侮"的情感基础，这"命运共同体"是"兄弟齐心，其利断金"的认同根基。两岸虽有隔阂，但同属中华民族，两岸的争议即便再深再烈，说到底，也是兄弟之争。中华民族是两岸民众的共同家园，维护和增进中华民族整体利益，实现"两岸一家亲、共圆中华梦"是两岸民众根本利益和共同使命所在。

　　一如南海，她既是大陆的南海，也是台湾的南海，归根到底是中国的南海，维护中华民族的南海利益，是包括台湾同胞在内全体中华儿女的共同担当与使命。中国在南海已经遭遇诸多挑衅，但"季孙之忧，不在颛臾，而在萧墙之内也"。民进党内的部分人，如果民族良知未泯，理应认清南海对于中华民族的重大意义，认清"外交休兵"对于民族、国家和民进党自身的重大意义，认清承认"九二共识"、维护和增进中华民族整体利益的重大意义。惟其如此，两岸才有可能真正建立台湾地区有序参与国际事务的体制机制，台湾民众参与国际事务的心愿才能获得制度化的保障。

　　面对两岸尚显脆弱的互信关系，面对两岸日渐敏感的交往生态，民进党内的部分人应当立刻警醒，唤回心中良知，切勿触碰中华民族整体利益的底线，切勿破坏两岸来之不易的"外交休兵"局面，切勿在危害民族、出卖祖宗的道路上越走越远！

模糊的"维持现状论"挑战两岸关系底线[*]

从 2008 年起，两岸议题成为民进党最大的伤痛。"形势一片大好"的 2012 年，由于两岸议题上的致命伤，蔡英文"台湾第一女总统"的梦又延续了四年。如何既能保持当年的"台独""初心不改"，又能当上"好好女士"摆平各方，文案的策划变得至关重要。于是，"维持现状论"在蔡英文以候选人身份"访美"的敏感时刻被抛了出来。"维持现状论"看似比当年李登辉的"两国论"、陈水扁的"一边一国论"温和了不少，但深究起来，依然没有体现出民进党回到两岸关系和平发展轨道上的决心和诚意。

何谓"两岸关系现状"？胡锦涛早在 2005 年 3 月 4 日的"四个决不"中就明确指出："1949 年以来，尽管两岸尚未统一，但大陆和台湾同属一个中国的事实从未改变。这就是两岸关系的现状。这不仅是我们的立场，也见之于台湾现有的规定和文件。"所谓"两岸关系现状"，就是"两岸一中"的现状，就是"法理一中"，就是两岸关系和平发展的现状。这个道理是再明白不过的了，也是海峡两岸和国际社会都已经认同的政治现实和公理。如是所言，蔡英文的"维持现状"论，是否意味着民进党已经承认了"两岸一中"？遗憾的是，在民进党的论述体系中，"两岸现状"大概是另一套理论体系。民进党至今还未放弃表征"维持现状就是台独"的"台湾前途决议文"，至今还没有明确承认"九二共识"，所谓的"维持现

* 本文由祝捷撰写，原载华广网，发表时间：2015 年 6 月 1 日，原文链接：http：//www.chbcnet.com/zjps/content/2015 - 06/01/content _ 1123894. htm。

状"，在民进党看来，恐怕是"维持台独现状"的意涵多一些。

今天的蔡英文已经没有当年李登辉、陈水扁的"政治魄力"，在台湾民意和国际舆论的压力下，民进党也未见得敢于再次抛出"激进台独"的主张。"维持现状论"因此也未必完全等同于过去的"两国论"和"一边一国论"。但是，"激进台独"未必有，"温和台独"或阻碍两岸关系和平发展的意思则未必没有。民进党2008年后"逢陆必反"的行为举止不仅没有消减，反而愈演愈烈，几乎在所有有利于两岸关系和平发展的议题上，都要发声作祟，都要施加干扰，都要"为反而反"。听其言，观其行，何况其言亦不确。民进党经过2008年到2014年的"触底反弹"，"自信心"恐怕早已爆棚。2016志在必得的蔡英文，更是开始敢于运用模糊话语挑战两岸关系的底线。

有人或许会说，两岸关系中本来就充满着模糊啊！的确，"九二共识、一中各表""两岸关系和平发展"等表述，也都是两岸在国家尚未统一特殊情况下的模糊表述。但是这些表述的模糊性，是为了避免两岸关系陷入空洞、抽象的概念之争，是两岸凝聚共识、求同存异、聚同化异的成果，是充满大智慧、大眼界和大胸襟的表现，也是两岸关系能够获得今天这样绚烂成果的基础与前提。"维持现状"论的"模糊"则完全不然，暂且不论其中所包含的"维持现状就是台独"，就是"'维持现状'是否意味着从此陷入'深水区'不再自拔"，"两岸协议从此打住"，"两岸关系和平发展的步伐就此停在今时今刻"等问题，已经不是"维持现状"这空洞、模糊的四个字能够加以概括和回答得了的。

对于民进党，大陆方面向来是以最大诚意予以争取。十八大报告指出："对台湾任何政党，只要不主张'台独'、认同一个中国，我们都愿意同他们交往、对话、合作"。2014年2月，习近平同志会见国民党荣誉主席连战时提出："我们对台湾同胞一视同仁，无论是谁，无论他之前做过什么，只要他现在愿意推动两岸关系和平发展，我们都欢迎他。"这些都体现了大陆方面对于民进党的最大善意、诚意和心意。民进党内亦有有识之士认识到两岸关系和平发展的大局已经非一党之力所能违逆，但其核心层依然视若无睹，反而掩耳盗铃，自欺欺人。

　　孟子云："贤者以其昭昭使人昭昭"，民进党却"以其昏昏使人昭昭"。"维持现状论"使人看到的，不是一个试图去解决问题的民进党，反而是一个强词夺理、欲说还休的民进党。这样的民进党，不仅求稳定、思安定的台湾民众不会满意，追求两岸关系和平发展的大陆不会满意，就是蔡英文这次去游说的对象恐怕也不会太满意！

　　习近平总书记多次强调，两岸"唯有以心相交，方能成其久远"。两岸"心灵契合"是两岸关系和平发展的根本所在。"以心相交"也好，"心灵契合"也罢，"交"与"合"都是双方面而非单方的。面对大陆的善意、诚意与心意，意在台湾发挥更大作为的民进党和蔡英文，应当真正用心想一想，回归民族大义，不再与全民族的意志和利益背道而驰。

"习朱会"开启两岸关系"心常态"*

历史总是惊人相似。10 年前的 2004 年，两岸关系经历重大挫折，国民党在领导人选举中落败；10 年后的 2014 年，两岸关系和平发展遭遇波折，国民党在地方层级的选举中惨败；2005 年，时任国民党主席连战访问大陆，实现国共两党领导人历史性的会见，达成和平发展愿景，最大限度凝聚两岸共识，为两岸关系走出历史性低谷奠定了基础；2015 年，国民党主席朱立伦访问大陆，"习朱会"玉成，为两岸关系和平发展再次开启了新常态。

历史的相似暗示着发展前景与方向。不同世代的政治人物，用着同样的方式，践行着推动两岸关系和平发展的历史使命。2014 年两岸关系和平发展遭遇波折，既是由一系列偶然事件所导致，又是两岸关系和平发展亟须转型和升级的内生动力所致。2008 年后，两岸关系和平发展高歌猛进，这种高歌猛进既是两岸领导人、相关部门和民众所共同推动的结果，事实上也是两岸长期封闭隔绝的能量得以释放的结果。但是，我们注意到支撑两岸关系可持续性和平发展的内生动力机制还没有获得足够的重视和挖掘，因而两岸关系和平发展虽顺利但脆弱，一旦从事务性合作步入政治性合作的深水区，便遭遇转型困境。因此，两岸关系和平发展新阶段不仅需要关注量的累积，更需关注质的提升。

如果说"胡连会"开启了两岸从隔绝封闭到交流融通的新常态，那

* 本文由祝捷撰写，原载华广网，发表时间：2015 年 5 月 11 日，原文链接：http：//www.chbcnet. com/zjps/content/2015 - 05/11/content _ 1117215. htm。

么，"习朱会"的历史意义堪比 2005 年"胡连会"的破冰之举，开启了两岸从事务性交流向全面交流的"新常态"。

这种新常态是"制度"造就的常态。习近平总书记首次明确提出，"双方可以积极探讨构建维护两岸关系和平发展的制度框架"。两岸关系虽在过去十年取得辉煌成就，但从 2014 年的一系列事件来看，两岸关系依然敏感而脆弱，两岸仍然需要继续累积互信，共同巩固来之不易的现状与成果。法治是两岸都认同的治理理念，制度是两岸最为重要的社会治理方式，对于制度的遵守已经成为两岸从政治人物到民众的共识。从历史教训和现实经验来看，将两岸关系和平发展的成果制度化，使得这种制度不因台湾地区领导人的改变而改变，不因台湾地区领导人的注意力和看法的改变而改变，对于维护和巩固两岸关系和平发展的成果，都尤为必要。事实上，制度化的两岸关系和平发展框架已经有了较好的基础，由两岸处理对方事务的相关规定、两岸协议构成的两岸法制已现雏形，两岸完全能够在此基础上，形成更加宏大的两岸法制体系，为两岸关系和平发展的制度框架奠定法制根基。

这种新常态是"人心"契合的常态。两岸之交，从历史渊源、民族情感、利益纠葛，最终落实在人心契合上。习近平总书记指出，两岸交流归根到底是人与人的交流，最重要的是心灵沟通。两岸虽存在社会制度、生活方式的差异，但两岸同种同源、同书同文，中华民族是两岸民众的精神家园，两岸民众亦构成了荣辱与共的命运共同体，这些都为两岸民众的心灵契合奠定了深厚的历史文化根基，两岸人心的凝聚并非是无根之水。人心契合之关键在于交心，交心之关键在于互信。两岸人心的契合，首先需要的是两岸信任重建，而这种重建与 2008 年所提及的"建构信任"关键区别，是要建立一种更加深层次的、足以支撑更加深入的事务性商谈乃至于政治性商谈的互信关系，建立包括两岸各阶层的互信关系，让已经具有互信的人群更加坚定信心，让观望的人群产生信心，让质疑和否定的人群看到信心。交流、互信、融通，两岸民众在两岸大交往、大融合的过程中，不断增强心与心的对话与交流，建立两岸交往的"心常态"，从而实现两岸关系和平发展的新常态助力。

这种新常态是"利益"共享的常态。获得民众对于两岸关系和平发展可持续性的支持，实现利益共享的新常态必不可少。习近平总书记强调，深化两岸利益融合，共创两岸互利双赢。两岸既是命运共同体，又是利益共同体。从宏观着眼，和平、发展是最大的红利，和平发展消除了台湾发展的偶然性，也为大陆发展创造了新的契机。从中观着眼，大陆和台湾经济结构和产业特色具有互补性，相互融合、互相促进的机会多、空间大，大陆所提出的"一带一路"建设规划、亚投行等重大经济决策，为台湾提供了走出经济困境的良机。从微观着眼，每个身处两岸大交往、大融合中的人，也应当有机会分享两岸关系和平发展的现实利益。利益之交虽非根本，但亦为人心契合所必须，两岸关系和平发展的民意基础也已经从政治层次、情感层次转向利益层次。

"无可奈何花落去"，两岸关系步入深水区已是不争的事实，两岸关系和平发展也不可能永远一帆风顺。"似曾相识燕归来"，"习朱会"为两岸关系再启新常态，为两岸探索适应"深水区"凝聚共识，描绘蓝图。"大江东流挡不住"，两岸关系和平发展是历史的必然，不会因某一事件、某一人物和某一职位的变化而变化。在两岸有识之士的携手努力之下，两岸一定能寻找到体现人心契合，符合共同利益的制度框架，以推动两岸关系和平发展的永续化。

澳门谱写"一国两制"精彩华章*

2014 年，注定在"一国两制"和国家统一的发展史上留下深深的印记。

这一年，台湾地区再现街头运动，两岸关系的"深水区"以令人心悸的方式得到了直观的体现。临近 12 月，认同"九二共识"的政党在台湾地方公职人员选举（"九合一"选举）中惨败，具有浓厚"台独"色彩的民进党大获全胜，"一国两制"在台遭遇严峻挑战。

这一年，香港出现严重破坏基本法和特区宪制的"占中"运动，"香港民族""民主独立"等过去从未听闻的"港独"思潮开始"登堂入室"。"一国两制"在香港经受住了回归以来最艰巨的考验。

这一年，澳门回归 15 周年，也是特别行政区制度和基本法在澳门实施 15 周年，虽亦偶现波折，但"一国两制"在澳门"风景独好"，展现出了迷人的魅力和别样的精彩。

澳门，或许是人们讨论"一国两制"时最容易忽视的一块土地，在 2014 年这样一个"一国两制"的关键年份，站在了"一国两制"大舞台的中央，成为推进"一国两制"和国家统一的聚焦所在。

一、实现与内地深度融合 发展了"一国两制"理论

"一国两制"无疑是国家统一的理论。但是，如果仅仅将"一国两制"

---

* 本文由祝捷撰写，原载华广网，发表时间：2014 年 12 月 19 日，原文链接：http://www.chbcnet.com/pl/content/2014－12/19/content_1024137.htm。

理解为国家统一理论，则是收窄了"一国两制"的理论内涵。香港、澳门的回归，并不意味着"一国两制"的历史使命在港澳问题的论域内已经结束。"一国两制"在香港的实践告诉人们，实现"一国两制"已属不易，坚持和维护"一国两制"更是任重道远。

台湾、香港和澳门，都由于历史原因形成了不同于祖国大陆（内地）的政治体制、社会制度和文化价值。隔阂、误解与偏见造成了祖国大陆（内地）与港澳台地区的人心落差。实现土地的回归需要"一国两制"，实现人心的回归也需要"一国两制"。人心回归，就是要在立足一国、尊重两制的基础上，实现社会融合。"一国两制"不仅是国家统一理论，更是社会融合的理论。在通过"一国两制"实现与内地社会的融合方面，澳门无疑做出了表率。

中央和内地省份支持澳门经济适度多元化，澳门大学新校园在毗邻澳门的横琴建设，内地游客赴澳门自由行有序开展，以澳门为平台的中国－葡语国家经贸合作论坛顺利举行，珠海澳门区域一体化"新鲜概念"迭出，澳门已经成为港澳台三地中与祖国大陆（内地）关系最密切、合作最友善、融合最紧密的地区。澳门用她的亲身实践，扩展了"一国两制"的理论内涵，也让"一国两制"充满了新的活力。

二、探索与内地合作新形式　助力国家治理现代化

国家统一固然立基于民族情感、历史情结、文化纽带和政治互信，但也需要通过一系列的制度安排来加以实现和维护。可以说，能否找到最合适的方式实现和维护国家统一，是检验一个国家治理体系和治理能力是否现代化的标准之一。在此意义上，"一国两制"既是国家统一的战略与策略，又是国家治理的战略与策略。

在探索维护国家统一的具体实现形式方面，澳门再次站在了时代的潮头：珠澳跨境工业园及其跨境管理的创新模式，为内地与澳门的区域一体化开拓了新渠道；CEPA 与《粤澳合作框架协议》构建澳门与内地区域合作制度框架，为依法推进内地与澳门区域合作的治理体系和治理能力现代化助力；中央授权澳门特别行政区依法管理澳门大学横琴新校区，为管辖

权跨域转移以及澳门"借地发展"提供了有益的先例；港珠澳大桥的创新性项目治理结构，又为两岸与港澳实施重大事务合作开辟了新的治理机制。

在"一国两制"的框架内，内地与澳门不断探索促进两地合作的新形式和新机制，大胆先行先试，有力地推动了澳门经济适度多元化，推动内地与澳门形成更加紧密的全方位合作关系，推动"一国两制"在澳门向纵深发展。

三、加强与内地民间交往　促进民众心灵契合

"一国两制"关注主权统一和管治权的相对分离，但"一国两制"并非仅仅只关注权力。"一国两制"以中华民族根本利益为依归，以两岸及港澳民生福祉为目的，具有深厚的权利意蕴在内。推进民意的跨域融合，对于在港澳地区维护和巩固"一国两制"、在台湾地区探索和实现"一国两制"，都尤为必要。国家统一更重要的是心灵契合，民众之间若能以心相交，"一国两制"方可成其久远。

澳门通过独特的社团机制，为民众之间的心灵契合提供畅通渠道。澳门社会是社团社会，社团治理是澳门社会治理的最大特征。社团在澳门实践"一国两制"的过程中发挥了独特的作用。澳门社团已经成为澳门社会聚焦民意、表达民声、整合民力的重要机制。社团社会是"一国两制"澳门模式的重要组成部分，也是"爱国爱澳""澳人治澳"的具体表现形式。

除助力澳门社会治理外，澳门社团与内地社团亦呈现出热络互动的局面，成为内地与澳门两地开展各层次交往，尤其是民间交往的主要途径。内地与澳门的民意在两地社团交往的推动下，跨域融合稳步推进。

"一国两制"的澳门故事表明："一国两制"既是宏大叙事的国家战略，也是体贴入微的生活常态；"一国两制"不是权力冷冰冰地排列组合，而是一种心灵相交的人文精神。澳门，让"一国两制"的人文精神获得了充分的体现。

澳门回归15年来的成功实践，既证明了"一国两制"、成就了"一国两制"，也发展了"一国两制"、丰富了"一国两制"，谱写了"一国两

制"的精彩华章。

也是在 2014 这一年，中共十八届四中全会提出全面推进依法治国的治国理政新战略，其中提出依法推进"一国两制"和国家统一的新战略，法治将成为实现和维护"一国两制"和国家统一的新利器。依法构建国家统一的治理结构，运用法治思维和法治方式实现和维护"一国两制"，是"一国两制"发展的最新里程碑。在此方面，澳门已经形成了可推广、可复制的制度典范，为进一步融通内地与香港、加强两岸关系和平发展制度化提供了重要参考。

"一国两制"在重大考验之年，人们有理由对澳门寄予更多的期待，而澳门也有着足够的担当，为"一国两制"的再出发助力。

朱立伦"宪政僵局"论剑指何方?*

"九合一"选举，国民党惨败，连累地方执政板块大幅缩水，也带动党内夺位纷争又起。国民党内的"人气王"朱立伦于12月12日发表声明，宣布放弃2016年台湾地区领导人选举，而直攻国民党主席大位。朱立伦的声明，毋宁是对国民党自2005年来政经政策及大陆政策的总检讨。在这份声明中，"宪政僵局"一词成为一大关键词。考虑到朱立伦在国民党内的特殊地位（唯一的"直辖市"市长）与可见前景，朱立伦的"宪政僵局"一说，是研判国民党未来之走向，乃至于未来台湾地区政经走向的重要观察点。

"宪政僵局"之对象，显而易见是马英九长达六年的"遵宪行宪"之路。台湾地区在1990年至2005年，曾连续发动七次"宪政改革"，将制定于中国大陆的1946年"宪法"改造为适用于台湾的"宪法"，"政府体制"、选举制度、地方制度、基本政策等均被大幅度修改。而至2005年后，台湾地区现行"宪法"至今未有任何修改。除去2005年第七次"宪政改革"时为再次"修宪"设定了超高门槛外，2008年后马英九对"修宪"的兴趣索然，也是重要原因之一。2008年5月20日，意气风发的马英九在他的第一个就职演说中，明确表态："遵宪与行宪比修宪更重要"。须知，当时国民党手握台湾地区立法机构113席中的81席，超过"修宪"所需的四分之三门槛，完全能够以一党之力独立发起"修宪"。2009年2

* 本文由祝捷撰写，原载华广网，发表时间：2014年12月13日，原文链接：http：//www.chbcnet. com/pl/content/2014-12/13/content_1015977.htm。

月 22 日，身兼台湾地区"宪法学会"常务理事的马英九，又在台湾地区"宪法学会"年会上发表讲话，再次重申"现阶段遵宪、行宪应重于修宪"。虽然马英九也曾提出在 2010 年后启动"宪改小组"运作，但由于岛内外各类事务的影响，"宪改"议题从未成为马当局的政策主轴。

在位的马英九一再强调"遵宪行宪"的重要性，而谋求上位的朱立伦则以"宪改"为旗帜，围绕着"宪改"议题，国民党党内政争再次隐然浮现。在马当局时期，即便是民进党也未曾明确提出"宪政僵局"这个词，朱立伦显然是让"宪政僵局"李代桃僵，把马英九施政之困和施政之怠，用"宪政僵局"做了个总结。朱立伦弃选 2016，实际上已经暗含着 2016 国民党再次下野、台湾地区三度"政党轮替"的预估在内。如是，当选为党主席的朱立伦必须带领在野的国民党对抗执政的民进党。因此，"宪政僵局"的时域也被朱立伦扩大至"十多年来"。这一时域的扩大，也表明朱立伦有意通过破解"宪政僵局"，寻找在野状态下足以对抗民进党之手段。

——"让人民的力量进入体制内运作"，台湾地区人民参与政治的途径，除了"选举"外，就是"公投"。可是，虽然台湾选举如火如荼，但"公投"却从未成功。台湾民间及反对党多有"公投"声音，但如"ECFA 公投""服贸公投"等均未实施。体制内的办法不能奏效，于是"反体制"的街头运动就有用武之地。朱立伦着重提出"让人民的力量进入体制内运作"，并视之为"打破宪政僵局"的不二法门，或许意味着朱立伦将更加倚重"公投"一招，又或许为 2016 年国民党再次下野后制约绿营埋下伏笔。

——"以内阁制取代现行的双首长制"，这是一个相当专业的表述。台湾当局实行类似于法国的"双首长制"，即台湾地区领导人和行政机构负责人同为行政首长，但与法国之"双首长制"不同的是，台湾地区行政机构负责人之任免，无须立法机构同意，则台湾地区领导人可以依个人好恶任命行政机构负责人。行政机构负责人之施政正当性因此并不来自民意，而来自领导人。由此，行政机构负责人实际上成为领导人之幕僚长和责任替身。执政团队有功，则功归台湾地区领导人，执政团队有过，则过归行政机构负责人。2009 年"八八水灾"后的刘兆玄、本次"九合一"失利后的江宜桦，事实上都是替马担责。此种权责不对应、不统一，也是朱立伦所特别强调的。此外，由于行政机构负责人之任免，无须立法机构同意，则可能造成行政与立法分野之状况，行政效能必然受立法机构牵制。在台湾地区领导人与立法机构多数党不为同一政党时是如此，如陈水扁执政八年间；在台湾地区领导人与立法机构多数党为同一政党时，如领导人党权不彰，也是如此，如马英九执政期间。朱立伦推出"内阁制"这一立法机构多数党组织行政机构的政治体制，一是"替民做主"，呼吁摒弃台湾社会诟病之"双首长制"，二是用"双首长制"之弊暗讽马英九"有权无责"，三也是为日后国民党在占据立法机构多数的情况下，至少能保证一席行政机构负责人而做准备。

——降低投票年龄到 18 岁。台湾地区"选举法"规定，年满 20 周岁的台湾地区居民可行驶选举权。此一规定，事实上将大量在校青年学生排除在外。而青年学者恰恰为"反服贸学运"及以前台湾地区历次"学运"的主力。将投票年龄放低至 18 周岁，一则能开拓民意反馈管道，呼应"让人民的力量进入体制内运作"的主张，让青年在体制内有表达意见之渠道，避免或减少新的街头学运，二能以此回应，向台湾公民运动的参与者表明与马切割的态度，三也是取悦青年选民，改善国民党选民结构偏老的结构，为日后选战做好预备。

——"降低政党门槛到 3%""推动不在籍投票""检讨单一选区两票制"。此三项选举制度之改革，则是朱立伦"和各方稀泥"的体现。"降低政党门槛到 3%"，至少让一众小党有了在立法机构中分得一席的机会，不至于完全沦为蓝绿对决的看客，同时也回应了民进党的类似主张。"推动不在籍"投票，则取悦了对台湾选情有特殊影响力的台商群体。检讨单一选区两票制，更是希望借此改变蓝绿高度对立的选制基础。每一主张都非无的放矢，朱立伦在此用心可见一斑。

值得注意的是，朱立伦破解"宪政僵局"的主张中，有一些亦为民进党近年来有关"宪改"之观点。如实行"内阁制"、降低投票年龄、降低政党门槛等。这似乎也表明了朱立伦在"宪改"问题上，走上了"不是民进党的民进党路线"。如果朱立伦成功当选国民党主席，则蓝绿两大政党在"宪改"议题上达成共识可能性加大，台湾地区的第八次"宪政改革"亦有可期。如第八次"宪改"成功，岛内政局将更加复杂，决策中心将出现多元格局，这至少为两岸关系和平发展增加了若干变数。

不过，朱立伦对"宪政僵局"的破局，至少有一项与民进党是不同的，那就是没有试图通过"宪改"，更改台湾的"国家认同"。两岸具有根本法性质的规定，对于一个中国框架的规定与认同，已经成为两岸关系和平发展最可倚重的法律资源。中共十八届四中全会史无前例地提出"运用法律手段捍卫一个中国原则、反对'台独'，增进维护一个中国框架的共同认知"。在台湾政局即将发生风云大变之时，只要紧紧抓住两岸各自规定对于一个中国框架的认同，并善于运用这一法律资源，两岸关系和平发展即便偶有波折，也是"大江东流挡不住"！

新澳门模式助力两岸关系和平发展^{*}

    8 月 31 日，崔世安先生高票连任澳门特别行政区第四任行政长官，各方贺信纷至沓来。在众多贺信中，来自台湾地区陆委会和澳门台北经济文化办事处主任卢长水的两封贺信在出人意料的同时也引发高度关注。两封贺信中，除例行地祝贺崔世安先生本人外，更表达了对于澳台加强合作的期望。澳门，这一曾经在两岸交往史上占据重要地位的濠江明珠，再次走到两岸关系的聚光灯下。人们有理由期待，以深化两地合作为核心的新澳门模式，将继续助力两岸关系和平发展。

    澳门模式曾经在两岸交往中起到了特殊的作用。早在 1995 年澳门回归前，台北航空运输商业同业公会与澳门航空公司就达成《台澳通航协议》，两岸有关部门负责人均以顾问身份参与其中。本协议缔造了澳航以"不换航班、只换班号"直飞大陆的"间接直航"模式，开创两岸空运直航先河。1999 年李登辉抛出"两国论"以及 2000 年台湾地区"政党轮替"后，由于执政当局拒不接受"九二共识"，为两岸交往人为设置障碍，导致两岸已经开启的"两会模式"无法正常运行。在两岸事务急需但又无法循正常途径推进时，澳门模式应运而生。所谓澳门模式，即两岸在澳门透过"行业对行业""团体对团队"的模式，由公权力授权、民间团体操作、官员戴上民间"白手套"的方式进行商谈。经由澳门模式，两岸有关部门负责人以"同业公会""交流委员会"等名义开展商谈。2005 年 1 月 15

---

* 本文由祝捷撰写，原载华广网，发表时间：2014 年 9 月 4 日，原文链接：http://www.chbcnet.com/pl/content/2014 - 09/04/content _ 940511. htm。

日，两岸在澳门达成以"双向、对飞、多点、不落地"的方式进行当年春节包机直航的共识，为两岸正式的空运直航探索出了一条"包机直航之路"。澳门，在两岸交往不畅的历史时期，成为两岸微妙的沟通节点与通道。

时光流转，今天的两岸制度化商谈机制已经打通，作为两岸中介的澳门模式已经不再需要。但是，这并不意味着两岸交往已经不再需要澳门因素。今天的两岸关系和平发展已经步入深水区，两岸交往的阻点再现，在这样的条件下，新澳门模式的缔造，对于两岸关系和平发展将赓续传统，继续发挥特殊而又重要的作用。

新澳门模式示范"一中"框架下两地公权力的交流与沟通。澳台两地公权力交往频繁，台湾地区在澳门设有台北经济文化办事处，澳门在台湾也设有办事处，此一两地互设办事处的形式与名义，堪为两岸在"一中"框架下互设办事处借鉴。两地政治人物与高层官员互有来往。2010 年 9 月 2 日，澳门在台北举行澳门周活动，澳门特区政府社会文化司司长张裕访问台湾，考察台湾中医药产业、文化创意产业、旅游产业等与澳门经济适度多元化相关的产业。2013 年 8 月 27 日，台湾地区陆委会负责人王郁琦访问澳门，并拜会特首崔世安先生，两人以正式官衔相称，也为日后两岸事务负责人会晤时互称正式官衔提供了示范。

澳台两地在"一中"框架内的公权力交往，为"一中"框架内两岸的公权力交往，起到了正面示范作用。新澳门模式以两地合作为核心，成为"一中"框架内两地事务性合作的典范。1967 年"一二·三"事件后，亲台势力基本上被逐出澳门，两地关系亦随之进入"冷冻期"。时至今日，尽管"冷冻期"早已结束，但澳台在经贸、社会、文化等方面的交流，仍难谈热络。两岸关系和平发展的新澳门模式或许已经不再需要澳门的中介作用，但仍需要澳台两地在事务性合作方面的示范作用。澳门受限于地域和传统，一直存在产业结构单一的问题，而中医药产业、文化创意产业等，恰恰是澳门为经济适度多元化而力推的主打产业，在此方面，台湾有着丰富的经验和成熟的产业链，两地完全可以就此方面开展合作。此外，两地在司法合作和共同打击犯罪等方面，也是大有可为。在两岸交往因

"服贸风波"暂时受阻的情况下，澳台通过两地合作，推进两地全方位关系发展，让包括台湾民众在内的世人看到两岸合作的实际利益，对于增强两岸事务性合作的信心、增强两岸关系和平发展的信心，都有着极为重要的典范作用。

从两岸中介到两岸示范，新澳门模式让两岸关系和平发展的种子在澳门继续生根发芽，我们也有理由相信，类似于 2000 年后澳门模式在两岸之间的桥梁作用，新澳门模式的缔造，也将为两岸探索走出深水区搭建一座新的桥梁。

民进党搁置了继续前行的政治大智慧*

　　果不其然，民进党的全代会没有通过部分党代表提出的"冻独"提案；没有想到，"冻独"提案会在 5 分钟内，被蔡英文以踢到民进党中执委的方式搁置。慢起快落，被热议良久的"冻独"提案，被两岸各方面至少寄予些许希望的民进党转型良机，被"蔡氏模糊"冷处理了。

　　民进党大佬谢长廷一句"党主席有智慧啦"，成为"蔡氏模糊"的最佳注解。蔡英文称，党纲是党内的重要文件，任何党纲修正都需要建立党内共识，这"需要漫长的时间"。从民进党党代会前，"冻独""挺独"和中间路线三种观点的博弈来看，每种观点都代表着民进党内的一种声音，背后不乏有影响力的政治人物背书。蔡英文用提交中执委的办法，将"冻独"提案搁置，表面上看不失为一种政治智慧。然而，这种带有政治操弄式的平衡术，充其量只是小聪明，远非大智慧。

　　蔡英文肯定知道，2012 年败选领导人选举的重要原因，是民进党不能正视"九二共识"，没有明确放弃"台独"党纲。放弃"台独"党纲，回到"九二共识"的立场上，是民进党的最后一公里。民进党内对这个道理明不明白？从党内大佬的举动来看，民进党内不仅明白两岸关系和平发展的重要价值，而且十分善于运用这一重要的话题资源。君不见，多位民进党籍的县市长访问大陆，除了带走大笔利好外，也赚足眼球，曝光率激增。道理都是明白的，为何民进党就是走不出这最后一公里呢？原因还是

＊　本文由祝捷撰写，原载华广网，发表时间：2014 年 7 月 23 日，原文链接：http：//www.chbcnet.com/pl/content/2014 － 07/23/content _ 906828. htm。

民进党和蔡英文缺乏政治大智慧。

学者出身的蔡英文肯定知道马斯洛需求层次模型。马斯洛需求层次模型认为，安全是人最低层次的需求，也是其他需求的前提条件，只有满足了安全需求，人才能追求更高层次的需求。承认"九二共识"，对于台湾的最大意义是什么？不是大笔的大陆订单，也不是蜂拥而至的大陆游客——在大历史观的视野内，这些具体层次的交流都是表象。"九二共识"对于台湾的最大意义是消除了台湾的安全顾虑，消除了台湾发展的偶然性，让台湾不必担心有一天在台湾发生的一切都成为幻影。民进党只挖掘了台湾人的"悲情心态"，却没有发现这种"悲情心态"背后对于安全的极端渴望。所以，这里很好解释为何台湾民众在2012年选举前尽管对马英九的执政能力怀有高度怀疑，仍选马弃蔡。台湾人民不是选马，而是选择了能够给台湾带来安全保证的"九二共识"。

民进党似乎有一段时间很明白这一点。党内频频出现反思"台独党纲"的声音。不过，在国民党及马英九声望急剧下滑，岛内政治局势出现波动后，民进党的心态也发生了变化。特别是2014年3月的"太阳花学运"后，马英九的声望跌至执政以来的谷底，国民党年底"七合一"选举前景堪忧，民进党也至少在表面上能够团结在"蔡英文主席"周围。这种情势像极了2000年前的民进党和2008年前的国民党，2016年的政党轮替似乎就在眼前。然而，领导人选举与民意代表选举、县市长选举不同，也与是否通过《海峡两岸服务贸易协议》之类具体的议题不同。如果说选民对于后者的关注点，更加偏向于自己周遭范围内的小利益，那么，在领导人选举中，选民更加关注的则是台湾的前途与命运。毕竟，文攻武吓、军演纷飞的日子，大家都不想过。过着"小确幸"的日子，比政治上的各种凌乱要可靠得多。可惜的是，民进党和蔡英文在小处下足了功夫，却忽略了台湾的民心大势。

对于民进党走过最后一公里，大陆方面释放了足够的善意，也预留了政策话语的表述空间。2008年12月31日，胡锦涛在纪念《告台湾同胞书》发表30周年座谈会上发表了《携手推动两岸关系和平发展同心实现中华民族伟大复兴》的重要讲话中直接点名民进党，希望民进党认清时势，停止"台独"分裂活动，不要再与全民族的共同意愿背道而驰，并表态只要民进党改变"台独"分裂立场，大陆方面愿意作出正面回应。中共十八大报告也提出，对台湾任何政党，只要不主张"台独"、认同一个中国，我们都愿意同他们交往、对话、合作。习近平在 2014 年 2 月 18 日会见国民党荣誉主席连战时，明确表示，无论是谁，不管他以前有过什么主张，只要现在愿意参与两岸关系和平发展，我们都欢迎。十八大报告中的"任何政党"，习近平所讲的"无论是谁"，虽然没有点明对象，但在两岸关系的论域内，明眼人都能看出就是指向民进党。对于大陆的善意，民进党似乎并不领情，或许没有完全会意，仍以"统战策略"度之。从根本上而言，这是民进党在两岸关系上封闭性的体现。一个不能包容多元意见，甚至是对己有利意见的政党，很难谈得上是一个成熟的政党，更难想象这样的政党能够真正获得选民的理解与支持。

话说回来，尽管冻结"台独"党纲与放弃"台独"并不能画上等号，没有"台独"党纲的民进党也未见得会走到"九二共识"的正轨上来。但搁置"冻独"提案已经足够表明民进党和蔡英文的立场。民进党不仅没有走过最后一公里，而且并不想走这最后一公里，甚至有越走越远的态势。蔡英文想借此巩固"太阳花学运"的成果，重祭"台独"的"神主牌"，最大限度获取选票资源。这种选举的小聪明，最终抵不过两岸关系和平发展的大势，也抵不过台湾社会的主流民意，最终的结果可能是捡了芝麻、丢了西瓜。

"司法轮替"隐藏"法理台独"隐忧[*]

　　近日，台湾地区司法机构（即台湾地区"司法院"）原正副负责人赖浩敏和苏永钦分别被蔡英文提名的人选替代，台湾地区司法机构开启政党轮替序幕。与领导人、立法机构和地方县市首长层次的轮替不同，这次司法机构的轮替略显"静悄悄"，除若干法律人些许关注外，社会大众较少关注。在舆论场上，司法机构的轮替也的确未能如领导人、立法机构和地方县市首长等层次的轮替那么引人注目。除苏永钦公开信"沾光""蔡英文干预司法"的话题走红外，被轮替的正职负责人赖浩敏甚或是"轮替"本身都未能成为舆论场上的一个话题。然而，这并不意味着"司法轮替"在两岸真的"微澜不惊""无关紧要"，相反，由于司法权的特点以及台湾地区司法机构的某些表现，使得"司法轮替"同样包含着"法理台独"的隐忧，且这种隐忧在隐蔽性、可能性和危险性上不弱于甚至强于其他领域的"台独"形态。

　　台湾地区司法机构设"大法官"15人，职司台湾地区现行"宪制性"规定的解释、裁决大权，兼具台湾地区正副领导人弹劾案审判权和司法行政权，构成台湾地区政治社会的重要一环，蔡英文在解释其所谓"中华民国现行宪政体制"时，亦将"大法官"对于"宪制性"规定的解释视作"中华民国现行宪政体制"的重要组成部分。因此，台湾地区司法机构的一举一动依然牵动着岛内政局和两岸关系。

---

* 本文由祝捷撰写，原载华广网，发表时间：2016 年 7 月 18 日，原文链接：www.chbcnet.com/zjps/content/2016 - 07/18/content_1245423.htm。

在历史上，台湾地区司法机构在两岸事务中多次扮演关键性角色。早在 1954 年，"大法官"即以"国家遭遇重大变故"为由，维持在大陆产生的第一届"国民大会"任期延续，造就"万年国大"的态势，坚持当时台湾当局自诩的"中国法统"。1993 年以"政治问题不审查"为由，搁置对台湾地区"宪制性"规定中"固有疆域"一词的解释，其后，"大法官"作出多个解释为"去中国化"政策提供法源，为"台独"言论松绑，为区别对待两岸民众的规定张本，其中不乏"两国论"的因素作祟。可见，台湾地区司法机构在 1987 年两岸交往后的数十年间，其实从未缺席。

与前两次政党轮替不同，2016 年台湾地区的三度政党轮替乃是全盘轮替。此前，民进党在领导人、立法机构成员和地方县市首长层次均获得压倒性优势。但由于台湾地区司法机构的"大法官"有任期保障，使其不随台湾地区政党轮替而发生即时轮替。因此，国民党执政时期任命的一批"大法官"能延续至"5·20"后，也成为国民党在台湾地区政权体制中残存的唯一影响所在。加之"大法官"拥有解释"宪制性"规定之权，这批"大法官"甚至被寄予维护两岸关系政治底线的唯一希望。

尽管台湾地区有关规定要求司法权远离政治，保持公允、中立与客观的态度，但台湾地区司法机构似乎距离政治并不太远，甚至在某些具体个案上受到政治的影响颇深。在既往的"核四"风波、"三·一九真调会"事件、"国家通讯传播委员会（NCC）"事件等政治事件中，司法机构已经深深地卷入于政治纠葛之中。根据台湾地区"宪制性"规定，台湾地区领导人可以按照自己的意志提名"大法官"人选，使得"大法官"天然地附着党派色彩。在 2000 年至 2008 年，主要由民进党当局提名的"大法官"，在包括"陆配地位"案等多个案件中作成有着明显倾向性的案件，对两岸关系造成的伤害至今仍存。而在 2008 年后，"大法官"又作成若干有利于两岸关系和平发展的解释，在法制技术层面形成有利于大陆居民在台权利保障的司法准则。这一转变显然与其时绝大多数"大法官"由国民党任命有所关联。

本次司法机构正副负责人换人，对于台司法机构而言只是一个开端。之后 2—3 年内，国民党执政时期任命的"大法官"将全数被换，蔡英文有机会对司法机构进行"绿化"。一批由民进党任命的、政治立场与绿营接近的"大法官",在未来会做出何种裁断,的确未可知晓。当"立法的"、行政的、地方的、政党的,乃至于社会运动等各层面一再挑战两岸关系底线,司法能否独自坚守底线,是否会成为"法理台独"的附从者、推波助澜者、煽风点火者,亦不得不成为未来思虑的面向。

"司法轮替"及其可能产生的"法理台独"隐忧,提示着"反台独"斗争的复杂性和隐蔽性:不仅在众人关注、看得见的领域有"台独"风险,而且在鲜有人关注、看不见的字里行间亦有形形色色的"台独"可能。在民进党有可能长期执政的情势下,唯有以坚持"九二共识"核心意涵不变来应对"法理台独"各类形态之万变,保持对于台湾内部局势的足够敏感性和应变性,方可为两岸关系和平发展保存未来之可能。

蔡英文言论是"民意台独"的启动宣言[*]

在南海仲裁案余音仍未散去的关键时刻，蔡英文交上了"一份不合格的答卷"。在接受《华盛顿邮报》采访时，蔡英文亮出了其两岸政策底牌，首次对"九二共识"、台湾地区政治地位等敏感议题进行了回应，引发两岸舆论关注。蔡英文是真的拒绝"九二共识"了么？是已经明确宣布"台湾是一个独立国家"了么？稍有常识的人都清楚：这些问题是大陆的逆鳞和底线，蔡英文一招不慎，对于台湾的前途命运和两岸的和平发展都会带来无法恢复的影响。蔡英文团队在社交网站上公布了采访稿的中文译本，对一些引发高度关注的表述进行了略微地调整和修饰。但是，英文原稿犹在，蔡英文说出去的话已经表露出她的内心所想。蔡英文已经开始在民进党长期鼓噪的"文化台独""法理台独"之外，开始将其在"5·20"讲话中体现的"民意台独"主张予以实质性落实。蔡英文的此番言论就是"民意台独"的启动宣言。

蔡英文在采访中多次将"民意"祭出，作为现阶段不接受"九二共识"、抗拒两岸关系和平发展的托词。对于台湾的前途，蔡英文也表示希望大陆方面尊重台湾的"民意"。回溯至两个月前蔡英文的就职讲话，亦将"台湾民主原则及普遍民意"作为台湾地区新当局发展两岸关系之政治基础的元素。在蔡英文的两岸论述中，"民意"占据着突出的位置。民进党作为一个至今不承认"九二共识"、以推动"台独"为己任的政党，在

---

[*] 本文由祝捷撰写，原载华广网，发表时间：2016 年 7 月 26 日，原文链接：http://www.chbcnet.com/zjps/content/2016-07/26/content_1246904.htm。

理念和政策层面，已经将"台独"的路径从"法理"转向了"民意"。

"民意台独"内涵为何？蔡英文为何会在此时将"民意台独"摆上台面？事实上，"民意台独"是民进党长期以来"台独"理论论述和政治操作的重要一环。如果说"法理台独"是"台独"在法理层面的宣言和确认，"文化台独"是为"民意台独"聚拢民意基础的关键，那么，"民意台独"就是在"文化台独"基础上实现"法理台独"的程序性步骤。按台湾地区的相关规定，没有"民意"的呼吁与表达，没有"民意"所产出的一份法理文件，"法理台独"未免有些名不正言不顺。正是由于民进党自认为在陈水扁时期已经确立了"法理台独"的目标，而多年的"去中国化"宣教配合有着明显"台独"色彩的"社会运动"又积累了相当的"台独民意"，民进党在台湾政坛的全面执政以及蔡英文在领导人选举中的高票数，又似乎印证了所谓"台独民意"的存续。蔡英文大约也认为"民意台独"的时机已经到来，于是遵循台湾地区领导人一贯利用外媒采访来表达两岸政策主轴的传统，将"民意台独"从沙盘推演直接开始付诸实践。

但是，有一点必须厘清：蔡英文和民进党所谓的"民意"，未见得是台湾的"真民意"。蔡英文的"民意"是经过选择的"台独民意"。"台独""反中"在台湾民粹化的舆论氛围下，越来越演变为岛内的一种"政治正确"，能发声的大多是在"台独"民粹化操作下的声音，台湾民众求稳定、思安定的心理，对于两岸关系和平发展的期盼，以及对于岛内政治经济乱象的担忧，被民粹化的"政治正确"淹没，成为"沉默的多数"，或者被扣上"不爱台湾""亲中卖台"的帽子，被"过滤"出"民意"行列。控制了立法机构的民进党，已经开始策动对"公民投票法"进行修改，将作为"台独"防水闸的"双过半"门槛改为"简单多数"。如果这一修法活动成功，就意味少部分"台独"群体的意志就可以在法理上代表台湾的整体意志，从而为完成"民意台独"提供制度化路径。

用"文化台独"和"社会运动"营造"民意台独"的舆论氛围，用"公民投票法"的修改建立"民意台独"的实现路径，再用"法理台独"表达和确认"民意台独"的成果。"民意台独"贯穿起民进党和蔡英文现阶段的"台独论述"，已经成为岛内"台独论述"主轴。蔡英文接受《华盛顿邮报》采访，只是其用于表达这种"台独论述"的机会。蔡英文在采访时发表的言论，未见得严重到公开宣称拒绝"九二共识"，也未见得严重到公开宣称"台湾独立"，但距离这些也仅剩一步之遥。这"最后的一步"就是如何通过对于"民意"的操弄，实现其"台独"目的。在这个意义上，蔡英文已经借由这次的采访言论，喊出了"民意台独"的宣言书，开启了"民意台独"的实质性步骤。

南海仲裁案让蔡英文有了一次作选择题的机会。在太平岛法律属性的问题上被"打脸"后，蔡英文不是痛定思痛，回到民族大义的轨道上，完成"未完成的答卷"，反而是献上了一份旨在向域外大国邀宠、令域外大国满意的"答卷"。在东亚局势因美国部署"萨德"反导系统、南海仲裁案等异常复杂紧张的关键时刻，在两岸已因为"雄三误射""网络社交网站大战"以及"陆客受难"等事件影响而互信严重受损的敏感时期，蔡英文发表如此不符合两岸关系和平发展大势，甚至带有较强挑衅色彩的言论，其火中取栗的目的已经昭然若揭！

两岸关系在蔡英文亮出"民意台独"的底牌之后，是继续维持当前"冷和平"的状态，还是向更加紧张的状态恶化？真到启动《反分裂国家法》相关条款之时，两岸的主流民意恐怕就不再是民进党和蔡英文能够操弄的游戏了！

蔡英文执政初体验与两岸民意危机之破局*

    时至今（2016）年8月，蔡英文已经执政三月有余。当惯了在野党的民进党似乎还没有找到执政党的感觉，蔡英文在内交外困之下面临着空前的执政压力，蔡英文的执政初体验不佳。而在一贯的蔡式模糊和一系列"台独"操作之下，两岸民意也在各类危机事件和舆论动力的催动下，产生着微妙的变化。至少从目前来看，两岸在"后2016"并没有找到合适的共存共荣之道，两岸如何化解心结，开启和平发展第二季，仍有待"洪荒之力"！

一、打造"台独"升级版："民意台独"

    如果说"街头运动"是民进党执政的路径依赖，那么"台独"就是民进党执政的神主牌。"台独"是民进党攫取政治资源的关键，也是筛选民进党政客们的过滤器。能够从民进党之中上位成功的政客，都以"台独"为终极目的，蔡英文也不例外。作为民进党内的顶尖政客，蔡英文的另一种定性方法也可以是"台独"群体的顶尖政客。从竞选之时到上任以来，蔡英文以她特有的"蔡式模糊"规避着"九二共识"，却以十分明晰的态度在各个层面推进"台独"。上任刚才三月，以"民意台独"为主轴、"历史台独"为根基的"蔡式台独"体系就已经浮现水面。蔡英文将"台独"打出了组合拳，而且用形形色色的办法，打造着"台独"的升级版。
    "民意台独"是蔡英文推进"台独"的主轴。陈水扁时代不断抛出的

＊ 本文由祝捷撰写，原载《中国评论》2016年第9期。

"法理台独"和"文化台独"，在台湾营造了"台独"的氛围，产生了"太阳花"一代台湾青年，并萌生了在两岸间阴霾不散的"台独"民粹。蔡英文则意图将这种"台独"氛围向着"台独"事实作进一步推进。"民意"成为蔡英文鼓噪"台独"的主要推动器。在就职演说中，蔡英文将"台湾民主原则及普遍民意"作为民进党当局发展两岸关系之政治基础的元素。在接受《华盛顿邮报》采访时，更是直接点出了"民意台独"的推进策略。如果说"法理台独"是"台独"在法理层面的宣言和确认，"文化台独"是为"民意台独"聚拢民意基础的关键，那么，"民意台独"已经被蔡英文当作实现"法理台独"的程序性步骤。蔡英文自认为有陈水扁时期多年"法理台独"的积累，又有以"文化台独"为牵引的"社会运动"的"人气聚集"，台湾已经形成了"台独"的普遍民意，"民意台独"的社会基础已有所眉目。对于"民意台独"，蔡英文并非将之作为"说说而已"的政治口号，而是实实在在地在制度层面推进实施。由民进党控制的台湾立法机构，已经将"公民投票法"作为重点修改对象。祛除原"公民投票法"有关"双过半"的门槛限制，而改行"简单多数"的低门槛，为将来从"鸟笼"中释放"台独"议题做足制度准备。蔡英文用"民意台独"固化了既有的"台独"成果，又为进一步推动"台独"创设了制度环境。在"民意"的大旗下，"台独"开始从一种宣言式的政治言说，成为实实在在的社会运动和法理活动。

"历史台独"是蔡英文打造"台独"升级版的基础所在。蔡英文上台三月，一个似是而非的"转型正义"几乎成了她的口头禅。"转型正义"成为民进党和蔡英文排除异己的关键一招。民进党控制的立法机构在7月中下旬通过"政党及其附随组织不当取得财产处理条例"（以下简称"党产处理条例"），完成民进党立党以来近三十年的夙愿，开始对国民党党产进行清剿，也对国民党进行最后的扫荡。扒"党产"的旧账，和台湾民众的"二·二八"伤疤一样，已经成为民进党借历史话题炒作，制造"台独"话题的工具。几天后，蔡英文又上演一幕向台湾地区少数民族（即台湾地区"原住民"）道歉的戏码。在道歉文中，蔡英文臆造了一个"外来政权压迫"和"原住民族反抗"的故事，一个在台湾根本不存在的"故事"，并树起了"汉人史观"这一批判"中华意识"的标靶。蔡英文用"党产"和"原住民"两个在台湾"政治正确"的历史话题，将台湾民众反抗威权统治和殖民统治的历史，精心编织为反抗"外来政权"的故事。"历史台独"其一加重了国民党的"原罪"，成为国民党无法承受之重，其二也试图解构台湾民众与中国大陆的历史性联系，一个虚无缥缈的"台湾史观"渐次形成。这种虚妄的"台独史观"已经在"台独"政客的操弄下，成为隐隐与"中华意识"分庭抗礼的意识形态。蔡英文们所营造的"台独"氛围不仅有着各类社会运动等呈现的现实感，而且也有着在虚构历史之下的所谓"故事感"。一个比陈水扁时期更加丰满、更显层次性的"台独"论述体系已经由蔡英文之手，就在她执政的短短三个月内，就初显出了狰狞的面容！

二、民意还是"民粹"：两岸部分民众的直接对撞

更加令人揪心的是，在两岸民众需要空前团结，共同应对两岸在"后2016"时期面临的"台独"危机之时，两岸网络群体因为各种事端在社交网站发生冲突，两岸民意经受了空前的考验！大陆在台湾部分群体中被进一步地"污名化"，而台湾在大陆部分民众的心目中的地位和形象也开始恶化。两岸民众相互之间的不信任感和恶感已经达到 1987 年两岸恢复接触以来的峰值。而且，两岸部分民众的这种冲突已经不再是透过两岸公权力机构或其授权的民间团体，而是在网络新媒体的作用下，产生了直接的冲突。两岸的纠葛与矛盾第一次深入至两岸民间层次，"民粹化"的民意弥漫在海峡上空。

如果说"太阳花学运"和"反课纲运动"之时，大陆网络群体以及绝大部分普通民众只是台湾政局的看客，至多通过互联网了解岛内政坛动态，那么 2016 年 1 月的"周子瑜事件"是两岸民众直面互动的开始。围绕"周子瑜事件"以及同时发生的岛内政局变动，两岸部分民众特别是青年群体一改过去交流中"温情脉脉""你侬我侬"的一面，通过社交网站开展激烈甚至带有火药味的互动，"表情包大战""帝吧出征"成为两岸交往史上的新名词。及至台湾电信诈骗犯的新闻在网络空间被"刷屏"，"台

湾最美丽的风景是人"的神话被打破，而颇受岛内青年群体追捧的"小确幸"生活方式也被贴上"台独"的标签。与此同时，大陆游客"赴台游"的升温，也让越来越多的大陆游客感受到台湾在基础设施建设水平和网络产业发展水平等方面"也不过如此"，对台湾的美好想象也在"深度游"后逐渐消失。台湾部分媒体对于大陆诸如"茶叶蛋"之类的无知、傲慢与自负，也引发大陆民众的普遍反感。7月发生的"大巴失火"事件，让大陆对于台湾民间的负面情绪再次高涨。大陆部分群体感觉到过去八年乃至于更长时间的"惠台"政策似乎只是大陆一厢情愿式的利好释放，台湾不仅在公权力层次渐行渐远，而且在民间层次也并不领情。由此导致的结果，大陆民间要求对台强硬的声音再起！而这次"再起"，不仅要求对台湾当局强硬，也出现了要求对台民众强硬的声音，这是既往两岸交往中未曾出现的场景。

再考察台湾岛内，部分群体的"反中民粹"已经逐渐成为岛内的政治正确。"一中"以及作为"一中"替代表述的"九二共识"在台湾已经被高度"污名化"。不仅"台独"群体"不会讲"，中间群体"不愿讲"，就连拥护两岸关系和平发展的群体都开始出现"不敢讲"的现象。"台独"意识形态裹挟着"小确幸""媚日"等价值观，对台湾部分群体特别是青年群体产生了极大的冲击，一些群体已经陷入"反中必反""无中不反"的地步。由于这部分群体在相当程度上把持着台湾地区的媒体资源，各类传统媒体和网络新媒体运用了"洗脑式"的宣传手段，导致"一中"及"九二共识"在台湾舆论场已经边缘化，出现"噤声"情势。

台湾民意的"民粹"化背后当然不乏政治力的操作。"台独"群体对于"一中"的抹黑，对于"台独"理论体系的建构与论证，对于统派团体及认同"九二共识"政党的无缝隙打压，能发声、愿发声、敢发声的只剩下"民粹化"的"台独"言论。"不沉默"的"台独"群体，代表着台湾地区"沉默的大多数"。但不可否认的是，台湾民意在统"独"问题上仍然有着整体泛绿化的趋势，而这种民意的整体泛绿化事实上也构成了台湾民意"民粹化"的社会基础。过去台湾民众引以为傲的经济奇迹，以及由此对大陆的经济社会优势，随着中国大陆的高速发展而丧失。在两岸经济、文化、政治等各方面的差距出现反转后，台湾民众过去对于中国大陆的优越感丧失，与大陆的距离差转变为一种彷徨感和被剥夺感，从而演化出"脱中"的情绪。由此导致的结果，要么是对"统独"、认同等问题产生冷漠，投入"小确幸"之中，要么将这种情绪宣泄至对岛内泛蓝政治势力和中国大陆，最终为"台独"势力所利用。两岸民意的直接对撞，侵蚀着两岸关系和平发展的民意基础，也让两岸关系和平发展的正当性在"民粹"攻讦下屡遭质疑和挑战。如果说过去两岸纠葛的主体，是两岸的公权力机构，那么现在两岸纠葛的主体，已经裹入了两岸的民众，两岸关系和平发展所面临的舆论环境和社会环境空前堪忧！

三、两岸"心和平"的"洪荒之力"："九二共识"与"宪政体制"的再平衡

蔡英文执政三个月以来，"台独"氛围空前浓厚，"台独"喧嚣空前高涨。过去大陆一直秉持"台独政客"与"台湾民众"的二分法，在"后2016"时代遭遇到挑战。如何在台湾当局全面打造"台独"升级版，而两岸民意直接对撞之时，于夹缝处为两岸关系可持续性的和平发展创造新机遇，也寻求两岸在"无共识"情势下的共存之道，成为在蔡英文执政思路和执政样态已经基本清晰后，需要认真思考的问题。

曾有学者用"原力觉醒"来形容大陆对于台湾印象的反转。本文无意评价两岸部分民众在社交网站上直接对撞的孰是孰非，只是想说明：过去大陆预设的"台独政客"和"台湾民众"的二分法需要进行批判性反思。所谓"二分法"，即认为岛内主张"台独"的只是少数的政客，而绝大多数台湾民众是拥护祖国统一，或至少支持两岸关系和平发展。"二分法"事实上构成了大陆对台政策一条主轴，也是2008年甚至更早时间以来，大陆不断释放惠台政策的心理预设。然而，从"太阳花学运"到"九合一"选举再到2016年政党轮替，继而是蔡英文执政三个月以来的岛内新变局，"二分法"在事实面前遭受到严峻的挑战！应当清醒地看到，台湾的民意并不是铁板一块，其中亦有分合，支持统一和两岸关系和平发展者有之，主张维持现状者有之，鼓吹"台独"者亦不在少数，并不能一概而论。即

便是在选举或者"公民投票"中所体现的民意，事实上也只是统计学意义上的"多数"，与真正的民意可能相去千里。因此，对于二分法应当辩证看待，而非自我麻痹式地固执坚持。

问题是，即便是清醒地认识到二分法需要重新解构和重构，又当如何应对当前的两岸困局呢？客观认识到两岸民意的不和谐性和台湾民意的多元性，用合适的方式重构两岸心和平，方是两岸当前最为重要的解套之道。在"台独"升级版咄咄逼人之时，寻找两岸民众都能接受的认同符号，夯实两岸民众对于和平发展的心理基础，推进两岸对于和平发展的价值趋同，可能是最为现实的一种选项。一条可行的路径，是借助两岸法理层面的"一中性"资源，构建两岸在宪制性规定层面的法理认同，从而在"无共识"情势下实现两岸各自政策表述的再平衡。诸多论着以及本文作者在多篇文章中，已经阐释与分析两岸各自规定所体现的"一中性"，也曾对两岸各自宪制性规定对于"一中性"的体现与维护进行过论证。又由于台湾地区宪制性规定特有的防卫机制，使得台湾地区宪制性规定和其他体现"一中性"的规定，在可见的未来难以在"国家认同"上发生根本性变化。因此，尽管台湾当局的政治立场随着岛内"政党轮替"而发生变化，但如能认识到两岸各自规定共同具备"一中性"这个特点，并能妥善运用之，两岸未必没有"先谈起来"的机会与可能。

蔡英文提出的"中华民国现行宪政体制"过去在大陆方面的话语体系中一直是被批判的对象。但深究之，"中华民国现行宪政体制"仍存在多种解释的可能空间，"九二共识"包容空间内的"一中性"亦构成其中之一种解释。因此，尽管立场殊途，但两者亦有交迭部分。在此意义上，两岸如果能够充分挖掘其中可资"一中性"倚重的部分，事实上能够在字里行间为两岸寻求一种微妙的再平衡。退一步说，尽管这种再平衡十分的微弱，但也为两岸当前的"无共识"情势保留了一份机会。

当然，走出这一步也是困难重重：在岛内，蔡英文推行"台独"升级版气势逼人，"中华民国现行宪政体制"就其政治原意而言，显然不是为了和"九二共识"搞再平衡；在大陆，"九二共识"已经成为退无可退的底线，如何在坚持底线思维的前提下，保持足够的政治定力，采取合适的策略去推进这种再平衡，难度显非一般；在两岸间，两岸民意的直接对撞，让"非黑即白"的极端思维占据舆论主导，而此种需要建设性模糊的再平衡，是否能够获得足够的民意认同？总之，两岸在"后2016"的艰难道路可能才刚刚开始，如何在绝望中寻找希望，是两岸的当务之急。这既需要高超的政治智慧和法律智慧，在相当程度上也需要高超的政治勇气，打破两岸业已形成的坚冰，重塑两岸心和平，再造两岸关系和平发展新常态。

转型未必正义：台湾政治社会将走向何方？[*]

在 228 事件发生七十周年之际，蔡英文再次抛出"转型正义"的说辞，并声言要制定一部"转型正义促进条例"，推动台湾政治社会的"转型"。这并不是蔡英文第一次提及"转型正义"，也不是民进党第一次提及"转型正义"。如今，"转型正义"在台湾已经演化为一场政治戏码，以"转型正义"之名的所作所为未必"正义"。在"转型正义"的旗号下，民进党蔡英文当局已经将台湾政治社会引向歧途。

一、"转型正义"：贯穿台湾政治变革的主题词

"转型正义"，自 20 世纪 90 年代台湾地区"宪政改革"或者更早的时间以来，就成为台湾政治变革的主题词。经过台湾学术界的大力鼓吹和无数论着的论证、想象和建构，"转型正义"在相当程度上已经成为描摹台湾政治变革的核心话语。"转型正义"到底是何方神圣，又何以在台湾地区广有市场，能够获得民进党蔡英文如此追捧？

从来源上，"转型正义"来自所谓"民主化浪潮"后涌现的欧美国家政治学说与政治实践。尽管对于"转型正义"有着诸多不同的理解，但学术界对于"转型正义"的内涵大体有着如下共识：1. "转型正义"发生的场域，是从威权政体向民主政体转型的国家和地区，即所谓"转型社会"；2. "转型正义"的目的，是为在威权体制下受到迫害的人士，提供矫正、救济与补偿，对威权体制下的政治侵害行为予以清算。"转型正义"在席

＊ 本文由祝捷撰写，原载《中国评论》2017 年第 4 期。

卷欧亚和拉丁美洲的"民主化浪潮"后，已经成为"转型社会"的标准配置，一些国家和地区设立了公权力机构专司"转型正义"事务，如南非和智利都设立了"真相与和解委员会"，一些国际知名基金会和国际组织也在转型正义中扮演着积极的角色。

以 1947 年 228 事件为标志，及至 1990 年 5 月 1 日结束"动员戡乱"时期，台湾地区在长达 40 年的岁月中处于国民党当局的威权统治时期，期间 38 年又 56 天处于"戒严"时期。长期的威权统治，使得全台处于"白色恐怖"时期，各种政治势力被压服于威权体制之下。1990 年开始的台湾地区"宪政改革"，是对于威权体制的一场反弹与爆发。以"宪政改革"为主要形式，台湾地区在 1990 年至 2000 年这十年左右的时间内完成了从威权政体向民主政体的转型。转型，也成为描述台湾地区在这十年间政治社会变化的标识性概念。

台湾地区的"转型"以"民主化"和"本土化"为主要特征。"民主化"是祛除威权体制的目标定位。在威权体制之下，国民党垄断从地方县市到全岛性政权机构的几乎全部政治资源。1954 年台湾地区"司法院大法官"作成的"释字第 31 号解释"，形成"国民大会""立法院""监察院"等民意代表机构任期制名存实亡，使得这种对于政治资源的垄断蔓延至时间维度。对于政治资源的垄断，压制了台湾民众的民主诉求，也加剧了台湾族群结构的分化与裂解。而国民党"外来政党"的形象，使得这种"威权政体"附着上一层"外来政权"的色彩，因而伴随着"民主化"浪潮汹涌而来的，是"本土化"的泛滥。"民主化"和"本土化"并不是并行不悖的两个单轨，而是有着较强的因果联系。

1990 年开始的台湾地区"宪政改革"也在事实上印证了"民主化"和"本土化"之间的强联系。结束威权政体的标志——"万年国大"，就必须解构"万年国大"存在的认知基础，即一个中国的事实和"反攻大陆"的幻象。只有解构了"一个中国"并戳破"反攻大陆"的肥皂泡，"万年国大"的存续才无合理性和正当性可言。因此，"本土化"成为追求"民主化"的一种手段，"台独"有着明显的"民主独立"色彩。然而，并不能因此认为"本土化"被动地附随着"民主化"。台湾地区的"转型"虽以"民主化"为动力，却以"本土化"充任着"正义"的光环。"万年国大"的结束、"中央"民意机构的代表和领导人改在台湾地区选举产生、"五权宪法"色彩浓郁的"考试院"和"监察院"被虚级化、台湾地区少数民族以"原住民"形式"入宪""国民大会"由虚变废、"公民投票"制度释出、台湾省级建制"精到废"……凡此种种，以民主"转型"为名，本土"正义"充斥着台湾地区的政治体制，一部徒具"中华民国宪法"形骸的台湾"宪法"已经浮出水面。

二、"转型正义"转向何方

"转型正义"在台湾地区不仅限于对原有威权政体的解构与改造，而且已经成为一个随意安放的"标签"，成为推行"去中国化""去国民党化"的旗号。"转型正义"在台湾地区已经成为一种政治手段，而且逐渐民粹化。

一方面，在"转型正义"的喧嚣中，"中国""中华民国"和"中华民族"等被泛政治化，被涂抹成为"威权政体"背书的符号。借助"转型正义"的大旗，"去中国化"、解构"中华民国"、以"台湾国族认同"取代"中华民族认同"在台湾地区成为一种"政治正确"。带"中国"意涵的符号，都被理解为阻碍台湾地区"民主化"的因素，不仅过去的"威权体制"是从中国带来的制度，现在中国大陆是"没有民主、没有法治的地方"，而且未来两岸的统一也会以破坏和牺牲台湾的"民主价值"为代价。"本土化"借此挤压入"民主化"的辞藻中，将台湾地区的"转型正义"转化为一种为"台独"月台背书的论述。

另一方面，"转型正义"俨然成为政治追杀的绝佳借口。从威权政体时期走来的国民党，成为转型正义指向的对象。228 事件成为国民党的原罪，也是国民党无法卸去的历史包袱。每年 228，国民党都必须为此道歉，228 成为民进党揭台湾民众伤疤，不断获取台湾"民意"的利器。国民党对于台湾地区闽南、客家和少数民族的压制性政策，也成为民进党攻击的标靶。族群政策不断松绑，对于各族群权利诉求和利益的满足，不仅被描摹为清偿"威权政体"时期的历史旧账，而且被贴上了为"本省人"出头的"标签"。对于国民党追杀最急的"追回党产"一招，也是在"转型正义"的大框架展开。国民党在"威权政体"时期的不当举动，都成为民进党攻击、指责的理由，也成为民进党推脱执政责任的借口。国民党在"威权政体"取得的利益，也成为民进党追缴的对象。民进党在"转型正义"的旗号下，对政治对手步步紧逼。

民进党借助"转型正义"收足了"转型租"和"正义捐"，那么，手持"转型正义"解释权和执行权的民进党又有何作为呢？民进党不仅大力鼓噪着"转型正义"，而且肆意解释着"转型正义"，"转型正义"在民进党的揉捏、摆弄下，其本来意思已经淡漠，而民粹色彩逐渐浓郁。

首先，"转型正义"的立意发生了偏差。民进党将"转型正义"扩大到几乎所有的领域，而且已经到了不分是非、无所不用其极的地步。对于日据时期台湾历史的重新解释，特别是对台籍日本士兵的"祭奠"，也在"政治多元""政治宽容"的旗号下，成为"转型正义"的一部分。对于台湾地区少数民族的补偿与特殊对待，成为论证"台湾国族认同"、解构台湾与中国大陆血脉联系的办法，一个被臆造的"台湾国族"在"转型正义"的喧嚣声中被建立起来。

其次，"转型正义"的实现手段发生了扭曲。民进党的所作所为，没有对于台湾地区"威权政体"的反思，也没有对于"威权政体"造成侵害的精细化梳理，更没有考虑到转型后台湾地区各社会阶层和族群的和解，而是刻意渲染和制造后"威权政体"时期的社会对立、族群对立，"转型正义"所留下的，是社会阶层和族群间不断加深的裂痕，完全扭曲了"转型正义"以"社会和解"为目的的本意。

由此可见，民进党主导下的"转型正义"，本质上是"台独"转型，是以"转型正义"为名的一场政治操弄，是"台独"政客以台湾前途命运和台湾民众利益为代价的一场政治豪赌。"转型正义"不仅没有产生为台湾民众所共享的实效，没有促进台湾地区历史正义的实现，反而成为危害台湾社会的一种民粹化思潮。转型未必正义，民进党所鼓噪的"转型正义"已经将台湾转向歧途！

三、"转型正义"也需转型

"转型正义"在台湾地区已经变异为一个政治正确的符号，在岛内已经不容置疑，也容不下质疑。似乎打上"转型正义"的符号或者烙印，各种政策、制度和举措都能在岛内具备"正当性"加持。实事求是地说，尽管"转型正义"已经变味，但"转型正义"在台湾地区仍有相当程度的认受性，台湾民众对于"转型正义"符号的认可度颇高。究其原因，"转型正义"就其本意而言，在台湾地区仍有其重要价值。

第一，"转型正义"符合台湾社会清算"威权政体"的社会共识。台湾地区无分阶层、族群都是"威权政体"的受害者。对于"威权政体"的清算，已经成为台湾民众的共识。台湾地区各阶层、各族群，即便是在"威权政体"时期表面的"受益者"事实上也都背负着沉重的压力与负担。通过清算"威权政体"，形成台湾社会对于政治体制、生活价值的新共识，是台湾社会转型的必然要求，也是台湾民众的一种政治自觉。没有这种政治自觉，台湾民众不可能承受"宪政改革"的压力，也不可能将民意转化为支撑台湾民主转型的动力。"转型正义"在根本上符合台湾社会的根本利益，因而台湾地区具有较高的认受度。目前，台湾地区对于"转型正义"的批判，大多是一种修补性、矫正性的批判，而非否定性、废弃性的批判。

第二，"转型正义"切中部分台湾民众的心理，有着一定的抚慰与补偿作用。"威权政体"对于台湾民众造成了巨大的痛楚，这种痛楚不仅是心灵上的，而且也体现在具体的人身权利和财产权利上。一部分台湾民众切切实实地遭受到了利益损害，被拘捕者有之，财产被侵犯者有之，流离失所者有之，失去生命者有之。"转型正义"的直接目的，就是对这部分台湾民众或其家属予以补偿。尽管物质的补偿远不能抵消"威权政体"对台湾民众造成的创伤，但毕竟能够形成一种抚慰。因此，相当一部分台湾民众对于"转型正义"充满着期待。

第三，"转型正义"促进了台湾社会对于自身历史和定位的反思。"威权政体"对于台湾社会造成的伤害和损害，对于台湾民众梳理了反思的标靶。在威权政体之下，每个人都是受害者，但并非每个人都是无辜者。从"威权政体"走向"民主政体"，台湾自身的历史方位发生了变化，台湾社会对于自身历史和定位的思考也逐渐深化。而在这种认识深化的背后，"转型正义"无疑有着推进作用。"转型正义"所带来的民主、法治、人权等理念以及公平、正义、平等等价值，成为台湾自我定位、自我反思的基准与素材。

"转型正义"对于台湾地区有其积极意义，不可因民进党的倒行逆施，而否定之。然而，如果延续民进党"转型正义"的思路，"转型正义"必然黯然收场。推动"转型正义"的转型，已经成为台湾社会不可不思考的重大问题之一。"转型正义"的转型，有三点前提应当明确：其一，"转型正义"的本质是对过去五十年"威权政体"的反思，这至多是一种社会理念和生活价值层次的，而不是国家认同、民族认同层次的，不能以"转型正义"为名、行"去中国化"之实的举动；其二，"转型正义"的解释权和执行权应归属于台湾民众，而不能操持于个别党派之手，台湾民众对于"转型正义"的思辨、讨论与共识，是实现"转型正义"的民意基础和保证；其三，"转型正义"应当以实现台湾地区各阶层、各族群的和解与共识为目的，阶层对立、族群分裂不是真正的"转型正义"，不应以民粹化之手段推进"转型正义"。

民进党蔡英文推行的"转型正义"未必是真正义。这类"转型正义"只会将台湾地区推向族群更加对立的深渊，只会将台湾地区推向民粹化更加盛行的深渊，只会将台湾地区推向以民进党的"新威权"取代"旧威权"的深渊，最终将台湾地区推向"台独"的万劫不复之地！"转型正义"未来何去何从，任何对台湾前途命运负责任的人，都应当对此进行认真的思考。

"法理台独"与"法理港独"的"同"与"异"*

　　自蔡英文上台以来，两岸关系急转直下。而于近期举行的"汉光演习"再次加剧了台海局势的紧张，以"2025 大陆武力攻台"为"假想敌"也充分暴露了民进党当局的"台独"野心。作为演化多年的分离主义运动，"台独"已有大量的理论铺垫，譬如"事实主权论""台湾民族论""住民自决论"和"民主独立论"。这为后来者"港独"提供了可资借鉴的"理论资源"。近年来，"港独"论者也如法炮制出了"城邦主权论""香港民族论""公投自决论"和"民主独立论"。"台独"与"港独"不仅在理论上有诸多传承与模仿，在实践中也屡有互动和串联。

　　"台独"演化至今，已有"政治台独""文化台独""历史台独""经济台独"等多种形态，但理论铺垫和政治动员只是"台独"的"阶段性状态"，"法理台独"才是台湾的分离主义者未走完的"最后一里路"。[1]台湾地区的政治实践表明，以"制宪""修宪"和"释宪"为主要途径的"宪政改革"是"法理台独"的主要形式。[2]作为后来者，"港独"也积极探索"法理港独"的实现途径，并设想了多种"合法的港独"。毋庸置疑，从理论到实践，"法理港独"都对"法理台独"亦步亦趋，但两者之间明显有着诸多的不同，这些不同之处决定了"法理港独"对"法理台独"的拙劣模仿只能以失败告终。

＊　　本文由祝捷、章小杉撰写，原载《中国评论》2017 年第 6 期。
① 　祝捷：《"台独"的推进策略和七种形式》，《中国评论》2016 年 12 月号。
② 　周叶中：《台湾问题的宪法学思考》，《法学》2007 年第 6 期。

一、"制宪台独"与"制宪港独":"未遂"与"不能"

台湾地区现行"宪法"（即 1946 年"中华民国宪法"）和香港特区《基本法》（由于中国是单一制国家，从理论上而言，《基本法》不能被视为香港的宪法，但《基本法》仍然是一部宪制性法律，以下为行文方便，将《基本法》作为广义的宪法）都以明示或默示的方式规定了台湾/香港与大陆/内地同属于"一个中国"（前者的一个中国可各自表述，后者的一个中国为中华人民共和国），要达致"法理台独"/"法理港独"就不可避免地要突破现有的宪制框架，而这就催生了激进的"制宪台独"和"制宪港独"。"制宪台独"和"制宪港独"都以推翻现行"宪法"为职志，主张制定"新宪法"；二者将"制宪"的正当性建基于"民族自决"，并主张以"公民投票"的途径实现"全民制宪"。台湾方面已有失败的 2004 年"和平公投"，而香港方面也有失败的 2010 年"五区公投"。

然而，"制宪台独"和"制宪港独"有两个显著的区别：其一，"重新制宪"的现实基础有别：众所周知，"中华民国宪法"制定于 1947 年，其效力及于"中华民国之固有疆域"，在国民党当局退台之后，客观上存在"代表全中国的政治体制"与"代表台湾地方的政治机构"之间的矛盾①，这为台湾当局制定一部"合时、合身、合用"的"新宪法"提供了某种现实基础。然而，对于香港而言，并不存在这种问题。《基本法》系为香港特区量身定制，由内地草委和香港草委共同起草，不存在任何推倒重来或重大修订的现实需求。

其二，"公民投票"的法律依据有别：公民投票是人民直接行使主权的方式（此处的人民为完整意义上的人民），须有明确的法律依据且由一国政府主持。就台湾方面，由于保留了"中华民国"的躯壳，且制定了"公民投票法"，这在某种程度上使得"公民投票"具有了"合法"的外观（当然，在实质上，这种"公投"不具有合法性）。而在香港方面，香港为中国之下的特别行政区，中国目前没有《公投法》，特区政府也未被

---

① 范忠信：《"修宪"与"宪改"：台湾半个多世纪的法制困境》，《台湾研究》2004 年第 2 期。

授权制定此法或举行公投，这意味着由民间人士策划的"五区公投"连外观上的合法性都不具备。虽然香港立法会议员罗冠聪声称，将在其任上推动制定香港的"公投法"，但即便如其所愿，全国人大常委会仍可将该法发回，令指向"法理港独"的"公民投票"丧失合法性基础。相较于失败的"制宪台独"而言，"制宪港独"更加注定失败，如果将前者视为刑法上的"未遂犯"，那么后者就是彻底的"不能犯"——因为其欠缺实践的可能。

二、"修宪台独"与"修宪港独"："不敢"与"不能"

既然现行"宪法"令台湾受制于"一中"框架，而"重新制宪"的企图又无法得逞，那么台湾的分离主义者只能退而求其次，谋求以"修宪"的方式达致"台独"的目标，这也就是所谓的"修宪台独"。事实上，迄今为止，台湾地区已有七次"修宪"的实践，历次的"修宪"已成功废除了"国民大会"且将原有的"五权宪法"改为"三权体制"，这些举动或多或少令台湾向"法理台独"更进一步。而在香港特区，由于《基本法》明文规定"香港特别行政区是中华人民共和国不可分离的部分"，"独派"人士也主张"修改或删除若干《基本法》的条文，将这部现有的'香港宪法'本土化，以实现平稳过渡。"①

除路径主张一致外，"修宪台独"和"修宪港独"面临着两个类似的障碍：一是"修宪"的程式性障碍。在台湾方面，修改现行"宪法"，须经"'立法院立法委员'四分之一之提议，四分之三之出席，及出席'委员'四分之三之决议，提出'宪法修正案'，并于公告半年后，经'中华民国自由地区'选举人投票复决"方得生效。而在香港方面，《基本法》修改议案可由全国人大常委会、国务院和香港特区提出，而由香港特区提出的修改议案须"经香港特别行政区的全国人民代表大会代表三分之二多数、香港特别行政区立法会全体议员三分之二多数和香港特别行政区行政长官同意后，交由香港特别行政区出席全国人民代表大会的代表团向全国

---

① 何曦伟：《拨乱反正香港解殖——香港谈独立的条件》，《学苑》2016 年 8 月号。

人民代表大会提出。"这种相对较高的"修宪"门槛给"修宪台独"和"修宪港独"制造了不小的障碍。

二是"修宪"的实体性障碍。在台湾地区,修改现行"宪法",根据"宪法增修条文"序言,必须是"为因应国家统一前之需要",这意味着修改后的"宪法"只是一种"临时宪法",且"修宪"不得减损国家统一之可能。而在香港特区,对《基本法》的修改,均不得同中华人民共和国对香港既定的基本方针政策相抵触。而国家对香港既定的基本方针即"一国两制","一国"为"两制"的前提和底线。从某种程度上讲,"一中"的表述成为台湾和香港不可修改的"绝对的宪法",删除或修改此类条文都是一种"毁宪"式"修宪"。

然而,"修宪台独"和"修宪港独"又是不同的,这种不同表现为前者的"不敢"和后者的"不能"。在台湾方面,虽然"修宪"的门槛相对较高,但毕竟也有了七次"修宪"的实践。从理论上讲,将"宪法"第四条里的"固有疆域"修改为"台澎金马"并非不可能。而台湾方面没有贸然作此"修宪"。与其说是因为"修宪"的门槛高,不如说是慑于大陆方面的压力——根据《反分裂国家法》,一旦台湾方面"以任何方式造成台湾从中国分裂出去的事实",大陆方面得采取非和平方式捍卫国家主权和领土完整。"台独"分子不敢对"宪法"的相关部分进行修改,以防止因触碰底线而导致两岸关系的彻底破裂。① 而在香港方面,特区虽有提案权,但《基本法》的修改权属于全国人民代表大会,这种修宪权的配置杜绝了香港的分离主义者主导"修宪"的可能,因而也排除了"修宪港独"的可能。

三、"释宪台独"与"释宪港独":"可能"与"不能"

慑于大陆方面的压力(当然,也有两岸的民心所向),"制宪台独"与"修宪台独"的计划不得不被暂时搁置,而"释宪台独"也就成了"法理

① 周叶中、祝捷:《"一中宪法"与"宪法一中":两岸根本法之"一中性"的比较研究》,《当代中国政治研究报告》2012年第10期。

台独"的最后一种路径。台湾地区的"司法院"已有大量的"释宪"活动，且台湾地区现行"宪法"及其增修条文存在相当的模糊空间，有些与"统独议题"高度相关，这就为"释宪台独"留下了空间。① 2016 年 10月，台湾地区新任"司法院院长"许宗力公开将两岸关系称为"特殊国与国"的关系，令"释宪台独"的隐忧浮出水面。而在香港方面，特区法院亦被授权在审理案件时解释《基本法》，这或许会让人联想到"释宪港独"的可能。

然而，台湾和香港的实际情况有着天渊之别，这种区别决定了"释宪台独"的可能与"释宪港独"的不可能。其一，在台湾方面，现行"宪法"存在某些模糊空间（譬如"中华民国之固有疆域"可能被解释为"修宪时"的"实际疆域"），这为"释宪台独"留下了操纵空间。然而，在香港方面，《基本法》清晰地表明"香港特别行政区是中华人民共和国不可分离的部分"及"香港特别行政区是中华人民共和国的一个享有高度自治权的地方行政区域，直辖于中央人民政府"，没有为"释宪港独"留下任何遐想空间。

其二，在台湾方面，"释宪权"归属于"司法院"，两岸分隔的现实让大陆方面对台湾方面的"释宪台独"无能为力。而在香港方面，《基本法》的解释权归属于全国人大常委会。香港法院虽被授权解释《基本法》，但"人大释法"具有终局性和优位性，两者解释不一致时，须以全国人大常委会的解释为准。2016 年 11 月 7 日的"人大释法"已经表明了全国人大常委会反对"港独"的鲜明立场，从而杜绝了香港特区法院支持"港独"的可能。

其三，在台湾方面，行使"释宪权"的"大法官"确有"台独"之倾向；而在香港方面，享有"释宪权"的法官无意与"港独"共舞。一方面，香港特区终审法院分别在"刘港榕案"（案件编号：FACV10/1999）和"庄丰源案"（案件编号：FACV26/2000）的判决中承认"人大释法"的权力是"全面且不受约制的"，"如人大常委会对《基本法》作出解释，

---

① 周叶中、祝捷：《台湾地区"宪政改革"研究》，香港社会科学出版社 2007 年版，第 378 页。

则香港法院便有责任依循"。另一方面,香港特区高等法院在审理"宣誓风波"案(案件编号:HCMP2819/2016)时,以"拒绝宣誓"为由褫夺了"辱国议员"梁、游的就任资格。而区域法院法官沈小民亦对参与"旺角暴乱"的三名被告(案件编号:DCCC710/2016)判处了"阻吓性刑罚",并申明"法庭不姑息这类暴力行为"。以上种种,都表明香港特区的法官无意于成为"港独"的同盟。

四、结语

宪政改革须得人民的背书,因为人民才是有权制宪的主权者(修宪和释宪是制宪的自然延伸)。但人民是一个整体的概念,台湾居民和香港居民都只是人民的一部分,而不是完整意义上的人民,因而不享有制宪权。故,将大陆/内地居民排除在外的"宪政改革"——不论以"制宪"、还是"修宪",亦或是"释宪"的形式——都不具有正当性。因此,"法理台独"和"法理港独"注定是失败的。由于两岸分隔的现实,扼制"法理台独"仍须克服一定的困难。但是,就香港而言,香港已经成为主权国家之下的特别行政区,在中国《宪法》和香港《基本法》的框架之下,"法理港独"不存在任何操作空间或实践可能。"法理港独"倡议者应当认清现实,及时放弃分离主义主张,回到"一国两制"的正确轨道上。

赖清德"台独"宣示的意涵及恶果*

2017 年 9 月 26 日，刚履新台湾地区行政部门负责人的赖清德发表惊天言论，在回应台湾地区立法机构成员质询时，明确表示："台湾是主权独立国家，名字叫中华民国，两岸是互不隶属的关系"；"台湾是主权独立的国家"云云。此言一出，两岸皆惊。赖清德以台湾地区行政机构主要负责人的身份，公然发表"台独"言论，已经挑战两岸关系的底线，对两岸关系和平发展和台海地区安全稳定造成严重威胁。回想同年 6 月，同样是赖清德，在回应国民党籍台南市议员张世贤质询时，还在表示"亲中爱台"。如何解读赖清德 9 月 26 日的"台独"宣示？"亲中"和"台独"哪一个是赖清德的真实意图？赖清德为何会在两岸互信已经十分微弱、两岸关系极其敏感的时期，敢于挑战两岸关系最为敏感的神经和底线？赖清德的"台独"宣示会对岛内政局和两岸关系造成何种影响？本文将对这些问题做一讨论。

一、"亲中台独"：赖清德"鱼和熊掌兼得"的政治算计

赖清德是一个浸淫台湾政坛多年的资深政客，被认为是民进党的希望之星和台湾地区领导人的有力竞争者。赖清德也曾经深耕台南多年，有着丰富的政治历练和政治经验。按理说，有着如此丰富经验的政治人物，是不会说出直接挑战底线的言论。观察蔡英文从竞选到就任再到执政一年多的相关言论，尽管在字里行间渗透着浓重的"台独"意味，而且屡有"打

---

*　本文由祝捷撰写，原载《中国评论》2017 年第 6 期。

擦边球"之论，但蔡英文涉两岸关系言论的总体节奏仍然是小心翼翼。尽量以空洞语言，用"打太极"的方式规避实质性问题。在一些敏感言辞的表述上，蔡英文也多选择比较宏观或不触及大陆底线的表述方法。如蔡英文一般会使用"中国大陆"或"大陆"的表述，而回避使用"中国"的表述。就此而言，赖清德以直白、直接的方式宣示自己的"台独"立场，的确有其深意所在。

再考察赖清德的言论，不难发现，其言论包括两个看似独立但相互关联的部分。一是赖清德认为，"台湾是主权独立国家，名字叫中华民国"，这一论调是民进党在 1999 年"台湾前途决议文"中所明定的"独台方针"，是以"中华民国"之躯壳，显"台湾"之本质。尽管赖清德明确地表达了"台独"的意思，但并无特别的新意，也没有多少"台独"话语的创新。二是赖清德提出的"亲中爱台"口号，在"台独"宣示中，赖清德认为，所谓"亲中爱台"就是"以台湾为核心，向中国伸出友谊的手、表达亲善态度，希望藉交流增进彼此了解、理解、和解、谅解，并和平发展，就是亲中爱台的根本意思。"而在更早的回应台南市议员的质询时，赖清德更是明确表示："台独跟亲中不冲突啊"。由此可见，赖清德"台独"宣示的关键，并不是宣示其"台独"主张，而是试图将"亲中"和"台独"结合起来，兼得"鱼和熊掌"，塑造出"台独"新模式。

李登辉为了鼓吹"台独"，不仅炮制了"两国论"，而且提出"戒急用忍"；陈水扁为了鼓吹"台独"，不仅炮制了"一边一国"，而且提出了"南向政策"；蔡英文为了实现"缓独"，不仅炮制了"中华民国现行宪政体制"的说法，而且提出了"新南向政策"。这些政治人物鼓吹"台独"的同时，也试图采取措施和办法，切断台湾和大陆之间的紧密联结，减弱台湾对于大陆的依附性。由于两岸之间紧密的经贸往来和天然的地缘、血缘、亲缘优势，台湾的发展离不开大陆，以摆脱大陆为目的的各类政策最终都归于失败。蔡英文执政一年多备受台湾产业界质疑的一个重要原因，就是蔡英文无视产业发展规律和现状，为两岸关系人为制造困难，从而导致两岸产业合作和经贸往来受到不必要的干扰和影响。赖清德注意到了两岸之间的紧密联结，也意识到了这种紧密联结无法因台湾当局的单方面政策所切断甚或是削弱，因而提出"亲中"的口号，希望在保持和大陆紧密联结的情况下推进"台独"，核心目的是既能够与大陆保持密切关系，以从大陆发展中分一杯羹，又能够推进其"台独"主张，实现台湾发展和"台湾独立"的"双赢"。

二、"抢戏争位"：赖清德"台独"宣示的政治意图

国台办已经多次公开表明，决不允许少数人在大陆赚钱却支持"台独"分裂活动。赖清德的"亲中台独"新模式事实上已经宣告破产。作为一名成熟的政客，赖清德不可能不知道一个中国原则是两岸关系的底线，也是大陆的逆鳞，也明知其所为"亲中台独"新模式不可能为大陆所接受，更不可能获得实现。那么，为什么赖清德还要提出这一模式，甚至甘愿冒天下之大不韪，不惜触碰两岸关系底线，且违背台湾地区现行"宪法"的规定呢？

赖清德的功夫显然在"诗外"，与蔡英文一较高下，争夺绿营话语权和优势地位，进而在2020年角逐台湾地区领导人"大位"，才是其政治意图所在。2016年台湾地区三度"政党轮替"后，民进党的"街头政党"本质逐渐显现，造成台湾地区经济发展无能、社会治理无力、两岸关系无为、国际空间无位的局面。台湾民众对于蔡英文当局的不满意度创下新高，蔡英文在党内的地位受到质疑，2020年能否连任出现变数。在此背景下，党内各路势力蠢蠢欲动，希望压倒蔡英文而上位之人并不在少数，赖清德就是其中之一。赖清德的指向明显，目的清晰，其政治意图就是在蔡英文两岸政策乏力之时，提出"鱼和熊掌兼得"的"亲中台独"论，与蔡英文"抢戏争位"。

根据台湾地区政治体制，赖清德所担任的行政部门负责人地位微妙、作用尴尬。按台湾地区现行"宪法"的规定，行政机构部门负责人由台湾地区领导人提名即可上任，而不需要立法机构的同意。因此，行政机构负责人的"正当性"并非来自立法机构，而是来自领导人。这一法理结构决定了行政机构负责人"有责无权"的尴尬境地。有功则功归领导人，行政机构负责人充当领导人幕僚长之角色，但有过则过归行政机构负责人，行

政机构负责人又俨然是领导人的责任替身。典型如陈水扁任内，多次更换行政部门负责人以为陈水扁施政无能担责。马英九任内也多次因故更换行政部门负责人，为领导人担责。赖清德的前任林全，在本质上也是为民进党当局支持率持续低迷而担责下台。因此，赖清德虽"贵为"行政机构负责人，属于台湾当局第二号人物，却是蔡英文实实在在的配角，扮演着蔡英文幕僚长和责任替身的角色。

作为意在领导人"大位"的赖清德，并不甘于配角的角色，而是积极"抢戏争位"，"亲中台独"论就是其代表言论。"亲中台独"论，一方面坚持民进党"台独"的基本教义，用"台独"巩固自己在党内的基本盘和地位，另一方面也一改"台独"必须和大陆疏离的民进党惯常思维，打出"亲中"牌，笼络浅绿和部分蓝营民众，吸引台湾产业界对其的关注和支持，甚至希望借助"亲中"话语争取大陆的理解和宽待。当然，赖清德打错了政治算盘，一个中国原则是大陆不可动摇的底线，也是两岸交往的前提，以疏离推进"台独"者触犯大陆底线，以"友陆"推进"台独"者亦触犯大陆底线。大陆方面对于赖清德的回应也表明，赖清德的"台独"宣示及其所谓"亲中台独"新模式注定是一场自欺欺人的闹剧。

三、"民粹日盛"：赖清德"台独"宣示的政治恶果

赖清德的"台独"宣示无论是在事实逻辑，还是法理逻辑上，都是站不住脚的，也是不可能实现的。然而，赖清德却能够从中收获其所期待的政治资源。赖清德长期深耕台南地方，尽管在民进党内名气彰显，但一直是以一个地方干将的面目出现，类似于两岸议题这样的全岛性议题未曾表露出系统的思考和论述。本次借由"台独"宣示所构建的"亲中台独"新模式，赖清德宣示了自己的两岸主张，表明其已经开始对外展现对于台湾地区全域性议题的设置能力和把握能力。赖清德的"台独"宣示及其所提出的"亲中台独"新模式，为岛内政治人物开了一个不好的头，既迎合了当下民粹主义的氛围，又会导致"民粹日盛"的政治恶果，最终伤害台湾地区的根本利益和两岸关系的长远未来。

赖清德的"台独"宣示，对台湾社会发出错误信号，即"台独"未必

和大陆疏离，也可以和大陆表达亲善，从而获得大陆好感。这种"亲中"和"台独"可以相容的论调当然是错误的，也是不可能为大陆所接受的。但赖清德却实实在在的从中攫取了利益和好处，这就意味着国台办所言的"决不允许少数人在大陆赚钱却支持'台独'分裂活动"虽然在大陆行不通，却能够在台湾获得利益，从而催生一批以"亲中台独"为主基调的"台独"新思想。"亲中台独"的虚伪性和蛊惑性和台湾社会的民粹思潮结合，会形成向大陆施压或者将责任推给大陆的舆论氛围。长此以往，两岸业已淡漠的政治互信和日益加深的心理沟壑将向着更加不利于两岸关系和平发展的方向发展。

赖清德的"台独"宣示，让更多的台湾政客不是认真思考两岸关系的长远未来，而是在话语表述上玩文字游戏。显而易见，赖清德的"台独"宣示在本质上和蔡英文并无二致，只是在具体策略上有所调整，在具体文字上有所变化。这种话语表述的转换，对于两岸关系而言没有任何实际意义，相反会产生两岸关系倒退的后果。蔡英文以空洞表述逃避"九二共识"的行径，已经在岛内催生了一批"太极高手"。可以想象，以赖清德的现时地位和影响力，也会催生一批高喊"友陆"口号、推动"台独"的政客。

赖清德的"台独"宣示，推高了台湾地区"泛政治化"的氛围，从而导致岛内政治更加民粹化，"民粹化"的政策和口号将取代经济议题、社会议题成为政治人物决胜的关键。作为行政机构负责人，面对低迷的台湾经济和严峻的社会治理情势，赖清德所想所为并非是形成有效的治理思路和政策，而是打"两岸牌"，试图从民粹化操作中攫取政治资源。赖清德虽在台南执政的中后期出现治理乏力的现象，但在台南的政绩总体上可谓不俗。面对更加复杂的台湾全岛性问题，赖清德本可以有着更加广阔的空间，致力于台湾经济社会的长远发展。但赖清德在民粹化的台湾政坛中，选择了一条民粹化的道路，又推高了民粹化所营造的"泛政治化"氛围，最终导致台湾政坛陷入拼民粹、拼政治，而非拼经济、拼治理的怪圈。

赖清德作为一个曾经有着广阔发展前景的政治人物，本应以自己的才能为台湾造福，为两岸谋利。但赖清德没有以一个政治家的胸怀，面向下一个历史阶段，而是以一己之私利，眼盯下一次选举，不可谓不是其个人的悲剧，也导致了台湾地区的悲剧。政治人物如何能够走出个人政治利益的泥沼，放眼长远，更加关注台湾地区和两岸关系的长远，回归到中华民族整体利益和两岸关系和平发展的正确轨道上来，已经成为岛内各路政治人物必须严肃思考的问题。

后　记

　　自《反分裂国家法》颁布后，台湾问题的法律属性逐渐清晰，通过法律手段解决台湾问题、推动国家统一成为各界的共识。党的十八届四中全会明确指出，运用法治方式巩固和深化两岸关系和平发展，完善涉台法律法规，依法规范和保障两岸人民关系、推进两岸交流合作。运用法律手段捍卫一个中国原则、反对"台独"，增进维护一个中国框架的共同认知，推进祖国和平统一。在这一精神的指引下，法治思维、法治方式、法律规范和法学理论在分析、研究和处理两岸关系中发挥的作用更加明确。当前，坚持一个中国原则，坚决反对和遏制任何形式的"台独"分裂活动，扩大深化两岸各领域交流合作的实践对于从法学角度研究两岸关系具有更加迫切的现实需要，从法学角度思考两岸关系的意义和重要性显得尤为突出，本书即是我们因循这一思路形成的一项阶段性成果。

　　自1998年以来，武汉大学两岸及港澳法制研究团队，即围绕台湾问题展开研究，团队成员先后形成数百万字的论文、研究报告、对策报告等，对国家对台政策的形成和调整提供了重要的智力支持。2010年，我们首次尝试将团队成员合作撰写或者独立撰写的涉台论文、评论和报告加以整理，出版了《两岸关系的法学思考》一书，至2014年又将后续形成的相关成果纳入后，对该书加以增订，出版了《两岸关系的法学思考（增订版）》。此次，我们尝试对研究团队成员自2014年至2018年间撰写和发表的研究成果加以整理，从而形成《两岸关系的法学思考》一书的续篇，作为本书的第二辑。本书集中体现了我们在两岸关系研究上的思路、观点和分析方法，既是对我们近年来研究的一种总结，也为我们下阶段的深入研究奠定了基础。

　　尽管本书只是阶段性的研究成果，但我们的研究和本书的出版也得到了诸多朋友的关系和支持。感谢九州出版社欣然将本书列入其出版计划，感谢王守兵老师的支持和责任编辑的辛勤工作。感谢长期以来与我们共同开展两岸关系研究的陈武能、周甲禄、刘山鹰、王青林、张艳、伍华军、刘文戈、黄振、叶正国、张小帅等同志，感谢易赛键、冷铁勋、彭莉、朱松岭、刘文忠、陈星、李晓兵和郑凌燕等同志对我们研究的支持与帮助。武汉大学法学院硕士研究生焦喻遥、陈文菊协助校订了全部书稿，在此一并表示感谢。

　　同时，我们希望这本书能够起到抛砖引玉的作用。我们真诚地期待各位读者的批评与指正，我们坚信：没有大家地批评，我们就很难正确认识自己，也就不可能真正战胜自己，更不可能超越自己。

周叶中

于武汉大学珞珈山

2018 年 10 月